比较视域下宋明儒学的名称概念与诠释路径研究

连凡 著

人民出版社

策划编辑：张双子
责任编辑：张双子　时羽佳
封面设计：石笑梦
版式设计：姚　菲
责任校对：东　昌

图书在版编目(CIP)数据

比较视域下宋明儒学的名称概念与诠释路径研究 / 连凡著. -- 北京 : 人民出版社, 2024. 11. -- ISBN 978-7-01-026792-0

Ⅰ. B222.05

中国国家版本馆 CIP 数据核字第 2024NB1470 号

比较视域下宋明儒学的名称概念与诠释路径研究

BIJIAO SHIYU XIA SONGMING RUXUE DE MINGCHENG GAINIAN YU QUANSHI LUJING YANJIU

连　凡　著

人民出版社 出版发行
(100706　北京市东城区隆福寺街 99 号)

北京建宏印刷有限公司印刷　新华书店经销

2024 年 11 月第 1 版　2024 年 11 月北京第 1 次印刷
开本:710 毫米×1000 毫米 1/16　印张:24.25
字数:422 千字

ISBN 978-7-01-026792-0　定价:88.00 元

邮购地址 100706　北京市东城区隆福寺街 99 号
人民东方图书销售中心　电话 (010)65250042　65289539

国家社科基金后期资助项目
出版说明

后期资助项目是国家社科基金设立的一类重要项目，旨在鼓励广大社科研究者潜心治学，支持基础研究多出优秀成果。它是经过严格评审，从接近完成的科研成果中遴选立项的。为扩大后期资助项目的影响，更好地推动学术发展，促进成果转化，全国哲学社会科学工作办公室按照“统一设计、统一标识、统一版式、形成系列”的总体要求，组织出版国家社科基金后期资助项目成果。

全国哲学社会科学工作办公室

目　录

下　篇
宋明儒学诠释路径的个案研究
——以海外汉学、中国学为中心

绪　论

关于“宋学”“道学”“理学”“新儒学”等宋明儒学概念的源流及其意义演变,海内外学术界已有很多论述,但到目前为止,研究者的看法之间还存在很多分歧。这些分歧可以从历史与逻辑两个方面来考察。从历史源流来看,宋明儒学诸概念的意义和范围往往随着学术思潮的变迁而发生变化,从而出现了种种复杂情况;从逻辑结构来看,源自西方的宋明“新儒学”与中国传统的“宋学”“道学”“理学”等概念的意义及范围往往存在交叉和模糊不清的地方,因此必须予以清晰的界定。在此基础上,目前学术界对于海内外宋明儒学的诠释路径及其转型的研究尚有待系统深入的分析和总结。

第一节　先行研究述评

一、宋明儒学传统名称概念的研究

——“宋学”“道学”“理学”

首先来看“宋学”概念。关于“宋学”概念的历史演变。徐洪兴指出,明代嘉靖、隆庆(1522—1572)年间唐枢的《宋学商求》中最早使用了“宋学”名称,但真正严格意义上的“宋学”(与“汉学”相对的义理之学)概念则是清儒提出来的。[①] 关于“宋学”概念的意义范围,目前学界众说纷纭,莫衷一是。徐洪兴指出,目前学术界对于“宋学”的意义有三种不同的看法:其一是将“宋学”视作两宋三百年间所有学术文化之全部,包括文学、史学、哲学、艺术、宗教乃至科技等各个领域。这种“宋学”定义明显超出了学术思想的领域范围。如宋史专家邓广铭、陈植锷等人持此看法。[②] 其二是将“宋学”视作宋元明清时期与“汉学”相对立的义理之学。这在学术思想史研究

---

① 徐洪兴:《唐宋之际儒学转型研究》,《复旦中国哲学书系》,上海人民出版社 2018 年版,第 14 页。

② 邓广铭:《略谈宋学——附说当前国内宋史研究情况》,邓广铭等主编:《宋史研究论文集——1984 年年会编刊》,浙江人民出版社 1987 年版,第 1—19 页。陈植锷也指出,宋学是一个十分宽泛的概念,是一种跨越时代限制的庞大学术体系。陈植锷:《宋学通论》,《中国社会科学》1988 年第 4 期。

中比较常见(相当于本书中的广义“宋学”)。其三是将“宋学”理解成宋代理学(道学、新儒学,相当于本书中的狭义“宋学”)。这在哲学研究中比较常见。上述三种理解都有其依据,但总的来看,目前第二种“宋学”(与“汉学”对立)的理解和用法最为常见。① 朱汉民考察了“宋学”概念的历史发展脉络,按照外延将“宋学”概念分成四种观点:其一是指宋代创建的道学或理学学派;其二是指宋代以义理解经的经学学术形态;其三是指宋代建构并延续到元明清的一种新的学术范式、知识旨趣和学术形态;其四是指今人研究宋代历史文化的学术。② 朱汉民归纳的第一、第三种意义分别对应上述徐洪兴归纳的第三、第二种意义。朱汉民归纳的第二种意义是指宋代的义理之学,包括在徐洪兴归纳的第一种意义中。其归纳的第四种意义则是当代学者研究宋代历史文化所形成的“新宋学”,而非指历史上的“宋学”。姜鹏指出,从内容的角度来看,“宋学”有历时性(纵向)与共时性(横向)两个层面,从功能的角度来看,“宋学”是一种政治参与机制;第一种历时性秩序中的“宋学”概念,强调经典解释和儒学意义阐发,与“汉学”相对(相当于徐洪兴归纳的第二种意义);第二种共时性秩序中的“宋学”强调的是在宋朝统治范围内的学术文化成就(相当于徐洪兴归纳的第一种意义);第三种作为政治参与机制的“宋学”则强调宋代政治与学术之间的关系。③ 姜鹏所说的第三种“宋学”概念主要是基于学术思想与政治、社会之间的互动影响,是思想史与政治史的交涉概念,出现在当代中外史学界中,近年来其影响越来越大(如美国学者余英时及其弟子田浩都主张此种意义上的“宋学”)。此外,林乐昌认为“宋学”包括三个层次:第一层次包括文学、史学和经学;第二层次为义理之学;第三层次为理学(由理学又衍生出特指程朱学派的性理之学);进而指出“宋学”不是上述诸多学术层次中的某一个层次,而是整合上述三个形态层次,再加上目录学、校勘学、考据学等在内的、综合宋代儒学所有不同学术形态的总称。④ 林乐昌主张的“宋学”概念接近徐洪兴关于“宋学”的第一种意义,只是将其范围限定在学术思想领域之中。

其次来看“道学”概念。由于“道学”概念涉及儒释道三教,其意义演变较之“宋学”概念更为复杂,目前也是众说纷纭,莫衷一是。关于儒释道三

① 徐洪兴:《两宋道学概念及主题之考论》,张荣明主编:《人文与社会——文化哲学·宗教·文学》,上海社会科学院出版社2008年版,第134—136页。

② 朱汉民、王琦:《“宋学”的历史考察与学术分疏》,《中国哲学史》2015年第4期。

③ 姜鹏:《北宋经筵与宋学的兴起》,上海古籍出版社2013年版,第7—12页。

④ 林乐昌:《唐宋儒学转型略论》,单纯主编:《国际儒学研究》第18辑上册,九州出版社2011年版,第262—264页。

教中的道学概念。李玉诚指出，儒释道三教中都有“道学”名称，儒家“道学”名称首见于《论衡》，佛教的“道学”名称始于三国两晋时期，道教的“道学”名称始于南北朝时期，宋代新儒学的“道学”名称始于北宋并在宋代以后成为占据学术主流的学派概念，但在官方语境及部分佛道二教典籍中，“道学”一词仍可用来指称道家、道教和佛教。① 关于儒家的道学概念。徐洪兴指出，“道学”一词最早见于《礼记·大学》篇，指研讨学问；其后东汉王充的《论衡·量知篇》中的“道学”名称指儒学，即儒生传习“先王之道”的学问；后来到了《隋书·经籍志》中的“道学”则指道家道教；用“道学”来指称宋代儒学则是从北宋王开祖等人开始的；比王开祖稍早的柳开也曾使用“道学”一词，是相对于“禄学”而言；而真正用“道学”来指称宋代理学则是从程颐用它来表彰其兄程颢的学问开始的。② 梁山指出，宋代“道学”一词的内涵逐渐变窄，从指称达至大道并且兼含儒释道三教的学问，到指称由程门弟子表彰的洛学，最后指称程朱之学。③ 姜广辉指出，宋儒的“道学”观念源自唐代韩愈的“道统说”，而北宋中期的王开祖最早使用“道学”名称来指称“道统”之学。④ 卢子震着重分析了张载、程颐、朱熹对“道学”名称的使用，指出这反映了“道学”逐渐成为一种学术传承的学派名称，同时其内容及本质特征也不断地清晰化。⑤ 土田健次郎指出，宋代道学在其发展的初期只是用来指称“关于真正的道的学问”的普通名词，后来由于作为北宋五子殿军的程颐广收门徒并不遗余力地提倡和阐发道学，方才开始形成系统的学派——道学，程颐也成为道学的实际创始人。⑥ 田浩指出应该回到宋代道学的用法，注意道学从社会政治团体向思想学派的意义演变过程。⑦ 张晓宇受田浩的启发，考察了传统上被认为反道学的王安石新学在道学发展过程中的作用，指出道学话语的扩散和“道学”一词的发展是 11 世纪晚期知识分子政治努力的产物，从道教和佛教对道学的运用，到儒家对道学的

---

① 李玉诚：《“道学”观念新考》，《社会科学论坛》2020 年第 1 期。

② 徐洪兴：《唐宋之际儒学转型研究》，《复旦中国哲学书系》，第 5—9 页。

③ 梁山：《宋人“道学”与“理学”名称考辨》，《华夏文化》2017 年第 2 期。

④ 姜广辉：《宋代道学定名缘起》，《中国哲学》编委会主编：《中国哲学》第 15 辑，岳麓书社 1992 年版，第 243 页。

⑤ 卢子震：《论道学之名的形成及其含义的发展》，《河北大学学报（哲学社会科学版）》1999 年第 1 期。

⑥ ［日］土田健次郎：《道学の形成》，（東京）創文社 2002 年版，第 15、399—400 页。

⑦ Hoyt Cleveland Tillman（田浩），“A New Direction in Confucian Scholarship: Approaches to Examining the Differences between Neo-Confucianism and Tao-hsüeh”, *Philosophy East and West*, Vol. 42, No. 3 (Jul., 1992), pp. 455-474.

研究，新学学者在这一思想的链条中发挥了重要作用。①

再次来看“理学”概念。关于“理学”概念的意义演变。徐洪兴指出，“理学”概念最早由两晋南北朝时期的佛教徒使用，是指佛教中的义理、性理之学，后来到南宋被用来指称宋代开始形成的新儒学，并以“义理之学”为广义的“理学”，以“性理之学”为狭义的“理学”。② 如南宋黄震所谓“本朝理学”兼有“义理之学”与“性理之学”两种意义，在南宋时这两种意义同义互通，但明代以后“理学”逐渐偏向专指“性理之学”，并且以“义理”涵盖“性理”。③ 范立舟指出，南宋之后绝大多数学者所理解的“理学”都包括“心学”，而“道学”则从不涵盖“心学”，并且自20世纪80年代以来，“理学”概念的范围呈现不断扩大的趋势。④ 高明峰考察了“理学”概念的发展演变，指出“理学”既可以指称圣贤学说，也可以指称程朱一派的学术，还可以涵盖程朱与陆王学派，直至包括程朱理学、陆王心学以及气学、数学、新学与蜀学等在内的众多学术流派。⑤ 由于“道学”名称在历史上出现较“理学”为早，再加上“理学”既可指宋明理学，又可指程朱理学，所以冯友兰主张用“道学”来指称包括程朱理学与陆王心学在内的宋明新儒学思潮。⑥ 王茂对冯友兰的上述观点提出质疑，指出从思想史的实际情况及其历史称呼来看，北宋儒学复兴期间范仲淹及宋初三先生等人的学术可称为“义理之学”，北宋五子至朱熹的学术思想可称为“道学”，但元明清的程朱学应称为“理学”而不是“道学”，否则就与历史记载及学理内容相违背，因为从南宋后期开始“理学”名称就逐渐开始取代“道学”称呼而占据优势。⑦ 范立舟也指出《宋史·道学传》中的“道学”仅指周、程、张、朱之学，范围狭窄而不能包括理学与心学，从而批判了冯友兰以“道学”涵盖“理学”与“心学”的观点。⑧

① Hiu Yu Cheung(张晓宇),“The Way Turning Inward: An Examination of the ‘New Learning’ Usage of DaoXue in Northern Song China”, *Philosophy East and West*, Vol. 69, No. 1(2019), pp. 86-107.

② 徐洪兴:《唐宋之际儒学转型研究》,上海人民出版社 2018 年版,第 10—11 页。

③ 徐洪兴:《唐宋之际儒学转型研究》,上海人民出版社 2018 年版,第 13—14 页。

④ 范立舟:《理学名称与概念解析》,《华夏文化》2000 年第 1 期。

⑤ 高明峰:《关于“理学”概念的思考》,《宝鸡文理学院学报(社会科学版)》2009 年第 1 期。

⑥ 冯友兰:《略论道学的特点、名称和形式》,中国哲学史学会浙江省社会科学研究所编:《论宋明理学——宋明理学讨论会论文集》,浙江人民出版社 1983 年版,第 37—56 页;冯友兰:《通论道学》,《中国社会科学》1986 年第 3 期。

⑦ 王茂:《“道学”、“理学”称名考辨》,《安徽史学》1987 年第 1 期。

⑧ 范立舟:《理学的产生及其历史命运》,陕西人民出版社 2001 年版,第 3 页。

二、宋明新儒学概念的研究
——"Neo-Confucian(ism)"与"新儒家(学)"

关于宋明新儒学概念的源流及其意义，由于涉及西方创造的"Neo-Confucian""Neo-Confucianism"①概念及其传入中国后形成的中文"新儒家""新儒学"②概念的关系问题，情况比较复杂，主要有两种看法。我们分别称之为"耶教创造说"和"卜德翻译说"。

"耶教创造说"（西译中）如美国学者陈荣捷指出，"Neo-Confucianism"最早由17世纪天主教传教士使用，后来又被中国学者所采用，成为中国人的"新儒学"概念。③ 日本学者吾妻重二研究了17、18世纪"Neo-Confucianism"概念的早期原型，以及胡适（1917）、冯友兰（1922、1924）、戴遂良

① "Neo-Confucian"一般翻译为"宋明新儒家"，"Neo-Confucianism"一般翻译为"宋明新儒学"，但两者是同源派生词关系，往往又可混用，为方便起见，我们将它们合并为"Neo-Confucian(ism)"。相应地，也将"宋明新儒家"与"宋明新儒学"合并为"宋明新儒家（学）"。"Neo-Confucian"的派生词还包括"Neo-Confucianists"（直译为"宋明新儒家学者"）。

② 检索中国基本古籍库可知，中国古代也有"新儒学"（但无"新儒家"）的说法，如"《新儒学》陈京传略同"这一句反复见于（清）劳格、（清）赵钺撰：《唐尚书省郎官石柱题名考二十六卷卷首一卷附录一卷》，《续修四库全书》第747册，上海古籍出版社2002年版，第253、390、457、494页。但其所谓"新儒学"实际上是《新唐书·儒学传》的简称（陈京传见《新儒书》列传第一百二十五《儒学下》），并非一个专有名词，而且记录的是经学（汉唐章句训诂之学）的传承，与《史记·儒林传》是同一性质，与《宋史·道学传》（即新儒学中的程朱理学一派）存在本质不同，与西方创造的"新儒学"概念更不是一回事，总之，中国古代没有专门用来指称宋明理学的"新儒学"这一专有名词。因此，如果说Confucius（孔夫子）、Confucian（儒家）到底是本土还是外来概念还存在争议的话（详见本书上篇第二章），那么宋明"新儒家（学）"在耶稣会士来华之前无此学术概念，毫无疑问是源自西方。

③ 陈荣捷指出："西方哲学有新柏拉图主义（Neo-Platonism），以异于原本柏拉图主义（Platonism）。十七世纪天主教传教士来华，见宋明儒学与孔孟之学不同，因仿西方哲学历史之进程而称之为新儒学（Neo-Confucianism）。近数十年我国学人大受西方影响，于是采用新儒学之名，以代理学。于理学之本质无所变，而名目则新鲜也。同时又分理学为两派，一为程朱之学，仍称理学。一为陆王之学，谓之心学。"此段内容最早出自[美]陈荣捷：《理学》，韦政通主编：《中国哲学辞典大全》，（台北）水牛图书出版社1983年版，第494—495页。后来此条内容又原封不动地收入朱荣贵编辑的[美]陈荣捷：《宋明理学之概念与历史》，《中国文哲专刊》第9册，（台北）"中央研究院"文哲所，1996年，第286页。但学者引用陈荣捷这段话的出处几乎都是后出的《宋明理学之概念与历史》，没有追溯到最早《中国哲学辞典大全》中的原始出处。如陈来：《宋明理学》（第二版），"序"，华东师范大学出版社2004年版，第2页。目前见到的唯一例外出自罗义俊：《宋明理学的几个问题与牟宗三的通释——读牟先生〈心体与性体〉、〈从陆象山到刘蕺山〉续》，牟宗三：《从陆象山到刘蕺山》附录，上海古籍出版社2001年版，第382—383页。近年来吴震又重申了陈荣捷关于"新儒学"概念起源的上述看法。参见吴震：《宋明理学视域中的朱子学与阳明学》，《哲学研究》2019年第5期。

(1924)、霍金(1936)和休斯(1947)在他们著作中的使用。① 德国学者苏费翔(Christian soffel)考察了17至19世纪"Confucian(ism)""Neo-Confucian(ism)"等西方术语的发展,包括它们的学术背景和本义,并描述了这些术语从否定意义到肯定意义的转变过程,进而探讨了西方学者对宋明新儒学的看法和变化,反思了这些术语的现代意义和合理性。②

"卜德翻译说"(中译西)如刘述先指出,中文"新儒学"概念起自冯友兰(转述陈荣捷语),到了20世纪50年代,卜德翻译出版冯友兰的《中国哲学史》时,又将"道学"译成"Neo-Confucianism",反过来中国学者又接受了"新儒学"概念。③ 蔡仲德修正了刘述先的上述看法,指出在卜德之前,冯友兰在他的中英文著作中已经使用了中文"新儒家"或英文"Neo-Confucianism"概念。④ 刘述先后来注意到蔡仲德的考证以及冯友兰在其英语博士论文 *A Comparative study of life ideals*(1924)和中文著作《人生哲学》(1926)中使用的"Neo-Confucianism"和"新儒家"概念。但在刘述先看来,这并不意味着"新儒家(学)"概念在当时已经成为一个流行的学术术语,因

① 原文见[日]吾妻重二:《アメリカの宋代思想研究——最近の状況》,《關西大學文學論集》第46卷第1期,1996年。译文见[日]吾妻重二:《美国的宋代思想研究——最近的情况》,[美]田浩编:《宋代思想史论》,社会科学文献出版社2003年版,第7—29页。

② [德]苏费翔:《创新与宇宙论:"(Neo-)Confucianism"一词早期的用法》,《湖南大学学报(社会科学版)》2020年第3期。

③ 刘述先在1989年写作的《关于"新儒学"的名称》一文中指出:"宋明儒学过去有称道学、理学者,陆王的一系列则称心学,但并没有'新儒学'这样的名称,我怀疑这个名词是在西方流行之后倒流回中土来的。我把这样的意见向陈荣捷先生求证,他说这个名词可能是冯友兰开始使用的。我翻查冯的哲学史的中文本,发现他讲宋明儒学主要用的是'道学'一词,在行文之中,只有在几个很不显眼的地方用了'新儒学'一词,而且并不是什么专门用语,意思只是说宋代有了一种新的儒学罢了! ……卜德把中文的'道学'一词翻译成为了英文的'新儒学'(Neo-Confucianism),而且用大字排印在显著的篇章的标题之内。卜德的书是在20世纪50年代初期出版的,陈荣捷先生差不多在同时期出版讲当代中国宗教思潮一书也用这个名词,到了张君劢(Carsun Chang)《新儒家思想的发展》两大卷在1957年、1962年相继出版之后,就变成了大家接受的名词,而没有人去追问它的根源了。卜德翻译冯的哲学史在此显然扮演了一个重要的角色。"参见刘述先:《关于"新儒学"的名称》,《理一分殊》,上海文艺出版社2000年版,第85页。上述"新儒学"概念起源的"卜德翻译说"在学界影响很大,被中外学者们广泛采纳。参见郭齐勇:《现当代新儒学思潮研究》,人民出版社2017年版,第1页。[澳]梅约翰、杨风岸、王泽璇:《深研儒佛之道——梅约翰教授访谈》,黄卓越主编:《汉风》第1辑,五洲传播出版社2017年版,第32页;徐洪兴:《唐宋之际儒学转型研究》,上海人民出版社2018年版,第16—17页。

④ 蔡仲德引用了刘述先关于"新儒学"名称的上述考证,但将其误为刘述先的另一篇文章《平心论冯友兰》(作于1991年)中所说了。此外,目前看到的论著中几乎都延续了这一讹误。蔡仲德进而指出冯友兰于1942年发表在《亚洲研究》第7卷第2期上的英文论文"The Rise of Neo-Confucianism and Its Borrowings from Buddhism and Taoism"(《新儒家的兴

为冯友兰一直将“Neo-Confucianism”概念视作一个方便西方人使用的术语，加上“新儒学”在汉语中的含义过于宽泛，所以冯友兰在20世纪30年代写作《中国哲学史》时，仍然使用传统的“道学”概念；总之在20世纪50年代以前，“Neo-Confucianism”概念的使用并不广泛；只是后来通过卜德的翻译，“Neo-Confucianism”一词被张君劢、陈荣捷、狄百瑞等学者采用，反过来又影响了中国学术界，方才真正流行起来，并成为海内外学术界通行的术语。① 吾妻重二也指出，虽然“Neo-Confucianism”概念在西方早已出现，但它的广泛使用要等到卜德翻译冯友兰的《中国哲学史》出版之后，而哥伦比亚大学教授狄百瑞和他的研究团队在这一概念的普及上起到了决定性作用。②

陈来对上述两种看法都提出质疑，一方面针对“卜德翻译说”，指出冯友兰在他1931年出版的《中国哲学史（上）》中已经使用了“新儒学”一词，但从冯友兰的表述可以看出，这个概念在此之前就已出现过，一方面又针对“耶教创造说”（陈荣捷），认为没有证据表明“新儒学”概念在中国学术界的使用是直接来自20世纪30年代的西方。③ 此外，有研究者将清末民初的文化保守主义者、现代新儒家的先驱辜鸿铭在1924年旅居日本期间发表的英文讲演《中国文明的历史发展》中使用的“新儒学”视为最早的中文用例。④ 但其依据的却是1996年出版的中译本，中译本依据的又是1941年

起及其所受佛教和道教的影响》），以及1948年出版的著作 *A Short History of Chinese philosophy*（《中国哲学简史》）中都使用了英文“Neo-Confucianism”（宋明新儒学）一词，认为这些都是在卜德翻译的《中国哲学史》出版（1952）之前。蔡仲德还指出1932年5月冯友兰在《清华周刊》第37卷第9、10期合刊本上发表的《韩愈李翱在中国哲学史中之地位》一文中已经15次使用“宋明新儒家”一词。参见蔡仲德：《冯友兰先生年谱初编》，《三松堂全集》附录，河南人民出版社1994年版，第121、258页。蔡仲德又指出冯友兰在其20年代初期发表的“Why China has no Science”一文中已经使用了“Neo-Confucianism”概念。参见蔡仲德：《冯友兰与“新儒学”一词在中国》，《东方文化》1995年第3期。

① 参见刘述先：《冯友兰与“新儒学”》，《二十一世纪》2001年第5期。刘述先：《论儒家哲学的三个大时代》，香港中文大学出版社2008年版，第72—74、188—189页。Shu-hsien Liu（刘述先），“Chapter 12 Neo-Confucianism（I）：From Cheng Yi to Zhu Xi”，in Bo Mou（牟博），*History of Chinese philosophy*，London，New York：Routledge，2009，pp. 365，366.

② 原文见［日］吾妻重二：《アメリカの宋代思想研究——最近の状况》，第19—41页。译文见［日］吾妻重二：《美国的宋代思想研究——最近的情况》，《宋代思想史论》，第7—29页。

③ 参见陈来：《宋明理学》（第二版），“序”，第1—2页。陈来：《中国宋明儒学研究的方法、视点和趋向》，《浙江学刊》2001年第3期。方旭东重申了陈来关于“新儒学”名称来源的上述看法。参见方旭东：《新儒学义理要诠》，生活·读书·新知三联书店2019年版，第1页。

④ 参见薛鹏志、高令印：《辜鸿铭最早提出“新儒学”“儒学三期”“情欲”等（上）——附论“理学”是“道学”和“心学”的合称》，《朱子文化》2019年第4期；辜鸿铭：《中国文明的历史发展》，《辜鸿铭文集》下卷，海南出版社1996年版，第300—301页。

出版的日本萨摩雄次编《辜鸿铭论集》(译自英文原稿),因此这个例子其实是一个英文"Neo-Confucianism"用例,而不是中文"新儒学"用例,而且在时间上也晚于胡适、冯友兰的使用。

关于"宋学""道学""理学""新儒学"等宋明儒学概念之间的相互关系(思想体系)。美国学者田浩指出:"11、12世纪不断演化的环境表明对于中心范畴必须做出更细致的区分,'宋学'应该用作一个非常宽泛的范畴,代表11世纪40及50年代间儒学复兴的倾向,而道学只用于指宋学发展中的一个主要部分。其他一些概念,如理学与心学,应该用来区分道学中更精细的宋代学派,以避免由于《宋史》以道学指示实质上的理学而引起的混乱。'新儒学'(Neo-Confucianism)这一概念可以在所有的三个层面及其他另外的层面上使用,它甚至比宋学更为宽泛,因而新儒学的使用是成问题的。新儒学或许应被留作宽泛地划定自宋至清的'新儒家'们。即使如此,这一概念的使用还很麻烦,因为所有这些不同的'新'儒家们都(从儒家的分化来看相当合理地)宣称自己为儒家或孔子之道的追随者。"①一方面,田浩将"宋学""道学""理学"的序列视作父子概念的关系,即宋学包括道学,道学又包括理学,并强调道学的动态历史发展,反对将"道学"直接等同于程朱理学或陆王心学。这与上述冯友兰用"道学"指称包括程朱理学与陆王心学在内的性理之学(宋明理学)的观点不同(虽然冯友兰与田浩都用"道学"替代西方"新儒学"概念)。另一方面,田浩认为由于西方"新儒学"概念更强调新旧儒学的不连续性,因而不符合注重连续性的中国思想传统,同时在意义上也含糊不清,因为"新儒学"与"宋学""道学""理学"等传统宋明儒学概念之间都存在对应关系,所以无法准确表达出宋代儒学的特色。田浩基于其重视思想与政治文化交涉的研究立场,也不主张使用中文学界广泛使用的"理学"概念来指称宋明道学;因为在田浩看来,"道学"概念强调学者试图用政治影响来改良社会和政府的方面,"理学"概念则是更侧重于抽象和形而上的哲学概念;虽然"理学"概念经过长期演变后成为更常用的术语,但它既可指狭义的程朱理学,又可指称唐代自韩愈以来的所有儒家思想学说,因此"理学"概念的范围也不清晰;田浩强调,"新儒学""理学""道学"概念不可混为一谈,否则不仅混淆了不同学派之间的区别,也忽视了儒家思想在宋代及之后的发展变化过程。②

① [美]田浩:《功利主义儒家——陈亮对朱熹的挑战》,姜长苏译,江苏人民出版社1997年版,第152—153页。

② [美]田浩:《朱熹的思维世界》(增订版),江苏人民出版社2011年版,第3—4页。

由于上述西方创造的“新儒学”概念与传统宋明儒学概念之间的复杂关系,又引发了围绕着“新儒家(学)”概念合理性及其背后所反映的宋明儒学诠释路径的论战。这场论战最早在20世纪90年代的美国宋代思想史研究界中展开,分别以提倡使用“新儒学”概念并注重阐发哲学观念及其现代意义的哥伦比亚大学教授狄百瑞(Wm. Theodore de Bary,1919—2017,又名狄培理)与提倡使用“道学”概念并注重思想史与社会史交涉研究的亚利桑那州立大学教授田浩(Hoyt Cleveland Tillman,1944—)为代表。田浩由于上述“新儒学”概念意义和范围的不确定性,主张用中国传统的学派概念“道学”(Tao-hsüeh)来取代西方创造的“Neo-Confucianism”(“新儒学”)概念。狄百瑞则指出,运用儒学或新儒学这些通用术语的目的恰恰是因为它们具有特定的焦点或重心,而无须定义讨论的外部界限,因此主张从更广泛的意义上来理解“Neo-Confucianism”概念,维护“新儒学”在宋明思想史研究中的主体地位,并主张“新儒家(学)”与“道学”等概念可以并行不悖。正如吾妻重二所指出的,双方的争论表面上是概念名词之争,实质上反映的是在宋代思想研究上哲学史(观念史)与思想史(政治、教育、地域文化)的研究视角的重大分歧。① 田浩认为在思考儒家历史问题的过程中,除了关注核心价值和既定概念之外,代表特殊价值的争论及其社会政治、文化背景也具有重要意义,强调应当避免因为过度关注“新儒学”(代表特殊价值争议,如有神论与无神论)或“新儒家正统”(体现核心价值观的程朱理学道统)而忽视了思想史上的丰富多样性。狄百瑞则指出,“Neo-Confucianism”概念由来已久并且忠实地反映了宋代是儒学发展的新阶段及其与前代既有连续性又有非连续性的事实,认为突出“新儒学”(性理学)的地位,并不意味着忽略宋明思想史的复杂历史脉络及其全貌。②

---

① [日]吾妻重二:《美国的宋代思想研究——最近的情况》,[美]田浩编:《宋代思想史论》,杨立华、吴艳红等译,社会科学文献出版社2003年版,第14—15页。

② 田浩与狄百瑞的上述论争详见他们二人在1992—1994年围绕此问题往复讨论的以下四篇文章:Hoyt Cleveland Tillman(田浩),“A New Direction in Confucian Scholarship: Approaches to Examining the Differences between Neo-Confucianism and Tao-hsüeh”, pp. 455-474; Wm Theodore de Bary,“The Uses of Neo-Confucianism: A Response to Professor Tillman”, *Philosophy East and West*, Vol. 43, No. 3 (Jul., 1993), pp. 541-555; Hoyt Cleveland Tillman,“The Uses of Neo-Confucianism, Revisited: A Reply to Professor de Bary”, *Philosophy East and West*, Vol. 44, No. 1 (Jan., 1994), pp. 135-142; Wm Theodore de Bary,“Reply to Hoyt Cleveland Tillman”, *Philosophy East and West*, Vol. 44, No. 1 (Jan., 1994), pp. 143, 144. 上述四篇文章中前两篇已被翻译为中文出版,分别见[美]田浩:《儒学研究的新方向——对“新儒学”与“道学”之区别的考察途径》,张聪、姚平主编:《当代西方汉学研究集萃(思想文化史卷)》,上海古籍出版社2012年版,第1—22页;[美]狄百瑞:《新儒学一词的使

三、宋明儒学诠释路径的研究

关于宋明儒学的诠释路径问题，美国学者白诗朗指出，当代英语世界中的儒学研究大致包括三种类型：制度性的研究、生活——时代性的研究、伦理——宗教性的研究（当然，这只是大致的划分，很多论著往往不局限于某一研究类型）；首先，制度性的研究主要关注儒学传统与东亚社会现实的相互作用，可以是针对正式的制度史（如墨子刻的《摆脱困境》、戴纳林的《嘉定的保皇党》等），也可以关注整个思想流派的发展（如艾尔曼的《从理学到朴学》），此外还可以关注个人、思想和社会历史的相互作用（如陈荣捷的《朱子新探索》）。其次，生活——时代性的研究是西方汉学界最为重要的一种类型，为其他类型的研究提供了基础，主要关注某位思想家的思想性传记，并试图阐明其思想、行为和生活中的问题；相关著作如蔡涵墨的《韩愈》、罗文的《叶适的思想和生活》、彼德森的《方以智与思想变迁的动力》、勃薇斯黛尔的《转向新儒学：邵雍论知识及实在的象征》、布莱克的《王夫之哲学中的人及人性》、田浩的《功利主义儒家：陈亮对朱熹的挑战》、孟旦的《人性的肖像》、塔可尔的《日本新儒学的道德与精神修养：贝原益轩的思想与生活》等；近些年来第二种类型中又出现新的趋势，如包弼德的《斯文：唐宋的思想转向》、田浩的《朱熹的思维世界》（英文版原名 *Confucian Discourse and Chu Hsi's Ascendancy*，直译为《儒学话语与朱熹地位的提升》）中以更加综合性的思想史视域来探讨儒学在晚唐和两宋的兴起，阐明了这一重大历史阶段的多样性和内在丰富性，同时包弼德和田浩也承认唐宋儒学发展的精神和宗教向度。最后，伦理——宗教性的研究是关于儒家的宗教、伦理或精神性向度的研究（包括外在研究和内在研究），注重描述儒家传统的发展及其对于当代全人类思想的相关性，其意图在于传播、改革和更新儒家传统；相关著作如狄百瑞的《中国的自由传统》《东亚文明——五个阶段的对话》《为己之学》、杜维明的《中庸》、柯雄文的《道德创造力的向度：典范、理则和理念》、芬格莱特的《孔子：即凡而圣》、成中英的《儒家与新儒家哲学的新向度》、南乐山的《道与魔》、郝大维和安乐哲的《孔子哲学思微》，以及罗

用——回应田浩教授》，张聪、姚平主编：《当代西方汉学研究集萃（思想文化史卷）》，上海古籍出版社 2012 年版，第 23—38 页。狄百瑞和田浩等人的争论从“新儒学”的用法开始一直深入到对象、内容及方法等诸多方面。相关评论参见卢睿蓉：《海外宋学的多维发展——以美国为中心的考察》，中国广播电视出版社 2012 年版，第 190—196 页。张聪、姚平主编：《当代西方汉学研究集萃（思想文化史卷）》，上海古籍出版社 2012 年版，“前言”，第 1—19 页。陈曦：《田浩教授与宋代思想史研究》，《唐宋历史评论》2020 年第 1 期。

迪·泰勒的《儒家思想的宗教向度》等；第三种类型还包括儒耶交涉和对话的比较研究，这是将儒学（儒教）和基督教作为宗教表达的多样文化模式的比较分析（而非基督教会在中国的发展史）；相关著作如秦家懿的《儒与耶：一个比较研究》、谢和耐的《基督教对中国的影响》、史景迁的《利玛窦的记忆之殿》、孟德卫的《耶稣会士的安顿和汉学的起源》、杨意龙的《儒学与基督教：初次相遇》，以及史华慈的《古代中国的思想世界》等。① 此外，美国学者 Th.H.康指出，西方儒学研究的一个突出特征是比较研究，即就各种主题把儒学同西方其他哲学进行比较；另一突出特征是从儒家哲学和宗教的范围出发，扩展到心理学、社会学、政治学、经济学、艺术、妇女、现代性问题等方面的研究。② 研究范式的转型也反映了思想立场的转变。如比利时学者魏希德指出，近年来宋史研究中兴起的对于历史语境中地方宗教及政治文化的互动影响的考察，可以有效地克服以西方价值和概念研究中国思想史所产生的弊病。③ 随着学术交流的深入、研究视域的扩展及方法论的更新，近年来海内外学术界相互影响及融合的趋势更加明显。

在国内学界，关于哲学史的研究路径有"纯化"与"泛化"的区分。如萧萐父一方面指出哲学史应当与思想史、学说史的研究区分开来，将伦理、道德、宗教、政法等非哲学思想的资料筛选出去，使哲学史"纯化"为哲学认识史，以便揭示哲学矛盾运动的特殊规律；一方面又指出由于哲学与文化存在密不可分的依存关系，文化是哲学的土壤，哲学是文化的灵魂，因此主张哲学史研究又可以"泛化"为哲学文化史，这样更能反映人的智慧创造和自我解放的历程；总之，在哲学史的研究中，博与约、纯化与泛化、微观与宏观、纵向与横向等不同面向可以结合起来，相互补充。④ 陈仁仁以萧萐父的上述观点作为哲学史研究的方法论原则，探讨了胡适《中国哲学史大纲（上卷）》中哲学史研究的"纯化"与"泛化"的表现及其得失，指出胡适一方面将逻辑学（名学）方法作为哲学方法，主张哲学方法论与认识论、逻辑学的同一，体现了中国哲学史研究的"纯化"，另一方面又扩大了哲学内部以及与哲学密切相关的社会文化史方面的论述，从《先秦名学史》中仅限于名学和逻辑史扩大到《中国哲学史大纲（上卷）》中兼谈宇宙论、人生哲学、教育哲学、政治

① ［美］白诗朗：《儒家宗教性研究的趋向》，彭国翔译，《求是学刊》2002 年第 6 期。

② ［美］Th.H.康：《西方儒学研究文献的回顾与展望》，衣俊卿译，《国外社会科学》1990 年第 10 期。

③ ［比］魏希德、刘成国、李梅编译：《美国宋史研究的新趋向——地方宗教与政治文化》，《中国史研究动态》2011 年第 3 期。

④ 萧萐父：《哲学史研究中的纯化和泛化》，《社会科学家》1989 年第 6 期。

哲学和宗教哲学，进而从以哲学史为核心的文化史泛化到一般思想史和学说史（如胡适的《中国中古思想史长编》及《中国中古思想小史》）；陈仁仁最后强调，“纯化”与“泛化”及其相互交融是中国哲学史学科得以成立与发展的前提，没有“泛化”的“纯化”往往流于空洞，而没有“纯化”的“泛化”往往失之浅薄，只有将两者融合起来，才能真正推动中国哲学史学科的进步和发展。① 吴根友继承萧萐父的方法论立场，将“纯化”与“泛化”结合起来，发掘了清代哲学的形上学——“道论”思想，从“古典人文知识增长”的角度揭示了清代学术，尤其是考据学的思想史意义，进而对现代性的宏大叙事的观点进行了辨析，并从学术研究方法和学术形态变化的角度阐发了侯外庐、萧萐父的“明清早期启蒙说”。② 以上所述虽然不是以宋明儒学为对象的专题研究，但“纯化”与“泛化”作为哲学史研究中的一般方法论原则当然也适用于宋明儒学的研究。事实上，本书中所归纳的宋明儒学诠释路径也可以纳入“纯化”与“泛化”的框架中加以分析。其中，哲学史的诠释路径（一般将“新儒学”视为宋明理学或宋明道学）对应“纯化”，而宗教观念的诠释路径（一般将“新儒学”视为程朱理学）和思想文化的诠释路径（一般将“新儒学”视为“宋学”）对应“泛化”。

第二节　研究内容与研究方法

一、研究内容

综上所述，目前海内外学术界对“宋学”“道学”“理学”“新儒学”等宋明儒学名称概念的源流、意义及其关系的认识还存在很多分歧。而对于田浩与狄百瑞围绕着“Neo-Confucianism”（“新儒学”）和“道学”（“宋学”“理学”）概念的争论，目前学界的研究也基本停留在对双方立场、观点的表面描述上，对产生这一争议的历史渊源及其学术意义还缺乏深入的探讨，同时对宋明儒学的诠释路径还有必要进行全面系统的研究。

由上述宋明儒学的概念源流、意义、关系及其诠释路径的问题意识出发，在本书上篇中，笔者从历史脉络与逻辑结构（思想体系）两个方面出发考察了中国传统“宋学”“道学”“理学”概念与西方“Neo-Confucianism”“新

① 陈仁仁：《“纯化”与“泛化”：以胡著哲学史为考察中心》，《中山大学学报（社会科学版）》2020年第1期。

② 吴根友：《再谈哲学史研究的“纯化”与“泛化”》，《哲学分析》2016年第5期。

儒学”及其前身“Confucius”“Confucian(ism/ist)”,以及相关的“New-Confucian(ism)”“Modern/Contemporary Neo/New-Confucian(ism)”“现(当)代新儒家(学)”概念的意义演变及其相互关系。由于“新儒学”与“宋学”“道学”“理学”的交涉关系恰好对应着宋明儒学诠释中的主要路径,而这也是田浩与狄百瑞争论“新儒学”概念合理性的深层原因。笔者试图在归纳分析海内外宋明儒学研究的基础上,就宋明“新儒学”的概念合理性与诠释路径做出总结。在本书下篇中,笔者以艾儒略、伊藤仁斋、岛田虔次、狄百瑞、楠本正继、冈田武彦、田浩为典型案例,对明末清初以来海外汉学、中国学的宋明儒学诠释进行了个案研究,分别对应耶儒交涉、汉学之争、观念史、宗教史、哲学史、文化史、思想史等诠释路径,以详细展开上篇总结的宋明儒学诠释路径。

在具体内容上,本书具有以下特色:

第一,本书是对宋明儒学的名称概念与诠释路径的全面系统研究,尤其关注海外汉学、中国学的相关研究,涉及海内外众多学者及其文献。笔者一方面对研究中所涉及的中外文献原典(除了中文之外,还包括大量英语、日语等外语原典文献)进行了深入研读和分析,以支撑本书的研究;另一方面广泛吸收了包括中国(大陆及港台)、日本、韩国及欧洲、美国学界与本书相关的研究论著,其中有大量近年来发表或出版的最新研究成果,并且加强了与古人及今人的对话,充实了本书的内容,从而确保其学术前沿性。本书虽然以欧美和日本学界为重点考察对象,相应的外语主要是英语和日语,但也考察了其他语种的研究成果,如上篇第三章中多处引用了拉丁文的成果(《中国哲学家孔夫子》),此外还引用了韩语、德语及法语的相关研究成果。本书的注释中直接引用和论述的原典文献及其相关研究成果达700种以上。对于研究中涉及的大量学界未翻译过的外文文献(以英语、日语为主),笔者逐一将其翻译出来并加以校对,确保准确无误。

第二,笔者在本书中深入探讨了自近代以来,伴随着汉学研究的视野立场从宗教观念、哲学义理向思想文化领域的扩展,“Neo-Confucianism”概念的意义范围从西方传教士那里用来指称程朱理学(注重宗教观念的阐发),扩大到现代学术界中用来指称道学(注重哲学义理的阐发),再进一步扩大到当代学术研究中用来指称宋学(注重思想文化的阐发)的转变过程。指出宋明新儒学概念意义的变化与宋明儒学诠释路径的转型大体同步,在价值上体现了中西思想文化的交涉融合及海外汉学、中国学的诠释立场从西方中心主义到中国中心主义、从一元到多元的转变。

第三,从研究内容的逻辑结构出发,本书采取上篇与下篇的平行结构。

其中上篇主要处理宋明儒学的名称概念问题，包括中国传统的“宋学”“道学”“理学”概念、源自中国并传至东亚的“朱子学”“阳明学”概念以及源自西方的“Neo-Confucian(ism)”“宋明新儒家(学)”概念的考察。这部分内容是本书中最有新意的部分，可以说是目前海内外学界对这一主题最为系统的研究。在研究过程中笔者又发现了不少新的问题，并对其进行了详细探讨。如作为“Neo-Confucian(ism)”概念前身的“Confucian(ism)”概念的源流意义，与之密切相关的“New-Confucian(ism)”“Modern/Contemporary Neo/New-Confucian(ism)”“现当代新儒家(学)”概念的源流、意义演变及其与“Neo-Confucian(ism)”“宋明新儒家(学)”概念的交涉关系，以及“Neo-Confucian(ism)”概念的合理性争议等。

第四，在本书下篇中，笔者虽然将研究的范围限定在海外汉学及中国学(但将其与中国学界进行了比较)内，重点讨论了以艾儒略(西方耶稣会士)、伊藤仁斋(日本古学派)为代表的早期汉学家，以及岛田虔次、狄百瑞、楠本正继、冈田武彦、田浩这五位现当代海外中国学家。但所选取的对象都是宋明儒学研究领域中具有代表性的著名学者，相信已经可以展现海外汉学、中国学领域宋明儒学诠释的主要路径。此外，在上篇探讨宋明儒学的名称概念时也集中探讨了使用宋明儒学概念的古今中外学者(除了下篇重点论述的学者之外，还包括欧美的众多传教士、日本学者冈仓天心、帆足理一郎、沟口雄三，中国的胡适、冯友兰、牟宗三、陈来、吴震、葛兆光、何俊，美国的孟德卫、陈荣捷、余英时、包弼德等人)的宋明儒学诠释。因此，本书下篇各章中集中论述的学者数量虽不多，但在上篇及下篇的行文中论述的学者不下数十人，基本都是具有典范意义和重大影响的海内外著名学者，并且充分吸收了海内外的相关研究成果。

需要指出的是，本书中之所以将“汉学”与“中国学”并列，是因为笔者依据严绍璗等人的观点对“汉学”与“中国学”进行了区分。即将欧美、日本各国在工业文明建立之前对中国文化的研究称为“汉学”，将在各国的近代文化确立过程中开展的对中国文化的研究称为“中国学”。“汉学”的基本特征是“主客合一”。即汉学家们往往把中国文化作为“主体”意识形态的相关材料加以吸收并转化为其自身的文化。如近代工业文明之前的日本(江户时代)、欧洲(启蒙时代，参见本书上篇第二章)等都曾大力吸收中国文化并将其转化到自身的传统中，由此中国文化也获得了世界性的意义并对这些国家的文明进程和文化发展产生了重大影响。“中国学”的基本特征则是“主客相分”。即中国学家们一般将中国文化作为世界文化的一个类型而存在，即只是作为研究的客体而存在，同时并存的还有像“印度学”

“埃及学”乃至“日本学”等等。研究者一般并不把自己的研究对象作为意识形态的材料加以吸收(如美国中国学家田浩所持“旁观者”的客观立场即是其典型)。① 根据这种区分,本书下篇讨论的七位主要学者中,艾儒略、伊藤仁斋可称为“汉学家”,其研究属于海外汉学,而岛田虔次、狄百瑞、楠本正继、冈田武彦、田浩可称为“中国学家”,其研究属于海外中国学。当然,“汉学”与“中国学”的这种区分并不是绝对的,在很多情况下两者可以通用,以上所说也只是一家之言,目前在学界仍然存在争议。如现当代新儒家学者(如狄百瑞)的宋明儒学诠释就不乏将其作为意识形态的材料加以吸收的意图。因此上述以“主客合一”和“主客相分”的特征来区分汉学与中国学也不是绝对的。尤其“汉学”这一称呼由来已久且更为通行,所以笔者在行文中有时也按照学界的惯例用“汉学”来赅举“中国学”。事实上,从传统“汉学”到近代“中国学”的转型,其深层的原因在于国家的利益导向、研究者的情报来源、从业背景和社会科学研究思路等方面的变化,导致研究范式从研究对象、主题、方法和学科视角诸方面都发生了深刻变化。即海外对中国的研究从传统的文史哲领域延伸到现当代的研究,并以社会科学及多元学科的研究方法探讨中国课题,突显了人文学科面对时代变迁的挑战而迈向多元化的发展。② 从价值取向上来看,这种研究范式的转型包含了从西方中心取向到中国中心取向的转变。中国中心取向注重中观分析和内部观照,以期在多元世界中发现中国的独特性,代表了海外中国研究的未来趋势。③

二、研究方法

本书基于对宋明儒学原典文献及古今中外相关研究成果的深入研读,采用宏观与微观相结合的方式,从比较的视域出发研究宋明儒学概念的演变及其关系,以及宋明儒学的诠释路径。内容上主要包括海内外汉学及中国学的相关研究,尤其关注耶儒交涉、汉宋之争、中日比较、中西比较等方面。

在方法上,本书的研究建立在对宋明儒学的名称概念、思想体系及其诠释的微观、个案研究基础上,力图在重点问题上有所突破的同时,又能够从宏观上把握宋明儒学的发展脉络、义理框架及诠释路径。本书力求将微观

① 严绍璗:《我对国际 Sinology 的理解和思考》,《国际汉学》2006 年第 1 期。

② 李焯然:《从“汉学”到“中国学”》,《光明日报》2015 年 4 月 14 日。

③ 余江、马兰州:《从汉学到中国学:研究范式的转型》,《国外理论动态》2014 年第 10 期。

与宏观、个案与整体的分析，以及文献解读与理论阐发有机结合起来。对于宋明儒学的名称概念问题（见上篇），在大量文献细节考证的基础上，从历史上的发展演变与中西思想的交涉会通出发进行了通盘的理论考察。对于宋明儒学的诠释路径问题（见下篇以及上篇的第七、第八章等），在个案探讨的基础上进行了通盘的考察，梳理出了一条明末清初以来宋明儒学诠释的发展脉络，以及几条主要的诠释路径（见上篇的第八章与下篇的小结，以及本书最后的结论）。

本书遵循逻辑与历史相统一的原则，力图将文献考据、思想交涉、哲学诠释及其比较的研究有机地结合起来，使哲学诠释立足于文献并从学者思想的内在理路出发，根据具体情况或采取本体论、心性论、工夫论的分析框架，或以学者的思想宗旨、问题意识为纲领，或采用概念范畴体系的分析，或者在不同思想体系之间进行比较。由于宋明儒学及其研究的发展离不开时代背景及学术思潮的影响，并且关涉到东亚近世儒学、耶儒思想交涉、现当代新儒学思潮的兴起乃至儒家思想的现代性转化等方面，因此笔者注意将研究对象置于思想史的背景中加以考察，并且注意不同思想体系之间的互动影响。

本书不仅关注“是什么”即事实的描述，还力求探讨“为什么”及“价值指向”的问题。为此，笔者在本书各章节中处理问题时都注意探讨其渊源背景及价值意义所在，如对近代以来宋明儒学诠释从宗教、哲学向社会文化的转型问题，以及 Neo-Confucianism 概念意义从程朱理学到道学再到宋学的意义扩大问题都进行了探讨，并将两者结合了起来，指出宋明新儒学概念意义的变化与宋明儒学的诠释路径的转型大体同步，而在价值上则体现了中西思想文化的交涉融合及汉学的诠释立场从西方中心取向到中国中心取向、从一元诠释到多元诠释的转变。这样就交代了本书中所处理问题的来龙去脉，同时也阐明了其历史意义和现代价值，从而深化了本书的内容主旨。

本书在内容上主要属于哲学史、思想史的研究，是对目前宋明儒学诠释路径的系统总结和评论，因此与目前学界力图进一步发展中国哲学的“创造性解释”的目的和问题意识有所不同。如王宝峰在其《未来中国哲学导论：范式与方法论》中论述了中国哲学“创造性解释”等五大学理，并针对“选择而叙述之范式”（如胡适、冯友兰开创的中国哲学史范式）导致中国哲学学术研究缺失“中国效度”和“哲学效度”的问题，主张在“谢无量范式”的基础上，从“子学路径”“以西解中”向“经学路径”“以中化西”进行“范式转换”，并提出“‘述古’态度”“周文轴心”“中国哲学诠释学五层次理论”等方法论,意图实现中国哲学学科的创造性转化和创新性发展。① 王宝峰论述的对象是整个中国哲学,而其内容局限在中国学界(包括大陆及港台)而基本未涉及海外中国学的研究成果,如其论述“中国哲学诠释学大纲”的部分首先论述了傅伟勋的“创造的诠释学”、成中英的“本体诠释学”及刘笑敢的“定向诠释学”、黄俊杰的“中国诠释学的三个面相”及林安梧的“造乎其道”的诠释学、汤一介等学者的“中国解释学”,最后提出其“中国哲学诠释学五层次理论”:整理→解决→理解→解释→实践。可知王宝峰关注的是中国哲学的发展及其研究的方法论问题。本书则以宋明儒学为主要研究对象,关注的焦点是宋明儒学的诠释路径而不是方法论问题(笔者将方法论置于诠释路径之下)。打个比喻来说,本书是要总结宋明儒学的诠释中有哪些路径(道路)可以走,确定路径(道路)之后的下一步才是具体用什么方法或工具来走。因此本书在内容上与王宝峰的研究恰好形成互补关系。

总之,本书不仅是目前海内外学界对于宋明儒学的名称概念与诠释路径的最新研究成果,并且致力于海内外学术界的对话与理论体系的创新,对于中国哲学史、思想史的建构与诠释而言具有相当的参考价值。

① 王宝峰:《未来中国哲学导论:范式与方法论》,西北大学出版社 2018 年版。

上　　篇

宋明儒学的名称概念与诠释路径

第一章　宋明儒学传统名称概念的演变及其关系

如绪论中所述，到目前为止，海内外学界对于“宋学”“道学”“理学”等宋明儒学概念已有很多论述，但研究者的看法之间还存在很多分歧甚至对立。总的来看，学界已有的研究基本局限在个别概念的意义辨析上，缺乏将这些概念结合起来考察它们的历史演变及其交涉关系。笔者在全面梳理原典文献及其相关研究的基础上，将传统宋明儒学名称概念区分为一般总称概念（主要包括“宋学”“道学”“理学”等）和特殊学派概念两类，后者主要包括“洛学”“闽学”等中国地域学派概念以及“朱子学”“阳明学”等东亚近世儒学的特殊学派概念，这些特殊学派概念在中国思想史的范围内又隶属于上述一般总称概念。从历史脉络与逻辑关系两个方面来考察这些概念的意义及其演变，进而界定这些概念之间的相互关系，以推动学术界的相关研究。需要说明的是，本章以源自中国本土（兼及东亚儒家文化圈）的宋明儒学传统名称概念为考察对象，因此，虽然宋明“新儒家（学）”也是目前广泛使用的宋明儒学总称概念，但由于这一概念源自西方创造的“Neo-Confucian（ism）”概念，涉及中西思想及其概念的复杂交涉，其意义演变非常复杂。其讨论详见上篇接下来的几章。

第一节　宋明儒学一般总称概念的意义演变及其关系

一、“宋学”（兼及“明学”）

“宋学”名称在元代已经出现，最初指宋代儒学（笔者称之为中义的“宋学”）。如元代陈基《夷白斋稿》卷二十一《西湖书院书目序》云：“杭西湖书院，宋季太学故址也。宋渡江时，典章文物悉汴京之旧，既已裒集史百氏为库，聚之于学。又设官掌之，今书库板帙是也。……祀先圣先师及唐白居易、宋苏轼、林逋为三贤，后为讲堂，旁设东西序为斋，以处师弟子员。又后为尊经阁，阁之北为书库，实始收拾宋学旧板，设司书掌之。宋御书石经、孔门七十二子像石刻咸在焉。……宋三百年大儒彬彬辈出，务因先王之迹，推而明之，其道大著。中更靖康之变，凡诗书礼乐百王相沿以为轨范者，随宋播越，留落东南。国初收拾散亡，仅存十一于千百，斯文之绪不绝如线，西湖书院库其一也。承平以来，士大夫家诵而人习之，非一朝夕矣！海内兵兴，四方骚动，天下简册所在，或存或亡，盖未可知也。杭以崎岖百战之余，而宋学旧板卒赖公不亡。基等不佞，亦辱与事者，手订而目雠之惟谨，可谓幸矣！”①文中所谓收藏“宋学旧板”的元代杭州西湖书院的前身为宋末的太学，元代在其旧址上复建书院，书院中收藏了大量宋代儒学书籍刻板，从而对保存宋代的学术文化起到了重要作用。当然“宋学旧板”中的“宋学”也可以理解为文中所说的“宋季太学”的简称，但其所指的具体内容如文中所述无疑是指宋代三百年间的儒学。或者可以综合起来说这里的“宋学”是指宋末太学及其所收藏的宋代儒学书籍与其所代表的儒家思想。又如元吴澄《吴文正集》卷七十六《故县尹萧君墓志铭》云：“君……器识超异，绍宋学文艺最优。”②这里的“宋学”也是指宋代的儒学思想。又如元王恽《秋涧集》卷五《和曲山游泽宫感旧诗廿一韵》云：“文宪日如线，逝者不复回。尝观亡宋学，丕冒江与淮。考亭洎西山，两公生海隈。天遣辟异教，不使为妖灾。”③这里所谓的“宋学”是指以朱熹（考亭）与真德秀（西山）为代表的宋代儒学思想，“丕冒江与淮”即是指宋学（主要指朱子学、闽学）由福建传播到江淮地域。总之，上述元代的“宋学”名称都是指宋代的儒学思想（中义）。

到了明代，“宋学”又开始指称宋代义理之学。如明邓元锡《皇明书》卷十八云：“始蓴从兄华讲宋学甚久。诸论奏，圣王心学论、皇极论、易复卦、礼月令论、扩充四端论，养德养身，皆正学以言。”④《皇明书》卷三十一云：“孝孺守宋学最固。曰治先制作，经制在周官。上特倚信，议大政辄咨，每读书有疑辄召问。”⑤《皇明书》卷三十八云：“是时，解学士缙隽爽能文章，为世所推挹。而熙宣之世，杨文贞士奇敦厚沈质，以文章润色鸿业，为明孚先。自是国家表章宋学如金科玉条。士习训诂，株守宋先生言。士终身传习，讲贯其指意。”⑥这种意义的“宋学”指在北宋中期兴起的反对汉唐章句

① （元）陈基：《夷白斋稿》，《景印文渊阁四库全书》第1222册，（台北）台湾商务印书馆1983年版，第292—294页。

② （元）吴澄撰，（元）吴当编：《吴文正集一百卷附录一卷》，《景印文渊阁四库全书》第1197册，（台北）台湾商务印书馆1983年版，第730页。

③ （元）王恽撰：《秋涧集》，《景印文渊阁四库全书》第1200—1201册，（台北）台湾商务印书馆1983年版，第48—49页。

④ （明）邓元锡撰：《皇明书四十五卷》卷十一至卷四十五，《续修四库全书》第316册，上海古籍出版社2002年版，第83页。

⑤ （明）邓元锡撰：《皇明书四十五卷》卷十一至卷四十五，《续修四库全书》第316册，上海古籍出版社2002年版，第241页。

⑥ （明）邓元锡撰：《皇明书四十五卷》卷十一至卷四十五，《续修四库全书》第316册，上海古籍出版社2002年版，第339页。

训诂之学，以复兴儒学（以伦理纲常为中心）、探究儒家经典的微言大义为特征，以疑传疑经、义理诠释为中心的学术思潮。具体范围包括宋代兴起的具备此特征的所有儒家学派。如周敦颐创立的"濂学"、二程（程颢、程颐）创立的"洛学"、张载创立的"关学"、朱熹创立的"闽学"（以上四派构成《宋史・道学传》中的"道学"主体），还有王安石创立的"新学"、三苏（苏洵、苏轼、苏辙）创立的"蜀学"以及司马光创立的"朔学"等①。以上宋代学术思想流派均属于"宋学"（中义）。在范围上，北宋的儒学复兴运动始于范仲淹主导的"庆历新政"及欧阳修主导的"古文运动"，但一般公认"宋初三先生"（胡瑗、孙复、石介）为宋学的开创者，因为通过"宋初三先生"的经典诠释及教育实践完成了从汉唐章句训诂之学到宋代义理诠释与伦理道德实践的儒学转型②。全祖望在《宋元儒学案序录》中劈头所谓"宋世学术"即指此种意义上的"宋学"③。又如清蔡上翔在其《王荆公年谱考略》杂录卷一《原党》中论述宋代以二程为首的道学家对王安石的攻击时指出："此宋世学术源流之所由分，而以讲学自名者，顾以不讲学之王介甫为目标而集矢不遗余力焉。"④其所谓"宋世学术"也是指包括王安石新学及程朱道学在内的宋学诸派。

明代阳明学兴起后，"宋学"又被用来指称与"明学"（阳明学）相对的

① 参见 Peter K. Bol（包弼德），"Review：Reflections on Sung Literati Thought：Reviewed Work：Utilitarian Confucianism：Ch'en Liang's Challenge to Chu Hsi by Hoyt Cleveland Tillman"，*Bulletin of Sung and Yüan Studies*，No. 18（Jan.，1986），pp. 88-97。

② ［日］楠本正继：《宋明時代儒学思想の研究》（修订版），（東京）広池学園出版部 1964 年版，第 22 页。

③ 关于"宋初三先生"的思想史地位，宋代的程颐、朱熹及黄震等道学家已有论述。黄百家在此基础上又引用石介的《泰山书院记》，进一步表彰了作为道学先驱的"宋初三先生"超越汉唐章句训诂之学而开启宋代儒学思潮的学术贡献，并高度评价了其经学成就、人格气象、教育功绩及明体达用之实学。其后全祖望在其作为《宋元学案》全书之纲领的《宋元儒学案序录》中劈头即指出："宋世学术之盛，安定、泰山为之先河，程、朱二先生皆以为然"，将《安定学案》与《泰山学案》置于《宋元学案》之首，从而确立了胡瑗与孙复作为宋学开山祖师的思想史地位，并将石介附于其师孙复的学案中。然而从庆历年间国子监教育改革中的地位及其学术影响来看，石介实际上是与胡瑗、孙复鼎足而立的，都提倡直抒胸臆的宋学风气，反对汉唐以来墨守章句注疏的经学和堆砌辞藻的文风以及佛道异端思想的泛滥。虽然石介的人品道德有可议之处，又不得善终，在为人师表方面不及胡、孙二先生。但其学术贡献和地位实与胡、孙二人不相上下。因此今天的研究者一般从当时学术界的实际情况出发将"宋初三先生"并列为宋学创始人，这已经成为学界共识。参见（清）黄宗羲原著，（清）全祖望补修：《宋元学案》第 1 册，陈金生、梁运华点校，中华书局 1986 年版，第 1 页。

④ （清）蔡上翔撰：《王荆公年谱考略二十五卷首三卷杂录二卷附录一卷》，《续修四库全书》第 552 册，上海古籍出版社 2002 年版，第 559 页。

"宋学"(朱子学,包括朱子的先驱"北宋五子"、朱子及其后继),即成为以朱子学(程朱理学)为核心的狭义"宋学"(不包括除朱子学之外的其他宋学学派),和以阳明学(心学)为核心的"明学"相对立。如明文德翼《求是堂文集》卷一《圣学宗传序》云:"宋学莫盛于洛水;明学莫盛于姚江。然洛水之学出于道州,而伊川独以伯氏为得之于遗书之上。致良知三言见诸礼传及孟氏,而姚江自信得之万死一生之中。岂非宗不可传,而传者自宗欤?抑学固无宗,而宗固即学欤?"①将"宋学"与"明学"对举,并分别以二程(洛水)和王阳明(姚江)为代表。虽然这里表面上只提到周敦颐(道州)、二程而未及朱熹,但由于周敦颐、二程是朱熹闽学的先驱并被纳入程朱理学的发展脉络中,因此这里所谓"宋学"即是指程朱理学(朱子学)。明耿定向《耿天台先生文集》卷三《与胡庐山书(十一首)》云:"大端学术之弊,无论近日,即宋学似亦少失孔孟宗本。宋儒终日辟佛、辟仙,实落未脱二家蹊径。如何成德?如何达材?所谓议论多成功少,无怪也。试看孔门人物多有用成材,便知当时教术矣。窃谓孔孟之学真实,费而隐。宋学未脱二氏蹊径者,以其隐而隐也。"②这里是批评宋学(理学)诸儒暗地里受佛道异端影响而偏向形而上学的思辨,从而丧失了先秦孔孟儒学教人的本旨。明胡直《衡庐精舍藏稿》卷十八《书松原别语册后》云:"又云:'论宋学则首明道而疑濂溪。'夫濂溪无可疑,某亦曷敢妄疑濂溪哉?盖尝疑《太极图说》不出濂溪手,非谓疑濂溪也。"③这里胡直对宋学(理学)开山周敦颐《太极图说》的渊源提出质疑,认为《太极图说》不是周敦颐本人的著作。这也是自宋代朱陆"无极太极"之辩以来学界的一大公案④。明顾宪成《顾端文公遗书》证性编卷五《与管东溟书》云:"阳明王先生觉世大旨,在所标《大学》四语。曰:'无善无恶心之体,有善有恶意之动,知善知恶是良知,为善去恶是格物。'于时即有疑后二语非向上一机者,乃宋学余支,复疑上一语之入于禅,则亦未尝深究轲书性善之源,而影略以为公案云尔。"⑤这里是说王阳明"四

① (明)文德翼撰:《求是堂文集十八卷》,《四库禁毁书丛刊》集部第141册,北京出版社1997年版,第307页。

② (明)耿定向撰:《耿天台先生文集二十卷》,《四库全书存目丛书》集部第131册,齐鲁书社1995年版,第62—63页。

③ (明)胡直撰:《胡直集》(上),张昭炜编校:《阳明后学文献丛书》,上海古籍出版社2015年版,第343页。

④ 连凡:《朱陆修养工夫论的思想渊源及其异同——以"尊德性"与"道问学"为宗旨》,《道德与文明》2017年第6期。

⑤ (明)顾宪成撰:《顾端文公遗书三十七卷》,《续修四库全书》第943册,上海古籍出版社2002年版,第314页。

句教”中的后二句讲格物致知的下学工夫，是直接源自宋学（朱子学）。又如徐洪兴所指出的，明儒唐枢（1497—1574）所著的《宋学商求》是已知最早直接以“宋学”（中义，宋代儒学）作为书名的著作①。该书按照宋学的发展脉络，选取从陈抟至何基共81位宋代学者，对每位学者的师承及学术思想都有简要的评论②。在现当代的中国哲学研究中，也有学者使用狭义的“宋学”概念。如日本学者楠本正继在其《宋明时代儒学思想之研究》一书中从宋学与明学的根本精神及特质出发，即以“性”为主还是以“心”为主来分期，将宋明儒学分为宋学与明学两大阶段，其实就是朱子学（程朱理学）与阳明学（陆王心学）两大思想流派的划分。在该书的明学部分，第一章即是“宋代陆学”，并标明其思想史定位是“作为明学渊源的宋代思想”，因为从时间上看陆学虽然是宋代兴起的学派，但其精神特质与后来作为明学主体的阳明学（心学）一脉相承，所以宋代陆学被归入“明学”的源流中。这种做法吸收了冯友兰等现代学者以思想特征为依据建构宋明思想史的论述方式，即使在今天看来，仍然具有相当的合理性③。

清代考据学兴起之后，“宋学”先被用来指称与汉代章句训诂之学（狭义的“汉学”）并列的宋代义理之学。如清蔡衍鎤《操斋集》卷十一《先高祖司寇公传》云：“论曰：汉学近芜，宋学近迂，至明又多入于虚无。不芜不迂不虚则吾祖之学尚已。”④认为汉学、宋学、明学都有弊端，只有清学（考据学）最为完善。清陈澧《东塾读书记》卷二十一《朱子书》云：“《答吕伯恭书》云：‘《中庸》：“仁者，人也。”古注云：“人也，读如相人偶之人，以人意相存问之，言相人偶。”……’澧案：郑康成以相人偶解仁字，而朱子以为有意思。汉学、宋学两家皆可无疑矣。阮文达公以相人偶解仁字，尚有疑之者，未知朱子之说故也。”⑤这里比较论述了以郑玄为代表的汉学和以朱熹为代表的宋学。其后，“宋学”又超越了宋代范围，用来泛指与广义的“汉学”（考据学）相对立的广义“宋学”（宋元明清义理之学）概念，即指以义理诠释与

① 徐洪兴：《唐宋之际儒学转型研究》，上海人民出版社2018年版，第14页。

② （明）唐枢撰：《宋学商求》，（明）唐枢：《木钟台集初集十种十卷再集十种十一卷杂集十种十卷》一，《四库全书存目丛书》子部第162册，齐鲁书社1997年版，第445—461页。

③ 连凡：《试论楠本正继对宋明儒学史的建构与诠释——以〈宋明时代儒学思想之研究〉为中心》，《哲学与文化》2020年第1期。

④ （清）蔡衍鎤撰：《操斋集五十七卷（诗部十三卷首一卷文部十六卷首一卷末一卷附四言诗史一卷骈部二十三卷首一卷）》，《清代诗文集汇编》第208册，上海古籍出版社2010年版，第316页。

⑤ （清）陈澧撰：《东塾读书记二十五卷》，《续修四库全书》第1160册，上海古籍出版社2002年版，第638页。

哲学思辨为特征的“宋学”思潮。如《四库全书总目提要·经部总叙》中论述清初思想界时指出:“国初诸家,其学征实不诬,及其弊也琐。要其归宿,则不过汉学、宋学两家互为胜负。夫汉学具有根柢,讲学者以浅陋轻之,不足服汉儒也。宋学具有精微,读书者以空疏薄之,亦不足服宋儒也。消融门户之见而各取所长,则私心祛而公理出,公理出而经义明矣。”①这种广义的“宋学”从宋代开始一直延续到清末,与以“小学”(文字、音韵、训诂之学)为中心的“汉学”(考据学)相对立,形成所谓的“汉宋之争”。如清儒江藩分别为清代汉学与宋学两大阵营著《国朝汉学师承记》和《国朝宋学渊源记》,是“汉宋之争”在学术思想史领域的集中体现。

这里附带讨论一下目前学术界中存在争议的宋学开山问题。具体来说就是范仲淹是否应该取代“宋初三先生”成为宋学开山的争议。如李存山在钱穆观点的基础上指出②,范仲淹才是宋代“新儒学”的开山,因为“宋初三先生”都是范仲淹门下的贤士,并且其后兴起的蜀学、新学、濂学、关学与洛学等宋学学派都与范仲淹主导的庆历新政密切相关。③ 李存山又指出,《宋元学案》的编纂者推胡瑗为宋学开山是为了突显宋代以二程之“伊洛渊源”(道学)为主的学统,因为胡瑗是道学(理学)创始人程颐的老师,并且得到程朱理学家的高度评价。④ 总之,一方面,李存山认为范仲淹在政治及教育上对宋代儒学复兴起到了非常重要的推动作用,范仲淹本人作为学者无疑是宋学先驱之一,所以认为范仲淹的思想史地位高于“宋初三先生”。另一方面,李存山又认为《宋元学案》的编纂者推胡瑗为宋学开山的做法是出于道学立场的门户之见,与思想史的实际情况不相符合,因此主张应当以范仲淹为宋学开山,将范仲淹的《高平学案》置于胡瑗的《安定学案》之前。

事实上,全祖望在修补《宋元学案》时已经注意到了范仲淹开启宋学思潮的历史功绩,并为之专门设立《高平学案》予以表彰。这在学术思想史上属于首创,如在此之前孙奇逢的《理学宗传》中就未提及范仲淹,黄宗羲主持编纂的《宋元学案》“黄氏原本”中也没有为范仲淹设立学案。⑤ 但全祖

① (清)纪昀、(清)陆锡熊、(清)孙士毅等原著总纂:《钦定四库全书总目》全二册,四库全书研究所整理,中华书局1997年版,第1页。

② 事实上,自钱穆提出以范仲淹为宋学之先驱的观点以来,学界多有加以引申者。如杨渭生从教育方面和推进儒学及其学术思想方面出发论述范仲淹开启宋学的历史贡献。参见杨渭生:《范仲淹与宋学之勃兴》,《浙江大学学报(人文社会科学版)》1999年第1期。

③ 李存山:《宋代的“新儒学”与“理学”》,《中原文化研究》2019年第2期;李存山:《庆历新政与熙宁变法——兼论二程洛学与两次“革新政令”的关系》,《中州学刊》2004年第1期。

④ 李存山:《对宋学之开端的检讨》,《中国儒学》第8辑,2013年。

⑤ 赵宗正、蔡德贵:《范仲淹在宋代学术思想史上的地位》,《中州学刊》1992年第3期。

望仍然将“宋初三先生”置于范仲淹之前（作为宋学开山的胡瑗的师承关系被标记为范仲淹讲友），这是因为虽然范仲淹的年辈及政治地位较高，并且对“宋初三先生”等人有提携之功，但从纯学术的立场来看，“宋初三先生”才是真正奠定宋学精神及其方法的开创者，所以必须将“宋初三先生”置于《宋元学案》的开端。况且王梓材已经指出，全祖望排列学案时并不完全依据年辈的顺序，而更多是出于思想史建构的整体考虑，同时全祖望并没有否认范仲淹的思想史地位。而胡瑗作为道学创始人程颐的老师并被道学家推崇的事实正好说明胡瑗的地位得到主流学派的承认。更何况胡瑗作为当时最著名的思想家和教育家，其门下弟子遍及全国，并且开出了宋学的诸多学派，并不仅限于程朱道学。其倡导的明体达用之学更可说是贯穿宋学所有学派的根本精神。

概括来说，胡瑗的“明体达用”之实学体现在其区分“经义”（体）与“治事”（用）的分斋教学法中，在某种程度上将“体”与“用”分成了两截，还没有达到体用相即（合一）的理想境界，①同时也可说给后世理学（道学）与事功之学（浙东学派）的分派埋下了伏笔。理学的奠基人程颐作为胡瑗的高徒继承其明体达用之学，进而提出了“体用一源，显微无间”的主张，但还是偏重于“体”（道德本体）的方面。特别是从二程洛学派生出来的道南学派（杨时→罗从彦→李侗）在体认本体（所谓“静中体认未发气象”）方面有了进一步的深化。② 从洛学派生出来的另外一个支流浙东学派（代表人物薛季宣、陈傅良、叶适都是出自程颐洛学的后学）则转向了经制事功的方面，开创了浙东学术的经世致用传统。后来李侗的学生朱熹以洛学为基础集宋代道学之大成，并通过“全体大用”思想实现了“体”与“用”、道德与事功的圆融合一。③ 程朱理学也成为了学术界的主流正统，而胡瑗的体用论可以说是朱子学全体大用思想的渊源。④ 因此笔者认为，无论是从思想史的发

---

① ［日］佐藤仁：《宋代の春秋学——宋代士大夫の思考世界》，（东京）研文出版 2007 年版，第 306—310 页。

② ［日］楠本正继：《宋明時代儒学思想の研究》（修订版），（東京）広池学園出版部 1964 年版，第 173—177 页。

③ 钱穆：《中国近三百年学术史》，商务印书馆 1997 年版，第 3 页。

④ 楠本正继在论述宋学开山胡瑗时指出，胡瑗的明体达用之实学使后来宋学的集大成者朱熹得以超越周敦颐的无（超越性）的立场，成就所谓全体大用之学，并集中体现在朱熹作的《大学章句》“格物补传”中，进而通过宋末真德秀的《大学衍义》、明代丘濬的《大学衍义补》，以及宋末元初熊禾、元代许衡等人的发展而成为占据统治地位并综合伦理与政治经济的潮流。楠本正继论述了作为朱熹全体大用思想尤其是用的方面在政治经济层面展开的社仓法与在理论层面展开的礼制研究，并详细探讨了其渊源及对当时及后世政治经济与学术思想的深远影响。参见［日］楠本正继：《宋明時代儒学思想の研究》（修订版），

展脉络还是从哲学体系的建构来看,《宋元学案》中将胡瑗作为宋学开山,将范仲淹作为宋学先驱的做法是合乎实际情况且恰当的。① 这也是学界公认“宋初三先生”为宋学开山的主要原因。

二、“道 学”

“道学”名称正如徐洪兴所指出的,最早见于东汉王充的《论衡》,是指以学道为目标并与文吏(掌管文书法律的官吏)的学(做)事相对立的儒者学问。如王充《论衡》卷十二《程材篇》云:“五经以道为务。事不如道,道行事立,无道不成。然则儒生所学者,道也;文吏所学者,事也。假使材同,当以道学。如比于文吏,洗泿泥者,以水;燔腥生者,用火。水火,道也。用之者,事也。事末于道,儒生治本,文吏理末,道本与事末比,定尊卑之高下,可得程矣。”②《论衡》卷十二《量知篇》云:“或曰:文吏笔札之能,而治定簿书,考理烦事。虽无道学,筋力材能,尽于朝庭,此亦报上之效验也。”③《论衡》卷十二《量知篇》云:“人无道学,仕宦朝庭,其不能招致也,犹丧人服粗不能招吉也。能斫削柱梁,谓之木匠;能穿凿穴埳,谓之土匠;能雕琢文书,谓之史匠。夫文吏之学,学治文书也,当与木土之匠同科。安得程于儒生哉!”④其后东晋冯良以“道学”(儒学,指五经之学)名义被征聘。即东晋常璩《华阳国志》卷十中记载:“杜抚,字叔和,资中人也。少师事薛汉,治五经,教授门生千人。太守王卿召为功曹司徒,辟不及,闻公免必往承问。东平宪王为骠骑将军,辟西曹掾,后罢,为王师,在骠骑府者数年,乃去,数应三公征。抚侍送故公,作《诗通议说》。弟子南阳冯良,亦以道学征聘。”⑤可知“道学”

第23—24页。冈田武彦也指出,朱子之学以胡瑗的“明体适用”、周敦颐的“无极太极”、程颐的“体用一源”为轴心,一方面纯粹且全面,扬弃了缺乏社会性的老佛的虚无思想,另一方面现实且实用,扬弃了缺乏纯粹性和包容性的事功之学。参见[日]岡田武彦:《宋明哲学の本質》上,《岡田武彦全集》第17册,(東京)明德出版社2008年版,第226页。

① 蔡根祥也指出,胡瑗在解经上注重以经解经,从人事民生立言,不墨守前儒成见,每每自出新义,开一代之风气,实为宋代经学、理学之巨擘与先导,因此黄宗羲著《宋元学案》,以胡瑗《安定学案》为首,是非常有见识的。参见蔡根祥:《胡瑗尚书学之探究》,《高雄师大学报》2004年第16期。

② 徐洪兴:《唐宋之际儒学转型研究》,上海人民出版社2018年版,第5—6页。黄晖撰:《论衡校释(附刘盼遂集解)》全四册,《新编诸子集成》第一辑,中华书局1990年版,第543页。

③ 黄晖撰:《论衡校释(附刘盼遂集解)》全四册,《新编诸子集成》第一辑,中华书局1990年版,第548页。

④ 黄晖撰:《论衡校释(附刘盼遂集解)》全四册,《新编诸子集成》第一辑,中华书局1990年版,第552页。

⑤ (晋)常璩撰,任乃强校注:《华阳国志校补图注》,上海古籍出版社1987年版,第583页。

名称最初是指儒家经学,但还没有成为一个学派概念。

从魏晋南北朝开始,佛教借用“道学”概念来指称佛学。如东晋释圣坚《佛说演道俗业经》云:“佛告长者:‘出家修道学有三品:一曰声闻;二曰缘觉;三曰大乘。何谓声闻?畏苦厌身,思无央数生死之难、周旋之患,视身如怨、四大犹虺、五阴处贼,坐禅数息安般守意,观身恶露不净之形,畏色、欲本——痛、想、行、识——怖地狱苦、饿鬼之厄、畜生恼结、人中之难、天上别离,不可称计,轮转无休如狱中囚,欲断生死勤劳之罪,求无为乐泥洹之安。但自为己不念众生,常执小慈不兴大哀,倚于音声不解空慧,三界犹幻,趣自济己不顾恩慈,是为声闻学。’”①后秦释僧叡述《摩诃般若波罗蜜经释论序》云:“故天竺传云:‘像,正之末,微马鸣、龙树,道学之门其沦胥溺丧矣!’其故何耶?寔由二末契微,邪法用盛,虚言与实教并兴,崄径与夷路争辙,始进者化之而流离,向道者惑之而播越,非二匠其孰与正之!是以天竺诸国,为之立庙,宗之若佛。又称而咏之曰:‘智慧日已颓,斯人令再曜;世昏寝已久,斯人悟令觉。’若然者,真可谓功格十地,道侔补处者矣!传而称之,不亦宜乎!幸哉!此中鄙之外,忽得全有此论。”②

从南北朝开始,“道学”又被用来指称道教理论,如北朝北周时编纂的《无上秘要》中出现不胜枚举的“道学”名称。《无上秘要》卷四十五《玉清下元戒品》云:“道学不得煞生暨蠕动之虫;道学不得教人煞生暨蠕动之虫。道学不得饮酒;道学不得教人饮酒。道学不得绮语两舌不信;道学不得教人绮语两舌不信。道学不得淫犯百姓妇女;道学不得教人淫犯百姓妇女。”③南朝陈马枢曾撰《道学传》二十卷,收录张天师、许迈、吴猛、陶弘景等道教人物④。其后《隋书·经籍志》中又用“道学”名称来指称道家哲学,标志着“道学”成为一个道家、道教的学派概念。即《隋书·经籍志》子部“道家”云:“道者,盖为万物之奥,圣人之至赜也。……然自黄帝以下,圣哲之士,所言道者,传之其人,世无师说。汉时,曹参始荐盖公能言黄老,文帝宗之。自是相传,道学众矣。下士为之,不推其本,苟以异俗为高,狂狷为尚,迂诞

① (晋)释圣坚:《佛说演道俗业经》,《大正新修大藏经·经集部》第17册,(台北)新文丰出版公司1983年版,第834—835页。

② [印]龙树菩萨造,[后秦]鸠摩罗什译:《大智度论(一百卷)》,《大正新修大藏经·释经论部》第25册,(台北)新文丰出版公司1983年版,第57页。

③ (北周)武帝宇文邕敕辑:《无上秘要一百卷(存六十八卷)》卷三至卷五十五,《续修四库全书》第1292册,上海古籍出版社2002年版,第544页。

④ 该书已亡佚,但后世典籍如唐李善注《文选》、唐陆海羽《三洞珠囊》、宋陈葆光《三洞群仙录》、宋李昉《太平御览》等书中多有引用。今有陈国符辑本。参见陈国符:《道藏源流考》,《民国丛书(第一编)》第13册,上海书店1989年版,第256—257页。

谲怪而失其真。"①同时期儒家所谓"道学"还只是一个普通名词而不是学派概念，且使用并不广泛，从而导致人们往往误认为"道学"一词原本最早就是指道家、道教而后来宋儒指称程朱理学一派的所谓"道学"名称是抄袭的。

儒家的"道学"名称虽然在汉代已经出现，但其彰显要等到唐代韩愈的道统说出现以后。"道学"成为一个儒家学派概念更迟至宋代以后。当时各派儒者为了对抗佛道二教以重振儒学权威，并与其他儒家学派争夺思想界的主导地位，纷纷基于其自身的思想立场建构了各自的道统传承谱系。②根据陈来的考察，二程已经反复使用"道学"概念，并且已有将"道学"作为一种学术形态和学说体系的自觉。事实上，"道学"作为一个学派名称，其流行及影响的扩大都有赖于二程及其洛学③。但在当时，"道学"（"道统"之学）名称并不是二程洛学的"专利"，其范围不像后来《宋史·道学传》中规定的那样狭窄，不限于后来占据正统的程朱理学（狭义的"道学"），而是包括以复兴儒学、传承道统为己任的各个学派④。如与二程同时代的宋代浙东永嘉学派先驱王开祖（1035—1068）在其《儒志编》中就使用了儒家"道统之学"意义上的"道学"概念（广义）⑤，指出："由孟子以来，道学不明。我欲述尧、舜之道，论文、武之治，杜淫邪之路，辟皇极之门。吾畏诸天者也，吾何敢已哉！"⑥

又如成书在朱熹《伊洛渊源录》（1173 年出版，首次建构程朱道统谱系）之前的李心传《道命录》（1139 年出版）以及佚名《诸儒鸣道集》（约 1166 年出版）中就包括张九成等后来被朱熹排斥在道学谱系之外的学者⑦。

---

① ［日］興膳宏、［日］川合康三：《隋書經籍志詳攷》，（東京）汲古書院 1995 年版，第 511—512 页。

② 周炽成：《唐宋道统新探》，《哲学研究》2016 年第 3 期。

③ 陈来：《早期道学话语的形成与演变》，安徽教育出版社 2007 年版，"前言"，第 2 页。

④ Skonicki Douglas 指出北宋道统观前后有变化，前期孙复、石介等人的道学谱系更强调统一性，而后期的学者（如二程）则强调前贤之间的差异，并将其教义立场置于批判之中，这样先贤（如韩愈）的观点被解剖，互相比较，以是否符合道的标准来判断。这种对先贤的重新评价，是受 11 世纪中期出现的新观念的影响。这些新观念与人们对自然、宇宙和人类关系等话题的兴趣增长相符合。这一过程反映出北宋道统观的发展变化。参见 Skonicki Douglas，"'Guwen' Lineage Discourse in the Northern Song"，*Journal of Song-Yuan Studies*，Vol. 44（2014），pp. 1-32.

⑤ 姜广辉：《宋代道学定名缘起》，《中国哲学》编委会主编：《中国哲学》第 15 辑，第 243 页。

⑥ （宋）王开祖撰：《儒志编》，《景印文渊阁四库全书》第 696 册，（台北）台湾商务印书馆 1983 年版，第 802 页。

⑦ 《诸儒鸣道集》（全 72 卷）系南宋时洛学之后学编纂的理学著作丛书，其中收录有周敦颐的《通书》、司马光的《迂书》、张载的《正蒙》、二程的《语录》等，共 12 家。而张九成的《横

由此可以窥见在朱熹的道统论成为南宋思想界唯一观点之前的南宋初期思想界中,张九成还被视为洛学(道学)的正统传承人①。到了南宋后期由朱熹集大成的程朱理学确立其主流正统地位,接着元代开始又被指定为官学及科举考试的唯一标准。程朱理学的"道统"(从北宋五子到朱熹及其门人)成为官方认定的唯一正统谱系。"道学"(狭义)也变成了专门指称程朱理学的学派概念。这一点集中体现在元代编修的《宋史》中专门设立以传道为中心的"道学传",以区别于以传经为中心的传统"儒林传"(或称"儒学传"),不属于程朱道学阵营的其他宋学学派(包括心学、事功学派等)都被排斥在"道学传"(道统)之外。由此,《宋史·道学传》中所规定的"道学"仅指程朱道学(而且仅限部分学者)。最典型的例子就是"道学传"中收录了朱熹(闽学)及其讲友张栻(湖湘学派),而当时与朱、张二人齐名的"东南三贤"中的另一位道学大家吕祖谦作为朱熹的亲密讲友,曾与朱熹一起编纂《近思录》,在哲学思想上与朱熹相接近,但却被排除在"道学传"之外。这是因为吕祖谦的学问很博杂,在继承家传的吕氏中原文献之学的同时,又折中于当时的朱学(理学)、陆学(心学)、浙学(经制事功之学)等各派学说之间。同样,"道学传"中也未收录程门四大弟子之一的吕大临。这是因为吕大临原本是关学创始人张载的弟子,虽然张载死后,吕大临又师事二程并成为程门高徒,但其思想折中于关洛之间②,在哲学思想及经世致用层面受张载的影响很深,并且曾与程颐就中和等问题进行过辩论,称不上是纯粹的洛学弟子,因此被排除在伊洛道统之外。由此可见"道学传"维护程朱理学正统观念(伊洛道统)和意识形态的纯粹性和排他性③。

浦日新》即收于其最末。根据田智忠的考察,《诸儒鸣道集》的初刻推断在乾道二年(1166)至乾道四年(1168)之间,而其编纂成书当然会更早一些。参见陈来:《略论〈诸儒鸣道集〉》,《北京大学学报(哲学社会科学版)》1986 年第 1 期。田智忠:《〈诸儒鸣道〉原刻年代考》,《中国社会科学院研究生院学报》2010 年第 2 期。

① 张九成作为洛学南传第一人杨时最著名的弟子,是绍兴二年(1132)的科举状元,作为洛学再传弟子中的佼佼者,不仅在南宋初期的学术界拥有相当影响力,甚至对北方金朝儒学也有较大的影响。其理学思想是从二程理学发展到陆九渊心学的中间环节。其著作《道学发源》是最早在金国流行的南宋道学著作。但张九成的学问很驳杂。后来作为阳儒阴释的典型,被朱熹批判为毒蛇猛兽一样的杂学,并从道学的正统中将其除名。参见崔大华:《张九成的理学思想及其时代影响》,《浙江学刊》1983 年第 3 期;李之鉴:《论张九成的心学宇宙观》,《平原大学学报》1994 年第 1 期;[日]三浦秀一:《中国心学の稜線——元朝の知識人と儒道仏三教》,(东京)研文出版 2003 年版,第 47—51 页;周良霄、顾菊英:《元史》,上海人民出版社 2003 年版,第 460—687 页。

② 参见文碧方:《理心之间——关于吕大临思想的定位问题》,《人文杂志》2005 年第 4 期。

③ 连凡:《道统论的突破与〈宋元学案〉的思想史构建——兼论"宋初三先生"思想史地位的确立》,《首都师范大学学报(社会科学版)》2017 年第 6 期。

到了明末清初，随着宋明道学及其道统论的衰落，学术思潮由道学（宋学）转向经世之学（实学）和考据学（汉学）。清代浙东学派的开创者黄宗羲基于一本万殊的思想史观批判“道学传”的分立人为造成儒学内部的分裂，而且没有给陆王心学及浙东事功学派等学派以相应的思想史地位，因此主张废除“道学传”而将各学派统归于“儒林传”。基于这样的思想史观，以黄宗羲为首的清代浙东学派学者前后接续编纂了宋元儒学思想史巨著《宋元学案》，将程朱理学、陆氏心学、浙东事功学派等各派统一到“儒学”（即宋学、广义的道学）中①。更早成书的黄宗羲《明儒学案》虽然以阳明心学为主线，但也统合了明代的理学、心学、气学等各学派。这些学派都可归入广义的“道学”中。这种回归宋初传统的广义“道学”概念超越朝代和学派的局限而等同于广义的“宋学”（义理之学）。

进入现代以来，中国哲学史研究奠基人之一的冯友兰在其 1934 年出版的《中国哲学史（下）》中指出：“韩愈提出‘道’字，又为道统之说。此说孟子本已略言之，经韩愈提倡，宋明道学家皆持之，而道学亦遂为宋明新儒学之新名。”②冯友兰认为儒家“道学”名称在历史上出现较“理学”为早，再加上“理学”既可指宋明理学，又可指程朱理学，所以主张用“道学”来指称包括程朱理学与陆王心学在内的宋明新儒学思潮。③ 虽然冯友兰认为“理学”概念存在歧义而不用它来指称宋明新儒学，但通过对“道学”及“理学”概念意义的考辨可知，历史上“道学”概念的复杂性和歧义性实际上是超过“理学”概念的，而且从南宋末期以来“理学”就已经取代“道学”而成为更流行的宋明儒学概念（详见下文）。因此有学者提出质疑，认为冯友兰的上述看法与历史上的实际情况不符（详见绪论）④。但撇开这些复杂的历史因素不谈，仅从冯友兰建构的宋明道学思想史概念体系的逻辑结构自身来看，无疑是可以自圆其说的。这也是冯友兰建构的宋明道学学派概念体系得到海内外众多学者（除中国学者外，海外著名学者如日本的土田健次郎、美国的田浩等）支持的主要原因。由此形成了现代学术界流行的“道学”中义（宋明道学）。即指“宋学”（广义）中以传承道统为己任、以体用论为基础建构天道性命相贯通的思想体系、以成圣成贤、天人合一作为学问目标的学术思

① 连凡：《道统论的突破与〈宋元学案〉的思想史构建——兼论“宋初三先生”思想史地位的确立》，《首都师范大学学报（社会科学版）》2017 年第 6 期。

② 冯友兰：《中国哲学史》（下），《三松堂全集》第 3 卷，河南人民出版社 2001 年版，第 250 页。

③ 冯友兰：《通论道学》，《中国社会科学》1986 年第 3 期。

④ 王茂：《“道学”、“理学”称名考辨》，《安徽史学》1987 年第 1 期。

潮,包括程朱理学与陆王心学,而以周敦颐为道学开山①。

三、“理学”(兼及“心学”“气学”“实学”)

“理学”名称如徐洪兴所指出的,最早见于南朝宋宗炳的《明佛论》(一名《神不灭论》)中,意指佛教的义理、性理之学②。《明佛论》云:“昔远和尚澄业庐山。余往憩五旬。高洁贞厉,理学精妙,固远流也。其师安法师,灵德自奇。微遇比丘,并含清真。皆其相与素洽乎道。”③其后,“理学”在13世纪上半叶的南宋后期开始出现在儒家著作中④,当时随着程朱理学思想主流地位的确立,思想界的理论重心从“道”(偏重宇宙论)转向“理”(偏重本体论),争论集中在“理”与“心”之间,“道学”概念也让位给了“理学”概念⑤。这一过程的集中体现就是:程朱理学的语录汇编中,从《河南程氏粹言》《近思录》中以“道”为类目之首转变到《朱子语类》中以“理”为类目之首。具体来说,在以北宋五子为代表的道学(理学)开创期,后来理学家普遍使用的理与气的并称并不常见,反倒是出自《易传》的天道观和宇宙论范畴“道”(太极)与“器”(阴阳)之间的并列要更为普遍一些。南宋初期张栻编纂的《河南程氏粹言》(1166年)以及朱熹、吕祖谦编纂的《近思录》(1175年)两书中分别将“论道篇”与“道体”作为学问的根本置于开端,而作为理学根本范畴的理气(性理)并未出现在类目之中。其后伴随着理学的发展成熟,特别是在理学集大成者朱熹确立的理本论思想体系中,作为道体、性体之抽象的本体论范畴——“理”取代“道”成为理学的中心范畴,理气(宇宙本体论)与性理(心性道德论)也成为理学的理论核心。如宋末黎靖德编纂的《朱子语类》(刊行于南宋度宗咸淳六年,1270年)中理气、性理便成了首要的类目⑥。已知最早使用“理学”指称宋代理学(包括心学)的学者是朱熹的论敌、宋代心学的创始人陆九渊。即《陆九渊集》卷一《与李省干》云:“秦汉以来,学绝道

① 冯友兰:《略论道学的特点、名称和形式》,中国哲学史学会浙江省社会科学研究所编:《论宋明理学——宋明理学讨论会论文集》,第37—56页。

② 徐洪兴:《唐宋之际儒学转型研究》,上海人民出版社2018年版,第10页。

③ (南朝宋)宗炳撰:《明佛论(一名神不灭论)》,(梁)释僧祐:《弘明集(附音释)》,《景印文渊阁四库全书》第1048册,(台北)台湾商务印书馆1983年版,第35页。

④ 如陈埴,字器之,温州永嘉人,宋嘉定七年(1214)进士,少师叶适,后从朱熹游。其著作《木钟集》中多次出现“理学”概念,即指程朱理学。

⑤ John Winthrop Haeger, “The Intellectual Context of Neo-Confucian Syncretism”, *Journal of Asian Studies*, Vol. 31, No. 3(1972), pp. 499-513.

⑥ 连凡:《〈宋元学案〉中程颢思想的诠释与评价——兼论二程思想资料的编纂》,《衡水学院学报》2018年第2期。

丧,世不复有师。以至于唐,曰师、曰弟子云者,反以为笑,韩退之柳子厚犹为之屡叹。惟本朝理学,远过汉唐,始复有师道。"①但当时"理学"(性理之学)还没有与"宋学"(义理之学)区别开来,如黄震在其《黄氏日抄》中共四次使用"本朝理学"这一称呼。其中两处"本朝理学"指的是从周敦颐到朱熹的"道学"系统,中间包括二程及其门人。其他两处"本朝理学"则一处将宋初三先生视为伊洛二程道学的先驱,一处指出苏洵、李觏、王安石、陈亮这四位宋代经制、功利派学者也受到了理学的影响,可知这两处"本朝理学"指的是义理之学(广义)②。

嘉定(1208—1224)更化以后,随着程朱理学确立其正统地位,朱熹的后学逐渐用"理学"来指称程朱以来的道统③,加上宋理宗表彰程朱理学,从此"理学"开始被专门用来指称"阐发心性义理之精微"④的性理之学(中义)。从儒学的发展脉络来看,至宋代受佛道二教的影响和刺激,出现了基于太极、太虚、天理等本体论思想给以"三纲五常"为核心的儒家伦理道德

① (宋)陆九渊:《陆九渊集》,钟哲点校,中华书局1980年版,第14页。

② 值得注意的是,黄震在其《黄氏日抄》中共四次使用"本朝理学"这一称呼。《黄氏日抄》卷三十三《读本朝诸儒理学书·周子太极通书》云:"本朝理学,阐幽于周子,集成于晦翁。太极之图、易通之书,微晦翁,万世莫之能明也。"(宋)黄震:《黄氏日钞》二,(清)永瑢、纪昀等编纂:《景印文渊阁四库全书》第708册,(台北)台湾商务印书馆1983年版,第3页。《黄氏日抄》卷四十一《读本朝诸儒理学书(九)·龟山先生文集》云:"本朝理学,发于周子,盛于程子。程子之门人,以其学传世者,龟山杨氏、上蔡谢氏、和靖尹氏为最显。龟山不免杂于佛,幸而传之罗仲素,罗仲素传之李愿中,李愿中传之朱晦翁,晦翁遂能大明程子之学。故以晦翁继程子,而次龟山于此,以明其自来焉。"同上,第201—202页。《黄氏日抄》卷四十五《读诸儒书(十二)·石徂徕文集》云:"师道之废,正学之不明,久矣!宋兴八十年,安定胡先生、泰山孙先生、徂徕石先生始以其学教授,而安定之徒最盛,继而伊洛之学兴矣。故本朝理学,虽至伊洛而精,实自三先生而始。故晦庵有'伊川不敢忘三先生'之语。"同上,第253页。《黄氏日抄》卷八十四《书·回赵知县》云:"伏蒙宠赐龙川巨编,所以品题之者,剂量曲当,非素有所主于中者,能尔乎!某尝谓本朝理学大明,而战国纵横之学,如三条四列隐见起伏,铮铮于本朝者尚四人,苏老泉其巨擘,其次为李泰伯,其次为王雪山,其后为陈龙川。独龙川登晦翁之门,日就敛挫,纵横之余气,到此遂收。此理学大明之功之验也。"同上,第877页。

③ 梁山:《宋人"道学"与"理学"名称考辨》,《华夏文化》2017年第2期。

④ 黄百家在《宋元学案》卷十一《濂溪学案上》的按语中指出:"孔、孟而后,汉儒止有传经之学,性道微言之绝久矣。元公崛起,二程嗣之,又复横渠诸大儒辈出,圣学大昌。故安定、徂徕卓乎有儒者之矩范,然仅可谓有开之必先。若论阐发心性义理之精微,端数元公之破暗也。"参见(清)黄宗羲原著,(清)全祖望补修:《宋元学案》第1册,陈金生、梁运华点校,第482页。黄氏父子在《宋元学案》中突破了《道学传》的程朱理学思想史框架,表彰了作为宋学开山的"宋初三先生"的思想史地位。黄百家又在上述按语中明确肯定了周敦颐通过"阐发心性义理之精微"开创性理之学(道学)的学术贡献。黄百家对周敦颐的评价可说是非常恰当的,所以此条案语经常被引用而成为学界之定论。参见[美]陈荣捷:《周敦颐》,韦政通主编:《中国哲学辞典大全》,(台北)水牛图书出版社1983年版,第394页。

提供形上根据，进而据此确立心性与道德之位置的性理之学①。由此，宋代理学家在继承以《中庸》为代表的思孟学派心性论及以《易传》为代表的天道观基础上开拓发展了性理学思潮。其中以天理为本体的二程思想体系（洛学）经过南宋理学集大成者朱熹的继承和弘扬，成为思想界的主流，并在元明之后正式成为官方统治思想。“程朱理学”这一名称最早出现在明冯从吾的《元儒考略》及明陆应阳的《广舆记》中。明冯从吾《元儒考略》卷一云：“姚枢，字公茂，号雪斋，柳城人，后迁洛阳。元初以杨惟中荐为燕京行台郎中，从军德安。诏枢搜访人才，得名儒赵复。从复得睹程朱理学之书。”②明陆应阳《广舆记》卷六云：“许衡，河内人，尝往来河洛，从姚枢得程朱理学，遂依枢僦居，游其门者甚众。”③但正如范立舟所指出的，南宋后绝大多数学者所理解的理学概念都包括陆王心学，只有邓元锡等少数学者将理学限定为程朱理学④。如明末清初孙奇逢在其编纂的《理学宗传》中就用“理学”来涵盖程朱理学与陆王心学，将周敦颐、程颢、程颐、张载、邵雍、朱熹、陆九渊、薛瑄、王守仁、罗洪先、顾宪成这 11 人视为理学发展中的宗统和主流学者。事实上，陆王心学一派虽然可视为对程朱理学的反动，但其学问目标及思想体系与“理学”一脉相承，因而也被纳入“理学”的范围内。由此形成了中义的“理学”，相当于中义的“道学”，用来指称包括程朱理学与陆王心学（包括其先驱与后继）在内的宋明理学。中国大陆学界普遍使用的“宋明理学”（即中义的“理学”）相当于“宋明道学”。其中，“宋明理学”名称最早见于清缪荃孙《艺风堂文集》卷四《光绪湖北通志序录》：“易授馯臂，传衍铎椒。杏坛三传，微言未淆。宋明理学，德义之标。肩道援溺，先儆虚嚣。述《儒林》弟五十九。”⑤“宋明道学”名称最早见于清代钟景星《宋明道学四书》。清屈大均《广东新语》卷九《事语》云：“钟宝潭先生景星，东莞人，甘泉高弟子也。尝辑濂溪、明道、白沙、甘泉四先生论学精言为《宋明道

① 金春峰指出宋明理学除了受佛道二教的影响之外，还吸收了秦汉魏晋时期的思想，正是这多种哲学思想来源的存在及其综合导致宋明理学的内部矛盾与分派，从而使天道与心性之间的矛盾更加尖锐，从天道主义向心性主义的过渡从朱熹晚年开始，最终由王守仁完成。参见 Chunfeng JIN and Huawei LIU, “A Reconsideration of the Characteristics of Song-Ming Li Xue”, *Frontiers of Philosophy in China*, Vol. 5, No. 3(2010), pp. 352-376。

② （明）冯从吾撰：《元儒考略四卷》，《丛书集成续编》第 247 册，（台北）新文丰出版公司 1988 年版，第 62 页。

③ （明）陆应阳辑：《广舆记二十四卷》，《四库禁毁书丛刊》史部第 18 册，北京出版社 1997 年版，第 190 页。

④ 范立舟：《理学名称与概念解析》，《华夏文化》2000 年第 1 期。

⑤ （清）缪荃孙撰：《艺风堂文集七卷外篇一卷》，《续修四库全书》第 1574 册，上海古籍出版社 2002 年版，第 94 页。

学四书》,又注释甘泉《心性图说》,学者多传习之。"①《(光绪)广州府志》卷九十二云:"《宋明道学四书》,明东莞钟景星辑,据《道学诸儒录》。谨案:是编辑濂溪、明道、白沙、甘泉四先生论学精言为之,《东莞志》著录《论学精言》即此。"②宋明"道学"与"理学"名称的区别在于:一方面,"道学"概念的意义侧重儒学的历史传承(道统),而"理学"概念的意义侧重儒学的义理阐发(性理);另一方面,"道学"重综合("道"强调整体和普遍性),而"理学"重分析("理"强调条件和特殊性)。如明顾宪成《小心斋札记》卷七指出:"或问:'世之诟讲学,非也。但讲者宜讲道学,不宜讲理学。盍慎诸!'予曰:'道学、理学何别?'曰:'有物浑成,先天地生,是之谓道。理则其中条件耳。程朱,理学也,非道学也。'曰:'审如所云,老子是道学,孔子是理学;告子是道学,孟子是理学。'曰:'何也?'曰:'失道而后德,失德而后仁,失仁而后义,失义而后礼,失礼而后智。老子只单提一个道。生之谓性;仁,内也,非外也;义,外也,非内也;以人性为仁义,犹以杞柳为桮棬。告子只单提一个性。及观孔子二十篇,孟子七篇,其于言仁、言义、言礼、言智,何缕缕也,岂不并是条件中物?故曰:老子是道学,孔子是理学;告子是道学,孟子是理学。'"③宋明理学中的"理一分殊"思想即体现了普遍之理与分殊之理、一般原则与特殊情况的统一关联④,从而实现了"道"与"理"、"道学"与"理学"的融合。

关于"心学"概念的源流。自南宋以来,"心学"概念一般泛指"十六字心传"的"心学"——圣人之学或心性之学而与"理学""道学"概念混用(广义)⑤。清初顾炎武在《日知录》中批判的以"心即道"为宗旨的"心学"则是指陆王心学(狭义)⑥。"陆王心学"这一名称最早见于清方东树的《汉学商兑》卷中之上:"黄氏、顾氏犹目击时病,有救敝之意,言虽失当,心则可原。及妄者主之,则借以立门户,与程朱为难,援黄震以为重,又自矜能辟伪古文

---

① (清)屈大均:《广东新语》全二册,《清代史料笔记丛刊》,中华书局1985年版,第279页。

② (清)戴肇辰、(清)苏佩训、(清)史澄、(清)李光廷纂修:《光绪广州府志》二,(清)戴肇辰、(清)苏佩训、(清)史澄、(清)李光廷纂修:《中国地方志集成·广东府·县志辑》五十一册,上海书店出版社2003年版,第553页。

③ (明)顾宪成撰:《小心斋札记》,《顾端文公遗书三十七卷》,《续修四库全书》第943册,上海古籍出版社2002年版,第166—167页。

④ 杨国荣:《何为理学——宋明理学内在的哲学取向》,《武汉大学学报(哲学社会科学版)》2019年第2期。

⑤ 周炽成:《"心学"源流考》,《哲学研究》2012年第8期;姚才刚、李莉:《宋明儒学中的"心学"概念》,《湖北大学学报(哲学社会科学版)》2021年第5期。

⑥ 衷尔钜:《理学和心学考辨——兼论确认"气学"》,《社会科学》1988年第3期。

而已，与黄、顾之意全别。何以明之？以今世并无心学禅学之害，不待虑之也。《日知录》引《黄氏日钞》唐仁卿诸说，以为辟陆王心学则可，以为六经孔孟不言心学则不可，以为六经孔孟不若陆王之言则可，以为六经孔孟不言心则不可。"①

进入现代以来，如前所述，冯友兰倡导将"理学"（程朱）与"心学"（陆王）统一到"道学"中。由此狭义的"理学"指"程朱理学"（狭义的"宋学"），与之相对应的"心学"指"陆王心学"（狭义"明学"、狭义"心学"）。但在冯友兰提倡狭义的"理学"概念之后，"理学"概念仍然被用来指称"宋学"（广义）或"道学"（中义），甚至还有学者用"理学"概念来指称整个中国哲学（事实上成为中国哲学乃至学术思想的代名词）。如贾丰臻认为中国以前只有理学，根本没有所谓哲学与科学，反对用西方传来的"哲学"概念来命名中国思想。其著作《中国理学史》从上古的三皇五帝一直讲到清代的戴震，实际上直接继承的是以周汝登《圣学宗传》、孙奇逢《理学宗传》、黄宗羲《明儒学案》等为代表的学案体思想史的叙述方式。② 在当代学术界中，中义的"理学"概念很常见，并且一般加上时代、地点或人物等对其范围加以限定，如"宋明理学""元代理学""清代理学""新安理学""朱熹理学"等。

总的来看，宋代以来儒学发展中的"理学"概念在历史上大体经历了从广义（宋学、义理之学、宋代以来）到中义（道学、性理之学、明清以来）再到狭义（程朱理学、道统之学、现代以来）的意义演变。需要指出的是，由于本书的主题限定在"宋明儒学"领域内，笔者这里所论述的"理学"概念也仅限于以哲学思辨（性理）与伦理思想为主体的哲学史、思想史范围中，不考虑物理学等自然科学领域（历史上也有用"理学"指称物理学等自然科学的，今天的学科体系中就有与文科并列的理科、理学）。明末清初黄宗羲在《明儒学案》中将包括程朱理学、陆王心学在内的各家各派都纳入"儒学"（宋学）中。这可视作对广义"道学""理学"的复归。事实上，明末清初以来，随着程朱理学道统的衰落及思想史视野的扩展，理学（道学）的范围由程朱理学扩展到包括程朱理学与陆王心学两派（如前述孙

---

① （清）方东树：《汉学商兑三卷》，《续修四库全书》第951册，上海古籍出版社2002年版，第553—554页。清黄汝成《日知录集释》卷十八"心学"条又引用了方东树的这段话（包括其中的"陆王心学"名称）。参见（清）顾炎武、（清）黄汝成集释：《日知录集释》（全校本）中册，栾保群、吕宗力校点，《清代学术名著丛刊》，上海古籍出版社2006年版，第1050—1051页。

② 贾丰臻：《中国理学史》，《中国文化史丛书》第一辑，商务印书馆1937年版，第1—4页。

奇逢《理学宗传》)，然后随着程朱理学与陆王心学之外的新学、蜀学、浙东学派等宋学学派也被纳入思想史视域中，理学也进一步由性理之学扩展为宋元明清义理之学(宋学)，范围大致与《宋元学案》《明儒学案》及《清儒学案》相当。同时，"理学"虽以程朱理学与陆王心学为主体，但也包括其前驱、后继和同调，如陈献章和湛若水可算是由朱子学向阳明学发展过渡期间的理学家。而像吴廷翰虽可算是批判"理学"(中义)的复古学者(气本论)，但其思想仍然脱胎于理学思想，因此也可以纳入广义的"理学"思潮中(详见下文)。

当代学术界多使用"气学"或"实学"概念来指称由张载开创的气本论学派，一般认为这一思潮从宋代的张载开始，由明代的罗钦顺、王廷相等人发扬光大，而以明末清初的王夫之为集大成者。如张岱年主张以张载为"气本论"(唯物论)的代表人物，并将其在宋明理学史上的地位提升到与程朱"理本论"及陆王"心本论"鼎足而立的高度①。张岱年的三系说在学术界影响很大，但目前的中国哲学史、思想史著作一般仍然按照理学、心学二分的宋明理学史架构来叙述②。中国思想史上的"实学"思潮研究兴起后，张载又因其首倡气本论的哲学思想及礼乐经世的实践活动被列为宋代"实学"的代表人物之一。从葛荣晋主编的《中国实学思想史》中收录的实学思想家来看，从宋学开山胡瑗开始，几乎包括宋学中各派思想家③。因为理学、心学、功利之学等宋学学派都提倡儒家义理的实存性(与佛教的虚理相反)，并且都有经世致用的层面(与佛老的废弃人伦物理相反)，所以都可以说是"实学"(参见本书下篇第十四章)。还有学者将"气学"与"实学"视为"反理学"的思潮。但张载在道学(理学)系统中被推为奠基人(北宋五子)之一，其哲学思想体系也被程朱吸收而成为理学的重要组成部分。如朱熹认为张载思想中作为"气之本体"的太虚就是指作为形上根源的理(天理)，与形而下的气相对立。而程颐的理本论可说是对张载将形而上(道)与形而下(器)合一的气化宇宙论感到不满，进而从形上层面抽象出来的一种本体论。这也表明程朱将张载视为其理学发展中的一环。张载也因此得以与二程并列为理学奠基人④。同样，罗钦顺、王廷相、王夫之等人也都是广义的理学家。因此，自 20 世纪以来，学者更多是将气学与实学放在理学系统

① 张岱年:《中国哲学大纲》，中国社会科学出版社 1982 年版，第 3—4、26—27 页。

② 衷尔钜:《气学与理学、心学鼎立——论宋明时期的哲学》，《东方论坛》2016 年第 2 期。

③ 葛荣晋主编:《中国实学思想史》(上)，首都师范大学出版社 1994 年版，第 117—158 页。

④ (宋)黎靖德编:《朱子语类》第 4 册，王星贤点校，中华书局 1986 年版，第 1432 页;(宋)程颐、(宋)程颢:《二程集》全二册，王孝鱼点校，中华书局 2004 年版，第 21、34、118 页。

中加以研究，将其视作理学中形而下的面向和主体意识的体现①。事实上，主张理气合一或气本论的学者在思想史上一般都被归入理学或心学阵营，只是现代学者基于西方唯物论将气本论学者独立出来予以表彰，但这更多是基于哲学理论的现代判教，在历史上气学派并没有与理学派及心学派分道扬镳②，而且中国传统气论（主客、心物不分）的性质特征及其在思想体系中的地位、作用都与西方唯物论（主客、心物二分）不同。宋明理学中的气论实际上都是为了论证作为哲学思想核心的宇宙本体论及心性工夫论而建立起来的，张载等人的气论也不例外③。而且实学重视的经世致用本来就是程朱理学"全体大用"思想中的一个重要面向，并非气学派或事功派所独有，只是理学派主张将事功建立在道德本体的基础之上，所以我们仍将"气学"概念统摄到"理学"概念中。

从概念的交涉关系来看，"宋学""道学""理学"这三个宋明儒学概念存在错综复杂的交涉关系，虽然命名的角度和发展的脉络有所不同，但大体在广义、中义和狭义上分别相当，在历史与现实（研究）中往往可以通用。具体来说，广义的"宋学"与"理学"都指义理之学，而广义的"道学"指包括宋明儒学各派在内的道统之学，其范围与广义的"宋学""理学"大体相当。因为道统着眼于历史传承，义理则着眼于诠释方式，两者只是从不同方面（历史或逻辑）来对宋明儒学的指称。同样，中义的"道学""理

① 张锦枝：《近四十年来大陆宋明理学研究的几条线索》，《哲学分析》2018 年第 2 期。

② 当然也有学者赞成张岱年的说法，主张气学派在思想史上与理学派、心学派鼎足而立。参见衷尔钜：《理学和心学考辨——兼论确认"气学"》，《甘肃社会科学》1988 年第 3 期。

③ 日本学者大岛晃批评了 20 世纪中国大陆学术界以唯物主义与唯心主义二元对立的方式给张载思想贴标签的做法，认为这种以存有论为主题的方式在解释张载的存有论与心性论之关联时会丧失其意义和方向，进而指出张载的意图就是将"性"与"天道"融合统一并加以理论化，也就是说，张载在意图打破佛者虚幻说并主张气的存有论的同时，力图在其中包摄心性论，而"太虚"正是气的存有论与心性论统一的关键点。参见［日］大島晃：《張横渠の「太虚即気」論について》，《日本中国学会報》第 27 卷，1975 年。李存山指出，关学与洛学在哲学体系上，一以"识造化"为先，一以"识仁"为先；在经典诠释上，前者以《易传》为宗，涵融《中庸》《孟子》；后者以《中庸》《孟子》为宗，涵融《易传》；从而造成气本与理本的对立，但在阐明伦理道德并为其提供合理性依据这一点上，关洛是相同的；也就是说，关学与洛学，在天人关系上途径不同，即前者以天道为"气"而后者以天道为"理"，但最终殊途同归——天道即人性，也就是张载提出的"天人合一"思想。参见李存山：《"先识造化"与"先识仁"——从关学与洛学的异同看中国传统哲学的特质及其转型》，《人文杂志》1989 年第 5 期。林雄洲指出，张载以辟佛为目的，力主"明诚两进"的德修工夫，从而在宋代率先确立了方法论进路的"道德型态天人合一"。参见林雄洲：《宋以后"天人合一"之理路演化》，《广西师范大学学报（哲学社会科学版）》2015 年第 2 期。

学”分别指道统与性理之学，与上述广义的情况类似，只是其范围主要局限于程朱理学与陆王心学。最后，狭义的“宋学”“道学”“理学”大体上都是指宋明儒学中的程朱理学。需要指出的是，以上分别将“宋学”“道学”“理学”区分为广义、中义、狭义，只是从宋明儒学的领域出发。事实上，如上文中所述，“宋学”“道学”“理学”都有其他意义，如“宋学”概念可以泛指宋代的一切学术思想乃至文艺科技等领域（不局限于儒学甚至哲学）；“道学”概念更是贯穿儒释道乃至中国的一切思想文化之中；“理学”概念也存在于儒释之中，并且被用来泛指中国的哲学思想（如前述贾丰臻的用例）。但由于这些意义一般都超出了宋明儒学的范围，因此不在笔者的主要考虑范围之内（虽然笔者为了追根溯源和辨析名义的需要也提到了这些意义）。同时，之所以区分广义、中义和狭义这三层意义，是基于历史脉络、逻辑结构（思想体系）与现实研究的多方面考虑，因为在宋明儒学发展的历史上，“宋学”“道学”“理学”主要包括这三层含义，并且往往可以通用。这一点从上文的论述中可以看出。而在逻辑结构上，这三个宋明儒学概念往往构成紧密相连的三个层面的思想体系，如田浩将“宋学”“道学”“理学”的序列视作父子概念的关系，主张宋学（广义）包括道学（中义），道学（中义）又包括理学（狭义、程朱理学）①。这也是笔者采取的一般意义。而在现实研究中，上述三层意义也是宋明儒学的研究中使用最多的，广泛见于学术史、思想史、哲学史的研究中。总之，将“宋学”“道学”“理学”这三个宋明儒学传统概念分别区分为广、中、狭三义是基于历史、逻辑与现实的自然选择，并非笔者刻意为之。事实上，目前学界对“宋学”“道学”“理学”的研究除了广义和狭义的区分外，往往也是区分为三层意义，只是没有像笔者这样明确地以广、中、狭三义来命名，并且已有的研究往往不考虑这三个概念的交涉关系。这也是笔者自认为较之学界已有研究有所推进的地方。

总结上述“宋学”“道学”“理学”概念的意义范围及其交涉关系如表1-1所示（其中，广义的宋学、中义的道学与狭义的理学分别是笔者所采用的一般意义）：

① ［美］田浩：《功利主义儒家——陈亮对朱熹的挑战》，姜长苏译，江苏人民出版社2012年版，第152—153页。

表 1-1　宋学、道学、理学的意义及范围

	广义	中义	狭义
宋学	宋元明清义理之学（与汉学相对的宋学）	宋代义理之学（理学、心学、新学、蜀学等）	宋代理学（与明学、陆王心学相对的程朱理学）
道学	道统之学（包括程朱理学、陆王心学、事功之学等）	宋明道学（包括程朱理学和陆王心学）	程朱道学
理学	义理之学（相当于广义的宋学）	性理之学（包括程朱理学和陆王心学）	程朱理学

第二节　宋明儒学特殊学派概念的演变及其与一般总称概念的关系

在中国思想史上，自春秋战国诸子百家兴起以来，学术思想就深深打上了地域色彩的烙印。最显著者如南北地域风格的差异①。兴起于中原文化区的儒家学派自孔孟以来即带有浓厚的地域色彩②。而宋明儒学诸学派的地域色彩尤为鲜明。正如刘成国所指出的，宋代自宋初三先生以来，私人讲学兴盛，为宋代政治文化培养了大批社会精英，并直接在儒学义理层面上推

① 张学智勾勒了中国哲学的起源与地域特点，认为中国哲学起源于对周文疲敝的不同应对之道，其中儒家、墨家、道家、法家等诸子都基于其不同立场作出了回应：儒家主张对周文进行损益，奠定了温和政治和士大夫精神修养的基础，并确定了中华文化的经典系统；墨家用俭约、功用来反对靡费、虚文，用大众趣味反对精英文化；道家摒弃了周文的礼乐教化，建立了以道法自然为最高原理，守柔谦下为行为准则的哲学，并在避世隐遁中保持批判精神；法家以法律、权势和御臣术为基点，批评儒墨，推崇功利，扭转了周文的思想指向；从地域特点说，孔子以鲁地的礼乐传统和东夷的仁爱精神结合，建立了仁礼互相依持并敬畏天命的儒家系统；道家融合楚地巫觋传统和《诗经》中的浪漫风格，形成喜言天道，富于想象，厌弃礼乐，不事虚文的特色。墨家重视鬼神的传统是商代"先鬼而后礼"文化的遗留；齐晋较早应和了春秋时代的社会变动而致力于制度改革，加上北方剽悍易于法制化管理的习性，所以法家思想最强；同时，南北不同文化传统在后世经学、佛教、道教、宋明理学中产生了深刻影响。参见张学智：《中国哲学的起源与地域特点》，《北京大学学报（哲学社会科学版）》2020 年第 6 期。

② 陈来以关学为例子，指出不仅要注意关学的地域特色，而且要注意不同学派及学术体系之间的交流互动，将关学与洛学等学派联结起来，突显关学对主流思想的贡献；因为关学的发展一方面离不开关中地域学术的传承，一方面又是对全国学术思想的吸收、响应和发展，并积极参与各时代主流思想的建构；也就是说，我们必须同时兼顾儒学的普遍性和地域性（特殊性），这也是"理一分殊"（"一本万殊"）思想史观的一种体现。参见陈来：《"关学"的精神》，《陕西师范大学学报（哲学社会科学版）》2016 年第 3 期。

动了宋学的发展和演变①。事实上,宋代儒学的复兴及其学派的发展与地方上私人讲学的兴起密切相关。一般围绕着一位或数位大儒(创始人)所居住的地域(出生地、任职地或讲学地)兴起某学派,因而该学派往往就以其创始人的籍贯或讲学地来命名②,如前述濂洛关闽诸学派。这些以地域命名的特殊学派名称概念主要是在研究中国思想史的场合中使用。

如果将视野扩大到东亚儒家文化圈,那么就必须提到在中日韩等东亚诸国广泛使用的宋明儒学特殊学派概念——"朱子学"与"阳明学"。"朱子学"的称呼最早出现在程端礼、许衡、苏天爵等元代理学家的著作中,本来专指朱熹的学说(又称"朱学"或"闽学"),其后扩展到指称朱子及其门人构成的学派③。关于"阳明学"名称的渊源,学界存在争议。有学者认为"阳明学"这一名称最早出自清代编纂的《明史·王守仁传》④。根据我们的考察,"阳明学"名称最早出现在明代。如明董应举《崇相集》卷十四《郑孺环潘孺人合葬志铭》云:"其为诸生时,学使者毁剥紫阳,以阳明学倡士,颁其书。孺环谢不领。"⑤又如明邹元标《愿学集》卷六上《奉训大夫尚宝司少卿我疆孟先生墓志铭》云:"君讳秋,字子成,世居庄平,学者称为我疆先

---

① 刘成国指出,宋代自宋初三先生以来,私人讲学兴盛,为宋代政治文化培养了大批社会精英,并直接在儒学义理层面上推动了宋学的发展和演变。刘成国进而主要依据《宋元学案》及《宋元学案补遗》,考察了王安石在江宁讲学时的门人情况,指出通过江宁讲学,形成了一个以王安石为中心的士人群体,这一群体与王安石新法及新学的发展关系密切;同时江宁讲学也显示出王安石思想的某些转变,即庆历、嘉祐年间,王安石除了批判现实政治外,同时致力于士人主体价值的弘扬及相关的心性问题;而到了江宁讲学期间,王安石转向对儒家经典的重新诠释,为其变法寻找经典依据,从而开《三经新义》之先声,但由于王安石过早放弃儒学本体层面的建构,从而与同时代的道学家(北宋四子)分道扬镳,再加上新旧党争及新法的失败,最终导致了王安石新学的失败命运。参见刘成国:《王安石江宁讲学考述》,《中华文史论丛》2003 年第 73 期。

② 如宋元儒学思想史上就有"湖学"(胡瑗)、"濂学"(周敦颐)、"洛学"(二程)、"关学"(张载)、"朔学"(司马光)、"百源学派"(邵雍)、"金陵之学"(王安石、新学)、"蜀学"(三苏)、"道南学派"(杨时、罗从彦、李侗)、"湖湘学派"(胡安国、胡宏、张栻)、"闽学"(朱熹)、"婺学、金华学派"(吕祖谦)、"江西之学、金溪学派、象山之学"(陆九渊)、"浙学、浙东学派、永嘉学派"(薛季宣、陈傅良、叶适)、"永康学派"(陈亮)、"四明陆学、甬上四先生、明州四先生、四明四先生"(杨简、袁燮、舒璘、沈焕)、"金华学派、金华朱学、北山四先生"(何基、王柏、金履祥、许谦)、"四明朱学"(黄震、王应麟、史蒙卿)、"新安朱学"(董梦程、曹泾、马端临)、"北方学派"(许谦、刘因)等地域学派。这些地域学派概念都包括在上述中义的"宋学"概念之中。

③ 徐公喜、郭文:《论"何谓朱子学"——一种可能的阐发途径》,《中国哲学史》2017 年第 1 期;吴震:《东亚朱子学:中国哲学的丰富性展示》,《哲学动态》2019 年第 1 期。

④ 钱明:《关于东亚世界的"阳明学"概念》,《贵阳学院学报(社会科学版)》2015 年第 2 期。

⑤ (明)董应举撰:《崇相集十九卷》一,《四库禁毁书丛刊》集部第 102 册,北京出版社 1997 年版,第 623 页。

生。自幼凝重端淳，读诗书即通大意，不为训诂所束缚。里有宏山先生者，夙志阳明学，公贽而受学。”①这里所谓“阳明学”即是作为与“朱子学”（紫阳）相对的学派意义上的“阳明学”概念，而不是指一般意义上的“阳明之学”（阳明的学问）。其后，“阳明学”概念又传到朝鲜（如朴世采《记少时所闻》）及日本。还有学者认为“阳明学”作为一个学派概念是源自日本而后传回中国的②。根据笔者的上述考察，这种看法值得商榷，“阳明学”作为一个学派概念在中国明代已经出现，但“阳明学”在中国自清代以来趋于衰微乃至中绝，而在近代日本流行并发展起来则是事实。根据邓红的考察，近代意义上的日本“阳明学”原本是指 19 世纪末在日本以“阳明”的名号发动的一场社会运动，其后又用来指称中国哲学史领域中的阳明哲学思想研究及阳明学派，反过来又影响了中国，并成为当今学界广泛使用的学派概念（由此还衍生出“阳明后学”名称）③。总之，“阳明学”这一思想流派及其概念源自中国，但却在近代日本发扬光大，由于近代中国深受日本的影响，“阳明学”概念也随之回传中国（众所周知，包括“哲学”在内的大量汉语词汇都是近代日本发明而后传到中国的）。由此也造成学者往往误认为“阳明学”这一学派概念最早就是源自日本。

在意义范围上，“朱子学”与“阳明学”概念也包括狭义、中义与广义三层含义。狭义的“朱子学”概念指朱熹本人及其后学的学术思想（又称“朱学”“闽学”“考亭学派”），中义的“朱子学”概念相当于“程朱理学”，包括朱子的先驱、朱子本人及朱子后学的思想，广义的“朱子学”概念则进一步扩展到包括朝鲜朱子学、日本朱子学等在内的“东亚朱子学”。同样，狭义的“阳明学”概念指王守仁本人及其后学的学术思想（又称“王学”“姚江学派”），中义的“阳明学”概念相当于“陆王心学”，包括阳明的先驱、阳明本人及阳明后学的思想，广义的“阳明学”概念则指包括朝鲜阳明学、日本阳明学等在内的“东亚阳明学”。如 1974 年至 1983 年日本东京明德出版社陆续出版的《朱子学大系》（全 14 卷）就包括中、日朱子学。其中，中国朱子学包括朱熹的先驱、朱熹、朱熹的后继，其所选取的思想家及其顺序基本与《宋元学案》中的立案相同，都以宋初三先生为开端。此外为日本朱子学。1972 年至 1974 年日本东京明德出版社出版的《阳明学大系》（全 12 卷）也包括中、日阳明学。其中中国阳明学包括陆九渊（阳明先驱）、王阳明、阳明

---

① （明）邹元标：《愿学集》，《景印文渊阁四库全书》第 1294 册，（台北）商务印书馆 1983 年版，第 237 页。

② 邓红：《何谓“日本阳明学”》，《华东师范大学学报（哲学社会科学版）》2015 年第 4 期。

③ 邓红：《何谓“日本阳明学”》，《华东师范大学学报（哲学社会科学版）》2015 年第 4 期。

门人。此外为日本阳明学。总之,学界一般使用的广义“朱子学”和“阳明学”概念包括近世以来中国、日本、朝鲜等儒家文化圈国家中发展起来的儒家思想及其学派①,如朝鲜朱子学(如退溪学派)、日本朱子学(如山崎闇斋学派)等,也就是所谓“东亚新儒学”②。中义的“朱子学”和“阳明学”概念相当于程朱理学(狭义宋学)与陆王心学(狭义明学),合起来就是中国思想史上的“宋明新儒学”。因此,狭义、中义、广义的“朱子学”与“阳明学”概念都可以统一到“宋学”“道学”或“新儒学”这些宋明儒学总称概念之中。此外,与上文中论述“宋学”“道学”“理学”的三层含义相似,目前学界已有的研究一般将“朱子学”与“阳明学”区分为广、狭二义,笔者则进一步区分为广、中、狭三义。这也是基于历史、逻辑与现实研究多重考虑的自然选择,并非笔者刻意为之。因为如上文所述,在历史上“朱子学”“阳明学”主要就包括这三层含义。这也反映了近世儒学由中国向东亚诸国的传播、发展过程和思想史研究视域的扩展。同时需要指出的是,“朱子学”与“阳明学”基本是对立概念的关系,其范围基本没有交集,一般不可混用,不像“宋学”“道学”“理学”概念那样存在对应乃至等同的关系而往往可以混用。

此外,思想史上还有以地域学派创始人或集大成者的姓氏(包括字号)命名某一学派的传统,如“朱学”(一般指上述狭义的“朱子学”,或者作为“朱子学”的简称)、“陆学”、“吕学”即分别指朱熹学派、陆九渊学派、吕祖谦学派,还有上述日本山崎闇斋朱子学派被称为“崎门学”、朝鲜退溪朱子学派被称为“退溪学”等,这些都是上述宋学、道学、理学,或者朱子学、阳明学这些大的学派概念下的子学派。还有以研究内容或思想特征命名的特殊学派概念,如邵雍的“象数学”、王安石的“新学”等。

总结上述“宋学”“道学”“理学”等一般总称概念与“朱子学”“阳明学”等特殊学派概念的范围及其关系(思想体系)如表1-2所示:

---

① 吴震指出,东亚儒家文化圈不是建立在“中华文化中心论”或“中华文化一元论”上,而是建立在“多元中心论”或“多元一体论”上。也就是说,我们一方面要“去中心化”或“去一元论”,避免将朝鲜、日本儒学视作中国儒学的简单移植而混为一谈,另一方面也不应单纯地追求“去中心化”而遗忘儒学价值在东亚文化多元发展过程中仍然有着“一体”的存在意义。参见吴震:《东亚朱子学研究的回顾与反思》,《杭州师范大学学报(社会科学版)》2019年第1期。邓庆平指出,所谓“一体”是从本源意义上来讲的,即中国朱子及其门人创立的朱子学——“本源朱子学”从源头意义上作为朝鲜、日本以及此后中国朱子学共同的“体”。参见邓庆平:《中韩朱子学发展模式的比较》,《儒学评论》第13辑,2019年。

② 陈来:《宋明理学》(第二版),华东师范大学出版社2004年版,第10—12页;陈来:《中国宋明儒学研究的方法、视点和趋向》,《浙江学刊》2001年第3期。

表 1-2　宋元明清儒学诸概念的范围及其关系

<table>
<tr><td rowspan="5">儒学
（宋元明清）</td><td rowspan="4">宋学
（广义理学）</td><td rowspan="2">道学
（中义理学）</td><td>程朱理学（中义朱子学、狭义宋学、狭义理学）</td></tr>
<tr><td>陆王心学（中义阳明学、狭义明学、狭义心学）</td></tr>
<tr><td colspan="2">事功学派（永嘉、永康、金华等）</td></tr>
<tr><td colspan="2">其他学派（新学、蜀学、象数学等）</td></tr>
<tr><td colspan="3">汉学（考据学）</td></tr>
</table>

余　论

从上文所论述的宋明儒学名称概念来看，“宋学”“道学”“理学”等概念都有其深厚的历史背景和思想内涵，并且相互之间存在着错综复杂的交涉关系。如田浩主张使用他认为意义更为明确的传统“道学”概念来代替“新儒学”概念①，但又主张将功利学派等都纳入“道学”的动态发展视域中，其所谓“道学”不是元代官修《宋史·道学传》中所规定的狭义“道学”（程朱理学），而是指宋代包括程朱理学与陆王心学乃至功利学派在内的广义“道学”②。这与主张将“新儒学”等同于“宋明道学”（包括程朱理学与陆王心学的中义“道学”）的冯友兰及主张将“新儒学”等同于“宋明理学”（包括程朱理学与陆王心学的中义“理学”）的张立文的观点不同。③ 由上文的

① ［美］田浩：《朱熹的思维世界》（增订版），江苏人民出版社 2009 年版，第 3—4 页。

② 田浩在说明 12 世纪晚期的“道学”范围时举了庆元党禁中的叶适为例子。参见［美］田浩：《功利主义儒家——陈亮对朱熹的挑战》，姜长苏译，江苏人民出版社 2012 年版，第 12 页。其实从《宋元学案·庆元党案》来看，当时官方“庆元党籍”中共列名 59 人。其中除了赵汝愚这样的官员和皇甫斌这样的武官之外，以朱熹及其门徒（朱学）为主的理学派自不用说，还包括浙东四明心学派（杨简、袁燮）、浙东永嘉事功学派（陈傅良、叶适）、湖湘学派（彭龟年、周端朝）、浙东金华学派（吕祖俭、吕祖泰）等学派的学者。“庆元党禁”一方面是韩侂胄借“伪学”（道学）的名义排斥政治上的异己分子，一方面也有压制学术思想的目的在里面。参见连凡：《从〈宋元学案〉看政治与儒学的互动影响——以党禁与杂学为中心》，《成都大学学报（社会科学版）》2018 年第 3 期。

③ 张立文认为，“宋明理学”的名称已经约定俗成地指称包括程朱理学与陆王心学的理学思潮，不会引起歧义，反之“道学”名称容易与“道家之学”“道教之学”相混淆，再加上“道学”名称不能反映宋元明清时代精神的精华和本质特征。因为“理”体现了宋明时代的价值理想和终极关怀，而“道”是宋明时代的价值导向和进路。无论是性即理、心即理，还是气即理。宋明理学各派围绕着对“理”的不同解释而展开各自哲学体系的建构，各派的哲学逻辑结构可以用宋明理学来统摄。参见张立文：《宋明理学研究》，人民出版社 2002 年版，第 11—12 页。

考察可知，其实“道学”概念的意义及范围比起“新儒学”概念来说存在更多歧义。除了上文所论述的儒释道三教中的“道学”概念，尤其宋明儒学中的“道学”概念存在广义（宋学）、中义（宋明道学）和狭义（程朱道学）三种意义之外，更有学者认为“道学”（道家之学）是诸子思想的共同纲要和哲学框架，主张用“道学”来概括包括儒、道、法、墨、农、名、兵、纵横、阴阳九家在内的整个中国传统思想文化。① 这其实就是总结先秦诸子思想的《庄子·天下篇》中所说的“道术将为天下裂”②。即诸子百家都各得“道”之一斑，或者说“道”是贯穿诸子百家乃至整个中国思想文化的核心范畴。由上述可知，“道学”概念实际上和“新儒学”概念一样需要界定。只是因为“道学”概念是中国固有概念，其意义演变也局限在中国思想史内部，这一点与西方创造而后又传入中国的“新儒学”概念不同。而且老庄“道学”（Taoism 或 Daoism）与儒家“道学”（Tao-hsüeh 或 Dao-Xue）的英文名称不同，所以可能导致田浩没有注意到中国历史上“道学”概念意义的复杂演变及其歧义性。总之，我们不能脱离历史和逻辑的维度来孤立地评判概念的意义和范围。再加上不同学者对同一概念的理解和用法可能存在差异（如前述田浩与冯友兰所理解的“道学”就存在差异）。因此我们在使用“宋学”（Song Studies 或 Song School）、“道学”（Tao-hsüeh 或 Dao Xue）、“理学”（Li-hsüeh 或 Li Xue）、“新儒家（学）”[“Neo-Confucian（ism）”]等概念时必须从历史脉络和逻辑结构（思想体系）出发对这些概念的意义和关系进行清晰的界定，避免造成思想体系及其概念上的模糊和混乱。

---

① 参见裴倜：《道学新探——评张绪通博士关于“道学”的概念和观点》，《社会科学研究》1994 年第 5 期。

② （清）郭庆藩：《庄子集释》，中华书局 1961 年版，第 1069 页。

第二章　"Confucius""Confucian(ism/ist)"概念的源流及意义考辨

在探讨我们主要关注的"Neo-Confucian(ism)"概念之前,有必要先讨论一下与其词干"Confucian(ism)"相关的 Confucius、Confucian、Confucianism、Confucianist 诸概念。为方便起见,笔者将 Confucian、Confucianism、Confucianist 这三个相同词干的派生词合并为"Confucian(ism/ist)"(如本章标题所示)。

美国学者詹启华(Lionel M. Jensen)指出,Confucius(孔夫子)概念是16、17世纪明末清初入华耶稣会士"制造"出来的,由此派生出 Confucian、Confucianist、Confucianism(儒家、儒者、儒学或儒教)诸概念;其实都是西方人出于自身政教分离的传统建构出来的一个关于宗教、哲学、社会伦理道德秩序的思想体系;这种建构夹杂了对于理想"他者"的想象和误读,并对启蒙时代的西方思想家产生了深刻的影响;所谓"儒"的传统正是历史上的思想家们进行发明创造("制造")的结果,而这种"制造"又赋予传统以新的活力。总之,詹启华认为 Confucius(孔夫子)等专有名词都是西方人根据自身的理解和想象创造出来的概念,在中国传统思想中没有其直接对应的概念①。王庆节通过历史文物及思想典籍的考证,指出"孔夫子"这一中文概念在耶稣会士来华之前的中国早已存在,并非舶来品,而这正是利玛窦等耶稣会士创造 Confucius 这一拉丁概念的渊源,并且耶稣会十所理解和传播的 Confucius、Confucianism 概念与中国传统的"孔子(学说)""儒家思想"概念实质是一回事,因此詹启华所谓西方人"制造儒家"(Manufacturing Confucianism)的观点言过其实,最多只不过说明了"孔夫子"概念的内涵随着中西方历史环境的变迁影响而发生了变化而已②。如上所述,詹启华与王庆节分别从西方和中国的立场和文本出发考察了"Confucius"与"孔夫子"等概念的渊源及意义,双方各执一端,只有结合起来考察才能对其有清晰的认识。下面我们通过对"Confucius""Confucian(ism)""Confucianist"概念渊源

---

① Lionel M. Jensen(詹启华), *Manufacturing Confucianism: Chinese Traditions and Universal Civilization*, Durham: Duke University Press, 1998, pp. 63-133.

② 王庆节:《孔夫子——"舶来品"还是"本土货"》,《深圳大学学报(人文社会科学版)》2013年第4期。

及意义的考察来回应这一问题。

第一节 “Confucius”概念的源流及意义考辨

根据笔者的考察,英语“Confucius”在1599年已经出现。即1599年在伦敦出版的未署撰者姓名的 *Principall navigations, voiages, and discoveries of the English nation*(《英格兰民族的主要航海、航行和发现》)一书中指出:“由于中国的王国至今一直缺乏真正的宗教,且目前其初步萌芽还局限在非常狭小的范围内,这个国家,尽管在其他方面人民极为聪慧,才智非凡,能力极高,但一直生活在巨大的谬误和真理的无知之中,他们的意见分散,信奉着各种宗派。而在这些宗派中,有三个比其他更为著名:第一个是信奉孔子(*Confucius*)教义的派别,孔子是一位杰出的哲学家。据其生平史料记载,孔子是一位极其正直、廉洁的人,他撰写了许多非常简明扼要且内容丰富的著作,这些著作在中国人眼中,比其他所有书籍都更受重视并被研读。所有的统治者都信奉孔子的学说,其他从事文学研究的人也一样,其中很大一部分是孔子(*Confucius*)所创立的:孔子备受尊崇,他的追随者和信徒们在新月和满月的日子里,都会聚集在我之前提到过的那所公共学校里,在孔子的雕像前,焚香点烛,行三跪九叩之礼,不仅是普通的学者,连高级统治者也会这样做。上述学说的主旨是,人们应该以自然之光为引导,努力追求我之前提到的美德;最后,他们应该努力治理好家庭和国家。如果孔子(*Confucius*)提到了全能的上帝和来世,没有将那么多事情归因于天命和命运的必然性,也没有那么热衷于崇拜祖先的雕像,那么所有这些都是值得称赞的。但就这一点而言,他很难或根本无法逃脱偶像崇拜的罪名:尽管如此,我们必须承认,在中国人的所有学说中,孔子的学说最接近真理。第二个宗派是信奉萨满的宗派,……这个宗派的所有信徒在中国被称为僧,但在我们日本被称为僧侣。……这些被称为僧的信徒剃掉胡子和头发,他们中的大多数人与他们的同伴一起住在萨满或其他因同一职业而在其历法中被尊为圣人的寺庙里,按照他们的方式诵经祈祷,要么看书,要么念经,按照我们僧侣的方式举行其他仪式。这些人对来世和善良之人的奖赏以及邪恶之人的惩罚有些模糊的认识;然而,他们的所有断言都充满了谬误。第三个宗派是被称为道教的宗派:这些人模仿另一个他们认为神圣的人,对他进行崇拜。他们也是自己那种类型的牧师,但他们让头发自然生长,并在其他习俗上与前者不同。现在,因为孔子教派(the sect of *Confucius*)是这三个中最著名的,而其他两个宗派,僧和道教,不太热衷于学习,他们的宗教只在普通人中流行,所以这两个宗派的牧师在中国人中过着最卑微和卑躬屈膝的生活，以至于他们在统治者面前下跪，不被允许坐在他们旁边，有时甚至会受到棍棒的惩罚，只要统治者愿意；而在我们日本的岛屿上，情况却大不相同，即使是信仰伪宗教的牧师，在我们之中也备受尊敬。”①该书正文此段中共使用“Confucius”概念4次，用来指称孔子(孔夫子)，其中3处是直接指称孔子，最后1处用了一个词组“the sect of *Confucius*”来指称孔子教派，也就是儒家学派。文中探讨了中国儒释道三教的教义及其宗教表现形式，指出儒家主张人应该遵循自然理性而非超自然的神性，通过自身的努力来获取美德，因此在政治和家国治理层面取得了显著的成效，但站在基督教的立场看来，儒教将事物的根源归之于上天和必然的命运，并且只讲今生不讲死后的世界，又有祖先和圣人崇拜，而非像基督教那样求之于全知全能的上帝和不朽灵魂的救赎，因此儒家最终不能免除偶像崇拜，但相比于佛、道二教，儒教还是更接近真理。这里基于西方基督教立场批判了儒释道三教的偶像崇拜，也体现了耶稣会士倡导的“补儒易佛”的传教策略。

1676年在伦敦出版的不著撰人姓名的 *Viaggio del P. Giovanni Grueber tornando per terea da China in Europa; China and France; Two treatises.*(《乔瓦尼·格鲁贝尔自中国的归欧之旅；中国和法国；两篇论述》)一书中指出：“我们询问了中国人所从事的科学。神父说，他们有孔子(*Confucius*)的著作，孔子在他们中间受到的尊敬就像亚里士多德在我们中间受到的尊敬一样。孔子(*Confucius*)生活在大约三千年前，他留给他们的道德哲学融合了神学和自然哲学。我见过他的一个后代，据说是他家族中第六十三代传人：他非常富有，并享有王子的称号；因为中国的国王们一直非常尊敬这位学者，所以允许他的孙子们享有这个荣誉的称号。除了孔子(*Confucius*)的著作外，他们天生就对数字知识感兴趣；但他们的几何学非常不完善，因为它只教授更普通和实用的部分：他们对理论一无所知，也不了解几何学中最优秀的部分，如光学。由此我们可以判断他们在绘画和建筑方面的造诣是多么低。他们极度沉迷于占星术、面相学、魔法和类似的技艺。在司法占星术中，他们自认为是出类拔萃的。”②文中共3次使用了“*Confucius*”(孔夫子)一词，并将孔子在中国的地位与亚里士多德在西方的地位相提并论，认为孔子创立的道德哲学融合了超自然的神性和自然哲学，可知这里认为孔子的

① Anonymous, *Principall Navigations, Voiages, and Discoveries of the English Nation*, London: George Bishop, Ralph Newberie, and Robert Barker, 1599, pp. 96, 97.

② Anonymous, *Viaggio del P. Giovanni Grueber tornando per terea da China in Europa; China and France; Two treatises*, London: T.N. for Samuel Lowndes, 1676, pp. 36, 37.

教义与基督教信仰并不矛盾,但又指出中国人在数学理论上不完善,只注重实用的东西,而不注重理论探讨,同时沉迷于迷信中。可知作者认为中国所信奉的儒家学说偏向于道德哲学,这种道德哲学融合了宗教信仰(神性)和自然哲学(理性),但中国人的科学理论并没有发展起来,而是更注重实际的技术应用并沉迷于迷信中,缺乏探索科学真理的追求。这也是作者认为中国没有产生科学的原因。其观点与后来20世纪中国兴起的科学与玄学论战中对中国为何没有产生近代科学的反思颇为相似,值得我们注意。

1676年在伦敦出版的 Edward Stillingfleet 的 *A defence of the discourse concerning the idolatry practised in the Church of Rome in answer to a book entituled, Catholicks no idolators*(《为罗马教会中关于偶像崇拜的论述辩护,以回应一本书,该书题为〈天主教不崇拜偶像〉》)一书中指出:"事情是这样的:耶稣会传教士在中国收获颇丰,他们使许多大人物皈依了基督教;于是,其他教会的传教士,尤其是方济各会传教士,十分好奇耶稣会传教士是如何使这么多大人物成为基督徒的,所使用的手段是什么;经过充分调查,他们发现耶稣会传教士给了他们很大的自由,比如,他们所谓的教会的五条戒律,即听弥撒、每年忏悔、复活节领圣餐、在庄严的时刻斋戒、缴纳什一税和初熟之果;此外,他们还在洗礼时宽容了他们的仪式,比如在给女性洗礼时,不使用抹油和吐唾沫在耳朵上,也不把盐放在嘴里,以及不施行终傅礼,因为担心丈夫们会嫉妒而不允许他们这样做;但最符合我们目的的是,耶稣会传教士在两件事上给了满清官员自由。1.每个月两次去城里的守护神庙,因为他们有职责这么做,否则就会失去官职,并在那里向偶像鞠躬致敬,做出其他人使用的所有外部崇拜行为;在就职时还要在偶像前宣誓,于是他们悄悄地在祭坛上的花丛中放置十字架,或者巧妙地将它握在手中,并凭借内心的意图将所有崇拜都指向十字架。2.每年两次去孔庙(或称夫子庙,the Temple of Keum-Fucu, or *Confucius*),在那里进行其他人进行的所有仪式;同样,他们也去根据孔子(*Confucius*)的教诲为纪念祖先而建的宗庙;因为中国人宣称,他们只想对祖先的记忆表示敬意,就像祖先还活着时他们会对祖先做的那样;他们向祖先供奉的,也只是祖先活着时他们会给的,而没有任何意图要从祖先那里乞求什么,因为他们知道祖先已经死了;对于祖先的雕像,他们也是如此宽容,围绕这些雕像举行了许多仪式。圣方济各会传教士在菲律宾得知了这些事情的真相后,向西班牙国王提交了一份备忘录,西班牙国王通过他的大使将其呈交给教皇,随后召集红衣主教团,并与教皇就此进行了大量的审议和咨询,他们颁布了一项法令,其中通过几项决议,宣布出于任何这些借口而使用本身不合法且迷信的行为都是非法的,尽管这些行为是出于崇拜真神的意图。为了避免有人误以为这只是他们站在丑闻的立场上(如 T.G.关于向太阳膜拜的说法),他们使用了多种表达方式,以排除这种可能性,因为他们因此断定第七项‘无主崇拜’是决不合法的;第 8 条是‘无外邦人’(nullo preetextu),没有任何借口;第 9 条是‘若无外邦人在场,上帝就不能得救’(propter absentiam gentilium)。从这一决议中,我们可以观察到几件符合我们目的的事情。”①如上所引,该书中共两处使用“*Confucius*”一词,其中一处为“the Temple of Keum-Fucu, or *Confucius*”指孔庙或夫子庙。该文论述了耶稣会士在中国推行的“利玛窦规矩”即适应中国国情的传教策略下,允许皈依天主教的中国人在拜上帝的同时保留传统儒家的祖先崇拜和圣人(孔子)崇拜,并认为祖先和圣人崇拜只是一种有利于世俗教化的工具而非宗教信仰,因此可以与天主教信仰并行不悖。而方济各会的传教士则力图维护天主教信仰的纯洁性,因此规定“无主崇拜”是不合法的,进而强调没有外邦人(指西方天主教徒)的参与,中国人是不可能得救的。天主教会内部关于传教策略的这种矛盾是以 17 世纪末期以来逐渐激化的中西“礼仪之争”为背景的。具体来说,利玛窦为了适应中国的宗教和民俗,对中国的“祭孔”和“祭祖”采取了策略性的宽容态度,即将儒家的祭祀解释成一种“尽孝思之诚”的非宗教性世俗伦理及礼仪,并认为这种世俗礼仪与天主教信仰及神学仪式可并行不悖,以便适应中国国情并扫除中国人尤其是儒家士大夫皈依天主教的障碍。但另一方面,正如孙尚扬所指出的,利玛窦在以儒证耶,即附会儒家经典来论证灵魂不朽与天堂地狱的存在时又承认了“祭祖是‘异教’的宗教仪式”。这两种看似矛盾的观点也给后来的“礼仪之争”埋下了伏笔②。尤其站在天主教原教旨主义者的立场上来看,利玛窦的文化适应策略最终会导致形成一种儒家式的基督宗教哲学③。这无疑将损害天主教信仰的纯洁性和优越性,因此利玛窦一去世,在

① Edward Stillingfleet, *A Defence of the Discourse Concerning the Idolatry Practised in the Church of Rome in Answer to a Book Entituled, Catholicks No Idolators*, London: Robert White for Henry Mortlock, 1676, pp. 131-133.

② 参见孙尚扬、[比]钟鸣旦:《1840 年前的中国基督教》,学苑出版社 2004 年版,第 122 页。孙尚扬:《利玛窦与徐光启》,中国国际广播出版社 2009 年版,第 66 页。

③ 如比利时耶稣会士卫方济(François Noël, 1651-1729)在其 1711 年出版的《中国哲学》(*Philosophia Sinica*)一书中,将宋明新儒学(程朱理学)认定为与先秦儒学一脉相承的有神论体系,并且试图通过与中世纪的亚里士多德哲学的类比,将宋明新儒学与基督宗教思想结合起来。参见[法]梅谦立、王格:《超越二元,迈向统一——耶稣会士卫方济〈中国哲学〉(1711 年)及其儒家诠释学的初探》,《哲学与文化》2017 年第 11 期;王格:《“中国哲学”何以正当的最早论说——明清之际西人之证言》,《哲学研究》2019 年第 7 期。

华传教士就因为对“利玛窦规矩”的不同意见而展开论争，从而拉开了“礼仪之争”的帷幕①。利玛窦倡导的宗教宽容态度就是后来信奉天主的同时能否同时按中国的礼仪祭拜圣人和祖先的所谓“礼仪之争”中康熙帝所说的“利玛窦规矩”②。而其直接理论依据来自《荀子·礼论》中的记载③。利玛窦认为儒家祭祀的意义在于“志慕思念”，即“表示对祖先的爱情及感恩之情”，其作用是“为了教导子孙和无知的人孝敬仍然在世的父母。看到有地位的人，事奉过世的仍像在世的，自然是一种教训”④。总之，利玛窦认为儒家的祭祀只是一种情感的表达或一种世俗的教化方式，所谓“慎终追远，民德归厚矣”(《论语·学而》)即指通过此仪式所追求达到的社会效果，并不具有神秘的宗教色彩。其功用如杜维明所说的体现为一种人文主义关怀，即在儒家传统中，礼仪是道德教育的重要组成部分，而且由于儒家对待鬼神的态度基本上是人文主义的，祭祖等祭祀活动往往是伦理关怀的表现。⑤

1688 年在伦敦出版的 Pierre Allix 的 *Reflexions upon the books of the Holy Scriptures to establish the truth of the Christian religion. in two volumes*(《对〈圣经〉书籍的反思，以确立基督教的真理。分两卷》)一书中指出：“首先，他们所说的关于第一位名叫普昂库斯的十三位继承人的事情，都声称是他的后裔，这与《创世纪》的历史相吻合，该历史记载了从父亲到儿子的连续族长。唯一的区别是，中国人出于愚蠢的独占欲，坚持认为这十三位国王都在中国。其次，他们告诉我们，在第二位国王天皇统治下，世界变得文明，这是在一条扰乱天地的巨龙死后发生的，这与塞特的历史非常吻合。塞特开始引导人类形成对上帝崇拜的正确观念，当时他将人类与该隐的家族分开。第三，很有可能当中国人计算出第一位男人及其继承人的十三位直系国王时，

① 参见吴莉苇：《中国礼仪之争：文明的张力与权力的较量》，上海古籍出版社 2007 年版，第 9 页；张国刚、吴莉苇：《中西文化关系史》，高等教育出版社 2006 年版，第 364—366、385—391 页。

② 关于中国古代作为礼的神祇祭祀的详细考察，参见[日]関口順：《禮としての神祇祭祀の考察——日本における神祇祭祀と對比して》，《日本中国学会報》第 64 卷，2012 年；关于中国古代祭祀的种类及其意义的详细考察，参见[日]吾妻重二：《儒教の再考——儀禮・祭祀・神々・五經》，《日本中国学会報》第 65 卷，2013 年。

③ 参见孙尚扬：《基督教与明末儒学》，东方出版社 1994 年版，第 22 页。

④ [意]利玛窦：《利玛窦中国传教史》上，刘俊余、王玉川译，《利玛窦全集》一，(台北)光启出版社 1986 年版，第 85 页。

⑤ 参见 Weiming Tu(杜维明)，*Centrality and Commonality：An Essay on Confucian Religiousness*，SUNY Series in Chinese Philosophy and Culture，Albany，NY：State University of New York Press，1989，pp. 45，46。

他们包括了该隐和亚伯,尽管他们都是第一位男人的儿子,但摩西并没有将他们计算在内,因为他的范围仅限于给出亚当后裔通过塞特一脉相承的后代。他们相信在金洪王统治下有一种黄金时代,那时地球富饶得令人惊叹。而在他的继任者统治下,人们极其单纯,完全不知道人类生活所必需的各种技艺,如文字和字母。为了弥补这一不足,一位名叫苏居斯的人想出了一个办法,通过在绳子上打各种结来记住事情。所有这些都充分证明,根据摩西的描述,世界是最近被创造的这一信仰,被古代中国人民和其他所有国家的人民同样接受。此外,值得注意的是,根据马丁尼乌斯的说法,中国人自己也怀疑他们帝国在福庇乌斯国王之前的所有历史记录,认为它们是虚假和荒谬的。事实上,福庇乌斯之前的中国人民像野兽一样生活,没有稳定的政府、法律或技艺。这一点就足以反驳那些现在坚持认为孔子(*Confucius*)之前的世界历史长达三百二十七万年的中国人。孔子生活在耶稣基督之前大约五百年。由此可以清楚地看出,他们愚蠢地想要超越巴比伦人在虚荣方面的成就,巴比伦人相信世界的永恒性,为了证明他们的古老和给他们的占星术观察增加可信度,他们声称在亚历山大进入亚洲之前,占星术已经在他们中间存在了 472000 年。总之,可以肯定的是,他们计算的从福庇乌斯到耶稣基督的 3000 年历史,只与希伯来文本的摩西编年史不符,而与七十士译本的编年史完全相符。但除此之外,还有什么比整个福庇乌斯的历史更明显的虚构呢?中国人认为他在耶稣基督之前 2952 年开始统治。首先,他被称为天子,因为他们说他有母亲但没有父亲;他的母亲在蓝提厄镇附近的一个湖边散步时,在沙地上看到了男人的脚印,同时突然被一道彩虹包围,于是怀上了他。其次,该镇位于中国西部,这表明中国的第一批居民来自世界的西部地区,因此根据摩西在《创世纪》第十章中的记载,他们是闪的后裔。第三,尽管他们可能认为他研究天文学并发明了人类社会所必需的几项制度,如法律等,并无不妥,但他们补充说,他是第一个发明几种图案的人,这些图案是他在龙的背上看到的,这充分表明,要么整个故事只是一个寓言,要么他是一个骗子,欺骗了无知者的单纯。”①文中一处使用了“*Confucius*”(孔夫子)一词,文中提到孔子(*Confucius*,公元前 551—前 479)约生活于耶稣诞生的 500 年前。该文主要论述了中国人的上古史,一方面认为中国正统古史(如《史记》中关于夏商周三代的记载)与《圣经》中的记载并不矛盾,另一方面又驳斥了中国人将人类文明的起源推到创世纪之前的几

① Pierre Allix, *Reflexions upon the Books of the Holy Scriptures to Establish the Truth of the Christian Religion. in two volumes*, London: Richard Chiswell, 1688, pp. 110-112.

百万年前的做法，认为这些都是出于迷信。这显然是以基督教的神创说来论述人类及其文明的起源，并基于西方中心主义的立场认为中国人及其文化是源自西方，即中国的最早居民是来自西方，进而认为中国古史传说中像三皇五帝那样的圣王兼发明家的事迹都是编造出来的寓言而非事实。这种对中国古史的质疑虽然是出自西方基督教的立场，但却与19世纪末20世纪初期兴起的对中国古史的质疑（如中国国内兴起的“古史辨派”）如出一辙。而20世纪以来仍然不乏有人认为中华文明起源于西方①。因此17世纪的这些传教士可说是最早的“古史辨派”，虽然后来的“古史辨派”更多是出于实证主义的立场，而17世纪这些原始的“古史辨派”是出于西方中心主义的立场。

1688年出版的 *Reflections upon Mr. Varillas his History of heresy Book* 1, *Tome* 1, *as far as it relates to English matters, more especially those of Wicliff*（《对瓦里拉斯先生的〈异端史〉第1卷第1册的反思，因为它涉及英国的问题，尤其是威克利夫的问题》）一书中指出：“我们现在要讲到泰勒叛乱（Tyler's Rebellion）；我们的作者在这里充分展现了他的想象力，并设计了一个手法，将威克利夫（Wicliff）引入作为这场动乱的始作俑者。威克利夫利用国王年幼的机会，从神职人员转向宣扬反对世俗贵族和地方长官的教义；最终他得出结论，认为不应有财产的不平等，而应一切共有。通过这样的思想引导，他吸引了一个名叫约翰·巴勒（John Ball）的人加入他的阵营，此人是全英格兰最动乱、最煽动叛乱的人：他本是一名牧师，从将他囚禁的主教那里逃脱。他害怕再次被捕，且没有在海外生存的手段，因此认为除了挑起内战，自己别无安身立命之法。于是，他经常与威克利夫商议，宣扬并煽动其观点，以至于召集了二十万人跟随他，声称要建立平等社会，但实际上却是为了让自己坐上坎特伯雷大主教和英格兰国务大臣西蒙·德·萨贝利亚（Simon de Saberia）的高位。（第27、28、29页）1.我喜欢那些胸怀宽广、思想自由的历史学家，他们不屑于依赖前人的记述，只根据自己的调查来叙述历史：‘满足于已写成的东西，不向世界呈现任何新内容’，这是庸俗精神的体现。威克利夫的布道与这次叛乱毫无关系，就像法国出版的孔子（*Confucius*）著作与胡格诺教徒的苦难毫无关系，也像瓦里拉斯（Varillas）先生的结论与其前提毫无关系一样。所有有判断力且博学的人都知道，威克利夫始终捍卫秩序和等级制度；他自己获得了博士学位，他的朋友和赞助人都是贵族；他所有的麻烦都源于他对维护王子权威的热忱：他绝不可能是这

① 萧萐父：《中国哲学史史料源流举要》，武汉大学出版社1998年版，第15—16页。

场针对王子的暴动的始作俑者。暂且不提我们作者的遗忘症,他在第12页中,将威克利夫描绘成只是为了报复教皇官员和神职人员所谓的冒犯,而故意挑起叛乱,但在这里,他又无缘无故、毫无根据地将其设定为激烈反对俗人和贵族的人。所有人都认同,叛乱源于看似的压迫和英国历史上最高的税收,这些税收被认为在肯特郡及其邻近地区被无理征收且傲慢地强征。2.再说说那位煽动叛乱的牧师约翰·巴勒,他因自己的主张而被囚禁;他远没有逃脱监狱,去与威克利夫频繁商议;也远没有认为自己作为一个微不足道的牧师,在那之后有必要为了自保而煽动英格兰人民起义;实际上,是农民首先拿起武器,而在他们的其他过激行为中,包括打开监狱大门,将约翰·巴勒与其他囚犯一同释放,之后他才加入了自己的解救者行列。”[①]文中使用了1次“*Confucius*”一词,其所谓“法国出版的孔子著作”指的是1687年在巴黎出版的《中国哲学家孔夫子》。该书全称为 *Confucius Sinarum Philosophus, sive Scientia Sinensis Latine Exposita*(《中国哲学家孔夫子:用拉丁文解释中国人的智慧》),由入华耶稣会士柏应理等人编译,内容包括献给路易十四国王的献词、前言、孔子传记、正文(包括《大学》《中庸》《论语》的翻译)和附录(包括中国朝代年表和中国现状概述)。该书是17世纪介绍中国儒家思想最完整的欧洲作品,并对狄德罗、孟德斯鸠、伏尔泰、莱布尼茨等欧洲启蒙思想家产生了重大影响(详见下章)。法国浪漫主义的先驱卢梭虽然对孔子思想多有批评,但也深受孔子思想的影响。[②]

第二节 “Confucian(ism/ist)”概念的源流及意义考辨

关于“Confucian(ism)”概念,学界已有不少讨论,德国学者苏费翔对“Confucian”和“Confucianism”在西方的早期用法进行了考察,指出“Confucian”一词的拉丁文、法文、英文在17世纪末至18世纪初就已经出现,其中“Confucian”一词在英文较早的出处是1700年出版的《历史与政治月刊》;“Confucianism”一词的法文在1708年也已经出现,其英文则至迟1825年英

---

① Edward Hannes, *Reflections upon Mr. Varillas His History of Heresy Book* 1, *Tome* 1, *as Far as It Relates to English Matters*, *More Especially Those of Wicliff*, Amsterdam: s. n., 1688, pp. 39-42.

② 参见朱雁冰:《〈中国哲人孔子〉中的孔子形象》,《复旦学报(社会科学版)》1990年第3期;罗莹:《〈中国哲学家孔子〉成书过程刍议》,《北京行政学院学报》2012年第1期;David E. Mungello, “Leibniz's Interpretation of Neo-Confucianism”, *Philosophy East and West*, Vol. 21, No. 1(1971), pp. 3-22。

国汉学家马礼逊已经使用。①

根据笔者的考察,英文的"Confucian"一词在 1694 年已经出现。即 1694 年 Wotton William 在伦敦出版的 *Reflections upon ancient and modern learning*(《对古代和现代学术的反思》)一书中指出:"威廉·坦普尔爵士深知,整个中国史仅依赖于马丁尼乌斯以及最近在巴黎出版孔子(*Confucius*)著作的那些传教士的权威。马丁尼乌斯告诉读者,他不得不学习六万个独立的汉字,才能轻松地阅读中国作者的著作。毫无疑问,这绝对是传播知识的一种好方法,因为一个人必须花费生命中最好的八到十年时间来学习阅读。我们手头的中文知识最重要的样本是孔子的著作(the Writings of Confucius);如果弗朗索瓦·库普莱(柏应理)和同伴们把这些作品以自己的名义出版,威廉·坦普尔爵士将是第一批人之一,称这些论述规则和教义的著作——内容广博、寓意深远、机智敏锐、文采斐然、善用比喻和实例——不过是一系列由良好的判断力和尚可的经验就可以为任何人提供的不连贯的道德格言。如果中国人认为除了他们自己的儒家伦理(Confucian Ethicks)之外,所有知识都是卑贱和机械的,那么为什么欧洲传教士在医学和机械技术方面的技能会受到如此多的尊敬呢?他们掌握的数学知识只要足以满足制作年鉴的需要就足够了。弗朗索瓦·维尔布里斯特在几年前《哲学汇刊》上发表的一封信中说,皇帝在宫中给他的荣誉,在很大程度上是因为他教皇帝如何用恒星和星盘确定夜间时间:这表明中国人在这些方面的技能很有限;而且很有可能,那些对这些常识一无所知的人,其思辨能力也很少能提升到更高的层次。"②文中同时使用了"Confucius"(孔子)和"Confucian"(儒家),其中提到了上述柏应理 1687 年在巴黎出版的《中国哲学家孔夫子》,认为孔子的著作(the Writings of Confucius,指以《四书》为代表的儒家经典,如《中国哲学家孔夫子》即是对《四书》中《大学》《中庸》《论语》的翻译)是学习和传播中国学术思想的最好样本,而中国人的知识学问又以儒家伦理(Confucian Ethicks)即儒家之道为最高,但中国人又同时对西方传教士传入的医学和机械技能等科学技术很感兴趣。这里也反映了中国人虽然重视伦理道德,但同时又对经世致用的器用层面很感兴趣,这也是传入西方自然科学技术的传教士在中国受到尊敬的重要原因。当然这背后已经隐含着"中体西用"思想的影子了。

① [德]苏费翔:《创新与宇宙论:"(Neo-)Confucianism"一词早期的用法》,《湖南大学学报(社会科学版)》2020 年第 3 期。

② Wotton William, *Reflections upon Ancient and Modern Learning*, London: J. Leake for Peter Buck, 1694, pp. 144-146.

进入19世纪以后,“Confucian(ism)”概念大量出现在新教传教士在中国创办的报刊上,相关的例子不胜枚举,这里举出几个早期的例子。即美国传教士裨治文(Elijah Coleman Bridgman,1801—1861)在广州创办的向西方读者介绍中国的第一份英文刊物《中国丛报》(*The Chinese Repository*,1832年至1851年发行)①上刊载的文章中经常使用“Confucian(ism)”概念,如1832年6月1日《中国丛报》上刊载的一篇题为“FRIENDSHIP”(《友谊》)的文章中指出:“友谊在孔子的伦理学中占有一席之地;但他对‘朋友’这个词的理解是松散而模糊的,就像现在汉语口语中有时所说的‘酒肉朋友’那样——即那些同欢乐的朋友。他说:‘有三种朋友有益,三种朋友有害。直率的、真诚的、知识渊博的,是有益的朋友;而那些外表浮夸、态度随和、阿谀奉承的,是有害的朋友。’他又说:‘不要交学识或品德都不如你的朋友。’他曾两次建议,一个朋友不应该经常向另一个朋友重复自己的劝诫。‘如果朋友不听’,他说,‘就放弃吧;因为坚持下去你会造成隔阂,给自己带来侮辱。’曾子,儒家学派(the Confucian school)的另一位杰出人物,每天反省自己是否在与朋友的交往中严格遵守了真理。那些像基督徒那样,无论是对朋友还是敌人,都要坚守真理的人,几乎不需要这种特殊的自我反省。”②该文介绍了孔子的交友观,引用了《论语》中的“子曰:益者三友,损者三友:友直,友谅,友多闻,益矣;友便辟,友善柔,友便佞,损矣”(《论语·季氏》),“子曰:君子不重则不威,学则不固,主忠信,无友不如己者,过则勿惮改”(《论语·学而篇》),以及“子贡问友。子曰:‘忠告而善道之,不可则止,毋自辱焉’”(《论语·颜渊篇》)。接着又引用了儒家(the Confucian school)学者曾参所说的“吾日三省吾身。为人谋而不忠乎?与朋友交而不信乎?传

① 《中国丛报》(*The Chinese Repository*),旧译《澳门月报》,是西方传教士在清末中国创办的一份英文期刊,由美部会的传教士裨治文创办于1832年5月,主要发行地点是广州。《中国丛报》在鸦片战争期间一度搬到澳门及香港,1845年再移回广州。除了创办者裨治文之外,1833年美部会另一位传教士卫三畏(Samuel W. Williams)开始在广州负责处理《中国丛报》的刊行事项。1847年之后,该刊的编撰即由卫三畏代替裨治文负责。1851年12月停刊。《中国丛报》是向西方读者介绍中国的第一份英文刊物,共20卷,232期,每卷约600余页。该报所刊文章涉及的范围包括中国政治、经济、地理、历史、法律、博物、贸易、语言等方方面面,且详细记录了第一次鸦片战争前后中国的政治、经济、文化、宗教和社会生活等内容。这些记录均来自早期传教士的耳闻目睹,为珍贵的第一手史料,对研究19世纪上半叶的中国史和中外关系史具有极其重要的价值。《中国丛报》的影印本今有BridgmanE. C.(裨治文)、WilliamsS. Wells(卫三畏):《中国丛报(*The Chinese Repository*)》全20卷,张西平主编:《“中国研究”外文报刊汇刊》,广西师范大学出版社2008年版。该套书除全文影印《中国丛报》共20卷之外,还制作篇名目录索引单独成卷,将所有的英文篇名目录全部译成中文,每篇撰有中文内容提要,以方便研究者使用。

② Anonymous,“Friendship”,*The Chinese Repository*(1832—1851),1832-6-1,p. 65.

不习乎?”(《论语·学而》)说明了交友的原则,并肯定了儒家交友原则的普遍意义和价值。

1833 年 1 月 1 日《中国丛报》上刊载了题为“MISCELLANIES:JULIAN THE HAPPINESS OF A FUTURE STAIR THE GOSPEI ECHO”(《杂记:朱利安,未来楼梯的幸福,福音的回响》)的文章,指出:“先生,在《文库》第 8 期中,我看到了一些段落,这些段落倾向于回答随信提出的问题,因此我恳请您将其发表,如果您愿意的话,请直接回答他的问题,这将是对我和我的朋友的帮助。我认为您对儒家哲学家(the Confucian philosophers)的看法是,他们完全没有预见到未来的生存状态;当然,他们也从未谈论过其中的幸福会是什么样子。但还有其他中国教派——佛教徒和道教徒,也许,还应该加上那些没有教派、只存在于庸俗想象的松散流行信仰。”①又指出:“我相信,中国的佛教徒希望以后再也不出生到这个麻烦的世界;他们希望有一个超人的状态。但是,超人的幸福是极少数人才能获得的,而且要经过许多次灵魂的轮回转世才能从这个悲伤的世界中解脱出来。当佛教徒们如此幸福,以至于不再是人的时候,他们预见到的最高幸福就是你们《文库》中所称的‘虚无’状态。那么,如果人们对未来幸福的预期真的表明了他们现在的思想特征;那么,佛教徒可能被认为是一个懒惰、消极、‘无所事事’的教派;而儒家学者(the Confucianists),他们既不希望死后有幸福,也不害怕任何痛苦,所以他们可能品格低下、思想世俗、兽性十足或野心勃勃,因为他们追求的是感官上的放纵或世俗的荣誉。也许有时候,在非凡的人物中,卑劣的野兽和骄傲的恶魔都会引人注目。事实是这样吗? 如果是这样,那么我朋友的理论似乎很好。但是,我预先推测了您的评论和信息,我希望我之前表达的个人观点不会妨碍您给出这些评论和信息。”②文中使用了“the Confucian philosophers”(儒家哲学家)和“the Confucianists”(儒家学者们),指出儒家关注现世,不像佛教那样期待来世,二者存在入世与出世的区别。这里已经涉及中国儒释道三教的区别,其论述基本符合实际情况,反映了传教士对中国传统思想了解之深入。

同样 1833 年 1 月 1 日《中国丛报》上又刊载了题为“RELIGIOUS INTELLIGENCE:MALACCA CHINA”(《宗教情报:中国马六甲》)的文章,指出:“但我们急忙指出,蒂姆科夫斯基书中的一处错误被附在了这位好主教

① Anonymous, “Miscellanies: Julian the Happiness of A Future Stair the Gospei Echo”, *The Chinese Repository*(1832—1851), 1833-1-1, p. 370.

② Anonymous,“Miscellanies:Julian the Happiness of a Future Stair the Gospei Echo”,*The Chinese Repository*(1832—1851),1833-1-1,p. 370.

的信中,即‘中国容忍一切宗教’;以及‘满清朝廷的政策是采纳让每个人相信自己喜欢的东西的信条’。是的,非常感谢他们! 每个人都可以思考或相信自己喜欢的任何东西;但在宗教问题上,他不能说他喜欢的,也不能宣称或教授他喜欢的。作者列举了佛教、道教、儒教(Confucianism)和伊斯兰教。他或许知道耶稣的宗教是不被容忍的,尽管他声称‘一切宗教都被容忍’。”①此例是较早的英语“Confucianism”用例。文中提到了清朝的宗教宽容政策,即在中国包括佛教、道教、儒教、伊斯兰教在内的所有宗教都是被容忍的,尽管当时西方的基督教自 18 世纪礼仪之争后还没有被官方允许。

1834 年 7 月 1 日的《中国丛报》上刊载了题为“Art. IV. The profession of letters in China; motives to engage in it; great number of unsuccessful candidates; portrait of an unsuccessful one”(《第四条:中国的文学职业;投身其中的动机;大量不成功的候选人;一位不成功者的描绘》)的一篇文章,指出:“在中国,从事文学事业是为了在政府部门任职,以进入法官席和成为地方长官;或者,可能是管理省份;或者,甚至可能是进入内阁,亲自指导伟大皇帝的顾问团。这样的晋升对于贫穷的学者、卑微的儒家原则(Confucian principles)的学生来说是可能的;而且,受到这一前景的诱惑,几乎每个有点财产的家庭都会把一两个儿子送去读书。但是,在整个帝国的数百万候选人中,只有少数人能获得使他们有资格担任官职的学位;而在这些已经符合条件的人中,只有很少一部分人实际上被选为官员。”②又指出:“他曾三次得到资助前往北京,以求更高的荣誉和官职;但他几乎对得到进一步的资助感到绝望,因为他说:‘我怎么能指望天上会掉下三百元呢?’然而,他打算明年再试一次。如果他这次失败了,丁先生打算放弃追求,因为他将年近五十;他将得出结论,他命中注定就是贫穷的。和大多数儒家学者(Confucianists)一样,他在知识上是一个骄傲、自满、宿命论的人,表面上顺从、屈服,但并不卑微——他放弃了努力,屈服于反对,但精神上依然骄傲。因为这些人从不责怪自己,而是把所有的不幸都归咎于命运。”③文中指出

① Anonymous, “Religious Intelligence: Malacca China”, *The Chinese Repository*(1832—1851), 1833-1-1, p. 376.

② Anonymous, “Art. IV. The Profession of Letters in China Motives to Engage in it Great Number of Unsuccessful Candidates Portrait of an Unsuccessful One”, *The Chinese Repository*(1832—1851), 1834-7-1, p. 118.

③ Anonymous,“Art. IV. The Profession of Letters in China Motives to Engage in it Great Number of Unsuccessful Candidates Portrait of an Unsuccessful One”, *The Chinese Repository* (1832—1851),1834-7-1,p. 118.

中国的儒家读书人以通过科举考试成为政府公务人员为最高目标和追求，但真正能担任公职的只有极少数人。又采访了一个屡试不第的丁姓读书人，指出他代表的儒家知识分子表面上听天由命，但并不放弃人为努力(所谓“尽人事，听天命”)，而且具有一种精神上的自豪感和文化上的优越感。这里深刻揭示了清代后期中国知识分子的处境和精神面貌。与后来清末民初如鲁迅对中国传统读书人的性格刻画与命运反思有异曲同工之妙(如鲁迅的《孔乙己》《白光》等)。

值得注意的是，由于19世纪来华新教传教士创办的报刊有上百种之多①，在时间上参差不齐，这也导致“Confucian”等概念的使用在某一时间段内也往往集中在某一报纸杂志上。如从1832年开始直到1951年停刊为止，《中国丛报》上几乎每年都有文章(不少年份有多篇文章)使用“Confucian”及其派生的“Confucianism”“Confucianist”概念(总使用次数不下40次)，文繁不再一一征引。在这一时期，《中国丛报》可能是使用这些概念最为集中的报刊，其内容涉及儒家思想的方方面面，颇有研究价值②。而从1951年开始，另一份在上海发行的新教传教士创办的《北华捷报》

---

① 据统计，19世纪40年代至90年代，西方传教士先后在中国创办了近170种中外文报刊，约占同时期中国报刊总数量的95%。其中大部分是以教会或传教士个人的名义创办的，可以说控制住了在中国出版的主要报纸和杂志。参见于语和：《试论近代中西文化交流的特点》，《郑州大学学报(哲学社会科学版)》1995年第1期。

② 《中国丛报》的研究价值目前已经引起学术界的关注。目前已经出现了以之为主题的国家社科基金项目。如2018年立项的由李海军主持的“《中国丛报》典籍译介和中国文化‘走出去’译介模式研究”。李海军指出，裨治文(E. C. Bridgman)创办的《中国丛报》(*The Chinese Repository*，1832—1851)和丹尼斯(N. B. Dennys)创办的《中国评论》(*The China Review*，1872—1901)是西方译介中国典籍的刊物中最重要的代表，前者被誉为“有关中国的宝库”，后者被人称为“西方世界第一份真正的汉学期刊”，两者在近代中国英文报刊史上占据重要地位，成为19世纪中西文化交流的纽带和平台。中国典籍译介是《中国丛报》和《中国评论》的重要内容。裨治文、郭实腊(K. F. A. Gutzlaff)、卫三畏(S. W. Williams)等来华传教士在《中国丛报》上译介了近60部中国典籍。翟理斯(H. A. Giles)、庄延龄(E. H.Paker)、湛约翰(J. Chalmers)、阿连壁(C. F. R. Allen)等汉学家在《中国评论》上译介了60余部中国典籍。作为由来华西人创办的英文期刊，《中国丛报》和《中国评论》的典籍译介意义重大，其中有些中国典籍译介在英语世界产生了较大影响，为当时西方世界全方位了解中国国情提供了一个重要窗口。正是通过这些中国典籍译介文章，西方学者在明末清初来华耶稣会士的“中学西传”影响之下，对中国典籍产生了更为浓厚的兴趣，前赴后继加入中国典籍译介队伍。19世纪，美国和英国已成为世界上汉学研究重镇，因此，这些英美传教士汉学家打造的中国文化典籍英译，较之于明清之际的耶稣会士完成的儒学西传拉丁文翻译，对欧美文化产生的影响更大，有力推动了“中学西传”和中西文化交流过程。参见李海军：《19世纪在华英文期刊中国典籍译介》，《中国社会科学报》2020年12月22日。

(*The North-China Herald*,1850 年至 1867 发行)①接替《中国丛报》成为当时在华传教士的主要报刊,由此“Confucian(ism/ist)”的使用也主要转到该报刊上,并且出现次数较之上述《中国丛报》更为频繁。其后,由上述《北华捷报》扩充改版而来的《北华捷报与市场报道》(*The North China Herald and Market Report*,1867 年至 1869 年发行),以及《北华捷报及最高法庭与领事馆杂志》(*The North-China Herald and Supreme Court & Consular Gazette*,1870—1941),还有《教务杂志》(*The Chinese Recorder and Missionary Journal*,1868—1912)②等传教士创办的报纸杂志上都大量使用了“Confucian(ism/ist)”概念(出现次数成百上千,难以计数)。尤其上述《北华捷报及最高法庭与领事馆杂志》与《教务杂志》还在 19 世纪末 20 世纪初期多次刊载了使用“Neo-Confucian(ism)”[宋明新儒家(学)]概念的文章(详见下章)。

在此期间,“Confucian(ism/ist)”概念并不只在上述入华传教士的杂志上使用,虽然不及在中国的传教士杂志上频繁,但欧美本土的报纸杂志上也时有出现。如 1834 年 10 月 18 日在英国伦敦发行的杂志《旁观者》(*The*

---

① *The North China Herald* 即《北华捷报》,又名《华北先驱周报》或《先锋报》,是上海第一家英文报纸。1850 年 8 月 3 日(道光三十年六月二十六日)该报由英国商人亨利·奚安门(Henry Shearman)在上海英租界创办,逢周六发刊,对开四版。这份报纸创刊之初主要刊载广告、市场行情和船期新闻等商业性信息,洋行和航运业是其主要订阅户。1856 年,《北华捷报》出版副刊《每日航运新闻》(*Daily Shipping News*);1862 年,由《每日航运和商业新闻》(*Daily Shipping and Commercial News*)继承;至 1864 年 7 月 1 日,该报扩充为独立出版的日报,由《字林西报》(*North China Daily News*)继承;《北华捷报》周刊作为《字林西报》的星期副刊,继续出版。1867 年 4 月 8 日,因增加商业信息,更名为《北华捷报与市场报道》(*The North China Herald and Market Report*),版数多少视实际内容而有所增减。1869 年 1 月 5 日,因刊英国驻上海领事馆的各项公告,又增出期刊《最高法庭与领事公报》(*Supreme Court and Consular Gazette*)。1870 年 1 月 4 日,两报合并,改名为《北华捷报及最高法庭与领事馆杂志》(*The North China Herald and Supreme Court and Consular Gazette*)继续出版。1941 年 12 月,该报因太平洋战争爆发而停刊。

② 《教务杂志》(*The Chinese Recorder and Missionary Journal*)是鸦片战争后美国教会在华出版的英文杂志。月刊。1867 年由美国美以美会传教士裴米尔创刊于福州。1870 年(一说 1868 年)改由美国传教士保灵主持。1871 年 5 月一度停刊。1874 年 1 月在上海复刊。先后担任主编的有美国北长老会传教士哈巴安德、费启鸿、美以美会传教士赏腓力和北长老会传教士乐灵生等人。《教务杂志》是美国基督教在华组织互通情况、讨论教务和对中国政局发表意见的工具。1941 年 12 月停刊。该刊物创办的目的原是作为来华宣教士交换讯息及讨论宣教工作的平台,以协助彼此对中国文化的了解与工作推行;然因其记录翔实,辅以许多手绘图片与照片、精密统计数字,不但是超过半世纪西方管窥、了解中国的重要窗口,更成为今日研究中国近代史不可或缺的重要文本之一。相关研究参见崔华杰:《传教士学者与中国历史研究——以〈教务杂志〉(The Chinese Recorder)为中心的考察》,博士学位论文,上海大学,2011 年。

Spectator)①上刊载的题为"MR. E. BULWER'S LAST DAYS OF POMPEII (Book Review)"(《布尔沃先生的〈庞贝末日〉(书评)》)②,1838 年 6 月 16 日《旁观者》上刊载的题为"MR. MEDHURST'S CHINA(Book Review)"(《梅德赫斯特先生的〈中国〉(书评)》)③,1840 年 1 月 1 日美国波士顿发行的《北美评论》(the North American Review, 1815 年创刊)上刊载的题为"BENTHAM'S THEORY OF LEGISLATION"(《边沁的立法理论》),1845 年 1 月 1 日在伦敦发行的《本特利氏杂志》(*Bentley's Miscellany*)上刊载的题为"The Opium Smoker"(《吸食鸦片的人》)等文章中都使用了"Confucian(ism/ist)"概念。

余　论

西方传教士的"Confucius"概念最早出现在 16 世纪末,由其派生的"Confucian(ism/ist)"概念最早出现在 17 世纪末。尽管从字面来看,"Confucius"概念最初确实像王庆节所说的那样,是由西方传教士直接翻译自中文"孔夫子",但从概念意义上来看,它却是出自"中学西传"的西方语境中,与中国本土的"孔夫子""孔子"含义不同,代表了以耶稣会士为代表的早期西方传教士,基于天主教的宗教立场,对以孔子为代表的儒家思想的评判,强调的是儒学(儒教)的宗教性。"中学西传"过程中对儒学的这种宗教性解释是耶稣会士出于证明儒学作为一种宗教信仰与天主教的一致性,以获取西方支持的目的。这与"西学中传"过程中"利玛窦规矩"所强调的儒家(儒学)世俗性一起,构成了耶儒交涉中儒学诠释的两个面向。"西学中传"中对儒学的世俗性解释是耶稣会士出于用天主教取代儒家的同时避免中国人抗拒的目的,即强调儒家的世俗伦理及祭祖祭孔的仪式与天主教的宗教信仰及仪式可以并行不悖。进入五四运动之后的现当代,儒学(儒教)作为一种宗教意识形态已经解体,中西方的主流认识转而将儒学视作一种哲学思想或历史文献,更多强调儒学的世俗性而非宗教性。这种转变可能并不

① 《旁观者》(*The Spectator*)创刊于 1828 年,是英国全国性周刊中历史最久的杂志。现由巴克莱兄弟(Barclay Brothers)和《每日电讯报》拥有。其内容主要谈及政治议题,同时也涵盖书籍、音乐、歌剧、电影、电视节目评论等内容。《旁观者》是英国少数不追随流行文化的刊物之一,相比于流行音乐和商业电影,《旁观者》更加关注歌剧,诗歌,古典音乐等。

② Anonymous, "Mr. E. Bulwer's Last Days of Pompeii (Book Review)", *The Spectator*, 1834-10-18, p. 995.

③ Anonymous, "Mr. Medhurst's China (Book Review)", *The Spectator*, 1838-6-16, p. 566.

符合儒学在历史上的实际情况①。因为儒学在理论上并不缺乏超越性，在现实中也有祭祖祭孔等一整套的宗教礼仪。正是由于历史思潮的变迁以及中西方立场(中学西传与西学中传)的不同造成了“Confucius”概念字面形式与意义上的错位，并使人们对这一概念的渊源和意义产生了质疑。同时，我们以这些概念在中国及西方的使用为线索，可以考察当时中西方的社会文化等方面。尤其自19世纪西方全面进入中国以来，“Confucian(ism/ist)”概念在《中国丛报》《北华捷报》《教务杂志》等入华传教士创办的杂志中被广泛使用，内容上涉及宗教、政治、经济、文化、社会、哲学、思想等方方面面，对我们了解和研究当时中国学术思想的动态、中西文化的比较交涉等方面提供了独特的西方视角和第一手的珍贵文献。

---

① 正如荷兰汉学家田海所指出的，“儒教”(Confucianism)一词在西方的发明，不仅受到17、18世纪耶稣会士所造词类的影响，而且也受到发明者自身宗教经历的影响。19世纪的传教士身处中国更广阔的宗教、社会语境中，能看到一个更完整的宗教活动的多棱面，故多将儒教视为一种宗教文化，并将之建构为一个宗教范畴。20世纪，中国原有的宗教语境被破坏殆尽，在中国国内，科举的废除使祭孔的意义流失大半，到“五四”时期，儒教被视作导致中国积贫积弱的罪魁祸首；在欧洲，中国研究的新主流方法是经籍研究影响下的文献学研究方法，将儒教作为宗教文化的看法在这一环境中难以生存。这些因素导致了建构儒教的方式在整个20世纪的根本变化，即将儒教视作一种哲学而建构。但是，这些新的叙事却远离了历史的实际，与中国思想的发展史相去甚远，与历史上儒家宗教文化存在的实际情形也大相径庭。参见[荷兰]田海：《中学西传的典型个案：19世纪“儒教”(Confucianism)一词的发明》，施晔译，《上海师范大学学报(哲学社会科学版)》2016年第4期。

第三章 “Neo-Confucian(ism)” 概念的渊源与意义

——以《中国哲学家孔夫子》为中心

总结目前海内外学术界的研究可知，1687 年在巴黎出版的 *Confucius Sinarum Philosophus*（《中国哲学家孔夫子》）一书中，柏应理等入华耶稣会士最早使用“Neoterici Intérpretes”（新诠释者）及“atheopoliticus”（无神论政客）等拉丁短语来指称对儒家经典的新诠释及其无神论倾向违背原始儒家的程朱理学家。① 其后，“neoterici”与 17 世纪末 18 世纪初出现的“Confucian”“Confucianism”相结合而形成“Neo-Confucian”（宋明新儒家）和“Neo-Confucianism”（宋明新儒学）概念。前者如法语的“Néo-Confucéens”（1775 年或 1777 年和 1844 年）②和意大利语的“Neo-Confuciani”（1850），后者如法语的“Néo-Confucéisme”（1852）和英语的“Neo-Confucianism”（1861）。③ 但对于《中国哲学家孔夫子》中出现的“Neoterici Intérpretes”（新诠释者）等“Neo-Confucian(ism)”概念的早期原型，学界已有的研究往往只

---

① ［美］陈荣捷：《理学》，韦政通主编：《中国哲学辞典大全》，第 494—495 页；［日］吾妻重二：《美国的宋代思想研究——最近的情况》，［美］田浩编：《宋代思想史论》，第 7—29 页；［德］苏费翔：《创新与宇宙论：“（Neo-）Confucianism”一词早期的用法》，《湖南大学学报（社会科学版）》2020 年第 3 期。

② 根据吾妻重二的考察，来华耶稣会士、法国人钱德明（Jean Joseph Marie Amiot，1718—1793）在其 1775 年写作的论文“L'antiauité des Chinois prouvée par les monu-ments”（收入 *Mémoires concernant l'histoire…des Chinois：Parles Missionnaires de Pékin* 第 2 卷）中已经使用法语“Néo-Confucéens”一词，并且介绍了周敦颐《太极图》的宇宙论思想。吾妻重二又指出，孟德卫将上述钱德明论文的时间放在 1777 年，那是因为将出版的时间当作写作的时间了。参见［日］吾妻重二：《美国的宋代思想研究——最近的情况》，［美］田浩编：《宋代思想史论》，第 12 页。最近苏费翔又举出一个较晚 1844 年的“Néo-Confucéens”用例。参见［德］苏费翔：《创新与宇宙论：“（Neo-）Confucianism”一词早期的用法》，《湖南大学学报（社会科学版）》2020 年第 3 期。

③ ［德］苏费翔：《创新与宇宙论：“（Neo-）Confucianism”一词早期的用法》，《湖南大学学报（社会科学版）》2020 年第 3 期。此外，法国耶稣会士杜赫德（Jean Baptiste Du Halde，1674—1743）1735 年在巴黎编纂出版了 *Description de l'Empire de la Chine*（《中华帝国全志》），不久在伦敦出版了该书的英译本。该书卷 3 题为“关于近世几个学者的学派”的一章中，宋代道学家被称为具有“新理论”（nouvelle Doctrine/new Doctrine）的“新学者”（nou-vearx Docteurs/new Doctors），并且介绍了道学家的理气论。其资料来源主要是在华耶稣会士送交的报告和书信。参见［日］吾妻重二：《美国的宋代思想研究——最近的情况》，［美］田浩编：《宋代思想史论》，第 12—13 页。

是零星举其第一卷《前言》中的一两个例子,对全书中的所有用例及其意义尚缺乏全面系统的归纳和分析。接下来,我们在明清之际耶儒交涉的历史背景下,围绕着《中国哲学家孔夫子》一书中的相关用例,详细探讨“Neo-Confucian(ism)”概念的早期原型及其意义,在此基础上阐明其思想史意义,以推动学术界对此问题的深入研究。为方便起见,以下我们将《中国哲学家孔夫子》中出现的“Neoterici Intérpretes”(新诠释者)及“atheopoliticus”(无神论政客)等宋明新儒家(学)概念的早期原型统一到“Neo-Confucian(ism)”[宋明新儒家(学)]概念下加以论述。

第一节 《中国哲学家孔夫子》与“Neo-Confucian(ism)”概念的早期原型

根据海内外学者的研究,“Neo-Confucian(ism)”概念的雏形最早出现在1687年巴黎出版的 *Confucius Sinarum Philosophus*(《中国哲学家孔夫子》,或译为《中国哲学家孔子》,扉页中文标题为《西文四书直解》)一书中①。该书由入华耶稣会士柏应理(Philippe Couplet,1623—1693)、殷铎泽(Prospero Intorcetta,1626—1696)、恩理格(Christian Herdtrich,1625—1684)和鲁日满(François de Rougemont,1624—1676)编译。② 具体内容包括献给法王路易十四的献词、前言、孔子传记、正文(实际包括《大学》《中庸》《论语》的翻译和解释,缺《孟子》)和附录(包括中国朝代年表和中国现状概述)。该书的末尾还附有一幅中国地图,显示了耶稣会士在中国的传教活动。《中国哲学家孔夫子》作为西方出版的第一部完整的《论语》译本,③可

---

① Confucius, Philippe Couplet, Prospero Intorcetta, Chrétien Herdtrich and François de Rougemont, *Confucius Sinarum Philosophus, Sive Scientia Sinensis Latine Exposita. Studio & Opera Prosperi Intorcetta, Christiani Herdtrich, Francisci Rougemont, Philippi Couplet. Adjecta Est Tabula Chronologica Sinicae Monarchiae Ab Hujus Exordio Ad Haec Vsque Tempora*, Parisiis: Apud Danielem Horthemels, 1687, p. 35.

② 张晓林指出:“新儒学(Neo-Confucianism)最初由17世纪在中国的耶稣会士的思路而来……最初出现在1687年的 *Confucius Sinarum Philosophus* 序中,但是,追根溯源,这一术语所包含的意思,尤其是当它否定地指向宋代朱子和二程学派及其理学时所具有的贬义,却是利子(笔者按:指利玛窦)在其《天主实义》中确定的。”参见张晓林:《天主实义与中国学统——文化互动与诠释》,学林出版社2005年版,第158—159页。

③ 在此之前,从最早入华传教的罗明坚、利玛窦等耶稣会士开始已经着手翻译《四书》,并且其译文和注释经过后来耶稣会士的不断积累可能为《中国哲学家孔夫子》所吸收。但《论语》的全译本出版则以 *Confucius Sinarum Philosophus* 为最早。参见[法]梅谦立:《中文版序言二》,[比]柏应理等著,汪聂才、齐飞智等译:《中国哲学家孔夫子》第一卷《前言》,《国际汉学经典译丛》,大象出版社2021年版,第1—11页;[法]梅谦立:《〈论语〉在西方

以说是 17 世纪介绍中国儒家思想最完整的欧洲作品，并对莱布尼茨（Gottfried Wilhelm Leibniz，1646—1716）、孟德斯鸠（Charles de Secoudat Montesquieu，1689—1755）、魁奈（Francois Quesnay，1694—1774）、伏尔泰（François Marie Arouet，1694—1778）、狄德罗（Denis Diderot，1713—1784）等欧洲启蒙思想家产生了重大影响。①《中国哲学家孔夫子》的中译本（附拉丁语原文）2021 年由大象出版社出版，共分为 4 卷：第一卷《前言》、第二卷《大学》《中庸》、第三卷《论语》、第四卷《中华帝国年表》，并且附有大量注释，是目前该书最好的版本。

《中国哲学家孔夫子》的卷一《前言》中着重介绍了该书的缘起和宗旨、中文经典及其注释、中国宗教派别和哲学。在《前言》中，柏应理等人使用了拉丁短语“Neotericos Intérpretes”“Neoterici Intérpretes”（新诠释者）②、

的第一个译本（1687 年）》，李志刚、冯达文主编：《近代人物与近代思潮》，《世明文丛》第七辑，巴蜀书社 2012 年版，第 100—128 页；根据张西平的系统研究可知，现存最早用拉丁文翻译《四书》的译本系罗明坚所作，今其手稿藏于罗马意大利国家图书馆，但该译本因为受到耶稣会内部利玛窦、范礼安的反对而未能出版，只发表了其中《大学》的部分译文；这是由于罗明坚与利玛窦在传教策略上存在分歧，以及教会内部的矛盾和国家之间的利益冲突所导致的；因此西方最早出版的《四书》译本是后来柏应理牵头完成的《中国哲学家孔夫子》。参见张西平：《儒学西传欧洲研究导论——16—18 世纪中学西传的轨迹与影响》，北京大学出版社 2016 年版，第 11—22、43—59 页；张西平：《欧洲拉丁文手稿〈四书〉的历史命运》，《游走于中西之间——张西平学术自选集》，大象出版社 2019 年版，第 215—226 页；张西平：《罗明坚的汉学贡献》，于建福、于述胜主编，国际儒学联合会编：《国际儒学研究》第 23 辑，华文出版社 2016 年版，第 62—64 页。

① 如莱布尼茨从哲学与宗教上、伏尔泰从历史与政治上论证了孔子学说的合理性，魁奈重农学派的自然秩序理论也主要来自孔子学说中的自然法则理论。参见张西平：《儒学西传欧洲研究导论——16—18 世纪中学西传的轨迹与影响》，第 153 页；朱雁冰：《〈中国哲人孔子〉中的孔子形象》，第 12—17 页；罗莹：《〈中国哲学家孔子〉成书过程刍议》，第 123—128 页。

② 笔者对“Neotericos Interpretes”“Neoterici Intérpretes”的翻译——“新诠释者”采取最近出版的中文译本《中国哲学家孔夫子》。参见［比］柏应理等：《中国哲学家孔夫子》第一卷《前言》，汪聂才、齐飞智等译，《国际汉学经典译丛》，大象出版社 2021 年版，第 26、48、211、229 页；除此之外，学界还有以下多种不同的翻译。张晓林根据孟德卫（D. E. Mungello）的说法指出，拉丁文“Neoterici Interpretes”对应的英文是“Modern Interpreters”，翻译成中文是“现代解释者”。参见张晓林：《天主实义与中国学统——文化互动与诠释》，第 159 页；D. E. Mungello, *Great Encounter of China and the West*, 1500—1800, Blue Ridge Summit: Rowman & Littlefield Publishing Group, 2009, p. 105。孟德卫该著作的中译本将“Neoterici Interpretes”翻译为“现代注释者”。参见［美］孟德卫：《奇异的国度——耶稣会适应政策及汉学的起源》，陈怡译，《当代海外汉学名著译丛》，大象出版社 2010 年版，第 284 页。吾妻重二将“Neoterici Interpretes”翻译为“新时代的解释家们”。参见［日］吾妻重二：《美国的宋代思想研究——最近的情况》，［美］田浩编：《宋代思想史论》，第 12 页。罗莹将“Neoterici Interpretes”翻译为“新阐释者”，指出在耶稣会士这里具体指朱子一派的理学

“atheopolitici”(无神论政客)①、“modernos Intérpretes”(现代的诠释者)来指称宋代程朱学派的理学家。在第二卷《大学》《中庸》中,柏应理等人用“commentator Atheopoliticus”(无神论阐释者)来指称宋代理学集大成者朱熹。在第三卷《论语》中,柏应理等人用“novatoribus interpretibus”(新的诠释者)和“atheopoliticorum”(无神论政客)来称呼以朱熹为代表的宋代理学家。在第四卷《中华帝国年表》中,柏应理等人又用“novae Philosophiae”(新哲学)来称呼程朱理学。以下结合具体例子逐一加以分析。

“Neotericos Intérpretes”(新诠释者)的例子如《中国哲学家孔夫子》的《前言》第一部分第二章“经典的诠释者们”中指出:“从周朝、汉朝到唐朝这段时期之内‘五经’‘四书’的诠释者不超过二十位。而且,《性理大全书》认为,因为这些朝代的注释中有很多内容遗失了,所以应该忽视其中的大部分,相反,他们自己所处时代的新诠释者(Neotericos Interpretes)最为可信,从而将他们放在周、汉、唐代的诠释者之前。”②这里的历史背景是元仁宗延祐元年(1314)正式以程朱理学经典《四书》《五经》作为科举考试的唯一标准,标志着程朱理学正式取得了官学的地位。其后明初胡广等人奉敕编修《四书大全》和《性理大全书》,确立了以八股文开科取士的标准。其中《性理大全书》共 70 卷,前 26 卷是从周敦颐《太极图说》1 卷到蔡元定、蔡沈父子的理学专著,26 卷以下选录了宋代理学诸家资料(语录、文章等),分为 13 个子目,共收录了宋儒诸家之说 120 家,而以程朱理学为核心,是官方主

家,或者又被称为“atheo-politicus”(无神论政客)。参见罗莹:《十七世纪来华耶稣会士对儒学概念的译介——以“天”的翻译为例》,《学术研究》2012 年第 11 期。苏费翔(Christian Soffel)指出,“Neoterici Interpretes”应翻译为“先锋的注释家”,因为“Neoterici”的本义是指古代希腊的“新诗人派”,相当于今日所谓的“先锋”(avant-garde),又称为“novatores”(改新家),或者又称为“atheopolitiki”(无神论政客),总之是一个负面概念,代表了耶稣会士对程朱理学派的贬斥。参见[德]苏费翔:《创新与宇宙论:“(Neo-)Confucianism”一词早期的用法》,第 31 页。

① [比]柏应理等:《中国哲学家孔夫子》第一卷《前言》,汪聂才、齐飞智等译,《国际汉学经典译丛》,大象出版社 2021 年版,第 94、132 页。梅谦立(Thierry Meynard)在《中国哲学家孔夫子》的注释中指出:“在耶稣会的论证中,‘无神论政客’的说法是很关键的。这个词来源于西班牙耶稣会士 Juan Eusebio Nierembergy Otin(1595—1658):Theopoliticus sive brevis illucidatio et rationale divinorum operum atque providentia humanorum, Amberes, 1641。他把马基雅维利作为‘无神论政客’的肇始。在《神学政治论》(*Tractatus Teologico-Politicus*, 1670)中,斯宾诺莎为哲学家辩护,称他们并非无神论者。这个词只在本卷第二部分出现,即第二、第七、第九和第十二章。”[比]柏应理等:《中国哲学家孔夫子》第一卷《前言》,汪聂才、齐飞智等译,《国际汉学经典译丛》,大象出版社 2021 年版,第 132 页。

② [比]柏应理等:《中国哲学家孔夫子》第一卷《前言》,汪聂才、齐飞智等译,《国际汉学经典译丛》,大象出版社 2021 年版,第 26 页。

持编纂的两宋理学资料选辑。其所谓“新诠释者”(Neotericos Interpretes)具体指《性理大全书》中收录的占据思想界主流正统地位的程朱理学家(道学家)。

又如《前言》第一部分第五章“关于文人或哲学家的教派;古人和近人建立的基础和原则”中指出:“现在我们要回到宋代的新诠释者(Neotericos Interpretes)。这里的‘宋’不是第八个朝代的刘宋,而是第十九个朝代的宋朝,始于960年。大概八百九十九年之前(即公元前61年),偶像崇拜与毕达哥拉斯式的梦想一起从印度传到中国,并获得了皇家的支持。从这个教派开始,其他的教派也一个接一个地兴起了。更别提像道家、杨朱、墨家这些过去在中国占主要地位的学说了。宋代比之前的朝代更重视学问和教育,而且富有成效。这个朝代出现了一些在天赋和权威上都十分卓越的诠释者。他们不仅诠释‘五经’和《史记》,还注疏了孔子、孟子和其他的一些诠释者。最后,他们以更长、更准确的诠释写下自己的著作。在这些新诠释者当中享有盛誉的是周子(周敦颐)和程子兄弟(程颐、程颢),他们在1070年左右,即宋神宗时期,著书立说。之后有一位朱子(朱熹),在名誉和权威方面都超过了他们。他死于1200年,即宋朝的第十三位皇帝宋宁宗统治的第六年。这位诠释者在帝国获得了很高的职位和许多赞誉,因其著作被尊称为‘文公’,即‘文人的领袖’。”①这里探讨了佛教传入中国及其影响,接着论述了宋代新儒学的兴起,并列举了周敦颐、二程(程颢、程颐)、朱熹等宋代新儒家代表人物。他们都通过对孔孟思想的新诠释建构了自己的思想体系。其中,周敦颐、二程是宋代新儒学(理学)的奠基者,而朱熹则是宋代新儒学的集大成者。此处也是目前学界已有的研究中经常被引用的一段。②

“Neoterici Interpretes”(新诠释者)的例子如《前言》第一部分第五章“关于文人或哲学家的教派;古人和近人建立的基础和原则”中指出:“剩下还有待进一步探究的是:这另一种完全被古代先贤所忽略的哲学是后来进入的,还是如同新诠释者们(Neoterici Interpretes)所宣称的那样,是一种埋葬了四千年之后被他们发现的中国哲学?我们要有次序地前进。首先,要查明新诠释者是谁,在何时出现,有多大的权威。其次,看看他们是从怎样的源头提出自己的教义或新哲学(novam Philosophiam)的。再次,要明白他

① [比]柏应理等:《中国哲学家孔夫子》第一卷《前言》,汪聂才、齐飞智等译,《国际汉学经典译丛》,大象出版社2021年版,第48—49页。

② [德]苏费翔:《创新与宇宙论:“(Neo-)Confucianism”一词早期的用法》,《湖南大学学报(社会科学版)》2020年第3期。

们是基于怎样的自然原则和基础来建立自己的教义的。这样,欧洲的读者凭借自己的理性可以很容易判断出,这些新诠释者是真的在维护古人的天真、正直和诚意,还是处心积虑地要在这个最腐败的时期建立自己的新教义,并传给后代。”①这里是指宋代理学家如二程自称继承孟子死后一千四百年来不传之绝学,也就是说程朱理学自认为是先秦儒学的复归,而柏应理要考察的是宋代新儒学到底是否像程朱所说的那样是维护复归孔孟本义,还是旧瓶装新酒,建立了自己的新教义。其考察的最终结论就是程朱理学实质上是一种有别于先秦哲学的“新哲学”(novam Philosophiam,《前言》中又称之为 novum Philosophiae,第四卷《中华帝国年表》中称之为 novae Philosophiae,详见下文)。

又如《前言》第一部分第六章的标题即为“新诠释者(Neoterici Interpretes)吸取新哲学(novum Philosophiae)的源泉”,指出:“无疑这一整套理论都只源于一个源头、一个根基——《易经》,或说‘描述变化的书’在之前提到的‘五经’中,我们将它排在第三位——如果几幅难懂的卦画和卦象就可以被称为一本书的话。由于中华民族的创始人伏羲所处的时代还没有使用文字,所以他将这些卦画和卦象留给子孙们诠释,就像另一个戈耳迪之结一样。新诠释者们借助这本书开始着手他们的百科全书,而且他们的学说主要都基于这本书。在我们深入开展工作前,有必要向好奇的欧洲人介绍这本小册子的概要与示例。”②这里指出宋代新儒家以《易经》为根基创建了新哲学(novum Philosophiae)。尤其作为宋代理学哲学根基的本体论(太极天理)和天道观(形上形下、道器)均直接来自对《易经》(包括《易传》)的诠释,并体现在易图及其阐发之中。其代表作如周敦颐的《太极图》和邵雍的《先天图》。《中国哲学家孔夫子》中对此有详细的介绍和批判。此外,《前言》第二部分第九章的标题即是“为什么新诠释者(Novatorum interpretatio)的败坏诠释不会有损上帝之名的真义”③。

“atheo-politici”(无神论政客)的例子如《前言》第二部分第七章“更多的论据证实中国认识了真正的天主”中指出:“的确,他们在演讲与著述中,一致地赞扬古人的坦率、质朴和真诚,因为他们有些遗憾地认识到,这些美

① [比]柏应理等:《中国哲学家孔夫子》第一卷《前言》,汪聂才、齐飞智等译,《国际汉学经典译丛》,大象出版社 2021 年版,第 48 页。

② [比]柏应理等:《中国哲学家孔夫子》第一卷《前言》,汪聂才、齐飞智等译,《国际汉学经典译丛》,大象出版社 2021 年版,第 53 页。

③ [比]柏应理等:《中国哲学家孔夫子》第一卷《前言》,汪聂才、齐飞智等译,《国际汉学经典译丛》,大象出版社 2021 年版,第 143 页。

德正是他们所处的时代缺乏的。显然,那些读过孔子和其他有着最高权威的古书的人自己会发现,他们常常被教导与强调的是:一个人应该合乎道德地效仿古代君王的行为,言谈举止也应该同内心的声音相一致。因此,诠释者们经常重复的一句话是'诚实无妄',意思是'没有虚假与欺骗的真理和正义'。所以,在君臣、父子、兄弟、朋友及夫妇之间的行为、言语和责任上,古人总是想要保持一种纯粹的、没有丝毫虚假的真诚和信任。但是,在最重要的宗教问题上,他们会成为伪善和背信弃义的政客吗?他们会拥抱佛教,并仅仅把它作为控制人民的欺诈手段吗?宋朝的新诠释者,即'无神论政客(atheopolitici)',肯定不会承认这一点。他们创造了一个政治神学的空洞怪物,却毫不犹豫地将'诚'字所表达的真理与真实作为他们整个哲学的基础。因此,宇宙中的每一事物,所有似乎是偶然发生的事情,都力争被这种坚定的、具支配性的美德管理和保护,而无论这美德最终会变成什么。无论是在公共事务中,还是在个人生活中,他们要求把所有不是出于心中完全纯粹和真诚意图的行为和动机去除。"①这里将宋代理学家同时称为"新诠释者"和"无神论政客",指出理学家们以"真实无妄"之"诚"(即太极、天理,儒家伦理道德的形上化)作为其哲学的基础,从而导致走向以天人合一的道德践履为最高目标的理想主义。即人道(诚之者)效法真实无妄的天道(诚者),并最终与之合一而达到天人合一的境界。而要达到这种境界则需要做"存天理,灭人欲"的工夫,即上文中所说的去除一切出自私欲私利的不纯粹的动机和行为。

又如《前言》第二部分第九章"为什么新诠释者(Novatorum interpretatio)的败坏诠释不会有损上帝之名的真义?"中指出:"无论这个时代的'无神论政客(atheopolitici)'声称什么,剥夺和改变最初的'上帝'之名的正确权力和意义是不可能的。四千年后,这些'无神论政客(atheopoliticorum)'的错误诠释出现了。他们企图把一切都归于沉默且无生命的力量,以及事物的自然能力,从而逃避至高无上的神及其属性。因此,他们以自己的意见歪曲整个古代的记载和意义。有必要在这里讨论一下,这些新诠释者在他们的评注和他们关于自然的著作中提出并细致地解释的内容。我发现,他们说只有中国皇帝一人能祭祀那至高无上的君王,因为作为'天子'或者'上帝之子'(当然,他是被领养的,因为他所有的权力来自天),他确实能更好地分享更纯洁、更洁净的天的权力和效能。因此,当皇帝祭天时,他

① [比]柏应理等:《中国哲学家孔夫子》第一卷《前言》,汪聂才、齐飞智等译,《国际汉学经典译丛》,大象出版社2021年版,第132—133页。

的气可以与天相呼应。这样,他的气会变得更纯洁并与天结合在一起,被天维护和加强。在祭祀仪式之前,皇帝要斋戒和禁欲以便能净化气,因为气被像乌云一样的欲望和罪恶遮蔽和玷污。随着他的气回到自己的天庭,并且被天充满,他才能正当地开始祭祀。正如他们所说,所有这一切是因为在圣王的最初时期,最初两个朝代(夏、商)的黄金时代,气更新鲜、更旺盛,也更有美德、更有活力。在古代君王时期,与天沟通一切都很容易。然而,在接下来的几百年里,气逐渐恶化,并且失去了它那神圣的美德和有效的力量。正如他们所说,泉眼中的水是纯洁的,但是水流得越远,就越容易被它经过的肮脏、泥泞的地方所污染。”①这里批判宋代理学家以太极、天理作为主宰万事万物的动力因,把一切现象的根源归结于无生命的自然力量,从而剥夺了“上帝”的权力,陷入无神论中,并指出理学家以自然气化论来解释祭祀和政治的好坏,而不是求之于上帝,从而陷入自然哲学中了。也就是说,虽然宋代新儒学并没有放弃中国社会的宗教信仰,具体体现在祭祀(祭天)上,但儒家的祭祀是建立在气化论基础上的,不承认有唯一的天主或上帝作为主宰,因而在天主教徒看来就会失去神圣性而变得徒具形式,甚至沦为利玛窦所讥讽的“童子空戏”②了。这里还提到了程朱理学基于气化论所持的一种归因于气运衰败的退化历史观。

“现代的诠释者”(modernos Intérpretes)的例子如《前言》第二部分第十一章“不依据新诠释者,而尽可能依据原文的根据”中指出:“但是,不要让人认为我们必须拒绝所有后来的诠释者。的确,拥有特殊名誉和权威的进士们,诸如张居正、邱琼山、张侗初,以及其他人等脱颖而出。当他们开始诠释古人的文本时,他们没有做别的,只是明确而坦诚地阐明这些比正午之光还要清晰的事情。我承认,他们多多少少受到了无神论的影响,这可能会阻碍我们找出他们的证据。他们有时会发表些自相矛盾的意见。然而,让我们看看外邦人的使徒圣保禄和教会最初的教父们:为了带领外邦人接近永恒之光的真知,他们以虚伪的诗人们、女预言家们和其他来自外邦人的记载为证。他们能够以某种方式,从污泥中搜寻宝石,从黑暗中看到光明,就好像自然的创造者将灿烂的阳光注入人们内心一样。所以,我们不应该忽略所有的诠释者,甚至于现代的诠释者(modernos Interpretes)。在中国,我们应该按照圣保禄的榜样和建议,像教会最初的教父和博士们所教

① [比]柏应理等:《中国哲学家孔夫子》第一卷《前言》,汪聂才、齐飞智等译,《国际汉学经典译丛》,大象出版社 2021 年版,第 143—144 页。

② [意]利玛窦:《天主实义》,朱维铮主编:《利玛窦中文著译集》,复旦大学出版社 2001 年版,第 30 页。

导的那样去做。如果你仍然不同意他们的建议和权威，请记住我所说的：假使那些圣人到这个地方来宣扬我们的宗教的话，他们会做同样的事情。我们要忽略那些无神论的诠释者（Interpretibus atheis），只应坚持古人的文本和那些最合理的诠释者的意见。"①这里指出明代的张居正、丘濬、张鼐这三位为《中国哲学家孔夫子》所吸收的学者也受到了主张无神论的宋明理学家的影响，认为不能忽略包括"现代的诠释者"（即宋明理学家）在内的所有诠释者。这里反映出耶稣会士虽然排斥宋明新儒学并力主恢复先秦儒学的本义，但在具体的诠释中又不可能完全忽视宋明理学家，而是试图将原始儒学的宗教信仰与宋明理学的哲学分析结合起来。事实上，《中国哲学家孔夫子》所依据的主要文本就是张居正的《四书直解》，因为张居正的诠释更具有宗教性，又比较通俗易懂，但同时又以注重哲学诠释的朱熹《四书章句集注》作为补充。② 这里其实反映了天主教在宗教信仰层面与原始儒学较为接近，而在哲学义理层面与程朱理学较为接近。这也为后来天主教与宋明理学（尤其朱子学）的融合埋下了伏笔（详见下文）。

此外，《中国哲学家孔夫子》第二卷《大学》《中庸》中又使用了"commentator Atheopoliticus"（无神论阐释者）来指称宋代理学集大成者朱熹③。即柏应理在注释《中庸》中的"郊社之礼，所以事上帝也。宗庙之礼，所以祀乎其先也。明乎郊社之礼，禘尝之义，治国其如示诸掌乎"这一段时指出："这一章相当有名，它清楚地印证了孔夫子说过的一句话，亦即存在一个第一原则。当孔夫子说存在对天的祭祀和对地的祭祀两种祭祀时，他并不是说要服侍天地或者服侍天地间的各种神灵，而是要服侍天上的或者说最高的帝王，它就是上帝（Deus）。虽然无神论阐释者（commentator Atheopoliticus）朱熹，曾错误地说过并不存在大地的神灵，为了使表述简明扼要，在文中我对此略过不提，但利玛窦神父和其他基督宗教的学者凭借其博学的知识已对这一解释进行了反驳。"④这里认为孔子所谓祭祀天地（生成万物）的郊社之礼就是指服侍基督教的唯一上帝而不是天地或天地间的各种神灵（偶

---

① ［比］柏应理等：《中国哲学家孔夫子》第一卷《前言》，汪聂才、齐飞智等译，《国际汉学经典译丛》，大象出版社 2021 年版，第 157 页。

② ［法］梅谦立：《〈孔夫子〉：最初西文翻译的儒家经典》，《中山大学学报（社会科学版）》2008 年第 2 期；［美］孟德卫：《奇异的国度——耶稣会适应政策及汉学的起源》，陈怡译，《当代海外汉学名著译丛》，第 305—308 页。

③ ［比］柏应理等：《中国哲学家孔夫子》第二卷《大学》《中庸》，罗莹、连杰等译，梅谦立、张西平主编：《国际汉学经典译丛》，大象出版社 2021 年版，第 214 页。

④ ［比］柏应理等：《中国哲学家孔夫子》第二卷《大学》《中庸》，罗莹、连杰等译，梅谦立、张西平主编：《国际汉学经典译丛》，大象出版社 2021 年版，第 214 页。

像崇拜),同时批判了朱熹以理气论来解释祭祀的无神论诠释违背了孔子思想的本义。这也是耶稣会士之所以要比附旧儒学(先秦原始儒学)而批判新儒学(程朱理学)的思想根源。

《中国哲学家孔夫子》第三卷《论语》中使用了“novatoribus interpretibus”(新的诠释者)和“atheopoliticorum”(无神论政客)来称呼以朱熹为代表的宋代理学家,指出:“至此解释者朱熹表现出了他的无知。对很多事物的无知及他自己的困惑,使他不愿意接受真理和天命的观念。这个‘理’是无神论政客(atheopoliticorum)的虚构,是四十个世代后的新的诠释者(novatoribus interpretibus)的发明。他们认为‘理’是某种力量与自然的流溢,没有思想与意志,是万物的原则;万物都回归于理,这种理解扭曲了所有古代文献与文本自身的含义。”①这里是指朱熹以无明觉与意志的天理作为万物的原则,从而违背了先秦儒家经典的本义。因为朱熹主张“理一分殊”和“性即理”,即理作为事物的根源的同时,又贯穿于事事物物之中,成为决定其本质的性。因此说理是万物的原则,而万物都复归于理。但由于理实质上是儒家道德原则(伦理纲常)的形上化,因此本身并没有意志,因而在天主教看来是一种无神论主张。又指出:“有趣的是,在这里我们可以清楚明白地看出,最著名的注释者,其后被称为无神论政客先锋(atheopoliticorum antesignanus)的朱熹,对这段话感到棘手。然而很不幸,他没能克服难题。”②这里称朱熹为“无神论政客先锋”,即宋代新儒家的倡导者。

《中国哲学家孔夫子》第四卷《中华帝国年表》中使用了“Atheopoliticus”(无神论政客)来称呼王安石,指出:“在神宗及其下任皇帝的统治之下,新哲学(novae Philosophiae)和古书的诠释者周敦颐、程颢、张载、邵雍等得以发展。他们在世和去世之后都获得了各种荣誉名号。当土地贫瘠不产时,伤心的皇帝把自己封闭起来,斋戒、独处、祈求上天。无神论政客(Atheopoliticus)王安石说:‘陛下,您为什么沮丧呢?事情的发生并不是因为您惧怕上天,灾难时有发生,并没有什么计划。’阁老富弼则说:‘如果一个统治者不惧怕上天,不敬畏上天,那有什么事情是他不敢做的呢?’富弼告诉神宗不要过分苛责自己的错误,他说:‘因为这会带来很大的坏处。您应该跟上天一样,观察一切好的或坏的事情。它们早晚会显露自己,获得它们的报

① [比]柏应理等:《中国哲学家孔夫子》第三卷《论语》,齐飞智、汪聂才等译,梅谦立、张西平主编:《国际汉学经典译丛》,大象出版社 2021 年版,第 407—408 页。

② [比]柏应理等:《中国哲学家孔夫子》第三卷《论语》,齐飞智、汪聂才等译,梅谦立、张西平主编:《国际汉学经典译丛》,大象出版社 2021 年版,第 405 页。

偿或者惩罚。'"①这里称王安石为"无神论政客",也就是将王安石(及其所创立的新学)视为宋代新儒家(学)。这里所谓的"无神论政客"不再局限于上文列举的以北宋五子及其后继者朱熹为中心的程朱理学(狭义的新儒学),而是指广义的新儒学,即超越汉唐章句训诂之学(汉学)的宋代义理之学(宋学)。这里反映了耶稣会士较为宽广的思想史视域,也与宋学发展的实际情况相符合。事实上,王安石创立的新学、三苏创立的蜀学和北宋五子创立的道学(狭义的新儒学)并称为北宋新儒学(宋学,广义的新儒学)三大学派。只是后来程朱理学成为正统思想并确立其道统地位之后,新学和蜀学才从宋代新儒学(道学)的谱系中被排除出去。如元代官修的《宋史·道学传》中就只包括程朱理学一系。而到了《中国哲学家孔夫子》编纂时的明末清初,理学的道统论已经衰退,如当时清代浙东学派的创始人黄宗羲基于其一本万殊、和会诸家的思想立场,主张废除正史中专门表彰程朱理学的"道学传",而将各家各派统归于"儒林传"中。由此包括理学、心学、事功之学在内的各家各派都被统摄到宋明新儒学之中。②

值得注意的是,上例中直接称呼宋代新儒学为"新哲学"(novae Philosophiae)。虽然如前所述,《中国哲学家孔夫子》第一卷《前言》中也出现过这种说法,但没有具体说明。第四卷《中华帝国年表》中有两处使用了"新哲学",指出:"永乐第 13 年,第六十九甲子第 32 年,皇帝敦促国子监的 42 位被称为'翰林'的老师们,撰写古代典籍的重要注疏。皇帝提醒他们,要遵从特别重要的两位诠释者程子和朱子——他们兴盛于宋朝末年——的诠释。从这些注释中创建了新哲学(novae Philosophiae),关于这新哲学(novae Philosophiae)请大家参看《中国学问》的《前言》。"③这里承认宋代的程子和朱子通过其对儒家经典的新诠释创立了"新哲学",也就是承认程朱理学是有别于先秦哲学的"新哲学",这可以视作柏应理在《中国哲学家孔夫子》(即文中所说的《中国学问》)一书中对程朱新儒学地位的正式确认。也就是说,只说"新诠释"可能是指一些零散不成系统的注释和见解,而"新哲学"则是指不同于前人具有独创性的系统哲学。这也反映出随着《中国

① [比]柏应理等:《中国哲学家孔夫子》第四卷《中华帝国年表》,汪聂才、齐飞智等译,梅谦立、张西平主编:《国际汉学经典译丛》,大象出版社 2021 年版,第 136 页。

② 参见连凡:《道统论的突破与〈宋元学案〉的思想史构建——兼论"宋初三先生"思想史地位的确立》,《首都师范大学学报(社会科学版)》2017 年第 6 期。

③ [比]柏应理等:《中国哲学家孔夫子》第四卷《中华帝国年表》,汪聂才、齐飞智等译,梅谦立、张西平主编:《国际汉学经典译丛》,大象出版社 2021 年版,第 152 页。

哲学家孔夫子》一书的撰写,柏应理等人在不断接触程朱理学的新诠释过程中,终于认识到程朱理学是一种有别于先秦哲学(孔子哲学)的体系化的新哲学。这可能是西方对宋代新儒学作为一种新的哲学思想体系的最早确认。

第二节 《中国哲学家孔夫子》的影响与“Neo-Confucian(ism)”概念的思想史意义

从意义上来看,《中国哲学家孔夫子》中出现的“Neo-Confucian(ism)”概念早期原型的本义是指称受佛道思想的影响,对“五经”等先秦儒家经典的新诠释倾向于形而上学和无神论的程朱理学。如《中国哲学家孔夫子》的《前言》第二部分第一章“古代和当代中国人对事物的质料因和动力因的解释”中指出:“对我来说,需要进一步考察的是这些新诠释者是否应该被指控为无神论者——虽然他们或许算不上是积极的无神论者,而只是唯物主义和消极的无神论者,但他们还是可以通过新奇古怪的说法,将不少读者带到无神论的深渊边缘。因此,即便他们在古书中发现了最高的心灵和天命,还是把一切都归于他们的‘太极’和‘理’。由于没有分辨质料因、形式因、动力因、目的因和工具因,他们教导说一切都可以按照‘太极’和‘理’区分。另外,他们坚持认为,一切原来被归于‘天’和天的最高统治者‘上帝’的,现在要归于‘理’和‘太极’,或者天和地的自然力量。从那以后,如果他们提到上天的力量,或者偶尔谈及某种神圣的心灵,你可以将其看作是诗人的而不是哲学家的表达,因为其只是一个隐喻。因此,我们有理由认为他们的学说会将人们——特别是市井小民和耽于感官的人——引向积极的无神论。因此,任何福音的使者都应该将一直使用的理性论证当作武器来猛烈地攻击这些新诠释者,应该揭露他们自己的评注中的错误。拉克坦修曾说过,只有西塞罗能有力地反驳西塞罗。同样,只有这些新诠释者最能证明他们自己的错误。”①这里批判了宋代理学家以无意志目的的“太极”和“天理”作为万物的根源和本体,而不是以“上帝”或“天主”这种有意志的人格神作为解释事物生成的动力因,从而将儒学导向无神论了。这里其实也反映出,虽然“太极”“理”在本质上与“上帝”“天主”不同,但在地位上,“太极”“理”却与“上帝”“天主”相当,都是生成万物的动力因,所以耶稣会士

① [比]柏应理等:《中国哲学家孔夫子》第一卷《前言》,汪聂才、齐飞智等译,《国际汉学经典译丛》,大象出版社2021年版,第88—89页。

对“太极”“理”加以批判就是理所当然的了。耶稣会士的批判是通过有意识的“误解”式诠释来实现的,或将“太极”和“理”这些理学本体论范畴解释为依附于事物实体的属性,或将其解释为无动力的元气,从而解构了“太极”“理”的形上性,达到其以“上帝”“天主”取代“太极”“理”的目的。如意大利耶稣会士艾儒略(Giulio Aleni,1582—1649)继承利玛窦的适应性传教策略,在其《性学觕述》(1646 年出版)中已经致力于通过源自亚里士多德(Aristotle,前 384—前 322)的“四因说”会通天主教与程朱理学,并将理学的性气二元论纳入天主教灵魂肉体说的框架中(详见本书下篇第九章)。这是自利玛窦以来耶稣会士的一贯做法,《中国哲学家孔夫子》中也继承了这一点。

从目的上来看,“Neo-Confucian(ism)”概念无疑是耶稣会士出于传播天主教的目的,创造出来以批判作为当时统治思想的程朱理学的负面概念。如《中国哲学家孔夫子》的《前言》第一部分第四章中指出:“第十九个朝代(宋代)的四位诠释者(Interpretes),即周敦颐、张载、程子、朱熹(在我们结束离题的本章之后,我们会回到他们),无论如何不是第一个以这种方式犯错的人,但肯定是错得最严重的人。他们用自己的评注来点缀经典。更确切地说,他们用自己的评注使许多事情变得隐晦,并将其卑鄙地玷污了。最后,后人将他们视为导师而跟随他们。仅仅由这四个诠释者的意见和权威建立起来的有害的新教义,一直流传到大明王朝的著作中。”①这里列举了周敦颐、二程、张载、朱熹,也就是宋代理学中最重要的濂洛关闽四派的创始人,认为这四派对儒家经典的新诠释背离先秦儒学的本义最远。此段虽然未出现“新诠释者”字样,但其中使用的“诠释者”实质上指的就是“新诠释者”。其所谓北宋理学家创立的“新教义”即指前述“新哲学”。意在强调理学违背了原始儒家倡导的政治伦理(哲学思想)和上帝崇拜(宗教信仰),是对儒家传统的突破和变异,因而是必须予以批判的。耶稣会士就是通过批判当时占据统治地位的程朱理学,来达到其以天主教信仰取代中国儒家思想的目的。

从历史背景和影响上来看,17 世纪末出现的《中国哲学家孔夫子》是在中西“礼仪之争”全面激化之前,贯彻利玛窦(Matteo Ricci,1552—1610)的适应性传教策略的代表作,同时也是中西文化交流史上具有世界意义的重

---

① [比]柏应理等:《中国哲学家孔夫子》第一卷《前言》,汪聂才、齐飞智等译,《国际汉学经典译丛》,大象出版社 2021 年版,第 45—46 页。

要著作。① 该书出版后,对欧洲学术界产生了重大影响,不仅成功消除了欧洲和中国之间的许多观念障碍,②还成为启蒙时期欧洲知识分子表达自己观点的思想利器。③ 但正如研究者所指出的,虽然柏应理在《中国哲学家孔夫子》中强调了孔子学说与天主教的共同点,但其所介绍的孔子思想主要反映了汉代以来儒家的政教合一传统,并且在路易十四的专制王权方面得到了落实;这种将儒家思想视作专制统治工具的做法,从严格意义上来说是对孔子思想(为己之学)的一种误解和利用(参见本书下篇第十二章),也为后来的中西文化交流裂开了某种缝隙。④ 同时,《中国哲学家孔夫子》的立场及诠释摇摆于西方和中国之间,致力于会通宗教与哲学、信仰与理性,但又不可避免地带来以西方思想评判和曲解中国思想的问题。这也反映了耶稣会士夹在中西两种异质文化冲突之间的艰难处境。

随着中西“礼仪之争”冲突的加剧和西方对中国思想认识的深入,进入18世纪后不久,《中国哲学家孔夫子》中对新儒学的理解和定位受到批判。天主教原教旨主义者不再刻意将宋明新儒学视为一种可以和天主教共存的世俗教化思想,而是将其视为一种宗教意识形态体系,强调对其进行改造的必要性。⑤ 如比利时籍耶稣会士卫方济(François Noël,1651—1729)在其1711年出版的《中国哲学》一书中强调儒家传统的连续性,将宋明新儒学重新定义为类似先秦儒学的有神论体系,并试图将宋明新儒学与中世纪亚里士多德主义相结合,建立儒家式的基督教哲学。⑥ 同时代的莱布尼茨在其作于1716年的《论中国人的自然神学》中也对宋明新儒学作了“有神论”的

---

① 张西平指出,《中国哲学家孔夫子》是当时礼仪之争的一个结果,体现了来华的耶稣会士为说明自己的“合儒”传教路线所做的努力,同时也使儒家思想开始实际地影响了欧洲近代思想的形成,体现了儒家思想的世界性意义。参见张西平:《儒学西传欧洲研究导论——16—18世纪中学西传的轨迹与影响》,第130—131页;张西平:《儒家思想西传欧洲的奠基性著作——〈中国哲学家孔子〉》,《中国哲学史》2016年第4期;张西平:《中文版序言一》,《中国哲学家孔夫子》第一卷《前言》,第1—16页。

② [美]孟德卫:《奇异的国度——耶稣会适应政策及汉学的起源》,陈怡译,《当代海外汉学名著译丛》,大象出版社2010年版,第315—317页。

③ 罗莹:《17—18世纪儒学西传欧洲述略》,《国际汉学》2022年第1期。

④ 梅谦立:《从柏应理〈致路易十四的书信〉看儒学在欧洲的早期传播》,《国际汉学》2022年第1期。

⑤ [美]孟德卫:《奇异的国度——耶稣会适应政策及汉学的起源》,陈怡译,《当代海外汉学名著译丛》,大象出版社2010年版,第320—326页。

⑥ 参见[法]梅谦立、王格:《超越二元,迈向统一——耶稣会士卫方济〈中国哲学〉(1711年)及其儒家诠释学的初探》,第45—61页;王格:《“中国哲学”何以正当的最早论说——明清之际西人之证言》,第57—66页。又关于天主教儒学化的详细论述,参见陈卫平:《第一页与胚胎:明清之际的中西文化比较》,广西师范大学出版社2015年版,第164—186页。

解释,将“理”视作与“上帝”一样的精神实体,驳斥了龙华民等人将“理”视作无生命的元质(元气)的“理学无神论”观念。① 西方对宋明新儒学从“无神论”到“有神论”的这种诠释变化,一方面反映了耶稣会士对新儒学(程朱理学)的态度已经从排斥转向同化,另一方面也反映了传教策略从求同存异的跨文化立场转向西方中心主义的立场。② 而《中国哲学家孔夫子》在这一转变过程中起到了承上启下的重要作用。

从哲学理论层面来看,宋代理学家之所以被耶稣会士贬称为“新儒家”(我们这里统一用“新儒家”来指称前述作为其原型的“新诠释者”或“无神论政客”名称,相应地也使用“新儒学”概念,下同),有其历史与逻辑两方面的原因。首先,从历史脉络来看,耶稣会士认为宋明新儒学在思想体系上深受印度传来的佛教影响,其宇宙论及形而上学是唯物主义(气化论)及无神论(天理论),这与早期儒家的有神论及上帝信仰相违背。③ 因此耶稣会士把宋代“新儒学”的出现视作儒学发展过程中的一种突变,强调其与原始儒学存在本质不同。其次,从逻辑结构来看,耶稣会士之所以批判“新儒学”(程朱理学),主要是因为程朱理学的哲学体系直接与天主教信仰体系相抗衡。尤其天理在朱子学中既是三纲五常这些儒家伦理道德的客观抽象,同时作为万物存在的根据又被赋予形而上的宇宙本体之意义,是在逻辑上先于形而下的物质世界的独立存在。因此,朱子学中的“天理”与天主教中“天主”的地位与作用相当,都是作为万事万物之生成与存在根源的动力因。④ 如果想在明代以降信奉程朱理学的儒家社会中树立“天主”信仰权威首先就必须消解“天理”的这种形上学意义。对此,以利玛窦为代表的早期耶稣会士采取批判朱子学(新儒学)而附会原始儒学(旧儒学)的传教策略。即一方面借用先秦儒家经典中的天、性等范畴概念来附会天主教的天主、灵魂等,并将其纳入天主教的理论框架中,以证明中国传统信仰与天主教的一

---

① 张恒:《以中国为镜:莱布尼茨的理学研究》,《国际汉学》2022 年第 2 期。

② 法国汉学家程艾蓝(Anne Cheng)指出,随着西方对印度的殖民并将印度语言与文化拉入印欧系统,中国成为西方之外唯一的绝对他者,而西方东方主义和中国学的建立,本质上是西方从理智上孤立中国的产物。在过去中国相对积贫积弱的时代,西方一直保持着对儒学的宗教色彩。如今,中国跟西方的关系正在发生根本性的变化,我们应该走出西方宗教强势意义下产生的儒教概念,注重区分儒学与儒教,尤其应该强调儒学作为哲学而不是宗教形态的存在。参见温海明:《“国际儒学论坛——威尼斯学术会议”综述》,于建福、于述胜主编:《国际儒学研究》第 24 辑,华文出版社 2017 年版,第 174 页。

③ 参见[意]利玛窦:《天主实义》,朱维铮主编:《利玛窦中文著译集》,第 17—18、21—22 页;张晓林:《天主实义与中国学统——文化互动与诠释》,学林出版社 2005 年版,第 115、158 页。

④ 参见 Knud Lundbaek,“The Image of Neo-Confucianism in Confucius Sinarum Philosophus”, *Journal of the History of Ideas*, Vol. 44, No. 1(Jan., 1983), pp. 19-30。

致性，以争取中国人对其传教事业的支持；另一方面批判对儒家经典做出新诠释的"新儒家"，以消除当时儒家士人对天主教的抗拒，并试图取代程朱理学的统治地位。① 其后随着理解的不断深入及传教策略的调整，耶稣会士对待新儒学(程朱理学)的态度立场由排斥转向融合。因为作为中国古典哲学集大成形态的朱子学体系，恰好可与耶稣会士信奉的由阿奎那集大成的中世纪教会神学体系相对应，②尤其耶稣会士所信奉的源自亚里士多德并经过阿奎那改造的"四因说"与朱子学的哲学体系在结构上相通。即天理对应于动力因，性(理)对应于形式因，气对应于质料因，人与天理道体合一(天人合一)对应于目的因；而朱子学的理气二元论正好对应形式因与质料因相结合的内部构成说。以艾儒略为代表的耶稣会士采取的做法是依据"四因说"对新儒家(朱子学)进行批判性转化：在动力因上，贬低宋明理学中的最高本体天理，把天理视作依附于实体的属性；③在形式因上，基于"魂三品说"批判了朱子学的"性即理"与"魂属气"说；④在质料因上，依据太极元气说把太极(朱子学中的天理)视为质料因中的元质；⑤在目的因上，基于灵魂不灭与天主救赎论批判了朱子学的魂灭论与天人合一论；⑥进而

① 对于耶教(天主教)思想，明末至清代的儒家知识分子当中，反对者占大多数，但赞成者也不乏其人。有学者指出当时占据儒学正统的主流学者对天主教教义一般采取轻视、漠视或回避(暗中引用却讳言)三种态度，并分别以王夫之、黄宗羲、戴震为代表。虽然当时像王夫之、黄宗羲这样的主流儒家学者更加重视儒学传统的连续性，认为宋明理学仍然是先秦儒学在本质上的发展，只是由于其末流走入极端后带来了空疏或支离的弊端，因此对耶稣会士的宋明新儒学批判持否定或漠视态度。这种相互不同的态度是由双方的政治、思想立场的不同所决定的。耶稣会士从西方天主教信仰出发，力图否定新儒家并取而代之，而黄宗羲等人则力图发扬传统和返本开新。但清代开始兴起对宋明理学的全面批判，如戴震等人出于对理学弊端的反思批判新儒学不符合先秦儒学的本义。参见张晓林：《天主实义与中国学统——文化互动与诠释》，第 295—327 页。又关于耶教与儒学的融合创新，参见[美]孟德卫：《奇异的国度——耶稣会适应政策及汉学的起源》，陈怡译，《当代海外汉学名著译丛》，大象出版社 2010 年版，第 48—53 页。

② 如张允熠指出，阿奎那与朱熹二人的人生境遇、哲学思想及其历史地位、社会功用等方面多有相似之处，而且阿奎那身后欧洲经院哲学内部分化为"唯名论"与"唯实论"的争论，跟朱熹身后宋明理学内部的"道器""心物"之辩也颇为相似。参见张允熠：《中国主流文化的近现代转型》上册，黄山书社 2010 年版，第 270—272 页。

③ [意]艾儒略：《性学觕述》，黄兴涛、王国荣编：《明清之际西学文本：50 种重要文献汇编》第 1 册，中华书局 2013 年版，第 376—377 页。

④ [意]艾儒略：《性学觕述》，黄兴涛、王国荣编：《明清之际西学文本：50 种重要文献汇编》第 1 册，中华书局 2013 年版，第 250—251 页。

⑤ [意]艾儒略：《性学觕述》，黄兴涛、王国荣编：《明清之际西学文本：50 种重要文献汇编》第 1 册，中华书局 2013 年版，第 248 页。

⑥ [意]艾儒略：《性学觕述》，黄兴涛、王国荣编：《明清之际西学文本：50 种重要文献汇编》第 1 册，中华书局 2013 年版，第 254—255 页。

基于灵肉二元的内部构成说,将朱子学中天所赋予的性与天主教中天主所赋予的魂会通起来,从而将朱子学的性气二元论纳入天主教灵魂肉体说的框架中(详见本书下篇第九章)。① 从历史影响上来看,耶稣会士对于程朱理学(新儒学)一边批判一边又加以融合会通的做法无疑迎合了明清之际的学术思潮。②

在概念的范围(外延)上,耶稣会士所使用的"新儒学"概念在表面上是指程朱理学一系,不包括陆王心学。对此,研究者通常举出利玛窦在其主要著作《天主实义》中没有提及陆王心学,认为这是因为利玛窦对陆王心学了解较少。③ 实际上利玛窦到中国传教的时代正是阳明学占据思想界主流的明代后期。当时文人士大夫中信奉阳明学的很多,自封"西儒"的利玛窦与阳明后学学者有着广泛而深入的交流。如利玛窦曾经三次与阳明后学泰州学派的殿军李贽会面交谈,④并在其著作《交友论》中吸收了阳明学友谊观的思想资源,⑤反过来利玛窦传播的天主教也对李贽的思想产生了一定影响。⑥ 与利玛窦交流最深入且位列明末中国天主教三柱石之首的徐光启也

---

① [意]艾儒略:《性学觕述》,黄兴涛、王国荣编:《明清之际西学文本:50种重要文献汇编》第1册,中华书局2013年版,第249—250页。

② 这一点集中体现在明末清初兴起的一股回归先秦原典以批判宋明理学的思潮中。如黄宗羲、全祖望等人一方面对包括程朱理学及陆王心学在内的宋明道学多有批判,但另一方面又基于一本万殊的思想立场,力图和会朱陆、取长补短以把握圣人大道之全体。他们自身的思想基本上还是属于宋明道学的思想体系之中,并且认为宋明理学是对先秦儒学的发展。但到了后来清代中叶的戴震,以及更早的日本古学派伊藤仁斋、东涯父子等人对于程朱理学本体论的批判则是基于反理学的考据学(古学派)和气本论立场。在仁斋、戴震他们看来,阳儒阴释的宋明理学完全是对先秦儒学本义的歪曲和背离。其中,伊藤仁斋是否受耶稣会士的影响虽不清楚,而戴震对宋儒的否定则无疑受到了耶教的影响。参见连凡:《周敦颐〈太极图说〉哲学阐释的三条路径——以朱熹、黄宗羲、伊藤仁斋为代表》,《衡水学院学报》2019年第2期。张晓林:《天主实义与中国学统——文化互动与诠释》,学林出版社2005年版,第309—327页。

③ 张晓林指出:"利子(笔者按:指利玛窦)熟悉程朱学派……但他甚少了解陆王学派。所以,新儒家或新儒学,在利子及17世纪耶稣会士的用法里,不包括陆王学派及其心学。"张晓林又指出有学者认为《天主实义》中利玛窦所谓"中国文人学士讲论理者,只谓有二端:或在人心,或在事物"是利玛窦了解心学的证明。张晓林:《天主实义与中国学统——文化互动与诠释》,学林出版社2005年版,第159页。其实这段话并非是讲心学。因为朱子学讲"理一分殊",认为理包括物理(事物之理)与性理(人心之理),两者在朱子学中是统一的,因而格事物之理可以发明心中之理,朱熹《四书章句集注》的"格物补传"即说此。这就是朱子学"理一分殊"和"全体大用"的立场。

④ 参见容肇祖:《李卓吾评传》,《国学小丛书》,商务印书馆1936年版,第40—41页。

⑤ 参见刘聪:《明代天主教对阳明学的融摄——以利玛窦的〈交友论〉为中心》,《求索》2011年第6期。

⑥ 吴根友:《利玛窦与李贽的交友观及其异同》,《当代中国价值观研究》2016年第4期。

是泰州学派学者焦竑的门人。① 但总的来看，以利玛窦为代表的耶稣会士在其著作中基本不提阳明学，这必然有其现实及思想的原因。首先，从政治现实来看，虽然阳明学在社会上影响很大，但程朱理学仍然是当时官方统治思想及科举考试的标准，同时也是儒家士人共同尊奉的意识形态。对于走上层传教路线争取文人士大夫皈依天主教的利玛窦等人来说，在中国传教过程中与程朱理学的交涉当然是最重要和迫切的。② 其次从文献经典及思想性质来看，虽然理学与心学都以成圣成贤、天人合一作为最终学问目标，但在修养工夫论上存在明显差异。即程朱理学以“道问学”作为学问的基础，强调由博返约、格物穷理，并通过对《四书》《五经》等儒家经典的系统诠释来建构其思想体系，撰写了《四书章句集注》等大量程朱理学经典。而陆王心学则以“尊德性”为根本来统摄“道问学”，直接把体认道德本体作为工夫，读书问学只是为了印证或辅助其直觉体认与道德践履，因此一般不以注释经典作为其主要任务。③ 在思想性质上，朱子学将天理视作先天的客观存在，从而给作为统治根基的伦理纲常（三纲五常）提供了形上学的本体依据，因而适合统治者维护社会秩序的需要；而阳明学由于将天理视作天赋的道德良知，往前发展带有打破社会秩序和解放人性的倾向（如明末泰州学派的李贽等人），最终不能为统治者所容许。因此朱子学成为统治思想，以《四书》《五经》为代表的程朱理学经典成为科举考试的依据，是所有读书人必须熟读的经典。无论是站在向西方译介儒家经典及其思想以博取支持（中学西传）的角度，还是站在与中国传统思想相沟通以获取支持（西学中传、儒耶交涉）的角度，程朱理学的经典都是绕不过去的。在中学西传方面，如前所述，柏应理等人编译的《中国哲学家孔夫子》表面上是以明代张居正的《四书直解》为底本，用朱熹的《四书章句集注》作为补充。但在具体内容上实际是以《四书章句集注》的哲学诠释为主体，而以《四书直解》的宗教诠释为补充。这也反映了柏应理等人坚守利玛窦的适应中国国情的学术

① 焦竑在坚守其儒家立场的同时又对利玛窦的学说表示欣赏，徐光启发扬其师的开放学术态度，不仅皈依天主教，并且与利玛窦合作翻译了大量西方经典，从而为西方文化在中国的传播作出了卓越贡献。参见李焯然：《焦竑及其〈玉堂丛语〉》，《文献》丛刊编辑部编：《文献》第 12 辑，书目文献出版社 1982 年版，第 174 页。

② 参见[意]利玛窦：《利氏致远东副省会长巴范济神父书（一六〇九年二月十五日撰于北京）》，《利玛窦书信集》（下），《利玛窦全集》第 4 册，（台北）光启出版社；辅仁大学出版社 1986 年版，第 407—416 页。

③ 参见连凡：《朱陆修养工夫论的思想渊源及其异同——以“尊德性”与“道问学”为宗旨》，《道德与文明》2017 年第 6 期。

传教路线，并试图会通哲学与宗教、理性与信仰的努力。① 在耶儒交涉方面，如利玛窦面向中国人进行学术传教的《天主实义》中作为其论辩对象的“中士”所代表的完全是程朱理学的立场。最后，从思想体系及其关系来看，“致广大，尽精微，综罗百代”②而兼具存在论、伦理学、注释学等各领域的朱子学体系可以涵盖偏重伦理学的阳明学。阳明学从某种程度上来说不过是对朱子学末流的补偏救弊和宋学内在精神的必然发展，③其概念、范畴乃至思想体系都不出朱子学的范围之外。上述三个方面是利玛窦等人基本不提阳明学，其心目中的“新儒家”也不包括陆王心学（更确切地说是按当时思想界的一般惯例将阳明心学与程朱理学统一视为理学，而不再加以区分④）的主要原因。

余　论

从概念的产生和源流来看，一方面，唐宋时期的三教融合是“Neo-Confucianism”（新儒学）思想产生的关键。也就是说，在佛道思想的刺激和影

① 根据梅谦立的研究，柏应理等人之所以以张居正的《四书直解》为底本，是因为在他们看来，《四书直解》更符合先秦儒家的思想，也更符合宗教信仰。耶稣会士在张居正的《四书直解》中发现中国古代思想非常重视“天”与“鬼神”并倡导“敬天”及“天人感应”，据此认为这可以证明中国古代一神教色彩并未完全消失，虽然当时大部分士大夫偏向无神论和唯物主义，但仍有像张居正这样的士大夫保持并试图恢复古代信仰，而这种古代信仰和基督宗教有相通之处。参见［法］梅谦立：《〈孔夫子〉：最初西文翻译的儒家经典》，第131—142、209页；Thierry Meynard（梅谦立），*The Jesuit Reading of Confucius: The First Complete Translation of the Lunyu*（1687）*Published in the West*，Boston：BRILL，2015；［法］梅谦立：《耶稣会士与儒家经典——翻译者，抑或叛逆者?》，《现代哲学》2014年第6期；［法］梅谦立：《从邂逅到相识——孔子与亚里士多德相遇在明清》，《儒学与欧洲文明研究丛书》，北京大学出版社2019年版，第303—342页。孟德卫指出，《四书直解》是张居正为教导年幼的万历皇帝所作，所以在语言上更加口语化和通俗化，并且减弱了朱熹注释中难以理解的无神论和形而上学色彩。这也是柏应理等人以之作为注释《四书》之底本的重要原因。参见［美］孟德卫：《奇异的国度——耶稣会适应政策及汉学的起源》，陈怡译，《当代海外汉学名著译丛》，第305—308页。

② （清）黄宗羲原著，（清）全祖望补修：《宋元学案》第2册，陈金生、梁运华点校，中华书局1986年版，第1495页。

③ ［日］岛田虔次：《朱子学与阳明学》，蒋国保译，陕西师范大学出版社1986年版，第96页。

④ 正如范立舟所指出的，南宋后绝大多数学者所理解的理学概念都包括陆王心学，只有邓元锡等极少数学者将理学限定为程朱理学。范立舟：《理学名称与概念解析》，《华夏文化》2000年第1期。如明末清初孙奇逢在其编纂的《理学宗传》中就用“理学”（宋明理学）来涵盖程朱理学与陆王心学，将周敦颐、程颢、程颐、张载、邵雍、朱熹、陆九渊、薛瑄、王守仁、罗洪先、顾宪成这11人视为宋明理学发展中的宗统和主流学者。

响下,形成了为儒家伦理道德建构形上学思想体系的宋代新儒学。另一方面,明清时期的耶儒交涉是西方“Neo-Confucian(ism)”概念产生的关键。耶稣会士在1687年出版的《中国哲学家孔夫子》中首次使用“Neoterici Intérpretes”(“新诠释者”)一词来指称不同于先秦、汉唐时期的、作为三教交涉的产物、建构起形上本体论体系的宋明理学家。从概念的意义和范围来看,早期“Neo-Confucian(ism)”概念(所谓“新诠释者”和“无神论政客”)是耶稣会士为批判程朱理学而创造的一个消极概念,旨在说明程朱理学对先秦经典的新诠释及其无神论倾向与原始儒学不一致,强调儒学发展的不连续性。其后随着中西“礼仪之争”矛盾的激化和西方对中国思想认识的深化,《中国哲学家孔夫子》中对新儒学的理解和定位受到批判。天主教原教旨主义者不再将宋明理学视为可与天主教共存的世俗教化思想,而是将其视为一种与先秦儒学一脉相承的宗教意识形态体系,转而强调儒学发展的连续性。

从思想史上的影响和意义来看,柏应理等耶稣会士在《中国哲学家孔夫子》中基于自身立场创造出“Neoterici Intérpretes”(新诠释者)及“atheo-politicus”(无神论政客)等“Neo-Confucian(ism)”概念的早期原型,在系统批判程朱理学的基础上将其定义为有别于先秦原始儒学的“新诠释”乃至“新哲学”。这种“创造性诠释”一方面凸显了以程朱理学为代表的宋明新儒学与前代既有连续性(继承)又有非连续性(突破)的事实(这也是“Neo-Confucian(ism)”及其中文翻译宋明“新儒家(学)”概念后来为包括中国在内的世界学界广泛接受的主要原因),同时也迎合了当时明末清初批判理学的学术思潮,并为其后耶儒乃至中西思想的进一步深入沟通和融合打下了基础;另一方面也反映了柏应理等耶稣会士坚守适应中国国情的传教策略(“利玛窦规矩”)的努力,在客观上将经过理学阐发的儒家核心思想介绍到了西方,使儒家思想获得了世界思想史的地位,在中学西传的历史上具有深远影响和重要意义。

第四章 “Neo-Confucian(ism)”概念的近代使用及其阐发

——以新教传教士与东亚学者为中心

上章中笔者以明末清初入华天主教耶稣会士及其代表性著作《中国哲学家孔夫子》为中心，探讨了“Neo-Confucian(ism)”概念的渊源及其原始意义，接下来以近代入华基督新教传教士与东亚学者为中心，讨论这一概念在19世纪末20世纪初的传播及其意义。目前学术界对此还缺乏系统研究。事实上，近代“Neo-Confucian(ism)”概念的使用和阐发一方面源自西方自17世纪至19世纪初的使用，一方面又开启了现代西方和中国的使用，起到了承前启后的关键作用。

第一节 近代入华新教传教士对“Neo-Confucian(ism)”概念的使用

从明末罗明坚、利玛窦等耶稣会士来华传教，到天主教在官方和民间社会站稳脚跟，经历了一个复杂而曲折的过程。尽管自18世纪以来，由于中西“礼仪之争”矛盾的激化，天主教最终在中国被官方禁止，但民间传教活动仍在继续。① 其后19世纪开始来华的英美新教传教士以上海等地为据点开展传教活动，并且继承了上述天主教耶稣会士(主要来自意大利、法国等拉丁语国家)②以来形成的西方“Neo-Confucian(ism)”概念。其用例主要出现在上海的新教传教士创办的英文报刊上。

---

① 参见莫为、李平：《从“保教权”看两代来华耶稣会士的历史勾连及其世界原因》，王刘纯、陈恒主编：《新史学》第22辑，大象出版社2019年版，第156—171页。

② 从19世纪80年代开始，来自英美的来华新教传教士逐渐广泛深入中国内陆地区传教，大量元朝、明朝天主教留下的历史资料和遗迹渐渐进入新教传教士关注的视野。新教对历史上来华天主教的主流声音是对其传教成绩的肯定。其主要特点是强调传教士自身素质的重要性，并主张传教方式必须根据当时的文化和社会环境做出调整。新教传教士不仅从历史上来华天主教传教活动中借鉴成功经验，还从在中国基督教史上影响较大的“礼仪之争”中汲取教派纷争带来的不利影响的教训。参见陶飞亚、田燕妮：《同为异国传教人：近代来华新教传教士对天主教的态度转变解析——以The Chinese Recorder(1867—1941)为依据》，《东岳论丛》2011年第2期。

如广学会①在 1896 年 12 月 18 日上海发行的《北华捷报及最高法庭与领事馆杂志》(*The North-China Herald and Supreme Court & Consular Gazette*, 1870—1941)②中指出:“第二个政党是极端保守主义。儒家思想的拥护者们开始意识到,与西方国家相比,儒家思想在中国的发展中一直缺乏影响力,他们说,2000 年来,儒家思想没有得到解释、理解和实践,因此导致了国家的崩溃。他们说:‘让我们回到纯粹的儒家思想;让我们回到原来的原则,重新构建儒家思想。’这是提出的一种补救措施,基于儒家思想的学校和学院的复兴证明了这一点。这是新儒家思想(neo-Confucianism),在印度的新佛教和古罗马的新异教中有着历史相似之处。”③这里所谓历史上的“neo-Confucianism”是指以程朱理学为主体的宋代新儒学。该文分析了中日甲午战争(1894 年 7 月 25 日至 1895 年 4 月 17 日)之后到 1996 年底之前中国社会出现的激进主义、保守主义和自由主义三股势力。其中,保守派指以康有为为首的孔教派。甲午战争标志着以曾国藩、张之洞为代表的洋务派(提倡“中体西用”)的失败。以康有为代表的文化保守主义者主张对传统儒学进行改造,试图恢复儒学的原貌。这也反映了思想界对中国因为“被统治阶级阉割后的儒

① 广学会原名同文书会(英文名:Society for the Diffusion of Christian and General Knowledge Among the Chinese),光绪十三年(1887)由英国伦敦会传教士韦廉臣(Alexander Williamson)成立于上海。光绪十八年中文名改为广学会,英文名则于光绪三十三年改为 Christian Literature Society for China。广学会的发起人不全是传教士,还包括当时在上海有名的西方人士。设立的目的是以编辑新书、介绍西洋文化、启发民智为主。他们推广西学是以出版报纸、杂志为主。广学会的主要活动有征文、演说、出版书刊等。其中每月出版《万国公报》,论说以翻译为主,附带各国新闻,甲午战后更侧重经世之学及变法刍议;广学会的传教士不仅参加该会的活动,还参加中国教育会及其他委员会的活动;他们鼓吹变法,甲午之战前后均侧重于教育、改革考试制度,并曾以该会名义于光绪二十四年(1898)三月向总署呈递《速兴新学条例》,内容包括六项:设图书馆、定学校章程、改考试制度、广布学报、妥筹经费、鼓舞人才。

② 《北华捷报及最高法庭与领事馆杂志》(1870—1941)每期栏目主要有:社论、新闻综述、专稿、各地通讯、《京报》选录、会议、娱乐、通讯、诗词、杂载、商情等。其读者对象以外埠及英国国内读者为主。该报在广告中说明其主要目的,一是向读者提供参考资料,一是向英国国内读者报道关于中国的新闻综述。当时中国一批受到过中西双重教育的国内名流也应邀为该报撰写过文章,如丁文江、宋美龄、颜惠庆、唐绍仪、晏阳初、胡适、蒋梦麟、伍朝枢等,他们从自己的职业出发,发表各种意见。有许多著名来华传教士参与其中,如麦都思、裨治文、玛高温、伟烈亚力、艾约瑟等。在中国各地包括边远地区如新疆、四川、青海、甘肃、云南等地聘有通讯员。该报历时半个多世纪,是研究晚清民国政治民情、中外关系、经济社会、国内战事、中日战争等历史事件的重要史料。

③ 参见 The Christian Literature Society for China,“The Society for the Diffusion of Christian and General Knowledge among the Chinese”, *The North-China Herald and Supreme Court & Consular Gazette*(1870—1941),1896-12-18,p. 1068。

学道统"①而失败的反思。康有为以历史上战胜佛教、复兴儒学的宋代"新儒学"为榜样。在当时中西文明激烈冲突的背景下,他一方面试图消化西方文化,实现儒学的现代化,另一方面试图实现儒学的宗教化,用儒家思想凝聚人心,以抵御西方文化的侵略。后来,这一思潮形成了以中国文化为基础提倡返本开新的现代新儒学思潮。② 康有为也因此被认为是现代新儒学的开端。③

值得注意的是,与前述卫方济对新儒学的重新评价和整合一脉相承,上述近代基督教新教和西方学术界中使用的"Neo-Confucianism"已从早期耶稣会士批评的消极概念(受佛教影响的无神论思想)转变为代表宋代儒家思想复兴(战胜佛教的新宗教思想)的积极概念,并与印度及古罗马宗教改革中的新教派相提并论。这种变化实际上是时代背景不同所造成的。在16至18世纪耶稣会士来华传教的时代,中西方的地位大体上是平等的,甚至以天朝上国自居的明清两朝在西方面前还有一种优越感。因此,为了对抗作为统治思想的新儒学,天主教采取了更具适应性的"合儒""补儒"以达"超儒"的传教策略,"Neo-Confucianism"(宋明新儒学)一般被解释为可与天主教信仰并行不悖的世俗伦理学说,以避免中西思想文化之间的正面冲突。而基督教新教在19世纪(尤其两次鸦片战争之后)进入中国后,中国和西方的地位发生了彻底的变化。在西方强势的宗教、文化和科技的冲击下,中国文化被视为愚昧落后的象征,儒家思想的地位也开始动摇,西方不再把中华文明及其儒家思想视为平等的对手,相应地"Neo-Confucianism"已完全沦为西方宗教附庸意义上的新儒教。尽管有学者认为,与早期天主教耶稣会士的适应性策略相比,新教传教士的上述态度集中体现了西方中心主义的立场④。但从根本上来说,无论是明末清初的早期天主教传教士(认

---

① 参见刘亚洲:《甲午殇思——甲午战争120周年祭》,《精神》,长江文艺出版社2015年版,第64—65页。

② 参见喻大华:《晚清文化保守思潮研究》,人民出版社2001年版,第168—211页;欧德良:《晚清文化保守思潮管窥——以康有为改造儒学活动为中心的考察》,《成都大学学报(社会科学版)》2010年第5期。

③ 参见干春松:《康有为与现代儒学思潮的关系辨析》,《中国人民大学学报》2015年第5期。

④ 张西平指出,17、18世纪的来华耶稣会士和19世纪来华的基督新教传教士的区别主要在于对待中国文化的总体态度发生了变化;两者虽然目标都是希望使中国基督教化,但不同时代的中西方关系决定了传教士对待中国文化的不同态度;耶稣会士来华的时代中西方大体上平衡,相应地他们对待中国文化是一种平等乃至尊敬的态度,利玛窦的适应策略就是其代表;而基督新教传教士来华的时代中国文化已经成为停滞和落后的象征,相应地他们也没有对中国的尊重,而是以西方中心主义的居高临下的态度来俯视中国。参见张西平:《20世界中国古代文化经典在域外的传播与影响研究导论》下册,大象出版社2018年版,第600—604页。

为宋代新儒学违背了先秦宗教传统)还是近代的基督教传教士(认为宋代新儒学复归于先秦宗教传统),都是站在西方的立场上解读和评判宋明新儒学,都具有强烈的宗教意识形态和西方中心主义的政治色彩。

1910 年 5 月 1 日上海的《教务杂志》(*The Chinese Recorder and Missionary Journal*)①上发表的文章《基督教学者在文学中的应用》中指出:“正如在基督教早期新柏拉图主义(Neo-Platonism)兴起,对基督教和异教思想产生了强大的影响一样,新儒学(Neo-Confucianism)将在中国兴起的日子也在临近。”②此条将新儒学(Neo-Confucianism)和新柏拉图主义(Neo-Platonism)相比附。如本书绪论中所述,陈荣捷曾指出“Neo-Confucianism”是由耶稣会士模仿西方的“Neo-Platonism”(新柏拉图主义)概念创造的。③ 这一说法可能就是基于此条或类似此条的用例。只是陈荣捷说的是 17 世纪的天主教传教士,而此条出自 20 世纪初的基督教新教传教士。

1915 年 11 月 6 日,在《北华捷报及最高法庭与领事馆杂志》上发表了题为《中国的宗教印象:皇家亚洲学会的演讲》(“Impressions of China's Religion:Lecture at Royal Asiatic Society”)的文章,讨论了中国宗教演变的趋势、佛教对中国和日本的影响以及宗教观念,指出:“在史前时代,印度(所谓的神秘主义者之地)和中国(众所周知的非宗教的人类之地)宗教发展趋势或多或少沿着同样的路线发展;佛教输入(公元 67 年)孔子的土地……只是向前加速了已经存在的观念和实践……就宗教观念而言,这两个国家的后佛教生活和思想几乎是相同的——尽管名称不同。毗湿奴派、沙瓦派、沙克塔派等等,在印度;和新儒学(neo-Confucianism)、新佛教(neo-Buddhism)、新道教(neo-Taoism)等等,在中国;和日本的文化……主要在奈良,印度——中国的文化的扩张……宗教信仰、实践……基本上是相同的(或三个世界,即印度、中国和日本)。”④文中一连使用了“neo-Confucianism”(新

---

① 《教务杂志》是 19 世纪在动荡中国出版的英文刊物中持续时间最长者,自 1868 年出刊至 1941 年因太平洋战争爆发而停刊。该刊物创办的目的原是作为来华传教士交换讯息及讨论传教工作的平台,以协助彼此对中国文化的了解与工作推行;因其记录翔实,不但是超过半世纪西方管窥、了解中国的重要窗口,更成为今日研究中国近代史不可或缺的第一手重要文献。

② W. E. Soothill,“The Use of the Christian Scholar in Literature”,*The Chinese Recorder and Missionary Journal*(1868—1912),1910-5-1,p. 343.

③ [美]陈荣捷:《理学》,韦政通主编:《中国哲学辞典大全》,(台北)水牛图书出版社 1983 年版,第 494—495 页。

④ The Christian Literature Society for China,“Impressions of China's Religion:Lecture at Royal Asiatic Society”,*The North-China Herald and Supreme Court & Consular Gazette*(1870—1941),1915-11-6,p. 393.

儒家或新儒学)、“neo-Buddhism”(新佛教,指禅宗)、“neo-Taoism”(新道家,指玄学)三个概念,并将亚洲的印度、中国和日本三个古文明的宗教发展作为一个整体来考察。后来,冯友兰在 1948 年出版的 *A Short History of Chinese Philosophy*(《中国哲学简史》)中即用“neo-Taoism”来指称“玄学”(新道家)。① 1953 年出版的冯友兰《中国哲学史》(下)的卜德译本中也将魏晋玄学翻译为“neo-Taoism”,并指出:“吾人今已惯于用‘新儒家’一名以指宋明道学。则用‘新道家’一名以指王弼、郭象之流之玄学,似亦同样有理。”②但冯友兰和卜德都没有使用“neo-Buddhism”(新佛教)概念。这个概念似乎并不流行。

1919 年 1 月 1 日发表在《教务杂志》(*The Chinese Recorder*, 1912—1938)上的一篇题为《新中国的理想》(“The Ideals of New China”)的文章中使用了“Neo-Confucianism”概念,指出:“但是,在翻山越岭的大风之后,在地震和火灾之后,仍然微弱的声音坚持要被听到,我们的同胞清楚地看到,精神上的东西不能被忽视,道德上的精神力量是必要的。在这里,我们立即掌握了中国道德觉醒和新儒家思想(Neo-Confucianism)的关键。旧邪教的复兴是制止道德堕落和民族解体的有力而崇高的尝试,我们对此深表同情。我们的主来不是要毁灭,而是要成全。律法是引导人归向基督的导师;儒家思想也是如此。律法被耶稣的教导所取代;儒家也必须如此。‘当完全的来临时,不完美的就要除去。’基督教是对儒家思想的补充。不要指责我们摧毁了我们祖先的信仰,但我们必须敬拜我们孩子的上帝。”③该文指出“Neo-Confucianism”是中国人克服困难的道德和精神支柱,并认为基督教信仰与新儒学可以相辅相成。这一论调显然继承自耶稣会士强调的耶儒互补的传教策略。

---

① Yu-lan Fêng and Derk Bodde, *A Short History of Chinese Philosophy*, New York, London: Free Press; Macmillan; Collier Macmillan Publishers, 1948, pp. 217-240.

② 这段文字不见于 1934 年出版的《中国哲学史(下)》中文版,因为它原本是冯友兰在卜德翻译该书时新写的内容,原文是英文,见 Yu-lan Fung, *A History of Chinese Philosophy*, *Vol.* 2: *The Period of Classical Learning, from the Second Century B.C. to the twentieth century A.D*, trans. by Derk Bodde, Princeton: Princeton University Press, 1953, p. 175。其译文见冯友兰:《中国哲学史(下)附录第二篇第五章异文》,涂又光译,《三松堂全集》第 3 卷,河南人民出版社 2001 年版,第 441 页。

③ K. C. Chao, “The Ideals of New China”, *The Chinese Recorder* (1912—1938), 1919-1-1, p. 11.

第二节 近代日本思想家冈仓天心对“Neo-Confucian(ism)”概念的使用

20世纪初,“Neo-Confucianism”概念开始为东亚儒家文化圈的学者所接受,其意义从中国新儒学扩展到东亚新儒学。在亚洲近代化进程中处于领先地位的日本在这方面占得先机。尤其值得注意的是,近代日本著名美术家、思想家冈仓天心(1862—1913)①创立了所谓“亚洲一体说”(“Asia is one”),并在近代率先向世界宣传日本及东亚文化。他的代表作是其亲自用英语撰写的“东方三书”,包括 *The Ideals of the East*(《东洋的理想》,或称《理想之书》,1903年出版)、*The Awakening of Japan*(《日本的觉醒》,或称《觉醒之书》,1904年出版)、*The Book of Tea*(《茶之书》,1906年出版)。冈仓天心是目前已知第一位在西方学术界使用和讨论“Neo-Confucian(ism)”概念的东亚学者。②

在《理想之书》(1903年)中,冈仓天心详细论述了日本宗教、绘画、雕塑、诗歌和主要思想流派在中国和印度影响下的形成。在讨论日本足利时代(1400—1600)的艺术精神时,冈仓天心指出:“新儒家(今按:原文为“Neo-Confucian”,下同。日译本作“新儒教”③)在宋代成熟以来,后来笼罩了中国。新儒家融合了道、佛、儒的思想,但主要依靠唐末道教哲学家陈抟

① 与同样对日本近代文明有过重要贡献的福泽谕吉提出“脱亚入欧论”不同,冈仓天心作为东亚近代文明启蒙期最重要的人物之一,首创“亚洲一体说”(“Asia is one”),强调亚洲价值观对世界进步作出的贡献。冈仓天心从小受到良好教育,精通英语,在20世纪初旅居英美期间,他意识到西方人对东方世界充满了荒谬的想法及误解。于是在1903年至1906年,他用英文写了 *The Ideals of the East*(《理想之书》)、*The Awakening of Japan*(《觉醒之书》)、*The Book of Tea*(《茶之书》)等重要著作。这使得他作为国粹派理想主义者闻名于世界。今有《冈仓天心全集》(全九卷)传世。详见 William Sturgis Bigelow and John E. Lodge,“Okakura-Kakuzo(1862—1913)”, *Proceedings of the American Academy of Arts and Sciences*, Vol. 64, No. 12(Oct., 1930), pp. 534-538。

② 狄百瑞在与田浩争论“Neo-Confucianism”概念的合理性时,曾经提到冈仓天心在1904年出版的 *The Awakening of Japan* 中已经使用了“Neo-Confucianism”一词,但没有具体论述。后来田浩、吾妻重二都重申了狄百瑞的这一发现,但也没有具体论述。参见 Wm Theodore de Bary,“The Uses of Neo-Confucianism: A Response to Professor Tillman”, p. 545;[日]吾妻重二:《美国的宋代思想研究——最近的情况》,[美]田浩编:《宋代思想史论》,第12页。由笔者这里的考察可知,冈仓天心早在1903年出版的 *The Ideals of the East* 中就已经使用了“Neo-Confucianism”一词,而且在其多种论著中都有使用和阐发。

③ [日]岡倉天心:《東洋の理想:とくに日本美術について》,[日]夏野広譯、[日]森才子譯,《日本の名著》第39册,東京:中央公論社,1979年,第165页。

(原书中"陈抟"对应的英文为"Chimpaku",是其日语假名"ちんぱく"的对应英文,中译本误译为唐五代道士杜光庭,今据日译本更正①)。他糅合三教体系,撰写了代表宇宙图景的简表。我们现在对宇宙阴阳两大原则有了新解释:阳在阴上,是独一无二的驱动力。对应于印度的萨克蒂观念(今按:代表阴性力量、宇宙之母),新儒家发展了'理'和'气'的理论。'理'是普世的法则,'气'是活动的精神。于是,商羯罗②以降,所有亚洲哲学家都转向宇宙活跃的力量。"③这里的"Neo-Confucian"指宋代新儒家,具体指程朱理学家。冈仓天心讨论了宋代新儒家的思想渊源,特别是陈抟的三教合一论和宇宙论的影响,④然后讨论了新儒家二元论的思想体系及其对整个

① [日]岡倉天心:《東洋の理想》,《岡倉天心集》,《日本現代文學全集》第2册,東京:講談社,1969年,第206页;[日]岡倉天心:《東洋の理想:とくに日本美術について》,[日]夏野広譯、[日]森才子譯,《日本の名著》第39册,東京:中央公論社,1979年,第165—166页。

② 阿迪·商羯罗(788—820),印度教吠檀多派的集大成者、不二论宣示者。他属南布迪里婆罗门种姓。商羯罗对佛学有深刻研究,并且受许多佛教观念影响,却又努力使佛教信奉者和耆那教信奉者改信当时印度的主流宗教,并且去除不少传统宗教的陈旧教义(例如婆罗门至上的思想和对于婆罗嘉摩神的信仰),把婆罗门教改为印度教,以及把佛教神话中的一些人物吸纳至印度教神话当中,导致不少印度教信奉者将释迦牟尼佛视为毘世努神的化身。当时曾经流行佛教诸法皆空、一切无我的思想,商羯罗极力抵制,认为最高的梵是世界的本源,世间万物都是依靠梵而产生的,而梵并不依赖其他事物。他认为梵是一种绝对的、永恒的意识。它不具有任何差别与属性,它既超越主观和客观,也超越时空和因果。商羯罗认为这个世界是梵制造出来的,而解脱就是亲证梵与我的同一,即"梵我如一"。商羯罗也摒斥佛教关于轮回的见解,认为佛教教义当中根本没有真正的轮回主体,佛教不少教派也曾就此一问题发生多次争论,现今不少佛学家已就此一问题作出回应。一些宗教学家认为商羯罗是使佛教在印度陷入劣势的关键性人物。不过,商羯罗的一些观点和做法被认为是学习大乘佛教中观派的(如摩耶论和建僧团修院),耶摩那(YAmuna,918-1038)说陈那是"公开的佛教徒"(prakata Saugata),而商羯罗则是"假面的佛教徒"。商羯罗的梵文著作有300多种,多为对吠檀多派经文的评注和解释。作为吠檀多派哲学中不二论学派最为著名的代表,他的贡献在于奠定了印度教的正统地位,削弱了几个世纪以来耆那教和佛教对印度的影响。

③ 原文见 Kakuzo Okakura, *Ideal of the east: With special reference to the art of japan*, Berkeley: Stone Bridge Press, 2007, p. 103;译文见[日]冈仓天心:《理想之书——尤其是有关日本艺术的理想》,刘仲敬译,四川文艺出版社2017年版,第143—144页。

④ 自宋代以来就一直有周敦颐的《太极图》及邵雍的《先天图》都是源自陈抟一系的说法。如朱震在《汉上易传·汉上易传表》中指出:"陈抟以《先天图》传种放,放传穆修,修传李之才,之才传邵雍;放以《河图》《洛书》传李溉,溉传许坚,坚传范谔昌,谔昌传刘牧;修以《太极图》传周敦颐,颐传程颐、程颢。"(宋)朱震:《朱震集》,王婷、王心田编辑点校,岳麓书社2007年版,第1页。更早程颐、朱熹也指出邵雍之学传自陈抟。程颐指出:"邵尧夫数法出于李挺之,至尧夫推数方及理。"(宋)程颐、(宋)程颢:《二程集》全二册,王孝鱼点校,第197页。程颐认为,邵雍的数学方法虽出于李挺之,但超越了术数技巧,直通到儒家理论核心的心性义理层面了。理学集大成者朱熹在《周易本义》的开头引述邵雍的先天诸图后指出,"伏羲四图,其说皆出于邵氏。盖邵氏得之李之才挺之,挺之得之穆修伯长,

亚洲哲学的影响。冈仓天心接着指出,“道家思想的另一种倾向是从人类遁入自然。这是我们谋求从对立面表达的结果。对自然的固有之爱为足利艺术划定了边界,仅限于山水和花鸟。于是,中国新儒家(今按:原文为“Neo-Confucianism”,日译本作“新儒教”①)包括提供一切正当性的儒学以及个人主义的新精神。新儒家复兴周政,加深了现代重要性,从而登峰造极”②。冈仓天心阐明了道家的自然主义倾向及其对日本艺术的影响,指出中国的新儒学包括对天地起源的探索和人类地位的彰显,并且致力于周政的复兴,具有深刻的理论和现实意义。例如,宋代新儒学的创始人之一张载提出了复性说和恢复周礼(井田制)的思想。③

在《觉醒之书》(1904年)中,冈仓天心认为,17世纪以来活跃的古学派、阳明学派和历史学派的结合为19世纪的新日本提供了思想力量。在这种解释中,明治维新是亚洲思想在历史上集中用力的现实结果。在谈到日本的佛教和儒家思想时,冈仓天心指出:“同佛教一样,儒教也是在其后期发展中通过道教和佛教观念而变得超世俗并对政治漠然的。在中国,从唐代后期开始,儒家学说就趋向于向宗教转变而非像先前那样是纯粹的伦理学。在日本,这种倾向更为显著,因为在我们的封建时期,所有的学习科目都限制在佛学的范围内,所以德川学院早期的老师们绝大多数都是为了传授俗世学问而被说服回归俗世生活的僧侣。……他们都是宋朝新儒学(今

伯长得之华山希夷先生陈抟图南者。所谓先天之学也”(宋)朱熹著,(宋)朱鉴编:《原本周易本义朱文公易说》,上海古籍出版社1989年版,第7页。目前学术界对于邵雍思想的道教渊源一般没有异议。但对于周敦颐的思想渊源,尤其《太极图》是否传自陈抟一系存在争议。但无论如何,周敦颐受陈抟思想的影响是无可置疑的。周敦颐在题为《读英真君丹诀》的一首诗里写道:“始观丹诀信希夷,盖得阴阳造化几。子自母生能致主,精神合处更知微。”希夷就是陈抟的号,所谓“阴阳造化几”无疑说的就是宇宙开创学说。参见(宋)周敦颐:《元公周先生濂溪集》,岳麓书社2006年版,第108页。周敦颐的《太极图》(《太极图说》)及邵雍的《先天图》是奠定宋代道学(新儒学)宇宙论、本体论的理论基石。因此正如冈仓天心所言,陈抟一系的学说无疑对宋代新儒学的形成产生了重大影响。

① [日]岡倉天心:《東洋の理想:とくに日本美術について》,[日]夏野広譯、[日]森才子譯,《日本の名著》第39册,東京:中央公論社,1979年,第166页。

② 原文见 Kakuzo Okakura, *Ideal of the East: With Special Reference to the Art of Japan*, p. 103;译文见[日]冈仓天心:《理想之书——尤其是有关日本艺术的理想》,刘仲敬译,第144页。

③ 张载将源自宇宙本源——太虚的天地之性作为人的本性,体现人的先天类本质,而太虚气化之后则形成气质之性,体现个体的后天差异。张载强调要克服气质的习染对本性的障蔽,即通过变化气质使气质之性复归于天地之性。张载的这一思想后来经过程朱的发挥,形成理学“存天理,灭人欲”的本体工夫论。其关键在于去除过分的欲望对天理的障蔽。参见(宋)张载:《正蒙·诚明篇第六》,《张载集》,中华书局1978年版,第23页。此外,张载认为《周礼》一定能够行于后世,并想要恢复周代的封建制与井田制。参见(宋)张载:《经学理窟·周礼》,《张载集》,中华书局1978年版,第248—255页。

按：原文为"Neo-Confucianism"，下同。日译本作"新儒教学派"①）朱熹流派的追随者，而他们传授的知识也与其服饰相符。……新儒学在文学和艺术上富有非凡创造力，旨在综合道教、佛教和儒家思想，而这努力的杰出成就则反映出了所有亚洲人的意识形态。因为他们精神上与中国或印度的联系，其各个流派对古典儒学的解读有所不同。"②冈仓天心指出，宋代新儒学（以朱子学为代表）在佛道思想的刺激和影响下，为先秦儒家所倡导的道德伦理学说建构了形而上学的宗教体系，实现了儒家思想的转化；后来，新儒学传入日本。朱子学成为德川幕府时期的正统思想和共同思潮。③ 同时，由于对儒家经典的不同解读，新儒学内部又衍生出了多个学派。正如冈仓天心所指出的，与中国儒学相比，日本儒家思想深受佛教的影响，并与日本本土的神道信仰相结合，因此更具有宗教性。因此，儒学和新儒学在日本通常被称为儒教和新儒教。在冈仓天心英文著作的日文译本中，"Neo-Confucian(ism)"被翻译为"新儒教(学派)"。因此，我们不能简单地认为日本朱子学是中国朱子学的移植和复制。冈仓天心指出："朱熹对中国圣人学说理解更为深刻广泛，因而被认为是新儒学的核心人物。他对儒学的注解被明代永乐大帝朱棣下令成为官方教科书，德川家康也认为他的学说很正统。新儒学的普遍趋势是朱熹倾向于把它抽象化深奥化，因此它的崇拜者们与佛教徒有些许不同，他们把自我集中作为思想活动的一个重要部分。明朝的那些天性呆板的学者们武断地提出要在朱熹新儒学教义抽象的道德规定和专业术语上浪费精力——日本学者追随了他们的脚步。因而儒学推动了它的核心——实用伦理。'愚蠢得像个学究'是德川幕府时代常听到的一句俏皮话。"④冈仓天心指出，作为新儒学的核心人物，朱熹的学说成为明朝的官方统治思想和日本德川幕府倡导的正统思想；新儒学在朱子这里

---

① ［日］岡倉天心：《日本の目覚め》，［日］夏野広譯，《日本の名著》第 39 册，東京：中央公論社，1979 年，第 217 页。

② 原文见 Kakuzo Okakura, *The Awakening of Japan*, New York: The Century Co, 1904, pp. 65-74；译文见［日］冈仓天心：《觉醒之书》，黄英译，四川文艺出版社 2017 年版，第 52—53 页。

③ 需要指出的是，由于江户时代的日本属于阶级固化的武士国家，缺乏像中国科举制度那样带来的阶级流动及儒者地位的提升，而且由于日本在传入朱子学的同时几乎一并传入了阳明学及气学派等学派思想，再加上日本佛教的崇高地位，所以朱子学在江户时代的日本虽然受到官方的提倡，但还没有达到像在中国及朝鲜那样占据国家意识形态和统治思想的绝对地位，主要是民间的学校采用朱熹的著作作为初中等教育的教材。参见吴震：《东亚朱子学：中国哲学的丰富性展示》，《哲学动态》2019 年第 1 期。吴震：《东亚朱子学研究的回顾与反思》，《杭州师范大学学报（社会科学版）》2019 年第 1 期。

④ ［日］冈仓天心：《觉醒之书》，黄英译，四川文艺出版社 2017 年版，第 53—54 页。

趋于抽象和深刻，即朱子建构的形而上学的天理本体论体系；同时，新儒学将自我集中视为思想活动的一个重要方面，即朱子学主敬(主一无适)的工夫论思想；但朱子学末流从格物穷理的工夫出发走向烦琐的章句训诂之学，从而背离了儒学作为道德实践之学的核心精神和成圣成贤的学问目的，这些教条主义的道学家也成了被人嘲笑的书呆子。冈仓天心又指出：“佛教和新儒学(实际上本质是佛教)赋予了这个民族善于深思的特质，使得它可以在危急中保持冷静。就算没能开创一个时代，至少教会了人们要坚定。如果没有这一点，明治维新时的激烈动乱，以及疯狂吸收西方思想的举动肯定早就把日本从她的古老港湾冲入到一片陌生的汹涌大海中去了。”①冈仓天心指出，佛教和新儒学(阳儒阴释)赋予日本人善于深思的精神特质，这种民族精神使日本能够在近代剧烈的政治动荡和东西方文明的激烈碰撞中保持冷静，最终走上自力更生、自强不息的复兴道路。这种精神理念是冈仓天心倡导的“亚洲一体说”的核心思想，也是亚洲与西方并驾齐驱的精神动力。正如冈仓天心所指出的，从动态的形而下的现象界(气、器)深处思考静态的形而上的深层根据(理、道)，不仅是新儒家的精神实质，也成了近世以来包括中国和日本在内的东亚民族的精神特质。② 在宋代新儒学中，“无极而太极”的本体论和“主静立人极”的工夫论发端于周敦颐，并由朱子阐发，奠定了这种精神的理论基础。

在《茶之书》(1906)中，冈仓天心不仅勾勒出了东方茶的历史轮廓，还借助于对茶道精神的探索，阐述了茶人的审美追求，揭示了道教和禅宗所体现的东方文化的深层精髓。冈仓天心在比较唐宋时期的茶观念时指出：“宋朝人对茶的理念与唐朝人不同，不仅如此，两个朝代的人的生命观也大相径庭。唐朝人视为象征的东西，宋朝人却寻求将其变为现实。在宋代新儒家(今按：原文为“Neo-Confucian”，中译本翻译为“理学”，今改正)看来，天理并非由世间万物反映出来，而是世间万物本身就是天理。”③同年，冈仓天心发表的一篇题为《茶的哲学》(“The Philosophy of Tea”)的文章中也包括上述内容。④ 冈仓天心立足于东方和日本，赋予世俗世界的饮茶以形而上的精神意义，并认为形而下的现象界与形而上的价值观是统一的，从而阐

① [日]冈仓天心：《觉醒之书》，黄英译，四川文艺出版社 2017 年版，第 54 页。

② 参见[日]楠本正继：《宋明時代儒学思想の研究》(修订版)，(東京)広池学園出版部 1964 年版，第 237—238 页。

③ 原文见 Kakuzo Okakura, *The Book of Tea*, New York: Fox, Duffield, 1906, p. 16；译文见[日]冈仓天心：《茶之书》，高伟译，四川文艺出版社 2017 年版，第 44 页。

④ 参见 Kakuro Okakura, "The Philosophy of Tea", *Temple Bar*, Vol. 2(Jul., 1906), pp. 408-417。

明了宋代新儒学将宇宙规律(理)与现象世界(气)视为一体的思想对人生观和茶艺的影响。如果说上面例子中的“新儒学”指主张理气、道器二元论的程朱理学及其传播到日本后形成的江户朱子学派,那么这里所说的宋代“新儒学”似乎是指宋代主张理气、道器合一的张载气本论一派,①而不是朱熹的理本论一派。② 然而,作为理学奠基人之一的张载的思想后来成为程朱理学的重要组成部分,③加上程朱理学也主张“体用一源,显微无间”,并最终从二元论走向一元论。④ 因此,冈仓天心这里所谓的“宋代新儒学”仍然指的是程朱理学(朱子学)。

此外,冈仓天心从1904年开始受雇于世界著名的美国波士顿美术馆(MFA),并担任其东方部(中日部)部长。在任职期间,他为波士顿美术馆购买了大量东方艺术品,并不遗余力地通过撰写英文报告或演讲向西方世界推广东方文化和艺术。⑤ 例如,1906年2月在波士顿美术馆的《美术博物馆公告》(*Museum of Fine Arts Bulletin*)第4卷第18号上刊登的《中日部门最近的收购》(“Recent Acquisitions of the Chinese and Japanese Department”)中介绍了当时新收购的三幅中日绘画。在评论一幅10世纪的日本画时,冈仓天心指出:“在这些作品中,我们看到了一个与藤原艺术

---

① 张载以太虚为气之本体,一方面将太虚(相当于程朱的天理)与气视作体用的关系,一方面又从其“太虚即气”“虚空即气”的宇宙论出发,规定了“太虚⇌气⇌万物”的气化顺序,认为太虚与气就如同冰与水一样相互转化,气聚而为有形之万物,气散又复归于无形之太虚,无形之太虚与有形之气只是气化流行过程中的不同状态,并非是从虚无中生出气来。基于这种气化的宇宙论,张载批判了道家“虚能生气”“有生于无”的虚无宇宙论思想。因此张载的太虚说是一种虚气(理气)合一的宇宙本体论。参见(宋)张载:《张载集》,章锡琛点校,中华书局1978年版,第7—9页。

② 南宋理学集大成者朱熹从其理一分殊说出发,主张总天地万物之理为一太极,而事事物物中又各自具有一太极(禀性),以理为天地万物的根源和本体,在逻辑上先于气存在,主张“理先气后”“理本气末”的理本论,但同时又强调理气“不离不杂”。即理气虽然本质上是二物(“不杂”),但在事事物物中总是结合在一起的(“不离”)。朱熹据此理气、体用不杂不离的思想批判了老子截然分“有无(理气)为二”的思想。参见(宋)朱熹:《晦庵先生朱文公文集》二,朱杰人、严佐之、刘永翔主编:《朱子全书》第二十一册,上海古籍出版社、安徽教育出版社2010年版,第1571页。

③ 如张岱年指出,张载的思想体系(气本论)与二程(理本论)不同,主张理气二元论的朱熹因为吸收了张载的气论思想,因此将张载视为一位只讲“气”(物质世界)而未讲到“理”(绝对观念)的有缺点的唯心论者了。参见张岱年:《关于张横渠的唯物论思想——对〈张横渠是一个唯心主义者〉一文的答复》,《张岱年全集》第5卷,河北人民出版社1996年版,第61—62页。

④ [日]楠本正继:《全体大用の思想》,《日本中国学会報》第4卷,1952年,第76—96页。

⑤ 蔡春华:《前言——一个东方文化的“辩护者”》,[日]冈仓天心:《中国的美术及其他》,中华书局2009年版,第1—15页。

截然不同的全新艺术阶段。他们属于东方艺术第三运动。在宋朝(960—1279),佛教被吸收到中国人的意识中,并与儒道结合产生了一种新的生活和艺术观念。现在,新儒学(今按:原文为“Neo-Confucianism”)和禅学时代开始了。人们试图在自然中实现自己的理想。他努力摆脱多余的附属品,以便直接与事物的本质交流。因此,他喜欢风景而不是佛教圣人的形象。他喜欢水墨画的纯净和暗示,而不喜欢唐代色彩丰富的作品。”①冈仓天心指出,宋明新儒学受佛道思想的影响,将维系中国社会共同生活的伦理纲常建立在自然(天道)信仰上以维护其纯粹性与绝对性,并探讨了构成时代精神核心的新儒学对宋代艺术的影响。正如冈仓天心所指出的,唐宋绘画风格从丰富多彩到纯净凝练,从人物题材到山水画的变化,集中体现了重视气之丰富性(外观的)的唐代精神和重视理之纯粹性(内观的)的宋代精神之间的差异(参见本书下篇第十四章)。②

第三节 近代西方学术界及东亚学者对“Neo-Confucian(ism)”概念的使用

“Neo-Confucianism”概念在20世纪初期已经进入西方本土的英语报纸乃至专业学术期刊。报纸上的用例如1908年8月22日在伦敦发行的《旁观者》(*The Spectator*)上刊载了一篇题为“FROM PEKING TO MANDALAY (Book Review)”(《从北京到曼德勒(书评)》)的文章,指出:“我们很难同意约翰斯顿先生在宗教问题上所说的话。他认为基督教教义可能永远不会‘在中国土地上得到普遍接受’,这一观点与大量证据相左。诚然,祖先崇拜是一项伟大的原则,它经受住了宗教怀疑的冲击,在基督徒眼中,这是‘偶像崇拜’。但是,中国人没有理由不按照他们业已证实的精神习惯,对祖先崇拜采取一种形而上的解读,这种解读将得到宣扬‘圣餐’的教会的衷心认可。然而,约翰斯顿先生的观点值得说明。而是中国最终更有可能满足于新儒学(neo-Confucianism)。”③这里指出中国的祖先崇拜与基督教的上帝崇拜不同,而宋明新儒学对祖先崇拜采取一种形而上的解读。这是指理学家以理气论来解释祖先崇拜,而不是采取有神论的解释,但该文认为中国的祖先崇拜并不构成基督教传播的障碍,反而会得到尊重中国习俗的基

① Kakuzo Okakura(冈仓天心),“Recent Acquisitions of the Chinese and Japanese Department”, *Museum of Fine Arts Bulletin*, Vol. 4, No. 18(Feb., 1906), pp. 3-6.

② 参见[日]岡田武彥:《宋明哲学の本質》(上),《岡田武彥全集》第17册,第9—43页。

③ Anonymous,“From Peking to Mandalay(Book Review)”, *The Spectator*, 1908-8-22, p. 267.

督教徒的认可,尽管中国人最终可能满足于新儒学而非基督教。这一观点无疑与“利玛窦规矩”中强调的允许中国教徒在信奉上帝的同时保留传统祖先崇拜的适应性策略一脉相承。

专业学术期刊上的用例如牛津大学出版社于1909年7月出版的《一元论者》(*The Monist*)上刊登的对Deussen Paul著《哲学通史》(*Allgemeine Geschichte der Philosophie*)第1卷第3部分的一篇评介中指出:“第一卷的整个部分完全致力于印度的历史,而这部分处理印度人的后吠陀哲学。它还包括一个附录中国和日本的哲学。在这个附录中,作者讨论了中国的一般情况,分别用一章的篇幅介绍了孔子和老子,接着介绍了中国哲学和三大宗教的发展历史。他很快地介绍了古代日本的神道教、佛教,以及新儒学(今按:原文为“Neo-Confucianism”,按日语翻译则为“新儒教”)。”①这里的“Neo-Confucianism”是指从中国传入日本后形成的新儒学(东亚朱子学)。可以看出,这里的“Neo-Confucianism”概念就像上述冈仓天心的用例一样,早已不局限于中国的宋明新儒学思想,而是延伸到日本江户时代吸收中国思想形成的新儒学思想。与前面的例子相比,这个例子似乎没有太多的内容,但它是英文哲学杂志上发现的“Neo-Confucianism”的早期使用案例。同时,该杂志对冯友兰在美国的早期学习产生过影响(详见下章)。②

目前已知最早使用“Neo-Confucian(ism)”的学位论文是由日本学者帆

① 参见Review,“Reviewed Work:Anti-Pragmatisme,Examen des droits respectifs de l'aristocratie intellectuelle et de la démocratie sociale by Albert Schinz,Bryn Mawr”,*The Monist*,Vol. 19,No. 3(Jul.,1909),pp. 474-476。

② 根据《年谱》的记载,冯友兰在1919年底抵达美国留学后,即开始在图书馆系统阅读哲学史等专业论著,不久在1920年1月15日的日记中记载他在图书馆看到《一元论者》(*The Monist*)杂志上发表的题为“The Logic of the Science”(《科学的逻辑》)的论文,并想要将其翻译出来。参见蔡仲德:《冯友兰先生年谱初编》,《三松堂全集》附录,第34页。其后冯友兰在1920年冬天写成题为“Why China Has No Science:An Interpretation of the History and Consequences of Chinese Philosophy”(《为什么中国没有科学——对中国哲学的历史及其后果的一种解释》)的论文,并于1922年4月将其发表在《国际伦理学杂志》(*International Journal of Ethics*)第32卷第3号上。冯友兰在该文中共六次使用了“Neo-Confucianism”一词,用来指称包括程朱理学与陆王心学在内的宋明“新儒家”(道学)。原文见Yu-lan Fung,“Why China Has No Science:An Interpretation of the History and Consequences of Chinese Philosophy”,*International Journal of Ethics*,Vol. 32,No. 3(Apr.,1922),pp. 257,258;译文见冯友兰:《为什么中国没有科学——对中国哲学的历史及其后果的一种解释》,涂又光译,《三松堂全集》第11卷,河南人民出版社2001年版,第49—50页。相关论述详见下章。

足理一郎(Riichiro Hoashi)①1912年向南加州大学(University of Southern California)提交的硕士学位论文“Japanese education in the Tokugawa era”(《德川时代的日本教育》)。该文中十余次使用了“Neo-Confucian(ism/ist)”概念,主要包括两种用法和意义。

其一是用来指称中国的程朱理学(朱子学)。这是直接继承西方传教士的一般用法。如帆足理一郎指出:“学问的复兴——在封建君主制中,尽管有这些优点和缺点,但在德川政府的庇护下,学术繁荣到了前所未有的程度。古代印度人和中国人的一切思想,都移植到日本这片肥沃的土地上,精心培育起来。所有有价值的思想都有一种倾向,即在其发祥地激起一种宗教敬畏,并最终凝结成一种非进步性的教条,就像印度的佛教和中国的儒家一样,这并非一个心理学事实。由于这样或那样的原因,日本思想家对外来思想的态度比较自由和批判。所有已经提到的印度佛教教义,所有的中国学问,儒学、道教、新儒学、阳明学以及日本经典,都是以人文主义的方式研究和讨论的;尤其是通过日本人不拘一格的思想。”②这里帆足理一郎将儒学(Confucianism)、道教(Taoism)、新儒学(Neo-Confucianism)和阳明学(Yangminism)相提并论,可知其所谓新儒学是指与阳明学相对的朱子学(程朱理学)。这里也揭示了日本人善于吸收各种外来思想而不固守门户的特点。

又如帆足理一郎指出:“不同哲学流派的兴起。德川政府资助新儒家学派,将其视为国家的正统学问。如果这一点走到极端,日本的思想世界就会被定型,国家的进步可能会停滞不前。被单一思想支配的心灵像气球一样自高自大,很快就会在天空中飘荡,无法应对风浪。我们已经在水户的光国看到了另一所学校的迹象。新儒学遇到的最激烈的对手是王阳明学派。阳明是16世纪的中国学者,他反对当时的新儒学,后者过分强调知识的重要性,而在对灵魂本质和宇宙原理的学术思辨中迷失了方向。阳明很快就被他的同胞们遗忘了,但他在日本找到了忠实的追随者,他们在许多方面都超过了他们的老师。新儒学认为可见的宇宙是灵魂的表现,因此要想了解

① 日本哲学家。1881年生于福冈县。东京法学院毕业。20岁时赴美,先在南加利福尼亚大学、后在芝加哥大学宗教哲学系求学。1917年毕业,获哲学博士学位。第二年在早稻田大学讲学,后来升任教授。直到1942年退休,讲授哲学、伦理学等达20多年。他广泛地介绍了杜威以及其他的英美哲学思想,还写了许多启蒙性的文章。主要著作有:《托尔斯泰与甘地的宗教思想》《宗教哲学》《伦理学原论》《哲学概论》《西洋哲学史》《宗教与人生》《人的苦恼与人生价值》《走向纯洁的爱的世界》等。

② Riichiro Hoashi, *Japanese Education in the Tokugawa Era*, A. M, University of Southern California, 1912, pp. 30, 31.

灵魂，你必须首先了解大自然的运作；你必须了解外界的一切事物，才能了解你自己。”①这里所谓“新儒家学派”（Neo-Confucian school）及“新儒学”（Neo-Confucianism）也是指与阳明学相对的官方朱子学。这里也指出日本江户时代（1603—1868，相当于中国的明末到清代后期）在以朱子学作为正统思想的同时，也没有排斥阳明学，从而使得日本思想界能够避免陷入僵化，尤其阳明学当时在中国趋于衰亡，但在江户时代的日本却发扬光大，甚至成为日本走向近代化的思想动力之一。这里也指出朱子学强调“性即理”，所以说天理只是性（灵魂）的表现；而求理必须通过格外物、由外返内的过程，所以说必须了解外在的一切事物，才能了解自己。

其二是用来指称日本的新儒家（学）。如帆足理一郎指出：“山崎闇斋（1615—1682）是一位新儒家（a Neo-Confucianist），他摆脱了正统的束缚，拥有数千名追随者，有时他表现出了高于封建权威的学术尊严。”②这里称日本江户时期信奉朱子学并综合朱子学与神道思想的学者山崎闇斋为新儒家。可知这里使用的“Neo-Confucian”一词是指吸收中国新儒学后形成的日本新儒家。相似的例子又如帆足理一郎指出：“中村惕斋（1629—1702），京都商人之子，新儒家学者（a Neo-Confucian scholar），涉猎甚广，包括天文、地理、音乐等。他非常关注女性的教育，并为此写了一本名为《比卖鉴》的书。”③这里将日本江户时期的另一位朱子学者中村惕斋称为新儒家学者。

《德川时代的日本教育》中除此之外的其他“Neo-Confucian（ism/ist）”用例也都与上述两种情况一样，一种情况是用来指称与阳明学相对的中国新儒家（程朱理学、朱子学），另一种情况是用来指称日本新儒家（朱子学者）。当然这两种情况下的新儒家（学）也可以笼统称为朱子学，只是其范围不再局限于中国，而是扩展到整个东亚。

20世纪初期，随着清华留美预备学校的成立，大批中国人进入美国大学学习。在此之前，19世纪后期在“中体西用”思想指导下的洋务运动中派出的留美幼童（如詹天佑）学习的都是器用物质层面的实用工程技术。但随着19世纪末中日甲午海战的失败，宣告了中体西用说的破产。进入20世纪，许多在美国学习的中国留学生专注于人文和社会科学，力图从思想精

---

① Riichiro Hoashi, *Japanese Education in the Tokugawa Era*, A. M, University of Southern California, 1912, pp. 33, 34.

② Riichiro Hoashi, *Japanese Education in the Tokugawa Era*, A. M, University of Southern California, 1912, p. 35.

③ Riichiro Hoashi, *Japanese Education in the Tokugawa Era*, A. M, University of Southern California, 1912, p. 39.

神和政治体制层面学习西方和改造中国。其中就包括毕业于哥伦比亚大学哲学系,后来成为中国哲学史研究的开创者及五四新文化运动领袖的胡适。前述吾妻重二曾提到胡适在1917年完成并提交给哥伦比亚大学的博士论文“The development of the logical method in ancient China”(《先秦名学史》)中使用了“Neo-Confucianism”概念,但没有具体讨论。① 经过全文查考,胡适在他的英文博士论文中共两次使用了“Neo-Confucianism”概念,并且都出现在“导论:逻辑与哲学”的部分中。胡适首先指出,哲学的发展取决于逻辑方法的发展。近代欧洲哲学以笛卡尔的方法论(理性主义)和培根的新工具(经验主义)提供的逻辑方法为起点,近代中国哲学则以《四书》中《大学》所提供的“格物致知”的逻辑方法(直觉主义)为起点。胡适进而指出,宋学的代表人物朱熹与明学的代表人物王守仁对“格物”有不同的理解;朱子在《大学》“格物补传”中所阐述的“以积蓄学问开始引导至豁然贯通的最后阶段的方法,在明代(1368—1644)王阳明(1472—1529)加以反对之前,一直是新儒学(Neo-Confucianism)的逻辑方法”②。胡适接着指出,朱熹继承了程颐的解释,以“格物”为“穷理”,主张事物必须合理,格物即是在特殊事物中寻找普遍原理;王守仁则解释“格”为“正”,认为格物并不是研究事物,而是“去心之不正,以全其本体之正”,即恢复本心之良知。胡适总结道:“总之,中国近代哲学的全部历史,从十一世纪到现在,都集中在这作者不明的一千七百五十字的小书的解释上。确实可以这样说,宋学与明学(今按:原文为“the Sung school and the Ming school of Neo-Confucianism”,即“宋明新儒学”)之间的全部争论,就是关于‘格物’两字应作‘穷究事物’或‘正心致良知’的解释问题的争论”③。胡适最后指出,虽然朱子和王守仁对“格”字有不同的解释,但他们都把“物”理解为“事”,这就决定了中国近代哲学的整体性质和范围都局限于人的主观事务和关系领域;这也导致他们对客观自然的研究没有提出科学方法,而是局限于伦理学和政治哲学领域。胡适认为,这就是中国没有产生近代科学的思想根源。④

---

① [日]吾妻重二:《美国的宋代思想研究——最近的情况》,[美]田浩编:《宋代思想史论》,第11页。

② 原文见 Shih HU, *The Development of the Logical Method in Ancient China*, Shanghai: The Oriental Book Company, 1922, p. 2;译文见胡适:《先秦名学史》,欧阳哲生编:《胡适文集》第6册,北京大学出版社1998年版,第7页。

③ 原文见 Shih HU, *The Development of the Logical Method in Ancient China*, p. 4;译文见胡适:《先秦名学史》,《胡适文集》第6册,北京大学出版社1998年版,第7页。

④ 原文见 Shih HU, *The Development of the Logical Method in Ancient China*, pp. 4, 5;译文见胡适:《先秦名学史》,《胡适文集》第6册,北京大学出版社1998年版,第8页。

由上述可知,胡适所使用的“Neo-Confucianism”概念是指宋明理学(道学),包括程朱理学和陆王心学。由于胡适的著作是对先秦哲学逻辑方法的专门研究,所以他仅在导论中提到了作为中国近代逻辑方法之源头的宋明新儒学,并在借鉴西方科学方法的基础上,对宋明新儒家倡导的直觉主义认识(修养)方法论进行了批判。除上述两处外,胡适在其博士论文中再未提及“Neo-Confucianism”概念,而是致力于研究先秦诸子的逻辑方法(认识论),认为这是哲学史上的中心问题。① 事实上,胡适把他的英文博士论文的题目译作《中国古代哲学方法之进化史》,后改作“The Development of Logical Method in Ancient China”(《中国古代逻辑方法的发展》)。这也反映了胡适自身的思想倾向和治学方法。需要指出的是,胡适的英文博士论文于1922年在上海出版,其中文译本则是1983年由中国逻辑史学会翻译出版的,并非出自胡适本人。胡适在1919年出版的成名作《中国哲学史大纲》上卷(后更名为《中国古代哲学史》)主要是用他的博士论文的观点和材料撰写的(但没有提到“新儒学”概念)。这一过程类似于冯友兰回国后不久出版其英文博士论文《天人损益论》,随后又将其扩充修订成中文著作《人生哲学》(1924年完成,1926年出版)。然而,根据我们对胡适十二卷文集的综合检索,胡适在其中文论著中没有使用过宋明“新儒家”或“新儒学”概念。② 因此,尽管胡适是已知最早使用英语“Neo-Confucianism”概念的

① 事实上,正如胡适自己所承认的,他以逻辑方法及认识论作为中国哲学核心问题的做法并没有引起后来学界的太多注意,因为一般都认为中国哲学的核心问题是心性论及修养论(工夫论)而非西方心物、主客二分意义下的存在论及认识论,其所追求的目的是求善(天人合一的道德境界)而非求真(认识客观真理)。胡适的方法可说是以西方哲学的体系范畴来建构和评判中国哲学的典型。以认识论为核心问题在先秦诸子哲学中还能找到很多材料,但在儒学一统的汉代以后,中国哲学的主流无疑是以伦理道德的实践(心性修养工夫)为主题展开的,宋明道学即是其发展的高峰,而这正是胡适所批判的。参见《胡适文集》第6册,北京大学出版社1998年版,第159页。

② 《胡适文集》(十二卷本)中也有“新儒家”“新儒学”“新儒教”的说法,但都不是原文,而是其他人对胡适的英文论著及英语演讲中的“Neo-Confucian”或“Neo-Confucianism”的翻译,而且最早的译作出版也是在20世纪30年代以后了。参见胡适:《我的信仰》,欧阳哲生编:《胡适文集》第1册,北京大学出版社1998年版,第7、8、11页。胡适:《胡适时论集》,欧阳哲生编:《胡适文集》第11册,北京大学出版社1998年版,第171页。胡适:《胡适演讲集》,欧阳哲生编:《胡适文集》第12册,北京大学出版社1998年版,第100页。在20世纪20年代冯友兰等人早已经使用并详细论述了中文“新儒家(学)”概念(详见下章)。胡适的著作中还使用了“新儒”(指春秋末期由孔子开创的区别于以宗教祭祀为职责的殷商原始儒者的新儒)和“新儒教”(指汉代董仲舒创立的宗教神学儒教体系,或孔子创立的人文主义新儒教)概念,也都不是指宋明“新儒家(学)”。参见胡适:《胡适文存四集》,欧阳哲生编:《胡适文集》第5册,北京大学出版社1998年版,第47、48页。胡适:《胡适集外学术文集》,欧阳哲生编:《胡适文集》第10册,北京大学出版社1998年版,第374页。此外,

中国学者,但他并不是最早将其翻译成中文“新儒学”概念并加以使用的人。最近有研究者认为,晚清文化保守派、现代新儒家先驱辜鸿铭 1924 年在日本讲学期间发表的英语演讲《中国文明的历史发展》中的“新儒学”一词,是中文“新儒学”最早的使用案例,①但这一论断是基于 1996 年出版的中文译本,中文译本又是基于辜鸿铭的文集,即日本萨摩雄次于 1941 年编纂的《辜鸿铭论集》(译自英文演讲原稿)。因此,这个例子实际上是英文“Neo-Confucianism”用例,并非中文“新儒学”用例,而且比胡适和冯友兰的使用要晚。总之,中文“新儒学”概念最早是由胡适在北京大学教过的学生、毕业于哥伦比亚大学哲学系的冯友兰回国后开始使用的(详见下章)。

附带提一下,1923 年毕业于爱荷华大学的中国留学生刘强(Liu Chiang,1893—?)撰写的“Isolation and Contact as Factors in the Cultural Evolution of China, Korea, and Japan Prior to 1842”(《1842 年以前中国、朝鲜和日本文化演变中的隔离与联系因素》)②是胡适之后中国留学生中较早使用“Neo-Confucianism”概念的英语博士论文之一(与下章论述的冯友兰的英语博士论文同年完成)。该文中两次使用“Neo-Confucianism”概念。第一处说:“在本章的第一个主要部分讨论了这些宗教之间相互借鉴的思想。……儒家开始借用佛教的形而上学哲学,这一过程导致了新儒学(neo-Confucianism);道教采取了佛教的外在形式;虽然佛教本身是完全改变了道

在 20 世纪 50 年代由胡适英文口述、70 年代由唐德刚译注的《胡适口述自传》中,针对世人认为他反孔非儒的印象,胡适自述他虽然从近代科学立场出发对儒教进行了严厉批判,但对于先秦的孔孟儒家以及宋代“新儒学”(Neo-Confucianism)的开山宗师朱熹都是十分崇敬的。这里可以看出胡适虽然对儒家学说多有批评并曾在五四时期提倡“打倒孔家店”,但并不是要彻底摧毁和全盘否定儒家文化。参见胡适:《胡适口述自传》,欧阳哲生编:《胡适文集》第 1 册,北京大学出版社 1998 年版,第 418 页。对于他与当时学者围绕着孔老年代先后的争论,胡适指出冯友兰等人之所以推崇孔子并主“孔先老后”说是因为冯氏将儒学当作自己乃至中国人的宗教信仰(所以必然抬高孔子的地位并将其置于老子之前),而他本人所持的“老先孔后”说是基于疑古派立场的科学考察。这也明显反映出胡适与现代新儒家学者的思想立场不同。更何况胡适对他早年的学生兼现代新儒家代表人物的冯友兰的思想倾向及学问路数(释古)基本持否定态度。因此胡适不提由冯友兰首倡的中文“新儒家”“新儒学”概念就可以理解了。参见胡适:《胡适文集》第 6 册,第 161—162 页;翟志成:《被弟子超越之后——胡适的冯友兰情结》,《中国文哲研究集刊》2004 年第 25 期。

① 参见薛鹏志、高令印:《辜鸿铭最早提出“新儒学”“儒学三期”“情欲”等(上)——附论“理学”是“道学”和“心学”的合称》,第 7—11 页;辜鸿铭:《中国文明的历史发展》,《辜鸿铭文集》下卷,第 300—301 页。

② 参见元青:《民国时期留美生的中国历史研究与美国汉学——以博士论文为中心的考察》,《广东社会科学》2015 年第 6 期。

教和其他一些小的崇拜,如战争的崇拜神……不仅在中国,在日本已经说明了阿伊努人的相似之处与日本神道教的宗教。”①第二处说:“如果我们比较孔子和基督的基本教义,我们会发现他们之间惊人的相似。……宋朝历史上儒家思想受到佛教引入的希腊形而上学的影响。儒学通常只有道德和政治哲学,但新儒学(neo-Confucianism)……渗透进本体和演化的领域。”②该文阐述了三教融合是宋明新儒学产生的关键因素,并认为原始儒家(孔子)的思想和基督教教义高度相似,这也与耶稣会士的“合旧儒”立场一致。刘强进而探讨了1842年以前(即近代以前)新儒学在包括中国、日本和韩国在内的东亚儒家文化圈中的发展。

余　论

自从耶稣会士在1687年出版的《中国哲学家孔夫子》中首次使用“Neoterici Intérpretes”(“新诠释者”)一词来指称程朱理学以来,由此派生的西方“Neo-Confucian(ism)”概念在19世纪末20世纪初,一方面出现在来华基督新教传教士在上海创办的英文报刊中,另一方面为西方学术界的东亚学者所使用。日本思想家冈仓天心是这一时期(1903—1906)在西方学术界使用“Neo-Confucian(ism)”概念并深入阐述宋明新儒学思想的第一位东亚学者。其后毕业于南加州大学的日本学者帆足理一郎(1912)也在其硕士论文中多次使用这一概念。毕业于哥伦比亚大学哲学系的胡适(1917)则是第一位使用“Neo-Confucian(ism)”概念的中国学者。

从概念的意义和范围来看,与早期“Neo-Confucian(ism)”概念作为批判程朱理学的消极概念不同,19世纪末出现在西方学术界和中国英文报刊上的“Neo-Confucian(ism)”已经成为一个积极的学术概念,旨在说明宋明新儒学是一种新的宗教思想。它将三教结合起来,阐发并回归先秦儒家传统,并为原始儒家的伦理和政治学说构建了形而上学体系,强调儒学发展的连续性。就范围而言,近代“Neo-Confucian(ism)”概念最初指程朱理学(狭义道学)及其传入朝鲜、日本等国后形成的东亚新儒学(主要指朱子学,如冈仓天心、帆足理一郎的用例),然后又用来指称宋明道学(包括程朱理学和陆王心学,如胡适的用例)。最后,需要强调的是,自近代以来,最初被用

---

① Chiang Liu, *Isolation and Contact as Factors in the Cultural Evolution of China, Korea, and Japan Prior to* 1842, Ph.D, The University of Iowa, 1923, pp. 230, 231.

② Chiang Liu, *Isolation and Contact as Factors in the Cultural Evolution of China, Korea, and Japan Prior to* 1842, Ph.D, The University of Iowa, 1923, pp. 176, 177.

来指称历史上宋明新儒学的“Neo-Confucian(ism)”概念的使用和阐发，与在其基础上构建思想体系、反对欧洲中心主义、以复兴东方文化为己任的文化保守主义思潮的形成密切相关。

第五章 “Neo-Confucian(ism)”概念的翻译、流传与阐发

——以冯友兰的学术生涯为线索

总结目前学术界的研究可知,西方创造的“Neo-Confucian(ism)”概念由来已久,肯定不是有学者误认为的是在美国学者卜德翻译冯友兰的著作时才首次使用的。事实上,冯友兰在美国留学期间使用了西方学术界本有的“Neo-Confucian(ism)”概念,回国后将其翻译成中文。但后来卜德翻译冯友兰的两卷本《中国哲学史》时又使用了西方的“Neo-Confucian(ism)”概念,从而促进了这一概念的传播。以上是从西方的“Neo-Confucian(ism)”概念到中文“新儒家(学)”概念的流传使用过程的大致描述。但问题是这中间经过了怎样的历程及其背后的缘由。尤其对于这一过程中的关键人物冯友兰,学界往往只注意到其最有影响的《中国哲学史》《中国哲学简史》等著作及其翻译,而往往忽视了冯友兰早年留学期间及回国后头几年的学术经历及论著。绪论中提到的刘述先与蔡仲德等人在这方面做了一些工作,但还不够全面细致,遗漏了很多细节,也没有结合时代思潮背景以及冯友兰的学术历程深入挖掘其原因。这也导致目前海内外学术界还没有完全弄清楚冯友兰与“Neo-Confucian(ism)”“新儒家(学)”概念的关系以及这一概念在现当代学术界的流传与阐发过程。①

下面我们就以冯友兰的哲学研究生涯为线索,首先考察冯友兰早年对西方“Neo-Confucian(ism)”概念的使用与阐发,进而探讨冯友兰首创的中文“新儒家(学)”概念的流传及其阐发,在此基础上探讨冯友兰在20世纪30年代以后用传统“道学”概念来取代“新儒学”概念的原因,并阐明“Neo-Confucian(ism)”及“新儒家(学)”概念在当时学术界的流行。

---

① 如绪论中所述,目前海内外学术界对西方“Neo-Confucian(ism)”(宋明新儒家、宋明新儒学)概念的起源主要有两种看法。我们分别称之为“耶教创造说”和“卜德翻译说”。其中,“耶教创造说”揭示了“Neo-Confucianism”概念形成的源头,而“卜德翻译说”则揭示了这一概念普及的关键。两者各得源流之一端。笔者在本章中力图将两者沟通起来。

第一节 冯友兰早年留学期间对“Neo-Confucian(ism)”概念的使用

根据《年谱》的记载,冯友兰在1919年底抵达美国留学,随即开始在图书馆系统阅读哲学史等专业文献,不久他在1920年1月15日的日记中记载在图书馆看到 *The Monist*(《一元论者》)杂志上刊载的一篇题为“The Logic of the Science”(《科学的逻辑》)①的论文,并想要将其翻译出来。② 这表明冯友兰受胡适的影响重视西方科学逻辑方法的学习,并在此基础上研究中西文化差异的问题。③ 这也与1915年至1927年在中国国内兴起的中西文化问题的论战密切相关。当时文化保守主义者大体延续了清末“中体西用”及复归原始儒家(孔教)的路数,认为近代中国落后挨打最直接的原因就是中华文明没有像西方文明那样发展出科学(物质文明)。而1919年五四运动时期以胡适为代表的反传统主义者提出“打倒孔家店”及“民主与科学”的口号,主张在意识形态及政治制度领域清算传统和学习西方。冯友兰虽然在1918年就已经从北大毕业回到河南开封,但1919年与友人一起创办了《心声》杂志以响应北京的五四新文化运动。冯友兰就是在这样的时代背景下到美国求学,试图在中西比较的视野下,从哲学的内在发展脉络中找到中国没有产生科学的文化背景和思想根源。这也是冯友兰自述其哲学研究活动的起点。④

---

① J. C. Bushnell,“The Logic of the Sciences”, *The Monist*, Vol. 29, No. 4(1919), pp. 481-508.

② 参见蔡仲德:《冯友兰先生年谱初编》,《三松堂全集》附录,第34页。

③ 冯友兰于1915年至1918年在北大哲学门学习。其间教授中国哲学的老师先后有多位,但在胡适1917年夏天到北大任教之前,北大的中国哲学教育仍然停留在传统的注疏考据阶段。其后胡适借鉴西方哲学的理论方法和哲学体系研究中国哲学所展现出来的问题意识、思维脉络、处理材料的方法及中西比较的视野,使得冯友兰摆脱了旧学并开始致力于中西思想的比较和会通。参见冯友兰:《三松堂自序》,《三松堂全集》第1卷,河南人民出版社2000年版,第182—186页。因此1919年冯友兰在毕业一年后考取河南的官费留学生,到美国去学习西方哲学的理论方法。出国前,冯友兰曾特意向胡适打听美国大学哲学系的相关情况。胡适回答说哈佛大学和哥伦比亚大学的哲学系都很好,但前者是“旧”的哲学,后者是“新”的哲学。参见蔡仲德:《冯友兰先生年谱初编》,《三松堂全集》附录,第31页。所谓“新”的哲学指当时兴起的新实在论与实用主义哲学,两派的代表人物当时都在哥伦比亚大学任教。胡适本人在哥伦比亚大学就是师从实用主义哲学大师杜威,回国后才成为中国哲学史研究领域开风气的人物,并成为思想界中科学派和西化派的代表。冯友兰于是决定追随胡适的脚步前往哥伦比亚大学学习“新”的哲学,并同胡适一样以杜威为导师。

④ 蔡仲德:《冯友兰先生年谱初编》,《三松堂全集》附录,第31页。

带着这样的问题意识，冯友兰在1920冬天写成题为“Why China Has No Science：An Interpretation of the History and Consequences of Chinese Philosophy”（《为什么中国没有科学——对中国哲学的历史及其后果的一种解释》）的论文。① 随后1921年秋天冯友兰在哥伦比亚大学哲学系的讨论会上宣读了该论文，得到师友们的肯定。该文于1922年4月发表在*International Journal of Ethics*（《国际伦理学杂志》）第32卷第3号上。

值得注意的是，冯友兰在该文中共六次使用“Neo-Confucianism”一词，用来指称包括程朱理学与陆王心学在内的宋明“新儒家”。冯友兰指出：《大学》“寥寥数语，将儒家的生活目的和方法，论列无遗，令人赞叹。新儒家（Neo-Confucianism，下同）的哲学家选出这些章节，在理解时不自觉地羼入了佛老思想。他们不同于原来的儒家，就在于提出了他们所谓的‘天理’，以反对‘人欲’，这些概念实际上是受了佛家的‘法’和‘无明’等观念的启示，在此之前一直无人多加谈论。真正的儒家，如前面所说，是认为人性虽善，其善则不过是个萌芽，或用孟子的话说，是个‘端’，还要大力培养、发展、完成它。可是按新儒家所说，天理早已是、永远是完全的，虽为人欲所蔽，只要清除了这些人欲，真正的心灵就会如钻石一般自放光芒。这很像老子所说的‘损’。不过新儒家还是与佛老根本不同，而且掊击佛老，极其激烈。它认为，为了‘损’去人欲，恢复天理，人并不需要保持一种完全否定生活的状态。他所需要的是按照天理来生活，而且只有在生活中天理才能够充分实现。”②这段文字之前，冯友兰引用了《大学》原文，接着就指出宋代新儒家在诠释《大学》时不自觉地掺入了佛老思想。即朱熹在解释《大学》“明明德”时说：“明德者，人之所得乎天，而虚灵不昧，以具众理而应万事者也。③ 但为气禀所拘，人欲所蔽，则有时而昏；然其本体之明，则有未尝息者。故学者当因其所发而遂明之，以复其初也。”④冯友兰指出，朱熹提出的

① 蔡仲德：《冯友兰先生年谱初编》，《三松堂全集》附录，第45页。

② 原文见Yu-lan Fung，“Why China Has No Science：An Interpretation of the History and Consequences of Chinese Philosophy”，pp. 257，258；译文见冯友兰：《为什么中国没有科学——对中国哲学的历史及其后果的一种解释》，涂又光译，《三松堂全集》第11卷，第49页。

③ 日本学者楠本正继指出，朱熹的这段话体现了唐代华严宗的澄观及其继承者宗密将无住之心或空寂之心说成灵知不昧的知（灵觉的德性）的思想对朱熹工夫论的影响。即朱熹一方面接受这种强调心之知觉妙用作为体道基础的思想，一方面扬弃了佛教的知脱离现实事物的弊端，所以朱熹在说心之明德与虚灵不昧的同时，必定要讲心具众理以应万事的必要，以与废弃人伦事物的佛教相抗衡。参见［日］楠本正继：《宋明時代儒学思想の研究》（修订版），（東京）広池学園出版部1964年版，第226—227页。

④ （宋）朱熹：《四书章句集注》，中华书局2010年版，第3页。

存天理灭人欲(变化气质以复归天理)的主张一方面受到佛教"法"(对应"天理")与"无明"(对应"人欲")观念的影响,一方面又受到老子"为道日损"工夫的影响。即善性在孟子那里只是萌芽(四端),需要后天的培养才能实现(四德),朱熹则将善性(四德)直接提升为天理,认为天理(本性)本来就是完满无缺地具备于心中,只是为人欲所遮蔽,所以要用"损"的工夫灭人欲存天理。可知冯友兰吸收西方的"Neo-Confucianism"概念,认为宋明"新儒家"之所以为"新"(区别于先秦"旧"儒家)在于受佛老的影响构建了本体工夫论(存理灭欲)的思想体系,但其追求的人生目标则与佛老根本不同,所以"新儒家"仍然是"儒家"。或者说宋明新儒家就是一方面吸收佛老本体层面的超越性,一方面又没有放弃儒家人伦日用的现实立场,从而将超越的本体与现实的生活统一了起来。冯友兰接着指出:"于是这些哲学家着手进行前面引文中的'格物',立即碰到一个问题:什么是'物'? 由此产生两个类型的新儒家。一个说,'物'是一切外界的物和事。可是人要一下子格尽一切物,决不可能,也没有人将这种解释付诸实践,就连作这种解释的朱熹本人也没有这样做。另一个说,'物'是指我们心中的现象。这种解释,实行起来比较成功。双方都有许多精妙而服人的辩论,都对于人生的理论和方法作出了一些大贡献。"①正如冯友兰所指出的,宋明新儒家所追求的人生目标就是成就天人合一的圣贤境界,这种境界也就是实现心与理、主体与客体的统一,要达到这种境界,必须从"格物"工夫做起。新儒家的两个主要派别——朱子学与阳明学对于"格物"的解释不同,即朱子学以"物"为外在的客观事物,又将理分为心中之理与在物之理,认为两者是统一的,强调要通过格(至)物而穷其理,通过格物穷理工夫的不断积累来补充内在知觉的不足,工夫长久才能实现内外、本末豁然贯通,即达到对天理的全面把握,这是一个以"外"补"内"的渐修过程,工夫比较烦琐;阳明学则以"物"为内在的主观意识(意念之发动),这样格物就是格心中之物(正意念),格物时应该遵守或应该作为目标的规范就是"理"。这个理自足于本心,本心即天理,格物即致知,行和知是一致的,这是一个以"内"摄"外"的顿悟过程,工夫比较直捷。冯友兰认为朱子学与阳明学两派的工夫论各有长短,殊途而同归,都对中国传统人生理论及修养方法作出了积极贡献。

从该文的内容主旨、思想渊源及文献依据来看,冯友兰认为中国思想原

① 原文见 Yu-lan Fung,"Why China Has No Science:An Interpretation of the History and Consequences of Chinese Philosophy",p. 258;译文见冯友兰:《为什么中国没有科学——对中国哲学的历史及其后果的一种解释》,涂又光译,《三松堂全集》第11卷,第49—50页。

有三大学派——道家、墨家和儒家,其中道家主张自然,墨家主张人为,儒家主张中道,后来墨家失败,人为路线消亡,从此民族思想注重人伦日用,只在人心之内寻求善与幸福,而不是寻求客观真理,这就是中国没有产生科学的思想根源。冯友兰对宋明新儒家修养论及其造成中国没有产生科学的后果的论述与胡适在其《先秦名学史》中对以朱熹、王守仁为代表的宋明新儒家格物方法论的论述大旨相近(参见上章)。但与胡适对传统文化的批判立场不同,冯友兰以"能而未为"的理论来解释中国文化何以未能产生科学,强调中西文化的差异性和互补性,并以"各有所长,各有所短"为理由,替中国文化争取平等地位。这一立场与1920年出版的梁漱溟《东西文化及其哲学》中关于中西文化的不同走向及中国文化价值的论述一脉相承。事实上,《东西文化及其哲学》的"绪论"部分在1920年10月已经刊登于《北京大学日刊》,冯友兰第一时间就在美国看到了。其后1921年《东西文化及其哲学》全书出版不久,冯友兰即在美国发表英文书评,并且已经表现出为中国传统文化争取平等地位的现代新儒家(文化保守主义)的思想立场。① 甚至可以说冯友兰关于东西哲学及文化差异的看法就是梁漱溟的观点在哲学领域的具体运用。② 冯友兰在该文中引用了杜威(John Dewey)、柏格森(H.Bergson)、奥勒留(M arcus Aurelius Antoninus)等西方哲学家的论著(译著),以及翟理思(H.A.Giles)、理雅各(James Legge)、翟林奈(Lionel Giles)等西方汉学家(传教士)英译的中国哲学原典。这表明当时冯友兰钟情于柏格森的生命哲学(这也是梁漱溟的思想来源之一),并试图将实用主义的科学方法与宋明新儒家的直觉方法结合起来。

随后,1923年暑期冯友兰在导师杜威的指导下完成其博士论文"The way of decrease and increase with interpretations and illustrations from the philosophies of the East and the West"(《天人损益论》)并通过答辩。在这篇博士论文(1924年由上海商务印书馆出版)中,冯友兰直接使用"Neo-Confucianism"作为第十二章的标题,在正文中也反复使用"Neo-Confucianist"和"Neo-Confucianism"概念,系统探讨了宋明新儒学调和"有"(事物)与"无"(本体)的哲学体系,并将其与孔子调和自然状态和艺术状态、亚里士多德调和理想世界与现实世界、黑格尔调和"我"与"非我"的人生理想进行了比较,认为孔子的哲学是使道家的本质与艺术更加和谐的一种尝试,亚里士多

① Yu-lan Fung, "Reviewed Work: Eastern and Western Cultures and their Philosophies by Liang Shuming", *The Journal of Philosophy*, Vol. 19, No. 22(1922), pp. 611–614.

② 参见金春峰:《冯友兰哲学生命历程》,中国言实出版社2004年版,第15页。

德的理想使柏拉图的理想国与现实世界更加和谐,宋明新儒学使虚无主义更有人情味,黑格尔的观点使进步主义更加神圣。[①] 这里冯友兰对宋明新儒学的评价与前述《为什么中国没有科学》一文中的论述一脉相承,从中西比较的视野出发肯定了中西方主要哲学体系都兼有理想(本体)与现实(作用)两个层面,并且从各自不同的立场出发达到理想与现实的统一,因而可以相互补充。

以上是冯友兰自述其哲学研究活动的第一个时期,也就是早年留学美国期间。[②] 这一时期,冯友兰主要致力于从中西哲学思想的比较出发,阐明中西文化的不同性质特征,从而彰显了中国传统文化的价值和意义。在此过程中,冯友兰吸收了西方的“Neo-Confucianism”概念,并对宋明新儒学的特征、分派、哲学体系及历史贡献等方面做了较为深入的阐发。

第二节 冯友兰与中文“新儒家(学)”概念的使用及其流行

冯友兰 1923 年回国后,先任河南中州大学(今河南大学前身)哲学系教授,当年冬天到山东第六中学讲学两周,根据此讲演写成《一种人生观》并于次年 10 月在商务印书馆出版。该书是冯友兰对 1923 年至 1924 年间在国内兴起的科学与人生观论战(又称科玄论战)的正面响应,延续了之前在美国留学期间的思想立场,力图调和科学“理性”(自由意志)与玄学“直觉”(神秘主义的精神境界)。[③] 随后冯友兰于 1924 年冬天将其英语博士论文改名为 *A Comparative Study of Life Ideas*(《人生理想之比较研究》)交上海商务印书馆出版,并以此获得哥伦比亚大学哲学博士学位。冯友兰进而将《人生理想之比较研究》的中文翻译稿(1924 年完成)与《一种人生观》修订整合成《人生哲学》于 1926 年 9 月在商务印书馆出版。该书共十三章,其中第一章至第十一章是由《人生理想之比较研究》修订而成,第十二、十三章是由《一种人生观》修订扩充而成。以上是冯友兰自述其哲学研究生涯

① Yu-lan Fung, *A Comparative Study of Life Ideals: The Way of Decrease and Increase with Interpretations and Illustrations from the Philosophies of the East and the West*(人生理想之比较研究,一名,天人损益论), Shanghai: The Commercial Press, 1924, pp. 211-223.

② 冯友兰:《四十年的回顾(1959 年)》,《三松堂全集》第 14 卷,河南人民出版社 2001 年版,第 1000 页。

③ 冯友兰:《四十年的回顾(1959 年)》,《三松堂全集》第 14 卷,河南人民出版社 2001 年版,第 1000 页。

的第二个时期。这一时期冯友兰主要是在比较哲学的视域下探讨中西人生观的差异。①

值得注意的是，在《人生哲学》一书中，冯友兰将其博士论文 *A Comparative study of life ideals*（《人生理想之比较研究》）的章节标题及正文中的"Neo-Confucianism"一词翻译成"新儒家"及"新儒学"。这是目前已知中文"新儒家"及"新儒学"名称的最早用例。在第十章"新儒家"中，冯友兰开门见山地指出："中国宋元明时代所流行之哲学，普通所称为'道学'或'宋学'者，实可名曰新儒学。盖此新儒家虽自命为儒家，而其哲学实已暗受佛学之影响，其'条目工夫'，与古儒家之哲学，已不尽同。惟此派哲学之根本观念，即此派哲学家对于宇宙及人生之根本见解，则仍沿古儒家之旧，未大改变：所以此新儒家仍自命为儒家，而实亦可谓为儒家。惟其如此，所以此新儒家虽受所谓'二氏'之影响，而仍力驳'二氏'，盖'二氏'对于宇宙及人生之根本见解，实与儒家大异也。普通分新儒家为陆王、程朱二派，亦可谓为左右二派。陆王为左派，尤为'近禅'。然正以其'近禅'，故在其中新儒学之特点，即其所以异于旧儒学者，尤为显著。"②冯友兰论述了"新儒家"的名义、特征（内涵）及派别（外延），也就是为"新儒家"下了定义，并将其与中国传统的"道学"或"宋学"③概念相等同，可见这里"新儒家（学）"已经成为一个指称宋明新儒学（道学）的专有名词。冯友兰认为宋明新儒家之所以不同于先秦儒家在于受佛学的影响，其本体工夫论与先秦儒家不同。但其宇宙人生观（天人关系）与先秦儒家一脉相承，所以仍然是儒家。在新儒家两派的区别上，正如冯友兰所指出的，陆王学派由于发展了孟子的心性之学，以本心为天理，被程朱一派攻击为接近"明心见性"的禅学，但其实正

---

① 冯友兰：《四十年的回顾（1959年）》，《三松堂全集》第14卷，河南人民出版社2001年版，第1000页。

② 冯友兰：《人生哲学》，《三松堂全集》第2卷，河南人民出版社2001年版，第184页。

③ 关于"宋学"概念的源流及意义，徐洪兴指出，明代嘉靖、隆庆（1522—1573）年间唐枢的《宋学商求》中最早使用了"宋学"名称，但真正严格意义的"宋学"（与"汉学"相对的义理之学）概念则是清儒提出来的。参见徐洪兴：《唐宋之际儒学转型研究》，《复旦中国哲学书系》，第14页。徐洪兴又指出，目前学术界关于"宋学"的意义存在三种不同的看法：其一是将"宋学"视作两宋三百年间所有学术文化之全部，包括文学、史学、哲学、艺术、宗教乃至科技等各个领域。这种"宋学"定义明显超出了学术思想的领域范围。如宋史专家邓广铭、陈植锷等人持此看法。其二是将"宋学"视作宋元明清时期的义理之学，与"汉学"相对立。这在学术思想史研究中比较常用。其三是将"宋学"理解成宋代理学（道学、新儒学）。这在哲学研究中比较常见。参见徐洪兴：《两宋道学概念及主题之考论》，《人文与社会——文化哲学·宗教·文学》，第134—136页。冯友兰这里所说的"道学"相当于徐洪兴所说的第二种意义上的"宋学"。

是陆王心学超越而内在的直觉体验、本体与工夫合一的思想体系和人生境界,以及使儒家思想向普通庶民普及的理论与实践集中体现了新儒学作为天道与性命相贯通(天人合一)的道德践履之学的根本特征。

从思想发展上来看,回国后1923年至1926年之间,冯友兰还大体上延续了在美国留学期间的思想、方法及用语。即在思想上受实用主义与新实在论(理性主义)的影响,在方法上主要通过西方的理论框架来分析中西哲学观念,在用语上存在类似将“Neo-Confucian(ism)”翻译成“新儒家(学)”这样直接来自西方学界的概念。① 在此过程中,冯友兰借编写中学教科书《人生哲学》的机会,以人生哲学为切入点,对中国古代哲学、西方古典哲学以及欧美现代哲学等提出自己的看法,同时确立了新实在论(理性主义)的哲学信仰。从全书的内容主旨及其立场来看,冯友兰在《人生哲学》中强调中西文化的共通性,其所罗列的损道、益道和中道三大派中,每一派都是由中国和西方的哲学流派共同组成的。尽管冯友兰在表面上承认了每一派都各有所见,也各有所蔽,但他还是将以先秦儒家和宋明新儒家为代表的中道派的层次和价值置于损道派和益道派之上,断定中道派是“其蔽似较少”的“较对之人生论”。② 如果说在上述英文博士论文《人生理想之比较研究》中冯友兰只是将各派哲学罗列叙述而不作优劣之分,那么到了改写后的中文著作《人生哲学》中,冯友兰已经完全肯定中国文化较之西方文化更加高明,因为中国文化的中道精神介于科学与宗教之间,并且调和了科学(理性)与宗教(直觉)。③ 由此可知,冯友兰已经完全脱离了以胡适为代表的五四反传统主义的阵营,而正式加入了新文化保守主义者(现代新儒家)的行列。④

比冯友兰的《人生哲学》稍晚一点,1926年10月李石岑⑤也在上海商

① 参见冯友兰:《三松堂自序》,《三松堂全集》第1卷,河南人民出版社2000年版,第179—186页。

② 参见冯友兰:《人生哲学》,《三松堂全集》第2卷,河南人民出版社2001年版,第205页。

③ 参见冯友兰:《四十年的回顾(1959年)》,《三松堂全集》第14卷,河南人民出版社2001年版,第1010页。

④ 参见翟志成:《冯友兰彻底的民族主义思想的形成和发展(一八九五——一九四五)(一)》,《大陆杂志》1998年第5期,第29—36、61—69、114—127页。

⑤ 李石岑(1892—1934),原名李邦藩,字石岑,湖南醴陵人,中国现代哲学家。李石岑早年曾留学日本东京高等学校,1919年回国后,任商务印书馆编辑,又曾任上海多所大学哲学、心理学教授。在五四新文化运动中,李石岑大量介绍了西方各派哲学,包括美国杜威的实用主义、法国柏格森的生命哲学、德国倭伊铿的精神生活论、尼采的超人哲学、英国罗素的逻辑实证主义等。1927年,李石岑赴法、英、德等国考察西方哲学,在欧洲系统研读了从赫拉克利特到费尔巴哈的西方哲学家的主要著作,并认真研读了马克思、恩格斯和列宁的著作,思想发生很大变化,逐渐转向马克思主义的辩证唯物论。1934年10月病逝。著作有《人生哲学》、《中国哲学十讲》(又名《中国哲学史话》)、《西洋哲学史》、《希腊三大哲学家》等。

务印书馆出版了《人生哲学》。该书与冯友兰的著作同名且都以中西人生哲学为研究对象，但其结构和旨趣不同。如果说冯著注重从科学（理性）与宗教（直觉）的比较视野出发阐明他对中西方人生观的评价及其折中科学与宗教的思想立场，那么李著则注重顺着历史发展脉络建构全面系统的学说体系。因此冯著名为中学教科书而实为个人思想专著，李著则无论从形式还是内容上来看都是典型的教科书。如李著《人生哲学》第三章“东西哲学对于人生问题解答之异同”第三节“中国哲学方面之观察”中依次论述了道家、儒家、墨家（以上为先秦）、汉唐诸哲、宋明诸哲、清代哲学的人生观。李石岑在论述宋明诸哲人生观中的“道家儒家释家及新儒家之心性理气比较表”的部分使用了中文“新儒家”概念，指出：“旧儒家与新儒家的最大不同点，便是旧儒家不杂有禅道的思想，而新儒家则满参禅道的气味。至论到人生哲学，似乎新儒家所包孕的人生思想比旧儒家更丰富。宋明哲学所以有研究的价值，并不在于他们的本体论的思想，而在于各人所发现的一套生活法。”①该书在正文引用了冯友兰的《人生理想之比较研究》英文版，并在书末参考文献中予以说明。② 而且李石岑也认为宋明新儒家与先秦儒家的不同在于吸收了佛老思想，而新儒家的人生哲学较之先秦哲学更为丰富。这些论述都与上述冯友兰的观点基本一致，可见李石岑是在冯氏的影响下使用和阐发“新儒家”，但只有寥寥几处，全书基本上还是使用“理学”（即宋明理学）这一传统宋明儒学名称概念。相反，冯友兰在其《人生哲学》中完全使用宋明“新儒学”而不使用“宋学”“道学”“理学”等传统宋明儒学概念。其后1934年李石岑出版了在“中西比较”框架下进行中国哲学研究的开风气之作《中国哲学十讲》，并在其第二讲“儒家的伦理观”中论述了新儒家（以朱熹、王守仁为代表的宋明哲学家）的伦理观，指出：“新儒家好谈心性理气，本着作《中庸》者的伎俩，把儒家的伦理学扩大到哲学。因此新儒家所谈的心性理气和儒家所谈的心性理气完全不同，儒家本不谈心性理气，可是新儒家因为受到禅家哲学的影响，又受到道家哲学的影响，遂认心性理气为儒家向来研究的主题。实则他们所谈的心性理气，与儒家多不相干。他们不过想把伦理学家的孔、孟，盖上一层宗教的外衣，使中国的封建社会得以更维系于久远。他们认定封建社会的主要支配工具是宗教，宗教比伦理更能深入人心，所以他们都窃取一超直入的禅宗，作心性理气的说明，而认为是孔、孟原来的主要思想。这样看来，他们维护封建社会的苦心，实又

① 李石岑：《人生哲学》，商务印书馆1926年版，第424—425页。

② 李石岑：《人生哲学》，商务印书馆1926年版，第123页。另见该书参考书目第24页。

远在孔、孟之上。”①正如李石岑所指出的,从儒学的发展脉络来看,至宋代受佛道二教的影响和刺激,出现了基于太极、太虚、天理等本体论思想给以三纲五常为核心的儒家伦理道德提供形上根据,进而依此确立心性与道德之位置的性理之学。由此,宋代的理学家在继承以《中庸》为代表的思孟学派心性论及以《易传》为代表的天道观的基础上开拓发展了性理学思潮。李石岑又指出宋明新儒家倡导天理人欲(存理去欲)、道心人心对立之说,使天道(天理)与心性、统治阶级与被统治阶级之间的矛盾更加尖锐,而宋明新儒家的唯心论从宋代朱熹发展到明代王守仁,将儒家的心性学说推到了极致,得到封建统治阶级的大力提倡,成为压迫被统治阶级的工具。② 值得注意的是,与李石岑 1926 年出版的《人生哲学》相比,《中国哲学十讲》是在他的思想立场转向马克思主义唯物论之后写作的,因此从政治层面对宋明新儒家的消极影响多有批评,但仍然肯定了新儒家在哲学理论层面的重要贡献。

在冯友兰、李石岑二人之后,谢扶雅③在其《人格教育论》及《中国伦理思想述要》(两书都出版于 1928 年)中也专门论述了新儒家的人生观。其中《人格教育论》卷上“人格之理想”第二章“东西史上之人格观”第一节“中国方面”的小节“(五)新儒家”的开头即指出:“如李翱者名虽为儒而血肉灵魂皆构自道佛,此实为人生哲学界辟一新格者也。宋以后闻风蔚起,思想之士,莫不取道家或佛家之观点,重新解释儒经,使彼宗之质,厘然一变。史家因立‘新儒家’之名以概之,以别于汉唐以前之原始儒家焉。”④这段论述与前引冯友兰的论述大旨相同。其所谓“史家”当指冯友兰。该节具体论述了宋明新儒家的代表人物邵雍与周敦颐的圣人论、张载的天人合一说、二程的理气说、朱熹的穷理说、陆九渊的唯心论、杨简的全我说、王守仁的大人说、刘宗周的人极说,最后总评宋明新儒家的人格观。谢扶雅又在《中国伦理思想述要》第三章“中国伦理底最高理想”第一节“个人的理想”之小节

① 李石岑:《中国哲学十讲》,中国致公出版社 2009 年版,第 48 页。

② 李石岑:《中国哲学十讲》,中国致公出版社 2009 年版,第 48—51 页。

③ 谢扶雅(1892—1991),浙江绍兴人,中国当代著名哲学家、文学家、基督教思想家。幼年熟读中国传统文化经典,深受中国传统思想及佛教影响。青年时期先后留学于日本的高等师范学校、立教大学、美国的芝加哥大学、哈佛大学。回国后先后担任多所大学教授。1949 年移居香港后又先后任教于崇基学院、香港浸会学院,曾教授过国文、哲学、教育学、伦理学、宗教学等课程。1986 年 9 月返回广州定居。1991 年逝世。著作有《游美心痕》《宗教哲学》《伦理学》《人生哲学》《中国伦理思想述要》《人格教育论》《当代道德哲学》《新时代的信仰》《被压迫者的福音》《基督教与现代思想》等。

④ 谢扶雅:《人格教育论》,青年学会书报部 1928 年版,第 58 页。

“三、新儒家(受道家佛家影响后之儒家一派)”中简要论述了新儒家(先秦思孟至宋明陆王心学一系)天人合一思想的优缺点,指出:“这派之代表人物,为古代之子思孟子,中古之扬雄董仲舒等,近代之陆王学派。他们的特色,在修正旧儒家而采取道家之长,同时避去其短;其根本思想为天人合一,照上图所示,即从儒家扩大了‘人’底地位,从道家保留着‘人’底价值。道家主张人应浸没于自然之中,在那里逍遥,不再出来。新儒家似乎说:‘人既可浸没于人之中,则天亦无不可浸没于人之中。天如合入我中,我的人格不是博大高明到极处吗?’……入近代因受佛教底暗助,而此派之势益振,如陆象山之‘宇宙便是吾心,吾心即是宇宙’(《象山文集》)王阳明之‘大人者以天地万物为一体者也,其视天下犹一家,中国犹一人焉’(《传习录》)一类话,不胜枚举。此派的优点在提高人生之地位,使人乐观而鼓舞。其根据在承认人性本善,稍加拂拭,即尘落而光呈,这诚是可喜可贺!但世间事未必如此容易,所谓良知、玄、天真、佛性,未必如此坚卓,而人生罪恶未必如此易除。此派视人生似太廉价,故亦易流于颓放。明末阳明学成为‘野狐禅’,便是一证。”[①]这段文字后来又收入谢扶雅1929年出版的《中国伦理思想ABC》中。[②]谢扶雅认为宋明新儒家天人合一思想的代表为陆王学派,其优点在于提高了人的地位和价值,使人乐观鼓舞,其根据在于性善本体论及存理去欲的工夫论,但由于人欲并不容易去除,所以易流于颓放。这段论述可与上述冯友兰《为什么中国没有科学》及《人生哲学》中关于“新儒家”的论述相互发明,都认为陆王一派因其“近禅”而最能代表宋明新儒家的精神特点。

综上所述,冯友兰虽然不是最早使用英文“Neo-Confucian(ism)”概念的中国学者,但却是最早将其翻译成中文“新儒家(学)”名称并加以系统阐述的第一人。从20世纪20年代的中国学术界来看,中文“新儒家(学)”概念最早就是在“科学与人生观”论战的背景下由冯友兰、李石岑、谢扶雅这些熟悉西方学术界、有着留学背景和中西比较视野的学者在探讨中国传统人生观时自觉吸收西方学术概念并加以使用的。他们都从维护传统文化的立场出发积极肯定了中国传统思想尤其宋明新儒家人生观的价值。由此可见,中文“新儒家(学)”概念从20世纪20年代后期开始已经在学术界流传开来。

① 谢扶雅:《中国伦理思想述要》,岭南大学书局1928年版,第54—55页。

② 谢扶雅:《中国伦理思想ABC》,世界书局1929年版,第63—65页。

第三节 冯友兰著作的翻译及其用语的转变

目前学术界有不少学者认为“Neo-Confucian(ism)”名称是卜德在翻译冯友兰的著作时首次使用的。① 这一说法牵涉到冯友兰自述其哲学研究的第三阶段——中国哲学史的研究阶段(1927—1937),代表作为《中国哲学史》上下册,与第四阶段——“新理学”思想体系的建构阶段(1938—1945),代表作为《贞元六书》,②以及赴美讲授中国哲学史的时期(1946—1948),代表作为 *A Short History of Chinese Philosophy*(《中国哲学简史》)。此外还必须考察同一时期冯友兰在海内外发表的中英文文章。

首先,冯友兰在 1931 出版的《中国哲学史(上)》中论述荀子思想时指出:“战国时儒家中有孟荀二学派之争,亦犹宋明时代新儒家中有程朱、陆王二学派之争也。”③冯友兰的学生、美国学者卜德(Derk Bodde)翻译《中国哲学史(上)》(1937 年在北京首次出版)时将“新儒家”翻译为“Neo-Confucianists”④。其后 1932 年 5 月 7 日冯友兰在《清华周刊》第 37 卷第 9、10 期合刊本上发表的《韩愈李翱在中国哲学史中之地位》中 15 次出现“宋明新儒家”一词而未使用“理学”或“道学”概念。⑤ 该文是目前已知最早使用中文“新儒家(学)”概念的期刊论文,在用语上完全继承了 1926 年出版的《人生哲学》。但随后 1932 年 6 月冯友兰在《清华学报》第 7 卷第 2 期上发表的论文《朱熹哲学》中仅 1 次出现“新儒家”,而 3 次出现“理学家”,包括“程朱一派之理学家”与“陆王一派之理学家”。⑥ 到 1932 年 12 月冯友兰在《清华学报》第 8 卷第 1 期上发表的论文《宋明道学中理学心学二派之不同》中则只使用“道学”及其所包含的“理学”(程朱)和“心学”(陆王)概念,而不

---

① 受前述刘述先关于“Neo-Confucian(ism)”概念起源的“卜德翻译说”的影响,海内外很多学者认为冯友兰在 20 世纪二三十年代的著作中使用了中文“新儒家(学)”概念,而“Neo-Confucian(ism)”概念则是从美国学者卜德翻译冯友兰的《中国哲学史》时开始使用并流行起来的。

② 冯友兰:《四十年的回顾(1959 年)》,《三松堂全集》第 14 卷,河南人民出版社 2001 年版,第 1000 页。

③ 冯友兰:《中国哲学史》上,《三松堂全集》第 2 卷,河南人民出版社 2001 年版,第 505 页。

④ Yu-lan Fung, *A History of Chinese Philosophy*, *Vol. 1*: *The Period of the Philosophers*(*From the Beginning to Circa* 100 *B. C.*). 2nd ed., trans. by Derk Bodde, Princeton: Princeton University Press, 1952, p. 281.

⑤ 冯友兰:《韩愈李翱在中国哲学史中之地位》,《三松堂全集》第 11 卷,河南人民出版社 2001 年版,第 252—254 页。

⑥ 冯友兰:《朱熹哲学》,《清华学报》1932 年第 2 期。

再使用“新儒家(学)”概念。① 从上述1932年发表的三篇研究宋明道学的文章用语来看,冯友兰从完全使用西方传入的“新儒家(学)”概念,再到“新儒家”与中国传统的“理学”(包括程朱与陆王两派)概念并用,最后则使用宋明儒学史上比“理学”出现更早一些的“道学”②概念(包括“程朱理学”与“陆王心学”)而不再使用“新儒家(学)”概念。

这一趋势延续到了1934年出版的冯友兰《中国哲学史(下)》,其章节标题及正文中都使用“道学”概念来指称以韩愈、李翱为先驱的宋明新儒学。而上述1932年发表的三篇研究宋明道学的文章经修改后都收入《中国哲学史(下)》,其中《韩愈李翱在中国哲学史中之地位》一文的内容经扩充后收入《中国哲学史(下)》第十章论韩愈、李翱的部分中,但原文中的“新儒家”一词已经全部被改为“道学家”或“道学”。③《朱熹哲学》一文后来被全文采入《中国哲学史(下)》第十三章论朱子的部分中,原文中的“新儒家”及“理学家”的提法也全部被改为“道学家”。④《宋明道学中理学心学二派之不同》一文被全文采入《中国哲学史(下)》第十四章论朱陆异同的部分中,其中原文中的“道学”(包括“理学”“心学”)概念都没有更改。⑤ 整部《中国哲学史(下)》中“道学”概念共出现了154次,而“新儒家(学)”概念仅出现了4次,并且有两次还是作为“道学”的同位概念顺带提到的。即第十章“道学之初兴及道学中‘二氏’之成分”开头即指出:“唐代佛学称盛,而宋明道学家,即近所谓新儒家之学,亦即萌芽于此时。”⑥这里的“近所谓新

① 冯友兰:《宋明道学中理学心学二派之不同》,《三松堂全集(第11卷)》,河南人民出版社2001年版,第255—265页。

② 关于“理学”概念的源流及其意义,徐洪兴指出,“理学”名称最早见于两晋南北朝时期的佛教徒使用,是指佛教中的义理、性理之学,后来到南宋开始被用来指称从宋代开始形成的新儒学形态,并以“义理之学”为广义的“理学”,以“性理之学”为狭义的“理学”。参见徐洪兴:《唐宋之际儒学转型研究》,《复旦中国哲学书系》,第10—11页。如南宋黄震所说的“理学”兼指“义理之学”(宋学)与“性理之学”两种意义,在南宋时这两种意义往往混用,但明代以后“理学”逐渐偏向专指“性理之学”,并且以“义理”涵盖“性理”。同上,第13—14页。关于“道学”概念的源流及意义,徐洪兴指出,“道学”一词最早见于《礼记·大学》篇,指研讨学问,其后东汉王充《论衡·量知篇》中的“道学”名称则指儒学,即儒生传习“先王之道”的学问,后来到了《隋书·经籍志》中的“道学”则指道家道教,用“道学”来指称宋代儒学则是从北宋王开祖等人开始的。比王开祖稍早的柳开也曾使用“道学”一词,是相对于“禄学”而言。真正用“道学”来指称宋代理学是从程颐对其兄程颢学问的表彰开始的。徐洪兴:《唐宋之际儒学转型研究》,《复旦中国哲学书系》,第5页。

③ 冯友兰:《中国哲学史》下,《三松堂全集》第3卷,河南人民出版社2001年版,第252—258页。

④ 冯友兰:《中国哲学史》下,《三松堂全集》第3卷,河南人民出版社2001年版,第321—347页。

⑤ 冯友兰:《中国哲学史》下,《三松堂全集》第3卷,河南人民出版社2001年版,第356—361页。

⑥ 冯友兰:《中国哲学史》下,《三松堂全集》第3卷,河南人民出版社2001年版,第250页。

儒家之学”表明“新儒家”概念在此之前的近期已经出现。由前面的考察可知在20世纪20年代冯友兰、李石岑、谢扶雅已经先后使用中文“新儒家”概念,英文“Neo-Confucianism”概念则胡适在1917年完成的博士论文(1922年出版)及冯友兰在1922年发表的文章及1924年出版的博士论文中已经使用。同章冯友兰又指出:“韩愈提出‘道’字,又为道统之说。此说孟子本已略言之,经韩愈提倡,宋明道学家皆持之,而道学亦遂为宋明新儒学之新名。”①这里指出由韩愈提倡道统说而开启宋明道学思潮,后来“道学”成为专门指称“宋明新儒学”的新名称。这也是冯友兰之所以使用“道学”这一学派概念来替代“宋明新儒学”的历史依据。同章又指出:“及乎北宋,此种融合儒释之新儒学,又有道教中一部分之思想加入。此为构成新儒学之一新成分。”②这里冯友兰指出唐代韩愈、李翱等人融合儒释而开新儒学之先声,而北宋新儒学开创者周敦颐、邵雍等人又吸收陈抟一系的道教思想(尤其宇宙本体论思想)来建构其思想体系,由此可知宋明新儒学是儒释道三教思想融合的产物。

陈寅恪在为《中国哲学史》写的《审查报告三》中指出“中国自秦以后,迄于今日,其思想之演变历程,至繁至久。要之,只为一大事因缘,即新儒学之产生,及其传衍而已。……然新儒家之产生,关于道教之方面,如新安之学说,其所受影响甚深且远”③,同时使用了“新儒学”及“新儒家”来指称宋明道学,并指出其产生深受佛道思想的影响④。陈寅恪的这段论述在学术界影响很大,尤其在冯友兰《中国哲学史》中很少使用“新儒家(学)”而基本只使用“道学”概念的情况下,通常被视为早期中文“新儒家(学)”名称

① 冯友兰:《中国哲学史》下,《三松堂全集》第3卷,河南人民出版社2001年版,第253页。

② 冯友兰:《中国哲学史》下,《三松堂全集》第3卷,河南人民出版社2001年版,第259页。

③ 冯友兰:《中国哲学史》下,《三松堂全集》第3卷,河南人民出版社2001年版,第259页。

④ 陈寅恪在其1954年4月发表的论文《论韩愈》中,延续了上述《审查报告三》中的思路,围绕着道统的建立、伦理立场的自觉、佛老批判、夷夏之辨、改革文体及奖掖后进等方面,对儒释道三教的交涉及韩愈作为宋代新儒学先驱的历史贡献进行了系统论述。该文有三处提到“新儒学”,其一指出韩愈对心性道德与经济事功之统一的阐发为宋代新儒学奠定了思想基础,“退之首先发见小戴记中《大学》一篇,阐明其说,抽象之心性与具体之政治社会组织可以融会无碍,即尽量谈心说性,兼能济世安民,虽相反而实相成,天竺为体,华夏为用,退之于此以奠定后来宋代新儒学之基础,退之固是不世出之人杰,若不受新禅宗之影响,恐亦不克臻此”。其二指出韩愈倡导不墨守章句自由抒发胸臆的阐发经典,从而开启了宋代新儒家的治经途径,“又观退之寄卢仝诗,则知此种研究经学之方法亦由退之所称奖之同辈中人发其端,与前此经师著述大异,而开启宋代新儒学家治经之途径者也”。其三论述韩愈倡导和发起唐代古文运动,是宋代新儒学古文运动的先驱,“然退之发起光大唐代古文运动,卒开后来赵宋新儒学新古文之文化运动,史证明确,则不容置疑者也”。陈寅恪:《论韩愈》,《历史研究》1954年第2期。

用例的典型。[①] 陈寅恪所谓作为“大事因缘”的宋代“新儒学之产生”就是从思想史发展上论证他所说的“华夏民族之文化,历数千载之演进,造极于赵宋之世”的著名论断。[②]

总之,20世纪三四十年代(准确说是1932年12月底以后),冯友兰在其中文论著中使用中国传统的“道学(家)”概念取代西方传入的“新儒家(学)”概念。其后20世纪50年代至80年代以前,冯友兰没有使用过“新儒家(学)”概念。进入20世纪80年代后,冯友兰在其作为晚年定论所著的《中国哲学史新编》中完全使用“道学”而不使用“新儒家(学)”概念(除了作为西方学术界的称呼提到一次)。[③] 冯友兰署名独著的英文论文除了前述“Why China Has No Science”之外,基本上都是论述现代儒学的,也没有使用“Neo-Confucianism”概念。[④] 但上述由卜德等人翻译或润色的冯友兰英文论著中都使用了“Neo-Confucianism”或“Neo-Confucianists”概念。[⑤] 如卜德在翻译《中国哲学史(下)》时直接用“Neo-Confucianism”(新儒学)来翻译“道学”,并且放在标题的醒目位置。[⑥] 此外,1947年由休斯(E.R.Hughes)翻译出版的 *The Spirit of Chinese Philosophy* 一书是冯友兰《新原道》(《贞元六书》之一)的英译本。该译本中也使用“Neo-Confucianism”翻译“道学”。[⑦] 1948

---

① 参见徐洪兴:《唐宋之际儒学转型研究》,《复旦中国哲学书系》,上海人民出版社2018年版,第16页。

② 陈寅恪:《邓广铭宋史职官志考证序》,《金明馆丛稿二编》,《陈寅恪集》,生活·读书·新知三联书店2001年版,第277页。

③ 即冯友兰在《中国哲学史新编》第四十九章“通论道学”第二节“从比较哲学的观点看道学的特点”开头一句:“道学,西方称之为新儒学。”这也是全书中唯一一次提到“新儒学”概念。参见冯友兰:《中国哲学史新编》第5册,《三松堂全集》第10卷,河南人民出版社2001年版,第16页。

④ Yu-lan Fung,“Reviewed Work:Eastern and Western Cultures and their Philosophies by Liang Shuming”,pp. 611–614. Yu-lan Fung,“Chinese Philosophy and a Future World Philosophy”, *The Philosophical Review*, Vol. 57, No. 6(1948), pp. 539–549. Yu-lan Fung,“Philosophy in New China According to Fung Yu-lan”, *East and West*, Vol. 3, No. 2(1952), pp. 105–107.

⑤ 除上述英文著作之外,20世纪40年代卜德翻译的几篇冯友兰论文也无不如此。参见 Yu-lan Fung and Bodde Derk,“The Philosophy of Chu Hsi”, *Harvard Journal of Asiatic Studies*, Vol. 7, No. 1(Apr.,1942), pp. 1–51; Yu-lan Fung and Bodde Derk,“The Rise of Neo-Confucianism and Its Borrowings From Buddhism and Taoism”, *Harvard Journal of Asiatic Studies*, Vol. 7, No. 2(Jul.,1942), pp. 89–125; Yu-lan Fung and Bodde Derk,“A General Discussion of The Period of Classical Learning”, *Harvard Journal of Asiatic Studies*, Vol. 9, No. 3/4(Feb.,1947), pp. 195–201.

⑥ Yu-lan Fung, *A History of Chinese Philosophy, Vol. 2: The Period of Classical Learning, from the Second Century B.C. to the Twentieth Century A.D*, Trans. by Derk Bodde, p. 407.

⑦ 参见冯友兰:《新原道(一名中国哲学之精神)》,《三松堂全集》第5卷,河南人民出版社2001年版,第110页。Yu-lan Fung, *The Spirit of Chinese Philosophy*, trans. by Hughes E. R., Florence: Taylor & Francis Group, 2008, p. 175.

年出版的由卜德润色的 *A Short History of Chinese Philosophy*(《中国哲学简史》)中也完全使用“Neo-Confucianism”来指称道学,并且放在标题的醒目位置。① 但中译本《中国哲学简史》中“Neo-Confucianism”的翻译存在分歧,先出的涂又光译本将其翻译为“新儒家”,后出的赵复三译本将其翻译为“更新的儒学”,显然涂又光的翻译更恰当一些。② 时至今日,《中国哲学简史》仍然是全世界学习中国哲学最畅销的入门著作,并被翻译为包括中文在内的十几种语言出版。③ 而卜德翻译的《中国哲学史》是在西方出版的第一部系统、完整、详尽的中国哲学史著作,自它问世以来一直是西方学习中国哲学必备的教材或参考书。随着《中国哲学史》与《中国哲学简史》英文版在西方学术界的流行,其中所使用的“Neo-Confucian(ism)”概念也随之广泛传播开来。因此,虽然“Neo-Confucian(ism)”概念在西方学术界早已出现,而且冯友兰本人在 20 世纪 20 年代留美期间及回国头几年的论著中都已经使用,但其广泛使用和流行要等到 20 世纪 50 年代卜德翻译的《中国哲学史》等著作出版之后。

那么是什么原因导致冯友兰在 1932 年底之前经常使用的中文“新儒家(学)”概念到了这之后就让位给了“道学”概念呢?最直接的原因是,中文“新儒家(学)”是西方“Neo-Confucian(ism)”概念的直接翻译,虽然被用来指称宋明新儒家(学),但在本质上仍然是一个外来西方概念(最早由西方基督教徒创造并且带有浓厚的宗教色彩和西方立场),而且存在意义上的不确定性,因为“新儒家(学)”在意义和范围上与中国传统思想史上的宋学、道学、理学等不同层级的概念相同或相近,这种“外洋内中”的两重性以及意义上的模糊性直接导致“新儒家(学)”概念的合理性受到质疑(详见本书上篇第七章)。④ 如田浩、孟德卫、詹启华等人认为“Neo-Confucian(ism)”是西方创造的学术概念,在中文里面没有其对应概念;而像狄百瑞、陈荣捷这样重视中西思想比较和诠释的学者则积极使用“Neo-Confucian(ism)”概念,并将其与中国传统宋明儒学概念等同看待。冯友兰虽然没有像田浩等

---

① 参见 Yu-lan Fêng and Derk Bodde, *A Short History of Chinese Philosophy*, pp. 266-318。该书英文原版的扉页上冯友兰自题中文书名为《中国哲学小史》,但后来的中文译本都题为《中国哲学简史》。这是为了与冯友兰 1933 年在上海商务印书馆出版的另一部中文著作《中国哲学小史》(该书并非后出的 *A Short History of Chinese Philosophy* 的中文本)相区别。

② 参见冯友兰:《中国哲学简史》,赵复三译,新世界出版社 2004 年版,第 229—276 页;冯友兰:《中国哲学简史》,涂又光译,北京大学出版社 1985 年版,第 306—364 页。

③ [美]卜德:《冯友兰与西方》,李羡林、张岱年编著:《冯友兰先生纪念文集》,北京大学出版社 1993 年版,第 18—22 页。

④ [美]田浩:《功利主义儒家——陈亮对朱熹的挑战》,姜长苏译,《海外中国研究丛书》,江苏人民出版社 1997 年版,第 152—153 页。

人那样公开质疑“Neo-Confucian(ism)”概念，并且在面向西方学术界的英文论著中积极使用“Neo-Confucian(ism)”概念，但在其中文论著中转而使用中国固有的传统概念。另一方面，这与冯友兰对中国哲学史的研究及其体系的构建相关。即1927年至1937年以燕京大学、清华大学的教学任务为契机，冯友兰开始深入钻研中国哲学史，并在1931年出版《中国哲学史(上)》之后进入《中国哲学史(下)》的写作，开始系统研究宋明哲学。在此过程中，冯友兰意识到使用一个意义不确定的西方概念来指称中国固有的学派并不合适，更何况宋明儒学发展史上本来就有“道学”“理学”等相应的学派概念。因此以1932年底为界限，冯友兰在其中文著作中基本不再使用源自西方的“新儒家(学)”名称，而是使用中国固有的“道学”概念作为宋明新儒学的学派名称，并以“道学”来统摄“理学”(程朱)与“心学”(陆王)，从而建构起了宋明道学的学派概念体系。之后1937年至1946年冯友兰在西南联大完成其“新理学”哲学体系建构的代表作《贞元六书》，从而由“照着讲”(中国哲学史的研究)进到“接着讲”(“新理学”哲学体系的建构)，同时在学问方法上更加成熟，开始在消化融合中西方理性主义思想的基础上以宋明道学为根基建构其自身的哲学体系。这也体现了冯友兰对中国哲学的精神、体系、范畴及概念建构的自觉。那么接下来的问题是，为什么冯友兰要用“道学”而不是更为流行的“理学”概念来指称包括程朱理学与陆王心学在内的宋明新儒学思潮呢？因为在冯友兰看来，指称宋儒的“道学”名称在北宋时已经出现，较南宋才出现的“理学”名称更早；加上“理学”名称既可指宋明理学，又可指程朱理学，存在歧义；而宋明儒学中的“道学”一般指程朱理学和陆王心学两派，较少歧义。① 但是由今人对“道学”及“理学”概念源流的考辨可知，历史上“道学”概念的复杂性和歧义性实际上是超过“理学”概念的。② 因此有学者提出质疑，认为冯氏的看法与历史上的实际

① 参见冯友兰：《略论道学的特点、名称和形式》，中国哲学史学会浙江省社会科学研究所编：《论宋明理学——宋明理学讨论会论文集》，浙江人民出版社1983年版，第37—56页；冯友兰：《通论道学》，《中国社会科学》1986年第3期。

② 李玉诚指出，儒释道三教中都有“道学”名称，儒家“道学”名称首见于《论衡》，佛教的“道学”名称始于三国两晋时期，道教的“道学”名称始于南北朝时期，宋代新儒学的“道学”名称始于北宋并在宋代以后成为官方认定的学派概念，但在官方语境及部分佛教典籍中，“道学”一词仍可用来指称道家、道教和佛教。参见李玉诚：《“道学”观念新考》，《社会科学论坛》2020年第1期。梁山指出，宋代“道学”一词的内涵逐渐变窄，从指称达至大道兼含儒释道的学问，到指称由程门弟子表彰的洛学，最后指称程朱之学。参见梁山：《宋人“道学”与“理学”名称考辨》，《华夏文化》2017年第2期。冯友兰所说的“道学”是指包括程朱理学与陆王心学在内的宋元明清道学。

情况不符合。① 但撇开这些复杂的历史因素不谈,仅从冯友兰建构的宋明道学概念体系的逻辑结构自身来看,无疑是可以自圆其说的。这也是冯友兰建构的宋明道学学派概念体系得到海内外众多学者(除中国学者外,海外知名学者如日本的土田健次郎、美国的田浩等)支持的主要原因。

由于冯友兰在海内外影响最大、流传最广的著作像《中国哲学史》《贞元六书》等基本上都是在20世纪三四十年代他的思想、方法趋于成熟和用语由“新儒家(学)”转向“道学”之后完成出版的。加上卜德的翻译在“Neo-Confucian(ism)”概念的流行过程中确实产生了巨大的推动力,这才造成时至今日还有学者认为英文“Neo-Confucian(ism)”名称是由卜德在翻译冯友兰的《中国哲学史》中首先发明使用的,而后再转成中文的“新儒家(学)”概念;或者以为中文“新儒家(学)”名称是由冯友兰在20世纪30年代出版的《中国哲学史》中才开始使用的。这些都是因为没有全面考察上述冯友兰在20世纪20年代的早期学术活动及其三四十年代的用语转变所造成的误解。同样,刘述先认为“新儒家(学)”概念在当时并未流行成为学术界专有名词的问题也可以得到解释。② 因为他只注意到冯友兰在20世纪三四十年代以后很少用“新儒家(学)”概念而基本上使用“道学”概念,却没有考察当时学术界的整体情况。事实上,在当时的中文学界,除了前述李石岑、谢扶雅、陈寅恪受冯友兰的影响积极使用并阐发了“新儒家(学)”概念之外,还有不少学者在其论著中使用并阐发了宋明“新儒家(学)”,进而随着现代新儒学思潮及其研究的兴起,在20世纪40年代以后,学界已经出现使用“新儒家(学)”来指称现代新儒家(学)乃至战国秦汉等其他时代“新儒家(学)”的论著,③可见“新儒家(学)”概念在当时的中文学术界已经通行起来。附带提到的是,几乎同一时期,英文“New-Confucian(ism)”也开

① 如王茂对冯友兰的观点提出质疑,指出从思想史的实际情况及其历史称呼来看,北宋儒学复兴期间范仲淹及宋初三先生等人的学术可称为“义理之学”,北宋五子至朱熹的学术思想可称为“道学”,但元明清的程朱学则应称为“理学”而不是“道学”,否则就与历史记载及学理内容相违背,因为从南宋后期开始“理学”名称就逐渐开始取代“道学”称呼而占据优势。参见王茂:《“道学”、“理学”称名考辨》,第6—13页。事实上,“理学”名称在13世纪下半叶的南宋后期开始出现在儒家著作中,当时随着程朱理学思想统治地位的确立,思想界的理论重心从“道”(偏重宇宙论)转向“理”(偏重本体论),争论集中在“理”与“心”之间,“道学”概念也让位给了“理学”概念。参见 John Winthrop Haeger,“The Intellectual Context of Neo-Confucian Syncretism”,pp. 499-513。

② 刘述先:《冯友兰与“新儒学”》,第135—138页。

③ 论文如车铭深:《论新儒家的理和欲》,《东方杂志》1937年第1期;绥之:《新儒家与基督教文化之关系》,《文化导报》1943年第4—5期;叶秋原:《基督教与新儒家》,《东方杂志》1943年第2期;胡秋原:《新儒学之道路(学术论著)》,《新中国》1945年第7期。著作如

始被固定用来指称"现代新儒家(学)",以区别于"Neo-Confucian(ism)"即"宋明新儒家(学)"(详见下章)。

余论

自耶稣会士在1687年出版的《中国哲学家孔夫子》中首次使用"Neoterici Intérpretes(新诠释者)"一词指称新儒家(程朱理学家)以后,由此派生的西方"Neo-Confucian(ism)"概念已经出现在20世纪初期的哲学专业期刊上。冯友兰在早年留学美国期间吸收了西方学术界的"Neo-Confucian(ism)"概念,在其1922年发表的英语论文"Why China Has No Science:An Interpretation of the History and Consequences of Chinese Philosophy"(《为什么中国没有科学——对中国哲学的历史及其后果的一种解释》)中使用了"Neo-Confucianism"概念并对其内涵、外延等方面做了较为深入的阐发,进而在其1923年完成的英文博士论文"The way of decrease and increase with interpretations and illustrations from the philosophies of the East and the West"(《天人损益论》)中对"Neo-Confucianism"概念又做了进一步的阐发。冯友兰回国之后于1924年写作、1926年出版的《人生哲学》是目前已知最早将"Neo-Confucianism"翻译成中文"新儒家""新儒学"名称并系统阐发此概念之名义、性质、范围的专著。因此冯友兰是较早接受西方"Neo-Confucianism"概念并最早使用中文"新儒家(学)"概念的中国学者。在冯友兰的影响下,20世纪20年代开始,李石岑、谢扶雅、陈寅恪等学者多次使用并阐发中文"新儒家(学)"概念。这也标志着这一概念已经成为当时学术界通行的专有名词。但冯友兰本人在20世纪三四十年代后,从早年的中西比较哲学的研究转向中国哲学史的研究,进而基于宋明道学建构其

[日]武内义雄:《儒教之精神》,高明译,太平书局1942年版,第63—86页;见该书前篇第八节"新儒学 其一——朱子学"与第九节"新儒学 其二——阳明学"。此外,贺麟在1941年发表的《儒家思想的新开展》中使用的"新儒家(学)"一词曾被刘述先认为是指宋明新儒家,但其实该文中所谓"新儒家思想""新儒学运动"中的"新儒家(学)"是指现代新儒家(学),而非宋明新儒家(学),同时贺氏在当时仍然用"宋明道学家"指称宋明新儒家。参见贺麟:《儒家思想的新开展》,《思想与时代》1941年第1期;罗义俊:《宋明理学的几个问题与牟宗三的通释——读牟先生〈心体与性体〉、〈从陆象山到刘蕺山〉续》,牟宗三:《从陆象山到刘蕺山》附录,第382页。已知最早论述宋明及现代之外其他时期"新儒家"的文章见《思想与时代》1944年第35期上连续发表的四篇文章:缪钺《学术通讯(论战国秦汉间新儒家):与钱宾四书》、钱穆《学术通讯(论战国秦汉间新儒家):与缪彦威书》、缪钺《学术通讯(论战国秦汉间新儒家):再与钱宾四书》、钱穆《学术通讯(论战国秦汉间新儒家):再覆缪彦威书》。

“新理学”思想体系，再加上“新儒学”概念与“宋学”“道学”“理学”等传统宋明儒学概念的复杂交涉关系，因此在其中文论著中基本不再使用源自西方的“新儒家(学)”概念，转而使用中国传统的“道学”概念来指称包括程朱理学与陆王心学在内的宋明新儒学，但在面向西方读者的英文论著中仍然使用“Neo-Confucian(ism)”概念。其后卜德翻译冯友兰的著作中的“道学”时使用“Neo-Confucianism”一词对其在20世纪50年代以后的流行和普及起到了重要的推动作用。

需要指出的是，宋明新儒学思想的研究及其概念的展开与在其基础上构建思想体系、反对西方中心主义并倡导返本开新的现当代新儒学思潮的发展密切相关。20世纪20年代中文“新儒家(学)”概念的使用和研究肇始于哥伦比亚大学毕业的冯友兰(同时也是现代新儒家的代表人物之一)，冯友兰的著作经过卜德的翻译在西方流行后，在美国兴起了以“Neo-Confucianism”的研究为中心的“哥伦比亚学派”。该学派的领袖、美国现代新儒家的代表人物狄百瑞在“Neo-Confucianism”概念的普及及其现代意义的阐发上起到关键作用，并深刻影响了20世纪下半叶以来的宋明新儒学研究(详见本书上篇第七章)。事实上，20世纪提倡和阐发宋明“新儒家(学)”的学者多为海内外现当代“新儒家”学者，包括第一代的冯友兰、张君劢、贺麟、钱穆、方东美，第二代的唐君毅、牟宗三、徐复观，第三代的杜维明、刘述先、成中英、蔡仁厚，此外还有陈荣捷、狄百瑞等人。他们都对宋明“新儒家(学)”进行了系统深入的研究，并在此基础上阐发其现代价值或建构思想体系。① 这也体现了现当代新儒家学者对宋明新儒家(学)的继承创新(返本开新)以及融合古今中西文化的努力。②

---

① 比冯友兰稍早一些的第一代现代新儒家学者梁漱溟、熊十力、马一浮(人称现代新儒家三圣)虽然没有使用过“新儒家(学)”概念，但其思想也是接着宋明“新儒家(学)”来讲的。只是此三人相比上述冯友兰等留学海外并致力于以西方哲学观念来诠释和比较中国思想的新儒家学者来说，思想资源要更加传统一些(多吸收佛学尤其唯识学思想)，用语上基本使用中国传统概念。

② 方维规指出：“概念史研究通过查考特定概念的历史语境和语义可以更好地体认历史，亦可透过概念演变的历史，考察各有来历的概念同‘当今’的可能联系。”彭青龙：《概念史与比较文学中的思想和方法——访谈欧洲科学院院士方维规》，《上海交通大学学报(哲学社会科学版)》2022年第6期。

第六章 “New-Confucian(ism)”概念的源流及其意义

——兼论其与“Neo-Confucian(ism)”概念的关系

在当代学术界，“Neo-Confucian(ism)”一般指历史上的宋明新儒家(学)[广义上包括宋元明清新儒家(学)]，其意义范围与中国传统的理学、道学乃至宋学概念相当，进一步又扩展到指称朝鲜、日本、越南等东亚儒家文化圈国家在宋明新儒学的影响下形成的本国新儒家(学)，如朝鲜、日本的朱子学、阳明学等。“New-Confucian(ism)”一般指五四运动之后兴起的现当代新儒家(学)，在时间上现代新儒学(20世纪初期以来)也涵盖了当代新儒学(20世纪下半叶以来)，因此现当代新儒家(学)也可笼统称为现代新儒家(学)。由此看来“Neo-Confucian(ism)”和“New-Confucian(ism)”两者似乎泾渭分明，但这两组概念的英文仅相差一个字母(neo和new)，并且中文都可翻译为“新儒家(学)”，两者在字面形式上非常容易混淆。而从历史意义上来看，这两组相关概念都有着复杂的历史演变，并且相互之间存在错综复杂的意义交涉关系，由此也造成了一些认识上的混乱和模糊不清，必须加以明确辨析。

关于“Neo-Confucian(ism)”概念，目前学界已有较为深入的研究，本书前面几章在此基础上做了更详细的考察。但对于与“Neo-Confucian(ism)”密切相关的“New-Confucian(ism)”概念，学界尚未见有人专门加以研究。相应地，“Modern/Contemporary Neo-Confucian(ism)”和“Modern/Contemporary New-Confucian(ism)”[都表示“现(当)代新儒家(学)”]这些派生概念也未见有人进行专门研究。由此导致目前海内外学术界还没有完全弄清楚这些概念之间的相互关系及其流传与阐发过程。有鉴于此，笔者在广泛搜集和整理海内外相关文献的基础上，系统考察“New Confucian(ism)”“Modern/Contemporary Neo-Confucian(ism)”“Modern/Contemporary New-Confucian(ism)”的历史源流及其意义演变，在此基础上阐明上述概念之间的关系及其意义内涵。

第一节　“New Confucian(ism)”概念的渊源及其在近现代的使用

根据笔者的考察,“New Confucian(ism)”的说法在20世纪初期已经出现。其中,“New Confucian”最早出现在近代入华基督教新教传教士在上海创办的*The Chinese Recorder and Missionary Journal*(1868—1912)(《教务杂志》)上,即1907年2月1日的《教务杂志》上刊载了一篇题为“The Government and the Schools”(《政府和学校》)的文章。文中指出:“从那时起,外交援助就不再需要了,我们似乎除了耐心地默许政府的政策并等待时机之外,别无选择。政府最近对教育采取的行动证明,我们绝对没有希望从现任政府那里得到让步,尤其是在山东省建立了新的儒家大学(the new Confucian University)。显然,人们担心,取消考试后,孔子的学习将被放弃,对圣人的崇敬也会减少。因此出现了反对西学的反应。”①这里的历史背景是1905年9月2日,清政府发布“上谕”,宣布自丙午(1906年)科为始,所有乡会试一律停止。这也标志着延续一千多年的中国科举考试制度的终结。文中分析了清末废除科举后各地兴办新学校的情形,指出当时政府对传教士创办教会大学的不支持态度,尤其在山东建立了新的儒家大学(the new Confucian University),体现了当时人们坚守儒家传统和反对西学的态度。这里所谓山东省建立的“新的儒家大学”(the new Confucian University)是泛指“新”建立的传授儒学的学校。总之,这里所谓的“new Confucian”显然不是一个专有名词。

“New Confucianism”也最早出现在上述《教务杂志》上,即1908年5月1日Wm Deans在*The Chinese Recorder and Missionary Journal*上发表的“The Problem of Modernism in our Mission Work”(《我们传教工作中的现代主义问题》)的文章中指出:“儒学也许会复兴,但会少了许多迷信的仪式;可能会有新的佛教宣传,但不会得到万神殿的认可。新的儒学和新的佛教(The new Confucianism and new Buddhism)将是道德的和合乎伦理的,摈弃几个世纪以来围绕这些体系而聚集起来的无关事情。虽然某些方面的倾向是这样,但这种倾向根本不是普遍的,与此同时,对旧的崇拜缺乏信仰,旧的迷信在动摇,观点和立场都在改变。当古老的信念受到动摇时,我们会问。什么

① Anonymous,“The Government and the Schools”, *The Chinese Recorder and Missionary Journal* (1868—1912),1907-2-1,p. 103.

将取代他们的位置？当然，这种趋势不是基督教。"①文中分析了清末中国宗教的发展趋势，指出"新的儒学"和"新的佛教"可能会兴起，并且将进一步摒除迷信的成分，而更加合乎道德伦理。其所谓的"新的儒学"（the new Confucianism）并非指历史上的宋明新儒学，当然也不是确指后来兴起的现代新儒学，而是泛指即将兴起的"新"的"儒学"。因此这里也不是作为指称现当代新儒学专门术语的"New-Confucianism"。

1917年2月10日同样是入华英美基督教传教士创办的 *The North-China Herald and Supreme Court & Consular Gazette*（1870—1941）（《北华捷报及最高法庭与领事馆杂志》）上发表的一篇题为"THE CONFUCIANS AND CHINA：THE STATE RELIGION CONTROVERSY"（《儒家与中国：国教之争》）的文章中指出："这场纪念已故圣人的运动来自保守派、军国主义者和君主主义者，因此遭到了国民议会中所有'改革派'和激进党派以及与非儒家宗教结盟的代表的反对。'文圣'康有为和'武圣'张勋是新儒家运动（the new Confucian movement）最杰出的传道者，而儒家社会在人员上是如此保守和守旧，以至于它的任何运动都受到年轻一派的民主派、一般的南方人和遵循条约港'英雄'的小集团的激烈反对。最近一次试图引起对国家宗教问题过早讨论的尝试被叫停了，就像之前的许多尝试一样，因此保守派正在等待时机，毫无疑问，他们将坚持要求在第19条讨论和教育制度处理时听取意见。"②这里以"文圣"康有为为代表的"新儒家运动"（the new Confucian movement）即是民国初年兴起的"孔教运动"（保皇派）。康有为以历史上战胜佛教、复兴儒学的宋代"新儒学"为榜样。在当时中西文明激烈冲突的背景下，一方面试图消化西方文化，实现儒学的现代化，另一方面试图实现儒学的宗教化，用儒家思想凝聚人心，以抵御西方文化的侵略。这一思潮后来形成了以中国文化为基础提倡返本开新的现代新儒学思潮。③康有为也因此被认为是现代新儒家的先驱之一④，但与五四之后正式兴起的现代新儒家有所区别，因此严格来说，此处的"new Confucian"仍然是泛指一种"新"的"儒家"，而非指称现代新儒家的专有名词。

---

① Wm Deans，"The Problem of Modernism in our Mission Work"，*The Chinese Recorder and Missionary Journal*（1868—1912），1908 May 01，p. 259.

② A Correspondent，"The Confucians and China：The State Religion Controversy"，*The North-China Herald and Supreme Court & Consular Gazette*（1870—1941），1917-2-10，p. 304.

③ 参见喻大华：《晚清文化保守思潮研究》，第168—211页；欧德良：《晚清文化保守思潮管窥——以康有为改造儒学活动为中心的考察》，第5—8页。

④ 干春松：《康有为与现代儒学思潮的关系辨析》，第22—30页。

以上是近代英美基督教新教传教士创办的报刊上对“New Confucian(ism)”一词的最早使用，主要是基于基督教的宗教立场来论述清末民初以康有为为代表的孔教派等保守主义派，并将这一时期兴起的儒家(学)称为“新”的“儒家(学)”。

随后，1921 年 10 月 1 日胡适(Hu Suh)在 *The Chinese Recorder*(1912—1938)(《教务杂志》)上发表了题为“The Logic of Moh Tih and His School: BOOK I. INTRODUCTORY”(《墨翟及其学派的逻辑：第一册导论》)的文章，指出：“《大学》和《中庸》之所以重要，并不是因为它们本身的优点，而是因为它们在许多世纪后为宋明的新‘儒家’哲学(the new“Confucian”philosophies of Sung and Ming)提供了一种或多种方法。”①文中使用了“the new ‘Confucian’ philosophies of Sung and Ming”的说法，并专门给“Confucian”一词加上了引号，可见这里所谓的“new ‘Confucian’”是指宋明新儒家。而且胡适是目前已知最早使用西方“Neo-Confucianism”概念的中国学者(最早见于他 1917 年向哥伦比亚大学提交的英语博士论文中)。②在其博士论文中，胡适使用了“Neo-Confucianism”和“the Sung school and the Ming school of Neo-Confucianism”的说法，都是指宋明新儒学(包括以朱子为代表的宋学和以王阳明为代表的明学)。③ 而此例中论墨子的这篇文章即是胡适于 1922 年在上海商务印书馆出版的英文博士论文 *The development of the logical method in ancient China*(《先秦名学史》)的第 3 部分，文字上没有改动，也使用了“new ‘Confucian’”④的说法。胡适在这里给 Confucian 加上了引号，应当是特意表明“new ‘Confucian’”是一般的复合词组，而不是像“Neo-Confucian”那样用来固定指称宋明新儒家的专有名词。总之，胡适这里使用的“new ‘Confucian’”只是泛指新的儒家，所以在后面加上了“Sung and Ming”(宋明)对其时代范围加以限定。

接着，胡适在北大任教时的早期学生、后来同样留学于哥伦比亚大学的冯友兰在他留学期间 1922 年 4 月发表的“Why China Has No Science: An Interpretation of the History and Consequences of Chinese Philosophy”(《为什么

---

① Hu Suh, “The Logic of Moh Tih and His School: Book I. Introductory”, *The Chinese Recorder* (1912—1938), 1921-10-1, p. 668.

② [日]吾妻重二:《美国的宋代思想研究——最近的情况》,[美]田浩编:《宋代思想史论》,第 11 页。

③ 原文见 Shih HU, *The Development of the Logical Method in Ancient China*, p. 2、4,译文见胡适:《先秦名学史》,《胡适文集》第 6 册,第 7 页。

④ Shih HU, *The Development of the Logical Method in Ancient China*, p. 53.

中国没有科学——对中国哲学的历史及其后果的一种解释》)一文中指出:“因为这种新的教义始于宋朝,所以名为‘宋学’。这些哲学家自己声称,他们的教义是真正的儒家。如果非说是儒家不可的话,那也只能说是新的儒家(a new Confucianism)。”①由上述可知,冯友兰这里使用的“new Confucianism”实质是指宋明新儒学(Neo-Confucianism),而不是指现代新儒学。虽然现代新儒家的开山鼻祖梁漱溟的《东西文化及其哲学》的“绪论”部分最早在1920年10月已经刊登在《北京大学日刊》上,当时正在留学的冯友兰第一时间就看到了,其后1921年《东西文化及其哲学》全书出版不久,冯友兰即在美国发表英文评论,并且表现出为中国传统文化争取平等地位的现代新儒家(文化保守主义者)思想立场。② 但因为当时以梁漱溟为开山的现代新儒家刚刚兴起,学界也尚未对其予以现代新儒家(学)的专门称呼。因此冯友兰在1922年为《东西文化及其哲学》写的英文书评中使用的是“Mr. Liang's Confucianism”(“梁先生的儒家思想”),还未用“new Confucian(ism)”(现代新儒学)来专门称呼梁漱溟的儒家思想。同时,冯友兰在该文中多次使用西方本有的“Neo-Confucianism”概念来指称宋明新儒学(包括程朱理学与陆王心学,详细分析见上章)。③ 总之,“new Confucianism”在当时并不是一个用于固定指称宋明新儒家(学)或现代新儒家(学)的专有名词,所以冯友兰在该词前面加上不定冠词“a”,以从一般意义上表明宋明新儒学相对于先秦儒学是一种“新的儒学”。即宋明新儒家(学)受佛道影响在本体工夫论上与先秦儒家不同,所以称“新”,但在人生观上一致,所以仍然是“儒家(学)”。④

接下来出现了第一次使用“new-Confucian”一词来指称20世纪兴起的现代新儒家的用例。即1923年11月1日 *The Chinese Recorder*(《教务杂志》)上刊载的一篇题为“Have Hope in China”(《希望在中国》)的文章中指

---

① 原文见 Yu-lan Fung,“Why China Has No Science:An Interpretation of the History and Consequences of Chinese Philosophy”,pp. 256,257;译文见冯友兰:《为什么中国没有科学——对中国哲学的历史及其后果的一种解释》,涂又光译,《三松堂全集》第11卷,第48页。

② Yu-lan Fung,“Reviewed Work:Eastern and Western Cultures and their Philosophies by Liang Shuming”,pp. 611-614.

③ 原文见 Yu-lan Fung,“Why China Has No Science:An Interpretation of the History and Consequences of Chinese Philosophy”,pp. 257,258;译文见冯友兰:《为什么中国没有科学——对中国哲学的历史及其后果的一种解释》,涂又光译,《三松堂全集》第11卷,第49页。

④ 原文见 Yu-lan Fung,“Why China Has No Science:An Interpretation of the History and Consequences of Chinese Philosophy”,pp. 257,258;译文见冯友兰:《为什么中国没有科学——对中国哲学的历史及其后果的一种解释》,涂又光译,《三松堂全集》第11卷,第49页。

出:“1923年8月20日,西德尼·L.古力克博士在纽约肖托夸(Chautauqua)①发表了题为‘当今中国与世界’的演讲。我们引用以下几句具有启发性的话:危险在于,当中国学习时,其他国家变得不耐烦了……寻求一个最终没有战争的世界的西方人,必须尽最大努力引导他们各自国家的舆论转向欣赏中国和同情她的特殊问题的态度……对高等教育的需求已经远远超出了所提供的机构的能力……在教育、语言改革、减少表意文字的使用和普及新发明的语音方面,有许多新的举措。有文艺复兴运动;新儒家运动(a new-Confucian movement);反基督教运动;体育运动;女权运动。劳动正变得自觉起来。罢工经常发生……在外国人中,对中国的未来感到悲观是目前的普遍现象。在中国,唯一给人持乐观态度的群体是传教士群体。他们不期望一年或十年就能从他们的劳动中得到结果……商家最迟几年要有利润;否则他们将面临失败。传教士们却不是这样……中国在一代人的时间里经历了西方国家三个世纪以来经历的知识革命、工业革命和政治革命……至于说中国除了回归君主政体之外没有希望的说法,我发现没有一个中国人不是完全否定它……在这幅相当黑暗的画面中,最有希望的一个因素是数百万中国人的明确印象,他们真的相信有绝对可以信任的白人,因为他们被善意和乐于助人的精神所控制……除非美国的国际政策完全基督教化,否则基督教运动在中国永远不会取得很大的成功。”②文中使用了“a new-Confucian movement”的说法来指称当时兴起的现代新儒家运动,并且明确将“new-Confucian”作为一个整体的专有名词(所以中间用了连词符“-”)。这是已知最早使用“new-Confucian”指称现代新儒家的用例。但这一用法在20世纪40年代(具体来说是1944年,详见下文)之前并未固定下来,因此在当时只能算作一个特例。

接着出现了第一例使用“new Confucian”的学位论文,即1925年THEODORE ENCHENG HSIAO(萧铁笛)在向纽约大学提交的博士论文*A HISTORY OF MODERN EDUCATION IN CHINA*(《中国近代教育史》)中指

---

① 肖托夸(Chautauqua)是美国纽约州的一个地名,1874年肖托夸夏季教育集会首创于此。因其于19世纪末20世纪初组织广为流行的类似夏季暑期学校的活动而被广为发展。肖托夸运动是19世纪后半期美国兴起的以成人教育和函授教育为主的教育运动。由新泽西州基督教卫理公会牧师文森特等创办的主日学校教师集训会演进而成。1874年,在纽约州肖托夸湖边主办集会,容纳各教派参加,其活动远超出对《圣经》的研究。1879年,由哈珀建立一所语言学校,并在夏季集会后,应学员请求开办函授学校。不久形成运动,并迅速扩展到全国许多地区,1924年达到顶点。1930年后渐趋衰落,但其后仍在肖托夸湖边开展吸引许多成人参加的活动。

② Anonymous,“Have Hope in China”,*The Chinese Recorder*(1912—1938),1923-11-1,p. 698.

出:“秦朝的教育从基督教时代之前的8世纪开始,出现了一段漫长的衰退期,在此期间,周朝封建制度的基础及其机构在封建诸侯的普遍不服从中被摧毁。帝国至上主义不再受到尊重,教育完全被忽视。在基督教时代之前的6世纪,孔子重新唤起了人们对古代制度的记忆,他试图将这些制度恢复给同时代人。公元4世纪中叶,孟子延续了他师父的训诫,要求君王重新建立学校。孔子和孟子在诸侯王那里都没有成功,但新学派的力量却在增强。在基督教时代之前的3世纪中叶,中国西部王国的一位王子征服了所有其他王国,成了皇帝,名字叫秦始皇。他对新儒家学派(the new Confucian school)非常敌视,……在这一时期,包含在孔子及其弟子著作中的一种新的知识体系出现了,它形成了后世教育的基础,并标志着一些影响的开始,这些影响使中国教育在性质上纯粹是文学的,而仅限于经典的研究。曾经由国家支持和监督的大众教育变成了私人产业的工作,并在各个时代继续下去。这一时期还诞生了许多哲学家,其中最突出的是老子、墨子、杨朱、荀况和鬼谷子。用毛笔蘸墨书写汉字的艺术是在这一时期由秦始皇的一位名叫蒙恬的将军发明的。引入了一种新的汉字书写系统。”①文中使用了“the new Confucian school”来指称孔子开创的新儒家学派,因为“儒”这一名称由来已久,但一开始只是指主持祭祀的方术之士,带有强烈的宗教色彩,直到孔子才转向以伦理道德为中心的人文理性主义,因此以孔孟为代表的春秋战国时代儒家学派相比于之前的殷商“旧儒家”确实可称为“新儒家学派”。总之,此例中的“new Confucian”并不是用来指称宋明或现当代新儒家的专有名词,而是用来泛指历史上某种“新”的“儒家”的一般概念。

1929年10月1日S. Lautenschlager在*The Chinese Recorder*(《教务杂志》)上发表的题为“Religion in Harbin”(《哈尔滨的宗教》)的文章中指出:“一座耗资超过100万美元的新文庙(A new Confucian Temple)即将完工。铁丝网非常精细,几乎看不见,它保护着这栋建筑外面最精美的画作。主楼的天花板美得难以形容。在我看来,它的建筑、绘画和雕塑作品与北平的宫殿相当。这颗艺术之美的宝石被称为‘文化圣殿’(文庙)。我在欧洲从未见过比这更具艺术性的东西。这座圣殿给人一种与宇宙的统一感:人们与所有热爱真理和美丽的人都有一种特殊的亲缘关系。距离同样位于郊外的‘文化圣殿(Temple of Culture)’一英里处,有一座新的佛教寺庙,耗资70万美元。在这里,我们看到牧师和礼拜者开着汽车来参加周日的晨礼。……

---

① THEODORE ENCHENG HSIAO, *A History of Modern Education in China*, Ph.D, New York University, 1925, pp. 31, 32.

没有人攻击基督教,基督教也没有攻击其他宗教。哈尔滨人似乎有更大的事情要做。他们正在用东西方最好的元素合作建设一个新的文明。他们保留了中国古代文化中的精华,为其增添了现代科学和服务与牺牲的宗教精神。在旧传统的共产主义俄罗斯和中国之间,北满洲正在建立一种新的文化。在这里,东方和西方在更大的文明中相遇,这不仅是一个新中国的预言,也是一个新世界的预言。”①这里所谓的“A new Confucian Temple”是指当时在哈尔滨新建的文庙(祭祀孔子的庙,又称孔庙或夫子庙。唐玄宗封孔子为文宣王,因此称孔庙为文宣王庙,元明以后省称为文庙),也就是“new”(新)和“Confucian Temple”(文庙、孔庙)的复合词,因此与上述指称历史上“新儒家”的用法不一样,当然也可以从字面上理解为“新的儒家圣殿”(新文庙)。这种用法很常见,较早的用例还有 1934 年 11 月 1 日 *The Chinese Recorder*(《教务杂志》)上刊载 Frank Rawlinson 的“Inter-Religionist Cooperation in China”(《中国的宗教间合作》)一文中提到“a large new Confucian temple has recently been erected in Hongkong”,即当时在香港新建了一座大型文庙②。还有 1936 年 2 月 8 日 *The China Weekly Review*(《密勒氏评论报》上提到了日本东京的一座新文庙(the new Confucian Temple in Tokyo)③等。

1929 年 11 月 1 日 *The Chinese Recorder*(《教务杂志》)上发表的一篇书评中指出:“胡适博士撰写了《儒教在汉代被确立为国教考》,汉代是基督教时代之前的二和一世纪。这一时期,道家的宁静主义影响逐渐减弱,迷信盛行。在对道家的地位进行了启发性的讨论之后,胡博士继续展示了儒学是如何逐渐恢复其地位的,主要是由于秦始皇的攻击而失去的。它成为了一种‘国教’,正如许多其他思想体系所做的那样——使自己适应环境的迷信,在某种程度上甚至‘把迷信与自己结合起来’。因此,它成为了原始崇拜和儒家思想的混合体。接下来的‘神学’,胡博士总结如下。(1)相信人格化的上帝或天堂,他愿意、知道并监督人们和政府的行为。(2)相信神和死者的灵魂也会监督人们和政府的行为。(3)相信善与恶的报应。(4)相信天与人之间有一种相互关系,邪恶的行为倾向于带来来自天堂的警告和愤怒的惩罚,善行导致吉祥的预兆和奖赏。(5)相信预言(占卜)事件的可

---

① S. Lautenschlager,“Religion in Harbin”,*The Chinese Recorder*(1912—1938),1929-10-1,p. 658.

② Frank Rawlinson,“Inter-Religionist Cooperation in China”,*The Chinese Recorder*(1912—1938),1934-11-1,p. 695.

③ Anonymous,“Other 2--No Title”,*The China Weekly Review*(1923—1950),1936-2-8,p. 338.

能性，相信人类有能力安抚上帝，甚至通过美德和功绩的积累来改变天体的轨道。(6)相信占星术是一门解释与人类和政治事件有关的天象意义的科学。然而，尽管这种新儒学(this new Confucianism)的整体基调是宗教的，但它的潜在动机，无论是否有意识，几乎完全是政治的。当然，这引起了很多争议。然而，这场运动建立了一套教育体系，这是它的最大成就，它持续了许多世纪，最终极大地削弱了创造它的迷信儒学。"①这里评论的是胡适在1929年发表的英文文章"The Establishment of Confucianism as a State Religion during the Han Dynasty"(《儒教在汉代被确立为国教考》)。胡适认为，汉代儒学与先秦孔孟的道德理性主义完全不同，已经成为一种在思想信仰上帮助统治者树立权威的宗教，这种宗教的本质是通过儒家经典所伪装的巫术和迷信，其动机来自于大一统的政治目的。所以文中使用了"new Confucianism"来指称与先秦儒学不同的以董仲舒为代表的汉代新儒学。事实上，胡适在其中文著作中也曾多次使用"新儒"(指春秋末期由孔子开创的区别于以宗教祭祀为职责的殷商原始儒者的新儒)②和"新儒教"(指汉代董仲舒创立的宗教神学儒教体系或孔子创立的人文主义新儒教)概念，但都不是指宋明或现当代的"新儒家(学)"③。总之，此例中的"new Confucianism"也是泛指"新"的"儒学"，而不是用来指称现代新儒学的专有名词。

1933年8月1日的*The Chinese Recorder*(《教务杂志》)上发表了对徐宝谦(pao-chien hsü)1933年向哥伦比亚大学提交的博士论文"Ethical realism in neo-Confucian thought"(《新儒家思想中的伦理现实主义》)的评论，指出："所谓宋明新儒学(Neo-Confucianism)，作者指的是在佛教和道教的推动下兴起的新儒家学派(the new Confucian school)。这项工作的目的是追踪和遵循这些思想，并展示在这方面对儒家思想产生的影响，以及对其教学和原则的修改。"④该文中同时使用了"Neo-Confucianism"和"new Confucianism"，前者指宋明新儒学，后者则是泛指"新"的"儒学"，而"宋明新儒学"无疑也是一种"新"的"儒学"。顺带指出的是，这里评论的徐宝谦的英文博士论文是目前已知最早以"Neo-Confucian"作为题目的博士学位论文。该文主要讨论基督教信仰与中国文化的沟通问题。而"Neo-Confucian(ism)"概念的最早雏形

① Anonymous, "Review 2--No Title", *The Chinese Recorder*(1912—1938), 1929-11-1, p. 732.

② 参见胡适：《说儒》，《胡适文存四集》，《胡适文集》第5册，北京大学出版社1998年版，第47、48页。

③ 参见胡适：《王充的哲学》，《胡适集外学术文集》，《胡适文集》第10册，北京大学出版社1998年版，第374页。

④ Anonymous, "Our Book Table", *The Chinese Recorder*(1912—1938), 1933-8-1, p. 527.

就是明清之际天主教耶稣会士创造的，用来指称对儒家经典的新诠释及其无神论倾向违背原始儒学的宋明新儒家，并据此附会先秦原始儒学，批判宋明“新儒学”。因此关于耶儒交涉的论著多使用“Neo-Confucian(ism)”概念。

1941年William Cohn在其题为“Chinese Art in the Light of Comparative Study-Ⅱ”(《比较研究视野中的中国艺术Ⅱ》)的文章中使用了“new Confucianism”一词，指出：“当时有两个运动留下了他们的印记，佛教禅宗和新儒学(the new Confucianism)，后者在伟大的哲学家朱熹身上找到了最热切的拥护者。”①又说：“宋代艺术所提供的充分成熟和平衡的方面也是如此。其文艺复兴般的特点一方面与雕版印刷的高潮密切相关，另一方面与新儒学(the new Confucianism)的黄金时代密切相关。”②可知William Cohn这里所说的“the new Confucianism”指的是宋代新儒学(即Neo-Confucianism)，而非指现代新儒学。William Cohn之所以未使用西方本有的“Neo-Confucianism”概念来指称宋代新儒学，当是因为“Neo-Confucianism”一词在当时的学界并不流行。学界广泛传播并固定使用“Neo-Confucianism”概念来指称宋明新儒学要等到20世纪50年代冯友兰著、卜德翻译的*A history of Chinese philosophy*(《中国哲学史》)二卷本出版之后了。

1943年10月29日的*Wilson College*：*Campus Newspaper*(《威尔逊学院：校报》)上刊载的一篇题为“The Wilson Billboard, Vol. XXIV, No. 7”(《威尔逊公告牌，第24卷，第7期》)的报导中指出：“刘小姐周一演讲的主题是‘中国文化’。她将这个非常宽泛的话题局限于宗教和艺术两个阶段。刘小姐说，中国的宗教可以分为三个伟大的时期。第一个时期，从宗教起源到公元前600年，其特点是崇拜死者的灵魂、自然的力量和‘至高无上的皇帝’。后来，这个时代的伟大诗人表达了这些思想。公元前七世纪，哲学家时代兴起，其中最著名的是老子、墨子和孔子。第二个时期始于公元四世纪从印度传入佛教，一直持续到十一世纪。第三个时期是新儒家时代(the new Confucian age)，持续到1911年；从那时起，所有宗教在中国都得到了容忍和接受。谈到艺术，刘小姐说，中国有七门‘文科’：书法、绘画、音乐、诗歌、象棋、饮酒艺术和赏花艺术；她特别谈到绘画和音乐。”③

① William Cohn, “Chinese Art in the Light of Comparative Study-Ⅱ”, *The Burlington Magazine for Connoisseurs*, Vol. 79, No. 461(1941), p. 60.

② William Cohn, “Chinese Art in the Light of Comparative Study-Ⅱ”, *The Burlington Magazine for Connoisseurs*, Vol. 79, No. 461(1941), p. 60.

③ Wilson College, “The Wilson Billboard, Vol. XXIV, No. 7”, *Wilson College*: *Campus Newspaper*, 1943-10-29.

可知这里所说的“new Confucian”也是指从公元11世纪即宋学的开端至1911年清朝灭亡为止的宋元明清新儒家(即广义的宋明新儒家),而非指现代新儒家。

接下来出现了第一次使用“new Confucianism”来指称20世纪兴起的现代新儒学的例子。即1944年5月张其昀(Chang Chi-Yun)在*The Far Eastern Quarterly*(《远东研究季刊》,创刊于1941年,哥伦比亚大学出版社出版)上发表的题为“The Centenary Celebration of Sino-American Intellectual Friendship”(《中美知识分子友谊百年庆典》)的文章中指出:“第一次世界大战后,约翰·杜威和伯特兰·罗素应中国邀请,到顶尖大学讲学和举行讨论会。在仔细观察了中国文化之后,罗素教授说:‘我们文明的独特优点是科学的方法论;中国人的独特优点是对生命终结的公正观念。人们一定希望看到这两者逐渐联合起来。’随着中国科学的最新发展,现在出现了一种新儒学运动(a movement of new Confucianism),一种积极和批判的人文主义。……这两股思潮的汇合,将带来中华文化的复兴,并可能是对现代世界困难的适当答案,或至少是对适当答案的实质性贡献。”①该文中论述了西方科学主义(在中国体现为科学派)与中国人文主义(在中国体现为玄学派,即现代新儒学)的融合。其所谓“new Confucianism”无疑就是指当时兴起的现代新儒学。如上文所述,现代新儒学思潮萌芽于清末康有为为代表的保守主义②,其正式兴起则是在五四运动之后的20世纪20年代,而真正形成规模并引起学界系统研究则要等到20世纪40年代。当时梁漱溟、熊十力、马一浮、张君劢、冯友兰、贺麟等第一代现代新儒家均已建构了各自的新儒学思想体系并在思想界产生了重大影响。而如上章所述,当时在中国国内开始出现以中文“新儒家(学)”来指称现代新儒家(学)乃至战国秦汉等其他时代“新儒家(学)”的研究论著。而在此之前,从1926年冯友兰首次使用中文“新儒家(学)”开始,中文学界使用的“新儒家(学)”都是指宋明新儒家(学)。相应地,为了与“neo Confucian(ism)”[宋明新儒家(学)]区别开来,学界开始使用“new Confucian(ism)”来专门指称现代新儒家(学)。

1944年8月同样发表在*The Far Eastern Quarterly*上的Meribeth E. Ca-

① Chang Chi-Yun,“The Centenary Celebration of Sino-American Intellectual Friendship”,*The Far Eastern Quarterly*,Vol. 3,No. 3(1944),p. 209.

② 喻大华:《晚清文化保守思潮研究》,第168—211页;欧德良:《晚清文化保守思潮管窥——以康有为改造儒学活动为中心的考察》,第5—8页;干春松:《康有为与现代儒学思潮的关系辨析》,第22—30页。

meron 对陈荣捷著 *Philosophies of China*(《中国哲学》)的评论中指出:"陈荣捷著的《中国哲学》[纽约:哲学图书馆,1944(?),第 30 页]转载自《二十世纪哲学》,由 Dagobert D. Runes 编辑。作者把当代中国的知识分子生活描绘成哲学冲突的战场,'(1)儒家最近试图重新调整自我,(2)西方的攻击,(3)佛教的复兴,以及(4)新儒家理性哲学(the New Confucian Rational Philosophy)的出现。'本文将康德、马克思、杜威、罗素等人的思想在中国近代思想体系中加以适当的定位,并分析胡适、张东荪、冯友兰等中国知识分子的思想。整个讨论是聪明的、明智的和适当的,为中国当代思想的发酵提供了有益的介绍。"①其所谓"New Confucian"与上例一样是指 20 世纪兴起的融合了西方理性主义哲学的现代新儒家。更具体来说,其所谓"the New Confucian Rational Philosophy"(新儒家理性哲学)当是指冯友兰基于新实在论构建的"新理学"思想体系。结合上例来看,从这时开始"new Confucian"及"new Confucianism"已经不再像之前那样与"neo Confucian(ism)"[宋明新儒家(学)]概念相混同,而是开始固定成为指称现代新儒家(学)的专有名词了。

1946 年 CHANNING LIEM 在其向普林斯顿大学提交的博士论文 *THE INFLUENCE OF WESTERN POLITICAL THOUGHT UPON CHINA*(《西方政治思想对中国的影响》)中指出:"然而,当他'回到'这个世界时,康有为发现自己的国家处于一个悲惨的状态,感到很难过。他用自己的笔写道:'1885 年法国占领福州后,中国灭亡的危险明显临近。'康有为认为中国的需要是迫切的。但在决定他应该走什么道路之前,他想亲眼看看整个国家的状况。于是,在他去北京参加科举考试的途中,他周游了中国。在那次旅行中,他访问了香港和上海,并对城市的清洁及政府和民间组织的效率留下了深刻的印象,并承认居住在这些建立良好和治理良好的城市的人们。在随后的 5 年游历中,他对西方国家背景的深入研究和对本国国情的深入观察,使他深刻地认识到,除非采用西方的思想和方法来振兴中国老朽、停滞的人民和政府,否则中国作为一个主权国家的终结就不远了。因此,他于 1891 年回到家乡,开始教授西方文明和新儒家思想(the new Confucianism)。"②这里所谓的"the new Confucianism"当指康有为本人"新"的儒家思想,可能也是一种泛指,而不是指称现代新儒学的专有名词。但如前所述,康有为本身是

① Meribeth E. Cameron,"Book Notes",*The Far Eastern Quarterly*,Vol. 3,No. 4(1944),p. 404.

② Channing Liem,*The Influence of Western Political Thought Upon China*,Ph.D,Princeton University,1946,p. 140.

现代新儒家的先驱,因此不排除作者将康有为视为现代新儒家的可能性,这样的话此处就是指宽泛意义上的现代新儒学了。

1948 年陈荣捷(Chan Wing-tsit)在为冯友兰著、休斯翻译的 *The Spirit of Chinese Philosophy*(《中国哲学之精神》,即冯友兰《新原道》的英译本,1947年出版)一书撰写的书评中指出:"在冯教授自己的体系——'新理学'(新儒家理性主义)中,试图通过'现代逻辑对形而上学的批判'和建立'一种完全脱离实际的形而上学'(第 204 页)来'达到抽象的领域,并超越现实'(第203 页)。提出了四个形式命题:如果有事物,就一定有规律;如果有规律,就一定有物质;一个事物的存在是某一规律以它的质料实现的一个连续的过程;一即一切,一切即一(第 205—Ⅱ页)。这些命题及其产生的形而上学超越了形状和特征。在这个领域里的人被抽象的事物所吸引,被带到了更广阔的世界。"①陈荣捷用韦氏拼音"Hsin Li Hsfieh"来音译冯友兰的"新理学",紧跟着在后面的括号中将其解释为"新儒家理性主义"(New Confucian Rationalism),可知此例与前述 1944 年 8 月例子中的"New Confucian"用法完全一致,都是指以冯友兰为代表的现代新儒家。同时,值得注意的是,陈荣捷在该文中也提到了宋明新儒家,使用的是"Neo-Confucianists"一词。可知陈荣捷已经非常明确地将"Neo Confucian"(宋明新儒家)和"New Confucian"(现代新儒家)区分开来了。

由上述 20 世纪 50 年代以前的"new Confucian"及"new Confucianism"用例可知,"New Confucian(ism)"和"Neo Confucian(ism)"一样,最早为基督教传教士(同时也是汉学家)所使用,其中"New Confucian"由于可以后接各种词语组成复合词,所以更加常见,并且在 1923 年就已经被用来指称现代新儒家,"New Confucianism"则要等到 1944 年才首次被用来指称现代新儒学。总的来看,早期"New Confucian(ism)"多被用来泛指某种"新"的"儒家(学)",直到 20 世纪 40 年代以后,随着现代新儒家(学)思潮及其研究的兴盛,学界才开始比较固定地使用"New-Confucian(ism)"来指称当时兴起的现代新儒家(学),以区别于历史上的"Neo-Confucian(ism)"(宋明新儒家、宋明新儒学)。

---

① Chan Wing-tsit,"Review of The Spirit of Chinese Philosophy.,by F. Yu-lan & E. R. Hughes", *Pacific Affairs*,Vol. 21,No. 3(1948),p. 301.

第二节 “New Confucian(ism)”概念的三种意义及其在当代的使用
——兼论其与“Neo Confucian(ism)”概念的关系

下面首先总结“new Confucian(ism)”的三种意义和用法，进而论述其在当代的使用，在此基础上论述其与“Neo Confucian(ism)”的交涉关系。

第一种意义和用法是在“new Confucian(ism)”的前面加不定冠词“a”成为“a new Confucian(ism)”，意为“一种新儒家(学)”，如上述冯友兰在1922年的用例。在这种用法下，“new Confucian(ism)”并不固定指现代新儒家(或)或宋明新儒家(学)，而是泛指中国乃至日本、朝鲜等各国历史上出现的“新儒家(学)”，因为每一时代的“儒家(学)”相对于前一时代来说都可称为“新”的“儒家(学)”。如孔子相对于殷商儒者是“新儒家”，董仲舒相对于先秦孔孟也是“新儒家”，更不用说宋明及现当代的“新儒家(学)”了。总之，“新”“旧”这种相对概念几乎可以套在每个时代的思想家身上，这种不确定性也是“新儒家(学)”概念引起学者诟病的地方①。这种用法在20世纪50年代以后仍然存在。

“a new Confucian”的用例如1951年Homer H. Dubs在一篇题为“Confucius:His Life and Teaching”(《孔子:他的生平与教诲》)的文章中指出:“对这一时期的滞后认识是我们对孔子认识的典型。人们一直认为他是世界上最伟大的人物之一。但他生命中的重要事件被忽视了，他的教义在这几千年里一直被误解。原因很简单:在他的时代之后不到两个世纪，孟子就宣布他为圣人，是圣人中最伟大的一位。圣人应该是不会犯错的，所以他做任何事情都不会失败。因此，孔子的政治生涯被扭曲了。此外，他还成为儒家的伟大权威。然后，每一位儒家哲学家，还有一些道家，都在孔子的教导中读到了这位哲学家想要被接受的信念，因为通过将这些信念放入权威之口，这些教义也变得权威起来。因此，每当一种新的儒家(a new Confucian)哲学出现时，孔子的真正教义就会被重新扭曲。他嘴里说了许多他从来不会说的话。在过去的五百年里，他的教义一直是按照中世纪的新儒家(Neo-Confucian)哲学来解释的，这在某些方面与孔子的思想有很大的不同。因此，在我们开始了解孔子是什么样的人或他所教的东西之前，有必要对现有

① 吴小如:《不赞成“新儒学”和“儒教”这两个提法——〈严群文集〉序》，《博览群书》2017年第4期。

的证据进行彻底和仔细的检查。然而，这样的程序需要很多时间和精力。"①该文中同时使用了"a new Confucian"和"Neo-Confucian"，前者是泛指中国历史上出现过的各种"新的儒学"，而后者则是特指中世纪的"新儒家"，即宋明新儒家。

"a new Confucianism"的用例如 1958 年 V. Hrdličková在为日本学者岛田虔次的文章《中國近世の主觀唯心論について(萬物一體の仁の思想)》撰写的评论中指出："这篇文章本质上是对现代中国学者对某些儒家思想家，尤其是对谭嗣同所采取的态度的批评。作者追溯了中国思想中主观唯心主义哲学的发展，以及仁、'人性'的不同观念，基于'万物一体'的原则。主观唯心主义学派(在宋代哲学中发展起来的三大儒家思想流派之一)的创始人是程颢(1032—1085)。他强调了仁的原则的重要性，发展了仁源于'万物一体'原则的理论。在十五世纪，王阳明进一步发展了程颢的思想，采取了反对儒家名教的革命立场，并详细阐述了'万物一体'的理论。然而，在接近 19 世纪末的时候，哲学家谭嗣同将他的学说称为仁学，在这一理论的最终形成中发挥了最大的作用。和程颢一样，谭嗣同要反对'名教'，但他不仅仅是一个异端，在'万物一体'的仁学基础上，他公开反对现存的政治权威。同时，他认为应该发展一种新的儒学(a new Confucianism)作为官方哲学。本文作者与现代中国学者争论，质疑主观唯心主义者及其'万物一体'的仁学在多大程度上是真正的进步。"②文中使用的"a new Confucianism"即是泛指与前代不同的"新"的儒学。

1954 年 Hsi-Tseng Wen 在向南加州大学提交的博士论文 *The status of man in Neo-Confucianism*(《新儒学中人的地位》)中指出："长期以来，中国人的思想在儒、道、佛之间摇摆不定。直到宋朝(960—1276)和明朝(1367—1643)，一批新的天才人物成功地将儒家、道家和佛教这三者结合在一起，并将新的哲学思想灌输到中国人的思想中。这些哲学家自己声称他们的教义是真正的儒家思想。但它必须是一种新的儒家思想(a new Confucianism)，如果它是一种儒家思想的话。由于这种新的教义始于宋朝，因此被称为'宋学'。'新儒学(Neo-Confucianism)'一词在西方被用来指宋明时期的新哲学。然而，这个词并不是直接从中文翻译过来的。在中国，每

① Homer H. Dubs, "Confucius: His Life and Teaching", *Philosophy*, Vol. 26, No. 96 (1951), p. 30.

② V. Hrdličková, "Review of Chūgoku kinsei no shukan yuishinron ni tsuite: Bambutsu ittai no jin no shisō 中國近世の主觀唯心論について(萬物一體の仁の思想). Tōhō gakuhō 28, by K. Shimada & 島田虔次", *Revue Bibliographique de Sinologie*, Vol. 4(1958), p. 372.

个朝代的哲学都以其朝代的名称来区分。因此,宋朝时期的哲学被称为宋学(宋朝哲学)。也被称为理学(理性哲学)、性理学(性与理的哲学)和道学(真理的哲学),因为理、性和道是当时的基本概念。同样,明朝时期的哲学被称为明学(明朝哲学)。它也被称为心学(心灵哲学),因为这一时期的主要哲学是唯心主义,尽管理性主义继续存在。由于明代的唯心主义也集中在理与性的问题上,所以它的体系也被称为'理学'或'性理学',就像宋朝哲学一样。"①又说:"这些哲学家自己声称他们的教义是真正的儒家思想。但如果它是一种儒家思想,那么它必须是一种新的儒家思想(a new Confucianism)。随着宋代新儒家开始理解由禅宗修改的佛教时,他们开始根据佛教和道教重新解释儒家的经典文献。令他们高兴和惊讶的是,他们认为自己可以在古典时期的儒家哲学中找到禅宗的所有问题。有一种理想是通过智力训练来培养个人。但个人的完美本身从来不是目的,也不仅仅是为了个人的救赎。个人的完美只是家庭、国家和世界秩序的必要步骤。整个目标必须是改善社会。理想是成为一个社会化的人。"②上述两处都是泛指宋明新儒学相对于前代的儒学是一种"新"的儒家思想(a new Confucianism)。

需要注意的是,"a new Confucian(ism)"并不仅限于指中国的新儒家(学),还包括日本、朝鲜等东亚儒家文化圈国家乃至世界各地发展起来的"新"儒家(学)。如1967年日本学者加藤周一(Katō Shūichi)在一篇英文文章中提到了1725年在京都和大阪建立的一所新儒家学校(a new Confucian school),指出参与此事的学者三轮执斋是受王阳明学说影响很深的儒家学者之一,但三轮执斋同时也没有明确拒绝朱熹学说。③ 其所说的"a new Confucian"即是日本接受中国宋明新儒学(包括朱子学与阳明学)而发展起来的日本江户时代的新儒家(学)。

总的来看,这种加不定冠词"a"来泛指古今中外历史上某种"新"的"儒学"的用法在"new Confucian(ism)"的用例中一直存在并延续至今。这种意义下的"new Confucian(ism)"就不是一个专有名词,实际上是"new"和"Confucian(ism)"的复合词组,并不固定指宋明或现代等某一特定时代的

① Hsi-Tseng Wen, *The status of man in Neo-Confucianism*, Ph.D, University of Southern California, 1954, pp. 117, 118.

② Hsi-Tseng Wen, *The status of man in Neo-Confucianism*, Ph.D, University of Southern California, 1954, , p. 271.

③ Katō Shūichi, "Tominaga Nakamoto, 1715-46. A Tokugawa Iconoclast", *Monumenta Nipponica*, Vol. 22, No. 1/2(1967), p. 182.

新儒家(学)。

第二种意义和用法是使用“new Confucian(ism)”来指称宋明新儒家(学),有时会在前面加上定冠词“the”而成为“the new Confucian(ism)”,用来指称宋明某一特定时期或特定人物的新儒家(学)。这种场合下的“new Confucian(ism)”实质上就成为“neo Confucian(ism)”的同义词了。除了上述 1941 年和 1943 年等多个例子之外,进入 20 世纪 50 年代以后仍然有学者使用这种意义上的“new Confucian(ism)”。

如 1952 年 P. D'Elia 和 George C. Ring 在其题为“Review of Religions of the Far East,by G. C. Ring.”(《远东宗教评论》,G.C.Ring 著)的书评中指出:“在关于中国宗教的十章中,真正涉及宗教的只有六章,其余四章都是关于中国通史的。关于天堂的第 5 章和第 8 章(为什么《帝王》天堂?)和孔子写得特别好。然而,令人遗憾的是,中国古代的宗教实际上始于国家,一直持续到公元前四世纪左右,基本上是一神论和纯粹的宗教,与首先是道教,然后是佛教,最后是朱熹的新儒家思想(the new Confucianism of Chu Hsi)的错误之间没有明确的分界线。读者没有看到这条分界线,就会奇怪第五章的纯粹宗教为何没有被下一章关于神和灵魂的章节所破坏。此外,关于从公元前 113 年持续到公元 1916 年的天地崇拜,以及从公元前 3 世纪到公元 1067 年近 14 个世纪以来,文人之间围绕上帝是一元还是五元这个问题的争论,都没有进一步的讨论。这两个问题在我的文章《中国政治》中都有详细讨论,《罗马大学东方研究中心》,1947 年,第 22 期,第 99—138 页。”①文中使用了“the new Confucianism of Chu Hsi”来特指宋代理学集大成者朱熹的新儒家思想。

又如 1954 年陈荣捷(Wing-Tsit Chan)在其撰写的一篇书评中指出:“这是第一本以欧洲语言写成的关于新儒学奠基人周敦颐(1017—1073)的长篇研究,以周敦颐的一生为开端,讲述了一个漫长、系统和详细的故事,突出了他的保守主义,与王安石的激进主义形成鲜明对比。周氏的前辈如胡瑗(第 16 页)和他的追随者如程伊川(第 14、17、18 页)之间的关系被清楚地陈述出来。第二章很好地解释了新儒学(New-Confucianism)的起源,考虑到对唐代考据的反对,印刷术的发展,文学作为‘道的体现’的新概念,新旧学派对经典的对立态度,以及佛教的影响。周敦颐为传统儒家伦理提供了形而上学的基础,由此开创了新儒学(Neo-Confucianism)。在接下来的一章中,关于周敦颐的作品,有很多关于阴阳、五行、道、周易等的基本信息,并对

① P. D'Elia and George C. Ring,“Review of Religions of the Far East,by G. C. Ring”,*Gregorianum*,Vol. 33,No. 3(1952),p. 480.

某些词语的各种欧译进行比较。人们希望这部分篇幅能被用来详尽地讨论《太极图》的起源,这是中国思想史上的主要争议之一,清朝学者对此有大量著述。然而,作者通过使用二手资料,在一定程度上探讨了这个问题。同样,朱熹和陆象山之间关于无极意义的争论也被清楚地陈述出来,尽管再次通过使用二手资料。”①据笔者考察,该文中共 6 次使用了“Neo-Confucian(ism)”来指称宋代新儒家(学),只有在上引这段文字中使用了 1 次“New-Confucianism”来指称宋代新儒学,因此有些可疑(不排除作者笔误或印刷错误的可能性)。因为陈荣捷本人是 20 世纪 50 年代以后“Neo-Confucian(ism)”概念的积极使用者和宋明新儒学研究的领导者之一。当然这也可能表明在当时“New-Confucian(ism)”和“Neo-Confucian(ism)”还没有被完全严格区别开来,所以出现这种混用的情况。

无独有偶,1957 年 Arthur F. Wright(芮沃寿)在题为“Buddhism and Chinese Culture:Phases of Interaction”(《佛教与中国文化:互动的阶段》)的一篇文章中指出:“845 年的迫害带来了整个帝国对佛教机构的大规模破坏,神职人员的大规模世俗化,以及土地、财富、权力和威望的损失。佛教后来被允许复兴,但它再也没有被视为国家权力的重要附属品。在接受的时代,在复兴的儒家思想的帮助下,中国政府再次与这一帝国和平共处,重申了其对国内所有制度、习俗和思想的直接控制。随着受过教育的精英转向新儒家思想(the new Confucianism),佛教思想不再是知识分子生活的共同财富。本土道教的力量缓慢而稳步地侵蚀着佛教在群众中赢得的地位。所有这些都是过渡到我所说的侵占时代的各个方面。这是一个渐进的转变,但在公元 900 年到 1000 年之间,佛教和中国文化之间的这种新的和最终的互动模式发生了转变。”②该文和上例中陈荣捷的文章类似,共 11 次使用“Neo-Confucianism”来指称宋代新儒学,只在上面这段中使用了 1 次“new Confucianism”来指称宋代新儒学。可能是因为此处从严格意义上来说是指称作为宋代新儒学先驱的唐代韩愈、李翱等人的思想,与真正严格意义上的宋代新儒学(Neo-Confucianism)还有一定的区别。从字面意义上来说,“new Confucianism”本来就可以泛指一切时代的新儒学,当代也可以用来指称宋明新儒学,同时虽然宋明新儒学早已有“Neo-Confucianism”这一专有名称,

① Wing-Tsit Chan,“Review of La Philosophie Morale dans le Neo-Confucianisme(Tcheou Touen-yi).,by C. Yih-Ching & P. Demieville”,*The Far Eastern Quarterly*,Vol. 14,No. 1(1954),pp. 100,101.

② Arthur F. Wright,“Buddhism and Chinese Culture:Phases of Interaction”,*Journal of Asian Studies*,Vol. 17,No. 1(1957),p. 38.

但其普及要等到 20 世纪 50 年代以后。因此在当时出现"New-Confucian(ism)"和"Neo-Confucian(ism)"的混用并不奇怪。

其后随着学界越来越普遍地使用"Neo-Confucian(ism)"来指称宋明新儒家(学),再加上现代新儒家(学)及其研究在世界范围内的兴起,尤其 20 世纪 50 年代后在港台及海外兴起的新一代当代新儒家(如牟宗三、唐君毅、徐复观等)的影响越来越大,"new Confucianism"也基本不再被用来指称宋明新儒家(学),而是被专门用来指称现当代新儒家(学)。这就是接下来要论述的第三种用法。

第三种意义和用法是目前学界最为通行的用法,即将"new Confucian(ism)"作为一个专有名词,用来指称区别于历史上的宋明新儒学[Neo Confucian(ism)]、在 20 世纪 20 年代之后兴起的现代新儒家(学)。如英文维基百科上关于"New Confucianism"一词的定义是:"New Confucianism(新儒学)是 20 世纪初在中华民国开始的一场儒家思想运动,并在后毛泽东时代的当代中国进一步发展。它主要是在五四运动期间发展起来的。它深受宋明新儒学的影响,但并不完全相同。它是一场具有各种中国传统的新保守主义运动,被视为包含宗教色彩;它主张将社会的某些儒家元素,如社会、生态和政治和谐,与西方哲学(如理性主义和人文主义)相结合,应用于当代语境。它的哲学已经成为中国大陆、台湾、香港和美国儒家学者讨论的焦点。"①

"New Confucian(ism)"的第三种用法如前所述在 20 世纪 40 年代以后逐渐流行,在当代英文的中国哲学研究文献中更是不胜枚举,还出现了大量以之作为标题的论著。如 Louie K.(2014)的 *New Confucianism in twenty-first century China: The construction of a discourse*(《21 世纪中国的新儒学:话语的构建》)②。该书探讨了儒家思想是如何被发展和提炼为与 21 世纪相关的新儒家思想的。又如 David Elstein(2012)的"Mou Zongsan's new Confucian democracy"(《牟宗三的新儒家民主》)③、Jun Deng 和 Craig A. Smith(2018)的"The rise of New Confucianism and the return of spirituality to politics in mainland China"(《新儒学的兴起与中国大陆政治的精神性回归》)④、Sylvia

① Wikipedia, *New Confucianism*, (2023 - 3 - 1), https://en.wikipedia.org/wiki/New_Confucianism, [2023-03-02].

② Jesus. Sole-Farras, *New Confucianism in Twenty-first Century China: The Construction of a Discourse*, Routledge Contemporary China Series, Vol. 108, New York: Routledge, 2014.

③ David Elstein, "Mou Zongsan's New Confucian Democracy", *Contemporary Political Theory*, Vol. 11, No. 2(2012), pp. 192-210.

④ Jun Deng and Craig A. Smith, "The Rise of New Confucianism and the Return of Spirituality to Politics in Mainland China", *China Information*, Vol. 32, No. 2(2018), pp. 294-314.

Chan(2003)的"Li Zehou and New Confucianism"(《李泽厚与新儒学》)①、Xianlin Song(2003)的"Reconstructing the Confucian ideal in 1980s China:The 'culture craze' and New Confucianism"(《20世纪80年代中国儒家理想的重构:"文化热"与新儒学》)②,等等。

综上所述,目前"new Confucian(ism)"主要有三种意义,第一种意义是不作为专有名词(一般加上不定冠词"a")来泛指历史上"新"的"儒家(学)",第二种意义是用来指称宋明新儒家(学),有时加上定冠词"the"来特指古代某位(种)宋明新儒家(学),上述两种意义的"new Confucian(ism)"都不是一个专门名词,其具体所指都可以是宋明新儒家(学)。尤其第二种意义的"new Confucian(ism)"与"Neo-Confucian(ism)"混同起来了。第三种意义是作为专有名词来指称现当代新儒家(学),这种意义的New Confucian(ism)与Neo-Confucian(ism)一般不可混用(但如下文所述,如果冠以Modern或Contemporary来限定的话则又混同了),其意义内涵和范围不同。总之,Neo-Confucianism是19世纪的西方近代基督教传教士创造的用来指称历史上宋明新儒学的概念(其源头可以追溯到明清之际天主教耶稣会士那里),而当代西方学界中的New Confucian(ism)则基本成为指称现当代新儒学的专有名词。

第三节　"Modern/Contemporary Neo Confucian(ism)"和"Modern/Contemporary New Confucian(ism)"概念的使用及其关系

如上所述,Neo Confucian(ism)是指称历史上的宋元明清"新儒家(学)"的专有名词,而New Confucian(ism)除了作为指称现当代"新儒家(学)"的专有名词之外,还可以用来泛指包括宋明新儒家(学)在内的一切"新"的儒家(学)。也就是说,New Confucian(ism)可以包含Neo Confucian(ism)在内,一旦加上Modern或Contemporary(现当代)对其范围加以限定之后,其意义反而趋于一致了。但相对来说,Modern Neo Confucian(ism)或Modern New Confucian(ism)一般是指20世纪以来的现代新儒学。Contem-

① Sylvia Chan,"Li Zehou and New Confucianism",in John Makeham,*New Confucianism:A Critical Examination*,New York:Palgrave Macmillan Ltd,2003.

② Xianlin Song,"Reconstructing the Confucian Ideal in 1980s China:The 'Culture Craze' and New Confucianism", in John Makeham, *New Confucianism: A Critical Examination*, New York: Palgrave Macmillan Ltd,2003.

porary Neo Confucian(ism)或 Contemporary New Confucian(ism)一般是指 20 世纪下半叶以来的当代新儒学。两者有时省称为 Modern/Contemporary Confucian(ism)。但由于 Modern 和 Contemporary 都有“现代的”“当代的”的意思,所以 Modern/Contemporary Neo Confucian(ism)和 Modern/Contemporary New Confucian(ism)的意义基本相同,都是指现当代新儒家(学),两者在当代学界中同时并行,使用哪一个完全视研究者的个人习惯而定。但相较而言,中国台湾学者倾向于使用 Contemporary New Confucianism(当代新儒学)这一术语来强调这一运动与宋明新儒学的连续性。中国大陆学者则更喜欢使用 Modern New Confucianism(现代新儒学),以强调五四之后的现代化时期①。具体分析如下:

其一,“Modern Neo Confucian(ism)”的用例最早见于 1970 年 *Catholic News Service-Newsfeeds*(《天主教新闻服务——新闻订阅》)上的一篇报道:“今天,在台湾和香港的大学里,有人在发展和提倡一种现代新儒学(a modern neo-Confucianism),即儒家人文主义。反对他们的是受西方影响的思想家,他们提倡科学人文主义,表面上抛弃了古老的传统。但根据法国耶稣会神父让·勒费弗尔(Jean Lefeuvre)的说法,即使是他们也受到儒家传统的影响。”②这里所谓“modern neo-Confucianism”即指当时兴起的以牟宗三、唐君毅、徐复观为代表的港台现当代新儒学。其后,“Modern Neo Confucian(ism)”这一称呼的再次出现要等到 20 世纪 90 年代了。1991 年 David A. Dilworth 在一篇书评中指出:“具有讽刺意味的是,孔汉斯(Hans Kung)倾向于用负面的词汇来描述新儒学——甚至把这个辉煌的传统称为‘枯燥的经院哲学’。在他呼吁跨越式地回归原始儒家经典的精神时,他让人想起了德川家康(古学)学者的原教旨主义热情。但正如德川新儒学(Neo-Confucianism)的完整历史所揭示的那样,孔氏可以被称为‘厨房外的人物’——更不用说,他没有看到他的文学伙伴秦家懿(Julia Ching)以现代新儒家思想家(a modern Neo-Confucian thinker)的身份写作。”③此段文字指出著名华人学者秦家懿(英文名 Julia Ching)是现代新儒家思想家(a modern Neo-Confucian thinker)。此后,尤其进入 21 世纪以后,“Modern Neo

① John Makeham, *New Confucianism: A Critical Examination*, New York: Palgrave Macmillan Ltd, 2003, p. 56.

② Catholic News Service-Newsfeeds, “Catholic News Service-Newsfeeds, 26 February 1970”, 1970-2-26.

③ David A. Dilworth, “Review of Christianity and Chinese Religions, by H. Küng, J. Ching & P. Beyer”, *Philosophy East and West*, Vol. 41, No. 3(1991), pp. 421, 422.

Confucian(ism)”的使用逐渐多了起来。还出现了以之作为标题的论著，如 Qiyong Guo（郭齐勇，2006）的“An exposition of Zhou Yi studies in modern Neo-Confucianism”（《现代新儒学中的周易研究述评》）①、Dahua Zheng（郑大华，2015）的“The Relationship between Modern Neo-Confucianism and Marxism on the Mainland Following 1949”（《1949 年后中国大陆现代新儒学与马克思主义的关系》）②等。

其二，“Contemporary Neo Confucian(ism)”的使用较之“Modern Neo Confucian(ism)”更为常见。最早 1974 年 John W. Dardess 在其题为“The Cheng Communal Family: Social Organization and Neo-Confucianism in Yüan and Early Ming China”（《郑氏义门：元和明初中国的社会组织与新儒学》）的一篇论文中指出：“因此，‘义门’被视为一种孤立的道德和社会名词，它没有被连接到一个完整的社会理想中，而是在现代世界的无序泥潭中自由漂浮。这似乎说明了为什么同一时代的新儒家(contemporary Neo-Confucian)思想对建立了郑氏家族经济基础的激进征地过程几乎没有提及。这个问题被回避了，因为在没有国家平等分配土地的古老制度的情况下，一个家庭没有其他办法获得建立公社的手段。义门并不代表着回归古代，而仅仅是一种可以回归古代的迹象。”③文中使用了“contemporary Neo-Confucian”，但其所指并非我们今天认为的现当代新儒家，而是指与该文中所论述的元代和明初的郑氏家族同一时代的（元明）新儒家。之所以这样，是因为“contemporary”作为形容词有“属同时期的；同一时代的；当代的；现代的”等多种意义。我们今天较多使用“当代的”或“现代的”意义。因此此例虽然是学界已知最早使用“contemporary Neo-Confucian”词语的例子，但却并非我们一般所认为的“当代新儒家”或“现代新儒家”的用例。这也告诉我们，英文单词和汉语词汇一样存在多种歧义，因此不可一概而论，必须做具体分析。

随后 1978 年出现了首次使用“contemporary Neo-Confucian”来指称当代新儒家的用例。即 1978 年 4 月刘述先(Shu-hsien Liu)在其题为“Sinological Torque: An Observation”（《汉学扭矩：一个观察》）的一篇文章中指出：“但

---

① Qiyong Guo, “An exposition of Zhou Yi studies in modern Neo-Confucianism”, *Frontiers of Philosophy in China*, Vol. 1, No. 2(2006), pp. 185-203.

② Dahua Zheng, “The Relationship between Modern Neo-Confucianism and Marxism on the Mainland Following 1949”, in Xingxing Zhang, *Selected Essays on the History of Contemporary China*, Leiden: BRILL, 2015, pp. 93-114.

③ John W. Dardess, “The Cheng Communal Family: Social Organization and Neo-Confucianism in Yüan and Early Ming China”, *Harvard Journal of Asiatic Studies*, Vol. 34(1974), p. 51.

是,并非只有西方学者在试图解释中国及其哲学时产生了各种扭矩效应,受到西方影响的中国学者必须公平对待。例如,胡适把实用主义解读为墨家哲学和逻辑学,冯友兰把新实在论解读为朱熹的哲学。当代新儒家思想家(Contemporary Neo-Confucian thinkers)在重申传统哲学见解时往往过于保守……所有这些都不可避免地导致产生进一步的扭矩效应。"①刘述先这里所说的"Contemporary Neo-Confucian thinkers"即指以牟宗三、唐君毅等人为代表的港台当代新儒家。同样在1978年,美国汉学家田浩(Hoyt Cleveland Tillman)在其文章"THE IDEA AND THE REALITY OF THE 'THING' DURING THE SUNG:PHILOSOPHICAL ATTITUDES TOWARD WU"(《宋代"事物"的观念与现实:对"物"的哲学态度》)的文末注释中指出:"关于当代新儒家(contemporary Neo-Confucian)思想家对这一观点的阐述,请参见墨子刻的《摆脱困境:新儒学与中国不断演变的政治文化》(纽约:哥伦比亚大学出版社1977年版)第二章中对唐君毅的讨论。"②可知田浩这里所说的"当代新儒家"(contemporary Neo-Confucian)即是指以唐君毅为代表的港台当代新儒家。

接着在1979年出现了"contemporary Neo-Confucianism"的用例,即1979年6月Chad Hansen在其题为"Review of Escape from Predicament:Neo-Confucianism and China's Evolving Political Culture,by T. A. Metzger"(《〈逃离困境:新儒学与中国不断演变的政治文化〉,墨子刻著》)的书评中指出:"墨子刻(Metzger)认为,公认观点中的错误因素主要是过分强调了中国传统思想和现代(后西方)中国思想之间的根本断裂。墨子刻认为,现代思想,包括当代新儒家思想(contemporary neo-Confucianism)和毛泽东思想,都是从宋明儒家知识传统的关键关注点发展而来的。他说,这种联系一直被人文主义者和行为学家对中国思想的描述所忽视。"③这里指的也是当代新儒学或当代新儒家思想。其后,当代学界还出现了以"contemporary Neo-Confucian(ism)"作为标题的论著,如Seong Hwan Cha(2003)的"Modern Chinese Confucianism:The contemporary neo-Confucian movement and its cultural signifi-

---

① Shu-hsien Liu,"Sinological Torque:An Observation",*Philosophy East and West*,Vol. 28,No. 2(1978),p. 205.

② Hoyt Cleveland Tillman,"The Idea and the Reality of the 'Thing' During the Sung:Philosophical Attitudes toward Wu",*Bulletin of Sung and Yüan Studies*,No. 14(1978),p. 79.

③ Chad Hansen,"Review of Escape from Predicament:Neo-Confucianism and China's Evolving Political Culture,by T. A. Metzger",*The American Political Science Review*,Vol. 73,No. 2(1979),p. 568.

cance"(《中国现代儒学:当代新儒家运动及其文化意义》)①、Joël Thoraval 和 Michael Black(2002)的"Confucian Experience and Philosophical Discourse: Reflections on Some Aporiae in Contemporary Neo-Confucianism"(《儒家经验与哲学话语:对当代新儒学中某些悖论的思考》)②等。

总之,从20世纪70年代出现以来,"contemporary Neo-Confucian(ism)"一般都被用来指称20世纪50年代以来包括港台和大陆在内的当代新儒家(学)。

其三,"Modern New Confucian(ism)"的出现较之上述"Modern Neo Confucian(ism)"和"Contemporary Neo Confucian(ism)"要晚得多。

"Modern New Confucian"和"Modern New Confucianism"的最早使用都出现在1994年发表的同一篇文章中。即1994年10月Lin Tongqi(林同奇)和Li Minghua在题为"Subjectivity: Marxism and 'The Spiritual' in China Since Mao"(《主体性:马克思主义和毛以来中国的"精神"》)一文中指出:"寻求超越有两条线索。一种是基于传统的。精通中国哲学或熟悉中国文化遗产的学者在儒学(尤其是新儒学)、道家和佛教中挖掘了极其丰富的形而上学思想。另一股是以西方为基础的,一方面从存在主义的趋势中汲取灵感,另一方面从基督教中汲取灵感。在基于传统的线索中,我们可以找到两种不同的方法来解决这个问题。一种是在大陆被称为'现代新儒家(modern new Confucians)'的新儒者,他们采取道德或伦理—宗教的方法。另一种以李泽厚为代表,他采用了美学的方法。"③此处所谓"modern new Confucians"无疑是指以熊十力为开山下至港台新儒家的现代新儒家。该文中又指出:"郑家栋,第一本也是唯一一本关于新儒家的书的作者,在一篇题为《意义的危机与形上的追求——现代新儒家(Modern New Confucianism)的哲学取向》的文章中,公开赞同牟宗三的观点,即'道德宗教的真理和精神境界既不是妄想,也不是迷信,也不是科学的',它是'一种完全充满道德意识和道德实践的宗教意识或宗教精神'。郑在为中国哲学和被称为新儒家最重要创始人的熊十力辩护时说……"④此处所谓的

① Seong Hwan Cha, "Modern Chinese Confucianism: The Contemporary Neo-Confucian Movement and its Cultural Significance", *Social Compass*, Vol. 50, No. 4(2003), pp. 481-491.

② Joël Thoraval and Michael Black, "Confucian experience and philosophical discourse: Reflections on some aporiae in contemporary neo-Confucianism", *China Perspectives*, No. 42(2002), pp. 62-81.

③ Lin Tongqi and Li Minghua, "Subjectivity: Marxism and 'The Spiritual' in China Since Mao", *Philosophy East and West*, Vol. 44, No. 4(1994), p. 629.

④ Lin Tongqi and Li Minghua, "Subjectivity: Marxism and 'The Spiritual' in China Since Mao", *Philosophy East and West*, Vol. 44, No. 4(1994), p. 630.

“Modern New Confucianism”是对郑家栋的中文文章标题中“现代新儒家”一词的翻译，同样是指以熊十力为开山的港台现代新儒家，同样在1994年。林同奇在另一篇书评中指出：“‘忧患意识’的概念最早是由新儒学[在中国大陆称为‘现代新儒学’(Modern New Confucianism)]的主要倡导者徐复观提出的。后来由新儒学的大哲学家牟宗三发展。这个词在八十年代中期传入内地，并逐渐传播开来，引起了一些热烈的讨论。作者像许多中国学者在大陆所做的那样，在相当宽泛的意义上使用它。此外，他还将其与对中国作为一个民族国家的命运的担忧紧密联系在一起，并进一步将其与中国的‘特殊性’和自豪感联系在一起。这种解释极大地削弱和缩小了牟所解释的术语的含义。”[①]也使用了“Modern New Confucianism”来指称港台现代新儒学。其后还出现了直接以“Modern New Confucian(ism)”作为标题的论著，如Jana S. Rošker(2020)的“Modern new Confucianism and the challenges of Chinese modernity: intercultural dialogues in Chinese philosophy”(《现代新儒学与中国现代性的挑战：中国哲学中的跨文化对话》)[②]、Ming-huei Lee(李明辉，2017)的“Modern New Confucians on the Religiousness of Confucianism”(《现代新儒家论儒学的宗教性》)[③]等。

其四，“Contemporary New Confucian(ism)”的使用要比上述“Modern New Confucian(ism)”更为常见。最早也是出现在20世纪90年代。

“Contemporary New Confucian”最早出现在1996年3月Robert A. Wortham写的一篇书评中，指出：“这本引人入胜、见解深刻的书认为，一个日益多元化的世界需要一种全球神学。作者认为，怀特海和哈茨霍恩的过程神学提供了一个框架，在这个框架中，基督徒和儒家之间的跨信仰对话可以开始构建这样一个神学。本书开篇描述了儒家和基督徒之间对话的历史和概念基础。西方读者随后了解了新儒家思想，特别是朱熹(1130—1200)和当代新儒家(contemporary New Confucian)学者牟宗三(1909—　)和杜维明的思想。最后几章解释了‘两重超越’的概念如何成为基督教和儒家宗教

---

① Lin Tongqi, “Review of Evening Chats in Beijing: Probing China's Predicament, by P. Link”, *China Review International*, Vol. 1, No. 2(1994), p. 191.

② Jana S. Rošker, “Modern New Confucianism and the Challenges of Chinese Modernity: Intercultural Dialogues in Chinese Philosophy”, *Culture and Dialogue*, Vol. 8, No. 2(2020), pp. 196-219.

③ Ming-huei Lee, “Modern New Confucians on the Religiousness of Confucianism”, in Roger T. Ames, et al., *Confucianism: Its Roots and Global Significance*, Honolulu: University of Hawaii Press, 2017, pp. 26-38.

之间的桥梁。”①其所谓“contemporary New Confucian”即指当代新儒家(牟宗三、杜维明)。“Contemporary New Confucianism”最早出现在1995年8月Lin Tongqi(林同奇)等人写的题为“Chinese Philosophy: A Philosophical Essay on the ‘State-of-the-Art’”(《中国哲学:关于“艺术状态”的哲学论文》)的文章中,即该文的注释中引用并将包遵信的文章《韦政通与当代新儒家》的标题翻译为“Wei Zhengtong and contemporary New Confucianism”。其后还出现了直接以“Contemporary New Confucian(ism)”作为标题的英文论著,如Jesús Solé-Farràs(2008)的“Harmony in contemporary new Confucianism and in socialism with Chinese characteristics”(《当代新儒家与中国特色社会主义的和谐》)②、Wen-berng Pong(2021)的“The Influence of the German Idealists on the Contemporary New Confucians”(《德国唯心主义者对当代新儒家的影响》)③、Gad C. Isay(2021)的“Balanced Continuity: Qian Mu and Contemporary New Confucianism”(《平衡的连续性:钱穆与当代新儒学》)④、Hai-Yen Yeh(2019)的著作*The Contemporary New Confucianism of Liu Hsu-Hsian*(《刘述先的当代新儒学》)⑤等。

从目前英文论著的使用及其统计来看,“Modern/Contemporary Neo Confucian(ism)”最早出现在20世纪70年代,而“Modern/Contemporary New Confucian(ism)”最早出现在20世纪90年代,在时间上要比前者晚得多,这可能是因为“Neo Confucian(ism)”概念最早在19世纪就已经出现,而且在20世纪50年代以后开始广泛流行,因此相应地“Modern/Contemporary Neo Confucian(ism)”的使用也较早。在总体使用数量上,也是“Modern/Contemporary Neo Confucian(ism)”的使用比“Modern/Contemporary New Confucian

---

① Robert A. Wortham, “Review of Christendom and Christianity in the Middle Ages: The Relations between Religion, Church, and Society, by A. H. Bredero & R. Bruinsma”, *Review of Religious Research*, Vol. 37, No. 3(1996), p. 273.

② Jesús Solé-Farràs, “Harmony in Contemporary New Confucianism and in Socialism with Chinese Characteristics”, *China Media Research*, Vol. 4, No. 4(2008), pp. 14-24.

③ Wen-berng Pong, “The Influence of the German Idealists on the Contemporary New Confucians”, in (Elstein), *Dao Companion to Contemporary Confucian Philosophy*, Cham: Springer International Publishing, 2021, pp. 385-406.

④ Gad C. Isay, “Balanced Continuity: Qian Mu and Contemporary New Confucianism”, in (Elstein), *Dao Companion to Contemporary Confucian Philosophy*, Cham: Springer International Publishing, 2021, pp. 175-198.

⑤ Hai-Yen Yeh, *The Contemporary New Confucianism of Liu Hsu-Hsian*, 2019, Taiwanese Philosophy and the Preservation of Confucian Tradition International Conference, University of Ljubljana, 17-18 October 2019, pp. 11, 12.

(ism)”要多一些,但近年来“Modern/Contemporary New Confucian(ism)”的使用逐渐增多,有赶上“Modern/Contemporary Neo Confucian(ism)”的使用次数的趋势。这并不是偶然的。因为从意义上来说,自20世纪40年代以来,New Confucian(ism)就基本被固定用来指称现当代新儒家(学),加上Modern(现代的)或Contemporary(当代的)这样的限定词后正好使其意义更加明确,这是顺理成章的。又如加上限定词Mainland(中国大陆)就成为Mainland New Confucianism(大陆新儒家或大陆新儒学)①。而Neo Confucian(ism)原本是指宋元明清新儒家(学),而非指现当代新儒家(学),因此加上Modern或Contemporary进行限定后从字面意思上就成为“现(当)代宋明新儒学”了,这从意义上来说其实并不太合适,只是学者往往将Neo Confucianism和New Confucianism概念混同起来(两者的中文翻译都是“新儒学”,但其英文渊源及意义是不同的),所以在Neo Confucianism前面也加上了Modern/Contemporary,意义上和Modern/Contemporary New Confucianism基本一致了。再加上Neo Confucianism概念出现很早,所以学者在一开始直接在Neo Confucianism前面加上Modern/Contemporary来表示现当代新儒家(学),当然从意义上也可以说这种形式更强调现当代新儒学(Modern/Contemporary Neo Confucianism)是历史上宋明新儒学(Neo Confucianism)的发展和延续,强调的是儒学发展的连续性。而Modern/Contemporary New Confucianism的形式更强调现当代新儒学是不同于宋明新儒学的一种新(New)的儒学(Confucianism),也就是更强调现当代新儒学与宋明新儒学的区别和断裂,而且可以避免与Neo-Confucian(ism)概念混淆。总的来看,Modern/Contemporary New Confucianism 概念要比 Modern/

① 如 Li Minghui,“I Disapprove of the Phrase‘Mainland New Confucianism’”, *Contemporary Chinese Thought*, Vol. 49, No. 2(2018), pp. 100-112。陈明指出,“大陆新儒学”有别于“现代新儒学”(港台新儒学),是在后“文革”、后冷战和全球化(中国加入WTO并取得经济上的巨大成就)的语境里发育生长起来的。其学术特征为:首先,大陆新儒学关注的是古今问题,而不是中西问题,即中华民族之生命形态如何在现代世界发展呈现。所以,它更注重实践性参与而不是知识性梳理。其次,学术范式不同。如果说现代新儒家们主要是以哲学给儒学的知识属性定位,那么大陆新儒家主要是借助宗教的框架进行工作。最后,经典谱系不同。宋明理学是晚清民国直接的传统,所以,五四时期展开的中西文化对比自然是惯性式的将四书作为其经典体系。而大陆新儒学自觉地以五经作为自己工作的出发点和目标,尤其重视《春秋》这一文本。大陆新儒学可以粗略划分为两个阶段。蒋庆、康晓光和陈明是第一阶段的代表人物,其思想学术分别被称为“政治儒学”“策论儒学”和“文化儒学”。大陆新儒家第二阶段被论者称为“新康有为主义”,主要代表人物为曾亦、干春松、唐文明及陈明。参见陈明:《大陆新儒学:时代背景、学术特征、阶段与人物——儒家网》,2018年9月22日,https://www.rujiazg.com/article/14704,2023年7月2日。

Contemporary Neo Confucianism 更加合理一些。因此近年来学界使用 Modern/Contemporary New Confucianism 概念的论著越来越多,而 Modern/Contemporary Neo Confucianism 的使用则逐渐减少。

余 论

从意义范围来看,在目前学术界中作为专有名词的 Neo-Confucian(ism)与 New-Confucian(ism)分别指宋明"新儒家(学)"与现当代"新儒家(学)",这种情况下两者不可混淆。而除此之外,New Confucian(ism)还可用来泛指古今中外(不限于中国,还包括东亚乃至全世界)出现过的某种"新"的"儒家(学)"(一般加上不定冠词"a"或定冠词"thc"),这种情况下的 New Confucian(ism)有可能指的是宋明"新儒家(学)",从而相当于 Neo-Confucian(ism)了。可见 New Confucianism 的外延较之 Neo Confucianism 要更为宽泛,可以包括后者在内。加上 Modern/Contemporary 予以限定后的 Modern/Contemporary Neo-Confucian(ism)与 Modern/Contemporary New Confucian(ism)概念的意义基本一致,都是指现(当)代新儒家(学)。只是 Modern/Contemporary Neo-Confucian(ism)强调现当代新儒家(学)是宋明新儒家(学)的发展和延续,所以在 Neo-Confucian(ism)[宋明新儒家(学)]的前面加上 Modern/Contemporary。而 Modern/Contemporary New Confucian(ism)更强调现当代新儒家(学)与宋明新儒家(学)的区别和断裂,且因为 New Confucian(ism)存在上述多种意义,所以在其前面加上 Modern/Contemporary 进行限定,以避免与 Neo Confucian(ism)[宋明新儒家(学)]相混淆。

从历史源流来看,Neo-Confucian(ism)的出现要比 New Confucian(ism)早得多。Neo-Confucian(ism)[宋明新儒家(学)]一词最早出现在 19 世纪,其原型甚至可以追溯到 17 世纪末耶稣会士创造的 Neoterici Intérpretes(新诠释者),New Confucian(ism)则最早出现在 20 世纪初入华新教传教士创办的报刊上,最开始是用来泛指某种"新"的儒学,如清末民初以康有为为首的孔教派,有时又指宋明新儒学,从而相当于 Neo-Confucian(ism)了。New Confucian 和 New Confucianism 用来专门指称现当代新儒学的用法最早分别出现在 1923 年和 1944 年,并在 20 世纪 40 年代以后基本成为固定指称现当代新儒家(学)的专有名词,使用也越来越广泛。相应地,Modern/Contemporary Neo-Confucian(ism)的出现(首见于 20 世纪 70 年代)也比 Modern/Contemporary New Confucian(ism)(首见于 20 世纪 90 年代)更早,两者在目前学术界并行,但从意义上来看,Modern/Contemporary New Confucianism 要比 Modern/Contemporary Neo Confucianism 更为合理，也可以避免与 Neo Confucianism 相混淆，所以近年来 Modern/Contemporary New Confucianism 的使用越来越广泛，逐渐有超越甚至取代 Modern/Contemporary Neo Confucianism 的趋势。

第七章 “新儒家(学)”概念的争议与普及

西方“Neo-Confucian(ism)”及其中文翻译“新儒家(学)”概念由于存在歧义性及中西概念不对等的问题导致其在海内外学界受到很多质疑。如田浩、孟德卫、詹启华等人认为“新儒家(学)”是西方创造的学术概念,在中文里面没有其对应概念①。而像狄百瑞这样重视中西思想比较和诠释的学者则积极使用“新儒家(学)”概念,并将其与中国传统宋明儒学概念等同看待。② 由此在20世纪90年代,狄百瑞和田浩曾就“Neo-Confucianism”概念的合理性及宋明儒学的研究路径展开论争,并对海内外宋明儒学的研究产生很大的影响。我们接下来从概念的内涵(思想体系的建构)与外延(古今概念的辨析)两个方面出发分析“Neo-Confucian(ism)”“新儒家(学)”概念存在的问题,在此基础上讨论田浩、狄百瑞关于这一概念的争议及其实质,然后阐明海内外学术界对此概念的使用现状及其发展趋势。

第一节 “Neo-Confucian(ism)”“新儒家(学)”概念的合理性争议

首先,从“Neo-Confucian(ism)”“新儒家(学)”概念的范围(外延)来看。自从20世纪40年代现代新儒家(学)的研究兴起后,中文“新儒家(学)”概念在更多场合下被用来指称现当代新儒家(学)。由此导致宋明时代的“新儒家(学)”与现当代的“新儒家(学)”概念在形式上容易混淆。尤其在中文里面如果不加限定或说明,“新儒家(学)”一词既可指宋明新儒学,又可指现当代新儒学,乃至其他时代的新儒学,在字面上无法区分,所以

---

① 参见[美]田浩:《功利主义儒家——陈亮对朱熹的挑战》,姜长苏译,《海外中国研究丛书》,江苏人民出版社1997年版,第152—153页;David E. Mungello, *Curious land: Jesuit accommodation and the origins of sinology*, Stuttgart: Steiner Verl. Wiesbaden, 1985, pp. 59, 60; [美]詹启华:《在倒塌的偶像与高贵的梦想之间——中国思想史领域的札记》,[美]田浩编:《宋代思想史论》,社会科学文献出版社2003年版,第58—60页。

② 参见Yu-lan Fêng and Derk Bodde, *A short history of Chinese philosophy*, p. 268;陈俊民:《道学与宋学、新儒学、新理学通论》,葛荣晋、赵馥洁、赵吉惠主编:《张载关学与实学》,西安地图出版社2000年版,第409—423页。

比起英文来说更容易混淆，由此在中英文翻译的时候容易出现问题。最典型的例子如前面提到的1948年出版的由冯友兰著、卜德润色的*A Short History of Chinese Philosophy*（《中国哲学简史》）中使用“Neo-Confucianism”来指称宋明新儒学（道学），并且放在标题的醒目位置。但中译本《中国哲学简史》中“Neo-Confucianism”一词的翻译存在分歧。先出的涂又光译本（经过冯友兰本人的审定）中将“Neo-Confucianism”翻译为“新儒家”。[①] 后来赵复三在重新翻译该书时认为“新儒家（学）”是指20世纪的现代新儒家，为了显示区别，所以将“Neo-Confucian”译作“新的儒家”，将“Neo-Confucianism”译作“更新的儒学”。[②] 事实上，如上章所述，“现代新儒家”或“当代新儒学”对应的英文分别是“New-Confucianism”或“Modern Neo/New-Confucianism”或“Contemporary Neo/New-Confucianism”。也就是说，在英文里面现当代“新儒家（学）”与宋明的“新儒家（学）”是不同的单词或词组（而在中文里字面形式上却是相同的）。赵复三的问题就在于从中文概念出发将“Neo-Confucianism”（宋明新儒家）与“Modern/Contemporary Neo/New-Confucianism”（现当代新儒家）混为一谈了[③]。当然，就目前的中文学界而言，确实存在“新儒家（学）”的使用多指现当代“新儒家（学）”的现象。为了避免这种混淆，在称呼某一时代或某人的“新儒家（学）”思想时最好加上“现当代”“宋明”等表范围的词语来加以限定，以避免歧义，但在冯友兰《中国哲学简史》中由于有特定的时代顺序，而且又不论及现代“新儒家（学）”，因此可以不加前缀限定词。而且就算为了避免与现当代新儒家相混淆而不将“Neo-Confucianism”翻译成“新儒家（学）”，也应该按照冯友兰在其20世纪30年代后中文论著中的惯例使用传统“道学”一词来翻译“Neo-Confucianism”（如前所述，冯友兰从1932年底开始，在其中文论著中基本不再使用“新儒学”一词，转而使用中国传统的“道学”概念来指称宋明新儒学），而不应像赵复三那样翻译成“新的儒家”或“更新的儒学”（那样字面上就成为“New Confucianism”的翻译了）。因此，涂又光的翻译无疑更

① 参见冯友兰：《中国哲学简史》，涂又光译，第306—364页。

② 参见冯友兰：《中国哲学简史》，赵复三译，第229—276页。

③ 事实上，已经有研究者指出涂又光译本采取直译的翻译方式，比较忠实于原著，而赵复三译本由于注重意译发挥，存在一些曲解原文的地方。由上述“Neo-Confucianism”的翻译也可知赵译本存在的问题之一斑。但由于涂又光译本是北大出版社独享版权，除了收入《三松堂全集》中的《中国哲学简史》是采用涂又光译本外，其他众多出版社出版的《中国哲学简史》只能用赵复三译本，因此赵译本较之涂译本流传更广泛，造成这种错误流传。参见常国华：《冯友兰〈中国哲学简史〉两种中译本翻译策略与实践研究》，安庆师范大学硕士学位论文，2018年，第24—54页。

准确一些。当然,还有学者主张依据“Neo-Confucianism”概念所指的实质意义将其翻译为“理学”或“宋明理学”(相当于冯友兰所说的“道学”)而不应将其“望文生义”地直译为“新儒学”,以避免引起争议①。这种看法虽然指出了“Neo-Confucianism”的中文翻译“新儒学”概念存在的歧义,主张直接将其翻译为对应的中国固有学派概念(即中文学界最流行的“理学”概念),确实有一定道理,但有些矫枉过正。因为没有注意到中文“新儒学”概念自冯友兰 1926 年首创以来在中文学界流行已久,而且传到日本等海外学界,并且最开始就是专门指称宋明新儒学,在 20 世纪 40 年代之后才被用来指称现当代等其他时代的新儒学。而且如上所述,“新儒学”概念前面只要加上限定词,是完全可以避免歧义的。

其次,从“Neo-Confucian(ism)”“新儒家(学)”概念的意义(内涵)来看。中文“新儒家(学)”在字面上是西方“Neo-Confucian(ism)”概念的直接翻译和引进,虽然被用来指称宋明新儒家(学),但在本质上仍然是一个外来西方概念(最早由西方基督教徒创造并且带有浓厚的宗教色彩及西方立场),而且“新儒学”概念在与中国传统儒学思想及其概念结合之后产生了很多问题,存在意义上的不确定性。因为“新儒家(学)”在意义和范围上与中国思想史上的宋学、道学、理学等不同层级的概念相同或相近,这种“外洋内中”的两重性以及意义上的模糊性直接导致“新儒家(学)”概念的合理性受到质疑。如田浩指出,“宋学”“道学”“理学”的序列是父子概念的关系,即宋学包括道学,道学又包括理学;而西方创造的“新儒学”概念与“宋学”“道学”“理学”等传统宋明儒学概念都存在交涉关系,在意义上含糊不清,所以无法准确表达出宋代儒学的特色(这也是前述冯友兰放弃使用这一概念的原因之一,虽然冯友兰并未公开质疑“新儒学”概念);再加上“新儒学”概念更强调新旧儒家的不连续性(所谓“新”),因而不符合注重连续性的中国思想传统(中国思想史上的新发展往往打着复古的名义进行),主张用中国传统的学派概念“道学”来取代它。② 狄百瑞针对田浩的上述观点指出,“新儒学”概念由来已久并且忠实地反映了宋代是儒学发展的新阶段及其与前代既有连续性又有非连续性的实际情况,认为运用儒学或新儒学这些通用术语的目的恰恰是因为它们具有特定的焦点或重心,而无须定义讨论的外部界限,因此主张从更广泛的意义上来理解“Neo-Confucianism”概

① 赖文斌、胡翠娥:《“理学”还是“新儒学”?——从朱子学的海外传播看 Neo-Confucianism 的回译》,《中国翻译》2022 年第 4 期。

② [美]田浩:《功利主义儒家——陈亮对朱熹的挑战》,姜长苏译,《海外中国研究丛书》,江苏人民出版社 1997 年版,第 152—153 页。

念,使“新儒家(学)”与“道学”等宋明儒学概念并行不悖。① 狄百瑞和田浩的争论从“新儒学”的用法开始一直深入到对象、内容及方法等诸多方面,表面上看起来是名词概念之争,实质上反映的是在宋代思想研究上哲学史(观念史)与思想史(政治、教育、地域文化)的研究视角的重大分歧。② 双方的论争在学界产生了很大的影响。

与田浩对“新儒学”概念的批判不同,狄百瑞坚持维护“新儒学”概念的合理性。其理由如下:首先,从“新儒学”概念的意义来看,狄百瑞关于“新儒学”概念的观点除了受西方近代以来“Neo-Confucianism”概念的影响(以前述冈仓天心的使用为代表)之外,在很大程度上来自他对清初哲学史家黄宗羲的研究以及对中国现代新儒家学者冯友兰、钱穆、唐君毅等人著述的理解。狄百瑞认为,黄宗羲的贡献之一是关于宋明儒学发展关系的论述,即他在《明儒学案》中把明代理学与心学看作宋代思想的后期产物,认为两者是相互补充而非对立的,是对佛道二教挑战的创造性回应;同时黄宗羲认为宋明新学问虽然对儒学做出了进一步的发展,但仍然是儒学,只不过是一种新的思想,并用“理学”名称来统合宋明理学思潮。黄宗羲的贡献之二是打破了道学(程朱道统)的狭窄视野和正统意识,并维护儒学的独特价值观和教义,即在最广泛的意义上理解儒学和理学,这种理解包括形而上学的理论建构和道德实践、经世致用的行为规范层面。黄宗羲主张废除“道学传”即其集中体现。总之,黄宗羲对理学的定义,比起任何其他有关道学的狭窄定义,都更为接近西方的“新儒学”概念。而冯友兰、钱穆、唐君毅等现代新儒家学者都是用“新儒学”或“道学”(包括理学与心学)涵盖宋明新儒家思想,强调用综合的方法来研究宋明思想,并且承认新儒学的连续性和广博性,这与上述黄宗羲的作法是一致的。由此可知,“新儒学”名称虽然源自西方,但其意义却与中国传统思想观念一致,并且得到现代中国学者的普遍承认,所以不是强加到中国传统上的外来观念。其次,从新儒学所涉及的正

---

① 田浩和狄百瑞围绕着“Neo-Confucianism”概念合理性的论争详见 Hoyt Cleveland Tillman(田浩),“A New Direction in Confucian Scholarship: Approaches to Examining the Differences between Neo-Confucianism and Tao-hsüeh”, pp. 455-474; Wm Theodore de Bary,“The Uses of Neo-Confucianism: A Response to Professor Tillman”, pp. 541-555; Hoyt Cleveland Tillman,“The Uses of Neo-Confucianism, Revisited: A Reply to Professor de Bary”, pp. 135-142; Wm Theodore de Bary,“Reply to Hoyt Cleveland Tillman”, pp. 143, 144。

② 相关评论参见[日]吾妻重二:《美国的宋代思想研究——最近的情况》,[美]田浩编:《宋代思想史论》,第14—15页;卢睿蓉:《海外宋学的多维发展——以美国为中心的考察》,第190—196页;张聪、姚平主编:《当代西方汉学研究集萃(思想文化史卷)》,“前言”,第1—19页;陈曦:《田浩教授与宋代思想史研究》,第167—185、225页。

统观问题来看,狄百瑞主张区分官方与非官方的正统,前者与国家机构相联系,后者则与以某种形式(书院、宣言、祭祀、神圣化等)制度化的学者共识相联系。狄百瑞认为除了论述“新儒学正统”外,同时还应该关注那些基本上立足于儒家传统的、自称是正统(而非异端),但又不是通过制度化的途径来体现强化的观点,即所谓“正统新儒学”。狄百瑞认为这样就能在“新儒学”的名义下兼顾思想史的主流与支流、中心与周边、正统与异端,从而避免将“新儒学”狭窄化而掩盖思想史上的丰富性和多元性。再次,从新儒学的经典诠释来看,狄百瑞指出新儒家学术对后世影响最大的都是宋代新儒学的经典著作,如朱熹的《近思录》《四书章句集注》等,而真德秀对《四书》成为教学和科举考试的基本文本作出了重要贡献。狄百瑞指出,如果把这些新的经典简单说成是“儒学”而非“新儒学”的话,不仅会导致忽视宋代学者的划时代贡献,而且会模糊经典形成进程中的历史环境、社会突变和文化需要;事实上,经过宋儒的诠释形成的这些新经典使古代经典重获新生,就像欧洲文艺复兴和启蒙运动对当时西方的影响一样。因此,狄百瑞主张以“新儒学”来指称这些新的儒学经典,以区别于汉唐的儒学经典。再次,从新儒学对后世及其他国家的影响来看,狄百瑞指出,在历史上新儒学比道学(狄百瑞所说的“道学”指狭义的“道学”,即程朱道学,又称“正统新儒学”,而这与田浩所主张的广义“道学”不同。这也是狄百瑞不主张用“道学”而是用“新儒学”或“理学”来指称宋明新儒学或宋明理学的原因之一)①更受欢迎,而且中国境外的朝鲜、日本、越南等儒家文化圈国家在中国的影响下发展出自身的新儒学传统,这些国家对佛道二教的吸收也使他们更能接受这种深受佛道影响的同时又保留儒家基本价值观的新儒学。因为新儒学概念所包括的外延比道学概念(局限于中国)更广泛,包括不同历史环境下的漫长期限和广泛的东亚延伸。② 最后,狄百瑞认为从翻译上来看,

---

① 狄百瑞指出:“有些西方学者由于受某种争正统的态度的影响,把‘新儒家思想’一词用来专指程朱学派及他们所说的‘道学’。但是,黄宗羲很清楚是反对只有程朱门人得道的说法的。他也反对只把‘理学’局限在‘道学’的范围之内。因为程颐与朱子始创‘道学’一词,所以用这个名词来指称程朱学派理当有其历史基础。尤有进者,程朱学派之作为正统思想已为后来中国、韩国及日本许多新儒家所接受,因此,我们也可以把‘道学’或程朱学派称为‘正统新儒家’。然而,如果把‘理学’或‘新儒家思想’这个名词仅用来指程朱学说,则此用法实与‘理学’的历史不符,而且与习用的‘新儒家思想’这个名词的用法分歧。”参见[美]狄百瑞:《中国的自由传统》,李弘祺译,中华书局 2016 年版,第 7 页。

② 狄百瑞早年(1941 年)受哈佛大学教授赖绍华的影响,将视野扩大到整个东亚,追溯中国文明的起源,并下迄中国随后发展的各个阶段以及对日本、朝鲜的影响。赖绍华考察东亚文明的广阔思路,与日本角田柳乍一致。狄百瑞继承了这一传统,后来在 1986 年受邀举办赖绍华讲座时所著的《东亚文明》一书的前四章中分成四个阶段来讨论东亚文明:形成

“新儒学”也比“道学”要优越，因为中文“新儒学”是与西文“Neo-Confucian(ism)”相对应的意译，而田浩翻译“道学”用的音译(Tao-hsüeh 或 Dao-Xue)因为本身字面上看不出意思，对于非专业的普通读者来说难以理解，还不如将“道学”意译为“Learning or School of the Way”，这样更容易为一般读者所理解。① 这样，狄百瑞就从意义、范围、经典、影响及翻译等方面为“新儒学”概念的合理性提供了理论依据。其论述兼顾历史与现实、理论与实际，比较有说服力。

虽然近年来有不少研究者(尤其历史学者)赞成田浩的主张，但在海内外学界，源自西方的“新儒学”(“Neo-Confucianism”)概念的使用越来越广泛。这一现象的出现并不是偶然的。除了上述“新儒学”概念在历史及逻辑上的合理性之外，正如狄百瑞所指出的，“新儒学”作为西方创造的学术概念对于西方的汉学家及普通读者来说本身就比翻译传统中文概念更易于理解和接受。从田浩等人所批评的“新儒学”概念存在的问题，如“新儒学”与“宋学”“道学”“理学”等中国传统儒学概念都存在对应关系，而且在范围上不局限于中国儒学，再加上“新”“旧”这种相对概念几乎可以套在每个思想家身上，以及“新儒学”最早作为西方基督教徒创造的概念有着浓厚的宗教色彩(又称“新儒教”)等来看②，“新儒学”概念在意义上确实存在宽泛性和模糊性的问题，但这些问题换个角度来看反倒说明了这一概念的便利性和灵活性，因此在以西方为主导的国际学术界最为通行。而现当代新儒学思潮由于基本是以宋明“新儒学”为基础建构和阐发其思想体系的，因此对于宋明“新儒学”的研究及其概念的普及起到推波助澜的关键作用，反过来又影响了中文学界对这一概念的接受；③同样，“宋学”“道学”“理学”等

阶段、佛教时期、新儒学时期、近代，第五章讨论儒学在当代东亚的作用和可能的前途；第六章讨论东亚与西方相互作用的新面貌。参见[美]狄百瑞：《东亚文明——五个阶段的对话》，何兆武、何冰译，《海外中国研究丛书》，江苏人民出版社 1996 年版，“序言”，第 1—3 页。

① 参见[美]狄百瑞：《新儒学一词的使用——回应田浩教授》，张聪、姚平主编：《当代西方汉学研究集萃(思想文化史卷)》，第 23—38 页。

② 参见吴小如：《不赞成“新儒学”和“儒教”这两个提法——〈严群文集〉序》，第 87—89 页。

③ 如果说上面论述的都是历史上的宋明“新儒家(学)”的话，那么再进一步，在 20 世纪 40 年代以后“新儒学”概念又扩大到指称全世界范围内提倡儒学复兴及其现代转化的现当代“新儒家”学派，并且目前仍在发展中。这样“新儒家(学)”就由一个历史概念变成了一个现实概念。近年来“新儒学”概念的范围不断扩展，如有人将董仲舒的思想体系称为汉代“新儒学”。此外还有所谓“后新儒学”的提法。总之，“新儒学”这一概念几乎可以套在每位有独创性的儒家学者头上，因为每一时代发展的儒学相比于之前的儒学都可称为“新”的儒学。

中国传统概念也逐渐被西方学术界所接受,所以才出现田浩这样提倡使用“道学”概念的西方汉学家。随着中外学术交流的加强,这种相互影响和融合的趋势越发显著。基于这一现实,最近田浩不再坚持用“道学”取代“新儒学”概念,但仍然强调“Neo-Confucianism”“新儒学”“道学”“理学”“宋学”等概念都有其自身的思想渊源和历史背景,不能简单地相互替代,必须用更细致具体的方式对待儒学内部的不同圈子、团体或谱系,以增强研究的明晰程度。① 田浩最终在承认“新儒学”概念的合理性的同时没有放弃其作为历史(思想史)学者注重历史背景及思想交涉的研究立场。由此也可以说“新儒学”与“道学”的概念之争最终以各行其是告终,但这场争论背后反映的宋明儒学研究路径的差异值得我们做更进一步的思考。

事实上,狄百瑞主要继承的是以钱穆、唐君毅为代表的现当代新儒家学者②在东西比较的视域下以哲学、观念为基础来阐发传统思想之现代价值的研究路径;而田浩主要继承的是以史华慈、余英时为代表的美国历史学者从社会史、文化史、思想史的视角来探讨思想史背景及不同思想流派之间的交涉互动的研究路径。③ 从思想立场上来看,狄百瑞对“新儒学”概念及其现代意义的倡导与美国自 20 世纪 70 年代以来汉学研究中“中国中心观”

---

① 参见[美]田浩:《宋代思想史的再思考》,徐波译,《复旦学报(社会科学版)》2019 年第 1 期。

② 狄百瑞曾举出六位与他结识并对他的思想造成影响的中国学者(包括外籍华人),包括梁方仲、胡适、冯友兰、钱穆、唐君毅、陈荣捷。参见[美]狄百瑞:《东亚文明——五个阶段的对话》,何兆武、何冰译,“作者为本书中文版所写的序言”,《海外中国研究丛书》,江苏人民出版社 1996 年版,第 3 页。狄百瑞在哥伦比亚大学读书时的老师是同情中国传统文化并致力于儒学研究的富路特(Luther Carrington Goodrich,1894—1986)。富路特是美国著名历史学家、汉学家,曾担任美国东方协会主席、美国亚洲协会会长、丁龙汉学讲座教授。参见梁元生:《西寻儒学:寻索儒学走向西方的踪径》,吴震、肖卫民主编:《儒学传统与现代社会》,复旦大学出版社 2019 年版,第 432 页。

③ 参见[美]田浩:《儒学研究的一个新指向——新儒学与道学之间差异的检讨》,[美]田浩编:《宋代思想史论》,社会科学文献出版社 2003 年版,第 77—97 页。[美]狄百瑞:《新儒学一词的使用——回应田浩教授》,张聪、姚平主编:《当代西方汉学研究集萃(思想文化史卷)》,第 23—38 页。何俊:《田浩(编):〈宋代思想史论〉》,刘东主编:《中国学术》第 18 辑,商务印书馆 2005 年版,第 289—293 页。[美]田浩:《跟随史华慈老师研究宋代思想史——论朱熹和天》,许纪霖、朱政惠编:《史华慈与中国》,吉林出版集团 2008 年版,第 154—170 页。龚咏梅:《以求真和超越的精神缅怀一代汉学大师——“史华慈与中国”国际学术研讨会综述》,朱政惠主编:《海外中国学评论》第 2 辑,上海古籍出版社 2007 年版,第 7—8 页。如田浩评价老师史华慈的《古代中国的思想世界》时指出,该书是史华慈思考中国古代思想及其与当代西方社会、学科之间关系的结晶,而且意图彰显中国文化内部的多样性及其张力。参见朱政惠:《史华慈的中国学研究》,许纪霖、朱政惠编:《史华慈与中国》,吉林出版集团 2008 年版,第 88—89 页。

(柯文语)的兴起密切相关,是对以费正清、列文森为代表的"冲击—回应模式"(西方中心观)的反驳。① 从方法上来看,以狄百瑞为代表的注重梳理儒学核心观念的源流及其发展的"内在研究"路径,是对注重在政治社会背景及其脉络中研究儒家的"外在研究"路径的反驳。② 但发展到后来,以狄百瑞为代表的"新儒学—现代性模式"又产生使宋明思想史研究趋于一元化的倾向,因而受到注重思想史的多元发展及其与社会文化史的互动影响的田浩等人的批评。③ 由于价值取向和研究路径的差异,狄百瑞与田浩的

① 狄百瑞对"新儒学"精神及其现代价值的彰显绝非偶然。西方近代以来对中国文化的解释中,先后出现了黑格尔、赫尔德的中国"文明停滞论",韦伯、魏特夫的"东方专制主义",费正清、列文森的"冲击—回应模式"等观点。他们普遍认为东亚社会一直笼罩着专制的传统,而中国社会长期处于停滞状态,其根源就在于作为专制思想工具的儒学阻碍了民主与近代化。尤其二战后费正清的"冲击—回应模式"在西方影响很大。费正清认为中国文化传统的超稳定专制与资源文化的自给自足使得近代中国对西方文明格格不入,中国历史上所谓的发展与变革,其实都只是内部的微调而缺乏打破传统的内在活力,所以中国只能在外来的冲击下才有可能对西方做出反应,从而跳出传统的羁绊。这种观点无疑否认以儒学为代表的中国传统文化具有现代性,当然也认为儒学不可能使中国走向现代化的道路。相反,狄百瑞以自由主义的视角考察中国文明,挖掘中国传统中所包含的自由、民主、宪政等现代价值,以启发西方社会解决它所面对的挑战及适应多元文化交汇互通的全球新格局。其学术目标在于阐明儒家传统的生命力,这一传统即从孔子经宋明新儒学直至当今思想文化上有着亲缘关系的直系谱系。即孔子强调以"为己"之学作为其理想,而后来新儒家如朱熹对于"自得"的强调是同一种启发性直觉在后世的体现。由此狄百瑞通过学术的内生性质,在过去与现代之间构建起实质意义的联系,从而阐明了新儒学的现代性。详见[美]狄百瑞:《中国的自由传统》,李弘祺译,(香港)中文大学出版社 1983 年版,第 22—23、43—108 页。William Theodore de Bary, *Learning for one's self: Essays on the individual in Neo-Confucian thought*, Neo-Confucian studies, New York: Columbia University Press, 1991, pp. 1-13;参见李雪涛:《"中国停滞论"的汉学遗产》,《中华读书报》2006 年 2 月 22 日;[美]柯文:《在中国发现历史——中国中心观在美国的兴起(增订本)》,林同奇译,中华书局 2002 年版,第 72—73 页;林同奇:《"中国中心观"——特点、思潮与内在张力(译者代序)》,[美]柯文:《在中国发现历史——中国中心观在美国的兴起(增订本)》,中华书局 2002 年版,第 1—34 页;朱政惠:《美国中国学发展史:以历史学为中心》,中西书局 2014 年版,第 561—567 页。杨阳指出,狄百瑞虽然摒弃了费正清、列文森式的"冲击—反应"模式,但又承袭了他们的普世主义传统,将人权的保障作为评判政治和社会发展模式的基本尺度,因此狄百瑞虽然对中国传统和儒家文化充满敬意,但又不同于那些因文化保守而选择政治保守的保守主义者。参见杨阳:《序言 · 碎片采集与传统建构——评狄百瑞〈亚洲价值与人权:儒家社群主义的视角〉》,[美]狄百瑞:《亚洲价值与人权——儒家社群主义的视角》,《政治文化研究译丛》,社会科学文献出版社 2012 年版,第 7 页。

② 方朝晖主编:《学统的迷失与再造:儒学与当代中国学统研究》,陕西师范大学出版社 2010 年版,第 159 页。

③ 何俊指出,以费正清为代表的中国研究是对西方传统汉学偏重古典文献的烦琐考证的纠正,在方法上注重社会科学,在研究领域上趋向近现代中国;而狄百瑞、陈荣捷则在方法上强调人文精神,在研究领域上从近现代推向宋代;其后田浩等人对以狄百瑞为代表的新儒

争论最终没能达成一致,但却促进了“新儒学”与“道学”概念及其背后的哲学史与思想史、社会史研究路径的相互融合。这就启示我们,在学术交流和文化理想趋于国际化、多元化的今天,必须以一种更加开放的态度看待“新儒家(学)”和“道学”概念,避免将其视作一元化的概念和价值体系。事实上,狄百瑞和田浩的研究虽然各有侧重,但双方在研究中基本都做到了历史与逻辑、政治与文化、正统与多元的统一。① 如田浩的著作《功利主义儒家——陈亮对朱熹的挑战》虽然以文化背景及思想交涉为关注焦点,但其研究也是建立在对朱熹、陈亮等人的哲学体系及其观念的深入把握基础上的,并且也关注其现代价值。② 同样,狄百瑞虽然以哲学观念及其现代意义的阐发著称,但也没有忽视社会文化方面的研究。如在狄百瑞与贾志扬合编的 *Neo-confucian education:The formative stage*(《新儒家教育:形成阶段》)中即从社会、教育、家庭等方面对宋代儒学教育进行了系统研究。③ 又如狄

学研究的不满主要是因为两个方面:第一,狄百瑞将新儒学视为占据主导地位并且具有永恒价值的真理,进而强调这一传统是从孔子经宋明新儒学直到今天思想文化发展一以贯之的谱系;第二,以程朱、陆王两派掩盖了宋代以来思想界的复杂性,并且单一整体的观念也阻碍了对历史语境和普遍问题的把握;随着费正清式和狄百瑞式的研究相继陷入模式化的窠臼,余英时、田浩等人试图在其研究中展现思想的复杂性,重建更接近真实的思想史。参见何俊:《田浩(编):〈宋代思想史论〉》,刘东主编:《中国学术》第 18 辑,第 291—292 页。

① 如研究路径与田浩相接近并参与过“新儒学”概念辩论的包弼德在其专著《历史上的理学》(*Neo-Confucianism in History*)的《中文版序》中指出,其研究主要是从社会史的视角出发,将宋明理学(道学、新儒学)视为一种对政治、社会、经济与文化变迁的回应,想要说明理学不只是一场哲学运动,也是一场社会运动,并将这种研究路径视为北美历史学者对中国历史研究的最大贡献。包弼德同时又强调哲学研究对于历史研究的重要性,指出其研究依赖于哲学研究的成果,因为哲学研究关注价值和意义的追求,而历史则探讨其历史必然性及政治与社会上行为的关系。因此两者在实际研究中必须结合起来。参见[美]包弼德:《历史上的理学》,“中文版序”,浙江大学出版社 2010 年版,第 1—3 页。在思想立场上,包弼德也与田浩一样趋于多元和包容,对为道学所排斥的苏轼最具同情之了解,而对 12 世纪兴起的追求唯我独尊和正统权威的道学(程朱)予以批评,认为程朱道学缺乏 11 世纪思想界那种宽容、开放和多元气象。参见李华瑞:《宋夏史研究》,天津古籍出版社 2006 年版,第 95—96 页。

② 如田浩在详细探讨陈、朱关于义利、王霸的辩论后反驳了黑格尔所谓“每一哲学皆是它自己时代的哲学,因此只能满足于特殊时代的要求”的论断,指出“陈亮的历史研究及其与朱熹的辩论不仅为探索 12 世纪中国的社会政治思想提供了工具,而且还刺激读者去反思人类面临的共同问题”,从而肯定了陈朱之辩所具有的现代意义。参见[美]田浩:《功利主义儒家——陈亮对朱熹的挑战》,姜长苏译,《海外中国研究丛书》,江苏人民出版社 1997 年版,第 162 页。

③ William Theodore de Bary,“Chu Hsi's Aims as an Educator”, in William Theodore de Bary, et al., *Neo-confucian education:The formative stage*, Berkeley:University of California Press, 1989, pp. 186-218.

百瑞在其著作《东亚文明——五个阶段的对话》中从社会学的视角出发分析了宋明新儒学的精神在东亚的传播、发展与现实影响。而这又是建立在他从哲学思想层面对新儒学内在精神的把握基础上的。①

总的来看,"Neo-Confucianism"及其中文翻译"新儒家(学)"概念在与"理学""道学""宋学"等中国传统宋明儒学概念相结合的过程中已经完成了"中国化"。而田浩所质疑的"新儒家(学)"概念意义的不确定性从另一个方面也恰好说明了这一概念的灵活性。这就是"Neo-Confucianism""新儒家(学)"虽然遭到一些学者的质疑但仍然在海内外得以广泛使用的原因。目前在海内外学术界中,源自西方的"新儒学"("Neo-Confucianism")概念与"宋学"(Sung-School)、"道学"(Tao-Hsüeh 或 Dao-Xue)、"理学"(Li-Hsüeh 或 Li-Xue)等中国传统概念的并行通用已经成为趋势。②

第二节　哥伦比亚学派与"Neo-Confucian(ism)""新儒家(学)"概念的普及

虽然西方的"Neo-Confucianism"概念在冯友兰之前早已在学术界出现,但大都是随文提及,基本没有在论著中专门用作章节标题加以论述的。前述1923年完成、1924年出版的冯友兰的英语博士论文"A Comparative study of life ideals"是目前已知最早使用"Neo-Confucianism"作为章节标题的学位论文(专著)。目前已知最早以英文"Neo-Confucian"(新儒家)作为题目的学位论文(专著)是同样毕业于哥伦比亚大学哲学系且为基督教徒的徐宝谦在1933年完成的博士论文"Ethical realism in neo-Confucian thought"(《新儒家思想中的伦理现实主义》),该文主要讨论基督教信仰与中国文化的沟通问题。③ 如前所述,"新儒家"概念的最早雏形就是明清之际天主教耶稣

---

① 参见[美]狄百瑞:《东亚文明——五个阶段的对话》,何兆武、何冰译,《海外中国研究丛书》,江苏人民出版社1996年版,第44—69页;张锦枝:《狄百瑞与新儒学研究——读〈东亚文明〉》,《哲学分析》2015年第2期。

② 参见温海明:《"国际儒学论坛——威尼斯学术会议"综述》,于建福、于述胜主编:《国际儒学研究》第24辑,第175页。

③ 徐宝谦(1892—1944),浙江上虞人。1913年入基督教,受洗礼。1921年赴美,曾经就读于纽约协和神学院和哥伦比亚大学,并在哥大获得哲学博士学位。回国后任燕京大学宗教学院院长和全国基督教青年会总干事等职务,被称为"中国基督教历史上的杰出人物"。1944年在重庆因车祸逝世。著有《基督教与中国文化》《农村工作经验谈》《灵修经验谭》,译作有《宗教的意义与真理》等。参见Pao-chien Hsu(徐宝谦),*Ethical realism in neo-Confucian thought*,Ph.D,Columbia University,1933。

会士创造的“新诠释者”及“无神论政客”,用来指称对儒家经典的新诠释及其无神论倾向违背原始儒学伦理道德学说的宋明新儒家,并据此附会先秦原始儒学,批判宋明“新儒学”。因此徐宝谦这篇以耶儒交涉为背景的博士论文以“新儒家”概念作为题目是顺理成章的。此外,1939 年出版的 Lyman V. L. Cady 的 *Philosphy of Lu Hsiang-Shan: a neo-confucian monistic idealist*(《陆象山哲学:新儒家一元论唯心主义者》)也是目前已知较早以“Neo-Confucian”作为书名的专著。① 目前已知学术界最早用“Neo-Confucianism”作为标题发表的期刊论文则是 1942 年冯友兰著、卜德翻译发表的“The Rise of Neo-Confucianism and Its Borrowings From Buddhism and Taoism”(《新儒学的兴起及其对佛道的借鉴》)。②

胡适、冯友兰、徐宝谦这几位先后毕业于美国哥伦比亚大学的中国留学生不约而同地使用“Neo-Confucian(ism)”概念绝非偶然。事实上,哥伦比亚大学在 20 世纪初期是当时兴起的新哲学——新实在论和实用主义哲学的大本营,两派的代表人物杜威、蒙太古和伍德布利奇等人当时都在哥伦比亚大学任教。相应地,自 20 世纪以来哥伦比亚大学也一直是美国倡导研究宋明新儒学(Neo-Confucianism)的大本营。如前所述,冯友兰在留学及回国后都积极使用 Neo-Confucianism 概念,并最早将其翻译为中文“新儒家(学)”,后来又通过结合新实在论与宋明新儒学建构了“新理学”的现代新儒学思想体系。而 20 世纪 50 年代卜德翻译的冯友兰著作在美国出版不久,同样毕业于哥伦比亚大学并留校任教不久的狄百瑞就在芮沃寿(Arthur F. Wright)和卜德主编的 *Studies in Chinese Thought*(《中国思想研究》)上发表了题为“A Reappraisal of Neo-Confucianism”(《新儒学的再评价》)的文章。狄百瑞在该文中指出必须从思想传统及社会背景出发重新评价宋代“新儒学”思潮,接着论述了宋学的先驱(韩愈)、宋学的开创者(胡瑗、孙复、石介)、新秩序的支持者(范仲淹、欧阳修、王安石)对“新儒学”思想兴起的贡献,从而展现了宋代思想文化发展中的多元化倾向;狄百瑞接着论述了作为宋学纲领的体用精神(胡瑗)以及致力于恢复古代秩序的王安石“新政”的历史贡献,并且提出了判别思想是否为“新儒学”的标准;即将宋明“新儒学”先驱韩愈的复古精神作为“信仰的教导”,强调新儒学的宗教性;所谓宋明“新儒学”的“信仰”(精神、特征)包括:对佛老破坏公共道德的批判,对

① Lyman V. L. Cady, *Philosphy of Lu Hsiang-Shan: A Neo-confucian Monistic Idealist*, Taipei: Pacific Cultural Foundation, 1939.

② Yu-lan Fung and Bodde Derk, “The Rise of Neo-Confucianism and Its Borrowings From Buddhism and Taoism”, pp. 89-125.

儒家伦理作为政治稳定与社会福利的基本要素的肯定，以及夷夏之防、道统谱系、卫道精神等。① 狄百瑞认为东亚文明是一个整体，这与冈仓天心的亚洲一体论一脉相承。② 狄百瑞进而将新儒学内圣外王、修己治人的精神提升到整个东亚文明核心精神的高度，认为新儒学在整个东亚的传播和发展，虽然有官方的推动，但更多是由于新儒学作为一种思想体系和道德力量，具有其自身的吸引力，因而被东亚朝鲜、日本等国家自觉学习和吸收；狄百瑞指出，近现代以来"新儒学"的政治地位和作用虽然消退，但作为一种价值理念和教育思想具有超越国家、时代界限的现代价值。③ 狄百瑞对"新儒学"现代价值的彰显与研究是从哲学思想的层面对长期以来学界的中国停滞说和西方中心说的纠正，④并且与美国自 20 世纪 70 年代以来汉学研究中的"中国中心观"的兴起密切相关。⑤ 狄百瑞和陈荣捷作为美国汉学界宋明新儒学研究的领导者，自 20 世纪五六十年代以来，长期在哥伦比亚大学主持新儒学的研讨会，发表和出版了一系列新儒学研究论著，从而极大地推进了西方学术界对"新儒学"的研究，并使得这一概念在学术界普及起来。田浩甚至认为"Neo-Confucianism"（"新儒学"）概念从根本上来

① William Theodore de Bary, "A Reappraisal of Neo-Confucianism", in Arthur F. Wright and Derk Bodde, *Studies in Chinese Thought*, Chicago: University of Chicago Press, 1953, pp. 81-111.

② [美]狄百瑞：《东亚文明——五个阶段的对话》，何兆武、何冰译，"序言"，《海外中国研究丛书》，江苏人民出版社 1996 年版，第 4—5 页。

③ 参见[美]狄百瑞：《东亚文明——五个阶段的对话》，何兆武、何冰译，《海外中国研究丛书》，江苏人民出版社 1996 年版，第 57 页。

④ 西方近代以来对中国文化的解释中，先后出现了黑格尔、赫尔德的中国"文明停滞论"，韦伯、魏特夫的"东方专制主义"，费正清、列文森的"冲击——回应模式"等观点。李雪涛指出，上述这些观点显然都是以西方的价值观念来评判中国，带有明显的欧洲中心主义的偏见，只有到了雅斯贝尔斯的"轴心时代"说的提出，才实现了对中国认识的范式转换，将中国纳入世界文明的范畴，从而实现了对西方中心说和中国停滞论的超越。参见李雪涛：《"中国停滞论"的汉学遗产》，《中华读书报》2006 年 2 月 22 日。

⑤ 狄百瑞以自由主义的视角考察中国文明，挖掘中国传统中所包含的自由、民主、宪政等现代价值，以启发西方社会解决它所面对的挑战及适应多元文化交汇互通的全球新格局。其学术目标在于阐明儒家传统的生命力，这一传统即从孔子经宋明新儒学直至当今思想文化上有着亲缘关系的直系谱系。即孔子强调以"为己"之学作为其理想，而后来新儒家如朱熹对于"自得"的强调是同一种启发性直觉在后世的体现。由此狄百瑞通过学术的内生性质，在过去与现代之间构建起实质意义的联系，从而阐明了新儒学的现代性。详见[美]狄百瑞：《中国的自由传统》，李弘祺译，第 22—23、43—108 页；William Theodore de Bary, *Learning for one's self: Essays on the individual in Neo-Confucian thought*, Neo-Confucian studies, pp. 1-13。参见[美]柯文：《在中国发现历史——中国中心观在美国的兴起（增订本）》，林同奇译，第 72—73 页；林同奇：《"中国中心观"——特点、思潮、与内在张力（译者代序）》，[美]柯文：《在中国发现历史——中国中心观在美国的兴起》，中华书局 1989 年版，第 1—34 页。

说是属于“狄百瑞学派”(或称“哥伦比亚学派”)使用的专门术语。① 狄百瑞和陈荣捷也因为其倡导和研究新儒学的贡献而成为美国“新儒家”的代表人物。② 并且在他们的带领下,最终实现了国际中国学的中心从欧洲转向美国、美国中国学的热点从先秦转向宋明新儒学、美国关于儒学的研究从政治运作性很强的角度转向深入儒家的人格和思想内部课题的重大转变。③

在冯友兰、卜德、陈荣捷、狄百瑞等人的推动下,进入20世纪下半叶以后,从美国开始,海内外学术界相继出现具有代表性的宋明新儒学思想史、哲学史著作,如张君劢的 *The Development of Neo-Confucian Thought* 两卷本(《新儒家思想史》,1957—1962年出版)、④楠本正继的《宋明時代儒学思想の研究》(1962年初版、1964年再版)、⑤牟宗三的《心体与性体》(全三册,1968—1969年初版)等。⑥ 这三位学者既是中国哲学史的研究者,又是致力于儒学现代性转化的新儒家学者。这也标志着“Neo-Confucian(ism)”

① 参见[美]田浩:《儒学研究的一个新指向——新儒学与道学之间差异的检讨》,[美]田浩编:《宋代思想史论》,第79—80页。

② 参见施忠连:《现代新儒学在美国》,辽宁大学出版社1994年版,第109—117、246—279页。

③ 参见张锦枝:《狄百瑞与新儒学研究——读〈东亚文明〉》,第185—195页。

④ Carsun Chang, *The Development of Neo-confucian Thouht*, New York: Bookman Associates, 1957—1962;张君劢:《新儒家思想史》,《张君劢儒学著作集》,中国人民大学出版社2006年版。

⑤ 该书是日本战后首部以现代方法研究宋明儒学的思想史著作。虽然没有直接用“新儒学”作为书名,但其第一章即是“新儒学の発生”,主要从三教交涉的视角出发论述宋明新儒学的产生。其所谓“新儒学”即指宋明道学,包括宋学(程朱理学)与明学(陆王心学)两派。著者楠本正继(1896—1963)出身于日本山崎闇斋朱子学派的儒学世家,又曾留学德国、英国,受西方哲学及汉学研究的影响很深,并将西方的哲学分析与中日传统思想的义理体认、文献考据融为一体,又注重中、西、日哲学的比较,从而使得该著作成为日本战后以现代方法研究宋明新儒学的经典著作。参见连凡:《试论楠本正继对宋明儒学史的建构与诠释——以〈宋明时代儒学思想之研究〉为中心》,第149—162页。

⑥ 牟宗三在20世纪60年代开始致力于宋明新儒学的研究,先于1963年发表《宋明儒学综述》,其后将其扩展为《心体与性体》三大册(1968—1969年出版),主要研究北宋四子(周敦颐、二程、张载)与朱熹的哲学,后来又于1979年出版《从陆象山到刘蕺山》(实为《心体与性体》第四册),从而建构了完整的宋明新儒家哲学史体系。虽然该书以哲学观念的诠释为主,所以直接以宋明新儒学的核心范畴“心”“性”来命名,不像张君劢等人的思想史著作那样以“新儒学”命名,而且其关于道学分派的“三系说”也与传统的理学、心学二系说不同,但《心体与性体》首章即专门论述“所谓‘新儒学’:新之所以为新之意义”。牟宗三认为宋明“新儒学”之所以“新”,首先体现在“新儒学”对先秦儒学以来的道统谱系的建构与儒家义理的继承上,其次体现在相对于汉唐训诂之学,新儒学直承先秦儒家的生命智慧而自觉以道德实践为根本目标。参见牟宗三:《心体与性体》,《牟宗三先生全集》5—7,(台北)联合报系文化基金会出版,2003年,第3—64页。

“新儒家(学)”概念成为海内外学术界普遍通行的专有名词。①

余 论

从宋明儒学概念的意义及其关系来看,虽然源自西方的“新儒学”概念确实存在宽泛性和模糊性的问题,但这些问题也从另一个角度说明了这个概念的便利性和灵活性。况且中国传统的“宋学”“道学”和“理学”概念的意义及范围在历史上经历了比“新儒学”更为复杂的演变,存在的问题更多。因此我们不能因为“新儒学”概念来自西方就加以排斥。如“道学”作

① 另外附带指出的是,中国三代有“神道设教”的传统,在殷商时期达到极盛,但周代人文主义思潮兴起后,春秋开始人道教化占据主流地位而神道设教退居次要位置成为辅助。参见孔德立:《历史失忆与价值选择:孔子“神道设教”思想的生成与退隐》,《世界宗教研究》2010年第6期。东汉开始出现“儒教”的称呼,汉蔡邕《蔡中郎集》文集卷三《司空杨秉碑》中就有“公承风绪,世笃儒教”之说。释道二教兴起后又有所谓儒释道三教鼎立,但现代以来儒教运动退潮后一般不提儒教,而说儒学、儒家思想,当代学界关于儒家是否是宗教也一直存在争议。日本“神道设教”的宗教传统则从古至今一直保留着,因此将包括中日在内的儒家思想称为“儒教”,如收入关仪一郎编纂的《日本儒林丛书》第3卷的江户时代儒者大高坂芝山的《芝山南学伝》(1691年出版)中使用了“儒教”名称。相应地也有“新儒教”的称呼,较早见于[日]清水安三:《支那新人と黎明運動:新儒教、新文学、新運動》,東京:大阪屋号書店,1924年。该书第二章为“孔教改革与新儒教”,可知其“新儒教”是指清末民初当时的儒教运动。而且日本自古以来即吸收中国思想并发展出自身的思想体系,江户时代又曾经以朱子学作为正统思想,所以儒教、新儒教往往又指日本自身的传统思想。较早用“新儒教”指称中国宋明理学的论著有冲野亦男翻译的[美]陳栄捷:《新儒教(理学)》,H.F.マックネアー編:《中国》上巻,《連合国叢書》,東京:三明社,1950年。其后又有[日]鈴木由次郎:《東洋哲学思想史》,東京:小峰書店,1955年。其第七编为“新儒教时代(宋元明时代)”。“新儒学”概念在日本学界也有使用,如岛田虔次的《中国における近代思惟の挫折》(1949年)中已经多次使用。在著作中使用“新儒学”概念作为章节标题的则有上述楠本正继的《宋明時代儒学思想の研究》(1962年)。其后日本学界使用“新儒学”概念的学者越来越多,还出现了阿部吉雄《日鮮中三国の新儒学の発展を比較して》(1966年)、間野潜竜《朱子と王陽明:新儒学と大学の理念》(1974)这样直接以东亚或中国“新儒学”为题目的论著。同时“新儒教”的提法也延续至今。如前述冈仓天心的英文著作“东方三书”的日译本中将“Neo-Confucian”译为“新儒教”。参见[日]岡倉天心:《東洋の理想:とくに日本美術について》,[日]夏野広譯、[日]森才子譯,《日本の名著》第39册,東京:中央公論社,1979年,第165—166页。又将“Neo-Confucianism”译为“新儒教学派”。参见[日]岡倉天心:《日本の目覚め》,[日]夏野広譯,《日本の名著》第39册,東京:中央公論社,1979年,第217页。日本现在还有全国性的学术团体“日本儒教学会”。另外也有“新儒家”的提法,但一般指现当代新儒家,如岛田虔次《新儒家哲学について:熊十力の哲学》(1987年)。后来日本学界又接受了中文学界“现代新儒学”和“现代新儒家”的提法,如渡辺浩的《“现代新儒学”の比較政治思想史的研究》(1996年)、中島祝的《中国思想界の現状と現代新儒家》(1997年)等。

为一个学派概念最早出现在东汉,历史上儒、释、道三教中都有“道学”概念,而宋明儒学中的“道学”概念也存在广义(宋学)、中义(宋明道学)和狭义(程朱道学)的不同含义(详见本书上篇第一章)。总之,“新儒家(学)”与“宋学”“道学”“理学”等概念都有着深厚的历史背景、思想内涵和交涉关系。我们不能脱离历史语境和思想体系来孤立评判某一概念的合理性。

从海内外学术界的现状来看,虽然目前中国学术界更多地使用传统的“宋学”“道学”“理学”概念,并且在20世纪40年代现代新儒家(学)的研究兴起之后,中文“新儒家(学)”概念在很多场合下被用来指称现当代新儒家(学),但近年来使用“新儒家(学)”概念来指称宋明新儒家(学)的论著也越来越多(在中国知网等数据库中用“新儒学”作为主题词来检索即可知道)。① 同样,西方尤其美国学术界虽然更多使用“Neo-Confucian(ism)”概念,但源自中国传统的“Song School”或“Song Studies”(“宋学”)、“Tao-Hsüeh”或“Dao-Xue”(“道学”)、“Li-Hsüeh”或“Li-Xue”(“理学”)概念的使用也越来越广泛,甚至还出现像田浩这样主张用“道学”取代“新儒学”概念的西方学者。总的来看,西方创造的“Neo-Confucianism”概念在其流传过程中已经彻底中国化,标志为形成中文“新儒家(学)”概念并与中国思想史及其概念深度融合起来,加上它在意义上确实揭示了宋明新儒学与前代思想既有继承(连续性)又有超越(间断性)的历史事实,因此被人们广泛接受,目前它与中国传统宋明儒学概念的并行通用已经成为一种趋势。总之,我们必须以更加开放的态度对待宋明儒学的不同研究视野立场及其所使用的“新儒家(学)”概念,避免脱离历史语境或拘泥于特定立场而将“新儒家(学)”视为僵化的概念和价值体系。

① 其中在学界较有影响者如2019年方旭东在其专著《新儒学义理要诠》(生活·读书·新知三联书店2019年版)中指出宋明新儒学的根本精神在于“明体见用”,并以体用为基本模式探讨了宋明新儒学的理论(特性、鬼神、穷理、境界、悌道等根本原理)与实践(科举)层面。其所谓“新儒学”即指宋明新儒学(道学)。

第八章　“新儒家(学)”概念的意义演变与宋明儒学的诠释路径

上章在论述田浩与狄百瑞关于“新儒学”概念的争论时比较了两人在研究立场和路径上的差异。但对于目前海内外宋明新儒学诠释路径的整体研究尚有待系统深入的分析和总结。本章试图在梳理古今中外相关文献及其研究的基础上,从历史脉络与逻辑结构(思想体系)两个方面来考察“Neo-Confucianism”“新儒学”概念的意义及其发展脉络,在此基础上界定宋明“新儒学”与“宋学”“道学”“理学”等传统宋明儒学概念的相互关系及范围,进而在归纳分析海内外宋明新儒学研究的基础上,就宋明“新儒学”的研究立场和诠释路径做出总结。

第一节　“Neo-Confucian(ism)”“新儒家(学)”概念的意义演变与思想体系

关于宋明“新儒学”概念的意义演变及其与“宋学”“道学”“理学”概念的对应关系,海内外学术界已有很多论述,但研究者的看法之间还存在一些分歧。同时,由于“新儒学”与“宋学”“道学”“理学”的交涉恰好对应着宋明儒学研究中的不同立场和路径,而这也是“新儒学”概念的合理性引起学界争议的实质所在(详见上章)。这些意见分歧可以从历史与逻辑两个方面来考察。从历史源流来看,宋明“新儒学”的概念意义往往随着学术思潮及研究视域的变迁而发生变化,从而出现了种种复杂情况;从逻辑结构来看,宋明“新儒学”与“宋学”“道学”“理学”等传统概念的相互关系往往存在交叉和模糊不清的地方,因此必须予以清晰的界定。

从西方“Neo-Confucian(ism)”的意义演变来看,近代西方“Neo-Confucian(ism)”概念最初指程朱理学及其传入朝鲜日本后形成的东亚新儒学(主要指朱子学)①,本来是西方传教士为了贬斥当时作为官方统治思

---

① 一般认为朱子学在13世纪中国元朝时传入朝鲜半岛(高丽)。有研究者指出在此之前11世纪前半期高丽王朝儒者崔冲(984—1068)采用《中庸》《大学》《易传》等宋学经典中的概念将其学堂命名为“九斋学堂”(包括乐圣、大中、诚明、敬业、造道、率性、进德、大和、待聘)的做法与当时中国北宋兴起的性理学(新儒学)的思想倾向和所用概念一致,因此推

想的程朱理学而创造的负面概念;其后20世纪以来西方学术研究中的“Neo-Confucianism”又用来指称包括程朱理学与陆王心学在内的宋明道学,即回归先秦儒学传统并建构形上学体系的道学思潮,强调的是跟先秦儒学的对应关系;但20世纪后期以来其范围又扩大到与“宋学”相当,即以义理诠释和道德践履为特征的宋学思潮,强调的是跟汉唐章句训诂之学的对立关系①。西方“Neo-Confucian(ism)”概念意义的这种变化有其历史原因。由于耶稣会士进入中国时正值明清之际,当时官方统治思想仍然是作为宋明儒学正统的朱子学(狭义的道学),因此儒耶思想交涉主要是在宋明儒学尤其朱子学与天主教思想之间展开。耶稣会士所谓的“新诠释者”(“新儒家”概念的原型)最初指的就是程朱理学(陆王心学也被包括在理学的发展脉络中)。其后随着程朱理学道统的衰落及学术界思想史视野的扩展,道学的范围由程朱理学扩展到包括理学与心学在内的宋明道学,相应地新儒学的范围也扩展到了整个宋元明清道学。再进一步随着理学与心学之外的事功学派等宋学学派被纳入思想史研究的视域中,相应地新儒学的范围也扩展到了整个宋元明清新儒学(宋学),大体上与《宋元学案》《明儒学案》《清儒学案》的范围相当。

测通过高丽与宋朝之间的文化交流,像崔冲这样的学者对当时北宋盛行的性理学已经有了相当程度的认识,甚至可视为性理学(新儒学)的传人。详见[韩]韩国哲学会编:《韩国哲学史》中,白锐等译,《北京大学韩国学研究中心韩国学丛书》,社会科学文献出版社1996年版,第84—85页。另外关于朝鲜新儒学的相关论述,参见Martina Deuchler,“Neo-Confucianism in early Yi Korea:Some reflections on the role of Ye”,*Korea Journal*,Vol. 15,No. 5(May.,1975),pp. 12-18;Wm. Theodore de Bary and JaHyun Kim Haboush,*The Rise of Neo-Confucianism in Korea*,Neo-Confucian Studies,New York:Columbia University Press,1985.

① 如西方早期朱熹研究专著、卜道成(Bruce J. Percy.)的*Chu Hsi and his masters:An introduction to Chu Hsi and the Sung School of Chinese philosophy*中即以“Sung School”(宋学)来指称宋代新儒学,但并没有使用“Neo-Confucianism”概念。参见J. Percy. Bruce(卜道成),*Chu Hsi and his masters:An introduction to Chu Hsi and the Sung School of Chinese philosophy*,Probsthain's oriental series,Vol. 11,London:Probsthain,1923,p. 4。余英时指出清代儒者区分“宋学”有广义与狭义两种用法,而现代学术界使用的“Neo-Confucianism”的含义和范围也由“道学”扩大到了“宋学”。田浩在此基础上提出在历史原有的意义上区分“宋学”“道学”与“理学”概念,强调要尽量避免将这些概念混为一谈。参见Ying-shih Yü,“Some Preliminary Observations on the Rise of Ch'ing Confucian Intellectualism”,*Tsing Hua Journal of Chinese Studies*,Vol. 11,No. 1,2(Dec.,1975),pp. 105-146;[美]余英时:《余英时先生序》,[美]田浩:《朱熹的思维世界》,陕西师范大学出版社2002年版,第2页;[美]田浩:《朱熹的思维世界》,陕西师范大学出版社2002年版,第3页;[美]田浩:《儒学研究的一个新指向——新儒学与道学之间差异的检讨》,《宋代思想史论》,第77—97页。另外,关于“宋学”的特征、发展脉络及分派、社会历史环境的论述,参见漆侠:《宋学的发展和演变》,河北人民出版社2002年版,第1—49页。

从中文“新儒家(学)”概念的意义演变来看,这一概念最早是由冯友兰在20世纪20年代(1926)翻译使用的,其意义范围与西方“Neo-Confucian(ism)”概念一脉相承。在意义上,如果把“新儒学”定义为回归先秦宗教传统的新儒教,那就主要是指程朱理学,也就是狭义的道学;如果把“新儒学”定义为心性义理之学,即为先秦儒家的伦理道德建构形上学体系的性理之学,那就包括程朱理学与陆王心学,也就是宋明道学;如果把“新儒学”定义为以自由的经典诠释和伦理道德实践为特征的学问,则跟汉唐章句训诂之学(汉学)相对立,新儒学就成为宋学(广义)的同义词①。像这样,20世纪以来,中文“新儒家(学)”概念在意义上与西方“Neo-Confucian(ism)”概念基本一致。但相对来说,西方“Neo-Confucian(ism)”概念的意义及其研究偏重“程朱理学”“宋学”和宗教史、思想史的立场,而中文“新儒家(学)”概念的意义及其研究更偏重“道学”和哲学史的立场。这主要是因为中国哲学在西方还没有取得与西方哲学对等的地位,西方甚至否认中国有“哲学”(只有“宗教”或“思想”),因而中国哲学思想在西方基本是放在东亚系或宗教系来研究,而中国学界(以及日本学界)则将中国哲学视作与西方(外国)哲学并列的哲学二级学科(当然中国国内也存在中国哲学合法性的论争)。

大体上来说,17世纪以来狭义的宋明新儒学指程朱理学,20世纪初期以来中义的宋明新儒学指道学(包括程朱理学与陆王心学),20世纪后期以来广义的宋明新儒学指宋学。但“Neo-Confucian(ism)”与“新儒家(学)”概念在与中国传统儒学思想及其概念结合之后产生了很多分歧,尤其是在具体的时代及学者范围上。如果将新儒学视作道学的话,那么上限一般推到道学的开山祖师周敦颐,或者再上推到作为道学先驱的唐代韩愈和李翱,这个争议较少。但是关于其下限就存在较大分歧:有学者把下限放到刘宗周这里(如牟宗三),有学者把下限放到黄宗羲这里(如刘述先),还有学者把下限放到戴震这里(如冯友兰)。以刘宗周为新儒学殿军的,如牟宗三指出:“夫宋明儒学要是先秦儒家之嫡系、中国文化生命之纲脉。随时表而出之,是学问,亦是生命。自刘蕺山绝食而死后,此学随明亡而亦亡。”②这实

① 牟宗三指出宋明“新儒学”的“新”,首先体现在“新儒学”对先秦儒学以来的道统谱系的建构与儒家义理的继承上,其次体现在相对于汉唐训诂之学,新儒学直承先秦儒家的生命智慧而自觉以道德实践为根本目标。牟宗三所说的“新儒学”的意义分别对应本书中“新儒学”的中义(道学)和广义(宋学)。参见牟宗三:《心体与性体》,《牟宗三先生全集》5—7,第3—64页。

② 牟宗三:《从陆象山到刘蕺山》,“序”,《牟宗三先生全集》第8册,(台北)联合报系文化基金会出版,2003年,第5页。

际上是以刘宗周作为宋明新儒学义理、道德践履乃至文化生命的最后担当者。从生平操守及哲学思想来看,刘宗周确实可称为以心学为本融合宋明道学各派并以生命践履道义的最后一位宋明道学家。相比之下,刘宗周的弟子黄宗羲虽然不脱道学习气,但受明末清初时势的影响已经转向经世致用的实学,开出了以经史研究为主、兼包众家(包括耶稣会士传入的西方宗教思想及科学技术)的清代浙东学派。① 因此黄宗羲的学问范围较之其师刘宗周要宽广得多,已经不再是纯粹意义上的道学家。② 以戴震为道学殿军的,如冯友兰在《中国哲学史(下)》中认为清代的汉宋之争是道学(卜德将其翻译为 Neo-Confucianism)的延续,汉学家表面上虽然反道学,但其实汉学家的义理之学仍然不出道学的发展之外,因此将出入于汉宋之间系统批判宋明道学的戴震视为新儒学(道学)的殿军。③ 以黄宗羲为道学殿军的,如刘述先批评了上述冯友兰《中国哲学史》(经卜德翻译)中以戴震为新儒家(道学家)的观点,指出新儒学包括程朱理学与陆王心学,而以清初黄宗羲为新儒学殿军,因为黄氏还守住了理欲之间的分界线,其主旨是天道性命相贯通,是道学(新儒学)的延续,其他清代哲学家如颜元、戴震等人被排除在新儒学之外,因为颜、戴积极肯定欲望的思想,已经由性理学完全转向自然主义的观点,是中国哲学史上的突变。因此,刘述先主张将“新儒学”一词限定在以北宋周敦颐为开端、以明末清初黄宗羲为殿军的范围内使用。④

① 吴光指出,清代浙东学派并不局限于史学,其实是包括经学、史学、文学与科技等诸多领域在内的“经世致用之学”,因此主张称其为“清代浙东经史学派”。参见吴光:《关于“清代浙东学派”名称与性质的辨析——为“清代浙东经史学派”正名》,《中共宁波市委党校学报》2008 年第 4 期。

② 黄宗羲不仅继承和发扬了其师刘宗周的哲学思想,受时代思潮的影响,再加上个人努力,黄宗羲学问较之刘宗周要广博得多,可以说是百科全书式的学者,但同时又以经史与本心相验证,进而由源达流。其学问可以说是一本万殊、经世致用之学。如黄宗羲的儿子黄百家指出:“如此种种,不可殚纪,则又多蕺山之所未发者。至于博极群言,上下今古,著述文章,翼补经史,以逮天官、地理、九流、百氏之学无不精,野乘稗官之说靡不究。此如导源昆仑,过龙门,历底柱,而遂至望洋浩瀚也。”参见(清)黄百家:《先遗献文孝公梨洲府君行状》,《黄竹农家耳逆草不分卷》,《清代诗文集珍本丛刊》第 128 册,国家图书馆出版社 2017 年版,第 497—531 页,尤其 524 页。黄百家又指出,所谓实学一方面是为了克服空谈本心的阳明后学的流弊,一方面是为了克服功利主义的科举之学的流弊,是身心体认与博学反约的统一。参见(清)黄百家:《范国雯制义稿序》《仇沧柱时义稿序》《人谱补图序》,《学箕初稿二卷》,《清代诗文集汇编(第 161 册)》,《国家清史编纂委员会 · 文献丛刊》,上海古籍出版社 2010 年版,第 547—549 页。

③ 详见冯友兰:《中国哲学史》(下),《三松堂全集》第 3 卷,第 384—410 页。

④ 详见刘述先:《关于“新儒学”的名称》,《理一分殊》,第 85—86 页。刘述先:《黄宗羲心学的定位》,浙江古籍出版社 2006 年版,第 106—132 页。Shu-hsien Liu(刘述先),“Chapter 12 Neo-Confucianism(I):From Cheng Yi to Zhu Xi”,in *History of Chinese philosophy*,pp. 365,366.

如果把新儒学跟宋学等同的话，那么其开端一般推到北宋三先生（如《宋元学案》①及楠本正继《宋明时代儒学思想之研究》），或者向上追溯至唐代韩愈、李翱（如张君劢《新儒家思想史》），下限可以推到清末宋学家（如狄百瑞《东亚文明——五个阶段的对话》）。

总结上述宋明“新儒学”概念的意义演变及其与“宋学”“道学”“理学”“心学”“汉学”等宋元明清儒学概念的对应关系（思想体系）如图 8-1 所示：

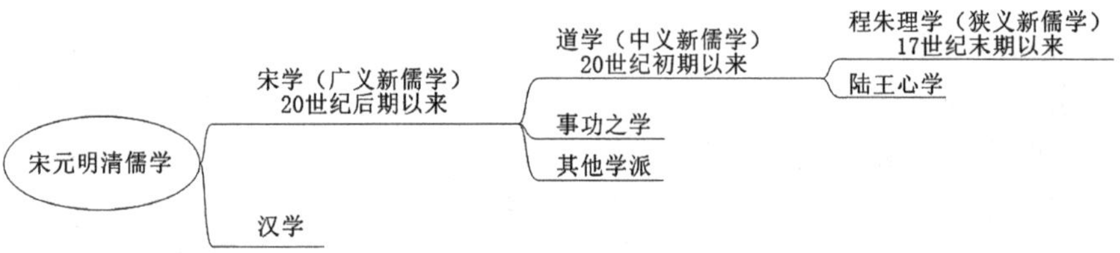

图 8-1　宋元明清儒学诸概念的意义范围及其思想体系

综合本书前面的研究可知，在宋明“新儒学”的视域下，“理学”概念的意义大体上经历了从广义（宋学、宋元以来）到中义（道学、明清以来）、再到狭义（程朱理学、现代以来）的演变，其范围不断缩小；“新儒家（学）”概念的意义大体上经历了从狭义（程朱理学、17 世纪末期以来）到中义（道学、20 世纪初期以来）、再到广义（宋学、20 世纪后期以来）的演变。其范围不断扩大。虽然两者范围的变化趋势相反，但在中义（道学）上却趋于一致。相应地形成了宗教史与观念史、哲学史、思想史与文化史这些主要的宋明儒学研究路径。总结上述传统宋明儒学的“宋学”“道学”“理学”概念与源自西方的“新儒家（学）”［“Neo-Confucian（ism）”］概念的意义、范围及立场的对应关系，如下表 8-1 所示：

① 李存山在钱穆的观点基础上指出，范仲淹是宋代“新儒学”的开山，而“宋初三先生”是范仲淹门下的贤士，并且其后兴起的蜀学、新学、濂学、关学与洛学等宋学学派都与范仲淹主导的庆历新政密切相关。参见李存山：《宋代的“新儒学”与“理学”》，第 5—10 页。事实上，全祖望在补修《宋元学案》已经注意到了范仲淹开启宋学思潮的历史功绩，并为之专门设立“高平学案”予以表彰，但仍然将“宋初三先生”置于范仲淹之前，这是因为虽然范仲淹的年辈及政治地位较高，并且对“宋初三先生”等人有提携之功，但从纯学术立场来看，“宋初三先生”才是真正奠定宋学精神及其方法的开创者，所以必须将“宋初三先生”置于《宋元学案》的开端。参见（清）黄宗羲原著，（清）全祖望补修：《宋元学案》第 1 册，陈金生、梁运华点校，第 1—2、133 页。

表 8-1 新儒学、理学概念的意义、立场的对应关系

概念/立场 意义/时代	宋学	道学	理学
	思想史/文化史	哲学史	宗教史/观念史
理学	广义	中义	狭义
	宋元以来	明清以来	现代以来
新儒学	广义	中义	狭义
	20 世纪后期以来	20 世纪初期以来	17 世纪末期以来

第二节 宋明儒学的诠释路径及其思想立场

由上述可知,“新儒学”概念与“宋学”(广义)、“道学”(中义)及“理学”(狭义)都存在对应关系,相应地形成了多种意义、范围与立场(路径),并在目前的中外学界同时并存。

首先,使用狭义“宋明新儒学”(程朱理学)概念的学者主要基于宗教史、观念史(而非哲学史)的立场。这本来是耶稣会士以来西方“Neo-Confucian(ism)”的原始意义和研究路径(参见本书上篇各章及下篇第九章),主要关注理学对儒家信仰(宗教)与观念体系(哲学)的重建及其现代意义。在这种观点下,“新儒学”兼有“新儒教”(宗教)与“新儒学”(观念)两层意义,并且陆王心学也被收摄到理学的发展脉络中,因此虽然程朱理学被认为是真正意义上有别于传统儒学的“新儒学”,但展现的仍然是整个宋明新儒学。尤其海内外现当代新儒家学者中很多人持此立场。如狄百瑞指出:“我会用‘新儒家’一词来指在宋代具有特质的这个运动中的要素。……在这些新发展之中,我将集中讨论那些渊源于传统儒家但同时也朝着‘近代的’‘自由的’方向发展的观念。……我想讨论这些潮流中具有代表性的若干新儒家的基本观念。因此,我采取的是观念史的方法……我找出洋溢于宋明两代新儒家论著中的中心观念,间或提到这些观念流传于东亚的文化交流时日韩两国如何对待它们的情形。这些观念是整个新儒学(即黄宗羲所取广泛定义)必须时刻用之作为指涉者,不过这些观念本身则大体上出自新儒学思想的主流,即一般所说程朱学派或‘正统’新儒家的思想。”①狄百瑞认为,宋明新儒学(理学)以类似“宗教性”的观点讨论人类经验的问

① [美]狄百瑞:《中国的自由传统》,李弘祺译,第 11 页。

题，因此相比于传统儒学更具有"宗教性"，进而指出"这种'宗教性'并不一定就与西方所说'自由教育'相对立。……因为它强调通过发展及训练，使一个人得到能解放自己的能力，而达到'自己了解自己'的古典目标"①。狄百瑞试图通过强调新儒学的"宗教性"及其成己成人的"自由主义"来纠正西方日益狭隘甚至趋于种族主义和极端主义的"自由主义"。② 狄百瑞在论述中国的自由传统时，选择宋明理学（即宋明新儒学）的范例进行了归纳总结，因为宋明理学体现了一种具有中国特色的现象，不能等同于现代西方的"自由主义"。中国自由主义的范围取决于暴君的统治，所以它在相当程度上受到暴君统治的影响。独裁统治既催生又扼杀了中国特有的自由主义，这其中的自由主义批评家大多数是儒家甚至正统的理学家。由此儒家虽然不是通常认为的"宗教性"教导，却履行了韦伯眼中宗教应有的批判功能（详见本书下篇第十二章）。③ 美国现代新儒家的另一位代表人物陈荣捷明确以朱熹为新儒学（理学）的集大成者，阐发了朱熹的宗教思想及其实践活动，并认为陆王心学是对程朱理学的修正和延续，两者并非对立的关系④。港台现代新儒家的代表人物牟宗三注意区分宋明儒学中的不同义理体系，认为程朱理学二元论的"横摄系统"与先秦以来作为儒学正统的思孟一系的"纵贯系统"不合，并非儒家义理发展的正宗，是"别子为宗"的"歧出之'新'"，因此主张"宋明儒学中有新的意义而可称为'新儒学'者实只在

① 参见［美］狄百瑞：《中国的自由传统》，李弘祺译，第22—23页。

② 如狄百瑞考察了宋明新儒家人权思想的发展，认为古典儒家宗教式的人文主义为新儒家的人权思想提供了重要资源，其中"天命之谓性"的内在道德命令说，为新儒家主张某种人权提供了基础；人性本善的观点赋予新儒家思想类似于"人的内在尊严"以及"个人的内在价值"的前提；朱熹后学真德秀"行仁政""饬刑罚""轻徭薄赋""设立义仓"，包含了丰富的人权思想；明代儒者丘濬对制度的改革，显示出其礼的含义接近现在的"人权"概念；吕留良认为天命的运行是靠民众自下而上，而不是天子自上而下；黄宗羲则提出"有治法而后有治人"来取代早期儒家的"修己治人"，这些都构成中国古代人权思想传统。参见［美］狄百瑞著，梁涛、雷蕾译：《宋明新儒学与人权》，《国学学刊》2013年第1期。

③ 参见［美］狄百瑞：《儒家的困境》，黄水婴译，《海外中国哲学丛书》，北京大学出版社2009年版，第70—72页。

④ 参见［美］陈荣捷：《朱熹集新儒学之大成》，《朱学论集》，（台北）学生书局1982年版，第1—35页；［美］陈荣捷：《朱子之宗教实践》，《朱学论集》，第181—204页；［美］陈荣捷：《从朱子晚年定论看阳明之于朱子》，《朱学论集》，第353—383页。田浩指出，陈荣捷将"新儒学"等同于程颐开启、朱熹完成的哲学综合的传统，也就是以"新儒学"为程朱理学；而狄百瑞则对"新儒学"作了更广义的理解，其所谓"新儒学"相当于广义的"宋学"。参见［美］田浩：《儒学研究的新方向——对"新儒学"与"道学"之区别的考察途径》，张聪、姚平主编：《当代西方汉学研究集萃（思想文化史卷）》，第2—3页。但狄百瑞是将朱子学与阳明学视作一个整体而来加以论述的，并且强调宋明新儒学的宗教意义及其观念价值，因此其实与陈荣捷可以说是同一路数。

伊川、朱子之系统”,以程朱理学为真正有别于传统儒学的“新儒学”①。牟宗三也认为儒学(儒教)具有超越性(上达天道)的宗教意识,指出儒学的宗教性主要体现在祭天、祭祖和祭圣贤上,因为这“三祭”是上达天道的媒介,儒学就是以这一系统来证实天道而成为一种人文宗教的②。日本现代新儒家的代表人物岛田虔次反对一般将阳明学视作陆九渊思想的单纯继承而与朱子学相对立的看法,而是基于内在主义的展开这种观点来把握从朱子学到阳明学(性理学)的历史脉络,将阳明学视作朱子学自身内在发展的结果,并通过中西文化及其观念体系的对照和比较,阐发了阳明学作为近世市民社会和个人主义意识崛起的历史意义(详见本书下篇第十一章)③。此外,正如绪论中引白诗朗的归纳所指出的,伦理——宗教性的儒学研究还包括儒耶交涉和对话的比较研究,这是将儒学和基督教作为宗教表达的多样文化模式的比较分析。④ 由于耶稣会士进入中国正处明清之际,当时明代阳明学兴盛,但官方统治思想仍是作为宋明儒学正统的朱子学,因此儒耶思想交涉主要在宋明儒学尤其朱子学与天主教思想之间展开。同时明末清初批判理学的实学思潮(如开创清代浙东学派的黄宗羲即是其代表)的兴起也受到耶稣会士传播的宗教神学与科学知识的影响。由此朱子学、天主教与明清实学之间存在着错综复杂的思想交涉关系。

其次,使用中义“宋明新儒学”(道学)概念的学者主要关注宋明哲学史的发展脉络及哲学诠释。在这一立场下,“新儒学”主要包括程朱理学与陆王心学两派。中国学者尤其大陆宋明儒学研究者中很多人持此立场。中国学者中最早使用西方“Neo-Confucianism”概念的胡适在其英文博士论文《先秦名学史》中就是将“Neo-Confucianism”等同于宋明道学,包括程朱理学与陆王心学(详见本书上篇第四章)⑤。其后,胡适执教北大时的早期学生、最早将西方“Neo-Confucian(ism)”翻译为中文“新儒家(学)”的冯友兰也是如

---

① 参见牟宗三:《心体与性体》,《牟宗三先生全集》5—7,第21页。

② 详见牟宗三主讲、蔡仁厚辑录:《人文讲习录》,《牟宗三先生全集》第28册,(台北)联合报系文化基金会出版,2003年,第3—5页;牟宗三:《中国哲学的特质》,《牟宗三先生全集》第28册,(台北)联合报系文化基金会出版,2003年,第97—109页。

③ 岛田虔次的《朱子学与阳明学》(1967年出版)一书虽然以传统的“朱子学”和“阳明学”概念来命名,但将两派包含在狭义的宋学中。该书的德文译本书名为 *Die neo-konfuzianische Philosophie: Die Schulrichtungen Chu Hsis und Wang Yang-mings*(《新儒家哲学——朱熹和王阳明学派》),其实就是一部宋明新儒家哲学史。参见[日]岛田虔次:《朱子学与阳明学》,蒋国保译,第127页;[日]岛田虔次:《宋学的展开》,《中国思想史研究》,《日本中国史研究译丛》,上海古籍出版社2009年版,第257—277页。

④ [美]白诗朗:《儒家宗教性研究的趋向》,彭国翔译,第27—36、31页。

⑤ 参见 Shih HU, *The development of the logical method in ancient China*, p. 2。

此。如冯友兰在20世纪20年代撰写的《人生哲学》及30年代撰写的《中国哲学史》中都以“道学”为“新儒学”,并对“新儒家(学)”的名义、特征(内涵)及派别(外延)做了明确的论述。冯友兰认为新儒家之所以不同于先秦儒家在于受佛道二教的影响,其本体论及工夫论与先秦儒家不同,所以称“新”,但其人生观及所追求的学问目标则与先秦儒家一致,所以仍然是儒家(详见本书上篇第五章)①。冯友兰进而指出,道学包括程朱理学与陆王心学,分别以程颐、程颢为先驱,两派的差异在于其哲学本体论②,即“心即理”(“主观唯心主义”)与“性即理”(“客观唯心主义”)的区别。冯友兰在总结其学术生涯的《三松堂自序》中将此观点视为其《中国哲学史》中颠扑不破的学术创见之一③。海外汉学家中也有不少学者持此立场,如楠本正继的《宋明时代儒学思想之研究》是日本战后首部以现代方法研究宋明儒学的哲学史著作,虽然没有直接使用“新儒学”作为书名,但其实就是一部“宋明新儒学思想史”,其首章即是“新儒学の発生”,主要从三教交涉的视角出发论述宋明新儒学的产生。其所谓“新儒学”就是指宋明道学,包括宋学(程朱理学)与明学(陆王心学)两派(详见本书下篇第十三章)④。又如陈来的《宋明理学》作为中国大陆改革开放以来宋明理学史的代表性著作,叙述了宋明理学(新儒学)的产生、发展和演变,揭示出宋明理学的基本人物、学术派别、概念命题和理论特色。陈来将宋明理学视为一股前后相继又相互激发的思潮,对于宋明理学发展的固有脉络和内在讨论,对于宋明理学发展的关键枢纽点,对颇具特色的知识点等予以了重点关注。全书除第一章“中唐的儒学复兴运动”和第二章“北宋前期的社会思潮”论述宋明理学的先驱韩愈、李翱等人外,其他章节重点论述了从周敦颐开始到刘宗周为止的共二十三位理学思想家,分别属于程朱理学(朱子学)和陆王心学(阳明学)两大思想阵营。

最后,使用广义“宋明新儒学”(宋学)概念的学者主要关注思想史、文化史上的主流与支流、正统与异端、中心与周边、社会政治与思想文化之间的互动影响及其复杂纠葛。在这一立场下,“新儒学”的范围扩大到包括程朱理学、陆王心学、事功学派等在内的整个宋学,并且注意其历史背景与各学派之间的交涉关系。相应地,研究视域从狭义的观念史进入

---

① 参见冯友兰:《人生哲学》,《三松堂全集》第2卷,第184页。

② 参见冯友兰:《中国哲学史》(下),《三松堂全集》第3卷,第300页。

③ 参见冯友兰:《三松堂自序》,《三松堂全集》第1卷,第191—192页。

④ 参见[日]楠本正继:《宋明時代儒学思想の研究》(修订版),(東京)広池学園出版部1964年版,第3—12页。

思想史,更进一步进入政治史、文化史等相关领域,关注哲学思想与政治文化的交叉影响①。美国汉学界中很多学者持此立场。近年来随着学术交流的加强,受美国汉学界的影响,如葛兆光、何俊等中国学者也持此立场。尤其美国学者余英时及其弟子田浩从思想史(而非哲学本体的研究)的立场出发,对内在思想与政治文化等外部环境间的互动关系进行了深入探讨。二人先后出版了《宋明理学与政治文化》《宋代士大夫政治文化的研究——朱熹的历史世界》(以上余著)和《功利主义儒家——陈亮对朱熹的挑战》《朱熹的思维世界》(以上田著)等一系列宋明新儒学研究论著,被葛兆光评价为给宋明思想史的研究树立了新的范式(详见本书下篇第十五章)②。如田浩的著作《旁观朱子学——略论宋代与现代的经济、教育、文化、哲学》由“思潮与经济发展”“教育与创造力”“模范与文化”“哲学与思想史”“方法与对话”五个部分组成,展现了与主流宋代理学研究突出朱熹的单线发展不同的一种视野。这种视野关注宋代儒学发展的社会网络以及儒学思想家群之间的多元互动。Hartman Charles 详细分析了学术界对余英时《朱熹的历史世界》的不同评价,指出余著的写作目的首先是他试图阐明在宋代政治生活中新儒家运动这一历史事实的重大影响,西方学者和社会史家对宋代的研究一般都假定宋代的“政治”与“文化”在相当程度上存在重叠。因此,余英时对理学与宋代“政治文化”互动的关注,对于大多数研究宋学的西方学者来说不足为奇。但对于长期将理学视作纯粹哲学(包括形而上学、认识论等)的中文尤其大陆学界来说,余英时的著作正如葛兆光所指出的,被认为是跨学科的对传统观念的打破,是宋代政治文化研究的典范③。

需要指出的是,上面将“新儒学”概念的三种意义分别对应宋明新儒学研究三条路径的论述,只是从主要的方面和分析的方便着眼所做的区分,在实际研究中不可能如此泾渭分明。因为一方面,“新儒学”概念的不同意义和研究路径的对应并不是绝对的,在一定程度上,“新儒学”概念的三种意义都可以对应上述三条研究路径,我们这里只是从主要的方面来立论;另一方面,同一位学者随着前后思想立场的变化和研究的具体需要可能由一条路径转向另一条路径,还有可能同时兼用多条路径。如前述狄百瑞和田浩

① 参见何俊:《田浩(编):〈宋代思想史论〉》,刘东主编:《中国学术》第18辑,第289—293页。

② 参见葛兆光:《置思想于政治史背景之中——再读余英时先生的〈朱熹的历史世界〉》,[美]田浩主编:《文化与历史的追索——余英时教授八秩寿庆论文集》,(台北)联经出版,2009年,第392—397页。

③ 参见 Charles Hartman,“Zhu Xi and His World”,*Journal of Song-Yuan Studies*,No. 36(2006),pp. 107-131。

的研究路径虽然各有不同，但双方在研究中基本都做到了历史与逻辑、政治与文化、正统与多元的统一。如田浩在其著作《功利主义儒家——陈亮对朱熹的挑战》中虽然以政治背景及思想交涉为关注焦点，但其研究也是建立在对朱熹、陈亮等人的哲学体系及其观念的深入把握基础上的，并且也关注其现代意义①。同样，狄百瑞的研究虽然主要关注哲学观念及其现代意义的阐发，但也没有忽视社会文化的考察。如狄百瑞在其著作《东亚文明——五个阶段的对话》中从社会学的视角出发分析了宋明新儒学的精神在东亚的传播、发展与现实影响。而这又是建立在他从哲学思想层面对新儒学内在精神的把握基础上的②。同时，上述宋明新儒学研究的三种立场和路径在中国思想史中都有其渊源。正如何俊所指出的，余英时等人的思想史研究路径与《宋元学案》（全氏补修本）有一定的关联，全祖望在补修本中设立《赵张诸儒学案》《元祐党案》《庆元党案》等即体现了政治与文化交涉研究的视角③。狄百瑞对新儒学的义理及其现代价值的阐发则深受黄宗羲《明儒学案》及《明夷待访录》的影响④。事实上，哲学义理与思想文化的立场恰好分别体现在《宋元学案》成书过程中黄宗羲编纂的“黄氏原本”（哲学史、道学史）与全祖望编纂的“全氏补修本”（思想史、宋学史）中。⑤ 同样，宗教观念的立场也体现在构建程朱理学道统及其观念体系的《伊洛渊源录》及《近思录》《宋史·道学传》等著作中。因此上述宋明儒学研究的三种立场和路径其实在中国思想史中都有其渊源。

---

① 参见［美］田浩：《功利主义儒家——陈亮对朱熹的挑战》，姜长苏译，《海外中国研究丛书》，江苏人民出版社1997年版，第162页。

② ［美］狄百瑞：《东亚文明——五个阶段的对话》，何兆武、何冰译，《海外中国研究丛书》，江苏人民出版社1996年版，第44—69页。

③ 参见何俊：《宋元儒学的重建与清初思想史观——以〈宋元学案〉全氏补本为中心的考察》，《中国史研究》2006年第2期。

④ 参见［美］狄百瑞：《新儒学一词的使用——回应田浩教授》，张聪、姚平主编：《当代西方汉学研究集萃（思想文化史卷）》，第23—38页。

⑤ 黄宗羲基于哲学史家的立场，一方面突破了《宋史·道学传》的程朱理学道统框架，对朱学（理学）、陆学（心学）、浙学（事功之学）等各学派兼容并包，从而使得《宋元学案》作为宋元儒学思想史的框架大体齐备，一方面仍然以宋元道学的发展脉络为主线并致力于哲学思想的阐释。其后全祖望基于思想史家的立场，在其补修本中进一步突破了黄宗羲的道学史框架，不仅为思想界的次要人物，甚至为道学所排斥的杂学（新学、蜀学等）、与思想界有密切关系的政治家和倡导者（范仲淹、赵鼎等）以及与思想界密切相关的政治事件（元祐党禁与庆元党禁）设立了学案、略案或党案，从而使得《宋元学案》的思想史色彩非常浓厚。因此冯友兰认为《明儒学案》哲学多于史学，《宋元学案》则史学多于哲学。参见连凡：《〈宋元学案〉的层次结构与学案设置——兼论全祖望与黄宗羲思想史观之异同》，《北京社会科学》2017年第4期；冯友兰：《中国哲学史新编》第5册，《三松堂全集》第10卷，第299页。

此外学界还有几种值得关注的研究立场和诠释路径,我们也把它们纳入上述三条路径中。

其一,在20世纪80年代以前的中国大陆学界,占据主流的研究路径是以唯物主义、唯心主义(包括客观唯心主义与主观唯心主义)的对立斗争来评判新儒家乃至整个中国哲学思想;其中主张气本论的王安石、叶适等人属于唯物主义,主张理本论的程颐、朱熹等人属于客观唯心主义,主张心本论的陆九渊、王守仁等人属于主观唯心主义;在价值评判上以唯物主义高于唯心主义,客观唯心主义又高于主观唯心主义。这种研究路径一方面可以说是哲学史、思想史的研究路径,因为关注哲学的分派及其宗旨;一方面也可以说是社会史、政治史的研究路径,因为其理论基础是马克思主义对亚细亚生产关系及其社会阶级背景的划分,并且往往从政治立场出发评判哲学家的思想地位和价值①。进入20世纪80年代以后,这种带有明显政治色彩的研究路径逐渐让位给理学与“反理学”的哲学思想研究。所谓“反理学”的学派或思潮主要包括气学、实学和启蒙思潮(明清启蒙说)②。如日本古学派的伊藤仁斋父子及中国清代考据学家戴震对理学的批判即属于“反理学”的考据学(朴学)路径(详见本书下篇第十章)。伊藤仁斋的思想也被朱谦之视为唯物主义③。这种研究视角主要对应我们所说的哲学史及思想史的研究路径,即一方面从哲学史层面探讨理学(广义)视野下气学、实学、启蒙主义的义理诠释及其意义,一方面从思想史层面探讨理学(道学)与气学、新学、蜀学、事功学派等不同派别的思想交涉关系及其影响(上述余英时、田浩的研究也包括这一层面)。

其二,近年来学术界又兴起理学(新儒学)与经学、古典学、经典诠释学的交叉研究,这种研究视角和路径关注文献的整理、思想史的梳理及哲学义理的诠释④,实际上与我们上述三条研究路径都存在对应关系。因为历史

---

① 侯外庐在其主编的《中国思想通史》“序”中指出:“这部《中国思想通史》是综合了哲学思想、逻辑思想和社会思想在一起编著的,所涉及的范围比较广泛;它论述的内容,由于着重了基础、上层建筑和意识识形态的说明,又比较复杂。”参见侯外庐、赵纪彬、杜国庠:《中国思想通史》第一卷,“序”,人民出版社1957年版,第1页。如在论述唐宋以下的中国思想史时,侯外庐首先论述了“中国封建制社会的发展及其由前期向后期转变的特征”作为思想史的社会背景,然后以唯物、唯心的斗争来诠释思想家的发展脉络、哲学体系及其社会影响。参见侯外庐主编:《中国思想通史》第四卷,“第四卷总目”,人民出版社1959年版,第35—36页。

② 参见张锦枝:《近四十年来大陆宋明理学研究的几条线索》,第54—67页。

③ 参见朱谦之编著:《日本的古学及阳明学》,上海人民出版社1962年版,第26页。

④ 参见张锦枝:《近四十年来大陆宋明理学研究的几条线索》,第54—67页。

上"新儒学"的经学建构其实就是体现意识形态并起到宗教教化作用的哲学义理诠释,因此《四书》《五经》这些"新儒学"经典被官方指定为科举考试的标准。现当代的宋明"新儒学"经学研究一般不再具有意识形态的价值和意义(现当代新儒家学者的经典诠释除外),主要是作为一种研究的对象客体,从哲学史及思想史的视域出发对经典文本及其哲学内涵、思想影响所作的分析。

其三,近年来海内外"新儒学"的研究视域又扩展到东亚儒学,广义的"朱子学"与"阳明学"就是在这个意义上成立的。"东亚新儒学"的研究视角也可以对应上述三种研究路径,只是其视野不再局限于中国,而是扩展到朝鲜、日本、越南等儒家文化圈国家接受中国"新儒学"影响后形成的"新儒学"思潮。但在研究中要避免将东亚其他国家的"新儒学"思潮简单视作中国"新儒学"的照搬("中国中心观")。如日本学界最早使用英文"Neo-Confucian(ism)"概念并致力阐发东亚"新儒学"之价值的冈仓天心指出,宋代新儒学(以朱子学为中心)受佛道二教的刺激和影响,为先秦儒家提倡的道德伦理学说建构起了形而上学的宗教体系,从而实现了儒家思想的转型;其后新儒学传入日本,朱子学在德川幕府时期成为正统思想,①成为东亚共同的思想潮流,同时由于对儒家经典的不同解释,新儒学内部又衍生出了多个学派(详见本书上篇第四章)。事实上,正如冈仓天心所指出的,日本朱子学相比于中国朱子学已经发生了变异,如中国重视血缘性的"孝",而日本则重视社会性的"忠"②。同时,日本儒学受佛教的影响更深,进而与日本本土的神道教信仰相结合,因而更具有宗教色彩③,所以日本一般称儒学、新儒学为儒教、新儒教,冈仓天心英文著作的日译本中"Neo-Confucian(ism)"一词都被翻译为"新儒教(学派)"④。总之,我们不能简单地认为日本朱子学、阳明学是中国朱子学、阳明学的移植和照搬。

其四,近年来又兴起比较哲学的研究。这种路径和方法其实由来已久。

---

① 参见吴震:《东亚朱子学:中国哲学的丰富性展示》,《哲学动态》2019 年第 1 期;吴震:《东亚朱子学研究的回顾与反思》,《杭州师范大学学报(社会科学版)》2019 年第 1 期。

② 如日本朱子学者山崎闇斋编纂的《朱子书抄略》中将君臣置于五伦之首,与中国重视父子孝道不同。参见[日]楠本正继:《宋明時代儒学思想の研究》(修订版),(東京)広池学園出版部 1964 年版,第 222 页。

③ 原文见 Kakuzo Okakura, *The Awakening of Japan*, pp. 65-74;译文见[日]冈仓天心:《觉醒之书》,黄英译,四川文艺出版社 2017 年版,第 52—53 页。

④ [日]岡倉天心:《東洋の理想:とくに日本美術について》,[日]夏野広譯、[日]森才子譯,《日本の名著》第 39 册,東京:中央公論社,1979 年,第 166 页;[日]岡倉天心:《日本の目覚め》,[日]夏野広譯,《日本の名著》第 39 册,東京:中央公論社,1979 年,第 217 页。

上述东亚新儒学的研究可以说必然要涉及中日等国“新儒学”思想的比较，而中西哲学思想的比较也是目前学术界的热门研究领域，并且与上述三条研究路径都有交涉关系。这种比较一方面包括中西哲学范畴和概念的比较，甚至连宋明“新儒家(学)”[“Neo-Confucian(ism)”]概念本身最早就是在中西思想的交涉和比较中创立的，如陈荣捷提到“Neo-Confucianism”是天主教徒模仿西方本有的“Neo-Platonism”(新柏拉图主义)概念创造出来的①。而19世纪末20世纪初的来华基督教传教士又将中国的宋明新儒学(neo-Confucianism)与印度的新佛教主义(neo-Buddhism)及古罗马的新异教主义(neo-Paganism)相提并论②。另一方面包括中西哲学体系的比较，如冯友兰在其1923年完成的英语博士论文《人生理想之比较研究》中，在中西比较的视野下系统探讨了宋明新儒学(Neo-Confucianism)调和“有”(事物)与“无”(本体)的哲学体系，并将其与孔子调和自然状态和艺术状态、亚里士多德调和理想世界与现实世界、黑格尔调和“我”与“非我”的人生理想进行了比较③。冯友兰肯定中西方主要哲学体系都兼有理想(本体)与现实(作用)两个层面，并且各自从不同的立场和视角出发达到了理想与现实的统一，因而可以相互补充(详见本书上篇第五章)。在当今学界，新儒学中的朱子学经常被用来和古希腊哲学(如柏拉图、亚里士多德)、中世纪哲学(如耶儒交涉)及德国古典哲学(如康德、黑格尔)进行比较，而阳明学则经常被用来和西方现象学(如胡塞尔、海德格尔)进行比较，此外还有学者用诠释学(如伽达默尔)的观点来比较分析“新儒学”④。

余　论

从宋明儒学研究的视野和路径来看，伴随着汉学研究的视野立场从宗教观念、哲学义理向思想文化领域的扩展，“Neo-Confucianism”概念的意义范围从西方传教士那里用来指称程朱理学(注重宗教观念的阐发)，扩大到现代学术界中用来指称道学(注重哲学义理的阐发)，再进一步扩大到当代

---

① [美]陈荣捷:《理学》，韦政通主编:《中国哲学辞典大全》，第494—495页。

② 参见 The Christian Literature Society for China, “The Society for the Diffusion of Christian and General Knowledge among the Chinese”, p. 1068。

③ Yu-lan Fung, *A Comparative study of life ideals: The way of decrease and increase with interpretations and illustrations from the philosophies of the East and the West*(人生理想之比較研究，一名，天人損益論), pp. 211-223.

④ 参见刘昊、吴震:《十年来宋明理学研究的回顾与展望——以朱子学和阳明学为中心》，《孔子研究》2018年第4期。

汉学研究中用来指称宋学(注重思想文化的阐发)。从中外学术界的现状来看,重视文献诠释及哲学研究的中国学术界虽然更多地使用传统的“宋学”“道学”“理学”概念,但近年来随着学术交流的深入、研究视域的扩展及方法论的更新,源自西方的“新儒家(学)”概念的使用也越来越广泛,并且一般使用“新儒学”概念的中义(相当于“道学”或“宋明理学”)和广义(相当于“宋学”),相应地在思想诠释上也吸收了西方的思想文化史研究路径。同样,重视思想史、文化史研究的西方尤其美国学术界虽然更多地使用广义的“Neo-Confucian(ism)”(相当于“宋学”)概念,但源自中国传统思想史的“道学”“理学”概念的使用也越来越广泛,并且在思想诠释上也吸收了中国新儒家注重哲学义理阐发的研究路径。这也反映了海内外学术界的相互影响和融合。

虽然自20世纪80年代以来,社会史、思想史的研究路径越来越受到重视,对扩展研究视野及还原历史真相确实起到了很大作用①。但哲学史、观念史的研究路径仍然有其不可替代的地位和价值。因为如果没有通过哲学分析对思想内在理路的把握,单纯的社会历史描述只会流于表面现象,无法揭示出思想史的真相。反之,只有哲学诠释而没有历史分析也会使研究陷入单纯的观念形态,无法说明其之所以产生的历史背景和社会根源。尤其中国哲学家、思想家的理论体系可以说都是为了回应现实社会中的问题而建构起来的。因此在其哲学体系中形而上(道、理)与形而下(器、气)本来就是不可分割的。相应地,我们的研究也不可能将两者截然分开。如宋学的开山胡瑗诠释儒家之道包括体、用、文三个方面。田浩将其阐发为儒家理论的三个层次:哲学思辨、文化价值、现实政论②,并力图将三个层面的研究结合起来。其研究方法被认为是“外在社会史”与“内在思想史”的结合③。狄百瑞和田浩的研究虽然各有侧重,但基本做到了历史与逻辑、思想与文化、正统与多元的统一。总之,社会史、思想史、观念史的路径实际上不可能截然分开,真正有价值的研究必然是逻辑与历史、哲学观念与思想文化的有机统一。

上篇小结

上篇“宋明儒学的名称概念与诠释路径”中,笔者考察了中国传统的

① 参见张聪、姚平主编:《当代西方汉学研究集萃(思想文化史卷)》,“前言”,第5—9页。
② 参见[美]田浩:《朱熹的思维世界》,第12页。
③ 参见杨新勋:《一个旁观者的心声——田浩访谈录》,《中国典籍与文化》2016年第3期。

“宋学”“道学”“理学”概念与源自西方的“Neo-Confucianism”“新儒学”概念的渊源、意义及其关系,在此基础上总结了“新儒学”概念的合理性与宋明儒学的诠释路径。

第一章“宋明儒学传统名称概念的演变及其关系”中,笔者将宋明儒学的名称概念区分为一般总称概念(“宋学”“道学”“理学”等)和特殊学派概念(包括“洛学”“闽学”等中国儒学概念及“朱子学”“阳明学”等东亚儒学概念)两类,考察了这些概念的意义演变及其关系。其要旨如下:

随着宋明儒学思想及其研究的发展,一般总称概念中,宋学概念大体上经历了从中义(宋代义理之学)到狭义(与阳明学相对的朱子学)再到广义(与汉学相对的宋学、宋元明清义理之学)的意义演变;道学概念大体上经历了从广义(道统之学)到狭义(程朱道学)再到中义(宋明道学)的意义演变;理学概念大体上经历了从广义(义理之学)到中义(性理之学)再到狭义(程朱理学)的意义演变。特殊学派概念中,源自中国并传到东亚儒家文化圈的朱子学、阳明学概念经历了从狭义(朱学、王学)到中义(程朱理学、陆王心学)再到广义(东亚朱子学、东亚阳明学)的意义演变。此外还有隶属于上述学派概念的濂学、洛学、关学、闽学等中国地域学派概念,以及朝鲜退溪学、日本崎门学等东亚近世儒学学派概念。从意义演变及其关系来看,这些宋明儒学与东亚儒学名称概念都有着深厚的历史背景和思想内涵,并且相互之间存在着错综复杂的交涉关系,因此必须从历史脉络和思想体系出发对这些概念的意义和关系进行清晰的界定。

第二章“‘Confucius’‘Confucian(ism/ist)’概念的源流及意义考辨”中,笔者探讨了英文中“Confucius”“Confucian(ism/ist)”概念的早期使用及其阐发。其要旨如下:

“Confucius”概念最早是16世纪末西方传教士对“孔夫子”(孔子)的翻译,由此派生的“Confucian(ism/ist)”概念在17世纪末已经出现。这些西方概念体现了“中学西传”背景下传教士基于天主教立场对孔子及儒学的评判,强调的是儒学的宗教性。这与“西学中传”过程中“利玛窦规矩”强调的儒学世俗性构成了西方儒学诠释的两个层面。进入现代以来,随着儒学作为宗教意识形态的解体,中西方的主流认识强调儒学的世俗层面,将其视作哲学思想和历史文献。正是由于这种历史思潮的变迁导致“Confucius”“Confucian(ism)”的意义从宗教观念向哲学思想转变,并使其渊源和意义受到质疑。“Confucian(ism/ist)”概念自19世纪以来在入华英美新教传教士创办的报刊中得到广泛使用,对于考察当时中国的思想动态及中西文化的交涉具有重要参考价值。

第三章“‘Neo-Confucian(ism)’概念的渊源与意义——以《中国哲学家孔夫子》为中心”中,笔者探讨了西方“Neo-Confucian(ism)”概念的形成及其原始意义,并阐明了耶稣会士著作中早期“Neo-Confucian(ism)”概念原型的意义及范围。其要旨如下:

在1687年出版的《中国哲学家孔夫子》中,入华耶稣会士柏应理率先使用“新诠释者”和“无神论政客”概念来指称程朱理学家,并将程朱理学认定为有别于先秦儒学的“新哲学”。由此衍生出西方的“宋明新儒家(学)[Neo-Confucian(ism)]”概念。从概念的意义和范围来看,早期“宋明新儒家(学)”概念是耶稣会士为批判程朱理学而创造的一个消极概念,旨在说明以程朱理学为代表的宋明新儒学对先秦经典的新诠释及其无神论倾向与原始儒学不一致,强调儒学发展中的变异,并将宋明新儒学视为可与天主教共存的世俗教化思想。其后随着中西“礼仪之争”矛盾的激化和西方对中国思想认识的深化,耶稣会士转而强调儒学发展中的继承,将宋明新儒学视为一种与先秦儒学一脉相承的宗教意识形态体系。西方对宋明新儒学从“无神论”到“有神论”的诠释变化,一方面反映了耶稣会士对宋明新儒学的态度已经从排斥转向同化,另一方面也反映了传教策略从求同存异的跨文化立场转向西方中心主义的立场。《中国哲学家孔夫子》在这一转变过程中起到了承上启下的重要作用。

第四章“‘Neo-Confucian(ism)’概念的近代使用及其阐发——以新教传教士与东亚学者为中心”中,笔者探讨了西方“Neo-Confucian(ism)”概念在19世纪末20世纪初期的使用及其意义。其要旨如下:

“Neo-Confucian(ism)”概念在19世纪末20世纪初期被基督新教传教士和西方学术界的东亚学者用来指称整合三教,恢复先秦宗教传统,并构建起形而上学体系的宋明新儒家(学)。冈仓天心(在1903年首次使用)、帆足理一郎(在1912年首次使用)和胡适(在1917年首次使用)是较早在西方学术界使用“Neo-Confucian(ism)”概念的东亚学者。从概念的意义和范围来看,近代“Neo-Confucian(ism)”已经成为一个积极的学术概念,旨在说明宋明新儒学是一种新的宗教思想。它将三教结合起来,阐发并回归先秦儒家传统,并为原始儒家的伦理和政治学说构建了形而上学体系。从范围上来看,近代“Neo-Confucian(ism)”概念最初指程朱理学及其传入朝鲜、日本等国后形成的朱子学,后来扩大到指称包括程朱理学和陆王心学在内的宋明道学以及东亚新儒学。

第五章“‘Neo-Confucian(ism)’概念的翻译、流传与阐发——以冯友兰的学术生涯为线索”中,笔者考察了冯友兰等人对“Neo-Confucian(ism)”及

中文宋明“新儒家(学)”概念的使用与阐发。其要旨如下:

冯友兰在美国留学期间(1920—1923)使用并阐发了西方创造的“Neo-Confucian(ism)”概念,回国后(1924—1926)在学界首次将其翻译为中文“新儒家(学)”概念。其后由于建构宋明儒学史的需要,加上“新儒学”概念意义的不确定性,1932年底以后,冯友兰在其中文论著中转而使用包括程朱理学与陆王心学在内的传统“道学”概念来指称宋明新儒学。但李石岑(1926)、谢扶雅(1928)、陈寅恪(1934)等人都在冯友兰的影响下使用了这一概念。20世纪40年代以后,“新儒家(学)”概念又被用来指称现当代等其他时代的新儒家(学),标志着这一概念在当时国内学术界通行起来。20世纪50年代前后卜德翻译冯友兰的《中国哲学简史》《中国哲学史》等论著的流行,又促进了“Neo-Confucian(ism)”概念的普及。

第六章“‘New-Confucian(ism)’概念的源流及其意义——兼论其与‘Neo-Confucian(ism)’概念的关系”中,笔者考察了“New-Confucian(ism)”[现当代新儒家(学)]概念的源流及其意义演变,进而探讨了其与“Neo-Confucian(ism)”概念的交涉关系。其要旨如下:

New Confucian(ism)最早出现在20世纪初期入华基督教传教士创办的报刊上,用来泛指新的儒家(学),如清末民初的孔教派或宋明新儒家(学)等,其后在20世纪40年代成为指称现当代新儒家(学)的专有名词。当代学术界中作为专有名词的Neo-Confucian(ism)与New-Confucian(ism)分别指宋明新儒家(学)与现当代新儒家(学),在这种情况下一般不可混淆。除此之外,New Confucian(ism)(一般前面加上冠词a或the)还可用来泛指古今中外“新”的儒家(学),这种情况下的New Confucian(ism)可能指宋明新儒家(学)[Neo-Confucian(ism)]。由此派生的Modern/Contemporary Neo Confucian(ism)(首见于20世纪70年代)与Modern/Contemporary New Confucian(ism)(首见于20世纪90年代)两者都是指现(当)代新儒家(学)。只是前者强调现当代新儒家(学)是宋明新儒家(学)的发展和延续,后者更强调两者的区别和断裂。

第七章“‘新儒家(学)’概念的争议与普及”中,笔者考察了“Neo-Confucian(ism)”“新儒家(学)”概念的意义演变及其与传统宋明儒学概念的对应关系,在此基础上探讨了“Neo-Confucian(ism)”“新儒家(学)”概念的合理性问题。其要旨如下:

“Neo-Confucian(ism)”“新儒家(学)”与“宋学”“道学”“理学”等概念都有着深厚的历史背景和思想内涵,并且相互间存在着错综复杂的交涉关系,因此我们在使用这些概念时必须从历史脉络与思想体系出发界定其意义、范围及关系。尽管存在概念的模糊性及中西概念不对等的问题，但“Neo-Confucianism”概念在其流传过程中已经彻底中国化，并且与中国思想史及其概念深度融合起来，加上它在意义上确实揭示了宋明新儒学相比前代儒学既有继承（连续性）又有超越（间断性）的历史事实，因此被人们广泛接受，目前它与中国传统宋明儒学概念的并行通用已经成为一种趋势。同时，“宋明新儒学”概念的倡导和普及与海内外现当代新儒学思潮的发展密切相关，其中冯友兰和哥伦比亚学派领袖狄百瑞先后起到关键作用。

第八章“‘新儒家（学）’概念的意义演变与宋明儒学的诠释路径”中，笔者总结了宋明新儒学（Neo-Confucianism）概念的意义范围，并阐明了海内外宋明儒学诠释研究的主要路径。其要旨如下：

西方创造的“Neo-Confucian（ism）”概念在历史上经历了从程朱理学（狭义，17世纪末期以来）到宋明道学或宋明理学（中义，20世纪初期以来）、再到宋学（广义，20世纪后期以来）的意义演变。相应地，海外宋明新儒学研究形成了一些主要的研究立场和路径。首先，以“理学”为“新儒学”的学者主要基于宗教、观念（而非哲学史）的立场，强调理学对儒家信仰（新儒教）与观念体系（新儒学）的重建及其现代意义。在这一立场下，虽然程朱理学被认为是真正意义上的“新儒学”，但陆王心学也被收摄到理学的发展脉络中，因此展现的仍然是整个宋明新儒学。其次，以“道学”为“新儒学”的学者主要关注宋明哲学史的发展脉络及哲学诠释。在这一立场下，“新儒学”包括程朱理学与陆王心学。最后，以“宋学”为“新儒学”的学者主要关注社会思想史上的主流与支流、正统与异端、社会政治与思想文化之间的互动影响。在这一立场下，“新儒学”的范围扩大到包括程朱理学、陆王心学、事功学派等在内的整个宋学，并且注意历史背景与不同学派之间的交涉关系。这三种诠释研究路径在实际中不可能截然分开，真正有价值的研究必然是逻辑与历史、哲学观念与思想文化的有机统一。

下　　篇

宋明儒学诠释路径的个案研究
——以海外汉学、中国学为中心

第九章　艾儒略与中西性论思想的会通

——以《性学觕述》为中心

性是一事物区别于他事物的本质特征，是事物因其构成所具有的性质与能力。中国古代性论主要涉及人性的来源、本质及其与物性的区别等方面的问题。其中人性论作为儒家思想的中心课题，沟通天道与人道，论证天赋本性与其现实表现之间的关系是其重心。宋代之前已经出现了性无善恶说（告子）、性善说（孟子）、性恶说（荀子）、性善恶混说（世硕、扬雄）、性三品说（王充、韩愈）等诸多人性论观点，但一直没有形成定论。直到宋代，以周敦颐、程颐、张载、朱熹为代表的道学家从其宇宙本体论出发沟通天道与人道，为儒家的人性论建立了本体论依据，从而建构了天人合一的思想体系，成为思想界的权威定论。到了明末清初，以利玛窦为代表的欧洲入华耶稣会士出于传教的需要，对中国传统思想尤其是作为官方统治思想的朱子学进行了系统批判。其中性论（"性学"）是儒家与天主教思想交涉的中心论题之一。

明末清初意大利籍耶稣会士艾儒略（Giulio Aleni，1582—1649）所作的《性学觕述》（刊刻于 1646 年）是当时介绍西方"性学"最系统全面的一部著作。所谓"性学"是与论述造物主（天主）的"超性学"相对而言，指论述人性及生命、精神、思想、感情活动，即关于人本身和人的能力所能认知的关于万物的学问。《性学觕述》以问答体形式系统论述了包括感觉、知觉、表象、记忆、思维、言语、情欲、意志以及人的生长发育、睡眠、梦和死亡在内的各种心理、生理现象。根据目前海内外学界的研究，《性学觕述》的基本理论源自作为教会哲学基础的亚里士多德《论灵魂》《自然诸短篇》①。但艾儒略并没有简单复述亚里士多德的学说，在行文中处处可见为了适应中国传教事业而致力于天主教与中国传统儒释道思想的比较与会通，具有很高的学术价值②。但目

---

① ［意］艾儒略：《性学觕述》，黄兴涛、王国荣编：《明清之际西学文本：50 种重要文献汇编》第 1 册，第 242 页。

② 艾儒略的《性学觕述》与同时代耶稣会士毕方济的《灵言蠡勺》相比，两者虽然都是对亚里士多德主义灵魂论的阐述，并且都对中国思想界产生了重要影响。但毕方济侧重在形而上学层面，艾儒略则侧重在自然哲学层面。并且艾儒略采用了很多中国传统思想尤其宋明理学的概念来阐述自己的理论，因而更加具有中西思想比较与会通的意义。参见黄志鹏：《明末亚里士多德灵魂论的汉译：自然哲学抑或形而上学？——基于〈灵言蠡勺〉和〈性学觕述〉的初步比较研究》，《宗教与历史》2018 年第 2 期。

前学术界多从史学角度出发探讨其在自然科技史上的影响①,从哲学层面系统论述艾儒略的中西会通工作的专题研究还不够充分。为此笔者以艾儒略在《性学牿述》中关于“魂性诸称异同”的论述为中心,考察艾儒略对于中西(包括天主教与儒释道)性论的会通并阐明其学术意义。

第一节　中西性论思想的主旨及其会通

明末清初,以利玛窦、艾儒略为代表的入华耶稣会士为了更好地传教,采取了“合儒”“补儒”以达“超儒”的适应策略。他们通过对魂、性、理、气诸范畴的重新规定阐述了天主教的性论思想,并与儒家性论思想相会通。

明末著名耶稣会士利玛窦(1552—1610)继承亚里士多德以来的魂三品说②,对魂的三种不同品类的区分作了详细的说明,他在以问答体形式记录耶儒思想交涉的著作《天主实义》第三篇“论人魂不灭大异禽兽”中指出:“彼世界之魂有三品。下品名曰生魂,即草木之魂是也。此魂扶草木以生长,草木枯萎,魂亦消灭。中品名曰觉魂,则禽兽之魂也。此能附禽兽长育,而又使之以耳目视听,以口鼻啖嗅,以肢体觉物情。但不能推论道理,至死而魂亦灭焉。上品名曰灵魂,即人魂也。此兼生魂觉魂,能扶人长养及使人知觉物情,而又使之能推论事物,明辨理义,人身虽死而魂非死,盖永存不灭者焉。”③首次将草木之魂、禽兽之魂、人类之魂分别汉译为生魂、觉魂、灵

① 参见董少新:《从艾儒略〈性学牿述〉看明末清初西医入华与影响模式》,《自然科学史研究》2007年第1期;李明、杨奕望、邴守兰:《〈性学牿述〉对“脑主神明说”形成的影响》,《中国中医基础医学杂志》2012年第12期;赵莉如:《最早在我国传播西方心理学思想的书——评〈灵言蠡勺〉、〈性学牿述〉和〈西国记法〉》,《中国科技史料》1988年第1期。

② 利玛窦等人传播的灵魂说虽然源自亚里士多德,但已经经过了中世纪经院哲学家阿奎那的改造以符合基督宗教的信仰。此外,有人将利玛窦所述“生魂”“觉魂”“灵魂”称为“三魂说”,但由于中国原始信仰中已有“三魂说”,尤其道教的“三魂七魄”说为艾儒略所批判(见《性学牿述》),为避免混淆,我们称耶稣会士所述为“魂三品说”。这也是基于利玛窦所谓“彼世界之魂有三品”的论述。参见黄志鹏:《明末亚里士多德灵魂论的汉译:自然哲学抑或形而上学?——基于〈灵言蠡勺〉和〈性学牿述〉的初步比较研究》,第218—232、262页;黄志鹏:《明末清初亚里士多德主义灵魂论的汉译及其影响》,博士学位论文,中山大学,2018年。

③ [意]利玛窦:《天主实义》,朱维铮主编:《利玛窦中文著译集》,第26页。[意]利玛窦撰,[法]梅谦立注:《天主实义今注》,商务印书馆2014年版,第109页。梅谦立通过对比分析指出,利玛窦解释“魂三品说”的这段文字基本沿袭了罗明坚(入华的第一位耶稣会士)所著《天主实录》中的文字,但“生魂”“觉魂”“灵魂”这三个专有名词则是利玛窦新加上去的。

魂①。这些译名为后来的耶稣会士及中国学者所接受②。利玛窦指出植物、禽兽（动物）与人类分别具有生魂、觉魂、灵魂，并决定其本性、类别、形貌的根本不同③。在利玛窦看来，由天主赋予的灵魂是高于"性"并决定"性"的神体。

艾儒略在其《性学觕述》中首先论述了规定万物形成、构成与目的的"四因说"，即"造"（动力因）、"为"（目的因）、"质"（质料因）、"模"（形式因），确立了生魂、觉魂、灵魂作为模→内模→活模（魂）的地位性质，进而通过创造性的概念诠释直接把"魂"与"性"会通了起来。这种会通是在与中国传统思想的对话与诠释中实现的。艾儒略为此在《性学觕述》中专立"魂性诸称异同"一节，集中论述了"魂"与"性"的内涵外延及其会通。

艾儒略首先通过信奉程朱理学的中国儒者的口吻设问提出："或曰：我中土魂字与性字似乎异义。魂属气，性属理，今所用魂性二字亦有别否？"④

---

① ［意］利玛窦撰，［法］梅谦立注：《天主实义今注》，商务印书馆2014年版，第109页。

② 明清时期，耶稣会士传入中国的天主教神学思想和科技知识，对当时的思想界产生了广泛而深远的影响。它也被认为是中西思想文化交流史上第一次深入的对话与碰撞。当时，大多数儒家知识分子反对耶教（天主教）思想，但也有一些人赞成。有学者指出，当时儒家正统的主流学者对天主教教义一般采取轻视、漠视或回避（暗中引用却讳言）三种态度，并分别以王夫之、黄宗羲和戴震为代表。参见张晓林：《天主实义与中国学统——文化互动与诠释》，第295—327页。虽然这是一种普遍的情况，但并不妨碍一些主流儒家学者对天主教持开放的态度。黄宗羲的幼子、学术继承人黄百家（1643—1709）就是一位积极吸收耶稣会士思想的有识之士。康熙二十六年（1687）至三十年间（1691），黄百家曾多次到北京参加《明史》的编修，在京期间，他曾与南怀仁、徐日升、安多、毕嘉等耶稣会士相交往，在学习和吸收天文历法等西方自然科学知识的同时，也接触到了天主教教义。他的父亲黄宗羲对天主教教义持批判态度。晚年，黄宗羲在《破邪论》一书中批评天主教为异端，但在上帝信仰（承认古代对上帝的崇拜）和灵魂观念（相信圣贤的灵魂是不朽的）方面有所保留。参见（清）黄宗羲：《破邪论》，吴光主编：《黄宗羲全集》第1册，《浙江文丛》，浙江古籍出版社2012年版，第194页。黄百家研讨了明末入华耶稣会士利玛窦（1552—1610）的《天主实义》等天主教教理书，进而撰写了《利玛窦传》，并认同天主教的核心教义"魂三品说"。因此，黄百家在编撰《宋元学案》时，有意识地引入了"魂三品说"。在《宋元学案》卷四十八"晦翁学案上"辑录朱熹关于"枯槁之物亦有性"的一条语录之后，黄百家在其按语中指出"泰西人分人物三等，人为万物之首，有灵魂；动物能食色，有觉魂；草木无知，有生魂。颇谛当"，对"魂三品说"直接表示赞赏，并提示了"魂三品说"可与朱熹为代表的儒家性论进行比较。黄百家的这种做法与艾儒略在《性学觕述》中的会通工作有相通之处。参见（清）黄宗羲原著，（清）全祖望补修：《宋元学案》第2册，陈金生、梁运华点校，第1521页；杨小明：《黄百家年谱简编》，《中共宁波市委党校学报》2007年第3期；汤开建汇释校注：《利玛窦明清中文文献资料汇释》，上海古籍出版社2017年版，第554页。

③ ［意］利玛窦：《天主实义》，朱维铮主编：《利玛窦中文著译集》，第50页。

④ ［意］艾儒略：《性学觕述》，黄兴涛、王国荣编：《明清之际西学文本：50种重要文献汇编》第1册，第249页。

程朱理学认为，魂属于形而下之气，是一个阳性的附于人的精气，人死后复归于天①。与此相对应的性则属于天所赋予的道德理性，即天理贯注于天地万物而为万物之本性。在理学这里，理是能够主宰并规定气的根源，与此相对应，性也是规定魂的根源，与前述利玛窦所说的魂决定性恰好相反。这种魂与性的地位差异是由于耶稣会士的天主赋魂说与儒家的天命、天道、天理赋性说的根本不同所造成的。具体来说，在天主教这里，灵魂（又称灵性）是作为造物主的天主赋予的有始无终之神体，虽然较一般生物的性为高贵，但在本质上毕竟不能与作为宇宙根源及主宰的天主相提并论。而在儒家这里，由于信奉天人合一、天人不二，人性在本质上与天道（理）本体是一致且对等的。这样在天、魂、性的关系上就形成了天主教的“天主→魂（神体）→性（本能）”与儒家的“天（理）⇔性（理）→魂（气）”的不同。天主教灵魂说与儒家人性论的这种差异使得中国儒者往往难以接受灵魂说。那么，灵魂说作为天主教教义的核心，如何诠释才能顺利地为中国人所接受呢？艾儒略为此继承并进一步发扬了利玛窦定下的立足于天主教会通中西思想的适应策略（“合儒”“补儒”以达“超儒”），将天主教灵魂说与中国传统儒释道三教的性论会通起来，从而扫除中国人信奉天主教的思想障碍。

艾儒略分别归纳了性与魂的内涵与外延，就“性”这一概念针对儒者的提问指出：“曰：中华用字甚活，著书各有其意，字虽同，意或大异，率以上下文推其旨也。性字之用甚宽，虽于不灵之物亦恒有多。如言药性，性苦性甘，性热性冷；如论水火金石，亦云刚柔燥湿诸性，则性义且大不同也。如言人之性气，则又兼人之禀气而言矣。若夫言灵性言天性，非云造物主所赋人义理之性乎？”②中国人论“性”在外延上包括物性与人性，内涵上指万物的性质或属性，落实到人身上可与气一并说（“气质之性”），但人之本性（灵性、天性）即是程朱理学所谓不杂于气质的“义理之性”。可见性字的内涵

① 鬼神魂魄说作为中国传统思想中的重要课题，与宇宙生成论及本体论都有密切的关系。虽然上古宗教中的鬼神被视为有实体并主宰人世祸福的神灵，但从以人文道德战胜宗教迷信的周代开始，人们已将鬼神自然化，将其视为阴阳二气的聚散消长变化，并认为其过程体现了天地生生之功用。与鬼神论关系密切的魂魄观念分别依存于人的精神（心）与肉体感官（身）两个层面。具体来说，中国古代一般认为魂魄概指依附在人的形体上，主宰人之思维（精神）与肉体的精神灵气，其中魂是阳气，构成人的思维才智。魄是粗粝重浊的阴气，构成人的感觉形体。分析言之魂与魄可视为两个不同的存在。魂是一种阳性的神灵，附于人的气，主宰人的精神思维活动；魄是一种阴性的神灵，附于人之形，主宰人的形体感官活动。

② ［意］艾儒略：《性学觕述》，黄兴涛、王国荣编：《明清之际西学文本：50种重要文献汇编》第1册，第249页。

与外延是多方面的。只是在理学这里“义理之性”本由天(理)所赋予,艾儒略则强调“义理之性”由造物主(天主)所赋予。艾儒略接着针对“魂”这一概念指出:“魂字亦然。魂者生活之原,加以生字,则指草木所以能生长养育;加以觉字,则指禽兽所以能触觉运动;加以灵或神字,则指人所以能明理推论之源也。”①可见与“性”类似,“魂”的内涵与外延也是多方面的。魂的内涵是指所有生物生命活动的原理(“生活之原”)。从外延来看,万物之魂从低级到高级分别为生魂(植物)、觉魂(动物)、灵魂(人类)。对照来看,在理学这里,人是由性(理)与气质(气)相结合而成;在天主教这里,人是由灵魂(模、形式因)与肉体(质、质料因)结合而成。可见理学所说的“性”与天主教所说的“魂”虽在本质上不同,但至少在形式结构上,性与魂是可以会通的。艾儒略接着指出:“总之,人以灵神肉躯二者而成:一为内,一为外;一为神,一为形;一为魂,一为魄;一为顽,一为灵;一为主,一为仆;一为贵,一为贱;一为小体,一为大体。”②基于其形式因与质料因二元结合的内部构成说,指出人由灵魂与肉躯二元结合而成,二者从不同角度可以称为内外、神形、魂魄、灵顽、主仆、贵贱、大体小体的关系,这样就可能出现不同的概念名称。

艾儒略由此出发将天主教的灵魂说与中国传统儒、佛、道三教中关于人性本质的诸概念名称会通了起来,指出:“由此论之,其内神大体,或谓之灵性,指其灵明之体,本为人之性也;或谓之灵魂,以别于生觉二魂也;或谓之灵心,以别于肉块之心也;或谓之灵神、神体,指其灵明不属形气者;或谓之良知,谓之灵才,指本体自然之灵者也;或谓灵台,谓方寸,指其所寓方寸之心,为灵魂之台也;或谓之真我,明肉躯为假借之宅,而内之灵乃真我也;或谓天君,指天主所赋于我以为一身之君也;或谓元神,以别于元气,二者缔结而成人也;《大学》谓之明德,指其本体自明,又能明万理者也;《中庸》谓之未发之中,指其本体诸情之所从出也;《孟子》谓之大体,指其尊也。总之称各不一,而所指之体惟一。譬如肉身,或谓形骸,或谓体魄,或谓躯壳,或谓血肉,或谓身体形器诸等,总乃一物而多名,非因异名而异其物之体也。”③由此可见,由天主(主宰之天)赋予的“内神大体”,从不同的角度可以有不

---

① ［意］艾儒略:《性学觕述》,黄兴涛、王国荣编:《明清之际西学文本:50种重要文献汇编》第1册,第249—250页。

② ［意］艾儒略:《性学觕述》,黄兴涛、王国荣编:《明清之际西学文本:50种重要文献汇编》第1册,第250页。

③ ［意］艾儒略:《性学觕述》,黄兴涛、王国荣编:《明清之际西学文本:50种重要文献汇编》第1册,第250页。

同的概念名称，即艾儒略所说的“灵性”“灵魂”“灵心”“灵神”“神体”“良知”“灵才”“灵台”“方寸”“真我”“天君”“元神”“明德”“未发之中”“大体”，但这些指称“魂”“性”的不同名称概念的本质是一致的（名异实同），都是由天主所赋予而内在于人并作为形式因的灵魂（人性）。与之相应的质料因也有多种不同名称概念，即艾儒略所说的“肉身”“肉体”“肉块之心”“形气”“形骸”“躯壳”“血肉”“小体”等。

第二节　中西性论诸概念的诠释及其比较

以下立足于中国思想史，结合艾儒略及其他天主教徒（包括耶稣会士在内的西方传教士及同时代的中国天主教徒）的相关论述，从耶、儒、释、道思想之异同的角度来比较分析上述性论诸概念名称的内涵及其诠释。

一、“灵　性”

——艾儒略对性气、灵肉一元论的批判

“灵性”之称古已有之，或指精神、精气（魂气），如南朝宋颜延之《庭诰》之二云：“未能体神，而不疑神无者，以为灵性密微，可以积理，知洪变欻恍，可以大顺。”①元无名氏《朱砂担》第四折云：“我只道你灵性归天上，却元来幽魂沉井底。”②或指人所具有的聪明才智，即对事物的感受和理解的能力。如唐韩愈《芍药歌》云：“娇痴婢子无灵性，竞挽春衫来比并。”③艾儒略则认为“灵性”是指称其灵明高于万物而为人之性，并进而从人所具有的理性认识能力出发论证了灵性必有④。虽然灵性所具有的机能相当于上面所说的人所具有的聪明才智，但这种才智能力在艾儒略看来本身并不是灵性。艾儒略又从两个方面批判了中国古代以灵性为精神、精气的说法。一方面，针对中国人以性为气的观点⑤，艾儒略认为那样会泯灭人性（灵性、灵魂）与植物的生性（生魂）、动物的觉性（觉魂）之间的区别，导致把人性看作

① （梁）释僧祐:《弘明集》,《大正藏》第 52 卷,（台北）新文丰出版有限公司 1983 年版,第 89 页。

② 徐征、张月中、张圣洁、奚海主编:《全元曲（第 8 卷）》,河北教育出版社 1998 年版,第 6152 页。

③ （唐）韩愈:《韩愈全集》,钱仲联、马茂元校点,上海古籍出版社 1997 年版,第 1 页。

④ ［意］艾儒略:《性学觕述》,黄兴涛、王国荣编:《明清之际西学文本:50 种重要文献汇编》第 1 册,第 250 页。

⑤ ［意］艾儒略:《性学觕述》,黄兴涛、王国荣编:《明清之际西学文本:50 种重要文献汇编》第 1 册,第 250—251 页。

如生性、觉性那样随生气、觉气的聚散而生灭，没有意识到人性纯为天主所赋之神体，是高于形而下之气（四元行之一）的精神实体。艾儒略坚持“性自性，气自气”，性气绝非一物的性气二元论，指出如果像儒家性气一元论者那样以气为性的话，由于气的不断消长变化，必然会导致性也随之日新月异不断变易（如同时代的儒家气论代表人物王夫之就主张“性日生日成”），无法保证性（魂）作为永恒绝对精神实体的超越性与绝对性。① 另一方面，针对中国人以性为人身中精气的观点，艾儒略分析指出如果像中国传统思想那样认为物只禀得气之粗者，只有人禀得气之精者的话，则不免将天地间浑然一气割裂为二（精粗），在道理上是讲不通的。艾儒略进而指出，虽然气与灵性（灵魂）在本质上完全不同，但都属于微妙难以体察之物，所以中国人往往以这种表面上的相似将性与气、精神与物质混为一谈了。②

二、“灵　魂”

——艾儒略论“魂三品说”与“人惟一魂”

“灵魂”在中国古代是指附在人的躯体上作为主宰的一种精神性的东西。灵魂离开躯体后人即死亡。如战国屈原《楚辞・九章・哀郢》云：“羌灵魂之欲归兮，何须臾而忘反。”③灵魂虽特指人之魂，但魂在正统儒学这里是由来自天之精气所构成（《周易・系辞传》所谓“精气为物，游魂为变”），非由作为人格神的上帝所赋予，并且人之魂与草木之魂在本质上都是由气所构成。直至明末入华耶稣会士罗明坚、利玛窦引入天主教“魂三品说”之后④，灵魂作为天主创造的独立神体方才与气以及依附于形质的生魂、觉魂严格区分开来，如在艾儒略这里即是指称其作为有始无终的神体与有始有终的植物的生魂及动物的觉魂存在本质区别。为了论证灵魂区别于生魂、觉魂的特性，并驳斥各种误解和迷信，艾儒略进而论证了“人惟一魂”，指出“魂三品说”中由低级到高级的生魂（植物）、觉魂（动物）、灵魂（人类）是由高到低向下“兼容”的；这种“兼容”是功能上的兼容，而不是实体上的兼有，灵魂最为高贵而兼有生魂、觉魂的特性与功能，但不能说灵魂兼有生魂、觉

---

① ［意］艾儒略：《性学觕述》，黄兴涛、王国荣编：《明清之际西学文本：50种重要文献汇编》第1册，第250—251页。

② ［意］艾儒略：《性学觕述》，黄兴涛、王国荣编：《明清之际西学文本：50种重要文献汇编》第1册，第251页。

③ （宋）洪兴祖补注：《楚辞补注》，《楚辞要籍丛刊》，上海古籍出版社2015年版，第203页。

④ ［意］利玛窦撰，［法］梅谦立注：《天主实义今注》，第109页。

魂的实体，这是由人、物各具的唯一本性（魂）所决定的①。

三、“灵　心”

——艾儒略对乾坤父母说的批判

“灵心”在古代指聪慧的心灵。如南朝梁简文帝《大同哀辞》云：“灵心摧于毫末，慧识挫于趾步。”②这种“灵心”即是灵明之心。耶稣会士则将“灵心”视作天主所创造的超乎父母所遗传之肉体的神体。如高一志《修身西学》卷八云：“人居天地之中，灵心类天神，为天民；形躯类地禽，为地民。”③汤若望《主制群征》云：“论人灵心，神也。神本无形，超于血肉之上。有形者不能造斯，岂父母之所与子者哉？虽然，以灵心为出于父母者非，即谓发于天地阴阳者亦非也。”④这里的“心”指人的精神思维之“心”，非指作为器官肉体的“心”。艾儒略即认为“灵心”是指称其与血肉之心相区别，并进而论述了“灵性非由天地非由父母所赋”。即生身父母在天主教这里只是“小父母”，只能传精血于子女，只有天主才是“大父母”（或称“公本主”），能赋予人灵魂并决定人性。宋明理学中则以天地（乾坤）为“大父母”，如张载的《西铭》从乾坤父母说出发提倡“民胞物与”的万物一体说⑤。在儒学这里天地乾坤是兼有自然与道德双重属性的。艾儒略则与利玛窦一样认为儒家所谓化育万物的天地是天主创造的自然之天，而非作为道德意识和价值源头的理念之天，因此不可能成为人性（道德理性）的根源。这样艾儒略必然会得出无灵性无意识的自然之天不可能创造生化出有灵性的人类的结论。这种有意的取舍当然是为了消除中国人传统的天道（天理）创生赋性观念而代之以天主创生赋性说。

四、“灵神”与“神体”

——灵肉二分与灵魂不灭

灵神在中国古代或指神灵，如《后汉书·胡广传》云：“窃见诏书以立后事大，谦不自专，欲假之筹策，决疑灵神。篇籍所记，祖宗典故，未

① ［意］艾儒略：《性学觕述》，黄兴涛、王国荣编：《明清之际西学文本：50种重要文献汇编》第1册，第251—253页。

② （清）严可均辑：《全梁文》（上），商务印书馆1999年版，第144页。

③ ［意］高一志：《修身西学》，黄兴涛、王国荣编：《明清之际西学文本：50种重要文献汇编》第2册，中华书局2013年版，第485页。

④ ［意］汤若望：《主制群征》，黄兴涛、王国荣编：《明清之际西学文本：50种重要文献汇编》第1册，中华书局2013年版，第426页。

⑤ （宋）张载：《张载集》，章锡琛点校，第62页。

尝有也。”①或指人的精神，如三国魏阮籍《咏怀》之四五云：“乐极消灵神，哀深伤人情。”②“神体”在古代实为两个词，分别指精神（“神”）与肉体（“体”），如北齐邢邵《冀州刺史封隆之碑》云：“神体秀异，志识闲爽。”③唐长孙佐辅《山居》云：“星昏归鸟过，火出樵童还。神体自和适，不是离人寰。”④这反映了中国古代心身、精神肉体一元谐调的思想，艾儒略则从其天主教灵肉二分的立场出发，将“神体”视作“灵神”（精神实体）的同义词，都是指称其灵明不属于肉体形气。艾儒略进而详细论证了为什么说“灵魂属神与形躯判然为二”，即从四因说出发，把灵神（灵魂）作为天主（动力因）创造而为人之内模（神模）的神体（形式因），与肉体（质料因）缔结而成人。这种神体无形无相，是形而上的精神实体，与由四元行构成的形而下之形体（形躯）截然不同。艾儒略进而详细论述了灵魂自有无形神体的理由⑤。总之，灵魂之无形神体（灵神）是天主所赋予，与天神同类，能明悟通达道德义理，并能用自由意志主宰形躯，是有始无终的精神实体，不与形躯同衰灭，死后永存不灭。儒家虽然也有神灵、精神的观念，但由于建立在气论基础上，神灵、精神最终会散灭，但为了维护儒学的宗教性和教化作用（“慎终追远，民德归厚”），儒家又强调在祭祀时能够气类相感通，认为通过后代诚敬之感召，祖宗的灵魂（魂气）能够复聚于直系子孙的身体（“尸”）中。儒家这种理论（气论）与实践（祖先崇拜）的矛盾在艾儒略看来当然是因为不明白灵神为天主所赋的无形神体的缘故。艾儒略进而从八个方面论证了灵魂的永存不灭⑥。总之，人死后的灵神不灭涉及四因说中的动力因和目的因，灵神为人受生时天主所创造的有始无终之神体，其死后归宿目的即回归天主，按其生前自由意志所行的善恶受其赏罚报应。

五、“良知”与“灵才”

——道德理性与自然理性

“良知”在儒家这里本来是指人类先天具有的道德意识（理性），如《孟子·尽心上》云：“人之所不学而能者，其良能也；所不虑而知者，其良知

① （南朝宋）范晔撰，（唐）李贤等注：《后汉书》全十二册，中华书局1965年版，第1505页。

② （魏）阮籍：《阮籍集》，李志钧等校点，上海古籍出版社1978年版，第95页。

③ 康金声、唐海静注译：《邢邵集笺校全译》，山西古籍出版社2006年版，第74页。

④ （清）彭定求等编：《全唐诗》第5册，中州古籍出版社2008年版，第2430页。

⑤ ［意］艾儒略：《性学觕述》，黄兴涛、王国荣编：《明清之际西学文本：50种重要文献汇编》第1册，第257—260页。

⑥ ［意］艾儒略：《性学觕述》，黄兴涛、王国荣编：《明清之际西学文本：50种重要文献汇编》第1册，第260—263页。

也。”到了明代心学集大成者王守仁这里，良知则等同于道德本体（天理），如王守仁《传习录》卷中云：“若鄙人所谓致知格物者，致吾心之良知于事事物物也。吾心之良知，即所谓天理也。致吾心良知之天理于事事物物，则事事物物皆得其理矣。”①“灵才”在古代指人先天具有的才能，如明黄省曾《五岳山人集》云：“曹植子建，朗质天授，灵才性得。”②灵才在耶稣会士这里是指人之所以区别于禽兽的自然理性能力。如利玛窦《天主实义》云：“凡人之所以异于禽兽，无大乎灵才也。灵才者，能辨是非，别真伪，而难欺之以理之所无。禽兽之愚，虽有知觉运动，差同于人，而不能明达先后内外之理。”③良知在耶稣会士这里也指上帝赋予的理性能力。如《利玛窦中国传教史》云：“神父们一直在强调的是天主教的法律与生来的良知完全相合。他们坚持中国古代学者所说的良知与天主教的道理非常相近，这种理论早在偶像出现之前就有了。”④陈淳《开天宝钥》云：“性教者，上帝赋畀之时，不学而知，不虑而能，所谓良知良能也。”⑤无名氏《天主教辩疑》论述“上帝赋予人良知良能”云：“《中庸》一书是讲天、讲性、讲道、讲教之书，所以《中庸》开首就说：‘天命之谓性，率性之为道，修道之谓教。’当时上主赋给我们人之灵性，本来美善，自有良知、良能。不教而知为良知，不学而能为良能。就知道趋善避恶，率性而行，自然合道，原不须教。”⑥明代江右王门学者罗洪先评论王畿的现成良知说时指出：“先生尝曰，‘良知者，天命之性，心之本体，自然昭明灵觉者也。’是谓良知即天性矣”⑦，认为良知即是本性。艾儒略也认为良知、灵才是指本体自然的灵妙知觉。但与儒家的道德伦理本位立场不同，艾儒略基于西方自然理性主义立场，认为人性（灵魂）之所以区别于禽兽之性（觉魂）在于天主赋予灵魂所具有的推理判断能力，具体又包括“记含”（记忆）、“明悟”（理智）、“爱欲”（意志）三个方面。

---

① （明）王守仁：《王阳明全集》一，吴光、钱明、董平、姚延福编校，浙江古籍出版社 2010 年版，第 52 页。

② （明）黄省曾：《五岳山人集》，《四库全书存目丛书》集部第 94 册，齐鲁书社 1997 年版，第 683 页。

③ ［意］利玛窦撰，［法］梅谦立注：《天主实义今注》，第 79 页。

④ ［意］利玛窦：《利玛窦中国传教史》（上），《利玛窦全集》一，第 137 页。

⑤ 陈淳：《开天宝钥》，［加］郑安德编：《明末清初耶稣会思想文献汇编》，北京大学宗教研究所，2000 年，第 200 页。

⑥ 无名氏：《天主教辩疑》，［加］郑安德编：《明末清初耶稣会思想文献汇编》，北京大学宗教研究所，2000 年，第 326 页。

⑦ （清）黄宗羲：《明儒学案》（修订版）全二册，沈芝盈点校，中华书局 2008 年版，第 413 页。

六、“灵台”与“方寸”

——心、性、魂的关系

“灵台”“方寸”在中国古代思想中代指心。如《庄子·庚桑楚》云:“不可内于灵台。”郭象注:“灵台者,心也。”①晋葛洪《抱朴子·嘉遁》云:“方寸之心,制之在我,不可放之于流遁也。”②中国古人认为心是思维器官,艾儒略则基于其生理学知识指出脑是思维器官。理学家认为“心统性情”,即人之心(思维意识)包括并主宰性(理性)与情(情感),这样“心”在理学这里可以说是容纳道德理性(人性)的场所。艾儒略则认为灵台、方寸之心是容纳灵魂的场所。理学家讲“尽心,知性,知天”,认为本性即是天道、天理在人心的完满呈现,发明天赋心性即可上达于天道,本性即天理(天人合一)。而在艾儒略这里,人永远不可能完全“知天主”并与之合一。所谓“心”也不过是天主创造的灵魂所暂住的场所。可见艾儒略借用了中国思想中代指人的主体性(“心”)的“灵台”“方寸”概念,如果说在理学这里是“心统性情”的话,那么在艾氏这里则是“心统灵肉”(心统灵魂肉体)。

七、“真　我”

——释道儒耶的不同解释

“真我”本是佛教用语。系涅槃四德之一。意指真实之我,亦称“大我”,与外道、凡夫之“妄我”相对,谓出离生死烦恼的自在之我,即涅槃之我德为真我③。道家和儒家也有类似的观念。道家如《庄子·齐物论》云“今者吾丧我”。注云:“补答称‘丧我’,非仅丧耦也,系进一层说。即下之化蝶不知周也,又即佛书之‘无我相’也。”④“无我”在佛教中又作非身、非我。这里的“我”,即永远不变(常)、独立自存(一)、中心之所有主(主)、具有支配能力(宰),为灵魂或本体之实有者。儒家如《孟子·告子上》云:“万钟于我何加焉”中的“我”。张星曜《天儒同异考》云:“孟子曰:……又曰:‘万钟于我何加焉。’我者,我之灵魂真我也,非肉躯之幻我也。若止是肉躯之幻我,则宫室妻妾等项皆足为肉躯之奉,孟子何以云无加。下文云:‘失其本心’,则我者,即

---

① (清)郭庆藩:《庄子集释》全四册,第794页。

② (晋)葛洪撰,杨明照校笺:《抱朴子外篇校笺》上册,中华书局1991年版,第44页。

③ [印]世亲造,(唐)玄奘译:《俱舍论》,《大正藏》卷29,(台北)新文丰出版有限公司1983年版,第156页。

④ 刘武撰:《庄子集解内篇补正》,沈啸寰点校,《新编诸子集成》第1辑,中华书局1987年版,第32页。

我之本心也，义理也不可失也。”①儒家的“真我”是人的道德本体，即天赋的本心、本性。包括艾儒略在内的耶稣会士则以内在神体即灵魂为“真我”或“真己”，以外在形躯为藏内神之器。如利玛窦《天主实义》云：“我固有真我也，我自害之心之害，乃真害也。人以形、神两端相结成人，然神之精超于形，故智者以神为真己，以形为藏己之器。古有贤臣亚那，为篡国者所伤，泰然曰：‘尔伤亚那之器，非能伤“亚那者”也。’此所谓达人者也。”②艾儒略与利玛窦一样将“真我”理解为内之灵魂是真实的我之本体，而肉躯仅为人生在世时灵魂暂时寄存的场所。也就是说，“灵魂”作为规定人之本质（人性）的有始无终的神体，是“真我”，而肉躯由有始有终的物质所构成，是“假我”。

八、“天　君”

——灵魂主宰肉体

“天君”出自《荀子·天论》云：“心居中虚，以治五官，夫是之谓天君。”正如牟宗三在《才性与玄理》中所指出的，荀子对于心，只承认其思辨之机能，所以其心是“认识之心”，非孟子所谓“道德的心”，“是智的，非仁义礼智合一之心”，“可总之曰以智识心，不以仁识心。此智心以清明的思辨认识为主”。③ 在对心之机能的认识上，荀子与包括艾儒略在内的耶稣会士的观点颇为相近。荀子称“心”为“天君”是为了强调“心”具有自由意志不受任何外在的支配，能像君主一样主宰人的天性（自然人性），控制五官形体，即《荀子·解蔽》云：“心者，形之君也，而神明之主也，出令而无所受令。自禁也，自使也，自夺也，自取也，自行也，自止也。故口可劫而使墨云，形可劫而使诎申，心不可劫而使易意，是之则受，非之则辞。”可见“心之越乎性而主宰乎性”④。艾儒略认为“天君”是指天主赋予人灵魂作为一身之主宰。两者都强调“主宰”义。不过荀子作为自然无神论者，是以思辨认识之心来主宰形体，艾儒略则强调由天主所赋之灵魂主宰形躯，荀子所谓的认识之“心”在艾儒略看来只是灵魂神体所具有的机能而已⑤。

---

① （清）张星曜：《天儒同异考》，［加］郑安德编：《明末清初耶稣会思想文献汇编》，北京大学宗教研究所，2000 年，第 580 页。

② ［意］利玛窦撰，［法］梅谦立注：《天主实义今注》，第 187 页。

③ 牟宗三：《才性与玄理》，《牟宗三先生全集》第 2 册，（台北）联合报系文化基金会出版，2003 年，第 194—195 页。

④ 牟宗三：《才性与玄理》，《牟宗三先生全集》第 2 册，（台北）联合报系文化基金会出版，2003 年，第 194—195 页。

⑤ ［法］沙守信：《真道自证》，［加］郑安德编：《明末清初耶稣会思想文献汇编》，北京大学宗教研究所，2000 年，第 328 页。

九、“元　神”
——灵肉二元结合

“元神”在古代宗教中指大神、天帝。如南朝宋颜延之《迎送神歌》云：“告成大报，受厘元神。”①道教或称人的灵魂为“元神”。如唐吕岩《修身诀》云：“人命急如线，上下来往速如箭。认得是元神，子后午前须至炼。”②并认为“元神”与“元气”相合而生人。如《上清洞真品》云：“人之生也，禀天地之元气，为神为形；受元一之气，为液为精。天气减耗，神将散也；地气减耗，形将病也；元气减耗，命将竭也。故帝一回风之道，溯流百脉，上补泥丸，下壮元气。脑实则神全，神全则气全，气全则形全，形全则百关调于内，八邪消于外。元气实则髓凝为骨，肠化为筋，其由纯粹真精，元神元气，不离身形，故能长生矣。”③儒家如王廷相《论性书》（《答薛君采》）云：“余尝以为元气之上无物，有元气即有元神，有元神即能运行而为阴阳，有阴阳则天地万物之性理备矣。非元气之外，又有物以主宰之也。”④否认有一个元神实体主宰元气，认为元神只是元气运行的法则。艾儒略则附会道教，认为称灵魂为“元神”是为了区别于元气，元神（模）与元气（质）二者相缔结而成为人。这样就基于形式因与质料因相结合的内部构成说，用灵魂主宰肉体的灵肉二元论批判了儒家（理学）基于性气合一的灵肉一元论。

十、“明　德”
——道德本体与神性

“明德”出自儒家经典《大学》。《大学》云：“大学之道，在明明德，在亲民，在止于至善。”依据理学集大成者朱熹在《大学章句》中的解释，“明德者，人之所得乎天，而虚灵不昧，以具众理而应万事者也。但为气禀所拘，人欲所蔽，则有时而昏；然其本体之明，则有未尝息者。故学者当因其所发而遂明之，以复其初也。”⑤明德即人禀受自天的崇高显明的德性。此先天的道德理性决定并规范人的情感、欲望和行为。明德即程朱所谓“义理之性”，是天理在人心的呈现。明德虽然人人生来具足、不假外求，但由于气禀物欲的遮蔽牵引而导致人性（本性、义理之性）不明，所以理学强调“变化

① （梁）萧统：《文选》第3册，上海古籍出版社1986年版，第1276页。
② （清）彭定求等编：《全唐诗》第8册，中州古籍出版社2008年版，第4336页。
③ （宋）张君房辑：《云笈七签》三，李永晟点校，中华书局2003年版，第1223页。
④ （清）黄宗羲：《明儒学案》（修订版）全二册，沈芝盈点校，第1183页。
⑤ （宋）朱熹：《四书章句集注》，第3页。

气质”以“复性”。“明明德”作为儒家宗旨“三纲领”之首，居于理论中心的地位。因此耶儒思想交涉中耶稣会士论述较多，如最早的中文教理书——罗明坚《天主圣教实录》云：“天主生人，原各赋以明德，能辨善恶、审从违。但人为原祖亚当之原罪所蔽，故行事之时，多有过愆。”①这里“明德”即是指天主赋予人的灵性，具有分析推理的能力。但罗明坚强调天主教“原罪”观念，则与儒家的“性善”说不符。其后更自觉地附会儒学的利玛窦在其《天主实义》中基本认同理学中的天赋“明德”善性，只是强调此“明德”为天主所赋。这样“明明德”在理学这里是“尽心知性以知天”，在天主教这里则成了“尽心知性以知天主”。如利安当《天儒印》中解释“明明德”云：“盖言吾人之灵明，不能自有，而为天主所畀也。明者，言当用吾明悟之推测，洞见本明之真源，以克全其初则；可以因固然而得其所以然，因万有而得夫万有之所从有也。”②总之，“明德”在理学这里是指道德理性（即天理），而在天主教这里则指天主赋予人的神性。所以艾儒略将“明德”解释为指灵魂本体自明，又能明白事物之理。这样艾儒略就通过重新诠释，将儒家（理学）指称道德理性的“明德”改造成了灵魂所具有的理性判断能力。

十一、“未发之中”

——灵魂本体与发用

“未发之中”出自儒家经典《中庸》。《中庸》云：“喜怒哀乐之未发，谓之中；发而皆中节，谓之和。中也者，天下之大本也；和也者，天下之达道也。”依据朱熹在《中庸章句》中的解释，“喜、怒、哀、乐，情也。其未发，则性也，无所偏倚，故谓之中。发皆中节，情之正也，无所乖戾，故谓之和。大本者，天命之性，天下之理皆由此出，道之体也。达道者，循性之谓，天下古今之所共由，道之用也。此言性情之德，以明道不可离之意。”③“未发之中”在理学这里是指道德本体、本性，即仁义礼智之道德理性。在朱熹的理学框架中，性与情二元对立而统一于心，性属于理，情属于气，如同理气关系一样，性情二者是体用关系，性规范情，情以性为依归。“未发之中”虽是理学的重要概念，与明德一样，都是指至善的道德本体。但由于其义理抽象精深，天主教徒中论及此概念的非常少。除了艾儒略之外，目前只查到明末天

① ［意］罗明坚：《天主圣教实录》，［加］郑安德编：《明末清初耶稣会思想文献汇编》，北京大学宗教研究所，2000年，第56页。

② ［西班牙］利安当：《天儒印》，［加］郑安德编：《明末清初耶稣会思想文献汇编》，北京大学宗教研究所，2000年，第119页。

③ （宋）朱熹：《四书章句集注》，第18页。

主教三柱石之一的杨廷筠在其辨明天主教和佛教真伪的著作《天释明辨》中说："夫语及心性，原是圣门未发之中，天命之性，明德至善之本体。"①但杨氏这里并未将"未发之中"引至天主教的教理框架中。艾儒略则明确说"未发之中"是指灵魂是诸种感情所由之发出的本体。在理学这里"未发之中"指称人性本体，在艾氏这里则指灵魂本体。据笔者目前的考察，此说可能是耶稣会士中最早将"未发之中"纳入天主教灵魂说的尝试，体现了艾儒略对儒家（理学）义理钻研之深。

十二、"大　体"
——灵魂高于肉体

"大体"这一概念出自《孟子》。《孟子·告子上》云："公都子问曰：'钧是人也，或为大人，或为小人，何也？'孟子曰：'从其大体为大人，从其小体为小人。'曰：'钧是人也，或从其大体，或从其小体，何也？'曰：'耳目之官不思，而蔽于物，物交物，则引之而已矣。心之官则思，思则得之，不思则不得也。此天之所与我者，先立乎其大者，则其小者弗能夺也。此为大人而已矣。'"朱熹《孟子集注》注解云："大体，心也。小体，耳目之类也。……此三者，皆天之所以与我者，而心为大。若能有以立之，则事无不思，而耳目之欲不能夺之矣，此所以为大人也。"②可见"大体"即是心，此"大体"不是器官之心，而是指能思维之心，这种思维在儒家这里更多是指对天道的体证与道德意识的践履，知识理性思辨方面的意味很少。儒家强调以"大体"来制御"小体"，两者均为天所赋予，"大体"属于性理，"小体"属于气质。到了天主教徒这里，则强调"大体"是天主所赋予的灵性本体。如张星曜《天儒同异考》云："小体耳目肉躯也，大体心思灵魂也。"③强调以"大体"灵性来主宰控制"小体"形躯。如白晋《古今敬天鉴》云："耳目为小体者，乃有形之耳目，肉身之拙体，末也。心为大体者，乃无形之心，灵性之精体，本也。二者俱生人之主所付。……以其心为主，以其身为仆。若人心常使己身为仆，己耳目之灵，绝形不蔽于下物，则恒听天命，恒向天理，而交上主之心。此乃所谓以大制小之理也，即顺上主所赋之命，并人所受之性也。"④艾儒略指出

---

① （明）杨廷筠：《天释明辨》，[加]郑安德编：《明末清初耶稣会思想文献汇编》，北京大学宗教研究所，2000年，第134页。

② （宋）朱熹：《四书章句集注》，第335页。

③ （清）张星曜：《天儒同异考》，《明末清初耶稣会思想文献汇编》，第582页。

④ [法]白晋：《古今敬天鉴》，[加]郑安德编：《明末清初耶稣会思想文献汇编》，北京大学宗教研究所，2000年，第241—242页。

“大体”是指灵魂尊贵非“小体”可比。艾氏所谓的“大体”即指作为人身之主宰的灵魂神体，而“小体”则指感官肉躯。灵魂“大体”是由天主赋予的无形神体，高于并主宰由物质构成的肉躯“小体”。

第三节　中西性论诸概念的本质及其会通的意义

综上所述，在艾儒略看来，所谓“灵性”“灵魂”“灵心”“灵神”“神体”“良知”“灵才”“灵台”“方寸”“真我”“天君”“元神”“明德”“未发之中”“大体”这些中国思想中本有的名称概念是一物而异名，虽然立场角度各不相同，但其本质是一致的，都是指由天主赋予人而主宰肉体（肉身、形骸、体魄、躯壳、血肉）的神体。这是艾儒略基于其天主教神学立场对耶、儒、释、道四教人性论所做的会通。就道学（包括程朱理学与陆王心学）的人性论而言，所谓“性”“良知”“明德”“未发之中”“大体”都是指天所赋予的道德理性（天命、天道、天理），而艾儒略将它们都等同于神性，从而将儒学中天所赋予的性与天主教中天主所赋予的魂直接会通了起来，因此又将“生魂”“觉魂”“灵魂”分别称为“生性”“觉性”“灵性”。虽然在艾儒略之前，耶稣会士中已有人提出“生性”“觉性”“灵性”（如耶稣会士苏若望的《天主圣教约言》中即有此称，该书刊于 1601 年）作为“生魂”“觉魂”“灵魂”的别称。但就目前我们对耶稣会士文献的考察来看，对“魂”“性”异同进行论述并会通二者的工作当以艾儒略《性学觕述》为最早。

艾儒略对中西性论的会通思路与宋明理学自身的论证颇为相似。如理学奠基人程颢基于其天人一本论，体认出易、神、性、道、教虽异名，但其实质则是一致的，都是指称作为宇宙本源与道德本体的天道、天命、天理。具体来说，程颢指出，“盖‘上天之载，无声无臭’，其体则谓之易，其理则谓之道，其用则谓之神，其命于人则谓之性，率性则谓之道，修道则谓之教”①，将阴阳错综、交换代易的生生之易视为天道之体段，将道（天道）视为理（宇宙本体），将神视为天道本体之作用，将性视作天命赋予人之理，将道（人道）视为遵循性（天性）而行，将教视作修习人道。按照朱熹的解释，易、理、神是就天（天道）而言，性、道、教是就人（人道）而言②。同样，心学集大成者王守仁也基于其良知本体论将命、性、道、教合而为一③。进而从思想结构上

---

①　（宋）程颐、（宋）程颢：《二程集》全二册，王孝鱼点校，第 4 页。

②　（宋）黎靖德编：《朱子语类》第 6 册，王星贤点校，中华书局 1986 年版，第 2421 页。

③　（明）王守仁：《王阳明全集》一，吴光、钱明、董平、姚延福编校，第 120 页。

来看，四因说尤其是形式因与质料因二元结合的内部构成说其实也适用于说明儒家尤其是理学(朱子学)的万物生成论及性论。从形式结构上看，朱子学中的太极天理相当于四因说中的动力因(天主)，性(即理)相当于形式因(模、魂)，气相当于质料因(元质)，与天理道体合一(天人合一)相当于目的因(回归上帝)。艾儒略对中西人性论采取的会通策略是依据四因说，把儒学中作为动力因和目的因并代表道德本体的天道、天命、天理等道体范畴降格为质料因中无灵觉的“元质”①，用作为动力因和目的因的人格神天主(上帝)来代替儒学的天道(天理)本体，进而基于其形式因与质料因、灵魂与肉体二元结合的内部构成说，将儒学的人性论纳入天主教灵魂说的框架中。其思路框架如表 9-1 所示：

表 9-1　四因说视域下的耶儒性论比较分析表

<table>
<tr><th>四因说</th><th colspan="5">天主教性论</th><th colspan="3">儒家（理学）性论</th></tr>
<tr><td>动力因</td><td>天主（公）</td><td colspan="3">天地万物（私）</td><td rowspan="2">超越
外在</td><td>天理道体（公）</td><td>天地万物（私）</td><td rowspan="2">超越
内在</td></tr>
<tr><td>目的因</td><td>天主</td><td colspan="3">回归天主受天堂地狱之赏罚</td><td>天理道体</td><td>与天理道体合一</td></tr>
<tr><td>质料因</td><td>元质</td><td colspan="3">四元行</td><td rowspan="6">内在</td><td>元气</td><td>阴阳五行（气）</td><td rowspan="6">内在</td></tr>
<tr><td rowspan="5">形式因</td><td colspan="4">外模依赖者</td><td colspan="2">形貌、品德</td></tr>
<tr><td rowspan="4">内模（体模）</td><td colspan="2">死模</td><td>模（无生物）</td><td>性（枯槁）</td><td rowspan="4">天理、道体（性即理、魂属气）</td></tr>
<tr><td rowspan="3">活模（魂三品）</td><td rowspan="2">质模</td><td>生魂（植）</td><td>性（植）</td></tr>
<tr><td>觉魂（动）</td><td>性（动）</td></tr>
<tr><td>神模</td><td>灵魂（人）</td><td>性（人）</td></tr>
</table>

总的来看，艾儒略对于中西性论的会通采用的方式是基于某种特定立场会通不同思想体系中的核心范畴、概念。这虽然并不能在根本学理上消除西方天主教与中国传统儒、释、道三教思想之间的分歧，但确实从结构上揭示了中西思想在人性论层面上的某种共通性。与利玛窦附会(补、超)旧儒(先秦原始儒学)、排斥近儒(宋明新儒学)和批判佛道二教的立场和做法相比，艾儒略所做的中西会通工作涉及的思想视域更为开阔，分析也更加精细。体现了艾氏深厚的中西学术功底与深刻的思想洞察力。以利玛窦、艾儒略为代表的这些比较尊重和深入了解中国传统思想文化的耶稣会士大体具有东圣西圣、心同理同的信念，抱着平等对话的态度，致力于天主教思想与中国传统思想的会通。虽然其具体立场和观点不一定能为我们所接受，但其思路直到今天仍然值得我们加以吸收和借鉴。

① 参见[意]龙华民：《灵魂道体说》，黄兴涛、王国荣编：《明清之际西学文本：50 种重要文献汇编》第 1 册，中华书局 2013 年版，第 437—446 页。今按：“元质”本来相当于儒家所说的“元气”。

第十章　伊藤仁斋的朱子学批判及其学术意义

——以《太极图说》与《通书》的诠释为中心

伊藤仁斋(名维桢,号仁斋,1627—1705)是日本江户幕府时代前期的著名哲学家,古学派之一的古义学派(又称堀川学派)的创始人。仁斋在哲学思想上早期崇奉宋儒程朱的理气学说,后来受到批判程朱理学的中国明代哲学家吴廷翰(号苏原,1491—1559)的气一元论思想的影响(或说受朱舜水的影响)①,怀疑宋儒背离先秦孔孟学说的本义,于是摈弃朱子学而独尊孔孟,主张恢复儒家经典的古义。仁斋十分重视《论语》和《孟子》两书,力主建立所谓的"圣学",虽然遭到当时朱子学派的攻击,仍坚持己见,并创立了古义学派,在日本哲学史上占有重要地位②。主要著作有

① 董灏智指出,关于伊藤仁斋是否源自明儒吴廷翰的问题最早在徂徕学派(弟子)中就出现争议,其中主经学的徂徕弟子太宰春台认为仁斋不懂古文辞学,所以认为仁斋是宋儒,将其思想渊源归于中国儒者,而徂徕的另一位弟子山县周南则从仁斋"反宋学,复古学"的立场出发,肯定仁斋古学的原创性,否认其思想源自吴廷翰的说法;近代明治时代以来,日本学者为了维护仁斋古学派的地位,强调仁斋古学思想的独创性,否认吴廷翰对仁斋的影响;而中国学者则基于中国立场,极力强调吴廷翰的影响。董灏智认为中日学者各执一端,都有偏颇,事实上,从文献上来看,目前找不到吴廷翰及其著作《吉斋漫录》影响仁斋的直接证据,而且从思想上来比较的话,仁斋与吴廷翰也存在很大的差异,因此仁斋思想源自吴廷翰的说法难以成立;董灏智进而考察指出促成仁斋由朱子学转向古学的因素主要有三点:首先是仁斋自身对朱子学及其他学问的钻研使他对朱子学产生怀疑;其次仁斋自身对朱子学的解读;最后是旅居日本的明朝遗民学者朱舜水的影响;总之,仁斋古学的形成既有学术转型的内因,也有中国儒者的影响,两者缺一不可。参见董灏智:《朱舜水与伊藤仁斋实学思想的最终定型》,中国实学研究会编:《传统实学与现代新实学文化》三,中国言实出版社 2018 年版,第 202—215 页,尤其第 204—207 页。衷尔钜也指出,伊藤仁斋在从朱子学转向古学的过程中曾欲通过安东省庵的介绍师从朱舜水;虽然当时朱舜水以仁斋的朱子学与自己的实学思想不合为由婉言谢绝,但却促进了仁斋思想的转变;后来仁斋完成其反朱子学的古学思想时又得到朱舜水的高度评价。参见衷尔钜:《朱之瑜实学思想及其在日本德川时代和中国近现代的影响》,《东方论坛》2002 年第 3 期。又参见冯克诚主编:《朱之瑜对日本近代学术的影响》,《明代实学教育思想与论著选读》(上),人民武警出版社 2011 年版,第 32—35 页;冯克诚主编:《朱舜水与仁斋学》,《明代实学教育思想与论著选读》(上),第 59—65 页。

② 朱谦之编著:《日本的古学及阳明学》,第 62 页。

《语孟字义》①《论语古义》②《孟子古义》等。其学术思想由长子伊藤东涯（名长胤，号东涯，1670—1736）继承并发扬光大。伊藤东涯曾整理家说而成《太极图说管见》《太极图说十论》《通书管见》等书，集中体现了伊藤仁斋、东涯父子（以下一般举仁斋以赅仁斋父子）的学术思想。③

第一节　伊藤仁斋、朱熹的《太极图说》诠释之比较

本节以周敦颐《太极图说》的诠释为中心，站在哲学思想史的大背景下，比较分析朱熹（兼及其论敌陆九渊）、伊藤仁斋对《太极图说》的诠释及其各自的哲学思想立场。主要资料包括朱熹的《太极图说解》与《通书解》，伊藤仁斋著《读近思录钞》一卷，伊藤仁斋讲述、其子伊藤东涯编纂的《太极图说管见》一卷、《太极图说十论》一卷、《通书管见》一卷等，以及其他学者的相关著作。以下首先分析双方各自的哲学观点与思想立场，进而比较其观点异同并阐明其得失与意义。

一、关于宇宙本体论的诠释

——朱陆“无极”“太极”之辩及其与伊藤仁斋的诠释之比较

周敦颐的《太极图说》可粗略分为两大部分：从开头的“无极而太极”到“万物生生而变化无穷焉”的前半部分主要叙述其宇宙论；从“惟人也得其秀而最灵”至末尾的后半部分主要叙述其“主静立人极”的修养方法论。其主旨在于以天道规定人道，再通过主静的修养工夫使人道合于天道。周敦颐的《太极图》与《太极图说》在问世后很长时间内不为人所重视，直至南宋理学的集大成者朱熹在编纂和注释周敦颐的著作时，出于建构理学宇宙本体论体系的需要，将《太极图》与《太极图说》作为周敦颐思想的纲领予以表彰和阐发，并将其置于《通书》之前。然而围绕着《太极图说》的诠释，自南

① 如伊藤仁斋在其主要著作《语孟字义》中仿照陈淳《北溪字义》的范畴分析法，列出天道、天命、道、理、德、仁义礼智、心、性、四端之心、情、才、志、意、良知良能、忠信、忠恕、诚、敬、和直、学、权、圣贤、君子小人、王霸、鬼神、诗、书、易、春秋、总论四经等范畴或论题，对宋儒（程朱）的性理学说作了系统批判。此书问世后引起许多朱子学者的反驳和批判，如木山枫溪著《语孟字义辨》等。相关研究参见阮萌：《陈淳与伊藤仁斋思想比较研究》，硕士学位论文，武汉大学，2021年，第6—53页。

② 参见刘萍：《〈论语〉与近代日本》，中国青年出版社2015年版，第30—34页。

③ 有关伊藤仁斋父子生平的介绍，参见张鹤琴：《日本儒学的古学派》，《东方杂志》1983年第5期。有关仁斋哲学思想的要旨，参见阿里木·托和提：《日本儒学之古学对朱子学的批判与重建》，博士学位论文，南京大学，2010年，第29—32页。

宋的朱熹、陆九渊以来,古今中外学者之间产生了激烈的争论。这里关于宇宙本体论的诠释主要选取《宋元学案・濂溪学案》中所收的朱熹、陆九渊的论说来检讨他们对周敦颐太极说的诠释,再将其与伊藤仁斋、东涯父子的观点进行比较分析。

关于"无极"的解释及其与"太极"的关系。陆九渊在其与朱熹的辩论中指出《太极图说》中的"无极"一词原本出自道家《老子》"知其雄"章中的"复归于无极",认为其与《老子》首章所说的"无名天地之始,有名万物之母"中"有生于无"的"无"一样指生成天地的抽象本体,与儒家思想背道而驰,因此周敦颐不应该在"太极"之上再加"无极"二字。朱熹则以"无形而有理"来解释"无极而太极",认为"无极"并不是像老子的"有生于无"那样立于实"有"(太极)之上的先天抽象本体,而只不过是形容作为宇宙本体的太极(理)之"无形无象"特征的词语罢了。由此对于《太极图说》中的"太极本无极"之语,朱陆之间也产生了理解上的分歧。陆九渊将"无极"视为"太极"的根源,因此将"太极本无极"解释成"太极本于无极",朱熹则将"无极"作为形容"太极"之无形无象的词语,因此将"太极本无极"解释成"太极本来无极(无形)"①。

关于"太极"的解释及其与"阴阳"的关系。"太极"一词原本出自《周易・系辞上》中的"易有太极,是生两仪"。陆九渊从其道器合一论出发,结合《易传》中的"一阴一阳之谓道"与"形而上者谓之道,形而下者谓之器",将形而下之阴阳(气、器)与作为宇宙万物之原理和本体的形而上之道(理、太极)统一了起来②,认为太极(元气)、阴阳、五行只存在生成序列上的先后不同,其本质同是气化之流行展开③。另一方面,《中庸》说:"中也者,天下之大本也。和也者,天下之达道也。"在陆九渊看来,"中"也好,"一"也好,"极"也好,虽然名称不同,但其实都是指此"理",即宇宙的根本原理(大本)④。朱熹则继承了程颐的道器(理气)二元论,以"太极"为形而上(无

---

① (清)黄宗羲原著,(清)全祖望补修:《宋元学案》第1册,陈金生、梁运华点校,第501—502页。

② (清)黄宗羲原著,(清)全祖望补修:《宋元学案》第1册,陈金生、梁运华点校,第500—501页。

③ 陆九渊指出:"太极判而为阴阳,阴阳播而为五行。天一生水,地六成之,地二生火,天七成之,天三生木,地八成之,地四生金,天九成之,天五生土,地十成之。五奇天数,阳也,五偶地数,阴也。阴阳奇偶相与配合,而五行生成备矣。故太极判而为阴阳,阴阳即太极也。阴阳播而为五行,五行即阴阳也。塞宇宙之间,何往而非五行?"参见(宋)陆九渊:《陆九渊集》,钟哲点校,第281—282页。

④ (清)黄宗羲原著,(清)全祖望补修:《宋元学案》第1册,陈金生、梁运华点校,第506页。

形）之道（理），以阴阳为形而下（有形）之器（气），认为太极是作为阴阳之根据的形上本体，所以太极与阴阳是二元对立的关系。在朱熹看来，"极"是说理（太极本体）之"至极"，"中"是指气化流行之无过无不及的中和状态，也就是《中庸》所说的"喜怒哀乐之未发"，但"中"本身并不是道体（理、太极）①。对于"极"字的意义，陆九渊与朱熹的解释虽均有其训诂上的依据，但陆九渊指出在训诂上一字往往有多种含义，且还有"虚字"（虚词）与"实字"（实词）的区别，认为如果说朱熹以"无形"来解释"无极"，即以"形"来解释"极"能说得过去的话，那么对"中""极""至"的解释也完全可以相同②。虽然朱陆二人在字义训诂上争论不已，但两者的差异并不在表面字义的解释上，而在于字义背后隐藏的道器（理气）二元论与一元论的根本对立。

伊藤仁斋父子认为朱熹以"无形而有理"来解释"无极而太极"不符合周敦颐的本意，而周敦颐的思想又不符合先秦儒家原典的本意。具体来说，仁斋指出："盖周子之意以为，有斯理而后有斯气，故曰无极而太极。无极者，谓无物之前自有理。太极即指一元气而言。其意甚分明。"③东涯进而发挥仁斋之说指出："无极而太极。首提起一句，言理之生气。无极理也，太极气也。易曰：'易有太极，是生两仪。'太极即元气也。而其所以然，则本无声臭之可言，即所谓理也。故曰无极而太极。宋《国史》旧传，作'自无极而为太极'。其意亦同。岂周子之旧本与？《图解》以太极亦为理之名。然考下文，言动静则曰太极，言真则曰无极。周子之意，以太极为气而以无极为理。明矣！"④仁斋父子认为，"无极而太极"的原文应为"自无极而为太极"，实质即是"理生气"，其中"无极"指"理"，即所以然之理。"太极"则指"元气"。在这里，仁斋父子的诠释与陆九渊的诠释相近，而与朱熹的诠释互有异同。具体来说，与上述陆九渊道器一元论的诠释相比，仁斋父子在认定"无极"为出于老子所谓先于天地而存在的抽象本体这一点上与陆九渊是一致的，并且同样认为"太极本无极"就是"太极本于无极"，即"气本于理"。另一方面，仁斋父子虽批判朱熹的理本论，但其诠释又吸收了朱熹的

① （清）黄宗羲原著，（清）全祖望补修：《宋元学案》第1册，陈金生、梁运华点校，第502—503、505—507页。

② （清）黄宗羲原著，（清）全祖望补修：《宋元学案》第1册，陈金生、梁运华点校，第505—506页。

③ ［日］伊藤仁斋：《读近思录钞》，關儀一郎编：《日本儒林叢書》第5册，（东京）株式会社凤出版，1978年，第2页。

④ ［日］伊藤东涯：《太极图说管见》，關儀一郎編：《日本儒林叢書》第5册，（东京）株式会社凤出版，1978年，第1页。

理气二元论诠释,只不过相比仁斋的诠释而言,朱熹以“太极”(即“无极”)为“理”,以“阴阳”为“气”,中间缺失“元气”(太极)这一环节。而与陆九渊的太极元气说解释(详见下文)相比,仁斋父子虽然同样也以“太极”为“元气”,但同时又认为“无极”指“理”本体,这又与陆九渊以“无极”为“虚无”的诠释不同了。

仁斋反对朱熹以“太极”为“理”的诠释及其“理生气”的太极阴阳关系说。其依据首先来源于对《太极图说》中“太极动而生阳,动极而静,静而生阴,静极复动。一动一静,互为其根。分阴分阳,两仪立焉”中的“太极”与“阴阳”之关系的理解。仁斋指出:“一动一静,互为其根,分阴分阳,两仪立焉。则可见太极者即指一元气而言。其生字是分生之生,非生出之生,故曰分阴分阳。朱子谬为生出之意。故以太极为理,而□(笔者按:原书此处空缺,疑当为“气”字)生于太极,而不知理无动静也。”①认为所谓“太极动而生阳……静而生阴”中的“生”并非朱熹所理解的“生出”(生成),而是指“分生”(分化),即依太极元气之动静而分化出阳(太极元气动而为阳)与阴(太极元气静而为阴),而非从寂然不动的本体(理)中生出阴阳二气。这从太极“分阴分阳”中的“分”字不难体会出。仁斋进而指出,朱熹以“太极”为“理”,为寂然不动的天道本体,但又说由这个不动的本体自然能动静生出阴阳,这在理论上是难以成立的。这实际上也是朱熹的所谓理乘气而动的“死人(理)乘活马(气)”的理气缝隙难题。所以明儒曹端认为“理”也能动静(所谓“活人乘活马”),试图调和这一矛盾,但仁斋指出:“谓有动静者理也,则可;谓理有动静,则不可。若曰理有动静,则理与气何分?其不可也必矣。”②可知朱熹、曹端在这里陷入了两难的理论困境。如果说“太极”是寂然不动的理本体,则其本身不会有动静,无法分生出阴阳二气来。而如果“理”有动静的话,那么形而上的“理”实际上就与形而下的气无从区分了,相当于取消了“理”的形上性。这当然是朱熹、曹端的理本论所无法接受的。所以朱熹对“太极”“阴阳”的理气二元论解释是难以自圆其说的。而以“太极”为“元气”,即以太极(“元气”)作为无极(“理”)与阴阳(“气”)的中间环节的话,“太极”的动静就不成问题了。其次,仁斋就《太极图说》“太极本无极”一句指出:“周子以太极为一元气,以无极为理,至此益明矣。详其语势。自五行而阴阳而太极而至无极而止。太极之于无极,犹五行之于阴阳,阴阳之于太极,皆推本言之。而发明有理而后有气之义。故不曰太

① [日]伊藤仁斋:《读近思录钞》,《日本儒林叢書》第5册,第3—4页。

② [日]伊藤仁斋:《读近思录钞》,《日本儒林叢書》第5册,第4页。

极即无极，而曰太极本无极。多少分晓，观‘本’字可见。”①认为“太极本无极”与“五行一阴阳也，阴阳一太极也”的句式一样，分别是指太极元气本于无极本体（天理），五行本于阴阳二气，阴阳二气本于太极元气，而不是朱熹所理解的“太极本来无极（形）”或“太极即无极（理）”。最后，仁斋就《太极图说》中“无极之真，二五之精，妙合而凝”一句的渊源指出：“《老子》‘孔德之容’章云：‘其中有精，其精甚真。’林希逸注曰：发明无物之中真实有物。《图说》‘精’‘真’二字。盖本于此。无极之真，即谓无物之中真实有理。所谓未有天地之先，毕竟是先有此理。二五之精，统阴阳五行之气而言之，即太极也。所谓五行一阴阳，阴阳一太极，是也。观周子不曰太极之真，而曰无极之真，则知太极则一元气，而无极者即其所以然之理也。以无极太极为一而无别者，非周子之本旨。罗整庵深讥妙合二字有害于理。甚是！”②朱熹以“无极之真”为“太极”（“理”）；仁斋则以之为“无极”（“理”），并批评朱子在这里混“无极”“太极”为一。朱熹以“二五之精”为“气”；仁斋则以之为“太极”（元气）。朱子以“妙合”为“理”与“气”的结合而生人、物。正如仁斋所指出的，明儒罗钦顺已经指出朱熹的理气二元论即根源于其对“妙合”二字的理解，并批判了由此带来的割裂理气、形上形下，视理、气为二物的弊端。总而言之，朱熹从其道本器末的理本论立场出发，视太极为形而上之理。陆九渊从其道器合一的心学立场出发，视太极为阴阳之道，也即是元气。伊藤仁斋则从其客观解释的考据学立场出发，以无极为理，以太极为元气。上述三种诠释的异同如下表 10-1 所示：

表 10-1　“太极”“无极”“阴阳”的诠释

学者	“无极”的诠释	“太极”的诠释	“阴阳”的诠释
朱熹	无形（理）	理	气
陆九渊	虚无	道（元气）	气
伊藤仁斋	理	元气	气

相较而言，伊藤仁斋的诠释是基于其“以孔还孔”“以周还周”“以朱还朱”的客观解释立场。朱熹的诠释则是立足于理学“六经注我”的主观解释立场，实际上是出于建构其自身哲学体系的需要。那么到底哪种诠释比较符合周敦颐的本意呢？回答这一问题的关键在于对“太极”的理解。具体

① ［日］伊藤仁斋：《读近思录钞》，《日本儒林叢書》第 5 册，第 4 页。
② ［日］伊藤仁斋：《读近思录钞》，《日本儒林叢書》第 5 册，第 5 页。

来说即"太极"是"元气"还是"理"的问题。正如仁斋所指出的①,从思想史发展的背景来看,汉唐以来,以孔颖达《周易正义》为代表的"太极元气说"成了太极说的主流②。如和周敦颐一样出自陈抟流派的宋代象数易学代表人物刘牧(河图洛书的作者),以及同时代的邵雍、胡瑗、李觏、王安石等人都主张《周易正义》的太极元气说。周敦颐虽未明言太极为元气,但从其《太极图》的图式与《太极图说》的内容来看,遵循的是一条"无极→太极→阴阳→五行→万物"的宇宙生成序列,属于老子的"道生一,一生二,二生三,三生万物""天下万物生于有,有生于无"的宇宙演化模式。而从不同版本的文字来考察的话,"无极而生太极"(周敦颐家藏九江本)、"自无极而为太极"(见洪迈所修《国史》)的文本虽不知是周敦颐的原本,还是出自后人的篡改,但这些文本的存在本身已充分表明当时人以太极为无极所派生出来的元气这一普遍认识。因此仁斋将周敦颐所说的太极解释为元气确实是有汉唐古注作为其依据的。这也就是仁斋所追求的"古义"。但另一方面,从本体论的立场来看,周敦颐虽未明言太极是作为宇宙本体的理(道),但"无极而太极"中的"太极"包含有抽象的形上本体的意思,这也是朱熹基于其哲学立场采取"无极而太极"(延平本)这一文本的主要原因。而在伊藤仁斋看来,周敦颐的《太极图说》中所谓"无极"其实就是周敦颐将佛道(王

① 参见[日]伊藤仁斋:《读近思录钞》,《日本儒林叢書》第5册,第2页;[日]伊藤东涯:《太極図説十論》,關儀一郎編:《日本儒林叢書》第5册,(东京)株式会社凤出版,1978年,第1页。

② 从哲学史的发展脉络来看,对于《易经》的解释主要有象数与义理两派。其中,属于象数派的汉代纬书《易纬·乾凿度》受道家元气说(《淮南子》等)的影响最早提出了"太极元气说"(太易说、太一神说),将"太极"视作天地未分之前的"元气",主要是着眼于宇宙生成论。到了魏晋时期,受玄学思潮的影响,属于义理派的魏王弼在其《周易注》中,依据老子的"有生于无"的思想,将太极(无)视作虚无的本体,主要着眼于宇宙本体论。唐代孔颖达在《周易正义》中以王弼的注释为基础统合了汉魏以来的象数与义理二派,并对王弼之说加以修正,指出"太极谓天地未分之前,元气混而为一,即是太初、太一也",从而再次提出了"太极元气论",同时又排除了汉易"太极元气论"中的神秘色彩,将太极视为一种原始物质。《周易正义》作为唐代以后科举考试的官修教科书(直至王安石的《三经新义》出现)对唐、宋两代学者产生了很大的影响,"太极元气说"也成了学界的普遍看法。一方面,朱震在其《周易集传·进书表》中提出的"陈抟→种放→穆修→周敦颐→二程"这一《太极图》的传授谱系虽有可议之处,但朱陆二人均承认周敦颐继承了陈抟的易学。实际上周敦颐一方面从陈抟一系接受了象数派的"图书"之学,一方面又受汉唐以来义理派易学的影响,进而将其与儒家的伦理观念相结合以诠释《周易》的基本原理。也就是说,周敦颐的易学思想中包含有象数派(《太极图》之图式)与义理派(《太极图说》)两方面的因素。参见朱伯崑:《易学哲学史》第1卷,华夏出版社1995年版,第388页。

弼）的虚无本体[①]改造成儒家倡导的“理”（道德本体）。[②] 道学家的“理”与王弼的“无”虽然具体内涵不同，但在作为超越本体的地位上是一致的。朱熹以“无极”“太极”来分别指称“理”的超越性与实存性，认为“无极而太极”中的“无极”与“太极”是同位关系（而非老子所主张的派生关系），实际上是通过“有”“无”合一来克服王弼偏向“无”的弊端。进而结合周敦颐思想的全貌来看，《通书·理性命》第二十二章中，论述了人所具有的德性的本源——“万”和宇宙的根本原理——“一”（太极乾元）之间的相互关系，其中已经包含有后来朱熹所说的总天地万物之理为一太极，而事事物物中又各具一太极（分殊之理）的“理一分殊”思想的萌芽。总之，周敦颐的太极说在继承汉唐以来太极元气说的宇宙生成论的同时，又表现出向理本论的宇宙本体论过渡的倾向，因而其思想体系可说是兼具宇宙论（太极元气说）与本体论（太极理本论）两方面的特征和内容。

从周敦颐本人的思想发展来看，《太极图说》中“无极”被置于“太极”之前，因而宇宙生成论的意味很浓厚，相反《通书·动静》第十六章中则只言五行、阴阳、太极而不言无极，因而本体论的意味很浓厚。陆九韶、陆九渊兄弟据此认为《太极图说》与《通书》的思想体系不相似，推断《太极图说》可能不是周敦颐本人的著作，或者只是周敦颐传他人的文章，或者是其思想体系尚未成熟时的作品。依据陆氏兄弟的观点，可以得出他们是将《通书》中的本体论体系视为周敦颐的晚年定论，与其早年《太极图说》中的宇宙论体系属于不同思想体系的结论。朱熹则直接依据理本论将两者统一了起来，从而构建了其理本论的宇宙本体论体系。相比之下，仁斋父子的诠释更为客观，可能更符合周敦颐思想的实际情况，即“无极（理）→太极（元气）→阴阳（气）”的解释正好表明了周敦颐的太极说处于汉唐的太极元气说与宋代的太极理本论之间的过渡阶段[③]。仁斋一方面反驳了朱熹以太极为理的

① 需要指出的是，宋儒一方面批判王弼的虚无本体论，一方面又借鉴其本体论思想建立起儒学的道德本体论。因此有学者认为王弼虽然是魏晋玄学的代表人物，但从本质上来说是一位儒家学者。参见 Richard John Lynn，“WANG Bi and Xuanxue”，in Xiaogan Liu（刘笑敢），*Dao Companion to Daoist Philosophy*，Dordrecht：Springer Netherlands；Imprint：Springer，2015，pp. 369-395。

② 参见［日］伊藤东涯：《太極図説十論》，《日本儒林叢書》第5册，第7—8页。

③ 藤井伦明指出，在朱熹思想中形而上学的“理”与形而下学的现象（“气”）是通过未发已发、体用、微显的关系来把握的，后者是前者的发露和展开，两者保持着连绵不断的关系，但“理”必须以“气”为媒介才能使自己肉化，并在形而下学的世界中展现其姿态。朱熹改造周敦颐的《太极图说》，以无极、太极为形而上的理，以阴阳为形而下的气（形而下的现象），中间就缺少一个形而上的“气”（“元气”），从而彻底将理与气二元对立起来了。总

理本论解释，从而复归于太极的汉唐古义（元气），但另一方面又不像陆九渊那样出于与朱熹争道统的需要而否认周敦颐的独特贡献。仁斋父子仍然承认周敦颐的宋代理学开山地位，指出周敦颐借鉴并改造了佛道二教的先天抽象本体，以“无极”为“理”，发前人所未发①，朱熹进而以“太极”为“理”，实际上都是指儒家所倡导的仁义礼智之道，以理本体（无极、太极）为“三纲五常”等儒家伦理道德提供了形上依据，从而超越汉唐章句训诂之学而建立起了一套儒家的道德形上学②。

二、关于修养工夫论的诠释

——“五性”“中正仁义”“无欲”“主静”

如前所述，周敦颐在《太极图说》的后半部分说：“惟人也得其秀而最灵。形既生矣，神发知矣，五性感动而善恶分，万事出矣。圣人定之以中正仁义，而主静，（自注云：无欲故静。）立人极焉。”提出了“主静”的修养工夫论。关于这一部分的诠释，历来也是聚讼纷纭，莫衷一是。这里选取四个论题来加以探讨：其一是“五性”的诠释；其二是“中正仁义”的诠释；其三是“无欲”的诠释；其四是“主静”的诠释。下面逐一加以分析。

首先关于“五性”的诠释。朱熹在其《太极图说解》中认为虽然人、物生来都具有太极之道（天理），但只有人因其禀得天地之秀气而其心最灵，从而超出物类之上，能全其五常之性（仁义礼智信）而为天地之心。然而五常之性感物而发动，从而产生情欲善恶，所以需要圣人以中正仁义为标准来纠正它③。可知朱熹认为《太极图说》中的“五性”是人禀受自天的五常之性，也即是仁义礼智信，是人性中先天固有的道德理性。

对此，仁斋父子指出：“万物之生，唯人最灵。既有形焉斯有神矣。其为性也。刚善刚恶。柔善柔恶，不刚不柔而中。此五者感乎中而动乎外，或

之，比起流行来说，朱熹更重视理对气的主宰。参见［日］藤井倫明：《「流行」する「理」——朱熹の「理」再考》，《日本中国学会報》第61卷，2009年，第135—150页。

① ［日］伊藤东涯：《太極図説十論》，《日本儒林叢書》第5册，第7—8页。

② Joseph Alan Adler考察了朱熹对周敦颐思想的重构，指出朱熹虽然将周敦颐推至道学开山的地位，但这在当时是有争议的，因为与朱熹同时代的许多人批评周敦颐的道教倾向，而其他道学人物显然在宋代儒学复兴中更为重要。朱熹之所以重视周敦颐，是因为周敦颐的动静相互渗透的理论使朱熹得以宣称自己的精神修养理论反映了自然的根本原则，从而为其宗教实践提供了理论基础。参见 Joseph Alan Adler, *Reconstructing the Confucian Dao: Zhu Xi's Appropriation of Zhou Dunyi*, SUNY Series in Chinese Philosophy and Culture, Albany: State University of New York Press, 2014, pp. 77-136。

③ （宋）周敦颐：《周敦颐集》，梁绍辉、徐荪铭等点校，岳麓书社2007年版，第7页。

善或恶，各以类分。《图解》以仁义礼智信五常为五性者。非也。《通书》以仁善等五者为德，以刚柔等五者为性。最可证也。"①认为此处的"五性"应当结合《通书·师》第七章中所说的"性者，刚柔、善恶，中而已矣"②一句来理解，也就是说"五性"具体是指《通书》中所说的刚善、刚恶、柔善、柔恶、中。朱熹主要继承了张载、程颐的人性论，区分人性为禀自天理而来的先天纯善的"义理之性"（即五常之性）与天理随人气质之后形成的善恶混在的后天"气质之性"。因此在朱熹看来，刚柔善恶中都是指善恶混在的后天"气质之性"，非先天的"义理之性"（本性）。对此，仁斋父子指出，周敦颐在《通书·诚几德》第三章中说"德：爱曰仁，宜曰义，理曰礼，通曰智，守曰信"，再结合上述《通书·师》第七章中以刚柔善恶中为"五性"的说法，可知周敦颐是以仁义礼智信为"五德"而非"五性"。仁斋父子指出："四端之端。古注疏曰：端本也。谓仁义礼智之端本起于此也。按字书又训始训绪，总皆一意。而考亭特用端绪之义，谓犹物在于中而绪见于外也。然训字之例，虽有数义，俱归于一意。绪字亦当与本始字同其义。……若考亭之所谓，则与本始之义相反，非字训之例。孟子之意以为人之有四端也。犹其身之有四体，人人具足，不假外求，苟知扩充之，则犹火燃泉达，竟成仁义礼智之德。故以四端之心为仁义礼智之端本。此孟子之本旨，而汉儒之所相传授也。"③认为孟子所说的"四端"（恻隐、善恶、辞让、是非）即是人生来就固有的本性（"性"），而"仁义礼智"（四德）是扩充此"四端"（人性）而来的道德规范。"四端"之"端"依古注（《孟子注疏》）为"本"（端本）之意，而非朱熹所强调外在的端绪（与"本"相对立的"末"）④。仁斋父子的诠释与朱熹将"四端"视作情（作用），将"四德"（仁义礼智）视作规定"四端"之性（本体）的二元对立诠释可说恰好相反。仁斋以"四端"（性）为"四德"之本，朱熹则以"四德"（性）为"四端"之本。仁斋父子又指出，《太极图说》中说"圣人

---

① ［日］伊藤东涯：《太极图说管见》，《日本儒林叢書》第5册，第2页。

② （宋）周敦颐：《周敦颐集》，梁绍辉、徐荪铭等点校，第68页。

③ ［日］伊藤仁斋：《語孟字義》，關儀一郎编：《日本儒林叢書》第6册，（东京）株式會社鳳出版，1978年，第38页。

④ 值得注意的是，孟子一方面为了论证性善提倡先天良心论（朱熹主此说），一方面又提倡四端扩充论（仁斋主此说），朱熹与仁斋关于四端的诠释差异实际上源自孟子自身思想的矛盾。但总的来看，像仁斋那样以"端"为"端本""萌芽"的解释一方面肯定了先天的性善（只是未完成），一方面又认为先天未完成的善（四端）要扩充才能成为完成的善（四德），能够比较好地解释孟子的性善说和扩充说；而朱熹的先天良心说，则认为性善先天圆满具足而不需要后天的扩充，这一点上似与孟子的思想不符。参见［日］日本教育学会：《四书研究》，王向荣译，《齐鲁文化研究文库》，山东文艺出版社2018年版，第150—152页。

定之以中正仁义"，如果"中正仁义"是人的先天具有的自然本性的话（朱熹认为即礼智仁义四德），那还需要圣人来"定"（规定）吗？说圣人来"定"正好表明周敦颐认为仁义礼智是需要扩充本性才能达到的"德"，而真正的人性即人生来由其气禀而具有的刚柔善恶中"五性"①。由上述分析可知，仁斋父子基于其客观解释的考据学立场，批判了朱熹以禀自天理的仁义礼智为先天本性的"理性论"并以之曲解周敦颐思想的失误。

其次关于"中正仁义"的诠释。朱熹在《太极图说解》中说："盖人禀阴阳五行之秀气以生，而圣人之生，又得其秀之秀者。是以其行之也中，其处之也正，其发之也仁，其裁之也义。"②在《通书解》中对《通书·道》第六"圣人之道，仁义中正而已矣"一句解释说"中，即礼。正，即智。图解备矣"③。朱熹又说："仁义中正，同乎一理者也。而析为体用，诚若有未安者。然仁者，善之长也；中者，嘉之会也；义者，利之宜也；正者，贞之体也。"④可知朱熹把"仁义中正"等同于"元亨利贞"四德，"元亨利贞"是乾元（天道）之四德，人心禀受此天德而为仁义礼智之"四德"。所以朱熹以"中正仁义"的"中"为"礼"，以"正"为"智"。这样就把"中正仁义"解释成"礼智仁义"了。这里再一次体现出朱熹以自己的哲学观点强加于周敦颐思想之上的主观解释立场。

对此，仁斋父子指出："人性之感，善恶不一。故圣人定之以仁义之中正者也。仁而弗中正，墨子之仁也。义而弗中正，杨子之义也。故圣人要之于中正。周子恐人之认中正为一物，故特下注曰：仁义中正而已矣。明仁义之不可不中正也。《图解》以中为礼，以正为智，以中正仁义，为圣人之德。可疑也。孟子以来，恒言必称仁义礼智，未尝言礼智仁义，又未尝有以礼称中，以智称正者也。如此为序，则犹言夏冬春秋，言火水木金，言亨贞元利，殆不成语。且据《图解》说，则中仁二者属阳为用，正义二者属阴为体。夫动必主乎静，体立而后用行。然则谓仁礼二者，却卑于义智。可乎？尤不可解。盖周子以仁义为道为德，至程子始以仁义礼智信为五性。朱子以中正仁义，强解为五性，本非周子之本旨。"⑤认为"中正仁义"实指"仁义之中正"而非朱熹所理解的"礼智仁义"，因为光讲仁（爱）而做不到中正的话，便会流于墨子之仁（兼爱，极端的利他主义），同样光讲义（别）而做不到中正

① ［日］伊藤东涯：《太極図説十論》，《日本儒林叢書》第5册，第9—10页。
② （宋）周敦颐：《周敦颐集》，梁绍辉、徐荪铭等点校，第7页。
③ （宋）周敦颐：《周敦颐集》，梁绍辉、徐荪铭等点校，第68页。
④ （宋）周敦颐：《周敦颐集》，梁绍辉、徐荪铭等点校，第9页。
⑤ ［日］伊藤东涯：《太极图说管见》，《日本儒林叢書》第5册，第3页。

的话，便会流于杨朱之义（为我，极端的利己主义）。圣人正唯恐产生此弊病，因此要求人们以中正为定向指针来引导仁义，使之不至于走向极端或歧途。仁斋父子进而指出，周敦颐正是担心人们把中正看作实指名词（如朱熹所说的），所以在《通书》中强调"圣人之道，仁义中正而已矣"，其意是指仁义离不开中正。朱熹以"中"为"礼"、以"正"为"智"所带来的一大问题就是将"中正仁义"解释成了"礼智仁义"。但众所周知，自孟子以来，学者言必称"仁义礼智"为人（心）之四德，四者的顺序也是一定而不可颠倒的，况且以"中"为"礼"、以"正"为"智"在训诂上也缺乏依据。因此朱熹的解释违背自古以来的通例，在周敦颐这里是讲不通的。仁斋进而指出，周敦颐将仁义视作道与德，到了程颐才直接将仁义礼智信视作人性（五性），到了朱熹又将中正仁义强解为五性，显然不符合周敦颐的本意。由上述分析可知，仁斋通过对语法句式的考证分析批判了朱熹以"四德"曲解"中正仁义"的失误。

再次关于"无欲"的诠释。《太极图说》中周敦颐指出圣人效法天道而制定中正仁义之人道，并以"主静"的工夫树立了人伦的准则。"主静"的关键即在于做到"无欲"。如《通书・圣学》章中所指出的，"一"是学而至于圣人的要诀，所谓"一"即是"无欲"。朱熹以其"存天理，灭人欲"的二元对立的理欲观来解释周敦颐的"无欲"说，在其《大学章句》中说："尽夫天理之极，而无一毫人欲之私也。"①朱熹此说当本于其师李侗（延平）所云"仁只是理，初无彼此之辨，当理而无私心，即仁矣"②。

对此，仁斋父子指出，欲是人生来就有的，即孟子所说的"口之于味也，目之于色也，耳之于声也，鼻之于臭也，四肢之于安佚也，性也"（《孟子・告子上》），是任何人都逃脱不了的。有朱子学者辩解说"欲"是人心流于恶的过分欲求，而孟子所说的耳目口鼻之欲则是人心不能没有的正当欲望，周敦颐所说的"无欲"不是让人绝灭这些正当欲望，因为如果那样的话人就变成了无生意的枯木死灰了，周敦颐不会走这样的极端，所以周敦颐所说的"无欲"的"欲"当是指超出正当范围的过度、过分的"人欲"，朱熹在其《中庸章句》"序"中提出人心（人欲）道心（天理）之辨，并强调以天理之公战胜人欲之私就是这个意思。对此，仁斋父子引用孟子的"寡欲"说，指出朱熹《孟子集注》中将"寡欲"的"欲"解释为口鼻耳目四肢这些正当的欲望。而周敦颐

① （宋）朱熹：《四书章句集注》，第3页。

② （宋）朱熹：《延平答问》，朱杰人、严佐之、刘永翔主编：《朱子全书》第13册，上海古籍出版社、安徽教育出版社2010年版，第328页。

在其《养心亭记》中起首引孟子的"寡欲"说之后接着说"予谓养心不止于寡焉而存耳,盖寡焉以至于无。无则诚立、明通。诚立,贤也;明通,圣也"①。可见周敦颐所说的"无欲"是基于孟子的"寡欲"说而来,"无欲"之"欲"与"寡欲"之"欲"一脉相承,都是指声色臭味这些人心所不可无的正当欲望,朱熹则将"寡欲"之"欲"当作正当欲望,将"无欲"之"欲"视作过分的欲望(人欲),将两者区分割裂了开来,这是不符合周敦颐思想的实际情况的。反之,如果说孟子的"寡欲"与周敦颐"无欲"中的"欲"都是指过分欲求的话,在孟子这里就说不通了。因为过分的欲求是应该去除的,可以说"无欲",但说"寡欲"(如从一天偷一只鸡减少到一个星期偷一只鸡)则不免落入世俗的玩世不恭。仁斋父子进而明确指出,周敦颐的"无欲"说就是指消除人的正当欲望,其本质毋庸讳言与道家所追求的反观内省、游心于虚无冲淡之境界的主张是一致的。这其实也恰好反映了周敦颐对道家思想的吸收。因此仁斋父子批评周敦颐的"无欲"说不符合孟子以来儒家的"寡欲"说,是源于道家的异端邪说,不足为训②。在仁斋父子看来,朱熹力图掩盖周敦颐"无欲"说的异端本质,实际上不符合周敦颐的本意,而周敦颐的思想又不符合孟子的"寡欲"说。

最后关于"主静"的诠释。朱熹在其《太极图说解》的"图解"中,指出太极不离乎阴阳而为阳动阴静之本体,又将阳动视作太极本体之所以行的依据,将阴静视作太极本体之所以立的依据,认为先立本体而后用方能行,这样就在阴阳二者之间作了体(立)用(行)的区分。在太极自身能否动静的问题上,朱熹由于将太极视为"只存有不活动"(牟宗三语)的形上本体之理,因此认为太极(理)本身并无动静而是随着阴阳的动静而动静。这样看来,"主静"之"静"即是阴之静,因此将太极本体归于静,将作用归于动便是理所当然的了。

对此,仁斋父子指出,朱熹一面说太极为体,阴阳动静为用,太极是统摄动静之理,一面又说太极是阴之静,这样太极就不是统合动静之理了。这两种说法不免自相矛盾,而其贵阴(主静)的主张也与《易传》贵阳(主"动")的思想背道而驰。仁斋父子进而认为古代先秦儒家根本没有后世宋儒所谓体用之说,其修养方法论也不是宋儒所提倡的"主静"(立本体),而是处处从用处(主"动")着眼。仁斋父子认为,追根溯源的话,体用论实际上是宋儒援佛入儒所带来的,并非中国古代儒家的本土思想,因此主张对于理解先

---

① (宋)周敦颐:《周敦颐集》,梁绍辉、徐荪铭等点校,第 121 页。
② [日]伊藤东涯:《太極図説十論》,《日本儒林叢書》第 5 册,第 14 页。

秦儒家思想的真实本义来说，体用论完全可以不讲①。这样，仁斋父子就依据其所理解的先秦儒学古义完全否定了宋儒基于体用论建立起来的“主静”修养论。这里很明显地体现出仁斋父子的反宋学立场。

以上，本节从中日比较哲学的视野出发，主要围绕着朱熹、伊藤仁斋父子对周敦颐《太极图说》的哲学诠释进行了论述与比较分析。日本古义学派代表人物伊藤仁斋父子致力于复归儒家经典的古义，其对《太极图说》的诠释大体可称是“我注六经”式的客观性诠释。如果说朱熹的诠释是反汉唐章句训诂之学的理学诠释路径，陆九渊的诠释是反朱学的心学诠释路径的话，两者虽然立场观点多有不同，但仍然同属于宋明理学的体系之中，那么伊藤仁斋的诠释则可称之为复古反宋学的考据学（汉学）诠释路径。三条诠释路径在学术思想的发展脉络上恰好形成一个环状序列，体现了哲学诠释上的否定之否定规律。在中国本土，与仁斋父子思想类似的基于朴学立场对理学的系统批判要等到比伊藤仁斋父子更晚的戴震（1724—1777年）的出现方才完成（见其《孟子字义疏证》《原善》等著作）②。在今天看来，伊藤仁斋父子对理学的批判在有些地方（如对“无欲”“主静”的批判）虽不免有失于“了解之同情”（陈寅恪语），而周敦颐开创的宋明理学的道德形上学也不会因为仁斋等人的批判而失去其价值。但总的来说，仁斋父子的诠释有理有据且切中要害，在相当程度上还原了哲学史与思想史上的真相，值得我们今天加以比较分析与总结借鉴。

第二节　伊藤仁斋、朱熹的《通书》诠释之比较

《太极图说》与《通书》作为周敦颐最为重要的两部著作。二者的关系正如朱熹所指出的，“盖先生之学，其妙具于《太极》一图，《通书》之言，皆发此图之蕴，而程先生兄弟语及性命之际，亦未尝不因其说”③。前者是后者

① ［日］伊藤东涯：《太極図説十論》，《日本儒林叢書》第5册，第15—16页。

② 日本学者青木晦藏在其《伊藤仁斎と戴東原》一文中指出仁斋的《语孟字义》与戴震的《孟子字义疏证》书名内容都很相似，推断戴震可能受到仁斋著作的影响。余英时则指出17世纪日本古学派的兴起与明末清初中国儒学动向有着相似的学术思想背景，进而从各自的内在理路出发剖析了两者的形成过程，认为这是因为两者的文献依据、学术问题、思想史发展阶段相似，所以其著作才出现这种相似性，但不能由此推断出戴震的思想源于（或抄袭）仁斋的结论。参见王小林：《日本中国学的启示与课题》，《汉和之间：王小林自选集》，上海人民出版社2014年版，第251—252页。

③ （宋）朱熹：《晦庵先生朱文公文集》五，朱杰人、严佐之、刘永翔主编：《朱子全书》第二十四册，上海古籍出版社、安徽教育出版社2010年版，第3628页。

的纲领根据，后者则是前者的具体展开。两者互为表里，只有对照起来看方能见出周敦颐思想的全貌。朱熹曾亲自为《通书》全文作解说，其后被作为理学的经典诠释而收入通行本的《周敦颐集》中。明代初期的朱子学者曹端又在其基础上作《通书述解》，可视为朱熹注释的义疏。伊藤仁斋认为，朱熹对《通书》的解释不尽符合周敦颐的本意，而周敦颐的义理发挥又与先秦儒家思想多有不合，因此本着实事求是、追根溯源的态度，比较其间的异同得失，后由其子东涯笔录而成《通书管见》一卷。此书言简意赅而内容丰富，有不少值得我们注意的观点。但目前学术界尚未有学者对其进行哲学层面的比较研究。① 以下即从范畴与概念的分析入手，以哲学诠释为切入点，站在哲学思想史的大背景下，从本体论、人性论、工夫论三个大的方面来比较分析朱熹、伊藤仁斋父子对《通书》的诠释及其各自的哲学思想立场。

一、本　体　论
——“诚”与“实理”

周敦颐在《太极图说》中从宇宙论的立场阐明了从天道贯通至人道的过程，又主张通过修养工夫使人道合乎天道。《太极图说》虽然已经涵盖了宇宙本体论、人性论、修养工夫论等方面的主旨，但还缺少进一步的分析论证。因此周敦颐在《通书》中以《易传》和《中庸》为框架，进一步阐述了其天道观、心性论与工夫论，并进而论述了礼乐、刑政、教化等各方面的内容，从而建构了一个贯通内圣外王的完整思想体系。这一思想体系可谓奠定了其后整个宋明理学的规模、主旨及其走向，而其重心在于心性及伦理道德的论证与阐发上，周敦颐也因此被公认为是宋明理学的开山鼻祖。正如黄百家在《宋元学案》的按语中所指出的，“若论阐发心性义理之精微，端数元公之破暗也”②。追根溯源的话，儒家之鼻祖孔子主要着眼于现实社会中的伦理规范，建立了以仁为核心的道德体系。③ 其后曾子、子思在《大学》《中

---

① 目前学术界对于伊藤东涯的易学思想有一些研究，但很少有专论《通书管见》的文章。参见濱久雄:《伊藤東涯の易学》,《東洋研究》第90卷，1989年，第1—31页。伊東倫厚:《伊藤東涯の〈周易〉十翼批判》,《日本中國學會報》第55卷，2003年，第276—287页。王鑫:《“后世谈理，率祖乎易”——伊藤东涯的易学研究》,《東アジア文化交渉研究》第5卷，2012年，第71—88页。

② （清）黄宗羲原著，（清）全祖望补修:《宋元学案》第1册，陈金生、梁运华点校，第482页。

③ 从思想史的发展来看，对性与天道相贯通的论证是自孔子以来的先秦儒家的努力方向，但《论语·公冶长》篇中子贡却说“夫子之言性与天道，不可得而闻也”，似乎说明孔子对于性命天道之微言不怎么谈论，但自古以来《周易》之“十翼”（《易传》）一直被视为孔子所作，其中可见其天道观思想。因此，重点讲人事的《论语》与重点讲天道的《易传》的思想

庸》中结合修养（内圣）与事功（外王），依据三代以来的天命论阐发心性之根据。到了孟子进而发扬人的主体能动性，提倡通过“尽心知性知天”“存心养性事天”“知言养气”等修养人之心性以合于天道的心性工夫论。到了宋代，周敦颐最早站在宇宙本体论的高度上寻求人道（人性）的依据，通过“诚”将天道与人道结合起来，从而建构了天人合一的思想体系。①

《通书》“诚上”第一章说“诚者，圣人之本”，“诚下”第二章说“圣，诚而已矣。诚，五常之本，百行之源也”。朱熹指出：“诚者，至实而无妄之谓，天所赋、物所受之正理也。”②“圣人之所以圣，不过全此实理而已，即所谓‘太极’者也。”③以“诚”为天所赋予的真实无妄的形上本体——天理，并认为“诚”与“太极”名异而实同，不过是从不同角度对同一天理的指称罢了。伊藤仁斋在分析《通书》“诚上”“诚下”二章时首先指出：“《通书》首言‘诚’二章，上言天之诚，下言圣人之诚。其言诚虽本于《中庸》，而其主意则不同。”④认为周敦颐之“诚”虽本于《中庸》，但其主旨已经有所不同。仁斋指出《中庸》“盖言无所作为而自然中道为诚。其言天之道者，借自然之天，以赞圣人之德，非直以诚为天之实理也”⑤。可知在《中庸》这里是借自然气化流行的天道（诚）来比拟规定圣人的德行。诚在《中庸》这里只是指称天道的自然无为，主要是一个自然天道观（宇宙论）的范畴，并没有直接赋予其道德本体的内涵。仁斋进而指出：“周子以诚为实理。第一章说天之实

侧重点大不一样。而《论语》毫无疑问记录了孔子及其弟子的言行，对于《易传》是否为孔子所作则自宋代以来一直有争议。到了近代伴随着疑古思潮的兴起，学界多倾向于否定孔子作《易传》的旧说。然而近年以来，长沙马王堆帛书（《要》篇等）等出土资料再次证明了孔子与《易传》之间的密切关系。依据廖名春、李景林等人的研究，孔子在晚年致力于通过对《周易》的义理阐释建立其性命天道的形上学体系，并为后来的思孟学派所继承和发展。参见李景林：《教化的哲学——儒家思想的一种新诠释》，黑龙江人民出版社 2006 年版，第 290—300 页。

① 张钟元指出，“诚”作为精神整合意味着自我实现，它来自区分伪自我和真实自我（本性），以及直面黑暗面并将其融入意识。“诚”用于人际关系则指人与人之间思想行为的真诚，通过这种真诚，实现了“我”与“非我”的统一。当“诚”被用来表示神（天）与人的关系时，它象征着人的精神（心性）。由此，“诚”这个词就成了一个人的心灵（心性）、人际关系（伦理道德）以及人和神（天）之间关系的桥梁。参见 Chung-Yuan Chang，“SOME BASIC PHILOSOPHICAL CONCEPTS IN CONFUCIANISM AND TAOISM”，*Occasional Bulletin-Missionary Research Library*，Vol. 6，No. 1（1955），pp. 1-13。

② （宋）周敦颐：《周敦颐集》，梁绍辉、徐荪铭等点校，第 64 页。

③ （宋）周敦颐：《周敦颐集》，梁绍辉、徐荪铭等点校，第 65 页。

④ ［日］伊藤東涯：《通書管見》，關儀一郎編：《日本儒林叢書》第 5 册，（东京）株式會社鳳出版，1978 年，第 1 页。

⑤ ［日］伊藤東涯：《通書管見》，關儀一郎編：《日本儒林叢書》第 5 册，（东京）株式會社鳳出版，1978 年，第 1 页。

理，第二章说圣人之实理。天者人之本。故此章言诚者圣人之本，第二章言圣人诚而已矣。"①认为周敦颐在《通书》中以"诚"为"实理"，即"真实无妄"之天理，从而将《中庸》里天道观的"诚"提升到了宇宙本体与道德本体（天理）的高度。与对"太极"所作元气论的诠释不同，仁斋父子以"实理"解释"诚"，认为"诚"在周敦颐的哲学思想中属于本体论的范畴。这与朱熹以"实理"解释"诚"的观点表述一致，但在内容上有所不同。仁斋所谓"实理"偏重于"物理"，而朱熹所谓"实理"则偏重于"伦理"。虽然朱熹所谓天理包括物理与伦理两个层面，但最终仍然以伦理为本位和依归。②

仁斋与朱熹对周敦颐"诚"的诠释也有所区别。周敦颐在《通书》"圣"第四章中说："寂然不动者诚也。"朱熹指出："本然而未发者，实理之体。"③仁斋进而指出："周子所谓诚者，与《中庸》《孟子》不同，既论于上。毕竟通天人而指未发之体而言。即程子所谓在天曰命，在人为性。朱子所谓太极者也。"④认为周敦颐以"诚"为"寂然不动者"，即贯通天人的未发之本体。这与《中庸》的"诚"贯通已发、未发有所不同。其后二程进而指出，天道本体（天理）从天道流行来看即为"命"，从人之禀受来看则为"性"，其实质是一致的。朱熹在解释周敦颐的《太极图说》时以太极为"理"，以阴阳为"气"，从而建构了其理本气末的宇宙本体论体系。在朱熹看来，太极是从至高无上的角度指称此"理"，"太极"即是寂然不动的宇宙本体。因此朱熹认为，周敦颐《太极图说》中的"太极"与《通书》中的"诚"同义。⑤仁斋则指出："然朱子所谓太极者，兼动静，该体用，而无所不在也。而周子所谓诚无为，及曰寂然不动者诚也，则专为未发之体，至静之物。……此似老子所谓致虚极守静笃之说，而非圣人之旨矣。"⑥一方面认为朱熹所诠释的"太极"

① ［日］伊藤東涯：《通書管見》，關儀一郎編：《日本儒林叢書》第5册，（东京）株式會社鳳出版，1978年，第1页。

② 仁斋区分了天道与人道，反对宋儒以天理作为贯通天人的形上本体，从而割裂了天与人之间的关联（即否定天人合一的自然观），将朱子学中通贯伦理道德与客观事物的"理"限定在"物理"的范围内；在日本，以这种"理"的剥离和变异为中介，产生了作为科学思想基础的唯物主义自然观和科学的认识论，从而促进日本思想界进入与西方近代科学对话的兰学阶段。参见赵德宇、向卿、郭丽：《近代以来日本的中国观》第2卷（1603—1840），江苏人民出版社2012年版，第167页；赵德宇：《试析江户时代兰学兴起的社会前提》，王振锁、张聚国主编：《亚太主要国家历史与文化初探》，天津人民出版社2001年版，第396—398页。

③ （宋）周敦颐：《周敦颐集》，梁绍辉、徐荪铭等点校，第67页。

④ ［日］伊藤東涯：《通書管見》，《日本儒林叢書》第5册，第5页。

⑤ （宋）周敦颐：《周敦颐集》，梁绍辉、徐荪铭等点校，第64页。

⑥ ［日］伊藤東涯：《通書管見》，《日本儒林叢書》第5册，第5页。

与周敦颐所谓的“诚”有所不同。因为朱熹所谓的“太极”是兼含动静、统摄体用的宇宙本源与天道本体，是天理（天道）的总称，同时又通过天命赋性下贯到万事万物之中，即所谓总天地万物之理为一太极，而事事物物中又各有一太极（理一分殊）。周敦颐所谓的“诚”则仅指“无为”而“寂然不动”的天道本体，专指静止未发的本体，其主“静”的“诚体”思想来源于道家老子的主静思想，与《易传》主“动”的思想不同。仁斋进面指出：“然则《图说》所云，太极动而生阳，静而生阴者，盖指一元气而言。而其上面一层，无声无臭处，是谓无极耳。”①认为《太极图说》中的“太极”仍应按汉唐以来流行的太极元气说来解释，周敦颐的发挥在于在受道家虚无本体论的影响在“太极”之上加了“无极”（仁斋以之为天理），以超出形下现象界（器）之上的形上天理（无极）作为元气（太极）之本体，并且也只有以“太极”为“元气”才能解决朱熹“太极”说中寂然不动的天理本体何以能动静分化出阴阳二气的理气动静缝隙难题（参见上节）。由此可见，仁斋父子认为《通书》中的“诚”是指未发的天命实理，与《太极图说》中作为“元气”的“太极”及朱熹所谓的太极宇宙本体——天理均有所不同。其结论是基于对作为周敦颐思想渊源的先秦儒学、朱熹的诠释以及周敦颐本人思想的比较分析，具有很强的说服力。

二、人　性　论

——“五性”与“刚柔善恶中”

人性论是周敦颐在《通书》中论述最多的领域之一，也是仁斋父子在《通书管见》中批判的重点所在。其内容又可分为四个方面：其一是批判了“五常”（“五性”）说，其二是批判了朱熹对于善恶的诠释，其三是批判了朱熹对“五性”的诠释，其四是批判了朱熹的“复性”说。

关于“五常”说。朱熹以“五性”为“五常”，即仁义礼智信。仁斋则对“五常”说的合理性提出了质疑。《通书》“诚下”第二章说：“诚，五常之本，百行之源也。”又说：“五常百行，非诚非也。”这里的五常即指仁义礼智信。仁义礼智信——五者并称古已有之，似乎不成问题。但仔细考究起来其实不然。依据仁斋的考察，可以从纵向发展与横向层次两个维度来分析。从纵向发展上来看，五者并称有一个层累叠加的过程。即《论语》（孔子）中只有仁智并称，其后《中庸》（子思）中则仁义礼并称，到了《孟子》才有仁义礼智并称，而以信配比仁义礼智则始于汉儒董仲舒，可见信进入五常之列是较

① ［日］伊藤東涯：《通書管見》，《日本儒林叢書》第5册，第5页。

晚的事情。从横向层次(关系)上来看,先秦的孔孟儒家从未将信与仁义礼智并称。可知信与仁义礼智(四德)实有不同。这是因为仁义礼智是天下通行的道德,是人生日用百行所应当遵循的行为规范,所以孟子将四者并称为四德,并以人生来先天就固有的恻隐羞恶辞让是非——四端之心作为四德的本源。与四德不同,信本来与敬、恕等概念一样,属于修养工夫的范畴,不具有仁义礼智四德那样的道德规范准则的独立价值,因此信虽然似乎是好事,但其自身并不具有道德准则那样的自主性。换句话说,信并不能决定其本身正当与否,反而必须以礼节道义作为尺度来衡量,方能决定是否应当实行。可见信是比四德低一层次并受四德所规范的行为。从这个意义上来看,信自然不足以与仁义礼智"四德"并列而为五常。实际上程朱也意识到了信与四德在本质层次上有所不同,但却并不主张信的先秦本义,而是采取了另一条诠释路径,即将五性(五常)与五行相配比,以信配土,进而从其理本论出发,以诚为理,而信即诚,是规定仁义礼智的实理,所以认为仁义礼智非信(诚)则不能成立,就好比五行中水火木金没有土就不能生成一样。这样朱熹就将信提升为比仁义礼智更高一层的本体范畴了。但其实并没有真正解决信与四德并列为五常时的层次关系问题。因为正如仁斋父子所指出的,一方面说"诚"是"五常"(仁义礼智信)之本,可见"诚"是规定"五常"而比之高一层次的本体,一方面说"信"即是"诚",这样高位的概念与低位的概念相互重复涵盖,在逻辑上是讲不通的。因此周敦颐这里所说的"五常"之"信"仍然应当与先秦所谓表述行为的"信"意义相同,是较"诚"低一层次的范畴,非指朱熹所说的实理(天理)。① 总之,仁斋回归先秦儒家的本义,认为信是为四德所规范的道德行为,不足以与四德并列为五常,因此五常说不合理。

关于善恶的问题。在以"诚"作为圣人之本质的基础上,周敦颐进而在《通书》第三章"诚几德"中叙述了保有"诚"的方法。"诚几德"第三章开头说:"诚无为,几善恶。"即"诚"原本由天道自然贯通至人道,没有任何刻意人为的必要。但作为人之思虑萌芽的"几"中有善恶,所以必须通过省察"几"之动来保全"诚",最终使"诚"之德成为自身之德。② 朱熹指出:"实理自然,何为之有! 即'太极'也。几者,动之微,善恶之所由分也。盖动于人心之微,则天理固当发见,而人欲亦已萌乎其间矣。此阴阳之象也。"③认为

① [日]伊藤東涯:《通書管見》,《日本儒林叢書》第5册,第2页。

② (清)黄宗羲原著,(清)全祖望补修:《宋元学案》第1册,陈金生、梁运华点校,第494—495页。

③ (宋)周敦颐:《周敦颐集》,梁绍辉、徐荪铭等点校,第66页。

人性未发之时浑然至善，此时性体纯善无恶，等到性发而为情，则随其发用流行而有善有恶。这里朱熹强调了天理人欲之辨，认为善自天理发出，恶则自气禀发出，反映了朱熹的理气（理欲）二元论立场。仁斋则指出朱熹基于心性未发已发的诠释路径虽然大体不差，但与周敦颐的主旨有别。在朱熹这里由于继承程颐的“性即理”说，认为人的本性即是先天具有的道德理性，这种善性禀受自天理，人心未发之时没有气禀的干扰则本体自然呈现，天理流行纯善无恶，即孟子所说的“性善”，至于发出来以后则有善有不善。这里朱熹将性善通于未发而言。而周敦颐这里所谓的善恶只针对已发而言，并不关涉先天的善性。事实上，周敦颐对于未发之时的善恶问题不置可否，因为周敦颐认为此时无善恶可言，所以说“诚无为”。这里的“诚”就是未发之实理。等到人心思虑萌动于几微之后，则会出现善恶，所以说“几善恶”。《太极图说》在“无极之真”（即未发之实理）之后，接着才说“五性感动，而善恶分，万事出矣”，也是将善恶归于已发之事。综合《太极图说》与《通书》可知，周敦颐所说的“善恶”与朱熹所诠释的“善恶”有所不同：周敦颐只就已发来说善恶，即世俗普通所说的思虑萌动之后（已发）出现的善恶。朱熹则将善提升至本体之性善的层面，强调未发之时的纯善无恶。①这里反映了朱熹继承程颐的理学思想并以性情分体用的心性二元论主张。程颐在与吕大临辩论未发已发问题时指出：“心一也，有指体而言者，寂然不动是也。有指用而言者，感而遂通天下之故是也。”②后来朱熹将程颐的心分体用说与张载的“心统性情”说相结合，将心分为未发之性与已发之情两个方面，以性属未发之理（本体），纯善无恶，以情属已发之气（作用），有善有恶，并以之重新诠释了周敦颐的善恶观，但并不符合周敦颐思想的本义。而周敦颐本人的善恶观则与先秦儒家大体一致。

关于“五性”说。《通书》“诚几德”第三章中接着说：“德，爱曰仁，宜曰义，理曰礼，通曰智，守曰信。”朱熹指出：“道之得于心者，谓之德，其别有是五者之用，而因以名其体焉，即五行之性也。”③结合前引内容可知，朱熹在其注解中以“诚”配“太极”，以“善恶”配“阴阳”，以“五性”配“五行”，将《通书》与《太极图说》（《太极图》）完全配比起来了，但这明显是牵强附会之说。因为如前所述，朱熹认为周敦颐所说的“五性”就是仁义礼智信这五种道德理性，是人先天的善性，是纯善的，而这里又说五性出于善恶，不免自

① ［日］伊藤東涯：《通書管見》，《日本儒林叢書》第5册，第3页。
② （清）黄宗羲原著，（清）全祖望补修：《宋元学案》第2册，陈金生、梁运华点校，第1106页。
③ （宋）周敦颐：《周敦颐集》，梁绍辉、徐荪铭等点校，第66页。

相矛盾。所以朱熹自己也感觉这样配比有些说不过去。事实上,周敦颐的本意并不是以五性配五行,其《太极图说》中所谓"五性感动"也不是指"仁义礼智信",而是指"刚柔善恶中"(刚善、刚恶、柔善、柔恶、中)五性。如前所述,仁义礼智——"四德"并称始自孟子,其后儒者一般将其视为道或德,即社会道德规范,一般不将其视作人固有的本性。《通书》此章也说"德,爱曰仁……"仁斋据此认为,周敦颐也是将仁义礼智信视作"德"而非"性"的。直到程颐这里,为了给孟子的性善说作形上本体论证,才将"四德"(仁义礼智)提升到天理层面,并认为此"四德"是人心中先天具备的道德理性。这就是程朱的"性即理"说。① 而且如前所述,朱熹又以"四德"加上"信"的"五常"作为周敦颐的"五性",与周敦颐的本意不符。② 此外,《通书》"慎动"第五章说:"动而正曰道,用而和曰德。匪仁,匪义,匪礼,匪智,匪信,悉邪也。"这里强调发用流行(日常行为)而达到和谐即是德,下面又说做不到仁义礼智信五者的话都是邪,可见周敦颐将仁义作为人们应该遵守的社会道德规范,而不是作为人生来就内在固有的本性,③其所谓德(仁义礼智信)也是指已发而言,而不是朱熹所诠释的未发之天理。④ 这样,仁斋就批判了朱熹以"五性"为"五常"的诠释。

关于"复性"说及"诚"在人性论中的意义。《通书》"诚几德"第三章接着又说:"复焉执焉之谓贤。"有人以此作为周敦颐主张"复性"说的依据,认为这里即是说要复归于仁义礼智之善性,并认为周敦颐所谓的德可能并非如仁斋父子所说的是后天外在的道德规范,而是程朱所说的先天德性。朱熹即认为"诚"是从真实无妄角度指称天理,诚、理、性实质是一致的。因此朱熹解释"诚之复"即是复归于至善本性(仁义礼智)的"复性"。仁斋指出

① 陈来指出,朱熹的"四德论"实际包括三个方面(阶段),并各自基于"理""气""物"进行了论述,其开始主要着眼于"理"的方面,其后期则逐渐从"气"之流行的角度来展开其仁义礼智的四德说了。参见陈来:《朱子思想中的四德论》,《哲学研究》2011 年第 1 期;陈来:《朱子四德说续论》,《中华文史论丛》2011 年第 4 期。在笔者看来,"四德论"的展开一方面体现了朱熹本人的思想发展历程,一方面与作为理学集大成者朱熹本人哲学体系的综合性与复杂性相关,但朱熹对后世最有影响的说法还是其基于"理"来论述的"四德"说。因此,包括伊藤仁斋在内的后世学者大都基于"理"的层面批判朱熹的"四德"说。

② [日]伊藤東涯:《通書管見》,《日本儒林叢書》第 5 册,第 4 页。

③ 贺雷指出,仁斋将道德问题与人性问题区分开来,道德被称为普遍的价值判断标准,人性则因人而异;这点与西方的伦理思想存在相似处,即西方对"善恶"的讨论也不是集中在人性上而是集中在对人在生活实践中善恶的讨论。参见贺雷:《简论"实学"作为日本近代政治转型的思想基础》,中国实学研究会编:《传统实学与现代新实学文化》三,中国言实出版社 2018 年版,第 197 页。

④ [日]伊藤東涯:《通書管見》,《日本儒林叢書》第 5 册,第 5 页。

这只是朱熹基于自身思想体系所作的诠释,并不符合周敦颐的本意。事实上,《通书》第一章“诚上”章以天道为主,提出“诚者,圣人之本”,第二章“诚下”章以则人道为主,提出“圣,诚而已矣。诚,五常之本,百行之源也”,认为天之诚是人之成圣的根据。按照明儒薛瑄的看法,《通书》的“诚上”“诚下”“几德”“圣”“慎动”“道”六章只是将一个“性”字分成众多的名目来加以论述罢了。① 实际上,上述诸章中禀受天道而来的纯粹至善之“诚”作为五常等伦理道德的本源,与《中庸》所阐发的“天命之性”相当。在仁斋看来,周敦颐在这里要“复”的显然不是通过后天修养所达成的仁义礼智之道德,而是要复归于“诚”这一人性本源。按照仁斋所指出的,周敦颐在这里强调的其实就是审察思虑萌动时已发之善恶,用仁义礼智之道德来规范自己,最终复归于自然无为(超善恶)之“诚”。② 具体来说,《中庸》之“诚”本身即是天道,而体认天道的工夫是“诚”的功用,也就是人道。“诚上”第一章中论述了天道与人道(人性)的关系,天道就是易道的天地生生之德,也即性命之源,人禀受天命而为性的“继善成性”就是通过“元亨利贞”的气化流行过程体现出来,所以说“元亨诚之通,利贞诚之复”,可见所谓“复”是复归于“诚”这一性命本源(天命之性),而非复归于仁义礼智之道德规范。

关于周敦颐“五性”说的人性论本质及其渊源。《通书》“师”第三章说:“或问曰:曷为天下善。曰:师。曰:何谓也。曰:性者,刚柔善恶中而已矣。”周敦颐标举出刚柔善恶中五种不同的性,具体包括刚善、刚恶、柔善、柔恶、中五种,中即是刚柔之间的善性,不在善恶之间,也不在刚柔善恶之外。这个“中”也就是《中庸》所谓“喜怒哀乐未发谓之中”的“中”,《中庸》接着又说“发而皆中节谓之和”,所以周敦颐接着又以中和作为目标,提出“中也者,和也,中节也,天下之达道也,圣人之事也”,认为中和在本质上是一致的,都是指发而中节的状态。周敦颐在《太极图说》中也说:“五性感动,而善恶分,万事出矣。圣人定之以中正仁义,而主静立人极焉。”对比可知,《太极图说》中所谓“五性感动”就是指“刚柔善恶中”五性,而非以仁义礼智信为五性。朱熹则以仁义礼智信为五性,即本然之性或天命之性,以刚柔善恶中为气质之性,将两者对立了起来。③ 周敦颐以刚柔善恶中为五性,与孟子的性善论实有不同。朱熹继承的是程颐的人性论,而程颐尊孟子,以“性即理”说为孟子的“性善”说做了本体论证。其致思路径是把人的心性

① (清)黄宗羲原著,(清)全祖望补修:《宋元学案》第1册,陈金生、梁运华点校,第485页。
② [日]伊藤東涯:《通書管見》,《日本儒林叢書》第5册,第4—5页。
③ [日]伊藤東涯:《通書管見》,《日本儒林叢書》第5册,第6页。

本体提升到(等同于)天道(天理)层面。周敦颐继承的则是《易传》《中庸》之学。其致思路径是直接用天道规范人道。周程思想渊源的不同直接导致二者人性论的不同,朱熹想调停于两者之间,但其基于程颐思想的诠释终究不符合周敦颐的本意。①

那么,周敦颐的人性论思想与之前哪家的学说相近呢。众所周知,为了解释现实中人性善恶的根源,自先秦以来已有“性无善恶说”(告子)、“性善说”(孟子)、“性恶说”(荀子)、“性善恶混说”(世硕、扬雄)、“性三品说”(王充、韩愈)等种种人性论出现。周敦颐在《通书》第七章“师”中指出“性者,刚柔善恶中而已矣”,提出了自己的人性论学说。有学者将其作为“三品说”(善、恶、中)的变种——“五品说”(刚善、刚恶、柔善、柔恶、中),并认为其与后来张载所说的“气质之性”相当。② 即张载所说的“形而后有气质之性,善反之,则天地之性存焉。故气质之性,君子有弗性者焉”③。仁斋指出:“又曰:周子言五性,是泛通天下之人,言其禀性之不同。有此五种也。朱子则唯为一人性中之别。此章第四节六节注可见矣。盖周子所说,犹韩文公性有三品之说,而裁之以中也。朱子专以五性配五行,故不同耳。”④认为周敦颐所说的“五性”是泛通天下之人而言,即普天下所有人的禀性存在此五种之不同。而朱熹所说的义理之性、气质之性的人性论是就单独的个体而言。所以周敦颐的人性论近似于韩愈的性三品说,强调以刚柔(情才)发而中节与否作为判断的标准。如果刚柔不中节而流于现实之善恶的话,便会表现为刚善、刚恶、柔善、柔恶。所以仁斋指出“刚柔善恶中,则所谓气质之性”⑤。虽然仁斋没有明说,但从其“复诚”及以“刚柔善恶中”为五性(气质之性)的表述来看,可知其分析中表明周敦颐的人性论中已有“天命之性”(诚)与“气质之性”(刚柔善恶中)的区分了。事实上,明儒罗钦顺已经认识到这一点,指出:“周子之言性,有自其本而言者,诚源、诚立,纯粹至善是也;有据其末而言者,‘刚善刚恶,柔亦如之,中焉止矣’是也。然《通书》首章之言,浑沦精密,读者或有所未察,遂疑周子专以刚柔善恶言性,其亦疏矣。”⑥但至张载方才正式提出了“天地之性”(天命之性)与“气质之

① [日]伊藤東涯:《通書管見》,《日本儒林叢書》第5册,第6页。

② 侯外庐、邱汉生、张岂之主编:《宋明理学史》上卷,人民出版社1984年版,第72页;方立天:《中国古代哲学》上,《方立天文集》第5卷,中国人民大学出版社2006年版,第344页。

③ (清)黄宗羲原著,(清)全祖望补修:《宋元学案》第1册,陈金生、梁运华点校,第695页。

④ [日]伊藤東涯:《通書管見》,《日本儒林叢書》第5册,第7页。

⑤ [日]伊藤東涯:《通書管見》,《日本儒林叢書》第5册,第9页。

⑥ (清)黄宗羲原著,(清)全祖望补修:《宋元学案》第1册,陈金生、梁运华点校,第522页。

性”这一对概念。

三、工 夫 论
——“无欲”与“主静”

《太极图说》中周敦颐指出圣人效法天道制定了中正仁义之人道(人伦准则),并以“主静”的工夫树立了人伦的准则。“主静”的关键即在于“无欲”。《通书·圣学》章云:“圣可学乎? 曰:可。曰:有要乎? 曰:有。请闻焉。曰:一为要。一者无欲也。无欲则静虚动直,静虚则明。明则通,动直则公,公则溥。明通公溥。庶矣乎。”可知“一”是学而至于圣人的要诀,所谓“一”即是“无欲”。即心中不要有私心杂念,只将注意力集中于道德修养上。正如仁斋所指出的,将无欲作为作圣工夫的主旨始于周敦颐。虽然在周敦颐之前,三国魏何晏在其《论语集解》中注解“仁者静”时已经提出了“无欲故静”。但真正影响后世的说法还是周敦颐的“无欲”说。仁斋通过比较指出,“无欲”说不符合先秦儒学的“寡欲”说,因为人的生存欲望是不可能消灭于“无”的,只不过容易放任迷失罢了,所以要适当地用礼节道义加以节制和规范。在周敦颐之后,理学家对于“无欲”的理欲观诠释大体可分为两种路径:一种路径是在肯定人欲的正当合理性基础上,强调通过道德来规范人欲;另一种路径则是将人欲与天理对立起来,强调存理灭欲,认为只有人欲净尽才能天理流行。前者如二程之再传、湖湘学派的实际创立者胡宏(五峰)所谓“天理人欲,同体而异用,同行而异情”①,认为天理与人欲都包含在性体之中不可截然分开,两者实际上是依据心之作用发而中节与否区别开来的。对此朱熹则认为,性体之中只有天理而没有属于人心(用)的人欲,从而将天理(道心)与人欲(人心)对立了起来,强调只有灭除人欲的障蔽才能使天理自然流行。明末刘宗周继承胡宏“同体异用”的理欲观,指出理与欲犹如水与冰一样本是一物(同体)的不同状态,欲之有无好比水与冰的相互转化,由水变成冰就是欲(有欲),由冰变成水就是理(无欲),使欲转化为理即是学问工夫,可见理欲二者不是截然对立的关系,而是一个问题的两个方面,从而批判了程朱存理灭欲的理欲观。② 无独有偶,同时代的仁斋父子也肯定了人的基本生存欲望,指出人有欲望就好比水的流动,如放任自流就往往不免泛滥成灾,正确的做法应当如大禹治水一般疏通导引,以

① (宋)胡宏:《胡宏集》,吴仁华点校,《理学丛书》,中华书局1987年版,第329页。

② (清)黄宗羲原著,(清)全祖望补修:《宋元学案》第1册,陈金生、梁运华点校,第489—490页。

使其不致决裂溢出，而不是使其源头干涸来消灭它。因此圣人用礼节道义来规范人欲，就好比把水导向正确的河道流向一样。为什么说欲望是不可能消灭的呢？因为人生下来就有食色、趋利避害这些保障人生存的基本欲望，只要人还活着，还有意识，这些欲望就不可能消灭，只不过需要加以调节罢了。朱熹将周敦颐"无欲"的理欲观推向了极致，其"存天理，灭人欲"的二元对立的理欲观在强调道德律令的崇高性和人的道德义务方面虽不无合理性，但被统治者加以利用之后却成为限制人的个性自由发展的沉重枷锁，因此明末伴随着人性的觉醒与对高压政治的反抗，学术界出现了肯定人欲的正当合理性的学术思潮。不仅中国，身处江户官方正统思想朱子学高压之下的日本思想界也是如此。仁斋父子的理欲观即是其典型。仁斋父子通过批评周敦颐的"无欲"说，实际上也批判了朱熹的理欲观。总之，在仁斋父子看来，周敦颐提倡"无欲"的消极工夫明显受到了佛道二教思想的影响，不符合先秦儒学的积极有为精神。①

事实上，周敦颐将《易传》（乾道）与《中庸》（诚）结合起来，以生成万物的"乾元"为天道，进而将"乾元"作为性命之本——诚之本源，《太极图说》中的"太极"与《通书》中的"乾元"同义。而"主静"的工夫是确立自己的性命，也就是人道的手段。② 这样，周敦颐便以诚为中介，按"乾元（天道）—诚—主静立极（人道）"的顺序将天道与人道结合了起来，从而阐明了其天人合一的思想。周敦颐的思想主旨虽然源自《易传》《中庸》，但也深受老子道家（道教）的天道观与工夫论的影响。其"无欲主静"工夫便与老子思想有关。"诚上"第一章中在贯通天道与人道的基础上，周敦颐依据《易传》的"继善成性"说，将化育万物的生生之天道视作性命之源。人禀受天命以为性。乾卦的"元亨利贞"即是天命流行、继善成性的完整过程，即"诚上"章所说的"元亨诚之通，利贞诚之复"。元亨利贞在天道气化流行层面表现为春夏秋冬，春夏（元亨）是气的伸展发散，周敦颐称之为"诚之通"，秋冬（利贞）是气之收敛而复归于天道，周敦颐称之为"诚之复"。春夏属于动与阳，秋冬属于静与阴。周敦颐在这里显然是以复归于阴（静）为"复"。这与《周易》的主"动"贵"阳"的思想旨趣明显不同。《周易》的复卦以五阴爻之下生成一阳爻为"复"。其彖辞说"复其见天地之心乎"，明显是以一阳来复为"复"。而周敦颐以利贞为"诚之复"。《通书》"诚下"第二章中以寂然不动

① ［日］伊藤東涯：《通書管見》，《日本儒林叢書》第5册，第8—9页。
② （清）黄宗羲原著，（清）全祖望补修：《宋元学案》第1册，陈金生、梁运华点校，第482—483页。

规定"诚"也是如此。周敦颐的"无欲主静"说大体本于《老子》第十六章所谓"致虚极,守静笃。万物并作,吾以观其复。夫物芸芸,各归其根。归根曰静,静曰复命,复命曰常"的"守静归根"的思想。① 因此后来程颐在与苏昞讨论中和问题时,针对王弼以来的"静见天地之心"的说法提出了"动见天地之心",并载入其《程氏易传》中。程颐是将天地生生不息的功用(意志)视为"天地之心",②强调冬去春来一阳来复之动即见天地之心(即天地生生之德),进而将主静的工夫比作佛老的空寂、虚无之说予以了批判,③并将周敦颐的"主一之谓静,无欲之谓一"(笔者自拟)的"主静"说改造成了"主一之谓敬,无适之谓一"的"主敬"说。从这里也可以看出,仁斋对于周敦颐"无欲主静"的批评确实有其理论依据,并在程颐的批评基础之上又做了追根溯源的工作,从而揭示了周敦颐思想的渊源及其实质。

以上,本节以伊藤仁斋父子的《通书管见》为中心,从本体论、人性论与工夫论三个方面比较分析了伊藤仁斋父子与朱熹对于周敦颐《通书》的诠释。在本体论层面,仁斋以未发的"实理"解释了《通书》的"诚",与《太极图说》中作为"元气"的"太极"及朱熹所谓贯通未发已发的太极宇宙本体——天理均有所不同。在人性论层面,首先,仁斋批判了"五常"("五性")说,认为儒家所谓"五常"中的信是受四德所规范的修养行为,不足以与四德并列而为"五常"。其次,仁斋批判了朱熹对善恶的诠释,认为周敦颐只就已发来说善恶,朱熹则将善提升至本体之性善的层面,强调未发之时的纯善。再次,仁斋批判了朱熹对"五性"的诠释,指出周敦颐所谓的"五性"是指刚柔善恶中(气质之性),并非朱熹所认为的仁义礼智信"五常"之性,相反"五常"在周敦颐这里只是人们应该遵守的社会道德规范,并非人固有的本性。最后,仁斋批判了朱熹的"复性"说,认为周敦颐思想中的"复"不是朱熹所说的复归于仁义礼智信之五性(实为五德),而是复归于"诚"这一性命本源(天命之性)。在工夫论层面,仁斋父子认为周敦颐主张的"无欲""主静"工夫是受到了佛道思想的影响,不符合先秦儒家思想,并且与程颐"无适""主敬"的工夫论有所不同。总而言之,仁斋父子基于其实事求是、追根溯源的客观解释立场,分析了周敦颐本人的思想、朱熹的诠释以及周敦颐思想与先秦儒家思想的异同得失,以及与佛道二教的思想关联,力求还原其本来面目。虽然朱熹基于建构自身思想体系的理学诠释路径与

---

① [日]伊藤東涯:《通書管見》,《日本儒林叢書》第5册,第1—2页。

② (宋)程颐、(宋)程颢:《二程集》全二册,王孝鱼点校,第201、366页。

③ (宋)程颐、(宋)程颢:《二程集》全二册,王孝鱼点校,第157、189页。

仁斋父子的考据学诠释路径的目的和意义并不相同。但总的来说,仁斋父子对《通书》的诠释与批判有理有据且切中要害,值得我们加以比较分析和吸收借鉴。

第十一章　岛田虔次的近世儒学建构与阳明学诠释

——以《中国近代思维的挫折》为中心

岛田虔次(1917—2000)①,日本著名中国学家,著述宏富。② 岛田在中国学研究方面,以对中国近世哲学(朱子学和阳明学)及中国近现代史的精深研究著称。但奠定他在学术界崇高地位的是其著作《中国近代思维的挫折》(以下简称《挫折》)和《朱子学与阳明学》。他的成名作《挫折》是在其本科毕业论文《阳明学中人的观念与自我意识的展开及其意义》(写作于1941年,发表于1943年)的基础上修改扩充而成。该书将明代阳明学(包括阳明后学左派)的成立和发展放在世界文明史范围内加以考察,堪称开创日本战后阳明学研究的里程碑式的重要著作。③

---

① 岛田虔次1917年出生于日本广岛县。1935年进入京都第三高等学校学习,师从西洋史专家铃木成高。1938年进入京都大学文学部,师从著名东洋史大家宫崎市定。1941年毕业于京都大学文学部东洋史专业。历任长野县立野泽高等女子学校教员(1941),东方文化研究所助教(1943),东海大学预科教授(1946),京都大学人文科学研究所副教授(1949)、教授(1969),京都大学文学部教授(1975)、名誉教授(1981年退休后),1997年任日本学士院院士。岛田虔次的生平、著述及观点简介参见李庆:《日本汉学史(第4部)——新的繁盛(1972—1988)》(修订本),上海人民出版社2010年版,第394—399页。

② 岛田虔次的主要著作有:《中国に於ける近代思惟の挫折》(筑摩书房,1949年初版,1970年修订再版),《中国革命の先駆者たち》(筑摩书房,1965年),《朱子学と陽明学》(岩波书店1967年初版),《新儒家について——熊十力哲学》(同朋舍,1987年),《隠者の尊重——中国の歴史哲学》(筑摩书房,1997年),《中国の伝統思想》(みすず书房,2001年),《中国思想史の研究》(京都大学学术出版会,2002年);编译著作有:《大学・中庸》(朝日新闻社,1967年);《辛亥革命の思想》(筑摩书房,1968年);《三浦梅園》(日本思想大系第41卷,岩波书店1982年版);《アジア歴史研究入門(全六卷)》(主编,同朋舍,1983—1987年)等。其中研究中国哲学的四部著作被翻译成中文出版:《朱子学与阳明学》(蒋国保译,陕西师范大学出版社1986年版),《熊十力与新儒家哲学》(徐水生译,台北明文书局1992年版),《中国近代思维的挫折》(甘万萍译,江苏人民出版社2005年、2008年版),《中国思想史研究》(邓红译,上海古籍出版社2009年版)。岛田虔次的全部著作目录参见[日]岛田虔次:《岛田虔次著作目录(日文版原文)》,《中国思想史研究》,《日本中国史研究译丛》,上海古籍出版社2009年版,第447—458页。

③ 《挫折》除了序和后记外,共分四章,外加一章"补论"。其中前三章是:"王阳明:作为人的自然的圣人","泰州学派:从大丈夫到'吾'","李卓吾:童心——新的'人伦物理'之发现",分别是对王阳明、泰州学派(以王心斋为中心)、李卓吾的思想精神及其近代意义的阐发(以人性论为中心)。第四章"一般的考察:近世士大夫的生活和意识"是从社会史与

关于《挫折》的内容主旨及学术价值，海内外学术界已经有很多论述。如岛田的弟子狭间直树指出《挫折》的学术意义在于："第一，该书明确指出了儒学史上朱子学到阳明学诞生的内在发展过程。""第二，通过对阳明学历史地位的厘定，开创了对阳明学进行正确评价的道路。""第三，以西方思想史中展现的人的概念、自我意识和理性精神为轴心，对明代阳明学的成立与发展进行了分析，从而从世界史的角度，成功地将中国与西方精神史并置于同一层次上进行了探索。""第四，他以《挫折》为基础，将中国的传统思想与近代连结起来。"①甘万萍转述伊东贵之对《挫折》思想主旨的阐发指出："岛田以极其宽广的历史视野，描绘出从王阳明、经过泰州学派到李卓吾的所谓'王学左派'的中国近代思想史的展开，再现了当时社会与思想运动的活泼的气息，并指出这个时期在哲学与思想中已经出现'天理'与'人欲'的对立，已经分化出'天'与'人'，而在社会中亦已出现了时而打破儒家规矩——这在当时几乎是'社会'的同义词——的'个人'，总之，出现了可以说是近代市民意识的萌芽。与此同时，岛田氏又向我们描绘出了一幅这些新生事物由于过早出现的缘故，最终毫无疑义地遭受了'挫折'的图画。"②甘万萍还阐发了《挫折》的研究方法及历史意义："《中国近代思维的挫折》……通过对中国阳明学的历史展开过程及其经济、政治和文化等历史环境的研究分析，指出中国和西方同样，不但存在着具有资本主义性质的近代社会，而且这个近代社会早在宋代就开始了，到明代已经发展到相当的程度。与中国近代社会相适应，中国出现了庶民（市民）社会和作为其意识反映的近代思想（思维）——阳明学。……阳明学的上述性质和特征使其当之无愧地成为中国近代社会中具有资本主义启蒙运动性质的反封建主义的东方精神运动，并且和西方文艺复兴运动一样在人类精神文明史上具有同等的重要地位和意义。阳明学这一中国近代思维……遭到中国封建统治者的严酷镇压而夭折，成了异端邪说从而在中国一直得不到应有的重视。"③

思想史的交涉角度对中国近世发展脉络的整体考察。补论"王学左派论批判的批判"（发表于1952年，收入修订版）是岛田回应山下龙二对其立场观点的批判。此外，在"序言"中，岛田介绍了他自己的学术渊源、《挫折》的内容主旨及成书过程。在"再版后记"中，岛田介绍了《挫折》的再版经过、不足之处、学界批判及其基本立场。

① 参见［日］狭间直树、［日］森纪子：《解说》，［日］岛田虔次：《中国思想史研究》，《日本中国史研究译丛》，上海古籍出版社2009年版，第2—3页。

② 甘万萍：《译者的话》，［日］岛田虔次：《中国近代思维的挫折》，甘万萍译，江苏人民出版社2008年版，第2页。［日］伊東貴之：《"挫折"論の克服と"近代"への問い——戦後日本の中国思想史研究と溝口雄三氏の位置》，《中国哲学研究》第5卷，1993年，第152—204页。

③ 甘万萍：《译者的话》，［日］岛田虔次：《中国近代思维的挫折》，甘万萍译，江苏人民出版社2008年版，第2—3页。

邓红指出，甘万萍的上述观点对岛田的论述存在误读，具体来说，就是将“近世”与“近代”混为一谈（岛田自己已经意识到这一点）。① 邓红指出，岛田写作《挫折》时，一方面正当20世纪中国学术界中资本主义萌芽说和启蒙思想说的兴起，一方面又受到左派王学研究者嵇文甫、容肇祖等人的影响（当时日本的阳明学研究还很沉寂）；他基于通贯东西的学术视野与对思想内在理路的梳理，揭示了中国阳明学是“反映近世社会的近世思想”，从而正确揭示了阳明学的历史意义；因此岛田最值得称道的其实是其开创日本战后阳明学研究的功绩，而不是一般认为的所谓阳明学是市民社会的近代思想萌芽的观点。②

李庆对岛田与山下龙二、岩间一雄、沟口雄三围绕着《挫折》中阳明学的评价（是否具有近代性）与分派（泰州学派与王畿的关系）的论争进行了简要归纳。③ 李庆指出，岛田的著作中存在概念的阐述不够清晰（如“近代”概念）和个别提法前后矛盾（如李贽是否反儒教，这是岛田前后观点有修订的缘故）的问题。④ 沟口雄三指出，岛田从将西欧人文主义视作人类文明史普遍现象的观点出发，致力于在宋明思想中发现人文主义式的“近代”，这固然是为了反抗欧洲对近代亚洲的蔑视，但却走向过分的自主，结果放弃了冷静地将亚洲世界看作另一个“世界”并加以区别的工作。⑤ 沟口更强调中国文明的独特性，批评岛田将欧洲文明作为人类发展的普遍规律来寻找中国“近代”的做法。沟口认为亚洲（主要指东亚）与欧洲本来就是

---

① ［日］岛田虔次：《中国近代思维的挫折》，甘万萍译，江苏人民出版社2008年版，第208—210页。

② 参见邓红：《岛田虔次的“中国近代思维挫折论”》，《日本的阳明学与中国研究》，《海外中国学丛书》，广西师范大学出版社2018年版，第153—176页。邓红详细论述了岛田的研究历程及其学术贡献、对“主观唯心主义”的批判、对心学发展理路的梳理等方面，此外还评论了岛田的中国思想史（尤其近世儒学）相关论文的结集——《中国思想史研究》的主要内容及其学术贡献。其中不少内容都涉及《挫折》。尤其《中国思想史研究》中收录了《挫折》一书的原型《阳明学中人的概念与自我意识的展开及其意义》（岛田的本科毕业论文）。还有《关于中国近世的主观唯心论——“万物一体之仁”的思想》与《儒教的叛逆者李贽（李卓吾）》等论文则是对《挫折》一书的补充。此外，邓红在《何谓“日本阳明学”》一文中也介绍了《挫折》一书的内容及学术价值。参见邓红：《岛田虔次的阳明学研究心路和解释方法》，《日本的阳明学与中国研究》，第135—152页；邓红：《岛田虔次的〈中国思想史研究〉》，《日本的阳明学与中国研究》，第128—134页；邓红：《何谓“日本阳明学”》，第153—166、172页。

③ 李庆：《日本汉学史（第4部）——新的繁盛（1972—1988）》（修订本），第387—388页。

④ 李庆：《日本汉学史（第4部）——新的繁盛（1972—1988）》（修订本），第399页。

⑤ ［日］沟口雄三：《日本人视野中的中国学》，龚颖、徐滔译，中国人民大学出版社1996年版，第114页。

异质文明，如果非要在亚洲寻找所谓“近代”的话，也应该在亚洲自身的历史脉络中寻找，溯源到亚洲的前近代，而不能拿欧洲的“近代”来比附中国。也就是说，沟口主张依据亚洲固有的概念来重新建构“近代”。① 相较而言，岛田是以欧洲为参照系来寻找中国的近代，更强调东西方文明的共性（共相）；而沟口是从中国自身出发来寻找近代，更强调东西方文明的个性（殊相）。但无论是岛田的“挫折说”还是沟口的“屈折说”，都是以承认人类文明的近代发展为前提的。因此跳出中西方文明的特殊性，站在更高的世界文明的普遍性来看，岛田和沟口的观点看似矛盾而实则互补，殊途而同归。此外，何亦聪顺着《挫折》的思路进一步探讨了“中国近代思维”从李贽的“挫折”到周作人的发展成熟过程。②

总的来看，目前学界的相关研究几乎都是对《挫折》一书中所谓“近代性”观念的阐发，而对作为其内容主体的阳明学研究反而关注较少。这不免有买椟还珠的感觉。有鉴于此，笔者试图以《挫折》为中心，从近世儒学的精神特质与发展脉络、王阳明及其后学泰州学派的思想精神、学术论争及其思想立场三个方面出发，探讨岛田的近世儒学建构及阳明学研究的主旨、立场及方法论意义。

第一节　近世儒学的精神特质与发展脉络

在历史分期上，岛田继承京都学派开创者内藤湖南关于中国历史分期的四阶段说，即著名的“唐宋变革说”。③ 具体来说，即以宋代为中国近世的开端，宋元为近世前期，明清为近世后期（即岛田所说的“近代”）。④ 这虽然是为了确认阳明学在世界历史上的地位并进行共通的对话而设定的对等舞台，但并不意味着岛田主张明代就是“近代”（仍然是“近世”），而是为了

① ［日］沟口雄三：《中国前近代思想的屈折与展开》，“绪言”，《沟口雄三著作集》，生活·读书·新知三联书店2011年版，第44页。

② 何亦聪：《中国近代思维的挫折与嬗变——从李贽到周作人》，《江苏社会科学》2016年第2期。

③ 关于内藤唐宋变革说的主旨及其评价，参见［美］包弼德：《唐宋转型的反思——以思想的变化为主》，刘东主编：《德性与价值》，商务印书馆2014年版，第343—367页；葛金芳：《宋代经济史讲演录》，广西师范大学出版社2008年版，第18—33页；刘方：《唐宋变革与宋代审美文化转型》，学林出版社2009年版，第23—58页；李华瑞主编：《唐宋变革论的由来与发展》，天津古籍出版社2010年版。

④ 参见邓红：《译者的话》，［日］岛田虔次：《中国思想史研究》，《日本中国史研究译丛》，上海古籍出版社2009年版，第464页。

论证中国与西方虽然有诸多差异,但是基本上都有着同质的人类思想发展的过程。①

关于中国近世儒学的精神特质,岛田认为要想把握近世中国,就必须抓住思想史上所存在的深刻连续性的基础构造。② 当然这并不意味着忽视不同时代思想之间的区别(不连续性),毋宁说必须将两者结合起来考察。事实上,思想史的发展就是连续性与不连续性的统一。岛田梳理了中国思想史上注疏学(六朝隋唐)、隐遁性的冥想修道(唐五代宋初)、思辨哲学(宋代)、阳明心学(明代)、科学实证学(清代)的发展阶段,将重点放在宋代以后,也就是中国近世。③ 内藤湖南认为中国近世具有平民的发展与政治重要性的衰退两个根本特征。岛田进而指出在思想学术领域中,这两个根本特征以自由研究、自由批判的形式表现出来。④ 作为近世思想开端的宋代儒学就是以反对汉唐章句训诂之学,探究儒家经典之微言大义(疑传疑经、义理诠释)为形式特征的。在内容特征上,作为三教交涉产物的宋明理学相比于先秦儒学虽然在学问目标(天人合一)上一致,但在思想体系的建构尤其本体论及工夫论上存在较大的差异,因此被称为有别于原始儒学的"新儒学"(Neo-Confucianism)。⑤ 作为近世思想主流的朱子学和阳明学当然具有上述特征,但在性质上又有区别。岛田认为,从思想性质来看,朱子学(狭义的宋学)虽然极其强调人的内在性(主敬),但是还没有脱离士大夫重视读书和外在探索(穷理)的方面,因此从根本上来说是士大夫的学问。而阳明学(狭义的明学)则强调彻底的内在性,是新的现实的自我意识,具有庶民性,是庶民之学。⑥ 岛田对朱子学与阳明学的特征的分析及定位无疑相当深刻,并且已经成为学界公认的结论。岛田进而指出,心学的根本问题,无非是人性的问题,阳明学的本质就是使人真正成为人的自觉之学,而且是立足于本质形态的人、形而上学的人。近世社会的实际情况就是对这

---

① [日]岛田虔次:《中国近代思维的挫折》,甘万萍译,江苏人民出版社 2008 年版,第 208—209 页。

② [日]岛田虔次:《中国近代思维的挫折》,甘万萍译,江苏人民出版社 2008 年版,"序",第 6 页。

③ [日]岛田虔次:《中国近代思维的挫折》,甘万萍译,江苏人民出版社 2008 年版,第 138 页。

④ [日]岛田虔次:《中国近代思维的挫折》,甘万萍译,江苏人民出版社 2008 年版,"序",第 1 页。

⑤ 岛田虔次是日本学者中较早使用"新儒学"(宋明理学)概念的学者。在《挫折》一书中就有多处使用。

⑥ [日]岛田虔次:《中国近代思维的挫折》,甘万萍译,江苏人民出版社 2008 年版,第 140—141 页。

种新的人的观念的要求，也就是人性“我”的觉醒。① 为此，岛田通过追究心学的核心——人的概念的形成与发展，以及学者们的实践活动，来探寻心学运动的历史和社会意义，将其所遭遇的命运的必然性和近代中国自身的构造联系起来进行理解。在岛田看来，中国近世的根本精神在于站在确信人的能动性的立场上的不可遏止的自我扩充的热情以及与之互为表里的合理主义这两种特殊的精神态度。② 阳明心学就是中国近世精神（自我扩充的热情与合理主义）的自我主张运动。李贽则是这个心学运动（尤其阳明后学左派）的最后领袖。③

从社会史的视角来看，岛田认为古代中国社会在根本上无非是以士大夫的独特性格为核心构成的社会。士大夫的世界才是本来意义上的“社会”，而所谓庶民的世界可以视作这种“优等社会”的欠缺形态，或者说作为伴随现象来理解。④ 正如岛田所指出的，中国社会经历了自然与人文（天人关系）由类推整合到分裂分离的过程，而中国社会区分君子（劳心的统治阶级）与野人（劳力的庶民被统治阶级）的两个阶层及其社会规范秩序，就是来自天地的自然秩序。这一点在《易传》的“天尊地卑”章中有集中的体现。从文化史的视角来看，岛田认为中国语言中文言与白话的不同性质就是士大夫性与非士大夫性的区别。文言是载道的工具，具有根基上的权威性；而白话则是从真实的现实中产生出来的，象征近世的存在性格，与传统相并列而主张自我，是其历史上的最大意义。正如岛田所指出的，描绘市民社会实际状况的明代白话小说就集中体现了与作为官方意识形态的传统儒家经典不同的个人主义与现实主义的特征。从经济发展的视角来看，岛田指出近世在经济上的象征是货币（如北宋时诞生了中国乃至世界上最早的纸币“交子”），而伴随着唐宋间士大夫阶层的兴起，社会文化与经济的发展在明末达到高潮。⑤ 从社会阶级及其精神来看，岛田指出，与唐以前的贵族阶级注重血统门阀不同，宋代的士大夫阶级是知识阶级、教养阶级，并且由科举带

① ［日］岛田虔次：《中国近代思维的挫折》，甘万萍译，江苏人民出版社 2008 年版，第 138—139 页。

② ［日］岛田虔次：《中国近代思维的挫折》，甘万萍译，江苏人民出版社 2008 年版，“序”，第 3 页。

③ ［日］岛田虔次：《中国近代思维的挫折》，甘万萍译，江苏人民出版社 2008 年版，第 142 页。

④ ［日］岛田虔次：《中国近代思维的挫折》，甘万萍译，江苏人民出版社 2008 年版，“序”，第 2 页。

⑤ ［日］岛田虔次：《中国近代思维的挫折》，甘万萍译，江苏人民出版社 2008 年版，第 143—146 页。

来阶级之间的流通性，即庶民和士人阶级的流通，所谓“朝为田舍郎，暮登天子堂”，这对将庶民阶级的阶级意识防患于未萌之际（社会稳定）起到了很好的效果，同时也促进了平民阶级的发展；其后元代士大夫的俗吏化与俗吏的士大夫化促进了明代心学的产生；而明学的精神就是庶民的热情，是一直向上励进不已的热情，是近代中国精神的最高潮和极限。宋明新儒学虽然都以成圣成贤作为学问和修养的目标，但宋学（朱子学）的修养工夫是格物穷理，其主体是士大夫，而明学（阳明学）将成圣的主体推广到了所有庶民。① 阳明在“天泉证道”中提出的上、中、下不同资质的人都能从事作圣工夫的“四句教”（衍生出王畿的“四无说”和钱德洪的“四有说”）宗旨就是其思想根基。因此阳明的后学弟子中有不少人出自庶民阶层而非传统的士大夫阶层。正如岛田所指出的，中国近世的庶民意识不过是追随士大夫的世界观和价值观的一种体现，传统中国社会从根本上来说是隶属于士大夫的社会，庶民不过是未完成的士大夫状态。换句话说，在传统中国，作为个人性的社会，即作为有威胁性的新兴阶级的确立，是很不够的。但这并不意味着士大夫阶层的内部不能产生具有“近代性”的个人意识（“思维”）的萌芽。从学术思潮及社会风气来看，宋明道学的勃兴，书院及讲会的兴盛，成为促进士大夫精神生活活泼化的巨大动力。但随着阳明后学讲会风气的盛行，出现了肯定三教一致的思潮，再加上明代后期世风民俗的堕落与追求真情（“性灵”）的文人风气的兴盛，最终导致士大夫社会规矩松弛，纪纲坠落。为了挽救明末的社会危机和思想混乱，东林学派排斥阳明学而提倡回归程朱，强调回归儒家矩镬和砥砺名节，阐明人的理想是“君子”。但这些努力最终未能挽救明末社会，在名教的镇压下，李贽的自杀象征着近代意识的挫折和中国最终没有形成市民性近代社会的悲剧命运。②

总之，岛田在《挫折》一书中遵循历史与逻辑相统一的原则，将社会政治与思想文化的考察结合了起来。岛田从社会史与思想史的相互影响出发，一方面阐明了近世儒学从士大夫之学发展到庶民之学的历史脉络；一方面阐明了从朱子学以外补内的格物说发展到阳明学以内摄外的致良知说，再发展到泰州学派乃至李贽一系的现成良知与欲望肯定说，是宋明儒学思想发展的内在理路和必然趋势（详见下文）。后来岛田在《朱子学与阳明学》中反对通常将阳明学视作陆九渊思想的单纯继承而与朱子学相对立的

① ［日］岛田虔次：《中国近代思维的挫折》，甘万萍译，江苏人民出版社 2008 年版，第 146—150、152—153 页。

② ［日］岛田虔次：《中国近代思维的挫折》，甘万萍译，江苏人民出版社 2008 年版，第 155—158、163—164、172—173 页。

观点，强调以内在主义的展开为基本线索来把握从朱子学到阳明学的发展脉络，从而将阳明学视作朱子学自身内在发展的必然结果。① 这与《挫折》一书中对于近世儒学的历史建构和内在理路的梳理一脉相承。

第二节　王阳明及其后学泰州学派的思想精神

《挫折》一书在近世儒学的思想建构及其意义的阐发上可谓不遗余力，并引起学术界的强烈反响。但岛田没有停留在对近世儒学尤其阳明学思潮做宏观的历史描述上，而是对王阳明、泰州学派（阳明后学左派）及其殿军李贽思想的内在精神及其历史意义进行了深入的阐发，从而为其思想史建构提供了坚实的论证。虽然有学者指出作为与"朱子学"相对的"阳明学"概念起源于近代日本（此说不确。详见上篇第一章第二节中的论述），②而且目前阳明学及阳明后学已经成为海内外学术界的热门研究领域，但在20世纪40年代的日本学界几乎还是一片处女地。因为当时无论是传承清代考据学的京都学派还是传承江户汉学的东京学派都不重视阳明学。在这种大环境下，岛田为什么要研究阳明及其后学呢？从主观意愿上来说，这是基于岛田读《传习录》等阳明学著作时产生的共鸣和感动。③ 从研究对象上来说，岛田赞成侯外庐提出的明代中后期的中国哲学思想是堪与先秦诸子百家争鸣相媲美的又一个繁荣期的观点，指出王阳明及阳明后学左派就是这一时期思想界的代表。④ 那么从什么角度来把握阳明学的思想精神呢？岛

---

① 参见［日］岛田虔次：《朱子学与阳明学》，蒋国保译，第127页；［日］岛田虔次：《宋学的展开》，《中国思想史研究》，第257—277页。

② 邓红指出，虽然"阳明学"这一名称最早在明代已经出现，但并没有固定和流行开来。而近代以来作为学派概念的"阳明学"原本是指19世纪末在日本以"阳明"的名号发动的一场社会运动，其后又用来指称中国哲学史领域里的阳明哲学思想研究及阳明学派的名称，后来又传回中国成为今日学界广泛使用的学派概念。参见邓红：《何谓"日本阳明学"》，第153—166、172页。钱明：《关于东亚世界的"阳明学"概念》，第2—9页。根据笔者的考察，作为学派概念的阳明学在中国明代已经出现（参见本书上篇第一章），但阳明学在中国趋于衰微而在近代日本发扬光大则是事实，反过来又影响了中国。

③ 狭间直树指出，岛田之所以终生以儒学史的研究作为核心，是因为他对阳明学有着强烈的共鸣。而最初导致他发奋投身研究儒教的契机，据称是他在京都大学读书时，有一天在电车上读完《传习录》时心中突然感到一种从黑暗的隧道中出来后豁然开朗、一片光明的感觉（其实那条路上并没有隧道）。这种良知的发现与外界观照的巧遇，与阳明的龙场悟道一致，从中可以发现一种"生生"的精神。参见［日］狭间直树、［日］森纪子：《解说》，［日］岛田虔次：《中国思想史研究》，《日本中国史研究译丛》，第1—2页。

④ ［日］岛田虔次：《朱子学与阳明学》，"中文版自序"，陕西师范大学出版社1986年版，第3页。

田认为，心学的课题在于，在儒释之辨的氛围下，在超越政治人伦的最终极的本来面目上把握人，并以此为出发点。在中国社会中，一切都被归结在伦理的领域中，因此强调五伦五常这样的社会道德规范；同样，在个人这里，内在的德性才是终极的；而且，对德性伦理的追求是如此强烈，只有在生死大事这样的紧急关头才能真切体会到这一点。① 由此出发，岛田抓住人的概念、自我意识和理性精神的发展线索对王阳明及其后学（泰州学派及其殿军李贽）的思想精神进行了深入阐发。

一、王阳明的思想精神

从思想源流来看，明代初期朱子学作为官学一统思想界，但开明学先河的大儒吴康斋（吴与弼）这里已经体现出将儒学与生活融为一体，并以圣贤为目标努力变化气质的热情，这种对学问的热情使新思想的产生成为可能，同时也确立了康斋作为明学先驱的地位。② 其后，康斋的弟子、明代心学的先驱陈白沙（陈献章）针对当时的朱子学流弊，强调学问的根本目的不是作为修养手段或政治工具，而是为了明道、行道，也就是孔子强调的为己之学；在政治文化这些表层现象的背后，人本身才是学问的根本问题。这体现在成己成物上；由此，个人主义成为儒家思想中的本质要素，一方面导致不追求权力的高洁人格，但另一方面也带来了作为政治担当者的士大夫的无责任性的后果。因此，陈白沙致力于做体认天理的"天民"，后来阳明学者致力于做"真人""大丈夫"，两者一脉相承。陈白沙把静坐作为工夫，把体认天理作为学问目标，提倡学问必须以"自然"作为宗旨，这种真挚的体认精神成为贯穿阳明学乃至整个明学的根本精神。但陈白沙的工夫仍然偏于"静"，尚未彻底摆脱宋学（朱子学）的精神影响。其后青年王阳明与吴康斋的另一位弟子娄一斋（娄谅）相交往，听闻宋儒的格物说及圣人可学论，开始对儒学产生钦慕。③ 虽然此时的阳明尚未确立其心学宗旨，但其早年泛滥于诸家孜孜以求道的经历是超越卑俗、克服安逸无为而追求第一等事（成圣成贤）的自我实践行动。这也是时代精神的集中体现。

从学问目的及工夫论来看，阳明学的精神首先体现为身心之学（道德践履）对功利之学的克服。本来求道与求圣是宋学与明学最关心的问题和

---

① ［日］岛田虔次：《中国近代思维的挫折》，甘万萍译，江苏人民出版社2008年版，第84页。

② ［日］岛田虔次：《中国近代思维的挫折》，甘万萍译，江苏人民出版社2008年版，第8—10页。

③ ［日］岛田虔次：《中国近代思维的挫折》，甘万萍译，江苏人民出版社2008年版，第2—5、7页。

学问目标，同时也反映了宋明道学中人性学说的连续性。阳明的意义在于将格物、知行合一等学说一贯化、逻辑化，并且使之发展成一个社会运动。这也体现了阳明的独创性及其相对于前人思想的质的飞跃。原本明学的出发点就是摆脱了所有的外部属性的极限状态中“吾性自足”的人。这种人的形象正是宋代以来中国近世精神所摸索的、作为前提的人的形象的理想模型。这种理想的人所追求的就是心与理、主体与客体的一致。要达到这种境界，必须从“格物”做起，在阳明看来，朱子格物穷理说的问题在于玩物丧志而失去了主体性，由此带来心与理难以合一的问题。这是因为主体精神具有不能靠外来闻见来填补的第一义性（最上最深层）。阳明的格物则是“格”（端正）自己意念的发动，事物就是“存在”，最终也是意念的发动，或者说是意念发动之后才存在的东西。于是自己在格物（正意念）的时候，这个应该遵守或应该作为目标的规范就是“理”。这个理是先天自足于我的。这样一来，格物就是致知，行和知也是一致的（知行合一）。由此，阳明认为心与理是一致的，不可能有心外之理。心才是一切理的根源。心，如果从本质来看的话，就是良知。心——良知就是天地万物，就是所谓自然界的根据，也就是它们的原理。这样看来，阳明心学似乎是构想出来的一个纯粹理念，但同时又没有丢弃儒家外王的层面，因此与佛道二教区别开来。也就是说，阳明通过修养工夫所定立的人仍然是处在儒家人伦关系中的人，必须尽社会道德责任。只是与朱子学以“外”补“内”的格物致知说不同，阳明更强调人伦关系之理原本都具备于心中（纯乎天理之心），也就是说，将“外”完全收摄到吾心（“内”）中，内在良知与外在事物融为一体。阳明的格物致知说虽然是以认识—实践的方法作为本义的学说，但其以理为“内”的设想，在逻辑上已经预告拒绝了“外”的实在性。阳明没有解决这一问题。这也为阳明学在后来分裂为左右两派埋下了伏笔。①

从人的本质（圣人观）来看，阳明传道的精神，贯穿其全部学说的生生不息的热情，源自宋学将人作为与天地万物为一体并与道相连接的东西（“万物一体之仁”）来把握的根本精神志向。在阳明这里，人被定义为彻底具备本心和固有良知的人。而且这个良知实际上就是天理本身。那么，圣人也就必须是人的本质。因此，圣人不是根据致良知的工夫而应该达到的理想，而实际上却正是人的本来面目，换句话说，圣人无非是人的自然而已。人的自然，就是这样完善的东西。没有必要由圣人来品定节操，礼乐刑政也

① ［日］岛田虔次：《中国近代思维的挫折》，甘万萍译，江苏人民出版社2008年版，第12—20页。

不是规范人的原则。学问就是学习复归到这样的人的自然、人的本体。因此，阳明的致良知说本质上是理想主义和自然主义的极致或根本的东西。①阳明的圣人观与传统儒家所谓“超人”（具有发明创造的超高知识才能）的圣人观不同，圣人只应该认识其本质，而不应拘泥于其知识才能如何。也就是说，看成色纯乎天理就是圣人，而非全知全能才是圣人。学以至圣人就是复归人之本体。既然任何人都是一生下来就具有良知的，而且如果把良知等同于天理的话，那么即使愚夫愚妇，也都一定能够实行致良知。这才叫学。阳明以良知为尺度，将知识才能排除在修养之外而赋予其独立的位置，其结果反而使人的知识才能得到解放。每个人以良知为本体去从事学问事业，都有自己独自的任务和职业领域，进而分工并有机地构成了社会，同时又成为中国近世精神基调的主观主义的最尖锐表现。② 但主客（心与理）不分与主客二分是中西方意识的根本差异，也是中国之所以没有产生自然科学的根源。阳明学中人的本质，是完全纯于天理，纯天理、无人欲的圣人实际上无非是人的本然状态。但由于其不区分性情，而将浑一的心直接视作理，由此滑向认情为理、理在欲中的思想，从而松动了理欲之防，最终在阳明后学那里发展为以欲望为天理，导致明末“心学横流”的社会现象。③

总之，在岛田看来，阳明的人性论主要包括以下要点：第一，人性不假借任何外来的闻见修饰；人性，作为本来就存在于其自身的完全善美的东西，在理论上被予以全面肯定；第二，由于把圣人看成是“人的自然”而去掉其偶像化，从而把其权威移到一般的人；这样的人的自然，作为政治、文化、社会、人伦以前的东西，反过来被视作制度文化、礼乐名物、五伦五常、治国平天下等所有“理”产生的根源；第三，由于纯粹只把良知作为人的课题，实际上就对知识、才能、情感等给予了独立的评价；第四，由于对人，特别是对良知的人这个一般概念进行了平等化，打破了被士大夫独占的学问观，从而为天下不同阶层的所有人，打开了与士大夫具有同等意义的学问道路。④

二、泰州学派的思想精神

关于王心斋的思想主旨及其影响。岛田指出，阳明后学左派、泰州学派

---

① ［日］岛田虔次：《中国近代思维的挫折》，甘万萍译，江苏人民出版社 2008 年版，第 21—22 页。

② ［日］岛田虔次：《中国近代思维的挫折》，甘万萍译，江苏人民出版社 2008 年版，第 25—27、29 页。

③ ［日］岛田虔次：《中国近代思维的挫折》，甘万萍译，江苏人民出版社 2008 年版，第 34、37、39 页。

④ ［日］岛田虔次：《中国近代思维的挫折》，甘万萍译，江苏人民出版社 2008 年版，第 42 页。

的创始人王心斋（王艮）提倡所谓“淮南格物”说，用“身”这个表现方法来代替“良知”或者“心”，他所说的“身”，作为应该絜矩天下、国、家的根本，必须被要求“安”“爱”“敬”“尊”“保”。应该说，这和王心斋的大丈夫意识是有关系的，是在阳明的人之形象展开上应该注意的事实。心斋排斥隐居独善，正是他这种学说的必然归结。① 心斋所谓“天民随命，大人造命”的“造命”说，与阳明不以孔子为是的言论一起，可视为中国近代热情最直接的表达。对了解“天命”说（人力无能干预）在中国精神史上所占分量的人来说，可以领会到几乎应该把“造命”说和欧洲精神史上对神的否定相提并论的这一事实。② 在王心斋那里，理论和实践被非常直率地结合在一起。这就是所谓的合理主义。被“道”呼唤而产生的使命意识和传道热情，信仰“道”而具有的英雄般的自负，截然严格区别“道”而产生的激进的合理主义——以上这些正是从庶民学者王心斋那里开始流出来的泰州学派的特征。但同时，这些特征被庶民学者最果敢最直率地实践，也绝不是偶然的。因为，真挚的热情和分析逻辑，在本质上是士大夫、读书人以外的人所具有的。由于这种站在“道”的立场而主张“理”的庶人的崛起，庶民学者给儒家士大夫的判断力和道德观造成了深刻的迷乱和变质。③

关于泰州学派的理欲观及其影响。在阳明心学中，成为人的概念的核心是天理，也就是人欲。在这种场合，因为热情地志向于人的根本能动性、人的天赋价值和尊严，所以天理才是人所固有的，才是人的自然；人欲，只是作为偶然而存在，它在人那里没有任何本质的意义，由于这个原因它又遭到绝对的排斥。而且纯粹地实现这样的天理而没有人欲之私的人，是决不能与“社会”（公）相矛盾而对立的“个人”（私）。但阳明学发展到泰州学派，心学人性论中理欲观的松动朝着肯定人欲的方向发展。因为如果心学中人的概念的新局面无法从天理这一方面打开的话，那么就只能从人欲这一方面、从对人欲的容许与肯定着手，把人欲从只不过是作为恶的原理的抽象理解往前推进一步，人欲就被朝着所谓饮食男女这种具体“欲望”的方向进行解释。不言而喻，在这里，作为肯定现实的热情的必然志向的人欲，它如果是偶然的，根据对它的领悟，马上就能够被看成人欲即天理。但是，当私的东西被如此肯定起来的时候，就必然会出现与名教社会相矛盾和对立的“个人”。而且正是在这两者的对决中，我们才能够捕捉到中国近世社会自

---

① ［日］岛田虔次：《中国近代思维的挫折》，甘万萍译，江苏人民出版社2008年版，第54页。

② ［日］岛田虔次：《中国近代思维的挫折》，甘万萍译，江苏人民出版社2008年版，第56页。

③ ［日］岛田虔次：《中国近代思维的挫折》，甘万萍译，江苏人民出版社2008年版，第61—63页。

身的性格。如果学问无非是阐明道的来由的话，那么，道就只能是“率性”，心斋的弟子颜山农（颜钧）强调率性自然，认为欲望也不应该被压制，连放逸也不否定。这种对欲望的肯定并不是偶然的，事实上阳明学强调人的主体能动性已经蕴含着现成良知说和肯定欲望的趋势。后来颜山农的弟子何心隐肯定寡欲说而反对无欲说。从人欲即天理说到何心隐说的展开，就不能不被看成是性理学—心学作为人的学说的必然归宿。在这里已经看到了阳明学意义上的人的自然，以及作为它的具体化的自然人的成立。但泰州学派对自然人的强调，最终导致与社会脱轨。①

泰州学派的精神特征在于实践理论和信念的直率性。否定事物的客观实在性的同时又被热情的合理主义所贯彻的阳明学，随之出现泰州学派，这是理所当然的。把心学与实践伦理驱赶到这个“浅薄的”合理主义上去的，实际上就是它旺盛的实践行动，是在“事”中必须显现自己的“理”的至上命令。论是非而不论利害的儒者“气象”，并非是忠实于逻辑整合的原因。②立足于宋以来的性理学传统，明代心学的根本课题，在于要否定所有外在的东西而追求纯粹的、内在的、本来意义上的人本身。为了这个本质性的追求，并且为了维护、主张他们探索到的、确信的、至上的人的本质，他们始终具有抛弃、不顾所有成见与格套的热情和勇气。在阳明学中，人本质上平等完满并且体现在日用常行中，这就是人性的追求。③

三、李贽的思想精神

明代后期的思想界，内部是对人及其欲望的肯定的展开，外部是名教和当政者的憎恶与压迫的加剧，这就驱使纯粹从对内的关心出发的心学，不得不与传统社会对决起来，不得不向其具体的认识方向发展。于是，李卓吾就必然要出现了，最终导致个人与社会的对立，以及欲望肯定与名教纲常的激烈冲突。④ 卓吾所主张的，早已不是“存天理去人欲”，也不局限于抽象的“人欲即天理”，而是“势”“利”“财”，这样的东西不管是圣人还是强盗，只要是人，就都是“禀赋之自然”。“穿衣吃饭，即是人伦物理。”从阳明的严格

① ［日］岛田虔次：《中国近代思维的挫折》，甘万萍译，江苏人民出版社 2008 年版，第 64—69 页。

② ［日］岛田虔次：《中国近代思维的挫折》，甘万萍译，江苏人民出版社 2008 年版，第 77—78 页。

③ ［日］岛田虔次：《中国近代思维的挫折》，甘万萍译，江苏人民出版社 2008 年版，第 81—82 页。

④ ［日］岛田虔次：《中国近代思维的挫折》，甘万萍译，江苏人民出版社 2008 年版，第 94—95 页。

的道德主义出发的心学的天理人欲的人之概念,在其展开的最终到达点正是这样的认识。①

李卓吾与上述阳明——泰州学派的态度有明显的区别。这不仅体现在言说上,而且也表现在实践中。他在理论的归结处,是始终忠实的,是彻底合理的,是内与外、理论与实践的彻底统一。“内”的优越性,既然是停留在抽象的图式上,那么就总是不得不局限于一种主观的要求,但是,在卓吾这里,它早已不仅局限于要求了。因为作为恶的原理的“人欲”,在“财”“势”“利”等现实的契机(欲望)中被具体化,而且包含这些欲望在内的童心说也确立起来了。卓吾虽然埋头于读书闻见,但他拒绝因为读书闻见而妨碍童心。或者可以说由于确认童心作为良知和近世精神之成熟的优越地位,就必须要求童心向“外”活动。童心是不拘泥于偏见的判断性的自我。根据童心的权威,卓吾纵横评论了古今的人物、政治、文艺、学术。卓吾之所以受到镇压的主要原因,就在于与以往心学者的空疏不同,他从历史的经验出发,一方面在当代士大夫的教养中完善自己,一方面又毫无忌惮地对社会进行具体而全面的批判。② 在阳明—黄宗羲—章学诚的史学思想系谱中,李卓吾所占的位置不可忽视。③ 如卓吾称赞五代政坛的“不倒翁”冯道能保全国家和自身,这一态度与当时满口仁义道德的所谓正人君子的虚伪相比,可谓独具慧眼。④ 这是因为与正统儒家重“名”不同,卓吾重视的是“实”。宋学的纯粹道德主义高唱节义,要排除一念发动处的私欲。然而,作为宋学之彻底发展的明学,到卓吾这里,已经到了把欲望的东西、私的东西(理智也是私的东西)视为人之不可缺少的条件的地步,把理智和才能置于道德的根基上。对于站在“实”的立场上的卓吾来说,当所谓“名义”“名节”“名教”被从理念形式中抽取出来的时候,正好就是与儒家正统意识态度相反的东西。从想要绝对排除私念、功利的近世儒家的立场来看,主张务实的卓吾学说,归根结底,最终会发展到无视君父——至少是君臣道德——的地步;这样,儒家学说最终成立的根基就会被夺去。功利说是把人引向禽兽的

① [日]岛田虔次:《中国近代思维的挫折》,甘万萍译,江苏人民出版社 2008 年版,第 109 页。

② [日]岛田虔次:《中国近代思维的挫折》,甘万萍译,江苏人民出版社 2008 年版,第 112—113 页。

③ [日]岛田虔次:《中国近代思维的挫折》,甘万萍译,江苏人民出版社 2008 年版,第 119 页。

④ [日]岛田虔次:《中国近代思维的挫折》,甘万萍译,江苏人民出版社 2008 年版,第 124 页。

学说。所以正统儒家对卓吾的憎恶就是必然的。① 卓吾基于其童心说贬低《六经》《语》《孟》而赞扬《西厢》《水浒》为天下之至文。这也超出作为士大夫消遣的容许范围。那是作为人之童心的直截了当的表现,肯定其是承担着最高价值的东西。对俗文学的这种评价,特别是对作为出自童心之言的白话文学的表彰,实际上就是现代意义上的"文学"自身的发展。②

总之,李卓吾的童心是人的内在本质。因此与阳明倡导的具有良知的人一样,具有童心的人必定是最高的权威。之所以称为"吾",无非就是指具有童心的人。③ 李卓吾肯定欲望的童心说是阳明重视主体的良知说的必然展开。其中几乎看到了西欧所谓的"近代精神"和"近代原理",最终导致"个人"(个性解放)与"社会"(名教纲常)的不相容。需要指出的是,李贽所提倡的"真心""真性""童心"等概念虽然受到佛教"真我"思想的影响,④ 但又加入了儒家道德伦理的内容。李贽所谓的"吾"就是指人的道德本体,即天赋的良知、童心。

第三节　学术论争及其思想立场

20 世纪上半叶,中国学术界出现了一批左派王学研究的代表性论著,包括吴虞的《明李卓吾别传》(1921)、嵇文甫的《左派王学》(1934)、容肇祖的《李卓吾评传》(1937)和《明代思想史》(1941)、吴泽的《儒教叛徒李卓吾》(1949)等。岛田在吸收嵇文甫、容肇祖等人的研究基础上完成了《挫折》一书。《挫折》初版于 1949 年,但作为其原型的本科毕业论文 1943 年已经发表,其基本观点与立场一脉相承。对于上述岛田等人的左派王学研

① [日]岛田虔次:《中国近代思维的挫折》,甘万萍译,江苏人民出版社 2008 年版,第 128—130 页。

② [日]岛田虔次:《中国近代思维的挫折》,甘万萍译,江苏人民出版社 2008 年版,第 134 页。

③ [日]岛田虔次:《中国近代思维的挫折》,甘万萍译,江苏人民出版社 2008 年版,第 115 页。

④ 卓吾所说的"我(吾)"也就是"真我"的概念源自佛教,系涅槃四德之一,意指真实之我,亦称"大我",与外道、凡夫之"妄我"相对,指出离生死烦恼而达至涅槃自在境界的我。参见[印]世亲造,(唐)玄奘译:《俱舍论》,《大正藏》卷 29,第 156 页。道家和儒家也有类似的观念。道家如《庄子·齐物论》云"今者吾丧我"。注云:"补答称'丧我',非仅丧耦也,系进一层说。即下之化蝶不知周也,又即佛书之'无我相'也。"参见刘武撰:《庄子集解内篇补正》,沈啸寰点校,《新编诸子集成》第 1 辑,第 32 页。儒家如《孟子·告子上》云"万钟于我何加焉"中的"我"。

究，山下龙二[①]和岩间一雄[②]曾撰文予以批判，岛田又展开反批判。[③]下面以岛田的论述为中心来分析双方的争论及其学术意义。

首先是关于李贽的思想性质（是否具有庶民性及是否反儒教）的争论。山下针对20世纪上半叶所谓"反儒教即近代性"的理论模式中"最近的王学左派论"的批判，具体来说是对泰州学派的渊源及其思想史定位提出异议，批判的重点放在最激进的王学左派——泰州学派尤其李贽的身上。山下认为，王学左派分为王畿和王艮两派，而泰州学派实际上继承的是王畿的思想而不是通常认为的王艮的思想，因此将王艮到李贽的谱系归于庶民性并认为其是反儒教思想的观点是不成立的，将反儒教的李贽推到近代思想的源流上更不合适。岛田则指出，他并没有将李贽视作代表庶民阶级的思想家，相反认为李贽是代表士大夫君子的思想家，同时也不认为李贽的思想是"反儒教"的，只是认为李贽的思想是反儒家的、反士大夫的、反名教的。山下警告说，不能认为李贽超越了士大夫的局限而开启了近代思想源流。岛田指出，他并没有为了拔高李贽而忽视其局限性，而是主张同时看到其思想的特异性与局限性。岛田进而将李贽与日本近代反封建思想家安藤昌益（1703—1762）进行了比较，指出李贽对社会生活的批判之所以比不上安藤昌益，其实是因为李贽面对的中华文明太过厚重而难以推翻，而李贽的真正目的在于恢复孔孟儒学的真精神，反对假道学，李贽对现实绝不是逃避的，而是在士大夫的范围内进行了最彻底的反省。岛田指出，虽然李贽等启蒙思想家的思想存在时代的局限性，很难与欧洲近代的启蒙思想家等量齐观，但是从王阳明到黄宗羲、顾炎武等人的思想中仍然具有能与欧洲的精神相匹敌的哪怕是片断的思想精神。[④] 发掘这种具有"近代性"的思想精神可以

---

① 山下龙二（1924—2012），日本中国哲学尤其阳明学研究专家，名古屋大学教授。主要著作有：《中国思想史》（东京大学出版社1952年版，负责明代部分），《讲座东洋思想2——中国思想史1》（东京大学出版会，1967年，负责王阳明部分），《阳明学研究》（现代情报社，1971年），《阳明学的终焉》（研文出版，1991年）。参见李庆：《日本汉学史（第4部）——新的繁盛（1972—1988）》（修订本），第386—388页。

② 岩间一雄（1936— ），日本政治学研究专家，冈山大学法学部教授。著有《中国政治思想史研究》（1968）等，该书序章原题为《阳明学研究的问题点》发表，是对岛田《挫折》的批判。

③ 山下龙二的批判论文包括《明末に於る反儒教思想の源流》（《哲学杂志》1951年第66卷）及对《挫折》一书所作的书评（《斯文》1949年第3号）。岛田对山下的反驳文章《王学左派论批判的批判》（《史学杂志》1952年第61卷第9号）则作为"补论"收入《挫折》一书中。笔者以此为中心展开论述。

④ ［日］岛田虔次：《中国近代思维的挫折》，甘万萍译，江苏人民出版社2008年版，第174—180页。

说是岛田写作《挫折》一书的主要意图所在。岛田对李贽思想性质的把握同时兼顾了内在的思想精神与外在的社会背景，体现了一种“了解之同情”的态度，可以说是比较公允的。总之，由于时代与社会历史环境的限制，李贽的思想局限于个性的解放（而且偏于空虚和颓放）而缺乏社会改造的积极作用，也无法真正达到西方近代自由、平等的精神境界。这当然不是李贽个人的问题，而是时代的局限，更是取决于整个中国文明及社会制度的根本性质问题。

其次是关于二王的思想异同、王学左派的分派及李贽的思想渊源的争论。山下批评左派王学研究者将王畿与王艮的思想混为一谈。岛田指出，左派王学研究者们从没有认为二王在哲学思想上没有区别，只是从思想的实际功用即社会影响上，强调二王同样都是导致明末王学流弊的根源，这也是由阳明学自身的实践性品格所决定的，如知行合一、事上磨炼的主张。总之，从黄宗羲以来到当时的左派王学研究者，对于二王的思想，都是一方面强调其作为社会性的实在具有同样的性格，一方面又将二王的思想内容加以区别讨论。岛田进而指出，可能是由于《挫折》中对王畿的论述过于简略而招致了山下的这种批评。山下认为泰州学派分裂成两派，其中肯定王艮一派就必须否定王畿，并且以方学渐的师承为例来加以论证。对此，岛田指出，山下将学者的师承与思想发展完全视为一致，从而导致了误解。因为弟子的思想往往与老师并不一致。在岛田看来，山下或者是想指出研究者没有详细论述李贽如何仰慕王畿，这是很重要也是应当的，但如果山下是认为泰州学派分裂为王畿派和王艮派而李贽的思想不能与其中的王艮派相关联的话，则是错误的。因为从欲望肯定的思潮来看，就是从阳明—王心斋—颜山农—何心隐—李卓吾一系传承下来的，而且山下认为王艮不反儒教所以其弟子也不可能反儒教，因而王艮不是李贽思想渊源的看法在逻辑上也是站不住脚的，也与现实的情况恰好相反。山下又认为王艮接受的是阳明的前期思想，而王畿接受的是阳明的后期思想，李贽的思想是从阳明后期的思想发展来的，因此李贽的思想渊源在王畿这里。岛田指出山下的这一说法在历史与逻辑两个方面都站不住脚，而且忽视了阳明学作为实践之学的一贯性，事实上每个学者都是基于自身的体认从头开始发展自身的思想。而且阳明学作为实践的思想，即使王艮在思想上难以成为李贽的先驱，也不能否认王心斋—泰州派—李卓吾的谱系及其处在同一派别中的事实。山下否认王艮与李贽的思想关联的理由之一是李贽的老师罗汝芳与王畿具有同一思想倾向。在岛田看来，山下的这一说法与现实中罗汝芳来自王艮一系的师承关系不符合，这也恰好说明了师承与本人思想并不必然一致。山下认为李贽对何心隐的推崇只是对其行为和热情的赞颂,并不意味着思想上的一致和共鸣。岛田则指出思想与实践、思想与人格乃至性格的一致性正是阳明学的突出特征,也是李贽所强调的,而且事实上根据李贽的论述来看,李贽对于何心隐、冯道的思想都有相当的同情和领悟,因此把思想与行动、思想与热情、思想与人格分离开来并不是妥当的做法。岛田指出,李贽不否定妇女节义,甚至将妇女节义与官员的教化相提并论,这也说明李贽骨子里仍然致力于维护名教纲常。因此李贽与黄宗羲、顾炎武等明末清初诸思想家在某种程度上可以归入同一系列。李贽对王艮的崇拜并不意味着思想上的同一性,而是李贽对作为为"学"的人、为"道"的人的王艮的赞赏。① 由上述可知,岛田在思想史的研究中较好地解释了李贽的师传与思想发展中出现的复杂情况,由此可以启发我们分析宋明理学史上的类似问题(如聚讼纷纭的"周程授受关系")。

最后是关于左派王学是否具有近代精神的争论。山下指出,岛田所谓王学左派的合理主义、欲望肯定、自我意识等不能直接等同于近代精神,因为阳明学的合理主义并没有促使中国产生科学,而在欲望肯定的方面李贽有破而无立,最终对人欲的肯定堕入感官享乐,因此从良知的绝对化以及童心的主张来论述自我意识的确立也不恰当。对此,岛田指出,李贽的儒家批判、士大夫批判及对人伦物理的肯定就是建立了新的秩序原理,而岛田的本意正如《挫折》的书名中所显示的,是想说明中国"近代"思想还没有充分发展起来就夭折了。岛田进而指出,山下的批判太过形式化和理想化,忽视了文明的历史意义,而且说阳明学是批判空虚思辨的"实学"的提法也不合适,因为空虚思辨恰恰是清初学者对阳明学流弊的批判,而且近代中国没有产生科学的问题根本上是深层次的文明问题,不是历史发展阶段的问题。即中国文明的性质及其走向已经决定了中国不可能自发地产生科学。岛田同意内藤湖南的唐宋变革说,认为宋代以后中国也出现了与欧洲启蒙期相同的现象,虽然这个过程是异常缓慢并且散发性的。岛田承认中国文明的特质使其注定无法发展到西方意义上的"近代",但这并不妨碍将中国文明作为一个独立的个体来探讨其内在孕育着的无限可能性。② 针对岩间一雄对于阳明学"近代"意义的质疑,岛田回应道,所谓近代思维的成长和挫折,不是对狭义的阳明学,即不是对阳明其人的哲学,而是针对阳明—泰州派—

① [日]岛田虔次:《中国近代思维的挫折》,甘万萍译,江苏人民出版社 2008 年版,第 183—196 页。

② [日]岛田虔次:《中国近代思维的挫折》,甘万萍译,江苏人民出版社 2008 年版,第 181—183 页。

卓吾的全面展开而言。岛田进而指出岩间的立论没有将阳明学中的中心性的东西与周边性的东西、本质性的东西与偶然性的东西区分开来。① 岛田指出所谓“近代”的想法是建立在将宋以后的中国与欧洲的近代并列，并且作为人的社会具有同样的性质，决定中西方也出现了同样的现象，由此建立起中国史的普遍性与特殊性。也就是说，岛田是将欧洲的概念作为参照来在中国探讨欧洲的因素。其所谓“近代”其实就是内藤湖南的“近世”。同时岛田也不同意当时中国大陆盛行的唯物史观的社会发展阶段理论，不认同中国社会能自发地产生本质上与欧洲相同的资本主义的说法，也不承认中国大陆学者的明代资本主义萌芽说。岛田认为中国之所以不能发展出机械文明、资本主义和市民社会是因为中国文明的性质和发展方向不同于西方。② 这种观点与中国现代新儒家的开创者梁漱溟在其《东西文化及其哲学》中对中西印三种不同文明发展路向的论述相近。事实上，岛田也是日本战后现代新儒家研究的开拓者，其思想立场也与中国现代新儒家的文化保守主义立场基本一致，都强调返本开新。上述对阳明及其后学思想的“近代”意义的阐发就集中体现了岛田对于传统儒家思想的价值肯认和实现其现代转化的意图。③

总的来看，岛田与山下、岩间的论争除了涉及王学左派的分派、二王的思想异同及李贽的思想渊源及性质等具体学术观点的分歧之外，大体上是由于双方思想立场和研究方法的根本差异所造成的，因此不可能达成一致。正如山下所指出的，岛田对于研究对象带有一种信仰般的主观情感投入，因此对研究对象的意义不免有所拔高；与之相反，山下则采取与研究对象保持

---

① ［日］岛田虔次：《中国近代思维的挫折》，甘万萍译，江苏人民出版社 2008 年版，“后记”，第 204—205 页。

② ［日］岛田虔次：《中国近代思维的挫折》，甘万萍译，江苏人民出版社 2008 年版，“后记”，第 208—210 页。

③ 最能代表岛田思想立场的言论是他于 1993 年受邀在日本中国学会第四十五次大会上所作的主题报告中的这段话：“如今有人只将儒教看作是消极的、逆时代而行的、反近代化的保守反动的支柱，一无所取。但我并不这样认为。我认为儒教拥有杰出的、积极的思想体系。明确地说我是拥护儒教并为之辩护的，对此我曾利用各种机会表明了这一点。为了慎重起见，这里想引用一段讲演的话来作为对‘儒教和二十一世纪’的提议：‘遗憾的是我并不认为，在今天的中国儒教能够完全复活，重新出现一个儒教社会，这是不可能的。我只是期待正确的评价，并在新的综合性的现代文化中得到再生。’我的如此职业性儒教态度的根源，在于学生时代读到黄宗羲的《明夷待访录》和王阳明的《传习录》而感动共鸣的个人体验。”参见［日］岛田虔次：《对“儒教和二十一世纪的建议”》，《中国思想史研究》，《日本中国史研究译丛》，上海古籍出版社 2009 年版，第 433—434 页。

距离的一种客观态度。① 因此有学者认为这种争论其实大可不必,或者认为岛田的反应不免过激了。② 但这场论争对于我们了解岛田的思想立场及《挫折》一书的内容主旨有相当的参考价值。

余　论

相比于《挫折》一书中引起争议的具体概念与观点,岛田的学术视野、思想立场及方法论更值得我们注意。

从东西贯通的学术视野来看,与日本从事中国哲学研究的学者一般出身中国哲学(或思想)史专业不同,岛田早年曾学习西洋史,进入京都大学后又学习东洋史(指与日本史及西洋史相并列的、以中国史为主体的东亚史),师从对儒学有精深研究的东洋史大家宫崎市定,又深受以视野开阔、学识广博著称的京都学派开创者内藤湖南的社会历史观影响。③ 因此与当时一般中国哲学研究者的狭隘视野与墨守传统不同,岛田具备东西贯通的学术素养,能够站在世界文明史的高度,将社会史、文化史、思想史、观念史的研究结合起来。其学术视野和问题意识可以说更接近西方汉学家。因此其研究在西方学术界受到广泛关注和高度评价。如美国汉学界"新儒学"研究的泰斗狄百瑞对宋明新儒家中个人主义及自由主义的发展及其现代意义的阐发就受到岛田的影响。④ 岛田也由于其卓越的学术贡献被余英时赞

---

① 山下龙二指出:"岛田氏进入了研究对象之后,热情地有着共感地叙述。与此相对,山下则和研究对象保持着距离。"转引自李庆:《日本汉学史(第 4 部)——新的繁盛(1972—1988)》(修订本),第 387 页。

② 参见邓红:《译者的话》,[日]岛田虔次:《中国思想史研究》,《日本中国史研究译丛》,第 461 页。[日]狭间直树、[日]森纪子:《解说》,[日]岛田虔次:《中国思想史研究》,《日本中国史研究译丛》,第 10—11 页。

③ 邓红:《译者的话》,[日]岛田虔次:《中国思想史研究》,《日本中国史研究译丛》,第 463—465 页。

④ 受岛田阐发的明代后期阳明学中出现中国近代思想萌芽的观点影响,狄百瑞指出在明代后期阳明学派的发展运动中已经产生了具有现代特征的新自由主义思想,由此确立了这一时期儒家所关心的两个主要领域:自我和社会。狄百瑞认为,这种新自由主义由于联合了社会的上下阶层而在整个社会激发了新的政治和文化能量,而在自我这一方面则更加强调人的本性和现实需求,但总体而言,自我和社会这两个新问题本质上是在人道主义和道德主义的意义上得到理解的。参见 Wm. Theodore de Bary, *Self and Society in Ming Thought*, New York and London: Columbia University Press, 1970, pp. 24, 237, 299;[美]狄百瑞:《中国的自由传统》,李弘祺译,第 93 页。

誉为“世界中国学的伟大的指导者、日本的国宝”①。

从人文主义的思想立场来看，岛田认为，人文科学（如历史、哲学）与社会科学不同，人文科学更关注文献诠释及其意义价值，而社会科学更关注客观发展，如唯物史观的发展阶段论。岛田采取的显然是人文主义的研究路径，强调中西比较和价值关怀。岛田对中国文明、儒教文化及其厚重的历史积淀有一种钦慕的态度，同时在某种程度上又是近代主义乃至欧洲主义者，因此对中国文明没有像欧洲近代那样发展起来感到懊丧。但他又认为在近代产业革命以前中国总体上比欧洲先进。这种对中国古代文明与欧洲近代文明发自内心的倾慕相互交织。② 由此出发，岛田试图通过中西文化及其观念体系的对照和比较，阐发中国传统文化的现代价值并使之得以再生。其思想立场接近现代新儒家的文化保守主义，同时又很好地结合了现代西方汉学的研究视野与方法意识。

从阳明学的诠释及其方法论意义来看，岛田认为，我们不应该只含糊地把阳明学规定为东洋的东西，也不应该以日本阳明学去类推地理解阳明学说，而应该始终根据中国思想的社会基础和历史传统来加以研究；必须探究孔孟、程朱、名教、纪纲等方面，探究它们的本质内涵以及社会历史背景。岛田强调必须从内部来理解阳明心学的本质。因为心学不是一种概念玄学，而是全身心地对人生观、世界观的探究，其热情可以说是一种宗教般白热化的东西。③ 相应地，对心学的研究也需要这种热情的投入。这可以说就是岛田的方法论——客观内在理路的梳理与主观身心体认相结合（主客合一）。这种宗教信仰般的研究态度有时可能会带来偏颇，但与纯粹将哲学思想视为一种外在客观的概念体系的研究方式相比无疑具有其不可替代的作用。如果没有这种热情的投入和思想的共鸣，岛田难以写出《挫折》这样激情澎湃打动人心的著作。尤其在研究具有思想与实践、思想与人格高度统一特征的中国哲学时，这种全身心的情感体认确实有其必要性。

最后需要指出的是，有学者认为岛田的研究仍然是用欧洲中心论模式来套在中国思想史上，其所阐发的贯穿中国近世的个人精神的自立等概念

---

① 转引自甘万萍：《译者的话》，[日]岛田虔次：《中国近代思维的挫折》，甘万萍译，江苏人民出版社2008年版，第1页。

② [日]岛田虔次：《中国近代思维的挫折》，甘万萍译，江苏人民出版社2008年版，第210—212页。

③ [日]岛田虔次：《中国近代思维的挫折》，甘万萍译，江苏人民出版社2008年版，第82—83页。

实际上都是来自与中国性质不同的日本阳明学。① 前述沟口雄三也反对岛田以欧洲的“近代”来比附中国。但由上文的分析可知，岛田在以西方和日本的思想观念和价值体系作为参照来论述中国思想的过程中，没有忽视不同思想传统和体系间的差异，基本做到了普遍性与特殊性、历史与逻辑、社会史与思想史的兼顾和统一，从而使其研究避免了贴标签式的主观武断。而且正如书名是“中国近代思维的挫折”而不是“中国近代（市民社会、资本主义）的挫折”，岛田只是从观念（思维）上认为中国近世后期阳明学左派的发展中体现出若干具有“近代性”的思想萌芽，而不是认为当时中国社会产生了近代市民社会和资本主义的萌芽。因此其“近代”说看似接近中国大陆学界的明清之际“启蒙思想说”，但又有不同。因为中国提倡明清启蒙思想的学者一般基于唯物主义的社会发展观，将“启蒙思想”视作“资本主义萌芽”的必然产物。而岛田本人的思想立场偏向文化保守主义，认为中国文明的性质决定其不可能自发产生资本主义。所以在岛田看来，只要中国文明及其社会制度的性质不变，中国近代思维的“挫折”就是必然的。

① 参见邓红：《岛田虔次的阳明学研究心路和解释方法》，《日本的阳明学与中国研究》，《海外中国学丛书》，第136页；邓红：《岛田虔次的“中国近代思维挫折论”》，《日本的阳明学与中国研究》，第163—164页。

第十二章　狄百瑞论儒家的自由主义传统及其现代意义

——以《儒家的困境》为中心

狄百瑞(William Theodore de Bary,1919—2017),美国著名中国学家,1941年毕业于哥伦比亚大学,并于1948年和1951年先后取得该校硕士和博士学位。1948年,他远赴中国燕京大学求学,并曾与钱穆共同学习。1949年起,狄百瑞任职于哥伦比亚大学,从事东亚研究。1960年,他担任哥伦比亚大学东亚语言及文化系系主任,1969年至1970年担任亚洲学会主席。狄百瑞一生出版专著三十多部,主要代表作有《中国的自由传统》(*The Liberal Tradition in China*,1983)、《东亚文明:五个阶段的对话》(*East Asian Civilizations:a Dialogue in Five Stages*,1988)、《儒家的困境》(*The Trouble with Confucianism*,1991)、《为己之学》(*Learning for One's Self*,1991)、《亚洲价值与人权》(*Asian Values and Human Rights*,1998)、《高贵与文明》(*Nobility and Civility:Asian Ideals of Leadership and the Common Good*,2004)等。

狄百瑞在其著作《儒家的困境》中深入剖析了儒家自诞生以来在与现实政治作斗争中所遭遇的困境,从中挖掘出儒家批判专制的自由主义传统,并且阐明了其思想内核的历史及现实意义。狄百瑞也因此成为美国现代新儒家的代表人物。其观点和立场值得我们关注,并在海内外产生了重大影响。以下我们就按照《儒家的困境》一书的结构脉络归纳分析其内容主旨并阐明其学术意义。

第一节　儒家的道德理想主义及其制度性困境

随着东亚的复兴,儒学再次成为世界学术界的一个重要课题。其中引人关注的问题是:东亚的崛起与儒学有什么关系?儒家人格在现代社会中又能扮演怎样的角色?① 为了回答这一问题,狄百瑞将《旧约》中的先知与

---

① [美]狄百瑞:《儒家的困境》,黄水婴译,《海外中国哲学丛书》,北京大学出版社2009年版,"前言",第1—6页。

中国儒家中的君子进行了比较，认为真正的君子必定要谴责和纠正朝廷的不公。① 而君子与皇帝之间的紧张关系是中国政治的一个重要主题。君子的力量来自替百姓和上天代言的社会角色，但君子的道德理想主义既没有得到百姓的有效支持，也没有获得来自上天的宗教支撑，导致被困在百姓与专制皇权的裂缝之间，这成为历史上儒家的制度性困境。

一、儒家君子的道德修养
——“仁”“礼”“学”

关于宗教层面（作为道德价值的源泉）的儒家天命观与西方上帝观的不同。狄百瑞指出，天命作为儒家价值判断的标准和源泉，强调了天命的权威，保证了人以天命的名义说话的权利。然而，儒家缺乏直接参与历史的人格神，因而倾向于诉诸人类的日常经验。宋明理学中的先知强调日常经验中“心”与“道”的统一，这是一种根植于人心的原则，源于天命，而非通过文化传承获得的知识。② 那么，问题就在于如何理解和实践上天赋予的道义原则。从中西不同传统的比较来看，狄百瑞指出，以色列的先知通过立约实现上帝的公义，要求以色列人只忠于与耶和华所立的约。因此，人的目的一方面受上帝的影响，另一方面侍奉上帝。而儒家思想缺乏平民百姓的积极参与，③把

---

① 姜宗强指出，韦伯认为西方基督新教的宗教性伦理产生出改变世界的强大动力，即神圣秩序与世俗秩序间的紧张，成为推动历史发展和社会变迁的巨大驱动力，相反，儒教由于缺乏超验的观念而缺少张力，因而不能产生新教张力所带来的资本主义精神；对此，狄百瑞指出儒家虽然没有犹太——基督教传统中人格性的超验概念——上帝，但却有类似的超验概念——天、天命、天道等，因而存在表现形式不同于犹太——基督教传统中的张力，以及表现这种张力形式的代天立言的儒家式的伦理先知——圣贤或君子；总之，狄百瑞纠正了韦伯关于儒家传统中无张力也无先知的说法，将凭借天之道统抗衡君主的儒教文化英雄和谏臣定义为先知。参见姜宗强：《先知与诗人——跨文本诠释〈阿摩司书〉与杜甫诗篇》，民族出版社 2017 年版，第 80—82、97 页。

② [美]狄百瑞：《儒家的困境》，黄水婴译，《海外中国哲学丛书》，北京大学出版社 2009 年版，第 12—15 页。

③ 狄百瑞指出，中国早期文明的道是与神明同在的，体现在商代记载向祖先神发出问题的卜辞上，由卜辞可知商代中国的统治阶段已经有中国及后来东亚文明的诸多核心价值：敬、孝、王德、礼仪合度等观念。这些卜辞虽然是文明的产物，但本质上仍然代表统治者与被声称是他们统治权的来源或被认为是他们命运主宰的那些神灵之间的私人沟通。这类向神明的请教虽然包含着公共的职能，却不是公共的宣告。向神灵祷告的卜辞更多地关系到统治者、大臣、占卜者和刻辞者的专业；人们所能做的只是听从而不是亲身参与。《书经》和《诗经》虽然是向民众发言，而不只是向神明。但本质上仍然是纯宣告性的，人们对此只能听从，而对这类宣告和仪式的个人反应必须依据后来由儒家所确定的文义加以引证。参见[美]狄百瑞：《东亚文明——五个阶段的对话》，何兆武、何冰译，《海外中国研究丛书》，江苏人民出版社 1996 年版，第 1—2 页。

所有的责任都寄托在统治者及其辅佐身上，把希望寄托在君子的自我修养和自我改造上。因此，儒学把以色列先知加给整个国家的负担托付给了君子。① 中国古代的精英知识分子成为儒家预言的传播者（先知）。② 这样，狄百瑞就阐明了中西方文化中的最高价值源泉及其担当者的区别，由此突显了儒家君子（先知）的地位和作用，而这也为儒家君子的悲剧命运埋下了伏笔。

关于儒家的宗教性。狄百瑞指出，与《旧约》先知对宗教权威的批判不同，儒学的创始人孔子尊重宗教，相信宗教仪式比法律更有效。虽然孔子在中华文明由占卜与祭祀阶段向人文与理性阶段的转变中起到了关键作用，但其宗教性并未丧失。③ 孔子生活在礼乐崩溃的春秋末期，当时人们对人类行为的本质、目的和最终合法性产生了怀疑。以孔子为代表的儒家先知主张人承担起维护社会共同价值观的责任。而实现这一目标的主体是孔子所说的君子，包括文人与高尚的人两重意义。民众与上层社会的关系是建立在基本的人性同情基础上的，而相互之间的情感是信用关系的基础。作为统治精英的成员，君子扮演着统治、领导、服务的角色。治理、维持和平与秩序的关键是领导力，而领导力的关键是美德。通过仪式，美德、仪式与社

---

① ［美］狄百瑞：《儒家的困境》，黄水婴译，《海外中国哲学丛书》，北京大学出版社 2009 年版，第 25—27 页。

② ［美］狄百瑞：《儒家的困境》，黄水婴译，《海外中国哲学丛书》，北京大学出版社 2009 年版，第 18—21 页。狄百瑞指出，儒家尤其道学思想中如程颢那样体认出“天理”继承孔孟道统的方式是“先知式的”，强调的是通往真理的特殊途径，即由内在的灵感或者独特的认知而获得，而不是通过经典所获得，进而又借助更高层次的真理来赋予某些文化价值或经典文献以新的解释、意义和重要性。儒家传统虽然并不认为这种启示是超自然的，但它确实具有一种不可预测、不可思议而足以印证天的神圣非凡的创造性的禀性。狄百瑞又指出，与“先知式的”不同，儒家诉诸由历代相承所形成的权威是“学术式的”，即强调必须以外在或群众的接受作为基础。狄百瑞又指出，“先知式的”与“学术式的”可以用来说明儒家中自由的和保守的两种倾向，而且东西方的“先知”都对现存制度作出激烈批判，但儒家自由主义追求中庸之道，转而求之于学术传统中的练达智慧，拿文献记载或正式制度中所呈现的集体经验来衡量自己良心的激切呼唤。参见［美］狄百瑞：《中国的自由传统》，李弘祺译，中华书局 2016 年版，第 18—19 页。

③ ［美］狄百瑞：《儒家的困境》，黄水婴译，《海外中国哲学丛书》，北京大学出版社 2009 年版，第 31—32 页。狄百瑞指出：“原始儒家的‘礼’更带有宗教祭祀的余义。例如宗族、乡党或国家都通过共同的祭祀关系而得以井然有序地联结在一起，各得其所，各尽其仪。因此我们不可以轻易把这个关键的观念中所带的宗教意味抛弃，也不要因为现代人偏好道德理性人文主义，而把这个传统的宗教向度取消。后者这种宗教的向度在新儒家强调道德和理性时也并没有丧失。‘克己复礼’的原始义保存了一个人通过自我强烈的考验，及宗教式的自我克制以求自我超脱的可能性。”参见［美］狄百瑞：《中国的自由传统》，李弘祺译，中华书局 2016 年版，第 33 页。

会道德、宗教价值相结合。① 总之,狄百瑞认为,儒家虽然强调道德理性,但并未丧失宗教性,而是将宗教信仰与伦理道德及其仪式结合了起来。这当然也体现了中国的政教合一传统。

狄百瑞探讨了儒家君子道德修养的三个方面——“仁”“礼”“学”。关于“仁”的历史背景及其本质,狄百瑞指出,圣王对孔子及其追随者来说逐渐失去了直接的意义,君子的模范作用显得更加有意义。而君子的意义也由原来指称没落世袭贵族中的成员,转而代表那些立志通过培养个人的道德和智慧为公众服务的人。② 然而,官僚制度及其非人格化规则严重侵犯了中国固有的宗族制度,导致了宗族制度所衍生的社会信用价值的丧失。为此,孔子提出“仁”,通过上天的保护,使理性和道德统治在更普遍的意义上合法化。在宗教层面上,虽然上帝被天所取代,但只有天子作为天人之间的中间人,才能在仪式中履行祭天的职责,从而统一所有人的宗教感情。相应地,“仁”成为人人共有的道德情感,而君子则是“仁”的集中体现。“仁”作为一种共有的情感,意味着一种共有的人性,关键是同情或相互原谅。作为德行的典范,“仁”是一个开放的、难以定义的概念,以其最大的同情心,可以通达所有的人,甚至是上天。而“仁”的培养,始于对自我与他人接触的感受,始于设身处地为他人着想。这种互助互惠并不意味着某一时刻的对等回报或明确界定的形式规范,而可以说是一种回应和报答的心态。③ 总之,狄百瑞认为,作为儒家道德根本观念的“仁”源于宗教观念而内化为人人所共有的道德情感,由此产生了社会的礼仪规范。

关于“礼”的本质。狄百瑞指出,“礼”是外在形式与内在精神相结合的美德。礼在家庭生活语境中实现公平,在家庭背景中表达人类情感,而不是

① [美]狄百瑞:《儒家的困境》,黄水婴译,《海外中国哲学丛书》,北京大学出版社 2009 年版,第 32—36 页。

② 狄百瑞指出,对于孔子,学习意味着把过去的经验应用于现代,并且确实去做到,而经验的分享和对话以及为自己的学习贯彻《论语》全书的对话中。所谓君子就是做到这点,其所以受到尊敬不是由于出身,而是依据个人德行的品质。狄百瑞又指出,孔子将商代晚期和周初统治者们理想化的种种德行和价值转化为一种个人自律和责任的伦理学,虽然仍然包括在传统礼教中,但却集合了社会变迁在职务与责任上的影响。孟子在所谓“天爵”与“人爵”及提倡以个人的品质取代社会等级和特权的规定的重要性时,肯定了伦理学的这一转变和普遍化。孔子对德行的重视预示着后世世袭等级制的消失与文官制度和学者的兴起,只有道德上与知识上的优异才被认作是真正的价值。参见[美]狄百瑞:《东亚文明——五个阶段的对话》,何兆武、何冰译,《海外中国研究丛书》,江苏人民出版社 1996 年版,第 3—4 页。

③ [美]狄百瑞:《儒家的困境》,黄水婴译,《海外中国哲学丛书》,北京大学出版社 2009 年版,第 36—40 页。

以履行契约的个人义务为基础。“亲亲互隐”强调家庭内部的亲密关系不可侵犯，因为家庭是培养一切美德的最初场所。如果家庭内部的关系和他们的信任得不到保障，整个社会的信誉就更谈不上了。孔子认为礼仪是培养君子的关键。守礼不仅要有自己的判断，还要参考别人的经验、习俗和历史的实例。① 总之，狄百瑞认为，儒家所倡导的“礼”是外在与内在、形式与精神的统一，并以家庭（家族）内部关系的维系为基础，所以儒家才有“亲亲互隐”的观念。

关于“学”的本质。狄百瑞指出，“学”（学问）和“仁”“礼”一起被列为孔子所重视的君子品质。学问是一种自我实现的人生体验，需要一个人在天命的指引下逐步塑造自己的人生和自我。从《论语》第一章开始，就渗透着孔子的学习热情和献身学习的精神。孔子之所以重视“学”，一方面是因为学习及其分享的乐趣，另一方面是因为“学”与追求“仁”是互补的。人都是可以学习的，即了解自己和别人。理解自我和关心他人也是自我学习的两个方面，是成“仁”的关键。同时，孔子强调学习必须依靠内在动机和贡献，启发学生的学习动机是教育的重点。② 孔子在教育上主张人人平等，同时又按阶层区分学生的不同职能。一个有财富和地位的绅士应该受到更好的教育，成为一个领导者，应该献身于道而不是技能。要胜任君子的角色，就必须具备为公众服务所必需的素质。当孔子谈到学习的细节时，他谈论的主题和对象往往是那些有时间深入学习的人，而在其他场合则适用于所有的人。但在任何一种情况下，孔子的教导都是基于基本的人性层面的学习。孔子对学习的重视源于他对人的局限性的深刻认识。这也是人们培养才能、开发潜能、扩大知识的前提。正是从儒家思想中出现了批判人类弱点和错误、避免自以为是或夸大的先知。学问和礼是道德修养的有机组成部分。孔子认为，道德修养必须以学问为指导，以从经验中提取的行为标准为节制，而不是道德情感或道德冲动。学习不仅仅是能够阅读和写作，或擅长文学，或博学。仁、礼、学是道德意识的必要组成部分。③ 总之，狄百瑞阐明了儒家以“仁”为精神核心，以“礼”为外在表现，以“学”为工夫手段的“三位一体”的道德修养路径。

---

① ［美］狄百瑞：《儒家的困境》，黄水婴译，《海外中国哲学丛书》，北京大学出版社 2009 年版，第 40—42 页。

② ［美］狄百瑞：《儒家的困境》，黄水婴译，《海外中国哲学丛书》，北京大学出版社 2009 年版，第 42—44 页。

③ ［美］狄百瑞：《儒家的困境》，黄水婴译，《海外中国哲学丛书》，北京大学出版社 2009 年版，第 44—48 页。

狄百瑞指出，“礼”是沟通“仁”与“学”的中介，是儒家教化和学习的主要内容。孔子毕生致力于保存和整理中华文化的精华，建立了儒家经典的框架。这些经典集中在仁爱、礼仪和情感的表达上。它的形式与西方的人文学科类似。孔子强调礼的概念，将广义的文化与限制性的礼仪进行对比，力求在二者的互补中做到中庸。礼仪与文学艺术密切相关，二者共同为生命贡献了思想和情感，赋予事物一种符合道的滋生力量的秩序或模式。儒家君子接受现世，认为“道”可以通过改变现世的行为在现世中实现。对孔子来说，敬畏上天就是敬畏生命，他把世间的事物当作上天的子孙一样地关心。儒家的生活方式是谨慎和克制的，因为儒家关心生命。这种谨慎的生活态度不会让人焦虑，反而最终会导致一种轻松自在的状态。任何致力于创造礼仪的人都知道适应时代变化的必要性。这样，我们可以从历史中学习，一方面，我们可以保持维持生活的希望和理想，另一方面，我们可以从过去的经验和教训中学习。文人的礼仪，已经内化为君子的礼。然而，这些礼仪作为古典书籍中的形式规范，仍是旧贵族秩序的残余，难以为普通民众所接受。因此，到了宋代，理学家开始对这些传统仪式进行重新定义和简化。其中司马光、朱熹作出了突出贡献。尤其朱熹的《家礼》影响最大。然而，《家礼》的内容只涉及古典礼仪的社会政治基础的一小部分，其从业者也仅限于受过高等教育的精英。① 总之，狄百瑞阐明了儒家礼仪教化的局限性，即儒家的“礼”从根本上来说属于君子、士人之礼，而未能普及一般民众（尽管有过这样的努力）。所谓“刑不上大夫，礼不下庶人”即指此。

关于儒家礼乐文明的现代转化。狄百瑞指出，儒家思想强烈肯定生命，追求人生体验的价值。因此，当君子扮演先知的角色时，他不可能像《旧约》中先知谴责上帝的子民那样严厉地谴责天下的子民。同样，一个君子也不可能给人们带来救赎的希望，这是如此远离现实。孔子肩负着双重的责任：一方面，他不遗余力地保护人类文化，通过文化把“道”带向世界；另一方面，他试图改变所有与之相反的习俗。在每一个新时代，人们都在不断努力实现保护、发展和融入新时代的文化理想，赋予实质、形式、模式和意义。每个时代都对过去提出了新的批评。尽管人们嘲笑儒家墨守成规，但他们仍在与自己想要改造的世界作斗争。孔子强调君子有三个主要价值：“仁”“礼”“学”（或学问）。然而，礼仪或“礼”在现代世界中没有代言人。

---

① ［美］狄百瑞：《儒家的困境》，黄水婴译，《海外中国哲学丛书》，北京大学出版社2009年版，第49—51页。

当原本的“仁”“礼”“学”只剩下道德哲学和学术研究时，儒学可能就失去了生命力。现代社会最缺乏的正是维持礼貌和文明的社会形式和制度。在工业时代破碎的情感和被破坏的环境中，如何重新制定礼仪，以恢复天人关系，这是儒家乃至现代社会所面临的两难境地。① 总之，狄百瑞认为，儒家礼乐文明在现代由于宗教信仰和实践主体的缺失，导致沦为形而上的道德哲学及与践履脱节的学术研究，从而失去了影响社会的生命力。解决这一问题的关键在于如何在现代社会中重建信仰及其礼仪。

二、专制统治下儒家的制度性困境

狄百瑞探讨了秦汉以后专制统治下儒家思想所遭受的制度性困扰，指出问题的关键不在于儒家的信仰知识或道德修养不够，而是在于儒家一直未能建立起稳固的权力基础，而且以程朱理学为代表的儒家过于偏重人治而忽视法治，将治理天下的最终责任寄托在皇帝一人身上，最终必然导致悲剧的命运。

狄百瑞探讨了大一统的秦汉帝国统治下，由于统治阶层以法家的专制主义作为指导思想，儒者缺乏对抗专制集权的组织力量，最终必然遭受镇压的命运。狄百瑞指出，儒家思想捍卫了大臣和官员的尊严和独立，引发了对统治者的批评和质疑。虽然战国法家统一了中国，建立了秦朝，但焚书坑儒是对儒家思想影响的间接承认，是对秦法家独裁统治的威胁。汉朝不是继承周制，而是继承秦代的法家体系，从而成为一个中央集权的专制官僚主义国家，建立在权力的集中与非个人的行政上，并在汉武帝时确立起来，这就远离了儒家非中央集权的、个人化的和家长式的统治。由此儒家面临两难的处境，不论反抗还是合作。这种抉择更多地取决于人对时代变化的理解以及所采取的原则和改变体制的方法。在汉武帝时，董仲舒在确立儒家经典作为公共教育的基础上是一个关键人物。② 汉武帝将儒学确立为统治思想后，儒学得到了正式的官方地位。董仲舒作为当时儒学的代表人物，主张政治经济改革和圣王理想，批评秦汉制度，但面对现实秩序，他不得不做出让步。由于汉武帝依靠与法家关系密切的职业官僚来管理财政，他强行扩大了国家对经济的控制，这导致了儒家思想的强烈反对。所谓盐铁之辩的中心主题是国家对基本资源的垄断。辩论中的法家职业官僚并没有像秦代

① ［美］狄百瑞：《儒家的困境》，黄水婴译，《海外中国哲学丛书》，北京大学出版社 2009 年版，第 51—53 页。

② ［美］狄百瑞：《东亚文明——五个阶段的对话》，何兆武、何冰译，《海外中国研究丛书》，江苏人民出版社 1996 年版，第 15—18 页。

李斯那样把国家的绝对权威作为最高的价值，反而认为他们制定政策首先是为了满足人民的利益，促进公共发展，公平分配和保护有限的资源，而不是允许私人不受约束地使用资源。儒家则依据孟子的观点，主张这种经济功能最好还是回归到私人，而不是保留在国家官僚的手中。在盐铁之辩中，御史大夫作为法家的代表批评儒家思想陈旧、不切实际。的确，儒家的一个显著特征是他们作为一个学者群体对文化的奉献，他们的理想主义奉献和他们共同的价值观，而不是经济阶级的利益，排他的权力，政党的组织，或根深蒂固的社会地位。这场辩论中表面上的赢家是儒家，但真正的赢家是皇室周围的后宫集团（甚至宦官）。他们利用儒家与行政部门的强势派之间的权力斗争来扩大自己的利益。一旦掌权，他们就抛弃儒家，并与税务机关妥协。因此，儒家真正的弱点不在于他们的思想失败，而在于他们不愿意或无力建立自己的权力基础。虽然他们的文化、历史和礼仪知识，以及高尚的儒家道德在官僚体制中发挥了重要作用。但当面对朝廷中任何可以控制政权的人时，儒家往往是弱势的个体，缺乏有组织的政党或活跃的儒家学者的支持。正是由于这种制度上的软弱、高度依赖和个人在仕途上极不稳定的状况，儒家在中国帝国政治中被称为"儒"（"柔弱之士"）。换句话说，这并不是因为儒家没有保持超越性的价值，也不是因为它对自身的要求不够。①

狄百瑞接着探讨了唐代开始施行科举制后，儒家士人虽然相比之前更容易接近权力中心，并且通过帝王师（如举办"帝学"经筵）的身份加强自己的地位，但却无法阻止专制集权的不断加强。狄百瑞指出，到了唐代，儒家经典和诗赋已经成为科举考试的固定科目，文人比以前更接近王朝制度。然而，作为儒生的士大夫们并没有成功地克服上述制度的关键缺陷，仍然暴露在变化的制度中。这种制度利用了儒家的才能，使他们处于极度依赖和不稳定的状态，甚至可能是奴役。和孔子一样有使命感的有良知的儒家学者，即使在极端困难面前也不屈服。例如，唐代诗人杜甫就是一个典型的例子。在宋朝，权力越来越集中在帝国的中心。为了抵消或平衡统治者日益集中的权力，儒家开始加强自己在朝廷中的地位。为此，他们举行了"帝学"经筵。其内容是规劝统治者"正其心，诚其意"。程颐是开办经筵的儒学代表人物，他以经书为尊，强调儒家尊严至上。朱熹在《中庸章句序》中指出，《尚书·大禹谟》中的"十六字心法"是圣王的统治心法，直到宋代二

① ［美］狄百瑞：《儒家的困境》，黄水婴译，《海外中国哲学丛书》，北京大学出版社 2009 年版，第 56—59 页。

程兄弟才恢复和掌握了"心法"的实质。在明代,除了通过科举选拔管理人才,明太祖禁止任何其他获得官职的方式。这大大增强了王朝制度的稳定性。明太祖废除了宰相制度,将行政权集中到自己手中。同时,他还通过颁布一系列敕令,作为道德、社会和政治信念的最高意识形态权威。明成祖为了增强自己的合法性,一方面对理学表现出屈尊俯就的姿态,另一方面又残酷镇压那些仗义执言的忠臣。在明成祖的指挥下,编纂了《四书大全》《五经大全》《性理大全书》等理学著作,成为中国、朝鲜(李朝)、日本(德川幕府)的权威理学著作。①

狄百瑞指出,虽然明朝第一次实现了"新儒学"占据官学地位,所有受过教育的人,包括皇帝,不得不接受新儒学的意识形态和道德改造,但明代极端君主制的现状与儒学的理想背道而驰。大多数学者认为,正是理学的学说和专制主义播下了暴政的种子。事实上,以理学家们不切实际的理想主义和天真的乐观主义,以及他们对政治事务简单的道德主义态度,理学家无法处理帝国政治中存在的问题。"修身"作为理学教育的核心,过分强调个人通过自己的道德意志来控制局面。儒家把统治世界的最终责任固定在了皇帝身上,导致皇帝无法承受如此沉重的道德负担,从而产生了反抗。事实上,正是新儒家的信条,而不是传统的儒家困境,使其追随者陷入了最终的"困境"。理学历史学家认为,这种困境不仅仅是对个人道德意志的考验。王朝制度使儒家陷入了看似绝望的困境。对于这样一个有着根本缺陷的体系,儒家虽然具有非凡的英雄主义和自我牺牲精神,但却无法克服其固有的功能缺陷。总之,狄百瑞认为,儒家的道德理想主义将政治的希望寄托于君主的个人修养上,不切实际地要求君主做圣贤,天真地认为只要上行下效就能保持长治久安,但由于缺乏限制权力滥用的制度性保障,仅仅依靠个体来对抗强权,最终必然导致悲剧命运。

第二节 清代理学家的思想建构及其对传统的维护

狄百瑞在讨论中国的自由主义传统时,选择以宋明新儒学(宋明理学,广义上包括宋元明清理学)为例进行总结,因为新儒学所体现的是一种具

---

① [美]狄百瑞:《儒家的困境》,黄水婴译,《海外中国哲学丛书》,北京大学出版社 2009 年版,第 59—64 页。

有中国特色的现象，它不能等同于现代西方的“自由主义”。① 中国自由主义的范围取决于暴君的统治，因此在很大程度上受到暴君统治的影响。独裁统治既催生了中国独特的自由主义，也扼杀了自由主义，而批判专制的自由主义者大多是儒家，甚至是正统的理学家，而非佛教徒或道教徒。② 因此，虽然儒家思想通常不被认为是“宗教性”教导，但它履行了韦伯眼中宗教应有的批判功能。相反，佛教和道教并没有发挥西方宗教的批判作用。因为佛道二教一直被排除在政治中心之外，也没有产生任何系统的政治纲领、权力、意识形态或基本原则，所以他们别无选择，只能为政府工作。事实上，明朝的封建官僚传统及其自由派批评者都与理学有关。程朱理学为儒家站在先知的立场上抗议中国专制提供了一个坚实的哲学基础。但一方面，理想与现实之间的张力始终存在；另一方面，在思想领域，一直存在着对传统中出现的既定秩序的激进批评的可能性。① 到了明末清初，随着明清易代政治形势的变化以及学术批判思潮的兴起，黄宗羲重新评估理学家的第一政治格言“修己治人”，坚持法治优先于人治，并认为没有合适的法律和制度，个人要公正几乎是不可能的。简而言之，在17世纪的中国，儒家理念与中

① 狄百瑞援引了《韦氏国际大辞典》（第三版）中对 liberalism（自由主义）所下的定义指出：“自由主义是一种建立在对于进步、对于人的基本善性及个人的自主性的信念之上的哲学。它捍卫容忍的态度与个人的自由，使个人在生活的各个领域中不受独裁权威的宰制。”参见［美］狄百瑞：《中国的自由传统》，李弘祺译，第56页。狄百瑞进而归纳“自由主义”的核心特征包括：第一，对人的价值——比如人的生命和尊严的价值——给予积极的承认；第二，承认异同的存在——积极承认文化多样性中人类共同价值的存在；第三，一个人必须尽可能地在几乎平等的条件下，准备容纳反对的观点，并与他们公开交谈；第四，制度框架、立法、制衡的权力结构、信息和思想公开交流的保障等。参见［美］狄百瑞：《亚洲价值与人权——儒家社群主义的视角》，尹钛译，《政治文化研究译丛》，社会科学文献出版社2012年版，第149—150页。

② 狄百瑞指出：“论者常谓，宋代政治生活的突出面就是权威的中央集权化与王朝的官僚制度化。有时学者用‘宋代君主独裁’来指中国帝王体制日趋专制的长期发展中的一个新阶段。但是，我们也可以说，宋代代表了一个新的时代：士大夫阶层崛起并在政治上发挥其影响力。近代学者的意见与宋代政治家及史学家范祖禹的看法若合符节。范氏认为宋代十分鼓励朝廷上的自由论辩，其幅度较前此任何朝代为大。这些潮流是同时出现而且同时并存的，彼此间形成互补而紧张的关系。官僚统治的中央集权化与日俱增，但是在某些范围与层次上，这种发展却赋予官僚阶层更大的责任，也赋予统治者更大的权力。从这些受过教育而为民服务的儒吏看来，统治者这种权力既是极大的威胁，又是很有希望的机会。他们对皇帝讲学特别强调皇帝必须使用其权力于善而不是恶的方向，他们也努力展示他们对以权力行善的信念，并使皇帝注意到失败的结果。”参见［美］狄百瑞：《中国的自由传统》，李弘祺译，第70页。

① ［美］狄百瑞：《儒家的困境》，黄水婴译，《海外中国哲学丛书》，北京大学出版社2009年版，第70—72页。

国帝国统治、君子与皇帝之间的长期紧张关系依然存在。①

一、吕留良的理学建构及其对政治秩序的改造

狄百瑞指出，除了人们所熟知的黄宗羲之外，只有吕留良最有可能提出百姓同样有参与政治进程的权利和责任。清初的吕留良（1629—1683）是一位激进的理学家，其激进的政治思想与黄宗羲极为相似。他的思想主要体现在《四书语录》和《四书讲义》中。虽然吕留良也以三代制度为理想批判现行制度和既定秩序，但与宋代的改革家不同，他对政权的批判是以成熟的理学人性论为基础的。因为道心是天命，只有对人的天性（道心）做出回应，政权的合法性才能得到确认。事实上，政府的存在只是为了促进和提升人的价值，而不是为了满足统治者或统治家族的利益。吕留良还将君权与上天联系起来，强调统治者应该对人民承担首要责任，并强调用来约束统治者言行的原则具有普遍性。王朝统治下最好的统治者只是把人民当作自己的儿子，但汉唐的繁荣仍难以与三代的和平秩序相比。与宋朝朱熹歌颂三代贬低汉唐不同，吕留良并没有劝诫皇帝，而是让所有的官员共同承担统治的责任。因此，吕留良对五伦中的君臣关系作了新的规定。他认为君臣关系不是父子关系的自然延伸，而是根植于天性（这一观点源自朱熹，详见本书下篇第十三章第三节）。吕留良强调社会秩序与治理人际关系的“性”的统一，并将君臣关系与家庭关系区分开来。吕留良认为，家国同构下的政治秩序已不再适宜，政治秩序必须建立在一种适用范围更广、被普遍认可的道德关系模式上（如五伦中的朋友关系）。吕留良认为，君臣之间的道德关系是一切关系中最重要的。虽然君臣关系中的道德责任是不可避免的，但君臣之间的个人关系是可以改变的。因此，吕留良指责王阳明将良心等同于精神本体，以颠覆“理性”，导致了在权力体系中建立“理性”的努力的失败。这一错误始于更早的真德秀《大学衍义》。吕留良早已放弃了改造统治者的希望，转而关注士大夫中盛行的邪恶。本来，大臣或士大夫的作用是公开谴责现实中的邪恶和滥用权力。但秦汉以来，士人为了取悦统治者，不仅在面对邪恶时保持沉默，而且积极参与邪恶。明朝的丘濬在其著作《大学衍义补》中就曾对统治者的腐败和大臣的默许提出过类似的批评。究其原因，是科举制度和国家行政制度以错误的方式产生了大量的犬儒学者。②

① ［美］狄百瑞：《中国的自由传统》，李弘祺译，第111—113页。

② ［美］狄百瑞：《儒家的困境》，黄水婴译，《海外中国哲学丛书》，北京大学出版社2009年版，第73—79页。

吕留良对王朝统治正当性的观点不同于《明夷待访录》中黄宗羲的观点。黄宗羲称王朝法律为“非法之法”，质疑其合法性。吕留良驳斥了从法律角度考虑基本制度的观点。他更倾向于坚持儒家传统，以“礼”为基本制度，认为只有在不可能再按照礼节进行自愿合作时，法律才是最后的强制性手段。然而，当吕留良用孟子的“非礼之礼”和“非义之义”来描述现行制度时，他的区分与黄宗羲的非常相似。吕留良认为礼、义、理之间存在着本质的联系。这一论断基于理学的两个基本观点：“天理之节文”（礼）和“理一分殊”。吕留良用“礼”是为了把“理”一词与事实和环境直接联系起来。“礼”是“理”的恒久性和普遍性与“理”在人世间的不同应用相结合的产物，“义”则具体指某一行为在某一特定时间的适宜性。“礼”是道的现实。“礼”和“义”是运用和实现心性（天理）中不可缺少的。另一种含义是，“礼”是“理”的形式定义和具体体现，这与我们对“权利”的理性、道德和法律理解是建立在同一部分的基础上的。“礼”表达了礼法的原则，是对他人的尊重，也是对整个自然秩序的尊重。值得注意的是，吕留良把对“礼”的理解与人的情感联系起来。吕留良认为，人的情感和本能冲动总是伴随着人内心相应的天理。情感为人类活动提供能量，理性为人类活动提供方向。吕留良把“情”描述为自然的力量或“德”，把“礼”描述为引导人的欲望的“天理”的形式化身。和朱熹一样，吕留良并不认为情感本身是恶的，而是认为感情是自然的，因此问题在于支配欲望的规范是否是自然的。有两点值得注意：首先，在吕留良的论证中，问题不在于克服欲望和习惯的过程中人类道德意志的痛苦斗争，而在于对“理性”在宇宙和人类心灵中真实存在的承认。换句话说，他必须处理佛教和道教的哲学错误。其次，当吕留良抨击人的自私时，几乎总是那些在王朝体系中有权势和影响力的人的占有欲和贪婪。吕留良把整个王朝统治问题归结为当权者的自私。这种简单化的倾向表现在吕留良不愿像黄宗羲、顾炎武、王夫之那样，对影响朝制发展的历史因素采取更加现实的态度。在讨论特定的制度，如井田制或学校制度时，他常常能指出其所面临的道德问题。吕留良也认识到，只有改善人民的经济状况，教育问题才能得到解决。吕留良的基本信条是一切生命都来自天；人生来具有天性；“天命”不仅仅是统治者的专利，每个人都有“命”，使他按照自己的本性行事。吕留良在宇宙的基本结构上建立了社会秩序，揭示了人性形式的“理”为何必须在社会秩序中找到它的“体”。既然普遍本性是社会秩序的根本之“理”，“礼”是“道”治理人类事务的“体”，这就等于确立了一定的人类的基本平等，作为检验政府管理的标准。在吕留良的心目中，权力结构来自天命。它的基础是天性在人们心中的表达。权力结构是由百姓从下往上运行的，而不是由天子们从上到下运行的，吕留良的激进计划和对既定秩序的完全否定，依赖于他对程朱正统核心原则的坚持。可见，无论是批判王朝统治，还是坚持满足百姓的合理需要，吕留良都依赖于理学对“理”与“礼”的理解（“礼”使人自然的欲望获得形式与满足）。总之，理学为理学家们提供了坚实的哲学基础，帮助他们从先知的立场反抗中国式专政的罪恶。①

二、方东树的汉学批判及其对理学传统的维护

狄百瑞指出，清儒方东树（1772—1851）认识到在不同的历史时期，许多学者都对“道”的理解作出了贡献。道是成长的而不是静止的传统；方东树平衡了先知和学者的观点；方东树提醒考据学者（汉学家），仅仅回到原始文献是不够的。

19世纪初期，方东树在他的著作中对汉学提出了强有力的挑战，以捍卫正在衰落的程朱正统。这种挑战一直持续到清末。方东树敢于挑战名士和官员。他批评前者学术上的错误和哲学思想的枯竭，批评后者在中国外交政策和国防上的种种不足。阮元（1764—1849）是遭受方东树批评的人之一。方东树的学问恰恰证明了朱熹学派所追求的“博学”境界。方东树对中国各主要学派（包括佛教和道教）乃至日本的汉学都有深入的研究。方东树最著名的著作是《汉学商兑》。这本书详细列出了对考据学者的指责。细读方东树的著作，我们会发现方东树试图平衡先知和学者的传统角色。②

和清初的吕留良一样，方东树也有自己的理学榜样。他们是清初倡导程朱理学的张履祥和陆陇其。方东树承认，像董仲舒、扬雄和郑玄这样的汉代学者对儒家传统的保存作出了重要的贡献。正是因为这些早期学者的努力，经典文本经过秦朝时期的镇压，幸存的部分虽然不完整，但仍然可以传给后代，而唐代的注疏家虽然只是保护和系统整理了幸存的文本，但在经典传承和保存的过程中完成了必要的工作。即便如此，汉唐时期也不是重建圣王统治或重获圣人之意的合适时间和地点。直到宋代，程氏兄弟和朱熹才领悟到道的“全体大用”，出色地完成了哲学重建的任务。由此诞生大量献身于博学和治经的学者，而程氏兄弟和朱熹所取得的综合成果最终落入

① [美]狄百瑞：《儒家的困境》，黄水婴译，《海外中国哲学丛书》，北京大学出版社2009年版，第79—86页。

② [美]狄百瑞：《儒家的困境》，黄水婴译，《海外中国哲学丛书》，北京大学出版社2009年版，第88—90页。

了不同风格的诠释者手中。在陆象山的偏离和王阳明的歪曲之后，主张复兴汉学的考据学派干脆放弃了宋学，转向文字学，只满足于卖弄技艺，沉迷于旧文献和名物。学者们被分散了注意力，无法关注儒家传统中与人有关的核心问题。考证者不仅没有保存和维护宋代的精神遗产，更没有资格自称为宋代传统的代言人。通过以上的描述，我们可以理解方东树对传统的延续和积淀的感受。他非常清楚传道过程中的连续性和不连续性。他甚至把后朱熹时期比作孟子对道的阐释之后道统的中断。①

《汉学商兑》的要点包括两个方面。一方面是关于汉学主要问题的长期争论。汉学的首要问题是历史语言学的考证和文本批评。另一方面与正统理学最关注的义理问题有关。方东树对前者的争论是基于优先权的理由。对他来说，文字学和音韵学具有工具价值，但充其量也只是工具。专业学者迷失在文字和古籍中，忽视了更大的人类问题，如自我修养、家庭秩序、国家治乱。方东树也发表了自己的预言性警告和启示。对于方东树来说，人们的言语和公开的讨论（讲学）是促进道的一种非常重要的手段。而且，朱熹自己也曾区分过讲学和讲义。根据理学家的理解，“讲学”显然包含了对话和小组讨论的意义，甚至接近我们的“公众讨论”。“讲学”的原始背景不仅是主要发生在学校和书院的辩论，而且是学者之间的讨论。无论哪种情况，讨论都是在一个有文化且相对有限的社会阶层中进行的。这种讨论在明代中后期达到了高潮。正是王阳明的自由主义新儒学和阳明学左派平民主义新儒学激发了政治讨论和大众教育，甚至包括社会上的文盲或准文人。方东树对宋人忽视经学而谈人生的观点提出了挑战。方东树认为，汉唐学者的弊病在沉迷于文本和训诂，忽略了经典的大义，以及道、德、性、命等终极问题，还有与之密切相关的修身和人类社会的需要。针对汉学提出的另一个指控：公众公开讨论加剧了儒家的党争和门户之见。方东树认为，在传道的过程中，只有论道，别人才能得道和传道。方东树强调要与人讨论修行。他引用了大量的历史事实来证明与百姓协商的好处和统治者或他的下属一意孤行的后果。②

方东树觉察到传统的核心价值岌岌可危。在这种危机感的驱使下，他毫不犹豫地写了大量长篇文章，试图在传统中建立他立论的基础。在整个清代及其学术体系的大背景下，方东树坚持以学校为讨论和争论的中心是

---

① ［美］狄百瑞：《儒家的困境》，黄水婴译，《海外中国哲学丛书》，北京大学出版社2009年版，第90—92页。

② ［美］狄百瑞：《儒家的困境》，黄水婴译，《海外中国哲学丛书》，北京大学出版社2009年版，第92—98页。

尤为重要的。方东树对书院的研究有很深的了解。理学改革家长期以来一直抱怨学校和书院将科举考试的重要性置于真正的"为己之学"之上。因此,方东树特别重视儒家的道德倡导。这一姿态不仅对传统的复兴很重要,而且对当前的现实也很重要。现在更需要一个宏大的视野,一个将朱熹的思想与清晰、连贯的行动相结合的视野。这就是朱熹所说的"全体大用"。但最需要的是一种新的心态来把握朱熹所表达的心法。因此,方东树在进一步的论述中,将心法解释为"心传",强调良心是作出必要价值判断的尺度或标准,心法包括讨论和辩论。受过教育的人的集体判断和经验可以用来指导行动。方东树之所以重新强调程朱的心性思想及其经世致用,是因为他感到了汉学的道德枯竭。汉学作为主流学术,其治学之道是不谈价值,实事求是。因此,在危机中,士人无法满足儒家社会良知的要求。为了解决这个问题,方东树回到了程朱关于人心道心的十六字箴言。他认为这十六字代表了孔孟思想的精髓,在对抗禅宗思想的过程中被程朱重新诠释。对于方东树来说,心法一直是儒家和程朱学说的核心。虽然他并不总是将它称为"心法"或"心学",人心和道心之间的差异一直是讨论的中心,不仅在他的《汉学商兑》中,而且在他讨论道、天、性、理等问题的许多文章中。方东树将这十六字箴言与朱熹"格物致知"的解释联系起来,将人的思想中道德、情感的一面与理性、认知的一面结合起来。对于方东树来说,这才是真正的心学,它回应了朱熹自己对心法的解释。方东树对道的看法具有累积性和集体性。这并不是说方东树的"道"的观点在不断演变,而是说方东树承认了历史上不同时期许多学者的贡献。换句话说,在传统的观点上,方东树虽然采取了一种正统的立场来平衡先知和学者的观点,但他避免了狭隘的原教旨主义思想。考据学者认为,通过把握经典的本义和字面意义,剥去后人层层注释,最终可以得到纯粹的古训。方东树则提醒他们,《论语》的真正含义,在《论语》之外更早的经典中是找不到的,朱熹进一步阐述了儒家思想以应对佛教的挑战,这在孔子时代是无人知晓的,所以仅仅回到原始文献是不够的。①

第三节　儒家传统的现代转化与文明对话

狄百瑞以《汉学商兑》的结束语中方东树关于推动公共问题大讨论的

① [美]狄百瑞:《儒家的困境》,黄水婴译,《海外中国哲学丛书》,北京大学出版社2009年版,第98—101页。

重要性的论述作为思考的起点，追究儒家传统的自新能力为什么在促使中国迎接 19 和 20 世纪的挑战方面没有表现出更强的变革力量，以及儒学的现代转化等方面的问题。①

一、儒家困境的根源及其近现代转变

狄百瑞指出，儒家思想的中心问题是平衡好儒家官员、学者和教师这三重角色。正如君子理想所体现的那样，儒家思想从一开始就把帮助统治者和培养社会和政治领袖作为自己的职责。同样，儒家从一开始就认识到学习和学术对于这些功能的履行是不可或缺的。为了应对新的挑战，儒家的学习观念确实随着时间的推移发生了变化。一方面，要防止学术探索过分偏离道德和社会基础；另一方面，也要防止道德狂热对事实视而不见。儒家思想一直设法在忠实于核心价值观和不断追求学术探究之间保持平衡。方东树认为，讨论协商是促进共同福祉的关键。然而，这两种形式都没有保留下来。它被归咎于儒家不愿与普通人分享文化和学习；儒家思想倾向于将教育限制在社会上层，也就是说，儒家精英主义使大多数中国人无法真正参与公共事务。虽然儒家思想希望尽可能广泛地分享知识，但由于学校教育过于以科举为导向，未能实现朱熹所确立的自由与人文的目标。② 总之，狄百瑞认为，儒家虽然力求身兼官员、学者、教师三重角色，但由于科举制度导致儒家的教育基本仅局限于上层精英，而未能普及一般民众，未能真正发起民众参与公共事务，最终必然导致失败。

狄百瑞进而指出，这种失败的部分原因可以从中国人生活的某些基本事实中找到。在世俗层面上，中国传统的农业社会阻碍了大多数年轻人追求学业或教育。而古代的官僚体制无法吸收大量的学者。此外，中国的社会结构缺乏一个强大的中产阶级，可以选择自己的工作和从事文化建设。在宗教层面，中国的宗教组织支离破碎，几乎没有横向或纵向结构，不可能像西方教会那样为学校、学院或大学提供广泛的制度基础。虽然表面上可以被视为“教会”的宗教组织在形式上具有超越地方层次的宗教等级，但大多数时候它们只是一种松散的家族关系，其实际职能只是中央权力的延伸。由此造成以下困难：一方面，儒家传统的主流试图提升知识的地位，坚持知识传播的必要条件和维持政治和社会的有效秩序，但除了在家庭这一基本

① [美]狄百瑞：《儒家的困境》，黄水婴译，《海外中国哲学丛书》，北京大学出版社 2009 年版，第 104 页。

② [美]狄百瑞：《儒家的困境》，黄水婴译，《海外中国哲学丛书》，北京大学出版社 2009 年版，第 105—107 页。

的层面上，或者在更窄的范围最高统治精英的圈子之外，他们不能实现其教育目标；另一方面，民间的宗教崇拜和大众信仰虽然能够满足人们的宗教需求，但却很难参与到治理、世俗或实践教育中去，导致宗教与儒家教育、公共问题的脱节。[①] 正如狄百瑞所指出的，中国古代一直存在着雅与俗、精英与民众的二元社会结构，但却缺乏将此二者有机联系起来的中间阶层，最终导致二者的脱节。

狄百瑞指出，进入近代以来，康有为等改革家面对西方文化的强势入侵，力图以宗教维系和团结人心，但其“孔教”运动由于过于依赖政府官方而非民间自发的信仰，并且缺乏制度性保障，最终必然走向失败。狄百瑞在《东亚文明——五个阶段的对话》一书中指出，19 世纪晚期的改革家，包括康有为和梁启超，越来越多的人认识到，中国无法动员人力资源应对西方和日本的挑战的一个关键因素，是由于教育的失败而缺乏统一的民族意识。日本或西方国家动员民众的能力与神道和基督教的宗教活力有关。康有为在 20 世纪初试图将儒家重新改造为国教，但他错误地认为国教可以像民间信仰或民间宗教运动一样团结和动员人民。[②] 在哲学上，王阳明强调人类行为的道德和精神根源，朱熹则在道德理性和情感理解之间取得平衡。朱子学与阳明学的分歧导致儒家难以满足儒家传统的三项职能：为政，掌握经典和教育大众，更没有实现其永久的理想：在君子的指导下，通过圣王的统治，实现人与自然的统一。[③] 总之，狄百瑞认为，无论是通过宗教还是通过哲学的力量，儒家都未能实现其理想的圣王统治，也未能充分发挥其教化民众的作用，而在儒家经典的诠释上也存在汉宋（考据学与义理学）、朱王（程朱理学与陆王心学）的门户之争，最终必然导致儒家在政治与教育上的失败。

狄百瑞指出，儒家的失败说明君子的先知功能从一开始就有各种限制和条件。它们涉及君子致力于公共服务（从政或教育）和人文学术的特殊方式。君子的方式不同于闪米特宗教先知的典型方式。它还涉及儒家对上天和天命的理解与犹太教—基督教传统之间的重要差异。在犹太教—基督教传统中，对人格神的理解更具宗教性。上帝把他所创造的人既当作个人，

---

① ［美］狄百瑞：《儒家的困境》，黄水婴译，《海外中国哲学丛书》，北京大学出版社 2009 年版，第 107—109 页。

② ［美］狄百瑞：《东亚文明——五个阶段的对话》，何兆武、何冰译，《海外中国研究丛书》，江苏人民出版社 1996 年版，第 94—98 页。

③ ［美］狄百瑞：《儒家的困境》，黄水婴译，《海外中国哲学丛书》，北京大学出版社 2009 年版，第 109—110 页。

也当作民族来对待。对于儒家来说,天生“民”,按照天命支配着人的命运。不像上帝通过摩西和以赛亚(上帝亲自与之立约的人)这样的先知与“他的人民”对话,儒家的上天并不直接与自己的人民对话。在儒家思想中,虽然天命是每个人的本性(“天命之谓性”),但百姓仍然处于统治者的控制之下。百姓要么为统治者服务,要么成为统治者表现父爱的对象。至于君子,因为他是一个先知,他有责任提醒统治者促进人民的福利。而且,君子既然献身于公共事业,是统治阶级的一员,就应该为统治者服务。在理想状态下,君子成为皇帝的同僚和导师。因此,君子有义务去警告皇帝。① 总之,狄百瑞认为,在古代中国政教合一的专制制度下,君主对百姓拥有绝对的控制权,而儒家君子夹在统治者与人民之间,一方面要侍奉君主,一方面要体恤人民,但由于君主的权力不受限制,最终使儒家君子无法真正发挥其作用。

狄百瑞指出,上述讨论主要集中在儒士作为臣的问题上。这与孟子在讨论君臣关系时赋予朝臣君子以准先知角色是一致的。然而,在后来的朝代,由于中央集权的官僚行政体系的建立,用来表示大臣的“臣”字可以理解为任何国家官员,甚至是下级地方官员。地方官员是统治者和老百姓之间的中介,他们共同对老百姓的福利负责。朱熹在做县令时所树立的榜样说明了一种更为规范和正统的关系模式。但这些努力充其量只是家长式的。无论儒家君子的内心良知多么强烈,都不能证明儒家君子有先知的作用或先知的声音。虽然一个儒者可能有忠诚的学生,被他的学术同行崇拜,甚至被当地民众崇拜,但他缺乏一个政治听众或宗教追随者。对于理学家来说,虽然他们大力提倡普及教育,以促进普通民众的福祉,但他们最终未能为所有人开设学校。理学家只能首先在家庭生活和地方社群实践“修己治人”,以促进大众教育。这种低水平的知识与学术或政治追求所需的高水平专业知识之间存在着巨大的差距。在家庭和地方社群与由受过教育的精英分子组成的高层次的政治文化组织之间,缺乏包括学校在内的重要的基础设施,两者间几乎没有用来发表“公众意见”的渠道进行交流,或者让在朝廷上为民谋取福利的君子得到支持。② 总之,狄百瑞认为,儒家虽然具有崇高的道德理想和经世致用的精神,但由于缺乏代表自身的权力和组织保障,最终既难以避免受到专制统治者的镇压,又难以真正得到人民的支持。

狄百瑞指出,虽然一般认为“家—国”同构下的古代中国缺乏中间的社

---

① [美]狄百瑞:《儒家的困境》,黄水婴译,《海外中国哲学丛书》,北京大学出版社 2009 年版,第 110—111 页。

② [美]狄百瑞:《儒家的困境》,黄水婴译,《海外中国哲学丛书》,北京大学出版社 2009 年版,第 111—114 页。

会组织，但历史上儒家并非没有建设中间“社群”组织及其制度规范（如乡约）的努力。杜维明在《中庸：论儒学的宗教性》中强调了儒家的修身理念与信用社群概念之间的连续性。根据这一理解，“修身”的变革性力量从自我和家庭向外延伸到整个世界，甚至宇宙本身。在杜维明的论述中，这一过程与《大学》八条目中修身与政治变革的连续性非常接近。① 对于现代思想来说，只有在家庭和国家之间放置一个中间阶段时才完整。然而，在《大学》中却似乎看不到“社群”。家庭似乎是自我和父权国家之间的纽带。②但也有一些理学家，如朱熹、王阳明、黄宗羲和顾炎武，他们担心核心家庭和庞大国家之间缺乏重要的调解基础设施。朱熹和王阳明都非常关注社群内积极参与“乡约”的重要性，③黄宗羲则关注学校和书院的公共角色，但这些

---

① ［美］杜维明：《中庸：论儒学的宗教性》，段德智译，生活·读书·新知三联书店 2013 年版，第 112—113 页。

② 熊万鹏指出，根据儒家思想，人类社会分为三个领域：“己”“家”和“群”。国和天下属于“群”，而“家”是儒家传统的中心。从本质上讲，中国古代是一个以血缘为基础的伦理社会。从广义上讲，“家”和“国”都属于社群范畴。中国古代的“家”不仅是一个家庭，而且可以扩展为一个大的家族或氏族。“国”是最大的政治共同体，“国”是“家”的放大，充分体现了儒家的政治伦理。然而，这种统一消解甚至压制了个体的独立，这也是儒家思想在近代被诟病的主要原因。在传统中国，“齐家”与“治国”之间没有“群”的存在。狄百瑞承认，在古代中国，作为个人和国家之间的中介的“社群”的概念并没有现成的支持。但却可以发现其他形式的社群主义传统，即社学和乡约。狄百瑞认为儒家有“儒家社群主义”的传统，古代中国有支持人权的公民社会。但他并不认为儒家思想总体上属于社群主义，而是试图用社群主义的概念来探索儒家传统中公民社会的要素。参见熊万鹏：《人权的哲学基础》，商务印书馆 2013 年版，第 287—290 页。

③ 田浩比较了吕祖谦与朱熹的政治实践，指出吕祖谦更注重全国事务，朱熹则积极参与社会中层组织。朱熹在国家对地方的控制力削弱、地方家族势力上升的情况下，倡导了一系列的组织加强中层社区意识和团结意识。参见［美］田浩：《朱熹的思维世界》（增订版），《海外中国研究系列》，第 130 页。值得注意的是，后来明代阳明后学中江右王门（修证派）的邹守益、罗洪先也积极推行乡约，直接承袭王阳明的赣州乡治，向上可以追溯至朱子；而泰州学派如颜钧、何心隐诸人则走向极端主义的大众化乃至平民主义、民粹主义，导致动摇了儒家核心价值，破坏了社会秩序和伦理，因此走向了儒家的反面，最终遭到镇压。参见衷鑫恣：《论朱王两派道学大众化的异同》，张品端主编、衷鑫恣副主编：《会通朱王》，厦门大学出版社 2018 年版，第 183—185 页。岛田虔次则将泰州学派尤其李贽的平民主义思想称为中国近世个人主义和市民意识的觉醒，具有反抗专制的近代性，指出李贽的自杀象征着近代意识的挫折和中国最终没有形成市民性近代社会的悲剧命运。参见［日］岛田虔次：《中国近代思维的挫折》，甘万萍译，江苏人民出版社 2008 年版，第 155—158、163—164、172—173 页。此外，有历史学者指出，宋代以来家族组织通过族田、义庄等经济支撑得以重建和普遍化，而义庄规约和民间家谱中充斥着理学家所强调的纲领礼教和行为规范，由此理学和家族结合起来，起到了加强和巩固传统等级社会统治秩序的负面作用；总之，宋明理学实质上是农业社会的观念形态，属于前现代文明，并不具有近代性。参见葛金芳：《两宋社会经济研究》，天津古籍出版社 2010 年版，第 334—336 页。

希望直到19世纪还没有实现。① 在中国，新儒家缺乏能够表达自己想法的公民的有组织的支持，也缺乏舆论工具的有组织的支持。因此，他们在履行“先知”职能的过程中必然受到阻碍。这些儒家学者经常不得不独自处理复杂和僵化的帝国官僚机构，或派系内斗。他们越有良知就越有可能成为烈士，或者更多时候成为政治空想家。② 总之，狄百瑞认为，由于缺少民众有组织的支持，儒家所力求建设的处于“家—国”之间的地方中间“社群”在近代以前未能实现。

伴随着专制帝制的瓦解和市民社会的兴起，上述情况逐步发生改变。狄百瑞指出，有迹象表明，地方基础设施在清末民初蓬勃发展。他们所代表的“公共领域”大致相当于欧洲的“市民社会”。在这里，公共领域（“公”）与中央政府及其地方机构（称为“官”，或国家官僚机构）是截然不同的。公共领域是介于百姓（平民）和国家之间，以服务于整体福祉或公共利益的中等范围和规模的非正式活动和组织为代表。事实上，无论是由于共和时期，急剧恶化的政治和社会因素，或由于越来越多的极权主义军阀的出现，在随后的残酷斗争和高压压制下，由于新的基础设施的发展在本质上仍然是非常脆弱和零散的，所以它的生存空间极其有限。由于缺乏有效的政治基础，晚清民初的维新运动遭受了严重的挫折。改良派们不仅与人民脱节，而且没有政党的支持，他们就成了没有人民支持的先知。孙中山的左翼、社会主义者和无政府主义者也面临着同样的问题。尽管他们声称代表公众的利益或无产阶级，但在袁世凯宣布自己试图以“孔教”创建“国家”失败，以及随后中国的内战和外国的侵略后，直到毛泽东才真正走向人民，从政治上动员人民，从军事上组织人民追求革命。毛泽东结合了西方的先知传统（马克思来自这个传统）和列宁主义概念的国家革命与中国农民起义的实践经验，从而取得了中国新民主主义革命的成功。但由于未能借鉴儒家思想的长期经验，没能深刻理解儒家困境的深度和顽固性，毛泽东低估了问题的严

① 杨阳指出，在中国传统社会中，社学和乡约是联结基层社会与儒家精英的最重要的文化和制度形式；狄百瑞意识到礼制所倡导的互助、合作和教化的价值，在这里我们可以找到礼制的实施，然后以朱熹等人为代表的新儒家的努力；狄百瑞认为，这些努力构成了新儒家对王朝政治对基层社会侵蚀的抵抗；狄百瑞在儒家经典中发现了人格主义，又在新儒家对社会、乡约等互助组织的建设中，总结出平等、自愿、互助、合作、自治等精神，最后对儒家的性质做出了社群主义的判断。参见杨阳：《序言 · 碎片采集与传统建构——评狄百瑞〈亚洲价值与人权：儒家社群主义的视角〉》，[美]狄百瑞：《亚洲价值与人权——儒家社群主义的视角》，《政治文化研究译丛》，第12页。

② [美]狄百瑞：《儒家的困境》，黄水婴译，《海外中国哲学丛书》，北京大学出版社2009年版，第114—117页；彭国翔：《君子的意义与儒家的困境》，《读书》2009年第6期。

重性。"文革"使中国社会制度性的长期矛盾暴露在世人面前。但中国人民摆脱困境、生存下去的决心同样明显。我们不应该低估中国的文化遗产。① 从这个角度来看,没有必要现在就下结论。总之,在狄百瑞看来,中国由于两千年来根深蒂固的专制传统,决定了中国社会的发展只能是立足于传统基础上的改革,既不能复辟开历史倒车,也不能完全否定传统,过于激进的与传统决裂只会带来更严重的问题。

二、儒家思想的当代意义与文明对话

综上所述,狄百瑞的研究总体上是以宗教、观念为核心的"内在进路"诠释路径,同时又结合了外在社会、文化背景的分析。狄百瑞探讨儒家困境的目的在于平衡历史记载,纠正长期以来对儒家思想的片面看法。这种偏见认为儒家思想(尤其是后期儒学)是完全倒退和反动的。当狄百瑞试图表明儒家传统比它应该的更自由时,他不是试图否认儒家自由传统的范围是非常有限的,更不用说它有保守的方面。事实上,如果一种传统不能既保守又自由,以保持其核心价值,同时又足够开放,以适应新情况和吸收新思想,那么它就无法生存。只有现代的革命神话才会把悠久的传统看作是历史进程上的沉重负担和绊脚石。总之,在狄百瑞看来,现实主义意味着承认历史变化和表面进步是多线条、多形式的,不能仅仅用西方的方向进程作为唯一的衡量标准。② 这里体现了狄百瑞从中国自身的历史传统出发思考问题的中国中心主义立场。

狄百瑞指出,讨论过去是为了更好地应对未来,在关注中国人从过去到现在所面临的问题时,我们今天所面临的挑战与 19 世纪的中国人或东亚的儒家学者所面临的任何挑战一样紧迫。在一个日新月异的世界里,儒学由于顽固地坚持着古典的人文传统而付出了代价。但对于真正的儒家来说,根本问题不仅是物质的,而且是道德和精神的。在儒家看来,真正的疏忽不是没有实现工业化或更好地利用地球资源,而是塑造人的精神的教育系统的失败。教育体系太过投机取巧,倾向于狭隘的职业目标。所谓职业只不过是在一个强大的官僚机构中担任一个官员的职位。可以肯定的是,中国的政治文化并非完全愚蠢、冷漠、自私或目光短浅。但即使按照传统的儒家标准,它也不再处理基本的生活问题和新的需求。从教育的角度来看,我们

---

① ［美］狄百瑞:《儒家的困境》,黄水婴译,《海外中国哲学丛书》,北京大学出版社 2009 年版,第 117—122 页。

② ［美］狄百瑞:《儒家的困境》,黄水婴译,《海外中国哲学丛书》,北京大学出版社 2009 年版,第 122 页。

关注的重点是核心课程，这是一套明确规定的基础课程，所有专业的学生都必须学习。首先，它关注围绕生活和社会的中心问题。其次，它促进公民对核心价值观与当代问题关系的积极讨论。① 如果不深入思考仍然支撑着人类事业的传统价值观，我们就不能就保护生命的价值达成一致。我们必须批判性地审视历史经验，同时也必须找到新的方向，使我们能够避免重蹈覆辙。狄百瑞呼吁：今天，我们是时候扩展和扩大这种对话了：与历史对话，与其他文化对话，甚至与未来的几代人对话。② 总之，狄百瑞认为，历史上儒家所面临的问题在今天同样存在，而解决问题的关键在于塑造精神的教育，其目标不是为了功利目的，而是为了重建价值观体系并为人类所共同面临的问题提供解决方案，为此必须加强古今、东西不同时代、不同文明之间的对话。

狄百瑞基于非西方（欧美）中心的多元文化立场，一方面推动通识教育，强调东方经典在人文课程中应有的地位，主张以多元文化论观点来设计通识教育课程，③一方面强调文明对话，并指出文化和文明之间的对话观念在儒学的发端处即可找到其表达方式。④ 如《论语》开篇即是孔子与同伴之间的对话（语录），而孔子的对话贯穿过去、现在和未来。⑤ 狄百瑞在探讨东亚文明进程时指出，所谓"对话"意为最广泛的思想分享或思想交流，甚至

---

① 狄百瑞 1949 年担任哥伦比亚大学教务长，开始推动著名的核心课程（Core Curriculum），该课程使哥伦比亚大学从其他常春藤盟校中脱颖而出。核心课程不是一般意义上的通识教育，通识教育只是让学生熟悉不同学科的基础知识，而核心课程则注重探索每个人的思维能力，即直接面对人类面临的根本核心问题，选取各大文明历史上遗留下来的经典著作供学生学习，告诉他们哪些问题在人类社会中反复出现、一直被讨论，哪些人的贡献最大。在大学里，学生应该努力弄清楚一个人能做什么，他或她应该成为什么样的人，并学会在与不同领域的人交谈的过程中探索人类社会的普遍经验。当然，在阅读经典著作时，学生必须成为伟大对话的参与者，而不仅仅是看二手经典著作。只有通过与柏拉图和孔子的面对面交流，他们才能领略到文明的终极价值。作为核心课程的设计者，狄百瑞除了将他新的儒家教育理念贯彻到整个课程设计中，还让西方人不仅阅读西方，而且看到中国。狄百瑞负责哥伦比亚大学东亚研究本科通识教育项目的发展。他为此目的编写的读物取材于亚洲文明的主要传统，包括印度、中国、日本和韩国。这套教材在美国和其他国家的高校中很受欢迎，后更配上超过 140 篇文章，以供亚洲地区的通识教育之用。参见冯婧：《凤凰文化 美国汉学家狄百瑞逝世 今天我们如何看待"新儒学"?》，2017 年 7 月 16 日，http://culture.ifeng.com/a/20170716/51439437_0. shtml，2021 年 6 月 21 日。

② ［美］狄百瑞：《儒家的困境》，黄水婴译，《海外中国哲学丛书》，北京大学出版社 2009 年版，第 124—128 页。

③ 马早明：《港澳台科技大学通识教育模式研究》，中山大学出版社 2017 年版，第 161 页。

④ ［美］白诗朗：《普天之下：儒耶对话中的典范转化》，彭国翔译，河北人民出版社 2006 年版，第 100 页。

⑤ ［美］狄百瑞：《东亚文明——五个阶段的对话》，何兆武、何冰译，《海外中国研究丛书》，江苏人民出版社 1996 年版，第 2—3 页。

包括各种思想和制度的相互作用;东亚历史的每个重要阶段都通过机智的对话取得了重大的进步;即使是保卫传统观念和体制的做法,也一方面拒绝与别人达成和解或适应变化,一方面又融合了新的成分并积累成为一种更丰富复杂的发展;东亚文明的四个阶段中,第一阶段的对话主要是在儒家、墨家、道家和法家之间;第二阶段的对话是在佛家、儒家和其他东亚国家的本土传统之间;第三阶段的对话是在新儒家与佛家之间;第四阶段的对话主要是在新儒家与西方文明之间。① 由此可见,对话的模式对于儒学内部的形成和发展来说是至关重要的,而现代全球范围内的基督教对话运动使儒家传统成为对话的伙伴。② 狄百瑞指出,东亚文明的统一性和分歧性作为多文化的世界文明的典型,而统一性是分歧性和文化自由的基础和根据;③西方各个文明之间的沟通是通过"公民讨论"的形式发展起来的,而维持它的体制称之为"公民社会",指在国家与社会(人民)之间促进了这种沟通的内在结构。④ 狄百瑞将关注的焦点集中在儒教上,因为儒教在其全部的文明功能中特别关系到"文":公民生活、公民讨论、人道、文学,等等。⑤ 而之所以关注儒家比佛、道二教更多一些,这是因为佛、道二教在规定涉及东亚公民社会作为一个整体及其向近代转化的那些制度和思想方面,其作用要小一些。虽然儒释道三教各有其优缺点,但就佛道二教涉及公民社会而言,它们并不必然提出任何实际的其他抉择。⑥ 总之,狄百瑞认为,历史上不同思想、不同文明之间的对话促进了东亚文明的发展,而今天东亚文明作为世界文明的重要组成部分,更可为东西方的对话提供宝贵的资源。尤其儒家思想作为中国思想史上的主流正统,相比于佛道二教更加关注公民生活和社会建设,因而作为东方文明的代表,能够与西方的基督教文明展开对话,从而促进世界文明的发展。

最后要指出的是,狄百瑞《儒家的困境》一书的英文原版出版于 1991

① [美]狄百瑞:《东亚文明——五个阶段的对话》,何兆武、何冰译,《海外中国研究丛书》,江苏人民出版社 1996 年版,"序言",第 3—4 页。

② [美]白诗朗:《普天之下:儒耶对话中的典范转化》,彭国翔译,第 99—100 页。

③ [美]狄百瑞:《东亚文明——五个阶段的对话》,何兆武、何冰译,"作者为本书中文版所写的序言",《海外中国研究丛书》,江苏人民出版社 1996 年版,第 1 页。

④ [美]狄百瑞:《东亚文明——五个阶段的对话》,何兆武、何冰译,"作者为本书中文版所写的序言",《海外中国研究丛书》,江苏人民出版社 1996 年版,第 1—2 页。

⑤ [美]狄百瑞:《东亚文明——五个阶段的对话》,何兆武、何冰译,"作者为本书中文版所写的序言",《海外中国研究丛书》,江苏人民出版社 1996 年版,第 2 页。

⑥ [美]狄百瑞:《东亚文明——五个阶段的对话》,何兆武、何冰译,《海外中国研究丛书》,江苏人民出版社 1996 年版,"序言",第 3 页。

年，当时正值东欧剧变、苏联解体，冷战格局终结之际，狄百瑞敏锐地察觉到世界从对抗走向和解、文化由冲突走向对话的趋势的到来，倡导古今东西不同文化之间的平等对话与相互借鉴。这种不带特定意识形态偏见的平等态度非常难得，而其文明对话的主张尤其具有前瞻性，即使放在今天看来仍然不过时。事实上，正如吴根友所指出的，“文明对话”这一理论主张自狄百瑞、杜维明等海外新儒家学者于20世纪80年代倡导以来，随着国际形势的发展及中西思想文明的交流融合，逐渐取代了盛极一时的亨廷顿“文明冲突”说，因为这一理论主张合乎人类命运一体化的趋势，能给一体化的人类世界带来和平的福音与生活的福祉。① 如2019年底开始肆虐全球的新冠疫情的暴发及其防治即证明了在全球化的进程中任何国家都不可能独善其身，而只有对话合作而非对抗斗争才是人类文明发展的最终出路。

① 吴根友主编:《“文明对话论丛”总序》,《我们的文明观》,《文明对话论丛》第一辑,东方出版中心2021年版,第1—3页。

第十三章 楠本正继的宋明儒学史建构与诠释

——以《宋明时代儒学思想之研究》为中心

楠本正继(1896—1963),日本著名中国哲学研究专家,毕业于东京大学中国哲学专业,曾留学于中国及德国,并长期担任九州大学中国哲学史学科首任讲座教授。楠本正继出身儒学世家,系崎门(山崎闇斋)朱子学派传人楠本端山之孙,并以朱子学与阳明学的比较研究成名。主要著作有《宋明时代儒学思想之研究》等,主要论文有《〈庄子〉天籁考》《全体大用的思想(朱子学的发展)》《熊本实学思想的研究》等。其主要论文结集为《楠本正继先生中国哲学研究》一书出版。

目前学术界关于楠本正继的研究主要包括三个方面:一是对其生平及学术的介绍和评论。如九州大学柴田笃教授对楠本正继的生平作了详细介绍,并重点论述了其宋明理学研究的特点及对朱子学研究的贡献。石立善从学术史及学术范式的角度出发高度评价了楠本正继的朱子学研究。二是在九州学派的发展脉络中考察其思想源流与历史贡献。如邓红从九州地区的思想传统出发考察了楠本正继的学术渊源及贡献。钱明指出九州学派的"学统"与"道统"可上溯到江户中期,因而更具有日本传统神儒合一的特色以及传统书院教育的诉求,而楠本正继的弟子冈田武彦及荒木见悟分别侧重从践履与学问方面继承并发扬了楠本正继的学问事业。三是对其论著中具体材料及观点的考察。如佐藤錬太郎考察了楠本正继在《宋明时代儒学思想之研究》中论述李贽思想时所依据的九州大学藏九卷本《说书》,指出该版本的《说书》系杂糅改窜李贽、林兆恩、王阳明等人的著作而成的伪书,在思想倾向上与李贽有本质不同,因此不能作为李贽本人的思想文献来论述。① 此外,朱人求在楠本正继论述的基础上探讨了作为朱子哲学基本精

---

① 参见[日]柴田笃:《楠本正继博士之宋明儒学思想研究》,《台湾东亚文明研究学刊》2005年第2期;[日]柴田笃:《楠本正继博士的朱子学研究》,吴震主编:《宋代新儒学的精神世界——以朱子学为中心》,华东师范大学出版社2009年版,第297—312页;石立善:《战后日本的朱子学研究史述评:1946~2006》,徐洪兴主编:《鉴往瞻来——儒学文化研究的回顾与展望》,复旦大学出版社2006年版,第266—311页;邓红:《日本九州的中国哲学研究——传统与现状》,《国外社会科学》1991年第9期。李庆:《日本汉学史(第3部)——

神的"全体大用"思想，指出"全体大用"思想逐渐从注重内在道德融入社会生活的各方面，从而成为东亚乃至世界性的儒学资源。①

《宋明时代儒学思想之研究》一书作为楠本正继毕生研究宋明儒学的总结性著作，由美国洛克菲勒财团资助出版并荣获朝日文化奖，被公认为是日本战后首部以现代方法研究宋明儒学的经典著作。学界虽然已有上述相关研究，但在深入梳理原著内容、方法并结合学界最新研究成果进行论述上还不够充分。本章试着以该著作为中心，从四个方面来论述楠本正继对宋明儒学史的建构与诠释，并阐明其学术价值。

第一节　宋明儒学的精神特质

根据《宋明时代儒学思想之研究》的"后记"，楠本正继自述其长期潜心思考宋学与明学的精神特质，并试图通过思想史的梳理来把握其特质及各种思想之间的纠葛，进而上升到对整体的认识。为此，楠本正继遵循逻辑与历史相统一的原则，将哲学分析与历史叙述结合起来，采取直接从原典文献出发探求古人立场并加以切身体认的态度，做到尽量不歪曲古人的思想。楠本正继从撰写《宋明两思想的纠葛》一文开始，不断扩展研究的领域，最终完成了该书的写作。②

在对宋明儒学的精神特质及其逻辑结构的分析上，楠本正继强调纵横贯通考察其本质与历史意义。首先，关于宋明儒学的精神特质，楠本正继指出，宋明儒学受老庄思想的影响，在强调回归自然的同时，又摒弃其无伦理

转折和发展(1945—1971)》(修订本)，上海人民出版社2010年版，第208—211页；钱明：《九州学派：日本现代儒学的地域样本》，《深圳大学学报(人文社会科学版)》2012年第4期；钱明：《日本九州学派的成立与展开》，《近世东亚思想钩沉——钱明学术论集》，《孔学堂文库》，孔学堂书局2017年版，第46—58页；[日]难波征男、钱明：《楠门学与浙江文化》，《孔子研究》1992年第1期；[日]佐藤錬太郎：《〈李氏説書〉考——林兆恩〈四書正義纂〉との比較》，《日本中国学会報》第47卷，1995年，第149—163页；华国学：《战后日本的宋明理学》，东北师大学报编辑部编：《日本研究论丛》，东北师大社会科学丛书，1983年，第118—139页。

① 参见朱人求：《朱子"全体大用"观及其发展演变》，《哲学研究》2015年第11期；朱人求：《朱子文化的基本精神》，王学典主编、郑长铃、徐庆文副主编、任慧执行主编：《第八届世界儒学大会学术论文集》，文化艺术出版社2018年版，第154—158页；朱人求：《全球化视野中的朱子学》，萧庆伟、邓文金、施榆生主编、陈支平、林晓峰名誉主编：《闽台文化的多元诠释(三)》，厦门大学出版社2014年版，第497—505页；其他相关论文可参见钱明：《参考文献：冈田学与九州学派研究一览》，[日]冈田武彦等：《日本人与阳明学》，台海出版社2017年版，第375—380页。

② [日]楠本正继：《宋明時代儒学思想の研究》(修订版)，(東京)広池学園出版部1964年版，第506页。

道德目的的自然主义立场,从而将维系中国社会共同生活的伦理道德建立在自然(天道)信仰上以维护其纯粹性与绝对性。[①] 楠本正继进而指出,宋学(以朱子学为主体)重视道理(法则)并以"性"为中心,明学(以阳明学为主体)尊重生命(活动)并以"心"为中心,但最终目的都是归于天道,可谓殊途而同归。[②] 其次,关于朱子学"全体大用"的精神实质,楠本正继指出,"全体大用"在思想构建上一方面吸收了佛道思想以确立本体的绝对性和超越性,同时扬弃其出世的消极倾向,从而重建儒家的天道信仰,另一方面又吸收了功利思想施用于社会具体问题的层面,同时扬弃其刻薄堕落的倾向,[③]将自然(宗教)与名教(伦理)、道德(规范)与功利(技术)体用圆融地结合起来,从而奠定了近世文化的精神基础。楠本正继进而指出,"全体大用"的"用"(道问学、格致之学)终归是基于宇宙生命、伦理目的的自然法则(天道、价值),并非基于近代科技文明的机械自然法则。[④] 再次,关于阳明学的本质,楠本正继指出,王阳明一方面主张作为根本存在的本心及其浑一的性质,以对抗支离、外求的世儒之学,另一方面主张切合家族社会国家之具体生活的伦理道德,抑制佛老的空虚之学。[⑤] 由此我们知道阳明学其实是对朱子学的补偏救弊,并将心性本体与伦理道德融合成一体,可以说是儒学发展的新阶段。最后,关于朱子学与阳明学的异同及其历史意义,楠本正继指出,与朱子学兼顾道德(尊德性)与知识(道问学)不同,阳明学是彻底以道德性命之心学(尊德性)为主,但以心学的成德工夫作为根本来精通知识又是阳明学可与朱子学相通的地方。[⑥] 由此,朱子学与阳明学也成了包括中日在内的东亚儒家文化圈吸收世界文化并综合创新的理论根基。近代以之作为指导思想的中日两国都有吸收和容纳近代西方文明的理论与实践,如推崇朱子学的清康熙帝、推崇阳明学的日本佐久间象山等。[⑦] 事实

① [日]楠本正继:《宋明時代儒学思想の研究》(修订版),(東京)広池学園出版部 1964 年版,第 473 页。

② [日]楠本正继:《宋明時代儒学思想の研究》(修订版),(東京)広池学園出版部 1964 年版,第 505 页。

③ [日]楠本正继:《宋明時代儒学思想の研究》(修订版),(東京)広池学園出版部 1964 年版,第 115、322 页。

④ [日]楠本正继:《宋明時代儒学思想の研究》(修订版),(東京)広池学園出版部 1964 年版,第 228 页。

⑤ [日]楠本正继:《宋明時代儒学思想の研究》(修订版),(東京)広池学園出版部 1964 年版,第 421 页。

⑥ [日]楠本正继:《宋明時代儒学思想の研究》(修订版),(東京)広池学園出版部 1964 年版,第 432 页。

⑦ [日]楠本正继:《宋明時代儒学思想の研究》(修订版),(東京)広池学園出版部 1964 年版,第 228 页。

上，日本的明治维新及其近代化，以及中国自洋务运动以来的维新变法，直到中西文化关系讨论中出现的所谓“中体西用”（如张之洞）、①“本位文化”（如梁漱溟）、“全盘西化”（如胡适）、“以体补体，以用补用”（如贺麟）等各种主张虽然具体立场观点有所不同，①但无一不是以承认作为民族精神根基的体用论为前提。楠本正继在书中反复强调“全体大用”的思想，为此不惜花费大量篇幅论述朱子学“经世致用”层面的社仓法及礼制研究就是基于此现实关怀。

作为宋明儒学思想史专著，楠本正继在书中虽以哲学思想发展及其问题的分析为主，但又不局限于此，其视野又扩展到文学、艺术等体现时代精神的一般文化领域，提出了一些发人深省的观点。如楠本正继在上述比较分析宋学与明学之根本精神的文字后，接着用宋代瓷器的代表、将万物的颜色收归于白色的定窑白瓷与明代瓷器的代表、五彩缤纷的万历赤绘的对比来说明重视纯粹性的“理”——“自然”的宋学与重视活动性的“心”——“生命”的明学的区别，但没有展开论述。② 其后，楠本正继的弟子冈田武彦在其著作《宋明哲学的本质》第二章“陶瓷器的精神”中做了进一步的论述。冈田武彦指出陶瓷器同音乐一样是其时代的政治形势与人心动向的体现，并通贯唐、宋、元、明四代考察了陶瓷器背后反映的时代精神。其论述在深度与广度上都超过其师，且图文并茂，但其发端则归功于楠本正继的上述论述。③ 事实上，冈田武彦在《宋明哲学的本质》一书中对宋学、明学精神的论述在核心观点上都与楠本正继的《宋明时代儒学思想之研究》一脉相承（详见本书下篇第十四章）。

---

① 段炼指出，清末以来随着西方列强的入侵和中西思想的激烈碰撞，出现了从“理”到“势”的观念嬗变，并集中体现在张之洞的“中体西用”观点上。张之洞试图用中国的“体”（价值原则）来抵抗西方的“用”（知识技术），从而造成了一系列后果。张之洞为了接受功利主义的“用”，分离了传统合而为一的政治秩序与道德秩序，造成了道德实践与德性目标的分离，代表了中国传统世界观和方法论的瓦解，同时也导致价值判断与现实判断相分离的世俗化。参见段炼：《“世俗时代”的意义探询：五四启蒙思想中的新道德观研究》，上海人民出版社 2015 年版，第 52—53 页。需要指出的是，正因为“中体西用”说代表着传统思想的衰落，才出现后来各种融合古今中西文化的体用观。总之，中西碰撞所造成的传统价值观的转变并没有改变文化的内在模式，只是具体内容随着时代的变迁而发生了变化。

① 参见郭齐勇：《现当代新儒学思潮研究》，第 194—201 页。

② ［日］楠本正继：《宋明時代儒学思想の研究》（修订版），（東京）広池学園出版部 1964 年版，第 473 页。事实上，楠本正继在其发表于 1951 年的文章《宋学を導いたもの》（刊于《东方学》第 2 辑）的第一部分中对宋代的文艺精神有较详细的论述，但该文在整合到《宋明時代儒学思想の研究》时删除了这一部分，该文的第二部分后来成为《宋明時代儒学思想の研究》的首章“新儒学的产生”。参见［日］楠本正继：《宋学を導いたもの》，《楠本正继先生中国哲学研究》，东京：文言社，1975 年，第 219—227 页。

③ ［日］岡田武彦：《宋明哲学の本質》（上），《岡田武彦全集》第 17 册，第 19—43 页。

第二节　宋明儒学的历史建构

关于宋明儒学史的建构与分期，海内外学界历来有不同主张，按照笔者的归纳，主要包括以下几种：以时代师承分（如《宋元学案》），以地域学派分（如《明儒学案》），以思想特征分（如冯友兰的“理学心学二分”），以哲学派系分（如牟宗三的“三系说”），以问题意识分（如劳思光的“一系三阶段说”），以核心范畴分（如向世陵的“理气心性四系说”）。① 楠本正继采取的是以上述精神特质为内核，以思想源流为线索的建构方式。全书的章节内容如表 13-1 所示：

表 13-1　《宋明时代儒学思想之研究》的章节标题及其内容

部	章	节（内容标题）
宋学之部	新儒学的产生	（三教交涉）
	宋学前期	隐逸思想（戚同文、陈抟、种放）
		批评精神的勃兴（范仲淹、欧阳修、刘敞）
		正学思想、伦理立场的自觉（胡瑗、孙复、石介）
	宋学中期	邵康节：宇宙、世界观及历史观；人生观及实践功夫（伦理思想）
		周濂溪：《太极图》及同《说》的意义；人性论及其解释；《通书》的意义；思想与人格
		张横渠：太虚；自然哲学；人性论；作为同胞爱的《西铭》思想
		程明道：浑然的立场与本来性的立场；流动的立场
		程伊川：体用、显微的关系；心、性；功夫；知行
		程门：谢良佐、游酢、尹焞、杨时（静的功夫及其伦理性；对《西铭》的疑义及其解决）
	宋学后期	静的思想的深化与朱子的先辈、师友：罗从彦、李侗、朱松、胡宪、刘勉之、刘子翚）
		湖南学：胡安国、胡寅、胡宏（道的体用相即；性善说的批评；佛教非难与儒学立场）
		朱子的交友：张栻、吕祖谦
		永嘉及永康之学：薛季宣、陈傅良、叶适、陈亮
		朱晦庵：世界观；人生观；功夫；教育；社仓法的设立与礼制的研究
		朱门的思想：蔡西山及其家学（从自然向道德）、黄榦（宋代新儒学的意义；全体大用思想的继承；致知力行、作为畏的敬、敬义一致）、陈淳[太极、道、极至、自然（非安排）之理；关于天人等的思索；向陆学与佛家的辩难]

① 连凡：《〈宋元学案〉中程颐思想的诠释与评价——兼论二程思想的比较及其分派》，《哲学评论》第 21 卷，2018 年，第 161—165 页。

续表

部	章	节（内容标题）
明学之部	宋代陆学（作为明学渊源的宋代思想）	朱子学的特色（性即理、二元性）
		陆学的先驱：（心即理）（谢良佐、张九成、王苹）（作为明学渊源的宋代思想之一）
		陆象山：太极、心、学（作为明学渊源的宋代思想之二）
		陆门的思想：沈焕、舒璘、袁燮、杨简（由象山到慈湖；己易、绝四、觉）（作为明学渊源的宋代思想之三）
	元代儒学	（吴澄、作为明学的准备及渊源的朱陆两思想）
	明学前期	吴康斋
		陈白沙（附罗伦）
		娄一斋
	明学中期	王阳明
		王阳明的交友及批评家（罗钦顺、湛若水）
		王门（徐爱、邹守益、欧阳德、罗洪先、聂豹、钱德洪、王畿、王艮）
	明学后期	（李贽）

从全书的篇章结构及其思想脉络来看，楠本正继将宋明儒学分为宋学与明学两大阶段，其实就是朱子学（程朱理学）与阳明学（陆王心学）两大思想流派的划分。其中宋学部分又分为前、中、后三期，前期以宋学开山宋初三先生为代表，中期包括北宋五子及二程的直接弟子，后期主要包括道南学派、湖南学（湖湘学派）、以朱熹为首的道学东南三贤、浙东事功学派（永嘉及永康学派），最后是朱门的几位直接弟子。其与一般宋明儒学史著作的区别主要就是将陆学从宋学中剔除出去了。在明学部分，第一章即是“宋代陆学”，并标明其思想史定位是“作为明学渊源的宋代思想”，说明楠本正继是从上述宋学与明学的根本精神及特质出发，即以“性”为主还是以“心”为主来分期（分派）。从时间上看陆学虽然是宋代兴起的学派，但其精神特质与后来作为明学主体的阳明学（心学）一脉相承。具体到该章下面的四节分别是第一节“朱子学的特色”，反映了楠本正继没有割裂程朱理学（朱子学）与陆王心学（阳明学）之间的关系，而是将阳明学视为朱子学内在理路的必然发展。第一章后三节分别论述陆学的先驱、陆九渊、陆门（以明州四先生尤其杨简为主），并将其题为“作为明学渊源的宋代思想之一、二、三”。其后第二章“元代儒学”则是“作为明学的准备及渊源的朱陆两思想”

(朱陆合流)。至此楠本正继完整地将宋明两学贯通了起来,从而下面就自然过渡到明学的前、中、后三期。这种以精神特质为内核的同时强调思想脉络之发展过渡的思想史建构方式,一方面继承了传统宋明儒学思想史《宋元学案》及《明儒学案》以师承关系或地域学派为主线的叙述方式,一方面又吸收了冯友兰等现代学者以思想特征为依据建构宋明思想史的叙述方式,与楠本正继的老师宇野哲人在《支那哲学史——近世儒学》(1954 年出版)中基本依据《宋元学案》中思想史的脉络及其学案来论述相比,显然是一大进步。即使今日来看,仍然具有相当的合理性。

当然该书在结构内容上也不无缺撼。最主要的问题就是对于明学中后期儒学的发展脉络及其哲学思想的论述失之简略。明学中期除了对王阳明的思想论述较为详细之外,对王阳明的讲友罗钦顺与湛若水的思想都是一笔带过,对王门弟子的论述也多简略,明学后期主要只论述了泰州学派李贽一人的思想。此外对于明末东林学派、蕺山学派的论述也都付之阙如。但瑕不掩瑜,全书还是比较完整地展现了宋明儒学思想史的发展面貌。其弟子冈田武彦继承恩师的遗业完成《王阳明与明末儒学》一书。两书在思想史脉络、学术立场、研究方法及主要观点等方面都一脉相承。如冈田武彦将阳明后学分为三派,即现成派(左派)、归寂派(右派)、修证派(正统派)的思想史架构,以及对朱子"全体大用"精神特质及朱陆异同的阐发等莫不如此。尤其冈田武彦对体认的为学方法的推崇更是直接来自楠本正继的教诲。①

此外,对于具体学派及其学者间的思想传承关系,如对于二程哲学思想的异同及其发展,杨简是否为陆学正传,周敦颐与明代心学代表人物的思想关联,道南学派、湖湘学派、浙东事功学派与洛学的继承关系,朱熹与前后思想家的继承发展关系,王阳明的思想源流等问题,楠本正继都能从思想史发展的整体脉络出发对其来龙去脉予以探究。如关于上述朱子学全体大用思想的源流。楠本正继在论述宋学开山胡瑗时指出其明体达用之实学使后来宋学的集大成者朱熹得以超越周敦颐的无(超越性)的立场,成就所谓全体大用之学,并集中体现在朱熹《大学章句》的"格物补传"中,进而通过宋末真德秀的《大学衍义》、明代丘濬的《大学衍义补》,以及宋末元初熊禾、元代许衡等人的发展而成为占据统治地位并综合伦理与政治经济的潮流。② 楠

① [日]冈田武彦:《王阳明与明末儒学》,上海古籍出版社 2000 年版,"中文版序",第 1—5 页。

② [日]楠本正继:《宋明時代儒学思想の研究》(修订版),(東京)広池学園出版部 1964 年版,第 23—24 页。

本正继进而论述了作为朱熹全体大用思想尤其是用的方面在政治经济层面展开的社仓法与在理论层面展开的礼制研究，并详细探讨了其渊源及对当时及后世政治经济与学术思想的深远影响。如关于朱熹的礼制研究，楠本正继指出，张载门人中以礼制的研究及践履著称的吕大临已有以《仪礼》为主干汇集诸家之说的构想，从而开朱熹编纂《仪礼经传通解》之先声。朱子去世后该书经过黄榦等弟子的接续编纂得以完成，并对后世产生了深远影响。其后清代出现了徐乾学的《读礼通考》、秦惠田的《五礼通考》及江永的《礼书纲目》等增订修补著作。直到清末，洋务运动发起者之一的曾国藩还试图依据朱子的礼学来考察补救宋学的空疏与汉学的支离，并以上述《礼书纲目》《五礼通考》来联络沟通宋学与汉学。① 由此可知，后世汉学家将宋学狭隘理解为空洞说理的义理之学，将其与所谓朴实之汉学（考据学）对立起来的做法其实是没有看到朱子学兼顾"尊德性"与"道问学"的全体大用立场及其在政治经济与礼制、小学等研究及实践上的突出贡献。

第三节　比较视野与哲学分析

楠本正继发挥其精通中国、日本、西方哲学思想的专长，在行文中处处体现出比较哲学的视野及其分析。包括上述宋学（朱子学）与明学（阳明学）精神特质的比较，中日西、儒释道等不同思想体系间的比较，以及宋明儒学中不同哲学家及其思想观点的比较等方面。

关于中西思想的比较，如楠本正继指出，宋学初期兴起的正学思想与伦理立场的自觉在思想性质上与西方脱离中世纪的宗教改革具有共通处。即宋学初期书院的成立使得师徒紧密的人格联系成为可能，而学术与德育成了人们最应该一丝不苟从事的重要事业。由宋初三先生完成了从文献学的工作向古代教育伦理实践的转向，能将其与新教派教会中的敬虔主义运动②相

---

① ［日］楠本正继：《宋明時代儒学思想の研究》（修订版），（東京）広池学園出版部 1964 年版，第 276—277 页。

② 敬虔主义（Pietism）是 17 世纪晚期到 18 世纪中期，在德国路德宗中发生的一次宗教改革运动。该运动反对当时教会中出现的烦琐僵化、世俗化和形式化的倾向，强调信仰与个人生活的结合，提倡内心虔诚（Innerlichkeit）和对《圣经》的深入理解。虔诚派的主要领袖包括斯彭内尔（Philipp Jacob Spener）和弗兰克（Friedrich Wilhelm Francke），他们通过组织定期聚会（称为敬虔团契，Collegia Pietatis）来传播这一思想。此外，虔诚派还强调宗教教育的重要性，主张取消烦琐的宗教仪式，注重个人宗教修养，并提倡对社会弱势群体的关怀，如创办学校、孤儿院和医院等。尽管虔诚派在 18 世纪以来逐渐成为少数狂热者的社团，但它在当时确实起到了振奋人们精神的作用。

比较。当然这一论断并非楠本正继首创，而是直接来自理查德·威廉的《支那哲学史》，[①]同时也明显受到日本自内藤湖南以来以宋代之后为中国近世的“唐宋变革论”的影响[②]。

该书中更多的是中日儒学思想的比较分析，尤其大量吸收江户儒学来比较和诠释宋明儒学，此外还包括对江户儒学产生过重大影响的朝鲜李退溪思想。这一点体现在楠本正继对考据学、朱子学及阳明学等各学派的论述中。首先，关于考据学（汉宋之争），楠本正继在论述宋学的产生时指出，清代颜元、戴震、费密，以及日本伊藤仁斋、东涯父子、贝原益轩、太田锦城等人的宋学（道学）批判只是由考据学（或古学）入手从外部搜寻文献资料以揭露所谓宋学阳儒阴释（道）的本质，虽然从影响上来看也有相当的理由，但其局限在于忽视了儒释道思想的复杂纠葛中产生的内在精神。[③] 这一分

---

① ［日］楠本正继：《宋明時代儒学思想の研究》（修订版），（東京）広池学園出版部 1964 年版，第 22 页。

② “唐宋变革论”，又称唐宋变革、唐宋变革期，最早是由日本历史学者及汉学家内藤湖南所提出的理论。在内藤湖南看来，中国历史从中古转变为近世，是一大变革，这一变革发生于唐宋之间，故以“唐宋变革”称之。（参见柳立言：《何谓“唐宋变革”?》，《中华文史论丛》2006 年第 1 期。）具体来说，此学说认为唐末五代是由中世转入近世期的典型过渡阶段，因为唐宋之际，无论政治、社会、经济等方面，都发生了显著的变化，到宋代出现一个崭新的局面，也就是许多近世的历史现象，都在宋代逐一显示出来，因此唐末五代是各类史事逐渐转变的过渡期，而宋代则是近世期的开端。这种观念由内藤湖南提出，其后由宫崎市定加以阐发。内藤湖南有关“宋代近世说”的观念，是其早年在京都大学授课时就曾经屡次讲述过的，但他撰文公之于世，初见于 1914 年出版的《支那论》一书，而其详细解说的专论，则是 1922 年撰述的《概括的唐宋时代观》一文。内藤湖南于该文中指出，如果从历史特别是文化史的立场来观察，可以发现唐宋之间确有不少深具划时代意义的重大变革，诸如唐以前始于东汉的世族政治已经转变为宋以后的君主独裁政治、一般人民已从世族集团的隶属中获得解放而有成为土地所有者的可能、货币经济的趋于旺盛、庶民文化的逐渐兴起等等，如果把这些一系列的诸多历史演变现象来综合观察，便应该能够理解唐代以前的确是中国的中世，而自宋代起则已迈入近世了。（参见邱添生：《论“唐宋变革期”的历史意义——以政治、社会、经济之演变为中心》，《“国立”台湾师范大学历史学报》1979 年第 7 期。）在日本的中国史学界，1945 年前唐宋并称，而今天则是把宋元放在一起看待。内藤学说影响所及，不只是冲击了东亚历史研究，也被引介到西方。如白乐和的《宋史手册计画》，宫川尚志加上宫崎市定的补充发表在《远东季刊》，华兹生翻译吉川幸次郎的《宋诗概说》，谷川道雄刊出英文本《关于日本学界对中国历史分期的几个问题》。杜希德、蒲立本都对内藤学说给予高度评价。关于内藤学说的论战共有两波：1940—1970 年与历研派的直接论战是第一波，内容是就中世、近世的时代性质做争论，没有脱离唐宋本身；20 世纪 80 年代的反向启发是第二波，试图超越唐宋变革的定律思维，从研究帝制晚期的成果，如地域研究、专制国家等回顾唐宋变革期。第二波的质疑有寺地遵认为唐宋变革说注重形式而简约化历史，欠缺对人的行为的理解；包弼德认为内藤将宋代与西方近世比拟，陷于以欧美近代为趋归的目的论。参见张广达：《内藤湖南的唐宋变革说及其影响》，荣新江主编：《唐研究》第 11 卷，北京大学出版社 2005 年版，第 5—72 页。

③ ［日］楠本正继：《宋明時代儒学思想の研究》（修订版），（東京）広池学園出版部 1964 年版，第 11—12 页。

析一语道破了考据学派由于忽视了内在精神的体认与阐发，仅仅依据一些概念或具体观点的表面相似来批判作为融会贯通三教以发明先秦儒学精神的宋学的局限。其次，关于朱子学（朱王比较），楠本正继指出，朱子学中的仁是以家、国为本的爱，朱子驳斥《庄子·人间世》篇中以君臣为外在道义的思想，将君臣关系与父子一样彻底视为内在天性，“因为不这样考虑的话，父子与君臣、家族与邦国之间就不能成为一贯巩固的存在”①，所以朱子有强烈重视忠君的倾向。楠本正继又指出山崎闇斋编纂的《朱子书抄略》中将君臣置于人伦之首。这与我们一般认为中国儒家重视父子孝道并将其置于五伦之首的看法不大一样，似乎反映的是日本儒家强调的忠君思想。②但由楠本正继的上述分析可知，山崎闇斋的做法其实并没有歪曲朱子的精神。毋宁说日本江户时代之所以以朱子学作为正统思想正是基于上述朱子忠孝一体的思想。楠本正继进而指出，相较而言朱子学从家国一体的道德责任观念出发比较重视君臣关系，而阳明学从爱亲敬长（孝弟）的本心观念出发比较重视家族中心的父子关系。如阳明后学泰州学派的王艮认为孝是

① ［日］楠本正继：《宋明時代儒学思想の研究》（修订版），（東京）広池学園出版部1964年版，第222页。

② 如佐藤孝弘指出，儒家倡导的“五伦”思想在日本公司管理中有集中的体现，但日本公司经营中更多强调“忠”的精神；在中国孝道被视为百行之本，是儒家思想的核心；但日本人更重视忠的精神，甚至除夕夜除了播放红白歌会（相当于中国的春节联欢晚会）之外就是播放名为“忠臣藏”的传统戏剧（歌颂武士对大名藩主的忠诚）；其原因是日本在明治维新之前的政体是各藩由大名统治，而大名又服从于幕府的分封制，而且日本没有实行中国或朝鲜那样选拔直接效力于中央的科举考试，因此没有形成中央集权及其官僚制度，由此日本的实际统治阶层是附属于大名而重视“忠”观念的武士。参见［日］佐藤孝弘：《论社会责任对公司治理模式的影响》，光明日报出版社2010年版，第152—153页。李泽厚指出，中国儒学建立在氏族社会的血缘根基之上，而日本则没有像中国那样完全以血缘关系作为社会构造的纽带；由此决定了中国和日本在“家”的构造上有所不同；中国以血缘为基础纽带来维持实质的“家”，重视亲族间广泛而自然的纵横联系；而日本主要不是以血缘而是以行业、集团、地缘“村组”的主从为基础来维系名分上的“家”，因此重视集团内部人为而严格的等级秩序；由此决定了中日两国“孝”“忠”地位的不同：中国的“家”重视血缘，所以将血缘关系的“孝”作为社会性“忠”的基础；而日本的“家”不以血缘为唯一纽带而像一个职业集团，因此将集团性的“忠”置于血缘性的“孝”之上。参见李泽厚：《中日文化心理比较试说略稿》，《世纪新梦》，安徽文艺出版社1998年版，第72—73页。事实上，日本的“家业”是家族职业或技能（而非像中国那样专指财物），如武士的家业就是武艺，武士与主君结成主从关系，就意味着家业的确立，由此武士只有通过奉公（尽忠）来为主君尽义务，才能获得相应地位和收入，因此奉公（尽忠）就成了武士的家业；同时由于日本的“家”是一个超血缘的存在，由此在选择家族继承人时，当有血缘关系的子孙中无合适人选时，往往会以无血缘关系的“养子”或“婿养子”来继承家业；正是这种举贤不避亲的家业传承体制保证了日本家族产业的长久传承和活力。参见李卓主编：《日本家训研究》，《南开日本研究丛书》，天津人民出版社2006年版，第33—35、38—39页。

人性的同时也是天命,甚至是国家之元气。因为孝悌是对父兄发露的良知不忍之心,以家族为本的社会组织乃至治理国家社会的政治行为全都出自孝。① 根据笔者的研究,明末清初的黄宗羲、黄百家父子继承明代心学殿军刘宗周的思想,在《宋元学案》中也主张在作为人性本源的孝悌(爱)中求仁,从而批判了程朱以体用区分仁爱的二元论思想。② 由此可知,楠本正继的论断与思想史的实际情况相符合。最后,关于阳明学(中日比较),楠本正继在论述阳明后学王龙溪时指出,中江藤树最初是通过阅读接触现成派王龙溪的思想文献而成为日本阳明学之祖。假如藤树接触的是更接近朱子学的归寂派罗念庵或聂双江的思想,那么他是否会舍弃朱子学转向阳明学还未可知。而且藤树晚年从太虚的观点出发,更进一步重新认识龙溪,日本阳明学的普遍学风也不一味追求现成说。③ 冈田武彦也指出,江户时代不仅盛行作为幕府官方哲学的林罗山朱子学,还兴起了山崎闇斋的朱子学、反朱子学的中江藤树的阳明学、主张复归古典的伊藤仁斋的古学派及更加复古的荻生徂徕的古文辞学派,以及折中派、独立派等各种儒学思潮;这是因为与中国大一统的集权统治不同,日本是以幕府将军——各地方诸侯大名为核心的分封体制,由此决定了日本幕府对地方的控制不像中央集权制下的中国和朝鲜那样强,因而幕府对各藩的思想控制也较弱,这就给朱子学之外的学派提供了发展空间,加上日本没有像中国、朝鲜那样设立科举制度,所以没有出现朱子学一家独大的局面;后来日本阳明学得到广泛流行,甚至提供了社会变革的思想武器,则是因为阳明学的易简精神比较符合日本的民族性;而日本儒学的特色就在于较少门户之见以及重视体认和践履等方面,这一点与重视理论探讨的中国尤其朝鲜儒学形成鲜明对比,如山崎闇斋的朱子学相比朝鲜李退溪的朱子学就更重视行动。④ 钱明也指出,日本阳明学与中国阳明学在传授方式及思想特征上都存在明显差异,即一方面中国阳明学是通过直接师徒授受而兴起,日本阳明学最初是通过间接文献阅读而兴起,另一方面中国阳明学发展过程中现成说一家独大且重视理论探讨

① [日]楠本正继:《宋明時代儒学思想の研究》(修订版),(東京)広池学園出版部 1964 年版,第 494 页。

② 参见连凡:《清儒黄百家对宋明理学的批判与继承——以〈宋元学案〉为中心》,《华侨大学学报(哲学社会科学版)》2017 年第 4 期。

③ [日]楠本正继:《宋明時代儒学思想の研究》(修订版),(東京)広池学園出版部 1964 年版,第 487 页。

④ [日]冈田武彦:《简素的精神——日本文化的根本》,钱明译,西泠印社 2000 年版,第 218—221 页。

（所谓“会讲”活动即其表现），日本阳明学则带有折中色彩且更重视社会实践。[①] 中日两国阳明学的不同特色及其命运确实值得我们深思。

宋明儒学的产生及发展本身就是三教融合的过程，因此在研究宋明儒学时进行三教交涉的考察本是题中应有之义。这可以从宏观和微观两个方面来考察。宏观方面主要体现在对本来性与现实性的阐发。这其实就是体用模式的另一种表述。江户时代古学派创始人伊藤仁斋认为宋儒的体用论来自佛教，不是中国古代本土思想。[②] 这一观点就是上述楠本正继批评的古学派没有把握思想本质，仅仅依据一些字面相似来揭示所谓宋儒阳儒阴释的本质的典型。对此楠本正继早在1923年发表的《关于老子的学说》一文中就指出老子的“道”包括本体的存在与现实的规范两个层面，[③]其后在《宋明两思想的葛藤》一文中进一步指出中国自古以来的儒、道诸家都认为万物的现实活动以自然存在为根据和最终归宿。[④] 这一点体现在宋明儒学中就是本来性与现实性的思考。这一思考方式通贯本体与作用、先验与经验，成为理解宋明儒学的关键。如楠本正继以此来解释程颢将现实生存与人性本体融合为一体（“生之谓性”）的人性论思想就非常切合实际。[⑤] 微观方面主要体现在对儒释交涉的考察上。如楠本正继多次提到唐代华严宗的澄观及其继承者宗密将无住之心或空寂之心说成灵知不昧的知的思想对朱子的影响，指出朱子一方面接受这种强调心之知觉妙用作为体道基础的思想，一方面扬弃了佛教的知脱离现实事物的弊端，所以朱子在说心之明德与虚灵不昧的同时，必定要讲心具众理以应万事的必要，以与废弃人伦事物的佛教相抗衡。[⑥] 楠本正继通过比较分析指出，禅宗中的法眼宗及曹洞宗与朱熹思想都有重视静（无）的方面，而临济宗（大慧宗杲）的思想与陆王心学都有重视动（有）的方面。朱子以静为根本而反对大慧宗杲，而陆王心学

---

① 钱明：《近世东亚思想钩沉——钱明学术论集》，《孔学堂文库》，孔学堂书局2017年版，第14—23页。

② ［日］伊藤东涯：《太極図説十論》，《日本儒林叢書》第5册，东京：株式会社凤出版，1978年，第15—16页。

③ ［日］楠本正继：《楠本正继先生中国哲学研究》，国士馆大学附属图书馆编，（东京）文言社，1975年，第107—108页。

④ ［日］楠本正继：《楠本正继先生中国哲学研究》，国士馆大学附属图书馆编，（东京）文言社，1975年，第167—168页。

⑤ ［日］楠本正继：《宋明時代儒学思想の研究》（修订版），（東京）広池学園出版部1964年版，第85—86页。

⑥ ［日］楠本正继：《宋明時代儒学思想の研究》（修订版），（東京）広池学園出版部1964年版，第5—6、226—227页。

则更多吸收了临济禅的活泼作风。① 笔者在研究朱陆两家对周敦颐主静说的不同诠释时也指出朱子学以体用分静（阴）动（阳）并以静（超越动静）为本体，与阳明学提倡动静合一、循理为静的活泼泼的生命流行的差异。② 这一点可以为楠本正继的上述论断提供旁证。楠本正继的弟子荒木见悟继承本来性与现实性的思考模式并加以展开，进而在《儒教与佛教》等论著中深入探讨了儒释思想的交涉，并且为《大慧书》等作了详细的注释，取得了令学界瞩目的业绩。其发端之功可以追溯至楠本正继的论述。③

在具体哲学家及其思想的比较上，全书中更是随处可见，并纠正了前人一些不确切的认识。这里举楠本正继对陆王心学阵营内部不同思想家的比较作为典型例子。关于陆九渊与其弟子杨简（慈湖）的思想差异。黄宗羲在《宋元学案》中指出，觉虽是识（体认）本体，但陆九渊以觉为功夫的开端，慈湖则以觉为功夫的究极目的，认为这是慈湖对师说的失传，但还是将慈湖的以不起意为宗旨视为师门的嫡传。④ 楠本正继通过分析指出，陆九渊重视心的浑一、具体的性质，慈湖则重视心的纯粹、虚静的性质，因此杨简的思想难以认为是对陆九渊思想本质方面的当然发展。⑤ 楠本正继进而在分析阳明后学的发展趋势时指出："阳明殁后的明代王学与双江的虚寂说相反，

① ［日］楠本正继：《宋明時代儒学思想の研究》（修订版），（東京）広池学園出版部 1964 年版，第 237—238、341 页。

② 参见连凡：《周敦颐〈太极图说〉哲学阐释的三条路径——以朱熹、黄宗羲、伊藤仁斋为代表》，《衡水学院学报》2019 年第 2 期。

③ 2019 年 9 月 14 日至 15 日在复旦大学举办了"中国哲学的丰富性再现——荒木见悟与中日儒学国际研讨会"。其中关于"本来性与现实性"的根本问题及儒释交涉的研究是研讨的重点。与会中日专家一致认为荒木见悟的研究是对楠本正继学术思想的继承和发扬。参见澎湃新闻：《会议丨中国哲学的丰富性再现——荒木见悟与中日儒学》，2019 年 9 月 20 日，https://www.sohu.com/a/342226813_260616。

④ （清）黄宗羲原著，（清）全祖望补修：《宋元学案》第 3 册，陈金生、梁运华点校，中华书局 1986 年版，第 2506 页。刘宗贤指出，杨简与陆九渊悟人本心的途径有所不同，即陆九渊以人生问题为起点，从立身处世的法则来思考宇宙问题，杨简则从宇宙本体论的高度体悟人生伦理，因此陆九渊将发明本心作为入门工夫，将主观观念之心视作道德行为的根源，而杨简则将个体之心视作宇宙本体和万物根源，从而在心学本体论上解决了陆九渊心学中没有解决的天人关系、心道关系、本体与方法的关系问题。总之，杨简发展了陆九渊的本心论，使本心论与明心论归一，也就是基于儒家的天人合一思想，对佛教明心见性思想的吸收和融合。参见刘宗贤：《杨简与陆九渊》，《中国哲学史》1996 年第 4 期。由刘宗贤的上述论述可知，黄宗羲批评杨简失其传，其实恰好体现了杨简在哲学层面上对陆九渊心学的发展。而黄宗羲的批评其实就是因为杨简的这种发展不符合陆九渊思想的内在逻辑与特征。楠本正继的分析就是抓住了这一点。

⑤ ［日］楠本正继：《宋明時代儒学思想の研究》（修订版），（東京）広池学園出版部 1964 年版，第 388 页。

滔滔趋向于现成说。正如象山殁后的宋代陆学，傅氏之传衰微而主要奔于虚静说一样。这恐怕是因为宋代精神里面横行'理'或者'自然'的形而上学，明代精神的底层存在'心'或者'生命'的思想。"①由此可知杨简的思想之所以难以称为陆九渊心学思想的当然发展，其实是因为宋代学术思潮（朱子学）的深层精神影响。那么阳明思想为什么可称为陆九渊思想的当然发展呢。楠本正继指出，陆学创立的心即理观念其重点在于"行"，即彻底为生存的人类活泼泼的行，其中心问题则是"行"的"功夫"（道德践履）。因此陆象山特别揭示具有浑一、动态、具体、实质倾向的"心"，抨击朱子以分析、静态、抽象、形式倾向的"理"为中心的立场。由此，楠本正继指出，杨简的心学思想受宋学思潮的影响倾向于静虚，导致离开作为陆九渊思想宗旨的思潮。直到明代由陈白沙、娄一斋开其端，进而到王阳明才改变了慈湖开启的这一方向，回归继承了陆九渊的思想，从而开创了明学思潮。② 这番论述抓住了陆王心学作为道德践履之学的本质精神。楠本正继在论述朱子的功夫时指出，在阳明后学中提倡归寂说的聂豹强烈反对现成良知的思想，又以近似于朱子学中对知觉的理解来批判现成说的闻见知觉为外而非内，从而可视为从冲击宋学（朱子学）的明学（阳明学）思潮中反过来又出现一股以宋学冲击明学流弊的思潮，由此展开明末思想界的问题。③ 这一论述非常精辟。如明末批判阳明后学的东林学派、蕺山学派都可视为这一思潮的体现者。此外，如黄宗羲在《宋元学案》的按语中指出程颐的"真知必能行"说与王守仁的"知行合一"说是一致的。④ 对此，陈荣捷也大体持与黄宗羲相同的看法，认为程颐、朱熹的知行相摄与真知说与王守仁的知行合一说相去不远。⑤ 楠本正继则指出，王守仁的知行合一论是认为知里面有行，行里面有知，知行成为一个整体的构成，与程颐的"真知必能行"中知行仍然分为两截不同，只是当王守仁在论述知作为经验知的方面时，其语气与程

---

① ［日］楠本正继：《宋明時代儒学思想の研究》（修订版），（東京）広池学園出版部 1964 年版，第 472—473 页。

② ［日］楠本正继：《宋明時代儒学思想の研究》（修订版），（東京）広池学園出版部 1964 年版，第 412—413 页。

③ ［日］楠本正继：《宋明時代儒学思想の研究》（修订版），（東京）広池学園出版部 1964 年版，第 236 页。

④ （清）黄宗羲原著，（清）全祖望补修：《宋元学案》第 1 册，陈金生、梁运华点校，中华书局 1986 年版，第 603 页。

⑤ 参见［美］陈荣捷：《知与行》，韦政通主编：《中国哲学辞典大全》，（台北）水牛图书出版社 1983 年版，第 389 页。

颇相似罢了。①

第四节　问题意识与文献解读

楠本正继具有很强的问题意识及分析能力，在论述具体问题时从来不是孤立地看问题，而是注意在哲学思想的横向交涉与纵向发展中挖掘其学术意义。如楠本正继在论述江右王门、修证派的邹守益时指出，邹氏采取阳明浑一的一元论立场的同时，为了避免现成说的猖狂，有遥远私淑于宋学开山濂溪、明道思想的地方。楠本正继接着指出，王阳明已经寄意于濂溪，进而王畿对濂溪的无极而太极之语做了新的解释，聂豹也将阳明与周、程相比，同时日本大盐中斋主张阳明学与濂溪属同一宗派，明儒吴廷翰主张濂溪（主静）与明道（定性）思想的一致。后面东林学派顾泾阳、顾泾凡也感叹与陆九渊及朱熹不同，当时相信无极而舍太极二字的人很多。楠本正继指出，这大概是在元明陆王学派的思想中，相信通过濂溪能补救支离，是与虚寂思想（朱子学）尊重濂溪相结合的对于濂溪的新解释。② 由上述分析可知阳明学与濂溪思想的继承关系及其与朱子学的濂溪诠释的异同。楠本正继论述朱陆无极太极之辩时指出，陆九渊质疑《太极图说》与《通书》不相似，怀疑《太极图说》不是周敦颐的著作，其实“无极而太极”作为论证代表宋学精神的全体大用思想的开山之作，在《通书》中也可找到“厥彰厥微”之类体用兼备的相同思考，朱陆无极太极之辩问题的关键在于陆九渊的理气合一论与朱熹以形上形下、体用区分理气的二元论思想的不同。可以认为陆九渊攻击朱熹强调理对气的绝对性、静止性的“无”的方面，朱熹攻击陆九渊强调道器、理气合一，重视气的活动性的“有”的方面。③ 这一关于朱陆异同的论述在今天看来仍然不过时。④

楠本正继在论述中广收博采原典文献并加以融会贯通。如对宋明儒学中最为常见的“功夫”（“工夫”）一词，楠本正继在正文夹注中引用留守希斋的《语录译义》指出，“功夫”或“工夫”一词出自《魏志・王肃传》及《晋

---

① 参见［日］楠本正继：《宋明時代儒学思想の研究》（修订版），（東京）広池学園出版部 1964 年版，第 153 页。

② ［日］楠本正继：《宋明時代儒学思想の研究》（修订版），（東京）広池学園出版部 1964 年版，第 459 页。

③ ［日］楠本正继：《宋明時代儒学思想の研究》（修订版），（東京）広池学園出版部 1964 年版，第 340 页。

④ 参见连凡：《朱陆修养工夫论的思想渊源及其异同——以“尊德性”与“道问学”为宗旨》，《道德与文明》2017 年第 6 期。

书·范宁传》，原本意味着土木之工程、人夫，后来也指思维、思索，又像千手旭山所指出的那样指用力的意思。① 这点集中体现了日本学者以文献考据学的功底做学问的扎实学风。又如在论述宋学初期书院促进了儒学从文献学向伦理道德实践的转向之后，楠本正继接着给出了当时四大书院的不同说法及其文献出处。② 事实上，楠本正继在全书中几乎每论述一个问题都会列出原典出处及相关参考文献，进而给出引申解读，从而将问题意识与文献解读结合起来，避免了空头说理或罗列文献的问题，并为读者提供了非常有益的线索。

余　论

楠本正继作为处在新旧学术转型期间的老一辈学者，集传统汉学的文献考据与宋学的义理体认工夫于一身，又加之以现代西方哲学的比较视野与哲学分析。体现在宋明儒学思想史的建构与诠释上，与早期学界以西方哲学体系和范畴生硬评判和诠释中国哲学的路数不同，楠本正继立足于宋明儒学原典文献的深入解读，通过对思想流派的交涉比较及哲学观念内在理路的梳理，全面系统地总结了宋明儒学的精神特质、发展脉络及学者的哲学思想，同时贯穿了逻辑与历史、诠释与文献、理论与实践、比较与分析相统一的方法，从而使得该书成为一部汇集了宋明儒学的诸问题及相关文献，兼具学术性和资料性的学术专著。其理论与方法至今仍然具有重要的学术参考价值。③

---

① ［日］楠本正继：《宋明時代儒学思想の研究》（修订版），（東京）広池学園出版部 1964 年版，第 412—413 页。

② ［日］楠本正继：《宋明時代儒学思想の研究》（修订版），（東京）広池学園出版部 1964 年版，第 22 页。

③ 2019 年华东师范大学方旭东教授出版的《新儒学义理要诠》认为宋明新儒学的根本精神在于“明体见用”，并以体用为基本模式对宋明儒学的理论（特性、鬼神、穷理、境界、悌道等根本原理）与实践（科举）层面进行了探讨。如本章中所论述的，楠本正继对宋明儒学体用精神的把握，以及中西比较的视野、文献与诠释、理论与实践相结合的方法论在其《宋明时代儒学思想之研究》中都有集中体现。虽然方旭东著作是以哲学体系及其体用范畴贯通宋明理学史，而楠本正继著作则是在宋明儒学思想史的梳理中贯通了体用根本精神的分析，但两者在很多方面可以相互发明。详见方旭东：《新儒学义理要诠》，生活·读书·新知三联书店 2019 年版。参见澎湃新闻：《明体见用〈新儒学义理要诠〉的论域、范式、理论关照与方法》，2019 年 9 月 7 日，https://www.thepaper.cn/newsDetail_forward_4357319；三联学术通讯：《新书 | 方旭东〈新儒学义理要诠〉》，2019 年 7 月 10 日，https://www.sohu.com/a/326015355_669279。

第十四章　冈田武彦的宋明哲学诠释及其学术价值

——以《宋明哲学的本质》为中心

日本著名中国学家、儒学家冈田武彦（1908—2004）以阳明学、东亚儒学等领域的学术研究及其对东亚文化精神的阐发和践履在国际上享有盛誉①。冈田武彦的著作已经结集为《冈田武彦全集》自2003年以来在东京明德出版社陆续出版（已出版24册共16种著作，全集计划有32卷，尚未出齐）。冈田武彦已有多部著作被翻译为中文出版，如《王阳明与明末儒学》《王阳明大传：知行合一的心学智慧》《王阳明纪行》《明代哲学的本质》《简素：日本文化的根本》《日本人与阳明学》《〈孙子兵法〉新解：王阳明兵学智慧的源头》《崇物·简素·兼和：冈田武彦与张岱年的世纪对话》等。我们这里关注的是其晚年宋明理学研究的总结性著作——《宋明哲学的本质》。该书1984年由东京木耳社初版，修订扩充后又收入2008年出版的《冈田武彦全集》第17册②。

第一节　宋明哲学的精神特质与体系脉络

《宋明哲学的本质》一书共有8章，可分为两个大的部分，第1部分是

---

① 关于冈田武彦的生平及著述的介绍，参见［日］福田殖：《岡田武彦先生の生涯と学問〔含岡田武彦先生年譜·岡田武彦先生業績〕》，《中国哲学論集》第30卷，2004年，第92—132页；李今山：《日本当代儒学家冈田武彦》，《国外社会科学》1987年第8期；钱明：《日本有个中国文化群——记冈田武彦为首的九州知识界》，《观察与思考》1999年第8期；钱明、杨路：《日本当代儒学家冈田武彦思想述评》，《中共宁波市委党校学报》2004年第5期；钱明：《九州学派：日本现代儒学的地域样本》，《深圳大学学报（人文社会科学版）》2012年第4期；钱明：《一生践行阳明精神的冈田武彦先生》，《贵州文史丛刊》2015年第1期；钱明：《参考文献：冈田学与九州学派研究一览》，《日本人与阳明学》，台海出版社2017年版，第375—380页。

② 需要指出的是，《宋明哲学的本质》是与2022年山东人民出版社出版的焦堃翻译的《明代哲学的本质》完全不同的另一部专著。《明代哲学的本质》系对《冈田武彦全集》第18册的翻译，是收录冈田武彦研究明代儒学的论文集。由于《冈田武彦全集》的编纂者将《宋明哲学的本质》（1984年初版）一书和冈田武彦的明代儒学研究论文汇集在一起，分别题为《宋明哲学的本质》上册（《全集》第17卷）和下册（《全集》第18卷），所以容易造成这种误解。

第1至第3章，第2部分是第4至第8章。另有附录3篇，包括《明代儒学的展望》《明末儒教的动向》以及《明代思想的动向》，是对明代思想发展脉络及其精神主旨的概括总结。其内容宗旨基本不出正文8章之外。因此下面我们主要以正文8章为中心来展开论述。

一、唐宋元明的时代文化精神

《宋明哲学的本质》一书的第1部分(第1章至第3章)主要是对唐宋元明时代文化精神的阐发。

第1章"宋明时代精神的概观"主要是从社会政治环境的发展变化出发探讨了唐宋元明四代的时代精神及其形成原因。

冈田武彦指出：外观、包容和具有充满温暖而丰富情感的豁达是唐代精神的特色①。从发散到收敛，从外向到内向，这就是从唐代精神到宋代精神的发展脉络。一言以蔽之，宋代精神是内观的②。在宋元交替之际，宋朝的知识分子、文化人大多不得不下野，所以知思性的宋代精神也不得不自我转为野逸性③。宋代的知思精神转变为抒情倾向，这成为明代精神形成的先驱④。虽然明代精神与宋代精神并不是完全相反，但从另一种观点来看，它可以说是南宋精神经过了庶民化的元代精神发展而来的，也可以说是借鉴

① [日]岡田武彦：《宋明哲学の本質》(上)，《岡田武彦全集》第17册，第9页。

② 同上，第12页。值得注意的是，"内观"(或简称"观")一词原本来自印度巴利语"Vipassana"(毗婆舍那)，意思是观察如其本然的实相，是印度最古老的禅修方法之一，在长久失传之后，后来又被佛教创始人释迦牟尼重新发现。在佛教的修行系统中，观是属于三学中最后的"慧学"，前两学分别是戒学(道德生活之准则)和定学(专注力的培养)。慧的音译为般若，是对实相的正确了解，事实上，观的修习的每个阶段，就是以获得更深湛的智慧作为里程碑(如十六观智)，更深的智慧，能灭除更幽微的烦恼，从这个意义而言，佛教修行可以视为自我净化的过程(七清净)，其最终目标是完全的净化，从所有的痛苦、感官的束缚中解脱出来，即所谓的涅槃。内观的意思是如实观察，也就是观察事物真正的面目：它是透过观察自身来净化身心的一个过程，开始的时候，借着观察自然的呼吸来提升专注力，等到觉知渐渐变得敏锐之后，接着就观察身和心不断在变化的特性，体验无常、苦、以及无我的普遍性实相，这种经由直接的经验去了知实相的方式，就是净化的过程。"内观"的修养方法后来也被宋明理学所吸收，成为居敬穷理的工夫。当然与佛教追求个人解脱的"内观"不同，宋明理学中的"内观"是为了体认作为宇宙本体和道德本体的天理(也就是伦理道德)。冈田武彦也是在此意义上使用"内观"一词。参见[日]三浦国雄、连凡译：《止观、坐忘与居敬——三教的身心技法》，《榆林学院学报》2018年第1期。

③ [日]岡田武彦：《宋明哲学の本質》(上)，《岡田武彦全集》第17册，(東京)明德出版社2008年版，第16页。

④ [日]岡田武彦：《宋明哲学の本質》(上)，《岡田武彦全集》第17册，(東京)明德出版社2008年版，第16页。

了宋代精神的唐代外观精神的再现①。

第2章"陶瓷器的精神"主要是以陶瓷器为中心，根据"因器以知政"的指导思想，考察了唐宋元明四代的陶瓷器特色及其所反映的时代精神。

冈田武彦指出：通过陶瓷等具体艺术形式不仅可以了解不同时代的政治形势和人心动向，而且它也成为了解时代精神的有力线索，甚至可以通过它了解民族性和该民族的精神文化特色②。比较唐宋陶瓷所反映的时代精神，由唐至宋，华丽丰满、温和宽容变成简朴清瘦、险峻遒劲，豪华清新、优美温雅变成幽玄苍古、冷彻崇高。简而言之，感性的东西变成了理智的东西，外观的东西变成了内观的东西。另外，异国风情的东西消失，变成国粹的东西也是值得注意的现象③。万历时期是明代陶艺的成熟期，将这一时期的瓷器与北宋瓷器进行比较，宋明的时代精神将是对抗性的。据此可以清楚地看出，从宋至明，简素的东西变成烦琐的东西，理智的东西变成抒情的东西的过程。这又与从宋学到明学的发展轨迹相吻合④。

通过考察陶瓷背后所体现的精神可知，宋代精神是理智的、知思的，其中荡漾着静深严肃的气象。这是因为宋代人提出了远大的理想，对事物的纯粹性和客观性有着严格的追求⑤。在绘画上也一样，比起情趣更重视哲理，试图表现宇宙大生命和气韵等静深严肃的形而上精神⑥。宋学有代表性的儒学学者朱子，在宇宙论中，既以事物成立的根本实在为理，又将这个作为与事物之质料的气不可分的存在，但是在价值上讲理先于气，阐述了具有二元思维结构的唯理思想，大概就是以这样的时代精神为背景的⑦。经过元代，到了明代，这种宋代精神变得稀薄，转向抒情、流动、充满生命的东西，比起理智更注重理情一致，所以形成了重视感兴、重视主观的倾向。这

① ［日］岡田武彦：《宋明哲学の本質》（上），《岡田武彦全集》第17册，（東京）明德出版社2008年版，第18页。

② ［日］岡田武彦：《宋明哲学の本質》（上），《岡田武彦全集》第17册，（東京）明德出版社2008年版，第19页。

③ ［日］岡田武彦：《宋明哲学の本質》（上），《岡田武彦全集》第17册，（東京）明德出版社2008年版，第37页。

④ ［日］岡田武彦：《宋明哲学の本質》（上），《岡田武彦全集》第17册，（東京）明德出版社2008年版，第41页。

⑤ ［日］岡田武彦：《宋明哲学の本質》（上），《岡田武彦全集》第17册，（東京）明德出版社2008年版，第21页。

⑥ ［日］岡田武彦：《宋明哲学の本質》（上），《岡田武彦全集》第17册，（東京）明德出版社2008年版，第21页。

⑦ ［日］岡田武彦：《宋明哲学の本質》（上），《岡田武彦全集》第17册，（東京）明德出版社2008年版，第21页。

是因为，他们认为宋代人高远的理想主义是压迫人生命的东西，使人的生命枯萎，而理想必须立足于人本来的性情去追求①。因此，在绘画方面，比起技巧更注重将个人的感兴情趣直率地表现出来的文人画很流行。明学的代表性儒者王阳明，之所以提出致良知说，阐述具有一元思维结构的唯心思想，正是基于这样的时代精神②。

第 3 章“宋明学的精神”结合思想文化的各个领域，从内观、格物、简素、古拙、藏五个方面出发，深入系统地总结了贯穿整个宋明时代思想文化的基本精神。

关于内观的精神。冈田武彦指出：所谓内观的精神，是指与认为事物的存在本身具有价值和意义的外观精神相反，认为只有在使其存在成立的内在本质、即宋代所谓理的基础上，才有其价值和意义的思考方式。要想体会这种精神，必须沉潜于身心，静虑深思。因此，内观的精神也可称为内在的精神③。内观的精神，从内观这一点来说，是主观的，而且是贯穿主客体的更高层次的东西，但其中宋代的东西，无论如何都是客观的。然而，经过元代，到了明代，它变得主观起来④。

关于格物论及其背景。冈田武彦指出：宋儒的格物论是唯理的、客观的，明儒的格物论是唯心的、主观的。因此前者是理智的，后者是情意的⑤。格物思想不仅存在于宋明儒学之中，只要仔细理解其根本精神，就会发现它也构成了当时文艺思想的基础，尤其体现在绘画方面。一方面，宋代画坛的主流是以院体派为中心的理智、客观的写实派，另一方面，所谓文人画和禅理画兴起，出现了抒情、主观的写意派。写实派与写意派的关系，可以比作主张唯理、客观哲学思想的朱子与主张唯心、主观哲学思想的陆九渊之间的关系⑥。

---

① ［日］岡田武彦：《宋明哲学の本質》（上），《岡田武彦全集》第 17 册，（東京）明德出版社 2008 年版，第 21 页。

② ［日］岡田武彦：《宋明哲学の本質》（上），《岡田武彦全集》第 17 册，（東京）明德出版社 2008 年版，第 21 页。

③ ［日］岡田武彦：《宋明哲学の本質》（上），《岡田武彦全集》第 17 册，（東京）明德出版社 2008 年版，第 44 页。

④ ［日］岡田武彦：《宋明哲学の本質》（上），《岡田武彦全集》第 17 册，（東京）明德出版社 2008 年版，第 46 页。

⑤ ［日］岡田武彦：《宋明哲学の本質》（上），《岡田武彦全集》第 17 册，（東京）明德出版社 2008 年版，第 56 页。

⑥ ［日］岡田武彦：《宋明哲学の本質》（上），《岡田武彦全集》第 17 册，（東京）明德出版社 2008 年版，第 56 页。

关于简素的精神①。冈田武彦指出：崇尚简素的精神孕育了水墨画②。宋代人把水墨画作为画道的第一义，这是因为比起外观的世界更注重其深处的内观世界，即比起现象界更注重本体界的表现③。简素化就是技术上的单纯化。虽说是简素化，但如果里面没有复杂深远的精神性，那也是没有价值的④。

关于古拙的精神。冈田武彦指出：宋代以后，思想界和文艺界开始谈论“拙”。拙是与巧相对的词语，从作为古人之道这一点来说，称之为拙古、古拙；从以质朴为本这一点来说，称之为朴拙；从稚拙这一点来说，称之为生拙。拙是与技巧主义相对的遵从精神主义的态度。拙的思想源于老庄列子。但这些道家所说的拙，主要是以超验主义为根本的贵生养生为目的。宋儒则将其升华发扬为理想主义⑤。

关于藏的精神。冈田武彦指出：宋代的文人艺术家们认为，与其追求表现描写的完整，不如极力抑制。因为他们知道，在他们理想中广阔深远的精神世界中，越是想在形式上完全表现出来，就越会失去真意。他们排斥呈露的原因就在这里。如果一切都暴露了，那就失去了韵致，也就没有了余韵⑥。朱子提出“智藏”说，也是出于同样的旨趣⑦。朱子所说的智藏，如果能显露出来，便是阳明的良知。宋代以藏为要，明代以露为要。这也适用于这两个时代的文艺和工艺⑧。

---

① 冈田武彦在其专著《简素：日本文化的根本》中用“简素”与“崇物”对日本文化特质和日本人的精神世界进行了高度概括。“简素”是表现形式上的抑制，是华丽的极致；“崇物”即对万物充满崇敬和感激。冈田武彦的概括是建立在对日本人的性格特质，与日本的语言、文学、书画、雕刻、建筑、庭园、料理、陶瓷、茶道、武道、音乐、神道、宗教等方面的透彻解析，及对日本文化与中国文化、西方文化的比较的基础上的。参见［日］冈田武彦：《简素：日本文化的根本》，钱明译，社会科学文献出版社2016年版。

② ［日］岡田武彦：《宋明哲学の本質》（上），《岡田武彦全集》第17册，（東京）明德出版社2008年版，第82页。

③ ［日］岡田武彦：《宋明哲学の本質》（上），《岡田武彦全集》第17册，（東京）明德出版社2008年版，第83—84页。

④ ［日］岡田武彦：《宋明哲学の本質》（上），《岡田武彦全集》第17册，（東京）明德出版社2008年版，第85页。

⑤ ［日］岡田武彦：《宋明哲学の本質》（上），《岡田武彦全集》第17册，（東京）明德出版社2008年版，第91页。

⑥ ［日］岡田武彦：《宋明哲学の本質》（上），《岡田武彦全集》第17册，（東京）明德出版社2008年版，第95页。

⑦ ［日］岡田武彦：《宋明哲学の本質》（上），《岡田武彦全集》第17册，（東京）明德出版社2008年版，第95页。

⑧ ［日］岡田武彦：《宋明哲学の本質》（上），《岡田武彦全集》第17册，（東京）明德出版社2008年版，第96页。

二、宋明儒学的流派、发展脉络及其思想主旨

《宋明哲学的本质》一书的第 2 部分(第 4 章至第 8 章),主要是从哲学史与思想史相融合的视域出发对宋明儒学中的经学、实学、理学、心学、气学等不同学术形态、流派及其发展脉络、思想主旨的分析。

第 4 章“经学中的新古典主义与自由主义”系统梳理了从汉唐到宋明的经学发展历程,尤其关注从宋代经学的新古典主义(以朱子学为代表)到明代经学的自由主义(以阳明学为代表)的范式转变及其旨趣。

冈田武彦指出:唐代承袭南朝之风,喜华丽,好外饰,自玄宗起,去华就实,崇尚发扬个性的风气逐渐兴起。这可以说是文艺复兴在中国的前兆,这时开始对传统进行反省和批判①。这种风潮也反映在经学上②。宋儒之所以批评经传、注疏,是痛感汉唐训诂之学所带来的弊病,主张直接恢复古经,明辨其真义,以致产生改删、移易经文成为自己说法的风潮③。其中,以道问学为宗旨、强调读书穷理的朱子,虽然不轻视训诂,但他把义理的终极归结于心性,所以有时会离开经文而去讲义理④。朱子的经解是在汉唐训诂之学的基础上完成的,可以说兼顾了客观与主观的解释。但到了阳明的时代,这种风潮发生了改变。明代有对古典进行主观自由解释的风气。阳明对待古典的态度,与其说是遵循古典主义,不如说是主观的自由主义,从而导致轻视经学的风潮⑤。尤其明末的王学末流,为了强调良知的现成,纵谈蔑经之论,产生了猖狂的弊病⑥。但总的来看,宋明理学家在经学上的批判精神和自由精神,开启和发扬了儒家精神的意蕴,为其发展作出了巨大贡献⑦。

---

① 冈田武彦这里所持的是日本自内藤湖南以来的“唐宋变革论”的主张。关于“唐宋变革论”的具体内容,参见本书下篇第十三章中的注释。

② [日]岡田武彦:《宋明哲学の本質》(上),《岡田武彦全集》第 17 册,(東京)明德出版社 2008 年版,第 101 页。

③ [日]岡田武彦:《宋明哲学の本質》(上),《岡田武彦全集》第 17 册,(東京)明德出版社 2008 年版,第 108 页。

④ [日]岡田武彦:《宋明哲学の本質》(上),《岡田武彦全集》第 17 册,(東京)明德出版社 2008 年版,第 111 页。

⑤ [日]岡田武彦:《宋明哲学の本質》(上),《岡田武彦全集》第 17 册,(東京)明德出版社 2008 年版,第 114—115 页。

⑥ [日]岡田武彦:《宋明哲学の本質》(上),《岡田武彦全集》第 17 册,(東京)明德出版社 2008 年版,第 111 页。

⑦ [日]岡田武彦:《宋明哲学の本質》(上),《岡田武彦全集》第 17 册,(東京)明德出版社 2008 年版,第 117 页。

第5章“宋明的实学”以虚实之辨为线索，探讨了中国思想史上儒释道三教之间的复杂纠葛，以及宋明理学的实学及其内部朱子学、阳明学、事功派和唯气派的实学思想演变。

关于宋代以前儒释道三家的实学思想。冈田武彦指出：从《论语》到《孟子》，从《孟子》到《中庸》，本来立足于“实”的儒家也开始论及“虚”，与此同时，其“实”也变得真切精微。不过，虽然论及了虚，但这与佛老那种舍弃实而专求虚，在本质上是不同的①。道、佛二家的道是超越性的存在，所以以虚为本，但同样是虚，道家却没有佛家那么彻底。因为道家比佛家更关心现实生活②。道家虚的思想到了魏晋时代，也开始深刻地追求虚的绝对性，结果认为虚必须与各个事物相结合才能得到其绝对性。道家虚的思想在追求绝对性的过程中，向着在实中自我消除虚并加以提高的方向发展③。如果极端地说印度思想和中国思想的不同，那就是前者是冥想的、思辨的、分析的思想，而后者是现实的、实践的、综合的思想。一言以蔽之，两者都以虚为本，但其间却有虚与实的区别。由虚到实，这是由印度佛教向中国佛教展开的情形④。

关于宋明儒学的实学思想。冈田武彦指出：宋代的新儒学，以对传统儒教实的思想的自觉和道统意识为基调，超越道家的玄理、佛家的精神性，创造了新的东西，总之，是来自对虚的思想的反动和批判⑤。宋明实学的实的意义涉及多方面，意指与虚伪虚妄相对的诚实真实、与观念空想相对的现实事实、与无益无用相对的有益实用、与空言虚说相对的实事实得或者与思辨理论相对的体认实践等。切论儒道是实的，用“实学”这个词来阐明儒学的特色，排斥佛老，是在宋代以后⑥。在实学中，儒者首先强调的是实用之学。具体而言，就是对家、国、社会中人类的共同生活有实际帮助的学问⑦。朱

① ［日］岡田武彦：《宋明哲学の本質》（上），《岡田武彦全集》第17册，（東京）明德出版社2008年版，第118页。

② ［日］岡田武彦：《宋明哲学の本質》（上），《岡田武彦全集》第17册，（東京）明德出版社2008年版，第121页。

③ ［日］岡田武彦：《宋明哲学の本質》（上），《岡田武彦全集》第17册，（東京）明德出版社2008年版，第122页。

④ ［日］岡田武彦：《宋明哲学の本質》（上），《岡田武彦全集》第17册，（東京）明德出版社2008年版，第129页。

⑤ ［日］岡田武彦：《宋明哲学の本質》（上），《岡田武彦全集》第17册，（東京）明德出版社2008年版，第133页。

⑥ ［日］岡田武彦：《宋明哲学の本質》（上），《岡田武彦全集》第17册，（東京）明德出版社2008年版，第135页。

⑦ ［日］岡田武彦：《宋明哲学の本質》（上），《岡田武彦全集》第17册，（東京）明德出版社2008年版，第137页。

子的实学虽然最终归于人道，但由于涉及自然界的必然法则，其中也包含了实证性、合理性的自然科学的学问。在日本的德川时代可以清楚地看到这一点①。宋儒所说的实学是以实理为体的学问，他们提出实理来排斥异端。实理与实用是体用关系②。朱子说的所当然之理是以人道为中心，因此其中也包括自然法则，那也不只是单纯的、机械的、必然的法则，其特色在于符合宇宙的目的。这里有宋儒以理为实理的理由③。自宋末以来，陆学虽然走向衰微，但当我们观察元朝朱子学者的学风时，就会发现，陆学在暗处被朱子学者所吸收，对挽救朱子学末流的虚弊有所帮助④。由此，明初的朱子学有了新的发展。他们或将朱子学中的居敬与穷理归于居敬一路，或将朱子学的穷理归于心的静虚存养。如明代朱子学者薛瑄、胡居仁将穷理归于居敬，充分体现了以朱子二元论为本的实学精神，旗帜鲜明地以朱子学批判了佛老及陆学的虚弊，但又将穷理归于居敬，可以说是对陆禅超克的结果⑤。王门分为现成（左派）、修证（正统派）、归寂（右派）三派，但由于时代风潮的影响，只有左派的现成派非常兴盛，风靡明朝。现成派以良知为现成，说当下即是，以直下承当、即顿悟为宗旨，但到了末流，以知觉、好恶之情为知性，专以本体为幌子，轻视工夫，因此废弃德业，蔑视世界的纲纪，走向了猖狂一路。陆王的实学也不得不说至此产生了弊端⑥。但阳明学的兴盛和流行，给一般的朱子学者带来了反省，结果，也有人想通过超克陆王的唯心论，或者承认其中一部分创立起新朱子学，以拯救陆王学的流弊。如湛门派中，许敬庵及其门人冯少墟出来，阐述了新朱子学⑦。同时，在阳明学亚流中也出现了一个值得注意的现象。那就是虽然以儒教为中心，但从现实性立场出发，提倡儒道佛三教合一的李贽、林兆恩等人的出现。这里的三教

---

① [日]岡田武彦：《宋明哲学の本質》（上），《岡田武彦全集》第17册，（東京）明德出版社2008年版，第138页。

② [日]岡田武彦：《宋明哲学の本質》（上），《岡田武彦全集》第17册，（東京）明德出版社2008年版，第139页。

③ [日]岡田武彦：《宋明哲学の本質》（上），《岡田武彦全集》第17册，（東京）明德出版社2008年版，第140页。

④ [日]岡田武彦：《宋明哲学の本質》（上），《岡田武彦全集》第17册，（東京）明德出版社2008年版，第155页。

⑤ [日]岡田武彦：《宋明哲学の本質》（上），《岡田武彦全集》第17册，（東京）明德出版社2008年版，第155页。

⑥ [日]岡田武彦：《宋明哲学の本質》（上），《岡田武彦全集》第17册，（東京）明德出版社2008年版，第158页。

⑦ [日]岡田武彦：《宋明哲学の本質》（上），《岡田武彦全集》第17册，（東京）明德出版社2008年版，第162页。

一致论并非三教调和论，而是遵循了三教本来就是一体的立场。佛老的虚学和儒教的实学以这种形式融合在一起①。

第6章“宋学的精神——唯理的思想”系统梳理了宋学（即程朱理学、朱子学）的发展脉络及其思想主旨，包括北宋五子、程门及其后学、湖南学派（湖湘学派）、朱子之父与师、朱子、朱子讲友（附事功学派）、宋末朱子学派、元代朱子学派、明代朱子学派。

冈田武彦指出：周敦颐的伟业之一，是借鉴老庄、《易》、禅等，升华了传统儒教的天人合一思想②。周敦颐的门人程颢、程颐兄弟开始提出“理”作为世界的根本实在，由此奠定了宋代理学的基础③。二程子认为“性即理”，在把性理作为学问宗旨这一点上是一致的。但不得不承认两学之间是有差异的。后学产生了理学派与心学派之别可以说发源于二程子④。程颢有着一元的世界观，因此，将《易・系辞传》中说的形而上的道与形而下的器视为不可分割的东西⑤。程颐的世界观则是二元的，这是因为他试图严格坚守道的绝对性、纯粹性。程颐认为，使事物存在的本质是形而上的理，使事物成立的质料是形而下的气，虽然两者不可分，但又将其区别开来，使其成为一而二、二而一的关系⑥。二程子的讲友邵雍和张载也对理学的兴起有贡献。邵雍以数为本而论及理，张载以气为本而论及理⑦。朱子之学以胡

---

① ［日］岡田武彦：《宋明哲学の本質》（上），《岡田武彦全集》第17册，（東京）明德出版社2008年版，第161页。

② ［日］岡田武彦：《宋明哲学の本質》（上），《岡田武彦全集》第17册，（東京）明德出版社2008年版，第170页。

③ ［日］岡田武彦：《宋明哲学の本質》（上），《岡田武彦全集》第17册，（東京）明德出版社2008年版，第173页。

④ ［日］岡田武彦：《宋明哲学の本質》（上），《岡田武彦全集》第17册，（東京）明德出版社2008年版，第173页。这一观点最早出自冯友兰。冯友兰在20世纪30年代出版的《中国哲学史》中认为程颢、程颐二人分别是陆王心学（程颢）与程朱理学（程颐）两派的先驱，而二程的思想差异在于其哲学上的根源即本体论（世界观）上，即“心即理”（“主观唯心主义”）与“性即理”（“客观唯心主义”）的区别。冯友兰在总结其学术生涯的《三松堂自序》中将此观点视为其《中国哲学史》中颠扑不破的创见之一，并在晚年所著《中国哲学史新编》中予以重申。参见冯友兰：《中国哲学史》下，《三松堂全集》第3卷，第300页；冯友兰：《三松堂自序》，《三松堂全集》第1卷，第191—192页；冯友兰：《中国哲学史新编》第5册，《三松堂全集》第10卷，第103页。

⑤ ［日］岡田武彦：《宋明哲学の本質》（上），《岡田武彦全集》第17册，（東京）明德出版社2008年版，第175页。

⑥ ［日］岡田武彦：《宋明哲学の本質》（上），《岡田武彦全集》第17册，（東京）明德出版社2008年版，第177页。

⑦ ［日］岡田武彦：《宋明哲学の本質》（上），《岡田武彦全集》第17册，（東京）明德出版社2008年版，第186页。

瑗的“明体适用”、周敦颐的“无极太极”、程颐的“体用一源”为轴心，一方面纯粹且全面，扬弃了缺乏社会性的老佛的虚无思想，一方面现实且实用，扬弃了缺乏纯粹性和包容性的事功之学①。与朱子互相切磋的讲友有张南轩、吕东莱、陆象山。如果用一句话来概括这三人的学风的话，南轩是深密的，东莱是博杂的，象山是高明的②。理学是以道的纯正及其当为规范为主要着眼点，严格指导实事事功的理想型学派，与此相对，事功学派是以实事事功为主线。前者道学倾向强，后者史学倾向强③。最能祖述朱子全体大用思想的，是写了老师行状的黄榦④。真德秀遵从朱子主张有体有用之学，将佛老作为有体无用、功利派作为有用无体之学而加以排斥，特别是排除了前者的虚无，阐述了实学的要点⑤。王应麟之学，渊源于朱学，而不坚持门户，兼取汉唐之核，两宋之纯，无党同伐异之风，继承和发扬了朱学中存在的考据方面⑥。吴澄虽然排除了道问学和尊德性的偏用，但更重视尊德性，在阐述朱子学的同时也称赞陆学，认为朱陆殊途同归，开启了朱陆同异论的开端⑦。在朱陆两学的发扬上，元代吴澄之学具有全体大用之盛，明里暗里对后来的朱子学有影响，明代薛瑄、吴与弼二儒也在此潮流之中。因此，在他们的学问中，朱学博学致知的一面变得稀薄，而涵养践履的一面被强调，使朱子学有了新的进展。这大概是因为他们深切地感受到了当时朱子学沦落为记诵训诂的弊端⑧。明代朱子学由明末东林学派发展为深刻的体认之学，并开发出了新生面。这一派的学问可以说是借鉴了王学的新朱子学⑨。

---

① [日]岡田武彦:《宋明哲学の本質》(上),《岡田武彦全集》第17册,(東京)明德出版社2008年版,第226页。

② [日]岡田武彦:《宋明哲学の本質》(上),《岡田武彦全集》第17册,(東京)明德出版社2008年版,第326页。

③ [日]岡田武彦:《宋明哲学の本質》(上),《岡田武彦全集》第17册,(東京)明德出版社2008年版,第329页。

④ [日]岡田武彦:《宋明哲学の本質》(上),《岡田武彦全集》第17册,(東京)明德出版社2008年版,第234页。

⑤ [日]岡田武彦:《宋明哲学の本質》(上),《岡田武彦全集》第17册,(東京)明德出版社2008年版,第238—239页。

⑥ [日]岡田武彦:《宋明哲学の本質》(上),《岡田武彦全集》第17册,(東京)明德出版社2008年版,第241—242页。

⑦ [日]岡田武彦:《宋明哲学の本質》(上),《岡田武彦全集》第17册,(東京)明德出版社2008年版,第245页。

⑧ [日]岡田武彦:《宋明哲学の本質》(上),《岡田武彦全集》第17册,(東京)明德出版社2008年版,第246页。

⑨ [日]岡田武彦:《宋明哲学の本質》(上),《岡田武彦全集》第17册,(東京)明德出版社2008年版,第260页。

第7章"明学的精神——唯心的思想"系统梳理了明学(即陆王心学、阳明学)的发展脉络及其思想主旨,包括陆学先驱、陆九渊、陆门、朱陆同异、明初心学、王阳明、现成派(阳明后学左派)、归寂派(阳明后学右派)、修证派(阳明后学正统派)、刘宗周。

冈田武彦指出:重视心的思想不仅有程颢系统的儒者,也有像张九成那样程颐系统的儒者。王苹、林光朝等就是如此①。朱陆都以格物穷理之学、即理学为宗,但若论其差异,朱子是二元的、唯理的,且分析的、归纳的、主知的;陆九渊是一元的、唯心的,且综合的、演绎的、直觉的。这是由于两者世界观、人生观、社会观的不同②。陆门的沈、舒、袁三家都有与朱子学相折中的一面,尤其杨简使老师陆九渊的心学向另一条途径发展了③。即杨简的心学彻底站在了无的立场上,有与对具体的实心说本心说一的陆九渊心学相背离的倾向④。比较陆、杨的心学,陆九渊的心学是动态的,杨简的心学是静态的。陆九渊之后,只有杨简的心学繁荣起来,这与宋朝好"静"的时代精神有关⑤。宋明两学的差异可以说是唯理论和唯心论,性宗和心宗的区别。从心学的观点来说,明代的心学是从陈献章开始的⑥。陈献章之所以举出天机和端倪,大概是因为担心失去功夫的本来性,即自然性。因此,虽然尊重了功夫的自然性,但并没有排斥切至的功夫。陈献章的立场是,只有这些功夫成为天机端倪的发用,才能发挥其真正价值。这与周濂溪以下的主静派有不同之处⑦。同样是唯心论,王阳明是汲取孟子、陆子之流的动态,陈献章则是汲取慈湖之流的静态,两者之间有动与静之别,这又是明学

① [日]岡田武彦:《宋明哲学の本質》(上),《岡田武彦全集》第17册,(東京)明德出版社2008年版,第267页。

② [日]岡田武彦:《宋明哲学の本質》(上),《岡田武彦全集》第17册,(東京)明德出版社2008年版,第269页;[韩]정도원:《朱陸異同과元代 朱陸和會論에 대한再檢討》,《동양철학연구》第42卷,2005年,第285—327页。

③ [日]岡田武彦:《宋明哲学の本質》(上),《岡田武彦全集》第17册,(東京)明德出版社2008年版,第280页。

④ [日]岡田武彦:《宋明哲学の本質》(上),《岡田武彦全集》第17册,(東京)明德出版社2008年版,第282页。

⑤ [日]岡田武彦:《宋明哲学の本質》(上),《岡田武彦全集》第17册,(東京)明德出版社2008年版,第283页。

⑥ [日]岡田武彦:《宋明哲学の本質》(上),《岡田武彦全集》第17册,(東京)明德出版社2008年版,第294页。

⑦ [日]岡田武彦:《宋明哲学の本質》(上),《岡田武彦全集》第17册,(東京)明德出版社2008年版,第296页。

与宋学之别①。王学后来风靡一时，大概是因为它符合崇尚心灵流动的明末社会风潮。陈献章主静的唯心论，可以说与这种风潮格格不入，反而与崇尚知思、静肃旨趣的宋代社会风潮相通。因此陈学的衰落也不是没有理由的，但被阳明门下的归寂派和明末新朱子学派的思想所吸收，保持了其余脉②。阳明的致良知说，是从陆子追溯到孟子，开启心即理的心体而获得的，但阳明在以良知之学教导门人的时候，并没有执着于一种教法，而是根据其根机和习气的程度，努力使之长进，矫正其短，不使之陷入一边。因此，比如说讲良知，有时强调其体，有时强调其用，有时强调无的一面，有时强调有的一面，有时强调本体，有时强调工夫。换句话说，阳明有时把体说成用，把无说成有，把本体说成工夫；有时把用说成体，把有说成无，把工夫说成本体。因此阳明门下产生各派也是理所当然的。如果对阳明后学进行分派，可分为现成派（左派）、归寂派（右派）、修证派（正统派）三派③。归寂派认为归寂以立体达用是阳明致良知说的本旨。修证派认为作为道德法则的良知本体是通过工夫才能获得的。现成派把阳明晚年现成论的说法作为致良知说的究极和本质，专门阐述了本体的直悟。三派之中，修证派可以说得到了阳明的真传，致力于矫正归寂派的静偏、现成派的流荡的弊端，但也有接近说"理"、重工夫的宋学的倾向。归寂派则有将动态的充满生命的明学（心学）回归到静态的宋学（性理学）的倾向。在三派中，最兴盛的是现成派。这是因为这一派的学问最适合当时的风气④。明末心学殿军刘宗周虽然对朱王两学持批评态度，但特别重视阳明思想中的血脉和生命性的东西，开启王学秘籍并创立了新儒学。其学问可以说是借鉴了朱子学的新王学⑤。

第 8 章"反宋明学（复古学）的精神——唯气的思想"系统梳理了反宋明学（复古学、唯气派）的发展脉络及其思想主旨，包括唯气论的源流及明代唯气派的代表人物王廷相、吴廷翰、郝敬。

---

① ［日］岡田武彦：《宋明哲学の本質》（上），《岡田武彦全集》第 17 册，（東京）明德出版社 2008 年版，第 298—299 页。

② ［日］岡田武彦：《宋明哲学の本質》（上），《岡田武彦全集》第 17 册，（東京）明德出版社 2008 年版，第 300 页。

③ ［日］岡田武彦：《宋明哲学の本質》（上），《岡田武彦全集》第 17 册，（東京）明德出版社 2008 年版，第 312—313 页。

④ ［日］岡田武彦：《宋明哲学の本質》（上），《岡田武彦全集》第 17 册，（東京）明德出版社 2008 年版，第 366 页。

⑤ ［日］岡田武彦：《宋明哲学の本質》（上），《岡田武彦全集》第 17 册，（東京）明德出版社 2008 年版，第 326 页。

冈田武彦指出：唯气的思想，可以追溯到宋代张载，发起者是与阳明同时代的王廷相。接着出现了吴廷翰、郝敬，呈现出活力，这一派排除宋明的理学、心学，以孔孟为宗，排斥新儒学，恢复古学。因此，这一派也可称为复古派①。明末气的思想，在阳明唯心的思想渐渐产生流弊的时候抬头，到了清朝又有所发展，对日本的古学派也产生了影响②。

第二节　哲学思想与社会文化相融合的诠释路径

首先，作者遵循逻辑与历史相统一的原则，以贯穿整个宋明时代的核心精神为纲领，以思想史的发展脉络为线索，一方面通过社会文化史的考察，总结出宋明时代的核心精神，为其思想史的分析定下了基调，一方面又通过哲学思想史的考察，总结出各时代各派各家的思想宗旨及其发展脉络，为宋明时代精神的总结提供了坚实的论证，从而将宏观与微观、理论与诠释、问题意识与具体分析有机地结合了起来。这一点从上述对《宋明哲学的本质》一书主要观点的归纳中可以很清楚地看出来。

其次，作者广泛运用了比较哲学的方法，包括中西、中日思想的比较，以及中国哲学史内部不同时代、不同派别及其学者之间的思想比较，从而拓宽了研究的视野并使其分析更加深入。尤其冈田武彦在该书中介绍了日本江户儒学对宋明理学的发展，以及现代日本学者对宋明理学的研究，这些都是国内著作中几乎看不到的，值得我们注意。如冈田武彦提到了日本山崎闇斋学派学者对朱子“智藏”说的阐发③，又说明了日本德川时代对朱子实学思想的受容，指出这是使得日本容易吸收西方科技的原因之一④。冈田武彦又详细探讨了对日

---

① ［日］岡田武彦：《宋明哲学の本質》（上），《岡田武彦全集》第 17 册，（東京）明德出版社 2008 年版，第 331 页。

② ［日］岡田武彦：《宋明哲学の本質》（上），《岡田武彦全集》第 17 册，（東京）明德出版社 2008 年版，第 332—333 页；董灏智：《朱舜水与伊藤仁斋实学思想的最终定型》，中国实学研究会编：《传统实学与现代新实学文化》三，第 202—215 页，尤其 204—207 页。

③ 吴震指出，“智藏”这个说法，是朱子在《玉山讲义》中首次提出的，但没有进行详细理论阐发。南宋绍熙五年即 1194 年，65 岁的朱熹应玉山（今属江西）邑宰司马迈邀请，至县学讲学。司马迈对讲学内容进行了记录，并刻成讲义一篇传世，因此取名为《玉山讲义》。后来，朱子在回答陈器之提问时，使用“智藏”一词阐述过自己的思想。但是，综合起来看，朱子并没有把“智藏”当成一个单独的概念来使用。元明之后的中国朱子学，也没有就“智藏”这个问题进行过讨论或理论阐发。因此，从这个意义上讲，山崎闇斋的崎门派朱子学对“智藏”说的开发，是日本朱子学一个非常重要的特色和贡献。参见于国鹏：《“朱子学”概念的误解》，《大众日报》2021 年 1 月 26 日，第 8 版。

④ ［日］岡田武彦：《宋明哲学の本質》（上），《岡田武彦全集》第 17 册，（東京）明德出版社 2008 年版，第 95—96 页。

本古学派产生重大影响但在中国影响不大的明代气学派代表人物吴廷翰的思想(中国的宋明哲学史、思想史著作中基本不提吴廷翰)①等。

最后,作者将哲学思想的研究和社会文化的诠释路径结合起来,所谓哲学思想的诠释就是对哲学体系、宗旨的把握以及思想史内在发展脉络的分析,这是一般的哲学史、思想史著作都会关注的方面,但是作者跳出了这种纯粹哲学思想史的视野,将目光投向一般的社会史、文化史领域,探讨了哲学思想之所以产生的社会政治背景及贯穿其中的时代文化精神。作者认为这样对于宋明哲学本质的认识才能更加全面深入。其体现就是,《宋明哲学的本质》作为一部宋明哲学思想史著作,除了收录有朱子与王阳明的几幅画像之外,还附有上百幅的陶瓷、绘画、书法等艺术作品图画,大多是收藏在海内外各大博物馆中的艺术精品乃至国宝。这在一般的哲学类著作中是非常罕见的。之所以这样处理,是因为冈田武彦认为时代精神贯穿于该时代的哲学思想以及文学艺术作品之中,尤其陶瓷器这类较少体现个人风格的工艺品更能反映时代的普遍和一般精神。因此冈田武彦专门在第二章中系统梳理了唐、宋、元、明四个时代的陶瓷器特点及其所反映的时代精神,并且附上了大量相关图片。此外在行文中随处可见结合哲学思想与文艺作品的分析,如在第三章论述宋明哲学精神的五个方面尤其格物论及其背景时结合绘画、书法等文艺作品加以分析,并配上了大量图录。总之,作者广泛讨论了陶瓷、绘画、书法等艺术文化领域所反映的时代精神,而这种时代精神同样贯穿于哲学思想之中,从而将哲学、思想、社会、文化等领域的分析结合了起来,为我们理解宋明哲学的历史背景及其精神实质开辟了一个更为广阔的空间和视野。

第三节 理论创新与学术价值

《宋明哲学的本质》一书不同于一般的宋明理学研究著作,该书既不是对一家一派的个案专题研究,也不是以历史上的一个个哲学家为主体的宋明哲学史、思想史、理学史这样的通史性著作,而是将通论与学派研究结合起来,并从社会史、文化史、哲学史、思想史相融合的视域出发,以宋明时代的核心精神为纲,以思想史的发展作为其具体的展开过程。其结构和内容与一般宋明理学著作相比多有不同,具有高度的理论创新。

---

① [日]岡田武彦:《宋明哲学の本質》(上),《岡田武彦全集》第17册,(東京)明德出版社2008年版,第338—345页。

近年来中国学界也出现探讨宋明儒学精神及其发展脉络的专著。如华东师范大学方旭东教授在其2019年出版的专著《新儒学义理要诠》中指出宋明新儒学的根本精神在于“明体见用”，并以体用为基本模式探讨了宋明儒学的理论（特性、鬼神、穷理、境界、悌道等根本原理）与实践（科举）层面①。方旭东的著作是以体用精神来贯通宋明理学史，认为新儒学不仅是一种形上学或心性理论，同时也是一种社会政治理论。冈田武彦的著作则是将宋明时代的一般文化精神与宋明思想史的研究（也贯穿着体用的分析）结合起来。复旦大学吴震教授在其2022年出版的教材兼学术论著《朱子学与阳明学：宋明理学纲要》一书中打破了传统哲学史按人头或学派来安排叙述过程的线性处理方式，突出哲学史中的问题源流及义理脉络，以问题空间取代个案人物的线性时间的结构方式，从而凸显宋明新儒学的哲学性。吴著是以哲学体系及其问题来贯通宋明理学史，重在哲学义理及其发展脉络的分析，包括宋明理学的思想史背景、宋明理学的名义特征、宋代新儒学与经典理学化、朱子学与阳明学的思想脉络、理学与心学的哲学基础、宇宙论与本体论、仁学的本体与价值、工夫论、心性论、宋明新儒学的衰落和重振②，总体上可称为一部基于哲学史的“宋明理学问题发展史”。相较而言，冈田武彦此书可称为一部基于文化史的“宋明哲学精神发展史”。总的来看，冈田武彦的这本著作虽然出版至今已经四十年，但海内外学术界还没有一本同类著作能完全超越或取代它。

事实上，《宋明哲学的本质》一书无论是对宋明哲学整体精神的归纳，还是对各个学派及其哲学家思想主旨以及不同学派之间的交涉互动的分析，都有其独到之处。其分析和结论在今天看起来仍然没有过时。如冈田武彦将宋明时代的文化精神归结为内观、格物、简素、古拙、藏这五个方面，并以之高屋建瓴地分析了宋明时代的哲学思想，超出了一般哲学研究者的狭隘视野。又如冈田武彦将宋明理学总体分为唯理派、唯心派、唯气派，与中国大陆一般分为理学、心学、气学三派相通。其对于宋明实学思想及三教交涉的研究尤其全面深入。还有像冈田武彦将阳明后学划分为现成派（左派）、归寂派（右派）、修证派（正统派）的三派说更是被海内外研究者所广泛采用，虽然今天有学者提出不同意见，但冈田武彦的观点作为重要的一家之言是绕不过去的。又如冈田武彦对明末东林学派（借鉴了王学的新朱子

① 方旭东：《新儒学义理要诠》，生活·读书·新知三联书店2019年版。

② 吴震：《朱子学与阳明学：宋明理学纲要》，《名师大讲堂系列》，北京大学出版社2022年版。

学)、刘宗周思想(借鉴了朱子学的新王学)的定位也开今天的研究者之先声。全书中类似这样的精辟之处可以说不胜枚举。之所以这样,是因为《宋明哲学的本质》一书是以作者数十年的个案专题研究为基础的,再加上冈田武彦拥有学贯东西、淹通三教的学术素养,同时又具有很高的艺术鉴赏力,所以才能写作这样一部体大思精的著作。事实上,冈田武彦先生在其漫长的学术生涯中,一方面致力于对东亚思想尤其宋明理学的研究,对宋明理学史上各家各派几乎都有专题论文或著作加以精深研究,一方面又致力于发掘东亚传统思想中的核心精神和价值观并使之适用于当下。因此冈田武彦既是著作等身、成就卓越的专业研究者,又是身体力行、积极布道的日本现代新儒家,真正达到了做人与做学问、理论与实践的高度统一,所以他对于宋明理学及其精神的体认尤其深切①。

总之,《宋明哲学的本质》一书作为冈田武彦先生毕生研究宋明哲学的总结性著作,其形式新颖、视野开阔、图文并茂、内容丰富、论证深入、见解独到,不愧为学术大师的名著。尤其要指出的是,与上述吴震的著作《朱子学与阳明学:宋明理学纲要》一样,冈田武彦这本著作也具有明显的教科书兼学术专著的性质。一方面,《宋明哲学的本质》一书本来就是冈田武彦为了

---

① 冈田武彦早年在九州大学就读期间,亲炙日本著名学者楠本正继,受楠本正继影响确立了以"体认"为核心的学问(修养)路数。冈田武彦从以孔子为始祖的儒学到朱子学、阳明学,再到日本的儒学,修习甚广,在相关领域撰写了大量论著,并主持编修了《阳明学大系》《朱子学大系》《近世汉籍丛刊》等大型丛书。冈田武彦也因其卓越的学术成就被杜维明推崇为"儒学祭酒"。冈田武彦不仅是专业学者,还是社会活动家和当代新儒家,并不遗余力地向市井百姓讲述学问的精髓。尤其晚年从大学教职退任后,他与日本学者及门生多次踏上探访王阳明遗迹之旅,与阳明故乡中国的学者进行了深入的交流,为王阳明遗迹的修复作出了重要贡献(详见其著作《王阳明纪行》)。此外,他还邀请世界各地的学者,在福冈召开了"东亚传统文化国际会议",在京都召开了"国际阳明学京都会议"等大型国际学会,活跃于各个领域。并于2000年新世纪来临之际,与中国的哲学泰斗张岱年相邀在北京会面,畅谈学术研究及东亚的未来发展。此外,在冈田武彦著书立说的同时,他还在福冈当地举办了"思远会""学习东洋之心会""简素书院"等面向普通百姓的讲习会,讲述了以王阳明的《传习录》为代表的中国古典,以及自己的"身学说""兀坐说""简素的精神"等学问精髓,最后归结为日本式思考的《崇物论》。在此期间,他主张"朱子学是主知性的","阳明学是情意性的",比起积累知识,更重要的是通过实践来"体认"。只要有人向他求教,他就会前往日本各地,直到他去世为止,一直热情地布道,不仅是学者,就连普通市民和幼儿园的孩子都很仰慕他。在繁忙的日子里,冈田武彦也没有忘记与道友们一起喝酒、挥毫、画画、听音乐。冈田透彻的思考和感性,正是源于他这种不偏不倚的生活方式,才得以养精补精,直到年老为止,都能深入而广泛地活动。冈田武彦有着很高的艺术修养,在音乐上,他特别喜欢贝多芬。甚至他的葬礼上演奏的就是贝多芬的月光奏鸣曲。为了纪念冈田武彦,2007年(平成19年)10月,在福冈县朝仓市建成了展示冈田武彦的著作、藏品等,也可以进行研修的"冈田武彦纪念馆"。

教学而撰写的讲义，在内容上体系完备，篇幅适中，言约意丰，深入浅出，作为讲授宋明理学的通论性教材和辅导资料非常合适。另一方面，《宋明哲学的本质》一书又是冈田武彦毕生研究宋明理学的理论总结，兼有学术论著的性质，具有很高的学术价值。如其中明代儒学部分的内容多是冈田武彦的名著《王阳明与明末儒学》的修订和压缩，其他内容也多是冈田武彦此前已发表或出版的宋明理学研究论著的修订和整合。总之，《宋明哲学的本质》一书既可供非专业的普通读者作为入门读物来了解宋明理学的精神本质、哲学思想、学派体系及其发展脉络，也可供专业学者的学术研究参考使用。其理论与方法对于宋明理学史的建构与诠释而言具有很高的参考价值。

第十五章 田浩的宋代思想史建构与诠释

——以《朱熹的思维世界》为中心

田浩(Hoyt Cleveland Tillman,1944—),现任亚利桑那州立大学终身教授,美国著名中国学家。他本科阶段学习美国史和欧洲史,研究生阶段转向中国史研究。1976 年在哈佛大学获得东亚语言与历史学博士学位。主要导师是史华慈(Benjamin Schwartz,1916—1999)和余英时(1930—2021)。毕业后进入亚利桑那州立大学历史系(2009 年历史系并入历史、哲学、宗教学院)任教至今,主要从事宋元思想史的研究。专著有《功利主义儒家——陈亮对朱熹的挑战》和《朱熹的思维世界》(英文书名原为 *Confucian Discourse and Chu Hsi's Ascendancy*,直译是《儒家话语与朱熹的崛起》)等,编著有《宋代思想史论》等,此外还在海内外发表了大量中英文专业论文和书评等。田浩的学术研究致力于从思想史、社会史、文化史的视角来探讨思想史背景及不同思想流派之间的交涉关系,尤其关注内在思想与政治文化等外在环境之间的互动影响,在海内外学术界产生了较大影响。① 但目前学界已有研究基本局限在学术生涯的介绍和个别著作的评论上,对其学术思想的整体把握还不够系统深入。② 为此我们以田浩对宋代思想史的建构及

---

① [美]田浩:《跟随史华慈老师研究宋代思想史——论朱熹和天》,许纪霖、朱政惠编:《史华慈与中国》,第 154—170 页。如田浩评价他的老师史华慈的《古代中国的思想世界》时指出,该书是史华慈思考中国古代思想及其与当代西方社会、学科之间关系的结晶,而且意图彰显中国文化内部的多样性及其张力。参见朱政惠:《史华慈的中国学研究》,许纪霖、朱政惠编:《史华慈与中国》,第 88—89 页。

② 田浩学术生平的介绍文章有葛焕礼:《历史世界中的儒家和儒学——田浩教授访谈录》,张西平主编:《国际汉学》第 22 辑,大象出版社 2012 年版,第 16—24 页;杨新勋:《一个旁观者的心声——田浩访谈录》,第 150—159 页;罗家祥:《一位德高望重的美国中国学家——田浩教授荣休感言》,《华中国学》2019 年第 2 期;田浩著作的书评有何俊:《田浩(编):〈宋代思想史论〉》,刘东主编:《中国学术》第 18 辑;范立舟:《读田浩著〈朱熹的思维世界〉》,《北京青年政治学院学报》2005 年第 2 期;朱人求:《思想史研究的旁观者视角——评田浩先生的〈旁观朱子学〉》,福建省闽学研究会、台湾朱子学研究协会、安徽省朱子研究会、江西省上饶师范学院朱子学研究所:《朱子学与文化建设学术研讨会论文集》,朱子学与文化建设学术研讨会,中国福州,2012 年;余燕:《〈朱子家训〉文化诠释与翻译——以田浩译本为例》,《名作欣赏》2019 年第 23 期。陈曦从"'道学'及相关术语""文化权威的自我建构""文化权威与政治权力"三个方面出发对田浩的宋代思想史研究做了

诠释为中心，系统论述其研究视域、立场、方法和观点，并阐明其学术意义，以供学界参考和借鉴。

第一节　宋代思想史的建构及其问题意识

在《朱熹的思维世界（增订版）》的“作者的话”中，田浩开门见山地指出该书有两方面的主旨：第一，将朱熹放置于同时代儒家思想家的大框架中来考察，考察与朱熹同时代的其他思想家，尤其是他们在朱熹就各种问题及政策提出思想主张的发展过程中所起到的作用。第二，考察在社会、政治和文化上具有共同关注的一群儒家学者所组成的道学团体，是如何发展演变成为自成一家的思想学派，乃至南宋末期正式成为政治思想上的正统学说的，尤其在这一过程中朱熹及其他学者所起的作用。① 由此出发，田浩采取与一般宋代哲学史、思想史（儒学史）著作不一样的思想视野和诠释路径，即该书立足于思想史的研究，但又关注社会背景的分析，因此也可以说是思想史与社会史交互为用的研究。②

关于道学的形成及其分期，田浩指出，我们不能盲目接受程朱理学占据正统地位后元代编纂的《宋史・道学传》的狭隘道学视野，而应采取较为开阔的眼界，关注道学初期的多样化倾向。③ 宋学是宋代儒学复兴运动的统称，道学则是宋学的一个分支，而宋代道学的范围比程朱理学更广泛，除了道学之外，宋代其他儒家学者致力于传统文学、制度和经学的研究。更具体来说，道学以外的宋儒大致可分为两种。第一种是参与儒学复兴运动的其他“宋学”人士，另外一批学者是在“宋学”的范围外，可以被称作因袭守旧的“世儒”，因为他们似乎没有参与宋代儒学的复兴运动。而道学群体与以前的儒学团体不同，他们特别重视个人道德修养，强调通过修养成为君子，所以与注重学问、文学和政治的儒生学者相比，道学人士能更紧密地团结在一起。但道学的规模和成员一直在不断变化，部分道学初期的重要人物

较为系统的梳理，但其关注点与笔者不同。参见陈曦：《田浩教授与宋代思想史研究》，第184—185页。

① ［美］田浩：《朱熹的思维世界》（增订版），《海外中国研究系列》，江苏人民出版社2011年版，“作者的话”，第1页。

② ［美］余英时：《原版序》，［美］田浩：《朱熹的思维世界》（增订版），《海外中国研究系列》，江苏人民出版社2011年版，第1页。

③ ［美］田浩：《朱熹的思维世界》（增订版），《海外中国研究系列》，江苏人民出版社2011年版，第2—3页。

(如张九成)甚至被后人(朱熹)从道学的传承中剔除。① 田浩指出,宋代道学的发展离不开社会经济、文化政策等外部因素的影响。道学的奠基人二程兄弟虽然在11世纪60年代开始提倡道学,但道学群体的真正兴起要等到12世纪80年代,道学在此期间曾经多次遭受打击,但不利的政治环境反倒加强了道学人士的共同群体意识。尤其程颐将传"道"之"儒"(即道学学者)与传统的文人及经学家区分开来,由此到北宋末期,道学已经成为专指一部分儒学人士的用语。②

田浩将南宋道学的发展具体划分为四个阶段。第一阶段(1127—1162),道学内部还存在多种个性和不同的思想,并且在二程之后缺乏统一的权威,所以具有多样化的倾向;在朝廷政策颇带敌意的情况下,道学学者如张九成(1092—1159)、胡宏(1105—1161)仍然致力于培养道学的传统,使之日趋成熟,并向各个方向发展。第二阶段(1163—1181),政治环境有明显的改善,所以新一代的学人有较大的空间发展道学思想,并在学者之间传播;这一时期的主要领袖是12世纪60年代中期的张栻(1133—1180),以及从12世纪60年代末至1181年的吕祖谦(1137—1181)。第三阶段(1182—1202),政治和学术气氛从兼容转向冲突,最终由于政治斗争而导致庆元党禁;吕祖谦去世后,朱熹自认为是道学的理论权威,并与一些儒家学者,特别是浙东功利学派的领袖陈亮和江西心学的领袖陆九渊展开论战,想将他们从道学的正统中清除。第四阶段(1202—1279),随着庆元党禁的解除,在外部环境(北方异族与南宋争夺正统)和内部发展(朱子学对陆学及浙学的统合)的交互作用下,朱子学最终成为道学的主流,走向官学化和正统化,尤其1241年道学(朱子学)的地位为政府所承认,从而改变了政治、文化和社会舆论的发展;同时,南宋官方虽然承认道学的正统地位,但并不意味着道学可以左右国家的政策,也不表示政府不再从其他儒家学派中挑选官吏,或者不再借用其他宗教传统、民间信仰以维持社会秩序。③

由此可见,田浩关于南宋道学史的分期表面上是按时代划分,而其主要着眼点在于学术思想与政治环境之间的互动关系。这一点与一般的哲学史、思想史著作不同。尤其值得注意的是,该书名为《朱熹的思维世界》,但

① [美]田浩:《朱熹的思维世界》(增订版),《海外中国研究系列》,江苏人民出版社2011年版,第3—5页。

② [美]田浩:《朱熹的思维世界》(增订版),《海外中国研究系列》,江苏人民出版社2011年版,第5—8页。

③ [美]田浩:《朱熹的思维世界》(增订版),《海外中国研究系列》,江苏人民出版社2011年版,第8—11页。

却并非专论朱熹一人的思想，而实际上就是一部南宋道学思想史。只是与之前学界对南宋儒学的研究大多集中在哲学诠释或者思想实践上不同，田浩致力于讨论道学思想在南宋时代的发展变化，认为这样才能对南宋道学有一个全面系统的认识。因此该书虽然在内容上是围绕着朱熹（包括其先驱、同辈和后继）展开的，但并没有设立专门的章节讨论朱熹的思想，而是将朱熹的思想发展放在他与同时代学人的关系和交往的背景下进行考察，以补充过去以朱熹哲学为重点的研究。① 虽然该书讨论的仍然是一般思想史意义上的大思想家，其他次要思想家都是一笔带过，但其所包括的道学家及其多样化的思想，已经足以展现道学在宋代发展过程中的基本面貌。②

由于突破了以程朱道学为主流的道统思想史视域，并且注意将文本的分析放在思想史的大背景下，田浩的研究往往具有很强的问题意识，并且能够透过文本看到其背后的历史真相。这里结合学界最新的研究来举例分析。

杨时的弟子张九成作为绍兴二年（1132）的科举状元和洛学再传弟子中的佼佼者，不仅在南宋初期的学术界拥有相当的影响力，甚至对北方的金朝儒学也有较大的影响。其理学思想是从二程理学到陆九渊心学之间的中间环节③。但张九成的学问很驳杂，后来作为阳儒阴释的典型，被朱熹批判为毒蛇猛兽一样的杂学，并从道学的正统中将其除名。现存中国最早的丛书《诸儒鸣道集》（全 72 卷，又称《诸儒鸣道》）系南宋时洛学的后学（田浩推测是张九成的弟子）编纂的理学著作丛书，其中收录有周敦颐的《通书》、司马光的《迂书》、张载的《正蒙》、二程的《语录》等，共十二家。张九成的《横浦日新》即收于其最末，占据最重要的位置。《诸儒鸣道集》的初刻据推断在乾道二年（1166）至乾道四年（1168）之间，而其编纂成书当然会更早一些。由此也可窥见在朱熹的道统论[见成书于乾道九年（1173）的《伊洛渊源录》]成为南宋思想界的唯一观点之前的南宋初期思想界中，张九成还被视为洛学（道学）的正统传人。④ 田浩指出，朱熹编纂《伊洛渊源录》就有回

① [美]田浩：《朱熹的思维世界》（增订版），《海外中国研究系列》，江苏人民出版社 2011 年版，第 1—2 页。

② [美]田浩：《朱熹的思维世界》（增订版），《海外中国研究系列》，江苏人民出版社 2011 年版，第 9—10 页。

③ 崔大华：《张九成的理学思想及其时代影响》，第 86—91、86 页；李之鉴：《论张九成的心学宇宙观》，第 14—17 页。

④ 关于《诸儒鸣道集》的成书及内容的详细论述，参见陈来：《略论〈诸儒鸣道集〉》，第 32—40 页；符云辉：《〈诸儒鸣道集〉述评》，博士学位论文，复旦大学，2007 年，第 39—67 页；田智忠：《〈诸儒鸣道〉原刻年代考》，第 38—43 页。

应和取代《诸儒鸣道集》的意图在里面,《诸儒鸣道集》体现了道学初期较宽广的视野,因为它不集中于二程,而且收录了一些与后来朱熹思想倾向不合的学者著作,如刘安世的《元城语录》、江公望的《性说》、刘子翚的《圣传论》及潘植的《忘荃集》;尤其张九成不喜欢谈论抽象的哲学而强调寓道于实践的倾向在《诸儒鸣道集》中处处体现出来,如收录周敦颐的《通书》而不收录《太极图说》(后来成为朱熹建构其宇宙本体论的理论基础而受到重视)就是最典型的一例。总之,这部道学著作选集上溯到二程以及元祐党人中的同道,尤其是司马光和刘安世,包括后来被朱熹删去的道学人物,描述的范围比朱熹的《伊洛渊源录》要宽广得多。① 当时由于吕祖谦、汪应辰等学者的反对,《伊洛渊源录》在朱熹生前并未正式出版(但有坊间盗印,而且存在改窜,加上了邵雍等人)。② 这也说明当时道学内部关于道统谱系的理解还存在较大分歧,而朱熹的道统说真正成为唯一正统观点要等到南宋晚期朱熹理学官学化以后了。③ 邱佳慧也指出,《诸儒鸣道》(即《诸儒鸣道集》)体现了道学的多元化面貌,修正了狭隘的道学定义;《诸儒鸣道》提供了一个新的"道学谱系",这个道学谱系所包含的道学家包括涑水学派的司马光和刘安世、为朱熹所攻击的张九成,以及名不见经传的江民表、潘植等人,这些学者均不包含在朱熹所主张的道统中,而《伊洛渊源录》中不收这些学者也表明朱熹对早期道学谱系的修正。④ 方旭东则认为,《诸儒鸣道集》的出版时间与朱熹的《近思录》在时间上相近(方旭东没有将其与《伊洛渊源录》进行比较),而且其编排水平(编排似乎比较随意,作者也是无名之辈)和实际影响都不能与《近思录》同日而语,因此《诸儒鸣道集》并非像田浩所认为的那样反映了比朱熹的道统谱系更为宽广的思想史视域。⑤ 但田

① [美]田浩:《朱熹的思维世界》(增订版),《海外中国研究系列》,江苏人民出版社2011年版,第120—121页。

② 现行本《伊洛渊源录》中虽然收录有邵雍(见该书卷五),但这其实并非朱熹之原本中的内容,而是当时书商擅自补充进来的。具体来说,在朱熹生前,此书其实并未定稿,后来有人得到朱熹的稿本并不经朱熹同意私自将其刊刻了出来,而且还自行加进了邵雍。朱熹自己的《伊洛渊源录》稿本中并没有包括邵雍。参见(宋)朱熹:《伊洛渊源录》,戴扬本校点,"校点说明",《朱子全书》第12册,上海古籍出版社、安徽教育出版社2010年版,第910—911页。全祖望在《宋元学案》的按语中已经指出加入邵雍的今本《伊洛渊源录》非朱熹原本,而且此书在朱熹生前并未定稿。参见(清)全祖望:《宋元儒学案序录》,(清)黄宗羲原著,(清)全祖望补修:《宋元学案》第1册,中华书局1986年版,第2、6页。

③ 姜鹏:《〈伊洛渊源录〉与早期道统建构的挫折》,《学术月刊》2008年第10期。

④ 邱佳慧:《〈诸儒鸣道〉与道学之再检讨》,《中国学术思想研究辑刊》六编第18册,(台北)花木兰文化出版社2009年版,第45—53页。

⑤ 方旭东:《新儒学义理要诠》,第331—338页。

浩等人是拿《诸儒鸣道集》和反映朱熹道统谱系的《伊洛渊源录》(道学思想史)进行比较,方旭东则是拿《诸儒鸣道集》和《近思录》进行比较,但《近思录》并非道学思想史或道学丛书,而是朱熹通过吸收消化道学奠基人北宋四子的思想精华建构起道学思想体系的哲学著作。因此方旭东与田浩的关注点并不一样。

关于南宋功利学派代表人物陈亮的师承关系和思想渊源,《宋元学案》的编纂者黄百家与全祖望都认为陈亮的学问无所承接。① 其后编纂者王梓材则考证指出:"龙川在太学尝与陈止斋等为芮祭酒门人。又先生《祭郑景望龙图文》称之曰'吾郑先生',则先生亦在郑氏之门矣。"②可知陈亮师事郑伯熊、芮煜,郑伯熊又是叶适和陈傅良之师,芮煜是陈傅良之师,因此陈亮与永嘉学派可谓同源,而郑伯熊又是程颐的再传弟子,因此陈亮的学术渊源也可以追溯到程颐洛学。田浩认为王梓材所说的陈亮与郑伯熊之间的师承关系的证据难以令人信服,这也表明陈亮与郑伯熊及程颐之间的联系比较脆弱。田浩又通过考察陈亮的生平及著述,指出陈亮的学术生涯经历了一个与程颐思想紧密相连的阶段,具体来说就是1168年陈亮乡试及第后成为太学中的一名学生,在1168年至1178年这十年间陈亮作为道学弟子,在太学中跟随道学家芮煜和吕祖谦学习,芮、吕二人都强调《四书》中有张载和二程兄弟的形而上学和自我修养的主题。虽然1178年前后陈亮由于科举、政治失意及接连遭遇家庭不幸,开始远离和批判道学的修养工夫,但这一阶段对陈亮本人的思想发展极为关键,使他熟悉了道学的语言和思想,并使他在12世纪80年代能够与道学集大成者朱熹发生激烈的辩论。因此田浩虽然对陈亮、程颐的师承谱系提出疑问,但同时也承认陈亮与程颐之间存在思想渊源关系。③ 由田浩的上述考察可知,就算陈亮与郑伯熊及程颐之间没有直系师承关系,也不妨碍陈亮通过学习著作及与朋友切磋吸收程颐的思想。因为"传经"需要师承,而"传道"则不依赖师承。即使理学的集大成者朱熹实际上也是通过阅读二程的著作及与张栻等人相切磋才得以确立其思想体系并继承伊洛道统的。更不用说二程等道学奠基人都是以继承孔孟以来不传之绝学(道统)自任的。"道"的传承实际上是超越时空限制的。而且根据周

① (清)黄宗羲原著,(清)全祖望补修:《宋元学案》第3册,陈金生、梁运华点校,中华书局1986年版,第1832页。

② (清)黄宗羲原著,(清)全祖望补修:《宋元学案》第3册,陈金生、梁运华点校,中华书局1986年版,第1830页。

③ [美]田浩:《功利主义儒家——陈亮对朱熹的挑战》,姜长苏译,《海外中国研究丛书》,江苏人民出版社1997年版,第7、12、154—157页。

梦江等人的考察，陈亮生平曾数次到永嘉经商和访学，与薛季宣、陈傅良、叶适等永嘉学派代表人物都有交往，彼此切磋学问并相互有所发明。[①] 由此可见陈亮与永嘉学派关系之密切。因此陈亮思想的道学渊源当无疑问。

关于朱熹格物说（道问学）的本质及其存在的问题，田浩指出，日本江户前期儒学家、古学派创始人之一的山鹿素行认为未能区分"事物"（物）和"事实"（事）是理学的根本谬误；因为"事物"总是在"事实"之前，前者是物理的实在，后者则是经验的活动；简而言之，"事实"不属于"事物"，而是属于人类思想和行动的领域；这些活动在权力结构中发生，随着时间的推移，它们的重复被称为习俗和历史。田浩进而指出，山鹿素行所阐明的新儒家将"物"视为"事"的谬误，有助于解释朱熹的"格物"与科学探究之间的脱节。[②] 余英时曾经指出朱熹对知识探究的规定与近代科学探究的取向之间存在内在的逻辑关联，又称朱熹是半途而废的智识主义者，因为朱熹的"道问学"只有在"尊德性"的范围内进行才是有意义的。[③] 事实上，虽然朱熹所说的格物对象是包括人自身在内的天地万物，但他的着眼点不是研究外在的物理，而是认识人内在的道德原则（四德）。在朱熹看来，外在物理与内在性理是一致的（理一分殊），物理的研究可以作为发明性理的手段。[④] 由此，也就不难理解朱熹为什么毕生致力于研究天地万物之理了。如果说朱熹的主敬是道德主义的维度，而穷理是认识论（知识主义）的维度，虽然他试图将二者结合起来，但最终的归结点仍然是道德主义。[⑤] 田浩进而指出，朱熹将传统知识化的程度比之前的儒家学者都要彻底，并且使知识成为道德伦理的基础。[⑥] 这一点集中体现在朱熹所作的"格物补

---

① 徐规、周梦江：《陈亮永嘉之行及其与永嘉事功学派的关系》，《杭州大学学报（哲学社会科学版）》1977 年第 2 期；周梦江、陈凡男：《陈亮永嘉之行及其目的》，《浙江社会科学》2005 年第 6 期。

② Hoyt Cleveland Tillman, "The Idea and the Reality of the 'Thing' During the Sung: Philosophical Attitudes Toward Wu", pp. 68-82.

③ ［美］余英时：《论戴震与章学诚——清代中期学术思想史研究》，《海外学人丛书》，生活·读书·新知三联书店 2000 年版，第 18—34 页。

④ 朱熹指出："天地万物莫不有理。……格物者，欲究极其物之理，使无不尽，然后我之知无所不至。物理即道理，天下初无二理。"参见（宋）黎靖德编：《朱子语类》第 1 册，王星贤点校，中华书局 1986 年版，第 294 页。

⑤ 正如岛田虔次所指出的，朱熹的格物穷理就是要求内在之理与外在之理的合一，即将事事物物之理也作为道德知的对象。与陆九渊学问的道德主义相比，朱子学无疑是知识主义的，但并不是没有德性主义。参见［日］岛田虔次：《朱子学与阳明学》，蒋国保译，陕西师范大学出版社 1986 年版，第 68—70 页。

⑥ ［美］田浩：《朱熹的思维世界》（增订版），《海外中国研究系列》，江苏人民出版社 2011 年版，第 248 页。

传”中。

总的来看,田浩的思想史建构在宏观和微观层面都有着很强的问题意识:体现在宏观层面能以比较客观平等的态度对待不同学派,并在内在理路和外在环境的交涉互动中梳理出清晰的思想史发展脉络;在微观层面以文献史料的解读为基础,同时又能从思想史的整体出发考察具体问题,提出了很多发人深省的观点。

第二节　道学的理论层次与宋代思想史的诠释

关于“道学”概念的意义及其理论特征,田浩主张使用“道学”而不是“新儒学”概念,表面上是因为“新儒学”概念的不确定性,而“道学”是宋学中的固有概念,并且忠实反映了程朱理学未定于一尊之前的思想界的多元发展状况,因此田浩所使用的“道学”并不是《宋史·道学传》中所规定的狭义的程朱道学。① 但田浩关注“道学”更深层的原因是“道学”的“道”兼有“体”“用”“文”三层含义。这一理论源自提倡明体达用之实学的宋学开山胡瑗。即胡瑗的高徒刘彝在回答宋神宗关于胡瑗与王安石之优劣的提问时,指出儒家圣人之道包括“体”“用”“文”三个层面:君臣父子、仁义礼乐等历代相传不可改变的东西是“道”之“体”(伦理规范),诗书史传子集等垂教于后世的东西是“道”之“文”(文献典章),将其推广至天下,使民众受惠而归于至圣之道则是“道”之“用”(施政教化)。② 田浩进而指出,儒家之

① 田浩指出,“宋学”“道学”“理学”的序列是父子概念的关系,即宋学包括道学,道学又包括理学,但他又主张将功利学派纳入“道学”的动态发展中,这与冯友兰用“道学”来指称包括程朱理学和陆王心学在内的性理之学(宋明理学)的看法不同(虽然冯友兰和田浩都用“道学”来替代“新儒家(学)”概念)。田浩又指出,由于“新儒学”概念强调新旧儒学之间的不连续性,因而不符合注重连续性的中国思想传统;同时,由于“新儒学”与宋明传统儒学中“宋学”“道学”“理学”等不同层次概念都存在对应关系,无法准确地表达宋代儒学的特征,所以它在意义上也是模糊的。参见[美]田浩:《功利主义儒家——陈亮对朱熹的挑战》,姜长苏译,《海外中国研究丛书》,江苏人民出版社1997年版,第152—153页。

② 刘彝的说法虽有推崇其师的意图在里面,但他所揭示的“体用论”不仅很好地概括了其师胡瑗的学术宗旨,实际上可说是一语道破了宋学的主要精神实质。刘彝此说的原典出自李荐的记述,见(宋)朱熹:《五朝名臣言行录》,朱杰人、严佐之、刘永翔主编:《朱子全书》第12册,上海古籍出版社、安徽教育出版社2010年版,第316—317页。周扬波指出,胡瑗之学今天多被概括为“明体达用”,但该说始见于元代,流行则要迟至《宋元学案》成书之后;历史上一般以“明体适用”称之,而胡瑗本人很少谈论体用;事实上,胡瑗“明体达用”之说是将胡瑗理学化的产物;在“明体”内涵逐渐被理学家窄化的同时,“达用”又因理学此方面稀缺而被日益夸大;而胡瑗之所以被理学化是源于中国古代重治体轻治法的传统。参见周扬波:《胡瑗“明体达用”辨》,《孔子研究》2013年第6期。

道的“体”“用”“文”三个层面分别对应于儒家理论的三个层次：哲学思辨、现实政论、文化价值，道学的思想交涉就是围绕着这三个层次展开的。田浩由此出发考察道学从较多样的面貌走向正统的发展过程，同时全面考虑道学内部关于理论与实践问题的讨论以及道学群体在政策与道德标准上与政府的冲突。①

在《功利主义儒家——陈亮对朱熹的挑战》一书中，田浩不仅依据其关于道学的三个层次——哲学思辨（体）、文化价值（文）与现实政论（用）的划分来解释陈亮、朱熹的争论，进而以之来解释宋学兴起时期文人思想家之间的争议和不同取向，从而凸显出道学及其他宋学家的不同特征。田浩指出，道学家不同于其他宋学家的地方在于，他们知道有真正的整合价值和来自天地领域的至高无上的原则。道学家认为，人们可以在自己的生活中通过道德自我的培养来理解这些价值原则，并在社会中通过各种情况下的道德行为来实现这些原则。司马光、王安石和苏轼等宋学家则在文化和历史领域找到了整合的价值和至高无上的原则，并且声称他们的发现并不与天地的原则相矛盾。其中，王安石转向经典和古代，司马光转向历史，苏轼则转向累积的文化事业。对他们来说，对整合价值的理解要通过广泛的学术研究来获得，通过广泛意义上的文学来表达，并通过政治和社会行动来实现。道学家和宋学家各自指明了不同的方向。而道学的兴起标志着文人价值取向的根本转变。但这两个群体都相信普世价值和总体原则的存在，这可以为一个完整的人类秩序提供基础，同时也是宋朝文人思想的整体特征。②

在《朱熹的思维世界》一书中，田浩更进一步将其关于道学理论三个层次的思考扩展到整个南宋道学史的分析中，在思想的交涉及其比较中揭示其特质，从而得出了许多发人深省的精辟观点。以下按照其思想史的分期加以论述。

在南宋道学的第一阶段，田浩以张九成和胡宏为中心，探讨了南宋初期思想界发展的不同路向。

关于张九成，田浩指出，张九成的思想观念大多与文化道德修养有关，他的论述基本上属于这一层次。他最突出的观点是强调个人修养的实践，

① ［美］田浩：《朱熹的思维世界》（增订版），《海外中国研究系列》，江苏人民出版社 2011 年版，第 11—12 页。

② ［美］田浩：《功利主义儒家——陈亮对朱熹的挑战》，姜长苏译，《海外中国研究丛书》，江苏人民出版社 1997 年版，第 23—35 页。相关评论参见 Peter K. Bol（包弼德），“Review：Reflections on Sung Literati Thought：Reviewed Work：Utilitarian Confucianism：Ch'en Liang's Challenge to Chu Hsi by Hoyt Cleveland Tillman”，pp. 88-97。

强调对历史和经典的研究，而不是周敦颐（及其继承者朱熹）所谓“无极而太极”那样的哲学思辨。① 关于胡宏，田浩指出，与张九成的儒佛合一论不同，胡宏抵制禅宗，想要通过经典和历史的研究来恢复古代的理想制度，这促使他把重点放在形而上学和社会政治制度的层次上，而不是张九成所关注的两者之间的文化价值。②

在南宋道学的第二阶段，田浩以张栻和吕祖谦为中心，探讨了张、吕二人的思想发展、主旨及其与朱熹的互动影响和思想异同。

关于张栻，田浩指出，虽然张栻对“理”作过抽象的哲学探讨，但他和胡宏一样更倾向于探讨道德修养和文化价值的问题。一方面，他有把心、性、天、理等同起来的倾向；因此，与朱熹不同的是，他没有对这些概念作详细的区分。另一方面，他注重心的修养，对儒家的修养工夫传统作出了较大贡献。由于湖湘学派的精神修养始终注重自我反省和日常功夫，张栻批评当时的儒者没有领会周敦颐和二程“居敬穷理”的实践精髓。③ 相较而言，张栻强调克己及消除私欲的存养，朱熹则寻求克己（尊德性）与学问（道问学）之间的平衡。④ 朱熹强调理论建构，张栻强调实践，倾向于讨论文化价值和实践政策方面的问题，但又被迫讨论基本原则问题。朱熹有时故意忽视张栻、胡宏的本意，而推衍他们的理论意义。如胡宏、张栻从体用的角度谈具体实物，朱熹却将其误读为谈基本原理的本体论。朱熹和张栻的讨论也证明朱熹较同时代人更倾向于谈论形而上学的思辨哲学。⑤

关于吕祖谦，田浩指出，吕祖谦的心性论与孟子相近，是当时道学的主流观点，但他并没有像一些道学家那样，花大量的时间去研究这些哲学问题的细节。吕祖谦和朱熹、张栻之间最大的区别在于，他更关注整个国家的政治问题，研究历史和经世之学，这是吕祖谦与其他浙东学者之间的共同点。他们的历史观比宋代其他儒家的历史观要活泼得多。⑥ 与此同时，吕祖谦

---

① ［美］田浩：《朱熹的思维世界》（增订版），《海外中国研究系列》，江苏人民出版社 2011 年版，第 22—23 页。

② ［美］田浩：《朱熹的思维世界》（增订版），《海外中国研究系列》，江苏人民出版社 2011 年版，第 26 页。

③ ［美］田浩：《朱熹的思维世界》（增订版），《海外中国研究系列》，江苏人民出版社 2011 年版，第 53—54 页。

④ ［美］田浩：《朱熹的思维世界》（增订版），《海外中国研究系列》，江苏人民出版社 2011 年版，第 79 页。

⑤ ［美］田浩：《朱熹的思维世界》（增订版），《海外中国研究系列》，江苏人民出版社 2011 年版，第 80—81 页。

⑥ ［美］田浩：《朱熹的思维世界》（增订版），《海外中国研究系列》，江苏人民出版社 2011 年版，第 84 页。

与其他浙东学者的不同之处在于他更注重哲学问题。因为浙东学者一般对性、命、心等话题讨论较少，而这些话题却是吕祖谦思想的重要组成部分。[①]相较而言，朱熹重理论，吕祖谦重实践。如朱熹的学规更注重基本原则，吕祖谦的学规更注重行为规范。虽然朱熹的修行也强调孝道的实际意义，但他们所强调的理论问题和实践问题之间有明显的区别。[②] 吕祖谦更注重全国事务，朱熹则积极参与社会中层组织。朱熹在国家对地方的控制力削弱、地方家族势力上升的情况下，倡导了一系列加强中层社区意识和团结意识的组织。同时，吕祖谦和朱熹都致力于加强道学的意识和凝聚力。他们虽然侧重点不同，但都关心三个层次的事务，相互配合和支持，为加强国家实力和道学而努力。[③] 在各种讨论中，吕祖谦证明了他能够从三个层次讨论问题。他甚至说服朱熹在《近思录》第一卷中讨论“道体”，但总体上，他对抽象思辨哲学的重视程度不及朱熹。朱熹和吕祖谦对思辨哲学问题的讨论，没有朱熹和张栻那么多。但其著作中的理论部分也不能被忽视。吕祖谦的体系强调心，胜过关注理。朱熹的体系更强调以理为中心。吕祖谦调解朱学与陆学的主要目的之一是平衡过分强调理或心的思想，试图达到两者之间的和谐与平衡。[④]

在南宋道学的第三阶段中，田浩以陈亮和陆九渊为中心，探讨了陈、陆二人的思想发展、主旨及其与朱熹的互动影响和思想异同。

关于陈亮，田浩指出，陈亮成熟时期的思想可以用“功利主义儒家”来概括。“功利主义”并不是有些人所误解的仅来自法家传统（而非儒家传统）。之所以用“功利主义”来说明陈亮的立场，是因为他强调以最有效的方式达到实际的效果，并根据不同的时代和环境的需要来诠释“道”，从而为个人和国家获得最大的利益。陈亮在发展儒学思想过程中讲求实际事功并引用儒家经典论证其观点，这表明他的激进观点根植于传统儒学的实际政治观点。陈亮并不反对儒家思想，虽然他抨击顽固不切实际的道学，认为道学过于执着于德性功夫而导致对国家的危机视而不见。他批评许多道学家没有运用《五经》（不仅仅是《四书》）的原则，认为在兼求王霸之道时，也

① ［美］田浩：《朱熹的思维世界》（增订版），《海外中国研究系列》，江苏人民出版社 2011 年版，第 100 页。

② ［美］田浩：《朱熹的思维世界》（增订版），《海外中国研究系列》，江苏人民出版社 2011 年版，第 116 页。

③ ［美］田浩：《朱熹的思维世界》（增订版），《海外中国研究系列》，江苏人民出版社 2011 年版，第 130 页。

④ ［美］田浩：《朱熹的思维世界》（增订版），《海外中国研究系列》，江苏人民出版社 2011 年版，第 131 页。

应该运用儒家伦理和实践策略来解决问题。道德规范和事功手段缺一不可，从他的"道"论来看，二者是合一的整体。虽然朱熹不同意他把道德规范和事功手段结合起来的观点，要求陈亮做一个"醇儒"。但我们没有必要用朱熹的标准来衡量陈亮是否是儒家。① 在政治层面，朱熹更注重地方和社区组织的改革，对全国的制度改革关注较少。陈亮关注的重点显然与朱熹相反。在这方面，陈亮更接近 11 世纪主要思想家的方向。但他在一些重大问题上的观点，如改组军队、减税、学校和考试弊病等方面上，与陈傅良、叶适甚至朱熹的观点相去不远。② 总的来说，朱熹在思想上比陈亮更加理想化，更加强调从根本入手。陈亮认为人性只是生理问题，只要求行为和法律制度符合规范。因此，他的改革思想比朱熹的主张更温和。朱熹对抽象或先验的"理"的强调，使他在从根本上改造民众和社会的思想上比陈亮更为乐观。陈亮不喜欢抽象的概念，只在自己所了解的客观条件范围内寻求解决办法。陈亮选择汉唐君主作为英雄楷模，但从未将他们提升到理想主义的极端程度。朱熹则期望人们成为圣人，秉承古人传下来的道德准则，坚持激进的理想主义。③ 长期以来，学者们把朱熹和陈亮关于"道"的争论解释为形而上学之争，因为他们只关注朱熹和陈亮的书信，而忽略了引发这场争论的"十论"。陈亮在其书信中主张道在历史中不断地运行，所以各朝代的历史与道的发展基本一致。如果我们研究朱熹对"十论"的回答，并考察其相关信函，我们会发现他们对道的讨论其实主要集中在文化价值的层次上。他们在历史如何影响道的本质的看法上完全不同。④

关于陆九渊，田浩指出，陆九渊在使用"理"一词时，通常讨论的是第二个层次——伦理原则和文化价值，而不是更抽象的"理"的层次。他常常谈到"理"和"道"，表示他能体验到一切事物的规范和原则。他认为自然界所包含的规范或理是自然界规律的基础，道是天、地、人等具体事物所固有的规律或准则。⑤ 陆九渊认为朱熹错误地指责他把太极置于道之上。在朱熹

---

① [美]田浩：《朱熹的思维世界》（增订版），《海外中国研究系列》，江苏人民出版社 2011 年版，第 164—165 页。

② [美]田浩：《朱熹的思维世界》（增订版），《海外中国研究系列》，江苏人民出版社 2011 年版，第 174—175 页。

③ [美]田浩：《朱熹的思维世界》（增订版），《海外中国研究系列》，江苏人民出版社 2011 年版，第 176—177 页。

④ [美]田浩：《朱熹的思维世界》（增订版），《海外中国研究系列》，江苏人民出版社 2011 年版，第 189 页。

⑤ [美]田浩：《朱熹的思维世界》（增订版），《海外中国研究系列》，江苏人民出版社 2011 年版，第 209 页。

看来，阴阳属于“形而下”的层面，而道、太极属于“形而上”的层面，是相对抽象而普遍的。因此，在朱熹看来，陆九渊把阴阳和道放在同一个层面上，从根本上说是混淆了不同层面的问题。但陆九渊引用孔子的《易传》，认为道不是具体的实体，而是阴阳的交替变化。陆九渊更注重经典的字面意义，反映了道学兴起前的文化观念，朱熹则更接近道学兴起后的风格，用哲学的观念解释儒家经典，讨论相对抽象的话题。因此，陆九渊认为朱熹在“太极”之上加上“无极”的层次，说明朱熹根本不懂经典和“太极”。就像他们在讨论“中”的问题时一样，陆九渊不像朱熹那样喜欢区分不同的层次。①

在南宋道学的第四阶段中，田浩探讨了朱熹门人后学的思想主旨及其与陆学、浙学的交涉互动，以及南宋后期思想界的整合。

田浩指出，虽然朱熹的门人后学都强调朱熹的独特地位，但他们在暗中调和了13世纪其他道学流派的思想。第一条思想战线是浙东的历史学家、政治家和功利主义者。真德秀的一些历史制度的观点与浙东的学者相似，但他始终以遵循朱熹学说的后学自居，并且完成了朱熹遗留下来的经世制度理论。金华四先生（北山四先生）也吸收了浙东传统对法律作用的传统观念，重视历史制度的重要性，以政治军事手段保卫国家。但他们并没有强调自己的浙东学术根基，而是认为自己是朱熹学说最正统的继承者。这些发展可以说是有意将朱熹的哲学思想与浙东的制度历史智慧相结合，实际上是着眼于朱熹体系中的制度和社会关怀，而不是朱熹自己所偏好的哲学思辨。② 第二条思想战线是对陆九渊心学影响力的回应。为此，朱熹的弟子门人将朱熹的哲学思想提升到文化价值的层面，突出了伦理道德与自我修养的地位。黄榦虽然阐发了朱熹的体用论和道统观，但他更注重个人修养，对朱熹的学术研究和抽象思辨哲学没有太多的关注。陈淳只在1217年与严州的陆九渊后学发生冲突时痛斥了陆学，而他的《北溪字义》强调心和功夫的修养，可以说是对陆九渊心学的积极回应。朱熹的后学因为受到陆学的挑战而拓展了朱熹的心学和功夫修养方面。浙东的杨简等陆门弟子继续发展陆九渊的哲学，成为朱熹学派外的另一个体系。然而，陆学弟子在13世纪转向与朱熹方法论的融合，是陆学的一个更典型的发展方向。真德秀与被陆学所吸引的学者们的友好对话可能启发了他拓展朱

① [美]田浩：《朱熹的思维世界》（增订版），《海外中国研究系列》，江苏人民出版社2011年版，第237—238页。

② [美]田浩：《朱熹的思维世界》（增订版），《海外中国研究系列》，江苏人民出版社2011年版，第327页。

熹的心学理论。① 总之,朱熹后学的研究显然将焦点从朱熹的思辨哲学上转移了。其他12世纪的道学家没有像朱熹那样重视这个层次的讨论。朱熹和他的同时代人有时在不同的层次上处理问题。朱熹有时会回避朋友的主要观点,试图将讨论引向一个更理论化的层面。朱熹的思想不仅包括抽象的哲学原理,也包括文化价值和实际事务的主题。然而,他对这三个层次的着重点不同于他同时代及以后的学者。因此,当他的学生回到12世纪的道学中心时,其实增加了朱熹学派对文化价值和实践事务的讨论。在他们的努力下,朱子学在文化价值和实际事务方面有了更丰富的内容,使其思辨哲学和经世思想更加完善,从而为朱熹学派整合各派思想并最终取得正统地位作出了重要贡献。②

总的来看,田浩所依据的道学理论的三个层次是从宋代道学史发展过程中的精神主旨出发归纳总结出来的,而不是拿西方的哲学理论来套在中国思想史上,因而比较切合宋代思想史的实际情况,具有较强的说服力。同时田浩将思想史发展置于社会背景及不同思想家的交涉中来考察,因而能比较真实地还原思想史的实际情况,较之一般哲学研究中从概念到概念的纯观念分析,更能揭示出哲学思想之所以产生的社会背景和思想根源。

第三节　客观的思想立场与多元的诠释路径

正如余英时所指出的,田浩作为当代美国史学家,其文化价值趋向多元化和宽容,不能接受学术思想简单地定于一尊;作为一位严谨的学者,田浩尊重客观,不以自己的好恶来随意评判古人;所以田浩对吕祖谦最具有同情之了解,因为吕祖谦恰好代表了儒家的一种宽容、开放、多元的模式。③ 由此,我们不难理解田浩为什么不像一般研究者那样习惯性地接受朱熹及其哲学的正统地位,而是试图澄清宋代思想史上的多元性面貌和不同思想家之间的复杂纠葛。事实上,田浩的《朱熹的思维世界》一书最初英文版的书名——《儒家话语与朱熹的崛起》(*Confucian Discourse and Chu Hsi's Ascend-*

---

① [美]田浩:《朱熹的思维世界》(增订版),《海外中国研究系列》,江苏人民出版社2011年版,第327—328页。

② [美]田浩:《朱熹的思维世界》(增订版),《海外中国研究系列》,江苏人民出版社2011年版,第328页。

③ [美]余英时:《原版序》,[美]田浩:《朱熹的思维世界》(增订版),《海外中国研究系列》,江苏人民出版社2011年版,第4—5页。

ancy）更清晰地体现了该书的旨趣：将朱熹置于其同时代人的语境中，重建道学群体的演变。为此，田浩研究了来自四个不同时期的一批儒家学者，反映了他们之间存在的基本差异。田浩的讨论根植于政治和哲学史，以及对道学团体成员的社会网络的研究。田浩在这一框架内，生动地描述了道学运动范围的变化及其发展为学术群体甚至政治派别的过程，并揭示出道学运动在朱熹的影响下从多元中日益增强的排他性。田浩密切关注对抗性的著作和辩论，包括人性、思想的功能、《易经》的运用、社会福利项目、教学方法、权宜之计、知识和权威的基础等问题。[①] 田浩指出，朱熹的哲学被统治者接受，在很大程度上是因为在朱子学的体系中皇帝拥有独特的伦理、哲学和政治优势；换句话说，朱子学适应了宋代以后不断集中权力的专制统治者的需要；相反，吕祖谦认为，伦理价值的过度集中是不恰当的，因为统治机构需要不断改善他们的治理，并对皇帝的权力设置约束；吕祖谦是较早认识到仅靠皇帝的修身养性和德性来治理国家的危险性的儒家学者之一，可以说是黄宗羲《明夷待访录》的先行者；如果吕祖谦没有早死，其思想能像朱熹那样影响到整个中国，那么中国的政治、文化和历史可能会以一种完全不同的方式发展。[②] 如前所述，田浩将吕祖谦之死作为《朱熹的思维世界》中南宋道学史第三阶段（多样化发展）的结束。之后朱熹成为道学唯一的领袖和权威，然而由于性格和哲学观念上的问题，引起了思想界的争论。虽然朱熹在与陆九渊心学和陈亮功利主义的斗争中占据上风，并最终获得了道学的正统地位，但它也掩盖了道学发展中多元发展的可能性。这当然是令人感到非常遗憾的。

事实上，田浩作为一位研究中国思想史的美国汉学家，力图站在一个"旁观者"的立场上进行冷静客观的研究。其研究从扎实的文献基础和开阔的学术视野出发，追求对中国古代思想尤其是儒学内涵多样性和道学的复杂性、发展性的深刻揭示。[③] 在这方面，田浩深受他在哈佛读书时的两位老师史华慈和余英时的影响。如史华慈揭示了儒学系统内部的三组对立概念：首先是个人道德修养与治国平天下的经世致用之间的关系，其次是内心世界与外在社会政治环境的关系，最后是知与行的关系，由此为讨论思想家

---

① Hoyt Cleveland. Tillman, *Confucian discourse and Chu Hsi's ascendancy*, Honolulu: University of Hawaii Press, 1992. Peter K. Bol（包弼德）, "Reviewed Work: Confucian Discourse and Chu Hsi's Ascendancy by Hoyt Cleveland Tillman", *Journal of Song-Yuan Studies*, No. 24（1994）, pp. 293-313.

② ［美］田浩：《宋代思想史的再思考》，徐波译，第 14—22、20—21 页。

③ 杨新勋：《一个旁观者的心声——田浩访谈录》，第 150—159 页。

之间的分歧提供了方向；而余英时通过对孔子“博”“约”思想的论述，阐明了由知识或者直觉来体认道义形成了儒学传统内部的分派。① 田浩在继承史华慈、余英时的观点基础上，深入探讨了朱熹与陆九渊（道问学与尊德性）、朱熹与陈亮（德性与事功、义与利）的思想冲突。如田浩指出，儒学传统中在问学与德性之间寻求平衡的困难使得12世纪的“道学”一分为二。陆九渊将尊德性放在首位，轻视学问知识的获得，认为直接地觉悟圣人的心和教导远胜于阅读经典；朱熹则遵循一条追问与研究的途径，甚至坚持认为约必须以博为基础。总之，学问之道一直与关注道德修养相纠结，以至于充分发展的知识主义直到18世纪才出现，并且它也不能完全掩盖人们对道德修养的热情。②

余英时在为田浩的《朱熹的思维世界（修订版）》所作的序中指出，相比于田浩的思想史研究路径，余氏自己的研究更偏于社会史、文化史的研究路径。概括来说，余英时有关朱熹与王守仁研究的重点既不在个别思想家，也不在个别思想流派，而是集中在宋、明两代儒家建立新秩序这一大的运动上。这一思想运动在历史上发挥过重要作用。但思想运动、创造新秩序的儒家整体规划之所以能够形成，正是由于政治、社会、经济各方面的变动为其提供了必要的条件。事实上，在实际的历史进程中，思想与社会的变迁往往是交织在一起而互为因果的，无法截然分开。③ 因此余英时在其《朱熹的历史世界》及《中国近世宗教伦理与商人精神》等著作中致力于打通思想史与其他专史（如政治史、社会史、经济史、宗教史）之间的隔阂。④ 所以余英

① ［美］田浩：《功利主义儒家——陈亮对朱熹的挑战》，姜长苏译，《海外中国研究丛书》，江苏人民出版社1997年版，第19页。

② ［美］田浩：《功利主义儒家——陈亮对朱熹的挑战》，姜长苏译，《海外中国研究丛书》，江苏人民出版社1997年版，第20页。

③ Charles Hartman指出余英时的写作目的首先是要立足于新儒家运动对宋代政治生活的重大影响，对于长期以来认为理学是纯哲学（主要包括形而上学和认识论）的中国尤其大陆学者来说，余英时的著作被认为是一个跨学科的打破传统的概念和模型的宋代政治和文化研究的典范。参见Charles Hartman，“Zhu Xi and His World”，pp. 107-131。金春峰也指出余英时在其《朱熹的历史世界》中将思想史与政治史整合起来，从而将朱熹思想的研究推向新的视域，如其称南宋为“后王安石时代”的提法对于南宋政治（政争）与思想（党争）关系的研究而言具有全局性的指导意义。参见金春峰：《宋代的学派与政派——从“绍兴学禁”到“庆元党禁”》，《湖南科技学院学报》2007年第3期。

④ 葛兆光指出，余英时的《朱熹的历史世界》为宋代思想史研究提供了新思路、新方法、新视角，树立了新范式；首先，它改变了宋代政治史、文化史、思想史在北宋和南宋之间分期的结论；余英时从“得君行道”“共治天下”“正论异论”“重定国是”等视角出发在北宋与南宋之间建立起一个连续性的脉络，说明在表面变化之下有不变的东西，就是当时士大夫的政治关切和重建秩序的理想；其次，从以理学为中心的哲学史转向以政治与社会相结合的

时的研究路径并不限于严格意义上的思想史，而是扩展到一种广义的文化史。这与其弟子田浩的侧重点有所不同。田浩的《朱熹的思维世界》和余英时的《朱熹的历史世界》二书书名相近但所处理的问题并不相同。田浩在该书中所采取的研究路径是比较严格意义上的思想史路径。他关心的是南宋不同儒学流派的谱系问题，尤其是探讨朱熹的"道学"为何最后取得"道统"的正统地位。田浩在其纯粹的思想史视域下，将关注的焦点放在儒学内部的复杂关系上。事实上，余英时的外向路径与田浩的内向路径正好可以互相补充和支持。中国学者何俊的《南宋儒学建构》的研究路径与田浩相近。① 但田浩在其《朱熹的思维世界（增订版）》的"结语"中将其视域扩展到朱熹思想与经济发展之间的关系，并且系统讨论了其师余英时的《中国近世宗教伦理与商人精神》一书的主旨。② 同时田浩特别强调朱熹的"使命感"，并清楚地指出在朱熹的思想中，社会政治关怀（理论上的实践）是首要的。而这正是余英时的著作《朱熹的历史世界》中的基本论旨之一。因此这里体现出田浩对老师余英时立场及观点的继承。③ 田浩在近年出版

思想史，改变了宋代研究中的"道统叙事"或"哲学史叙事"；最后，使观察宋代思想的视野从单纯的思想世界转向了宽广的历史世界，从而重新确立了思想史的历史意义。余英时认为宋代道学家恢复秩序的尝试是"第一序"的，而向真理之源去探讨内圣之学只是"第二序"的。参见葛兆光：《思想史研究课堂讲录 · 二编 · 在思想史的周围》（增订版），生活 · 读书 · 新知三联书店 2019 年版，第 73—76 页。

① ［美］余英时：《增订版序一》，［美］田浩：《朱熹的思维世界》（增订版），《海外中国研究系列》，江苏人民出版社 2011 年版，第 4—6 页。

② 其要旨在于，历史的变动把北宋士大夫阶层推上了政治、社会的主体地位，激起了他们"以天下为己任"的使命感。他们因而运用儒学的精神资源展开了一场大规模而持久的重建秩序的运动。同时佛教的入世转向也与儒学的新发展相交汇，从而更加强了士大夫的使命感。其后 15、16 世纪市场经济的兴盛将商人的社会重要性提高到前所未有的高度。士商合流与互动成为明、清社会史上最引人注目的新现象。王守仁的重大贡献就是使宋儒所开创的建立新秩序的整体规划在明代又以不同的面貌和方式重新活跃起来。王守仁抛弃了像宋儒那样"得君行道"的幻想，而是致力于"觉民行道"，将说教的对象转向士农工商各阶层的庶民；这也是"致良知"之教的社会内涵。同时 16 世纪商人阶层的兴起使得社会结构发生了变化，使得王守仁必须在其构想的政治新秩序中为新兴的商人阶层安排适当的位置。王守仁由此对宋以来儒家整体规划做出调整，提出"四民异业而同道"的新说。同时明代商人也主动争取更广泛的社会承认，将商业上的成就也视作一种"德业"，具有不朽的价值。［美］余英时：《增订版序一》，［美］田浩：《朱熹的思维世界》（增订版），《海外中国研究系列》，江苏人民出版社 2011 年版，第 3—4 页。

③ 概括来说，即认为中国史在宋代进入了一个新的阶段，政治、社会、宗教、经济等各方面都发生了重要的变化。首先是"士"阶层崛起并占据了社会政治的主体地位，由此发展出"以天下为己任"的责任担当意识，即田浩所说的"使命感"；这种使命感主要体现在儒家的整体规划上，即借回归三代的复古之名，全面重建社会新秩序；由此宋代士大夫阶层一方面在朝廷上推行政治上的革新，所以产生庆历新政和熙宁变法，一方面又在地方上致力

的最新著作中越来越趋向于思想史与社会史、文化史相结合的研究路径。如田浩的《旁观朱子学》一书由“思潮与经济发展”“教育与创造力”“模范与文化”“哲学与思想史”和“方法与对话”五个部分组成，展现了与主流宋代理学研究突出朱熹的单线发展不同的一种视野；这种视野关注宋代儒学发展的社会网络，强调儒学思想家群之间的多元互动。又如田浩及其弟子苏费翔合著的《文化权力与政治文化——宋金元时期的〈中庸〉与道统问题》中指出，政治冲突如何影响中国哲学观念和特定知识阶层的崛起是一个有争议的问题，其中就包括国家权力的相对力量和知识分子的文化权威问题；通过探究朱熹时期的儒家思想可知，朱熹的思想在13世纪并没有像过去所描述的那样被迅速地广泛接受；通过对“中庸”和“道统”的继承的探讨，可以揭示文化权威与政治文化关系的复杂性。① 上述研究都是基于其重视社会政治、经济、文化等环境、背景与学术思想间的相互影响的研究立场。这也体现了田浩在研究视域和路径上的不断扩展。

余　论

最后要指出的是，田浩作为在西方研究中国传统思想的汉学家，其思想立场深受中西两方面学术传统的影响，因而其研究路径也体现了中西学术传统的融合。

从西方学术传统来看，美国当代汉学研究大体上经历了从费正清、列文森的“冲击—回应”模式，到狄百瑞、陈荣捷的“新儒学—现代性”模式，再到余英时、田浩的“思想—政治文化”模式的转变。狄百瑞对宋明新儒学(Neo-Confucianism)现代意义的阐发与20世纪70年代以来美国汉学研究

于社会道德秩序的重建，所以有义庄、族规、乡约、书院的创建。朱熹也不例外。他一方面在立朝期间致力于领导朝廷上的理学集团推行改革，一方面在地方上致力于局部秩序的重建，如设立社仓、书院以及重订吕氏乡约等。朱熹之前的张载，与朱熹同时代的陆九渊、张栻、吕祖谦等也莫不如此。［美］余英时：《增订版序一》，［美］田浩：《朱熹的思维世界》（增订版），《海外中国研究系列》，江苏人民出版社2011年版，第2—3页。

① 参见 Soffel Christian and Tillman Hoyt Cleveland, *Cultural Authority and Political Culture in China: Exploring Issues with the "Zhongyong" and the "Daotong" during the Song, Jin and Yuan Dynasties*, Stuttgart, GERMANY: Franz Steiner Verlag, 2012, pp. 31-110；［德］苏费翔、［美］田浩：《文化权力与政治文化——宋金元时期的〈中庸〉与道统问题》，肖永明译，中华书局2018年版。相关评论参见 Peter Bol（包弼德），Christian Soffel（苏费翔）and Hoyt Cleveland Tillman（田浩），"Cultural Authority and Political Culture in China: Exploring Issues with the Zhongyong and the Daotong during the Song, Jin and Yuan Dynasties by Christian Soffel, Hoyt Cleveland Tillman", *Journal of Song-Yuan Studies*, Vol. 43(2013), pp. 354-357。

中“中国中心观”(柯文语)的兴起密切相关。这是对以费正清和列文森为代表的“冲击—回应”模式(西方中心观)的反驳。① 狄百瑞从内在研究路径出发梳理了儒家核心观念的发展脉络及其现代价值,批判了在政治社会背景和语境中研究儒学的外在研究路径。② 田浩则注重思想史的多元化发展及其与社会文化史的互动影响,批评狄百瑞的“新儒学—现代性”模式因为过分关注“新儒学”(代表有神论和无神论等特殊价值争议)或“新儒家正统”(代表核心价值观的程朱理学道统)而忽视了思想史上的丰富多样性。③ 同时田浩也没有忽视哲学观念及儒学现代意义的探讨。田浩的著作《功利主义儒家——陈亮对朱熹的挑战》虽然以文化背景及思想交涉为关注焦点,但其研究也是建立在对朱熹、陈亮等人的哲学体系及其观念的深入把握基础上的,并且也关注其现代价值。如田浩在详细探讨陈、朱关于义利、王霸的辩论后反驳了黑格尔所谓“每一哲学皆是它自己时代的哲学,因此只能满足于特殊时代的要求”的论断,指出“陈亮的历史研究及其与朱熹的辩论不仅为探索12世纪中国的社会政治思想提供了工具,而且还刺激读者去反思人类面临的共同问题”,从而肯定了陈朱之辩所具有的现代意义。④

从中国学术传统来看,中国学术史上不乏关注思想与政治之互动影响的传统。瞿林东指出《明儒学案》与《宋元学案》在总结宋元明三代学术史的同时,表现出对政治的关切,如《宋元学案》中的两个党案(《元祐党案》《庆元党案》)和《明儒学案》中的《东林学案》,尤其《东林学案》与黄宗羲《明夷待访录》中的历史批判精神完全一致。⑤ 何俊指出,余英时、田浩的研究路径与《宋元学案》(全氏补修本)有一定的关联,全祖望在补修本中设立

---

① 参见[美]狄百瑞:《中国的自由传统》,李弘祺译,中华书局2016年版,第22—23、43—108页;William Theodore de Bary, *Learning for one's self: Essays on the individual in Neo-Confucian thought*, Neo-Confucian studies, pp. 1-13;[美]柯文:《在中国发现历史——中国中心观在美国的兴起(增订本)》,林同奇译,中华书局2002年版,第72—73页;林同奇:《“中国中心观”——特点、思潮、与内在张力(译者代序)》,[美]柯文:《在中国发现历史——中国中心观在美国的兴起(增订本)》,中华书局2002年版,第1—34页;朱政惠:《美国中国学发展史:以历史学为中心》,中西书局2014年版,第561—567页。

② 方朝晖主编:《学统的迷失与再造:儒学与当代中国学统研究》,陕西师范大学出版社2010年版,第159页。

③ 何俊:《田浩(编):〈宋代思想史论〉》,刘东主编:《中国学术》第18辑,商务印书馆2005年版。

④ [美]田浩:《功利主义儒家——陈亮对朱熹的挑战》,姜长苏译,《海外中国研究丛书》,江苏人民出版社1997年版,第162页。

⑤ 瞿林东:《中国史学史纲》(第2版),北京出版社2005年版,第690页。

《赵张诸儒学案》《元祐党案》《庆元党案》等即体现了思想与政治文化交涉研究的视角。[①] 事实上，哲学思想与政治文化的立场恰好分别体现在《宋元学案》成书过程中黄宗羲编纂的“黄氏原本”（哲学史、道学史）与全祖望编纂的“全氏补修本”（思想史、宋学史）中。尤其全祖望在《宋元学案》中的思想史建构及其诠释可以说已经开启了田浩的宋代思想史研究的先声。[②] 葛兆光受余英时和田浩的影响，主张跳出《伊洛渊源录》以来的以哲学史或精英思想史为中心的叙述方式，将思想史的研究与法律史、社会史、文化史、生活史、教育史、宗教史等各方面结合起来，向下关注一般知识、思想与信仰，关注思想与文化的制度化、世俗化和常识化。[③] 包弼德则指出仅凭“政治文化”的外在研究并不足以理解道学作为一种社会和知识运动是如何将理想与社会生活联系起来的。[④] 事实上，余英时及田浩对政治文化研究的局限性有着清醒的认识。如上文所述，田浩的研究从道学理论的三个层面“体”（对应哲学思辨）、“文”（对应思想文化）与“用”（对应现实政治）出发，力图将哲学、思想及政治三个方面的研究结合起来，运用哲学研究方法探索古代中国的思维世界，因而被认为是“外在社会史”与“内在思想史”相结合的研究典范。[⑤] 由此可见，源自中国传统而为田浩所阐发的“体”“用”“文”三位一体的思想建构及其精神主旨不仅在历史上对推动思想文化的建设发展起到关键作用，对于宋代思想史的研究乃至当今社会文化的建设而言也具有相当的参考价值。

下篇小结

下篇“宋明儒学诠释路径的个案研究——以海外汉学、中国学为中心”中，笔者从中日、中西比较的视域出发，考察了宋明儒学研究领域中以艾儒

---

① 何俊：《宋元儒学的重建与清初思想史观——以〈宋元学案〉全氏补本为中心的考察》，第131—145页；何俊：《事与心：浙学的精神维度》，北京大学出版社2013年版，第310—336页。

② 参见连凡：《〈宋元学案〉的层次结构与学案设置——兼论全祖望与黄宗羲思想史观之异同》，《北京社会科学》2017年第4期；冯友兰：《中国哲学史新编》第5册，《三松堂全集》第10卷，河南人民出版社2001年版，第299页。

③ 葛兆光：《思想史研究课堂讲录·二编·在思想史的周围》（增订版），生活·读书·新知三联书店2019年版，第109—112页。

④ 参见［美］包弼德：《历史上的理学》，“中文版序”，第1—3页。Peter K. Bol（包弼德），“On the Problem of Contextualizing Ideas: reflections on Yu Yingshi's approach to the study of Song Daoxue”, *Journal of Song-Yuan Studies*, No. 34(2004), pp. 59-79。

⑤ 陈曦：《田浩教授与宋代思想史研究》，《唐宋历史评论》2020年第1期。

略为代表的耶儒交涉、以伊藤仁斋为代表的汉宋之争（以上两者属于早期海外汉学），以及岛田虔次的观念史诠释路径、狄百瑞的宗教史诠释路径、楠本正继的哲学史诠释路径、冈田武彦的文化史诠释路径与田浩的思想史诠释路径（以上五者属于现当代海外中国学）。

第九章“艾儒略与中西性论思想的会通——以《性学觕述》为中心”中，笔者探讨了以艾儒略为代表的明清耶稣会士与中国传统儒释道三教的思想交涉（以耶儒交涉为中心）。其要旨如下：

艾儒略在《性学觕述》中致力于天主教与中国传统儒释道三教人性论思想的会通，采取的策略是依据论述万物生成、构造及目的的四因说及其形式因与质料因、灵魂与肉体二元结合的内部构成说，用天主取代天理，通过会通儒学中天所赋予的性与天主教中天主所赋予的魂，将儒释道三教性论纳入四因说的框架中。进而以天主赋性、灵魂救赎的理论批判了儒家思想中的性气、灵肉一元论，万物一体的目的论，以及乾坤父母说的生成论等方面。艾儒略通过阐释会通不同宗教、学说中核心范畴、概念的方式将儒释道三教的人性论纳入天主教灵魂肉体说的思想框架中。这虽然不能消除中西思想在人性论上的根本分歧，但却揭示了其思想结构上的共通性，也为中西思想的比较与会通提供了借鉴。

第十章“伊藤仁斋的朱子学批判及其学术意义——以《太极图说》与《通书》的诠释为中心”中，笔者围绕着周敦颐《太极图说》《通书》的诠释，探讨了伊藤仁斋对朱子学的批判及其学术意义，以阐明宋明儒学与汉学（古学）的论争。其要旨如下：

关于《太极图说》的诠释。在宇宙本体论的诠释上，朱熹以太极为理，陆九渊以太极为元气，伊藤仁斋以无极为理、以太极为元气，表明周敦颐的太极说处于汉唐的太极元气说与宋代的太极理本论之间的过渡阶段。在修养工夫论的诠释上，仁斋父子批判了朱熹的理性论及其以四德曲解中正仁义的失误，指出朱熹的诠释掩盖无欲说的异端本质，同时也不符合孟子的寡欲说，并依据先秦儒学否定了宋儒基于体用论观点的主静说。关于《通书》的诠释。在本体论上，伊藤仁斋批判了朱熹以诚为贯通未发已发之理的诠释，指出周敦颐受道家影响以诚为未发之实理。在人性论上，仁斋批判了朱熹以五性为五常，以理气善恶、未发已发区别性情，以复性为复归于仁义礼智之本性的诠释，指出信是被四德所规范的行为，周敦颐以仁义作为道德规范而非本性，因此复性是复归于作为性命本源的诚。在工夫论上，仁斋指出周敦颐受佛道影响而来的无欲主静说与先秦儒学积极主“动”的精神不符，并批判了朱熹存理灭欲的理欲观。总之，朱熹的诠释可称为反汉唐章句训诂之学的理学路径,陆九渊的诠释可称为反朱学的心学路径,伊藤仁斋的诠释可称为复古反宋学的考据学路径。虽然朱熹基于构建自身思想体系的理学诠释路径与仁斋父子的考据学诠释路径的目的和意义并不相同,但仁斋父子基于其实事求是、追根溯源的客观解释学立场,对《太极图说》及《通书》的诠释有理有据且切中要害,值得我们注意。

第十一章"岛田虔次的近世儒学建构与阳明学诠释——以《中国近代思维的挫折》为中心"中,笔者从近世儒学的精神特质与发展脉络、王阳明及其后学泰州学派的思想精神、学术论争及其思想立场三个方面出发,探讨了岛田的近世儒学及阳明学研究的主旨、立场及方法论意义。其要旨如下:

岛田虔次在《中国近代思维的挫折》一书中,从社会观念与哲学思想的相互影响出发阐明了近世儒学由士大夫之学到庶民之学的发展脉络,指出中国近世的根本精神在于,站在确信人的能动性的立场上的自我扩充的热情以及与之互为表里的理论与实践相统一的合理主义,而阳明学对人的主体能动性的强调已经蕴含着肯定现成良知和欲望的趋势,从王守仁主张的存理去欲的道德主义到泰州学派主张的人欲即天理的自然主义,再到李贽将欲望才能置于道德根基上的功利主义的展开,几乎可以看到欧洲的近代精神,但最终由于个性解放与名教纲常的冲突及专制势力的镇压而遭受挫折。岛田结合内在理路的梳理与身心体认的研究方法,通过中西文化观念的比较,阐发阳明学的近代意义,同时反对以西方或日本的立场来评判中国思想。

第十二章"狄百瑞论儒家的自由主义传统及其现代意义——以《儒家的困境》为中心"中,笔者总结了狄百瑞《儒家的困境》的内容主旨并阐明其方法论意义。其要旨如下:

狄百瑞指出,儒家君子(先知)与皇帝之间的紧张关系是中国政治的重要主题。君子的力量来自替百姓和上天代言的社会角色,但由于既没有得到百姓的有效支持,也没有获得来自上天的宗教支撑,导致被困在百姓与专制皇权的裂缝之间。虽然儒学基于其修己治人的信念一直有批判专制统治的自由主义传统,但却未能建立起稳固的权力基础。修身作为儒学教育的核心,过分强调个人通过自己的道德意志来控制局面,将治理天下的最终责任不切实际地寄托在皇帝一人身上。虽然清代理学家中吕留良对政治秩序、方东树对道的发展都提出了新的见解,但由于儒家缺乏能够清晰表达思想的公民有组织的支持以及公共舆论的工具,他们不得不独自对付有权势的统治者或者只是成为政治空想家,最终必然走向失败的命运。狄百瑞认为,儒家的道德理想主义及其经世致用的实践传统虽然在历史上受困于专制制度，但在当代世界仍然具有重要的理论价值与现实意义，并在其新儒学的理论建构与通识教育的实践中倡导东西方不同文明之间的平等对话。狄百瑞的研究总体上是以宗教、观念为核心的“内在进路”诠释路径，同时又结合了外在社会、文化背景的分析。

第十三章“楠本正继的宋明儒学史建构与诠释——以《宋明时代儒学思想之研究》为中心”中，笔者考察了楠本正继对宋明儒学史的建构与诠释，并阐明其学术价值。其要旨如下：

楠本正继在《宋明时代儒学思想之研究》一书中遵循逻辑与历史相统一的原则。在宋明儒学史的建构上，楠本正继以宋学与明学的精神特质为内核，以思想源流为线索，建构了比较完备的思想史体系。在宋明儒学思想的诠释上，楠本正继立足于对中国哲学思想精神的切身体认及其原典文献的深入解读，通过梳理宋明儒学中各种思想流派的交涉与影响，阐明作为宋明儒学主体的朱子学及阳明学的体用精神、内在理路及历史意义，同时贯穿着中日西、儒释道等不同思想体系间的比较分析，在此过程中结合了问题意识与文献解读。其思想史建构与哲学诠释的理论与方法对于中国哲学史的研究而言具有重要参考价值。

第十四章“冈田武彦的宋明哲学诠释及其学术价值——以《宋明哲学的本质》为中心”中，笔者总结了冈田武彦《宋明哲学的本质》一书的内容主旨并阐明其方法论意义和学术价值。其要旨如下：

《宋明哲学的本质》是冈田武彦毕生研究宋明哲学的总结性著作。冈田武彦指出，儒学经战国到宋初约一千五百年的发展，终于诞生了新儒学，即宋明理学。从宋学的唯理思想到明学的唯心思想，再到复古学的唯气思想，宋明理学六百多年的展开，不仅是一场儒学变革，更是一场深刻的时代精神变革。宋明时代精神从唐代的外观、包容、感性一转而变为内观、知思、抒情，在哲学、诗歌、书法、绘画、陶瓷等领域呈现出内观、格物、简素、古拙、藏五种特征。特别是揭示事物根本存在和价值意义的理学，打破了汉唐经学的桎梏，超克了佛、老的虚弊，奠定了宋明时代精神文化发展的基础。《宋明哲学的本质》融合哲学史、思想史、文化史、社会史，为理解宋明理学的时代背景及其精神实质开辟了广阔的视野。

第十五章“田浩的宋代思想史建构与诠释——以《朱熹的思维世界》为中心”中，笔者考察了田浩的宋代道学史建构、诠释及其思想立场。其要旨如下：

在宋代思想史的建构上，田浩考察了社会经济、文化政策等影响宋代道学发展的外部因素，进而从学术思想与政治环境的互动关系出发阐明了道学从多样面貌走向正统的四个阶段及其发展历程。在宋代思想史的诠释上，田浩指出道学的思想交涉都是围绕着儒家理论的三个层次——哲学思辨（体）、现实政论（用）、文化价值（文）而展开的，并由此考察了道学内部关于理论与实践问题的讨论以及道学群体在政策与道德标准上与政府的冲突。在思想立场上，田浩力图站在旁观者的立场上进行冷静客观的研究。在诠释路径上，田浩的研究从细致深入的文献梳理和开阔的学术视野出发，关注哲学思想与政治文化的互动影响，从而融合了思想史与社会史、文化史的多元诠释路径。

结　论

宋明儒学(又称宋学、道学、理学、新儒学等)作为中国哲学史尤其儒学发展史上的一座高峰,历来受到海内外研究者的关注。但目前学术界对于海内外宋明儒学的名称概念与诠释路径的研究尚有待系统深入的分析和总结。笔者在梳理古今中外相关文献及其研究的基础上,从历史脉络与逻辑结构(思想体系)两个方面出发考察“宋学”“道学”“理学”等传统宋明儒学概念与源自西方的“Neo-Confucianism”“新儒学”概念的源流及其意义演变,在此基础上界定这些概念之间的相互关系及范围。由于宋明“新儒学”与“宋学”“道学”“理学”的交涉关系以及田浩与狄百瑞关于“新儒学”概念合理性的争论背后体现了宋明儒学的不同诠释路径,笔者以此为线索,在归纳分析海内外宋明儒学研究的基础上,就学界关于宋明儒学的研究立场和诠释路径做出总结,进而作为个案研究重点讨论了以艾儒略(耶儒交涉)、伊藤仁斋(汉宋之争)为代表的早期海外汉学,以及以岛田虔次(观念史路径)、狄百瑞(宗教史路径)、楠本正继(哲学史路径)、冈田武彦(文化史路径)、田浩(思想史路径)为代表的现当代海外中国学的宋明儒学诠释,并且致力于海内外学术界的比较与融合。

一、宋明儒学名称概念的演变及其关系

在宋明“新儒学”概念的源流上,西方传教士的“Confucius”概念(对中文“孔夫子”的翻译)在16世纪末已经出现,由此派生的“Confucian(ism/ist)”(儒家、儒学、儒教、儒者)概念在17世纪末已经出现。明清之际入华耶稣会士柏应理等人1687年在巴黎出版的拉丁文著作《中国哲学家孔夫子》中首次使用“neoterici intérpretes”(新诠释者)与“atheopolitici”(无神论政客)等拉丁文短语来指称对儒家经典的新诠释及其无神论倾向违背原始儒学的程朱理学家。其后,由“neoterici intérpretes”和“Confucian(ism)”的意义相结合产生的“Neo-Confucian(ism)”概念在19世纪末20世纪初期的入华新教传教士创办的报刊及西方学术界中,被用来指称融合三教以复归先秦宗教传统的新儒教及为儒学建构形上学体系的宋明新儒学。冈仓天心(1903)、帆足理一郎(1912)、胡适(1917)和冯友兰(1922)是已知较早受西

方影响使用“Neo-Confucian(ism)”概念的日本和中国学者。

冯友兰在1926年9月出版的《人生哲学》一书中最早将“Neo-Confucian(ism)”翻译为中文“新儒家(学)”概念。随后李石岑(1926年10月)、谢扶雅(1928)、陈寅恪(1934)等人也使用了“新儒家(学)”概念,从而使其成为流行的学术专有名词。虽然由于构建宋明儒学思想史体系的需要,加上“新儒学”概念意义的不确定性,1932年底以后,冯友兰在其中文论著中转而使用包括程朱理学与陆王心学在内的传统“道学”概念。但美国学者卜德又用西方本有的“Neo-Confucian(ism)”概念翻译冯友兰论著中的“道学”概念,从而促进了20世纪下半叶以来“Neo-Confucian(ism)”概念的传播。最后,“哥伦比亚学派”领袖狄百瑞在“Neo-Confucian(ism)”概念的普及与宋明新儒学现代意义的阐发上起到决定性作用。20世纪40年代以来,随着现代新儒学的发展成熟及其研究的兴盛,“新儒家(学)”概念又被用来指称现当代新儒家(学)乃至其他时代的新儒家(学),相应地形成了有别于“Neo-Confucian(ism)”“宋明新儒家(学)”概念的“New-Confucian(ism)”“Modern/Contemporary Neo/New-Confucian(ism)”“现(当)代新儒家(学)”概念。

在宋明儒学概念意义的演变及其关系上,中国传统的宋学概念大体上经历了从中义(宋代义理之学)到狭义(与阳明学相对的朱子学)再到广义(与汉学相对的宋学、宋元明清义理之学)的意义演变;道学概念大体上经历了从广义(道统之学)到狭义(程朱道学)再到中义(宋明道学)的意义演变;理学概念大体上经历了从广义(义理之学)到中义(性理之学)再到狭义(程朱理学)的意义演变。源自中国并传到东亚的朱子学、阳明学概念大体上经历了从狭义(朱学、王学)到中义(程朱理学、陆王心学)再到广义(东亚朱子学、东亚阳明学)的意义演变。源自西方的“Neo-Confucianism”“宋明新儒学”概念大体上经历了从狭义(程朱理学)到中义(宋明道学或宋明理学)再到广义(宋学)的意义演变。

“Neo-Confucianism”(宋明新儒学)概念最初指程朱理学及其传入朝鲜、日本后形成的东亚新儒学(朱子学),即对儒家经典的新诠释倾向于形而上学和无神论的理学思潮,强调的是对先秦儒学的超越;20世纪初期以来又被用来指称包括程朱理学与陆王心学在内的宋明道学,即回归先秦儒学传统并建构形上学体系的道学思潮,强调的是对先秦儒学的复归;20世纪后期以来又被用来指称宋学,即以义理诠释和道德践履为特征的宋学思潮,强调的是对汉唐章句训诂之学的超越。“Neo-Confucianism”概念意义范围的不断扩大及其宗教色彩的淡化体现了西方汉学研究的视域立场从宗教观念、哲学义理向思想文化领域的扩展。

总之,西方的"Neo-Confucianism""宋明新儒学"概念与中国传统的"宋学""道学""理学"概念及东亚儒家文化圈的"朱子学""阳明学"概念都有其深厚的历史背景和思想内涵,并且相互之间存在着错综复杂的交涉关系。由此导致"新儒学"概念因其意义的不确定性而受到质疑,而且"新儒学"在不加限定词的情况下既可指宋明新儒学,又可称现当代新儒学,乃至古今中外的其他新儒学,因此在使用中必须从历史脉络和思想体系出发清晰地界定其意义和范围。同时,"Neo-Confucianism"概念在其流传过程中已经完成中国化,标志为形成中文"新儒家(学)"概念并与中国思想史及其概念融合起来,加上它在意义上确实揭示了宋明新儒学相比于前代思想既有继承(连续性)又有超越(间断性)的事实,因此具有相当的合理性,并在世界范围内流行开来。同样,源自中国并流行于东亚尤其日本的"朱子学""阳明学"概念在近代以来随着学术思想交流的不断深入,也回传并影响了中国。中国传统的"宋学""道学""理学"概念也逐渐流行于日本及西方,甚至出现了像田浩这样主张用"道学"取代宋明"新儒学"概念的西方学者。总的来看,目前东西方诸国流行的上述宋明儒学概念的并行通用已经成为一种趋势,这也反映了海内外学术界的相互影响和融合。

二、宋明儒学诠释路径的演变及其转型

在宋明儒学的诠释路径上,对宋明儒学的系统总结和诠释始于明末清初。当时欧洲天主教耶稣会士来华传教,由于中国官方的统治思想程朱理学直接与天主教的信仰体系相抗衡,为了争夺思想地位,以利玛窦为代表的早期入华耶稣会士采取批判宋明新儒学而附会原始儒学的诠释策略,对以程朱理学为代表的道德形上学体系及无神论倾向不同于原始儒学的宋明新儒学(《中国哲学家孔夫子》中所谓"新诠释者"创立的"新教义"乃至"新哲学")进行了系统批判。其后随着理解的深入与策略的调整,耶稣会士对待宋明新儒学的立场由排斥转向融合。如艾儒略以"四因说"为理论架构,通过会通中西文化(耶儒释道)中的核心范畴(魂与性)及其思想体系,将理学的性气二元论纳入天主教灵魂肉体说的框架中。

明清之际批判宋明理学空疏流弊的实学思潮的兴起(以方以智、黄宗羲、王夫之等人为代表)受到耶稣会士传入的宗教思想及科学技术的影响。由此宋明理学、天主教与明清实学之间产生了复杂的交涉关系。在学术思潮从理学(宋学)到史学(经世实学)及考据学(朴学、汉学)的转型期间,以

黄宗羲为首的清代浙东学派学者基于一本万殊、经世致用的实学思想立场编纂了宋明儒学思想史巨著《宋元学案》与《明儒学案》,对宋明儒学进行了系统总结。日本古学派(以伊藤仁斋为代表)及清代考据学派(以戴震为代表)也基于考据学(汉学)立场对宋明儒学(宋学)展开了批判。如伊藤仁斋从考据学的诠释路径出发,致力于批判程朱理学的新诠释并复归于先秦儒家经典的本义(古义),从而还原了思想史上的真相。

如果说上述明清之际的耶儒交涉和汉宋之争促进了对宋明儒学的批判和总结,那么近现代以来对宋明儒学的诠释研究则与在其基础上构建思想体系、反对欧洲中心主义并以返本开新、复兴东方文化为己任的文化保守主义(以现代新儒家为代表)思潮的形成密切相关。20 世纪中文学界中国哲学及宋明儒学研究的奠基者、现代新儒家的代表人物之一冯友兰的《中国哲学史》等著作经过美国学者卜德的翻译在西方流行后,在美国兴起了以宋明新儒学的研究为中心的哥伦比亚学派。该学派的领袖、美国现代新儒家的代表人物狄百瑞及陈荣捷在宋明新儒学的概念普及、思想诠释及其现代意义的阐发上起到关键作用,并深刻影响了 20 世纪下半叶以来海内外的宋明儒学研究。

进入当代以来,海内外学界的宋明儒学研究愈加兴盛,相应地形成了多种诠释路径。这些诠释路径的形成固然有学术思潮变迁及学者个人因素的影响,但归根结底是根植于宋明儒学的思想体系本身。以程朱理学为代表的宋明儒学体系包括宗教及哲学(本体、生成、心情)、伦理(道、德、为学、政教)、礼乐(礼乐、宫室、冠服)、人伦(圣贤、仁人、君子小人)、异端(佛道、杨墨、申韩)、历史(历朝历代、列国、制度)、人物(德行、学问、事迹)、典籍(四书五经)、法刑及兵事、天文历数、地理、器物及饮食、博物等方面。由此决定了海内外的宋明儒学研究也包括上述方面,并且形成了一些主要的诠释路径和研究范式。

首先,以宗教史、观念史为中心的诠释路径主要关注以程朱理学为主体的宋明新儒学对儒家信仰与观念体系的重建及其现代意义。在这种诠释下,虽然程朱理学被认为是真正意义上有别于先秦儒学的"新儒学",但陆王心学也被收摄在理学的发展脉络中,因此展现的仍然是整个宋明新儒学。海内外现当代新儒家学者中很多人持此立场。如岛田虔次从社会观念与哲学思想的相互影响出发阐明了近世儒学由士大夫之学到庶民之学的发展脉络,并从东西方文明对话的高度指出中国近世后期(尤其明末)与欧洲近代的根本精神相通,但最终由于个性解放与名教纲常的冲突及专制势力的镇压而遭受挫折。狄百瑞基于以宗教观念为核心的内在进路,指出儒家基于天命观将宗教信仰内化为道德理性，由此产生修己治人的道德理想主义信念以及批判专制统治的自由主义传统，但由于缺乏能够清晰表达思想的公民有组织的支持、公共舆论的工具及稳固的权力基础，儒家最终不得不陷入被镇压的制度性困境中。

其次，以哲学史为中心的诠释路径主要关注以程朱理学和陆王心学为主体的儒学发展脉络及哲学诠释。在这种诠释下，“新儒学”主要包括程朱理学与陆王心学两派。如楠本正继基于哲学史的诠释路径，通过梳理宋明儒学中各种思想流派的交涉与影响，阐明了朱子学（程朱理学）与阳明学（陆王心学）的精神特质、发展脉络、哲学宗旨及历史意义。

最后，以思想史、文化史为中心的诠释路径主要关注思想交涉及其与社会、文化、政治的互动影响。在这种诠释下，“新儒学”的范围扩大到包括程朱理学、陆王心学、事功学派等在内的整个宋学，并且注意社会历史背景与各学派之间的交涉关系。相应地，研究视域从狭义的观念史进入思想史，更进一步进入社会史、文化史、政治史等相关领域。如冈田武彦的宋明哲学诠释熔社会文化与哲学思想于一炉，深刻揭示了贯穿宋明时代哲学思想及文艺工艺的一般时代精神及其历史展开。田浩的宋代儒学诠释以思想史路径为中心，同时融合了社会史、文化史的多元路径，从社会经济、政治环境、文化政策等外部因素与学术思想的互动影响出发，阐明了南宋道学的发展脉络及其历史意义。

此外，近年来学术界又兴起理学（新儒学）与经学、古典学、经典诠释学的交叉研究，这种研究视角和诠释路径关注文献的整理、思想史的梳理及哲学义理的诠释，实际上与我们上述三种诠释路径都存在对应关系。因为历史上“新儒学”的经学建构其实就是体现意识形态并起到宗教教化作用的哲学义理诠释，因此《四书》《五经》这些“新儒学”经典被官方指定为科举考试的标准。现当代的宋明“新儒学”经学研究一般不再具有意识形态的价值和意义，主要是作为一种研究的对象客体，从哲学史及思想史的视域出发对经典文本及其哲学内涵、思想影响所作的分析。

近年来海内外宋明“新儒学”的研究视域又扩展到东亚儒学，广义的“朱子学”与“阳明学”就是在这个意义上成立的。“东亚新儒学”的研究视角也可以对应上述三种诠释路径，只是其视野不再局限于中国，而是扩展到朝鲜、日本、越南等儒家文化圈国家接受中国“新儒学”影响后形成的本土“新儒学”思潮。但在研究中要避免将东亚其他国家的“新儒学”思潮简单视作中国“新儒学”的照搬（“中国中心观”）。如与重视理论探讨的中国及朝鲜儒学相比，日本儒学较少门户之见并重视体认和践履，进而发展成一种社会运动。

近年来又兴起比较哲学的研究。这种诠释路径和研究方法其实由来已久。上述东亚新儒学的研究可以说必然要涉及中日等国“新儒学”思想的比较，而中西哲学思想的比较也是目前学术界的热门研究领域，并且与上述三种诠释路径都有交涉关系，主要包括中西哲学范畴、概念及哲学体系的比较等方面。如本书中探讨的“Confucius”“Confucian(ism/ist)”“Neo-Confucian(ism)”“新儒家(学)”诸概念就是在中西思想的交涉与比较中创立的。

需要指出的是，以上对宋明儒学的主要诠释路径及其代表性学者的论述，只是从主要方面着眼所做的区分，在实际研究中不可能如此泾渭分明。因为同一学者随着思想立场的变化和研究的具体需要可能由一种路径转向另一种路径，还有可能同时兼用多种路径。如上述五位现当代海外中国学家的宋明儒学诠释虽各有侧重，但基本都做到了逻辑与历史、思想与文化、正统与多元的有机统一。大体上来说，中国及日本学界的宋明新儒学研究更重视文献解读和哲学思想的阐发，而西方尤其当代美国学界更重视社会史、文化史的研究。由于西方学者的特殊文化背景和学术素养，西方的汉学研究普遍具有比较哲学和跨学科的特征。

从西方学术传统来看，美国当代汉学研究大体上经历了从费正清、列文森的“冲击—回应”模式，到狄百瑞、陈荣捷的“新儒学—现代性”模式，再到余英时、田浩的“思想—政治文化”模式的范式转变。狄百瑞对宋明新儒学(Neo-Confucianism)现代意义的阐发与20世纪70年代以来美国汉学研究中“中国中心观”的兴起密切相关，是对以费正清和列文森为代表的“冲击—回应”模式(西方中心观)的反驳。狄百瑞从内在研究路径出发梳理了儒家核心观念的发展脉络及其现代意义，批判了在政治社会背景和语境中研究儒学的外在研究路径。田浩则注重思想史的多元化发展及其与社会文化史的互动影响，批评狄百瑞的“新儒学—现代性”模式因为过分关注“新儒家”(以程朱理学为核心和正统)而忽视了思想史上的丰富多样性。

虽然自20世纪80年代以来，海外宋明儒学的研究中出现由观念史、哲学史到思想史、文化史的视域和范式的转变，而研究范式的转型也反映了诠释立场从西方中心取向到中国中心取向、从一元到多元的转变，对扩展研究视野及还原历史真相起到了重要作用，但社会史、思想史、观念史、哲学史的路径实际上不可能截然分开，真正有价值的研究必然是逻辑与历史、哲学观念与思想文化等方面的有机统一。随着学术交流的深入、研究视域的扩展及方法论的更新，近年来海内外学术界相互影响及融合的趋势愈发显著。

最后要指出的是，本书作为国家社科基金后期资助课题的结项成果虽然已经完成，但对于相关领域的研究而言还只是一个阶段性成果，还存在很多尚待进一步研究解决的问题。尤其本书研究的对象是中外学界的宋明儒学诠释，涉及的人物和文献极多，仅凭一己之力想要穷尽所有文献基本不可能。事实上，自明末清初以来，海内外学界中有关宋明儒学的研究文献汗牛充栋，而且还涉及多语种，绝非一人之力所能全部涉猎和研究，也不是本书的篇幅所能容纳的。尽管笔者已经竭尽全力搜集、整理和分析相关文献，并且在本书中选取和论述的对象都是海内外具有代表性的名家名著，相信已经可以展现海外汉学、中国学宋明儒学诠释的基本路径，但由于主客观条件的限制，仍不免挂一漏万。此外，本书虽然力求将宏观与微观的研究结合起来，但在总体上仍偏重微观、个案的分析和文献的解读，在宏观、整体的把握和理论的阐发上还有待加强。今后要更广泛地搜集和深入研读原典及其研究文献，进而扩展研究的深度和广度，对宋明儒学的发展脉络、思想体系及其基本问题，以及海内外宋明儒学诠释的个案分析及整体脉络做更深入细致的研究。在此基础上，还可以展开东亚儒学的建构与诠释、中西哲学的比较与会通等方面的研究。

参 考 文 献

一、古籍文献与丛书全集

（晋）葛洪撰，杨明照校笺：《抱朴子外篇校笺》上册，中华书局 1991 年版。

（梁）释僧祐：《弘明集》，《大正藏》第 52 卷，（台北）新文丰出版有限公司 1983 年版。

（梁）萧统：《文选》第 3 册，上海古籍出版社 1986 年版。

（明）董应举撰：《崇相集十九卷》一，《四库禁毁书丛刊》集部第 102 册，北京出版社 1997 年版。

（明）黄省曾：《五岳山人集》，《四库全书存目丛书》集部第 94 册，齐鲁书社 1997 年版。

（明）陆应阳辑：《广舆记二十四卷》，《四库禁毁书丛刊》史部第 18 册，北京出版社 1997 年版。

陈红彦、谢东荣、萨仁高娃主编：《清代诗文集珍本丛刊》第 128 册，国家图书馆出版社 2017 年版。

（清）彭定求等编：《全唐诗》第 5 册，中州古籍出版社 2008 年版。

（清）彭定求等编：《全唐诗》第 8 册，中州古籍出版社 2008 年版。

（清）屈大均：《广东新语》全二册，《清代史料笔记丛刊》，中华书局 1985 年版。

（清）严可均辑：《全梁文》（上），商务印书馆 1999 年版。

（宋）周敦颐：《周敦颐集》，梁绍辉、徐荪铭等点校，岳麓书社 2007 年版。

（唐）韩愈：《韩愈全集》，钱仲联、马茂元校点，上海古籍出版社 1997 年版。

［印］世亲造，（唐）玄奘译：《俱舍论》，《大正藏》卷 29，（台北）新文丰出版有限公司 1983 年版。

（元）吴澄撰，（元）吴当编：《吴文正集一百卷附录一卷》，《景印文渊阁四库全书》第 1197 册，（台北）台湾商务印书馆 1983 年版。

黄晖撰：《论衡校释（附刘盼遂集解）》全四册，《新编诸子集成》第一辑，中华书局 1990 年版。

黄兴涛、王国荣编：《明清之际西学文本：50 种重要文献汇编》第 1 册，中华书局 2013 年版。

康金声、唐海静注译：《邢邵集笺校全译》，山西古籍出版社 2006 年版。

牟宗三：《牟宗三先生全集》第 28 册，（台北）联合报系文化基金会出版，2003 年。

徐征、张月中、张圣洁、奚海主编：《全元曲》第 8 卷，河北教育出版社 1998 年版。

（晋）常璩撰，任乃强校注：《华阳国志校补图注》，上海古籍出版社 1987 年版。

《大正新修大藏经·经集部》第 17 册，（台北）新文丰出版公司 1983 年版。

（清）戴肇辰、（清）苏佩训、（清）史澄、（清）李光廷纂修：《光绪广州府志》二，（清）戴肇辰、（清）苏佩训、（清）史澄、（清）李光廷纂修：《中国地方志集成·广东府·县志辑》五十一册，上海书店出版社 2003 年版。

（清）顾炎武撰，（清）黄汝成集释：《日知录集释》（全校本）中册，栾保群、吕宗力校点，《清代学术名著丛刊》，上海古籍出版社 2006 年版。

（清）黄百家：《学箕初稿二卷》，《清代诗文集汇编》第 161 册，《国家清史编纂委员会·文献丛刊》，上海古籍出版社 2010 年版。

［日］沟口雄三：《中国前近代思想的屈折与展开》，龚颖译，《沟口雄三著作集》，生活·读书·新知三联书店 2011 年版。

［意］利玛窦：《利玛窦书信集》下，罗渔译，《利玛窦全集》第 4 册，（台北）光启出版社；辅仁大学出版社 1986 年版。

［印］龙树菩萨造，［后秦］鸠摩罗什译：《大智度论（一百卷）》，《大正新修大藏经·释经论部》第 25 册，（台北）新文丰出版公司 1983 年版。

胡适：《胡适集外学术文集》，欧阳哲生编：《胡适文集》第 10 册，北京大学出版社 1998 年版。

胡适：《胡适口述自传》，欧阳哲生编：《胡适文集》第 1 册，北京大学出版社 1998 年版。

胡适：《胡适时论集》，欧阳哲生编：《胡适文集》第 11 册，北京大学出版社 1998 年版。

胡适：《胡适文存四集》，欧阳哲生编：《胡适文集》第 5 册，北京大学出版社 1998 年版。

胡适：《胡适文集》第 6 册，欧阳哲生编：北京大学出版社 1998 年版。

胡适：《胡适演讲集》，欧阳哲生编：《胡适文集》第 12 册，北京大学出版社 1998 年版。

胡适：《我的信仰》，欧阳哲生编：《胡适文集》第 1 册，北京大学出版社 1998 年版。

胡适：《先秦名学史》，欧阳哲生编：《胡适文集》第 6 册，北京大学出版社 1998 年版。

牟宗三：《从陆象山到刘蕺山》，《牟宗三先生全集》第 8 册，（台北）联合报系文化基金会出版，2003 年。

［比］柏应理等：《中国哲学家孔夫子》第二卷《大学》《中庸》，罗莹、连杰等译，梅谦立、张西平主编：《国际汉学经典译丛》，大象出版社 2021 年版。

［比］柏应理等：《中国哲学家孔夫子》第三卷《论语》，齐飞智、汪聂才等译，梅谦立、张西平主编：《国际汉学经典译丛》，大象出版社 2021 年版。

［比］柏应理等：《中国哲学家孔夫子》第四卷《中华帝国年表》，汪聂才、齐飞智等译，梅谦立、张西平主编：《国际汉学经典译丛》，大象出版社 2021 年版。

［比］柏应理等：《中国哲学家孔夫子》第一卷《前言》，汪聂才、齐飞智等译，梅谦立、

张西平主编:《国际汉学经典译丛》,大象出版社 2021 年版。

(北周)武帝宇文邕敕辑:《无上秘要一百卷(存六十八卷)》卷三至卷五十五,《续修四库全书》第 1292 册,上海古籍出版社 2002 年版。

(梁)释僧祐:《弘明集(附音释)》,《景印文渊阁四库全书》第 1048 册,(台北)台湾商务印书馆 1983 年版。

(明)邓元锡撰:《皇明书四十五卷》卷十一至卷四十五,《续修四库全书》第 316 册,上海古籍出版社 2002 年版。

(明)冯从吾撰:《元儒考略四卷》,《丛书集成续编》第 247 册,(台北)新文丰出版公司 1988 年版。

(明)耿定向撰:《耿天台先生文集二十卷》,《四库全书存目丛书》集部第 131 册,齐鲁书社 1995 年版。

(明)顾宪成撰:《顾端文公遗书三十七卷》,《续修四库全书》第 943 册,上海古籍出版社 2002 年版。

(明)胡直撰:《胡直集》(上),张昭炜编校,《阳明后学文献丛书》,上海古籍出版社 2015 年版。

(明)唐枢:《木钟台集初集十种十卷再集十种十一卷杂集十种十卷》一,《四库全书存目丛书》子部第 162 册,齐鲁书社 1997 年版。

(明)王守仁:《王阳明全集》一,吴光、钱明、董平、姚延福编校,浙江古籍出版社 2010 年版。

(明)文德翼撰:《求是堂文集十八卷》,《四库禁毁书丛刊》集部第 141 册,北京出版社 1997 年版。

(明)邹元标:《愿学集》,《景印文渊阁四库全书》第 1294 册,(台北)商务印书馆 1983 年版。

(清)蔡上翔撰:《王荆公年谱考略二十五卷首三卷杂录二卷附录一卷》,《续修四库全书》第 552 册,上海古籍出版社 2002 年版。

(清)蔡衍鎤撰:《操斋集五十七卷(诗部十三卷首一卷文部十六卷首一卷末一卷附四言诗史一卷骈部二十三卷首一卷)》,《清代诗文集汇编》第 208 册,上海古籍出版社 2010 年版。

(清)陈澧撰:《东塾读书记二十五卷》,《续修四库全书》第 1160 册,上海古籍出版社 2002 年版。

(清)方东树:《汉学商兑三卷》,《续修四库全书》第 951 册,上海古籍出版社 2002 年版。

(清)郭庆藩:《庄子集释》全四册,中华书局 1961 年版。

(清)黄宗羲:《明儒学案》(修订版)全二册,沈芝盈点校,中华书局 2008 年版。

(清)黄宗羲:《破邪论》,吴光主编:《黄宗羲全集》第 1 册,《浙江文丛》,浙江古籍出版社 2012 年版。

(清)黄宗羲原著,(清)全祖望补修:《宋元学案》第 2 册,陈金生、梁运华点校,中华书局 1986 年版。

(清)黄宗羲原著,(清)全祖望补修:《宋元学案》第 3 册,陈金生、梁运华点校,中华书局 1986 年版。

(清)黄宗羲原著,(清)全祖望补修:《宋元学案》第 1 册,陈金生、梁运华点校,中华书局 1986 年版。

(清)纪昀、(清)陆锡熊、(清)孙士毅等原著总纂:《钦定四库全书总目》全二册,四库全书研究所整理,中华书局 1997 年版。

(清)劳格、(清)赵钺撰:《唐尚书省郎官石柱题名考二十六卷卷首一卷附录一卷》,《续修四库全书》第 747 册,上海古籍出版社 2002 年版。

(清)缪荃孙撰:《艺风堂文集七卷外篇一卷》,《续修四库全书》第 1574 册,上海古籍出版社 2002 年版。

[日]楠本正继:《楠本正继先生中国哲学研究》,国士馆大学附属图书馆编,(东京)文言社,1975 年。

[日]伊藤东涯:《太极图说管见》,關儀一郎编:《日本儒林叢書》第 5 册,(东京)株式会社凤出版,1978 年。

[日]伊藤东涯:《太極図説十論》,關儀一郎編:《日本儒林叢書》第 5 册,(东京)株式会社凤出版,1978 年。

[日]伊藤东涯:《通書管見》,關儀一郎編:《日本儒林叢書》第 5 册,(东京)株式會社鳳出版,1978 年。

[日]伊藤仁斋:《读近思录钞》,關儀一郎编:《日本儒林叢書》第 5 册,(东京)株式会社凤出版,1978 年。

[日]伊藤仁斋:《語孟字義》,關儀一郎编:《日本儒林叢書》第 6 册,(东京)株式會社鳳出版,1978 年。

(宋)程颐、(宋)程颢:《二程集》全二册,王孝鱼点校,中华书局 2004 年版。

(宋)洪兴祖补注:《楚辞补注》,《楚辞要籍丛刊》,上海古籍出版社 2015 年版。

(宋)胡宏:《胡宏集》,吴仁华点校,《理学丛书》,中华书局 1987 年版。

(宋)黄震:《黄氏日钞》二,(清)永瑢、纪昀等编纂:《景印文渊阁四库全书》第 708 册,(台北)台湾商务印书馆 1983 年版。

(宋)黎靖德编:《朱子语类》第 6 册,王星贤点校,中华书局 1986 年版。

(宋)黎靖德编:《朱子语类》第 1 册,王星贤点校,中华书局 1986 年版。

(宋)黎靖德编:《朱子语类》第 4 册,王星贤点校,中华书局 1986 年版。

(宋)陆九渊:《陆九渊集》,钟哲点校,中华书局 1980 年版。

(宋)王开祖撰:《儒志编》,《景印文渊阁四库全书》第 696 册,(台北)台湾商务印书馆 1983 年版。

(宋)张君房辑:《云笈七签》三,李永晟点校,中华书局 2003 年版。

(宋)张载:《张载集》,章锡琛点校,中华书局 1978 年版。

(宋)周敦颐:《元公周先生濂溪集》,岳麓书社 2006 年版。

(宋)朱熹:《晦庵先生朱文公文集》二,朱杰人、严佐之、刘永翔主编:《朱子全书》第二十一册,上海古籍出版社、安徽教育出版社 2010 年版。

(宋)朱熹:《晦庵先生朱文公文集》五,朱杰人、严佐之、刘永翔主编:《朱子全书》第二十四册,上海古籍出版社、安徽教育出版社 2010 年版。

(宋)朱熹:《四书章句集注》,中华书局 2010 年版。

(宋)朱熹:《五朝名臣言行录》,朱杰人、严佐之、刘永翔主编:《朱子全书》第 12 册,上海古籍出版社、安徽教育出版社 2010 年版。

(宋)朱熹:《延平答问》,朱杰人、严佐之、刘永翔主编:《朱子全书》第 13 册,上海古籍出版社、安徽教育出版社 2010 年版。

(宋)朱熹:《伊洛渊源录》,朱杰人、严佐之、刘永翔主编:《朱子全书》第 12 册,上海古籍出版社、安徽教育出版社 2010 年版。

(宋)朱熹著,(宋)朱鉴编:《原本周易本义朱文公易说》,上海古籍出版社 1989 年版。

(宋)朱震:《朱震集》,王婷、王心田编辑点校,岳麓书社 2007 年版。

(魏)阮籍:《阮籍集》,李志钧等校点,上海古籍出版社 1978 年版。

[意]利玛窦:《利玛窦中国传教史》上,刘俊余、王玉川译,《利玛窦全集》一,(台北)光启出版社 1986 年版。

(元)陈基:《夷白斋稿》,《景印文渊阁四库全书》第 1222 册,(台北)台湾商务印书馆 1983 年版。

(南朝宋)范晔撰,(唐)李贤等注:《后汉书》全十二册,中华书局 1965 年版。

冯友兰:《三松堂全集》第 10 卷,河南人民出版社 2001 年版。

冯友兰:《三松堂全集》第 2 卷,河南人民出版社 2001 年版。

冯友兰:《三松堂全集》第 14 卷,河南人民出版社 2001 年版。

冯友兰:《三松堂全集》第 5 卷,河南人民出版社 2001 年版。

冯友兰:《三松堂全集》第 3 卷,河南人民出版社 2001 年版。

冯友兰:《三松堂全集》第 11 卷,河南人民出版社 2001 年版。

冯友兰:《三松堂自序》,《三松堂全集》第 1 卷,河南人民出版社 2000 年版。

[意]利玛窦撰,[法]梅谦立注:《天主实义今注》,商务印书馆 2014 年版。

刘武撰:《庄子集解内篇补正》,沈啸寰点校,《新编诸子集成》第 1 辑,中华书局 1987 年版。

张岱年:《张岱年全集》第 5 卷,河北人民出版社 1996 年版。

[日]岡倉天心:《岡倉天心集》,《日本現代文學全集》第 2 册,(東京)講談社,1969 年。

[日]岡田武彦:《宋明哲学の本質》(上),《岡田武彦全集》第 17 册,(東京)明德出版社 2008 年版。

(元)王恽撰:《秋涧集》,《景印文渊阁四库全书》第 1200—1201 册,(台北)台湾商务印书馆 1983 年版。

二、专　著

[美]白诗朗:《普天之下:儒耶对话中的典范转化》,彭国翔译,河北人民出版社2006年版。

[美]狄百瑞:《中国的自由传统》,李弘祺译,中华书局2016年版。

[美]杜维明:《中庸:论儒学的宗教性》,段德智译,生活·读书·新知三联书店2013年版。

[日]冈仓天心:《茶之书》,高伟译,四川文艺出版社2017年版。

[日]冈仓天心:《觉醒之书》,黄英译,四川文艺出版社2017年版。

[日]冈仓天心:《理想之书——尤其是有关日本艺术的理想》,刘仲敬译,四川文艺出版社2017年版。

[日]冈田武彦:《简素的精神——日本文化的根本》,钱明译,西泠印社2000年版。

[日]鈴木由次郎:《東洋哲学思想史》,(東京)小峰書店,1955年。

[日]日本教育学会:《四书研究》,王向荣译,《齐鲁文化研究文库》,山东文艺出版社2018年版。

[日]武内义雄:《儒教之精神》,高明译,太平书局1942年版。

[日]佐藤孝弘:《论社会责任对公司治理模式的影响》,光明日报出版社2010年版。

陈国符:《道藏源流考》,《民国丛书(第一编)》第13册,上海书店1989年版。

陈卫平:《第一页与胚胎:明清之际的中西文化比较》,广西师范大学出版社2015年版。

段炼:《"世俗时代"的意义探询:五四启蒙思想中的新道德观研究》,上海人民出版社2015年版。

范立舟:《理学的产生及其历史命运》,陕西人民出版社2001年版。

方朝晖主编:《学统的迷失与再造:儒学与当代中国学统研究》,陕西师范大学出版社2010年版。

葛金芳:《两宋社会经济研究》,天津古籍出版社2010年版。

葛金芳:《宋代经济史讲演录》,广西师范大学出版社2008年版。

葛兆光:《思想史研究课堂讲录·二编·在思想史的周围》(增订版),生活·读书·新知三联书店2019年版。

姜鹏:《北宋经筵与宋学的兴起》,上海古籍出版社2013年版。

姜宗强:《先知与诗人——跨文本诠释〈阿摩司书〉与杜甫诗篇》,民族出版社2017年版。

李庆:《日本汉学史(第4部)——新的繁盛(1972—1988)》(修订本),上海人民出版社2010年版。

李石岑:《人生哲学》,商务印书馆1926年版。

刘方:《唐宋变革与宋代审美文化转型》,学林出版社2009年版。

刘萍:《〈论语〉与近代日本》,中国青年出版社 2015 年版。

马早明:《港澳台科技大学通识教育模式研究》,中山大学出版社 2017 年版。

邱佳慧:《〈诸儒鸣道〉与道学之再检讨》,《中国学术思想研究辑刊》六编第 18 册,(台北)花木兰文化出版社 2009 年版。

瞿林东:《中国史学史纲》(第 2 版),北京出版社 2005 年版。

孙尚扬、[比]钟鸣旦:《1840 年前的中国基督教》,学苑出版社 2004 年版。

汤开建汇释校注:《利玛窦明清中文文献资料汇释》,上海古籍出版社 2017 年版。

王宝峰:《未来中国哲学导论:范式与方法论》,西北大学出版社 2018 年版。

吴莉苇:《中国礼仪之争:文明的张力与权力的较量》,上海古籍出版社 2007 年版。

萧萐父:《中国哲学史史料源流举要》,武汉大学出版社 1998 年版。

谢扶雅:《人格教育论》,青年学会书报部 1928 年版。

谢扶雅:《中国伦理思想 ABC》,世界书局 1929 年版。

谢扶雅:《中国伦理思想述要》,岭南大学书局 1928 年版。

熊万鹏:《人权的哲学基础》,商务印书馆 2013 年版。

徐洪兴:《唐宋之际儒学转型研究》,《复旦中国哲学书系》,上海人民出版社 2018 年版。

杨栋梁主编、赵德宇、向卿、郭丽著:《近代以来日本的中国观》第 2 卷(1603—1840),江苏人民出版社 2012 年版。

张国刚、吴莉苇:《中西文化关系史》,高等教育出版社 2006 年版。

朱政惠:《美国中国学发展史:以历史学为中心》,中西书局 2014 年版。

[法]梅谦立:《从邂逅到相识——孔子与亚里士多德相遇在明清》,《儒学与欧洲文明研究丛书》,北京大学出版社 2019 年版。

[韩]韩国哲学会编:《韩国哲学史》中,白锐等译,《北京大学韩国学研究中心韩国学丛书》,社会科学文献出版社 1996 年版。

[美]田浩:《功利主义儒家——陈亮对朱熹的挑战》,姜长苏译,《海外中国研究丛书》,江苏人民出版社 1997 年版。

蔡仲德:《冯友兰先生年谱初编》,《三松堂全集》附录,河南人民出版社 1994 年版。

冯友兰:《中国哲学简史》,涂又光译,北京大学出版社 1985 年版。

[日]冈田武彦:《简素:日本文化的根本》,钱明译,社会科学文献出版社 2016 年版。

郭齐勇:《现当代新儒学思潮研究》,人民出版社 2017 年版。

贾丰臻:《中国理学史》,《中国文化史丛书》第一辑,商务印书馆 1937 年版。

金春峰:《冯友兰哲学生命历程》,中国言实出版社 2004 年版。

李石岑:《中国哲学十讲》,中国致公出版社 2009 年版。

李卓主编:《日本家训研究》,《南开日本研究丛书》,天津人民出版社 2006 年版。

刘述先:《论儒家哲学的三个大时代》,香港中文大学出版社 2008 年版。

牟宗三:《才性与玄理》,《牟宗三先生全集》第 2 册,(台北)联合报系文化基金会出版,2003 年。

牟宗三:《心体与性体》,《牟宗三先生全集》5—7,(台北)联合报系文化基金会出版,2003 年。

牟宗三主讲、蔡仁厚辑录:《人文讲习录》,《牟宗三先生全集》第 28 册,(台北)联合报系文化基金会出版,2003 年。

漆侠:《宋学的发展和演变》,河北人民出版社 2002 年版。

吴震:《朱子学与阳明学:宋明理学纲要》,《名师大讲堂系列》,北京大学出版社 2022 年版。

喻大华:《晚清文化保守思潮研究》,人民出版社 2001 年版。

张君劢:《新儒家思想史》,《张君劢儒学著作集》,中国人民大学出版社 2006 年版。

张立文:《宋明理学研究》,《哲学史家文库》,人民出版社 2002 年版。

张西平:《儒学西传欧洲研究导论——16—18 世纪中学西传的轨迹与影响》,北京大学出版社 2016 年版。

张允熠:《中国主流文化的近现代转型》上册,黄山书社 2010 年版。

[德]苏费翔、[美]田浩:《文化权力与政治文化——宋金元时期的〈中庸〉与道统问题》,肖永明译,中华书局 2018 年版。

[美]陈荣捷:《宋明理学之概念与历史》,《中国文哲专刊》第 9 册,(台北)"中央研究院"文哲所,1996 年。

[美]狄百瑞:《中国的自由传统》,李弘祺译,(香港)中文大学出版社 1983 年版。

[美]孟德卫:《奇异的国度——耶稣会适应政策及汉学的起源》,陈怡译,《当代海外汉学名著译丛》,大象出版社 2010 年版。

[美]余英时:《论戴震与章学诚——清代中期学术思想史研究》,《海外学人丛书》,生活·读书·新知三联书店 2000 年版。

[日]沟口雄三:《日本人视野中的中国学》,龚颖、徐滔译,中国人民大学出版社 1996 年版。

[日]楠本正继:《宋明時代儒学思想の研究》(修订版),(東京)広池学園出版部,1964 年。

[日]清水安三:《支那新人と黎明運動:新儒教、新文学、新運動》,(東京)大阪屋号書店,1924 年。

[日]三浦秀一:《中国心学の稜線——元朝の知識人と儒道仏三教》,(東京)研文出版,2003 年。

[日]土田健次郎:《道学の形成》,(東京)創文社,2002 年。

[日]佐藤仁:《宋代の春秋学——宋代士大夫の思考世界》,(東京)研文出版,2007 年。

方立天:《中国古代哲学》上,《方立天文集》第 5 卷,中国人民大学出版社 2006 年版。

方旭东:《新儒学义理要诠》,生活·读书·新知三联书店 2019 年版。

冯友兰:《中国哲学简史》,赵复三译,新世界出版社2004年版。

葛荣晋主编:《中国实学思想史》上,首都师范大学出版社1994年版。

何俊:《事与心:浙学的精神维度》,北京大学出版社2013年版。

侯外庐、邱汉生、张岂之主编:《宋明理学史》上卷,人民出版社1984年版。

李景林:《教化的哲学——儒家思想的一种新诠释》,黑龙江人民出版社2006年版。

李庆:《日本汉学史(第3部)——转折和发展(1945—1971)》(修订本),上海人民出版社2010年版。

刘述先:《黄宗羲心学的定位》,浙江古籍出版社2006年版。

卢睿蓉:《海外宋学的多维发展——以美国为中心的考察》,中国广播电视出版社2012年版。

钱穆:《中国近三百年学术史》,商务印书馆1997年版。

容肇祖:《李卓吾评传》,《国学小丛书》,商务印书馆1936年版。

施忠连:《现代新儒学在美国》,辽宁大学出版社1994年版。

孙尚扬:《基督教与明末儒学》,东方出版社1994年版。

孙尚扬:《利玛窦与徐光启》,中国国际广播出版社2009年版。

张岱年:《中国哲学大纲》,中国社会科学出版社1982年版。

张晓林:《天主实义与中国学统——文化互动与诠释》,学林出版社2005年版。

周良霄、顾菊英:《元史》,上海人民出版社2003年版。

朱伯崑:《易学哲学史》第1卷,华夏出版社1995年版。

朱谦之编著:《日本的古学及阳明学》,上海人民出版社1962年版。

Jesus. Sole-Farras, *New Confucianism in twenty-first century China: The construction of a discourse*, Routledge contemporary China series, Vol. 108, New York: Routledge, 2014.

Bridgman E. C.(裨治文)、Williams S. Wells(卫三畏):《中国丛报(Chinese Repository)》全20卷,张西平主编:《"中国研究"外文报刊汇刊》,广西师范大学出版社2008年版。

Joseph Alan Adler, *Reconstructing the Confucian Dao: Zhu Xi's appropriation of Zhou Dunyi*, SUNY series in Chinese philosophy and culture, Albany: State University of New York Press, 2014.

Pierre Allix, *Reflexions upon the books of the Holy Scriptures to establish the truth of the Christian religion. in two volumes*, London: Richard Chiswell, 1688.

Anonymous, *Principall navigations, voiages, and discoveries of the English nation.*, London: George Bishop, Ralph Newberie, and Robert Barker, 1599.

Anonymous, *Viaggio del P. Giovanni Grueber tornando per terea da China in Europa; China and France; Two treatises.*, London: T.N. for Samuel Lowndes, 1676.

William Theodore de Bary, *Learning for one's self: Essays on the individual in Neo-Confucian thought*, Neo-Confucian studies, New York: Columbia University Press, 1991.

Wm. Theodore de Bary and JaHyun Kim Haboush, *The Rise of Neo-Confucianism in Kore-*

a, Neo-Confucian studies, New York: Columbia University Press, 1985.

J. Percy. Bruce(卜道成), *Chu Hsi and his masters: An introduction to Chu Hsi and the Sung School of Chinese philosophy*, Probsthain's oriental series, Vol. 11, London: Probsthain, 1923.

Lyman V. L. Cady, *Philosphy of Lu Hsiang-Shan: A Neo-confucian monistic idealist*, Taipei: Pacific Cultural Foundation, 1939.

Carsun Chang, *The development of Neo-confucian thouht*, New York: Bookman Associates, 1957-1962.

Soffel Christian and Tillman Hoyt Cleveland, *Cultural Authority and Political Culture in China: Exploring Issues with the "Zhongyong" and the "Daotong" during the Song, Jin and Yuan Dynasties*, Stuttgart, GERMANY: Franz Steiner Verlag, 2012.

Confucius, Philippe Couplet, Prospero Intorcetta, Chrêtien Herdtrich and François de Rougemont, *Confucius Sinarum philosophus, sive Scientia Sinensis Latine exposita. Studio & opera Prosperi Intorcetta, Christiani Herdtrich, Francisci Rougemont, Philippi Couplet. Adjecta est Tabula chronologica Sinicae monarchiae ab hujus exordio ad haec vsque tempora*, Parisiis: Apud Danielem Horthemels, 1687.

Yu-lan Fêng and Derk Bodde, *A short history of Chinese philosophy*, New York, London: Free Press; Macmillan; Collier Macmillan Publishers, 1948.

Yu-lan Fung, *A Comparative study of life ideals: The way of decrease and increase with interpretations and illustrations from the philosophies of the East and the West*(人生理想之比較研究,一名,天人損益論), Shanghai: The Commercial Press, 1924.

Yu-lan Fung, *A history of Chinese philosophy, Vol. 1: The period of the philosophers (from the beginning to circa 100 B.C.)*. 2nd ed., trans. by Derk Bodde, Princeton: Princeton University Press, 1952.

Yu-lan Fung, *A history of Chinese philosophy, Vol. 2: The period of classical learning, from the second century B. C. to the twentieth century A. D*, trans. by Derk Bodde, Princeton: Princeton University Press, 1953.

Yu-lan Fung, *The Spirit of Chinese Philosophy*, trans. by Hughes E. R., Florence: Taylor & Francis Group, 2008.

Edward Hannes, *Reflections upon Mr. Varillas his History of heresy Book 1, Tome 1, as far as it relates to English matters, more especially those of Wicliff*, Amsterdam: s.n., 1688.

Shih HU, *The development of the logical method in ancient China*, Shanghai: The Oriental Book Company, 1922.

Lionel M. Jensen(詹启华), *Manufacturing Confucianism: Chinese Traditions and Universal Civilization*, Durham: Duke University Press, 1998.

Thierry Meynard(梅谦立), *The Jesuit Reading of Confucius: The First Complete Translation of the Lunyu(1687) Published in the West*, Boston: BRILL, 2015.

D. E. Mungello, *Great Encounter of China and the West*, 1500—1800, Blue Ridge Summit: Rowman & Littlefield Publishing Group, 2009.

David E. Mungello, *Curious land: Jesuit accommodation and the origins of sinology*, Stuttgart: Steiner Verl. Wiesbaden, 1985.

Kakuzo Okakura, *Ideal of the east: With special reference to the art of japan*, Berkeley: Stone Bridge Press, 2007.

Kakuzo Okakura, *The awakening of Japan*, New York: The Century Co, 1904.

Kakuzo Okakura, *The book of tea*, New York: Fox, Duffield, 1906.

Edward Stillingfleet, *A defence of the discourse concerning the idolatry practised in the Church of Rome in answer to a book entituled, Catholicks no idolators*, London: Robert White for Henry Mortlock, 1676.

Hoyt Cleveland. Tillman, *Confucian discourse and Chu Hsi's ascendancy*, Honolulu: University of Hawaii Press, 1992.

Weiming Tu(杜维明), *Centrality and commonality: An essay on Confucian religiousness*, SUNY series in Chinese philosophy and culture, Albany, NY: State University of New York Press, 1989.

Wotton William, *Reflections upon ancient and modern learning*, London: J. Leake for Peter Buck, 1694.

Wm. Theodore de Bary, *Self and Society in Ming Thought*, New York and London: Columbia University Press, 1970.

[日]岡倉天心:《東洋の理想:とくに日本美術について》,[日]夏野広譯、[日]森才子譯,《日本の名著》第39册,(東京)中央公論社,1979年。

[日]岡倉天心:《日本の目覚め》,[日]夏野広譯,《日本の名著》第39册,(東京)中央公論社,1979年。

[日]興膳宏、[日]川合康三:《隋書經籍志詳攷》,(東京)汲古書院,1995年。

[美]田浩:《朱熹的思维世界》(增订版),《海外中国研究系列》,江苏人民出版社2011年版。

陈来:《宋明理学》(第二版),华东师范大学出版社2004年版。

牟宗三:《从陆象山到刘蕺山》,上海古籍出版社2001年版。

[美]狄百瑞:《东亚文明——五个阶段的对话》,何兆武、何冰译,《海外中国研究丛书》,江苏人民出版社1996年版。

[美]狄百瑞:《儒家的困境》,黄水婴译,《海外中国哲学丛书》,北京大学出版社2009年版。

[美]狄百瑞:《亚洲价值与人权——儒家社群主义的视角》,尹钛译、任锋校,《政治文化研究译丛》,社会科学文献出版社2012年版。

[美]田浩:《朱熹的思维世界》,陕西师范大学出版社2002年版。

[日]岛田虔次:《朱子学与阳明学》,蒋国保译,陕西师范大学出版社1986年版。

三、论文集与编著

[日]冈仓天心:《中国的美术及其他》,蔡春华译,中华书局 2009 年版。

[日]冈田武彦等:《日本人与阳明学》,钱明编译,台海出版社 2017 年版。

《文献》丛刊编辑部编:《文献》第 12 辑,书目文献出版社 1982 年版。

H.F.マックネアー編:《中国》上卷,沖野亦男訳,《連合国叢書》,(東京)三明社,1950 年。

单纯主编:《国际儒学研究》第 18 辑(上册),九州出版社 2011 年版。

冯克诚主编:《明代实学教育思想与论著选读》上,人民武警出版社 2011 年版。

辜鸿铭:《辜鸿铭文集》下卷,黄兴涛译,海南出版社 1996 年版。

侯外庐主编:《中国思想通史》第四卷,人民出版社 1959 年版。

黄卓越主编:《汉风》第 1 辑,五洲传播出版社 2017 年版。

季羡林、张岱年编著:《冯友兰先生纪念文集》,北京大学出版社 1993 年版。

李华瑞主编:《唐宋变革论的由来与发展》,天津古籍出版社 2010 年版。

李志刚、冯达文主编:《近代人物与近代思潮》,《世明文丛》第七辑,巴蜀书社 2012 年版。

刘东主编:《德性与价值》,商务印书馆 2014 年版。

刘亚洲:《精神》,长江文艺出版社 2015 年版。

荣新江主编:《唐研究》第 11 卷,北京大学出版社 2005 年版。

王刘纯、陈恒主编:《新史学》第 22 辑,大象出版社 2019 年版。

王小林:《汉和之间:王小林自选集》,上海人民出版社 2014 年版。

王学典主编:《第八届世界儒学大会学术论文集》,文化艺术出版社 2018 年版。

王振锁、张聚国主编:《亚太主要国家历史与文化初探》,天津人民出版社 2001 年版。

吴根友主编:《我们的文明观》,《文明对话论丛》第一辑,东方出版中心 2021 年版。

吴震、肖卫民主编:《儒学传统与现代社会》,复旦大学出版社 2019 年版。

萧庆伟、邓文金、施榆生主编:《闽台文化的多元诠释(三)》,厦门大学出版社 2014 年版。

国际儒学联合会编:《国际儒学研究》第 23 辑,华文出版社 2016 年版。

张品端主编:《会通朱王》,厦门大学出版社 2018 年版。

张西平:《游走于中西之间——张西平学术自选集》,大象出版社 2019 年版。

张西平主编:《国际汉学》第 22 辑,大象出版社 2012 年版。

中国实学研究会编:《传统实学与现代新实学文化》三,中国言实出版社 2018 年版。

朱政惠主编:《海外中国学评论》第 2 辑,上海古籍出版社 2007 年版。

陈来:《早期道学话语的形成与演变》,安徽教育出版社 2007 年版。

陈寅恪:《金明馆丛稿二编》,《陈寅恪集》,生活·读书·新知三联书店 2001 年版。

邓红:《日本的阳明学与中国研究》,《海外中国学丛书》,广西师范大学出版社 2018

年版。

侯外庐、赵纪彬、杜国庠:《中国思想通史》第一卷,人民出版社 1957 年版。

[美]柯文:《在中国发现历史——中国中心观在美国的兴起(增订本)》,林同奇译,中华书局 2002 年版。

李华瑞:《宋夏史研究》,天津古籍出版社 2006 年版。

李泽厚:《世纪新梦》,安徽文艺出版社 1998 年版。

刘东主编:《中国学术》第 18 辑,商务印书馆 2005 年版。

刘述先:《理一分殊》,景海峰编,上海文艺出版社 2000 年版。

钱明:《近世东亚思想钩沉——钱明学术论集》,《孔学堂文库》,孔学堂书局 2017 年版。

许纪霖、朱政惠编:《史华慈与中国》,吉林出版集团 2008 年版。

于建福、于述胜主编:《国际儒学研究》第 24 辑,国际儒学联合会编,华文出版社 2017 年版。

张聪、姚平主编:《当代西方汉学研究集萃(思想文化史卷)》,上海古籍出版社 2012 年版。

张荣明主编:《人文与社会——文化哲学 · 宗教 · 文学》,上海社会科学院出版社 2008 年版。

[美]包弼德:《历史上的理学》,[新加坡]王昌伟译,浙江大学出版社 2010 年版。

[美]陈荣捷:《朱学论集》,(台北)学生书局 1982 年版。

[美]田浩编:《宋代思想史论》,杨立华、吴艳红等译,社会科学文献出版社 2003 年版。

[美]田浩主编:《文化与历史的追索——余英时教授八秩寿庆论文集》,(台北)联经出版,2009 年。

[日]岛田虔次:《中国近代思维的挫折》,甘万萍译,江苏人民出版社 2008 年版。

[日]岛田虔次:《中国思想史研究》,邓红译,《日本中国史研究译丛》,上海古籍出版社 2009 年版。

[日]冈田武彦:《王阳明与明末儒学》,吴光、钱明等译,上海古籍出版社 2000 年版。

编委会主编:《中国哲学》第 15 辑,岳麓书社 1992 年版。

邓广铭等主编:《宋史研究论文集——1984 年年会编刊》,浙江人民出版社 1987 年版。

葛荣晋、赵馥洁、赵吉惠主编:《张载关学与实学》,西安地图出版社 2000 年版。

黄兴涛、王国荣编:《明清之际西学文本:50 种重要文献汇编》第 1 册,中华书局 2013 年版。

黄兴涛、王国荣编:《明清之际西学文本:50 种重要文献汇编》第 2 册,中华书局 2013 年版。

韦政通主编:《中国哲学辞典大全》,(台北)水牛图书出版社 1983 年版。

吴震主编:《宋代新儒学的精神世界——以朱子学为中心》,华东师范大学出版社2009年版。

徐洪兴主编:《鉴往瞻来——儒学文化研究的回顾与展望》,复旦大学出版社2006年版。

中国哲学史学会浙江省社会科学研究所编:《论宋明理学——宋明理学讨论会论文集》,浙江人民出版社1983年版。

朱维铮主编:《利玛窦中文著译集》,复旦大学出版社2001年版。

Roger T. Ames, Peter D. Hershock, David Jones and Ming-huei Lee, *Confucianism: Its Roots and Global Significance*, Honolulu: University of Hawaii Press, 2017.

Elstein, *Dao Companion to Contemporary Confucian Philosophy*, Cham: Springer International Publishing, 2021.

John Makeham, *New Confucianism: A Critical Examination*, New York: Palgrave Macmillan Ltd, 2003.

Xingxing Zhang, *Selected essays on the history of contemporary China*, Leiden: BRILL, 2015.

Xiaogan Liu(刘笑敢), *Dao companion to Daoist philosophy*, Dordrecht: Springer Netherlands; Imprint: Springer, 2015.

William Theodore de Bary, John W. Chaffee and Bettine. Birge, *Neo-confucian education: The formative stage*, Berkeley: University of California Press, 1989.

Bo Mou(牟博), *History of Chinese philosophy*, London, New York: Routledge, 2009.

Arthur F. Wright and Derk Bodde, *Studies in Chinese Thought*, Chicago: University of Chicago Press, 1953.

四、著作序跋与附录

[美]包弼德:《历史上的理学》,"中文版序",浙江大学出版社2010年版。

[美]狄百瑞:《东亚文明——五个阶段的对话》,何兆武、何冰译,"序言",《海外中国研究丛书》,江苏人民出版社1996年版。

[美]田浩:《朱熹的思维世界》(增订版),"作者的话",《海外中国研究系列》,江苏人民出版社2011年版。

[美]余英时:《余英时先生序》,[美]田浩:《朱熹的思维世界》,陕西师范大学出版社2002年版。

[美]余英时:《原版序》,[美]田浩:《朱熹的思维世界》(增订版),《海外中国研究系列》,江苏人民出版社2011年版。

[美]余英时:《增订版序一》,[美]田浩:《朱熹的思维世界》(增订版),《海外中国研究系列》,江苏人民出版社2011年版。

[日]岛田虔次:《中国近代思维的挫折》,"序",江苏人民出版社2008年版。

[日]岛田虔次:《朱子学与阳明学》,"中文版自序",陕西师范大学出版社1986

年版。

［日］岛田虔次：《中国近代思维的挫折》，“后记”，江苏人民出版社 2008 年版。

［日］冈田武彦：《王阳明与明末儒学》，“中文版序”，上海古籍出版社 2000 年版。

［日］沟口雄三：《中国前近代思想的屈折与展开》，“绪言”，《沟口雄三著作集》，生活·读书·新知三联书店 2011 年版。

（宋）朱熹：《伊洛渊源录》，戴扬本校点，“校点说明”，《朱子全书》第 12 册，上海古籍出版社、安徽教育出版社 2010 年版。

陈来：《早期道学话语的形成与演变》，“前言”，安徽教育出版社 2007 年版。

陈来：《宋明理学》（第二版），“序”，华东师范大学出版社 2004 年版。

侯外庐、赵纪彬、杜国庠：《中国思想通史》第一卷，“序”，人民出版社 1957 年版。

侯外庐主编：《中国思想通史》第四卷，“第四卷总目”，人民出版社 1959 年版。

牟宗三：《从陆象山到刘蕺山》，“序”，《牟宗三先生全集》第 8 册，（台北）联合报系文化基金会，2003 年。

张聪、姚平主编：《当代西方汉学研究集萃（思想文化史卷）》，“前言”，上海古籍出版社 2012 年版。

［美］狄百瑞：《儒家的困境》，黄水婴译，“前言”，《海外中国哲学丛书》，北京大学出版社 2009 年版。

杨阳：《序言·碎片采集与传统建构——评狄百瑞〈亚洲价值与人权：儒家社群主义的视角〉》，［美］狄百瑞：《亚洲价值与人权——儒家社群主义的视角》，《政治文化研究译丛》，社会科学文献出版社 2012 年版。

五、著作中析出的文献

［澳］梅约翰、杨风岸、王泽璇：《深研儒佛之道——梅约翰教授访谈》，黄卓越主编：《汉风》第 1 辑，五洲传播出版社 2017 年版。

［法］白晋：《古今敬天鉴》，［加］郑安德编：《明末清初耶稣会思想文献汇编》，北京大学宗教研究所，2000 年。

［法］梅谦立：《〈论语〉在西方的第一个译本（1687 年）》，李志刚、冯达文主编：《近代人物与近代思潮》，《世明文丛》第七辑，巴蜀书社 2012 年版。

［法］沙守信：《真道自证》，［加］郑安德编：《明末清初耶稣会思想文献汇编》，北京大学宗教研究所，2000 年。

［美］包弼德：《唐宋转型的反思——以思想的变化为主》，刘东主编：《德性与价值》，商务印书馆 2014 年版。

［美］卜德：《冯友兰与西方》，季羡林、张岱年编著：《冯友兰先生纪念文集》，北京大学出版社 1993 年版。

［美］陈荣捷：《从朱子晚年定论看阳明之于朱子》，《朱学论集》，（台北）学生书局 1982 年版。

［美］陈荣捷：《理学》，韦政通主编：《中国哲学辞典大全》，（台北）水牛图书出版社

1983 年版。

[美]陈荣捷:《知与行》,韦政通主编:《中国哲学辞典大全》,(台北)水牛图书出版社 1983 年版。

[美]陈荣捷:《周敦颐》,韦政通主编:《中国哲学辞典大全》,(台北)水牛图书出版社 1983 年版。

[美]陈荣捷:《朱熹集新儒学之大成》,《朱学论集》,(台北)学生书局 1982 年版。

[美]陈荣捷:《朱子之宗教实践》,《朱学论集》,(台北)学生书局 1982 年版。

[美]陳栄捷:《新儒教(理学)》,H.F.マックネアー編:《中国》上巻,《連合国叢書》,(東京)三明社,1950 年。

[美]狄百瑞:《新儒学一词的使用——回应田浩教授》,张聪、姚平主编:《当代西方汉学研究集萃(思想文化史卷)》,上海古籍出版社 2012 年版。

[美]田浩:《跟随史华慈老师研究宋代思想史——论朱熹和天》,许纪霖、朱政惠编:《史华慈与中国》,吉林出版集团 2008 年版。

[美]田浩:《儒学研究的新方向——对"新儒学"与"道学"之区别的考察途径》,张聪、姚平主编:《当代西方汉学研究集萃(思想文化史卷)》,上海古籍出版社 2012 年版。

[美]詹启华:《在倒塌的偶像与高贵的梦想之间——中国思想史领域的札记》,[美]田浩编:《宋代思想史论》,社会科学文献出版社 2003 年版。

(明)顾宪成撰:《小心斋札记》,《顾端文公遗书三十七卷》,《续修四库全书》第 943 册,上海古籍出版社 2002 年版。

(明)唐枢撰:《宋学商求》,(明)唐枢:《木钟台集初集十种十卷再集十种十一卷杂集十种十卷》一,《四库全书存目丛书》子部第 162 册,齐鲁书社 1997 年版。

(明)杨廷筠:《天释明辨》,[加]郑安德编:《明末清初耶稣会思想文献汇编》,北京大学宗教研究所,2000 年。

(南朝宋)宗炳撰:《明佛论(一名神不灭论)》,(梁)释僧祐:《弘明集(附音释)》,《景印文渊阁四库全书》第 1048 册,(台北)台湾商务印书馆 1983 年版。

(清)黄百家:《仇沧柱时义稿序》,《学箕初稿二卷》,《清代诗文集汇编》第 161 册,《国家清史编纂委员会・文献丛刊》,上海古籍出版社 2010 年版。

(清)黄百家:《范国雯制义稿序》,《学箕初稿二卷》,《清代诗文集汇编》第 161 册,《国家清史编纂委员会・文献丛刊》,上海古籍出版社 2010 年版。

(清)黄百家:《人谱补图序》,《学箕初稿二卷》,《清代诗文集汇编》第 161 册,《国家清史编纂委员会・文献丛刊》,上海古籍出版社 2010 年版。

(清)黄百家:《先遗献文孝公梨洲府君行状》,《黄竹农家耳逆草不分卷》,《清代诗文集珍本丛刊》第 128 册,国家图书馆出版社 2017 年版。

(清)全祖望:《宋元儒学案序录》,(清)黄宗羲原著、(清)全祖望补修:《宋元学案》第 1 册,中华书局 1986 年版。

(清)张星曜:《天儒同异考》,[加]郑安德编:《明末清初耶稣会思想文献汇编》,北京大学宗教研究所,2000 年。

［日］岛田虔次：《岛田虔次著作目录（日文版原文）》，《中国思想史研究》，《日本中国史研究译丛》，上海古籍出版社 2009 年版。

［日］岛田虔次：《对“儒教和二十一世纪的建议”》，《中国思想史研究》，《日本中国史研究译丛》，上海古籍出版社 2009 年版。

［日］岛田虔次：《宋学的展开》，《中国思想史研究》，《日本中国史研究译丛》，上海古籍出版社 2009 年版。

［日］岡倉天心：《東洋の理想》，《岡倉天心集》，《日本現代文學全集》第 2 册，（東京）講談社，1969 年。

［日］楠本正继：《宋学を導いたもの》，《楠本正继先生中国哲学研究》，（东京）文言社，1975 年。

［日］狭间直树、［日］森纪子：《解说》，［日］岛田虔次：《中国思想史研究》，《日本中国史研究译丛》，上海古籍出版社 2009 年版。

（宋）张载：《经学理窟・周礼》，《张载集》，中华书局 1978 年版。

（宋）张载：《正蒙・诚明篇第六》，《张载集》，中华书局 1978 年版。

［西班牙］利安当：《天儒印》，［加］郑安德编：《明末清初耶稣会思想文献汇编》，北京大学宗教研究所，2000 年。

［意］利玛窦：《利氏致远东副省会长巴范济神父书（一六〇九年二月十五日撰于北京）》，《利玛窦书信集》（下），《利玛窦全集》第 4 册，（台北）光启出版社；辅仁大学出版社 1986 年版。

［意］罗明坚：《天主圣教实录》，［加］郑安德编：《明末清初耶稣会思想文献汇编》，北京大学宗教研究所，2000 年。

［意］汤若望：《主制群征》，黄兴涛、王国荣编：《明清之际西学文本：50 种重要文献汇编》第 1 册，中华书局 2013 年版。

William Theodore de Bary, "Chu Hsi's Aims as an Educator," in William Theodore de Bary, et al., *Neo-confucian education: The formative stage*, Berkeley: University of California Press, 1989, pp. 186–218.

Shu-hsien Liu（刘述先）, "Chapter 12 Neo-Confucianism (I): From Cheng Yi to Zhu Xi," in Bo Mou（牟博）, *History of Chinese philosophy*, London, New York: Routledge, 2009.

Richard John Lynn, "WANG Bi and Xuanxue," in Xiaogan Liu（刘笑敢）, *Dao companion to Daoist philosophy*, Dordrecht: Springer Netherlands; Imprint: Springer, 2015, pp. 369–395.

蔡春华：《前言——一个东方文化的“辩护者”》，［日］冈仓天心：《中国的美术及其他》，中华书局 2009 年版。

陈俊民：《道学与宋学、新儒学、新理学通论》，葛荣晋、赵馥洁、赵吉惠主编：《张载关学与实学》，西安地图出版社 2000 年版。

陈淳：《开天宝钥》，［加］郑安德编：《明末清初耶稣会思想文献汇编》，北京大学宗教研究所，2000 年。

陈寅恪:《邓广铭宋史职官志考证序》,《金明馆丛稿二编》,《陈寅恪集》,生活·读书·新知三联书店 2001 年版。

邓红:《岛田虔次的"中国近代思维挫折论"》,《日本的阳明学与中国研究》,《海外中国学丛书》,广西师范大学出版社 2018 年版。

邓红:《岛田虔次的〈中国思想史研究〉》,《日本的阳明学与中国研究》,《海外中国学丛书》,广西师范大学出版社 2018 年版。

邓红:《岛田虔次的阳明学研究心路和解释方法》,《日本的阳明学与中国研究》,《海外中国学丛书》,广西师范大学出版社 2018 年版。

邓红:《译者的话》,[日]岛田虔次:《中国思想史研究》,《日本中国史研究译丛》,上海古籍出版社 2009 年版。

董灏智:《朱舜水与伊藤仁斋实学思想的最终定型》,中国实学研究会编:《传统实学与现代新实学文化》三,中国言实出版社 2018 年版。

冯克诚主编:《朱舜水与仁斋学》,《明代实学教育思想与论著选读》上,人民武警出版社 2011 年版。

冯克诚主编:《朱之瑜对日本近代学术的影响》,《明代实学教育思想与论著选读》上,人民武警出版社 2011 年版。

冯友兰:《韩愈李翱在中国哲学史中之地位》,《三松堂全集》第 11 卷,河南人民出版社 2001 年版。

冯友兰:《人生哲学》,《三松堂全集》第 2 卷,河南人民出版社 2001 年版。

冯友兰:《四十年的回顾(1959 年)》,《三松堂全集》第 14 卷,河南人民出版社 2001 年版。

冯友兰:《为什么中国没有科学——对中国哲学的历史及其后果的一种解释》,涂又光译,《三松堂全集》第 11 卷,河南人民出版社 2001 年版。

冯友兰:《新原道(一名中国哲学之精神)》,《三松堂全集》第 5 卷,河南人民出版社 2001 年版。

冯友兰:《中国哲学史》下,《三松堂全集》第 3 卷,河南人民出版社 2001 年版。

冯友兰:《中国哲学史》上,《三松堂全集》第 2 卷,河南人民出版社 2001 年版。

冯友兰:《中国哲学史(下)附录第二篇第五章异文》,涂又光译,《三松堂全集》第 3 卷,河南人民出版社 2001 年版。

甘万萍:《译者的话》,[日]岛田虔次:《中国近代思维的挫折》,江苏人民出版社 2008 年版。

葛焕礼:《历史世界中的儒家和儒学——田浩教授访谈录》,张西平主编:《国际汉学》第 22 辑,大象出版社 2012 年版。

葛兆光:《置思想于政治史背景之中——再读余英时先生的〈朱熹的历史世界〉》,[美]田浩主编:《文化与历史的追索——余英时教授八秩寿庆论文集》,(台北)联经出版,2009 年。

龚咏梅:《以求真和超越的精神缅怀一代汉学大师——"史华慈与中国"国际学术

研讨会综述》,朱政惠主编:《海外中国学评论》第2辑,上海古籍出版社2007年版。

辜鸿铭:《中国文明的历史发展》,《辜鸿铭文集》下卷,海南出版社1996年版。

何俊:《田浩(编):〈宋代思想史论〉》,刘东主编:《中国学术》第18辑,商务印书馆2005年版。

贺雷:《简论“实学”作为日本近代政治转型的思想基础》,中国实学研究会编:《传统实学与现代新实学文化》三,中国言实出版社2018年版。

胡适:《说儒》,《胡适文存四集》,《胡适文集》第5册,北京大学出版社1998年版。

胡适:《王充的哲学》,《胡适集外学术文集》,《胡适文集》第10册,北京大学出版社1998年版。

华国学:《战后日本的宋明理学》,东北师大学报编辑部编:《日本研究论丛》,东北师大社会科学丛书,1983年。

李焯然:《焦竑及其〈玉堂丛语〉》,《文献》丛刊编辑部编:《文献》第12辑,书目文献出版社1982年版。

李泽厚:《中日文化心理比较试说略稿》,《世纪新梦》,安徽文艺出版社1998年版。

梁元生:《西寻儒学:寻索儒学走向西方的踪径》,吴震、肖卫民主编:《儒学传统与现代社会》,复旦大学出版社2019年版。

林乐昌:《唐宋儒学转型略论》,单纯主编:《国际儒学研究》第18辑(上册),九州出版社2011年版。

林同奇:《“中国中心观”——特点、思潮、与内在张力(译者代序)》,[美]柯文:《在中国发现历史——中国中心观在美国的兴起(增订本)》,中华书局2002年版。

刘述先:《关于“新儒学”的名称》,《理一分殊》,上海文艺出版社2000年版。

刘亚洲:《甲午殇思——甲午战争120周年祭》,《精神》,长江文艺出版社2015年版。

罗义俊:《宋明理学的几个问题与牟宗三的通释——读牟先生〈心体与性体〉、〈从陆象山到刘蕺山〉续》,牟宗三:《从陆象山到刘蕺山》附录,上海古籍出版社2001年版。

[法]梅谦立:《中文版序言二》,[比]柏应理等著、汪聂才、齐飞智等译:《中国哲学家孔夫子》第一卷《前言》,《国际汉学经典译丛》,大象出版社2021年版。

莫为、李平:《从“保教权”看两代来华耶稣会士的历史勾连及其世界原因》,王刘纯、陈恒主编:《新史学》第22辑,大象出版社2019年版。

钱明:《参考文献:冈田学与九州学派研究一览》,[日]冈田武彦等著:《日本人与阳明学》,台海出版社2017年版。

钱明:《日本九州学派的成立与展开》,《近世东亚思想钩沉——钱明学术论集》,《孔学堂文库》,孔学堂书局2017年版。

王小林:《日本中国学的启示与课题》,《汉和之间:王小林自选集》,上海人民出版社2014年版。

温海明:《“国际儒学论坛——威尼斯学术会议”综述》,于建福、于述胜主编:《国际儒学研究》第24辑,华文出版社2017年版。

无名氏:《天主教辩疑》,[加]郑安德编:《明末清初耶稣会思想文献汇编》,北京大学宗教研究所,2000 年。

吴根友主编:《“文明对话论丛”总序》,《我们的文明观》,《文明对话论丛》第一辑,东方出版中心 2021 年版。

徐洪兴:《两宋道学概念及主题之考论》,张荣明主编:《人文与社会——文化哲学·宗教·文学》,上海社会科学院出版社 2008 年版。

张广达:《内藤湖南的唐宋变革说及其影响》,荣新江主编:《唐研究》第 11 卷,北京大学出版社 2005 年版。

张西平:《罗明坚的汉学贡献》,于建福、于述胜主编、国际儒学联合会编:《国际儒学研究》第 23 辑,华文出版社 2016 年版。

张西平:《欧洲拉丁文手稿〈四书〉的历史命运》,《游走于中西之间——张西平学术自选集》,大象出版社 2019 年版。

张西平:《中文版序言一》,[比]柏应理等著、汪聂才、齐飞智等译:《中国哲学家孔夫子》第一卷《前言》,《国际汉学经典译丛》,大象出版社 2021 年版。

赵德宇:《试析江户时代兰学兴起的社会前提》,王振锁、张聚国主编:《亚太主要国家历史与文化初探》,天津人民出版社 2001 年版。

衷鑫恣:《论朱王两派道学大众化的异同》,张品端主编、衷鑫恣副主编:《会通朱王》,厦门大学出版社 2018 年版。

朱人求:《全球化视野中的朱子学》,萧庆伟、邓文金、施榆生主编、陈支平、林晓峰名誉主编:《闽台文化的多元诠释(三)》,厦门大学出版社 2014 年版。

朱人求:《思想史研究的旁观者视角——评田浩先生的〈旁观朱子学〉》,福建省闽学研究会、台湾朱子学研究协会、安徽省朱子研究会、江西省上饶师范学院朱子学研究所:《朱子学与文化建设学术研讨会论文集》,朱子学与文化建设学术研讨会,中国福州,2012 年。

朱人求:《朱子文化的基本精神》,王学典主编、郑长铃、徐庆文副主编、任慧执行主编:《第八届世界儒学大会学术论文集》,文化艺术出版社 2018 年版。

朱政惠:《史华慈的中国学研究》,许纪霖、朱政惠编:《史华慈与中国》,吉林出版集团 2008 年版。

牟宗三:《中国哲学的特质》,《牟宗三先生全集》第 28 册,(台北)联合报系文化基金会出版,2003 年。

[美]田浩:《儒学研究的一个新指向——新儒学与道学之间差异的检讨》,[美]田浩编:《宋代思想史论》,社会科学文献出版社 2003 年版。

[日]柴田笃:《楠本正继博士的朱子学研究》,吴震主编:《宋代新儒学的精神世界——以朱子学为中心》,华东师范大学出版社 2009 年版。

[日]吾妻重二:《美国的宋代思想研究——最近的情况》,[美]田浩编:《宋代思想史论》,社会科学文献出版社 2003 年版。

[意]艾儒略:《性学觕述》,黄兴涛、王国荣编:《明清之际西学文本:50 种重要文献

汇编》第 1 册,中华书局 2013 年版。

[意]高一志:《修身西学》,黄兴涛、王国荣编:《明清之际西学文本:50 种重要文献汇编》第 2 册,中华书局 2013 年版。

[意]利玛窦:《天主实义》,朱维铮主编:《利玛窦中文著译集》,复旦大学出版社 2001 年版。

[意]龙华民:《灵魂道体说》,黄兴涛、王国荣编:《明清之际西学文本:50 种重要文献汇编》第 1 册,中华书局 2013 年版。

邓广铭:《略谈宋学——附说当前国内宋史研究情况》,邓广铭等主编:《宋史研究论文集——1984 年年会编刊》,浙江人民出版社 1987 年版。

冯友兰:《略论道学的特点、名称和形式》,中国哲学史学会浙江省社会科学研究所编:《论宋明理学——宋明理学讨论会论文集》,浙江人民出版社 1983 年版。

冯友兰:《中国哲学史新编》第 5 册,《三松堂全集》第 10 卷,河南人民出版社 2001 年版。

姜广辉:《宋代道学定名缘起》,编委会主编:《中国哲学》第 15 辑,岳麓书社 1992 年版。

石立善:《战后日本的朱子学研究史述评:1946 ~ 2006》,徐洪兴主编:《鉴往瞻来——儒学文化研究的回顾与展望》,复旦大学出版社 2006 年版。

张岱年:《关于张横渠的唯物论思想——对〈张横渠是一个唯心主义者〉一文的答复》,《张岱年全集》第 5 卷,河北人民出版社 1996 年版。

Sylvia Chan, "Li Zehou and New Confucianism", in John Makeham, *New Confucianism: A Critical Examination*, New York: Palgrave Macmillan Ltd, 2003, pp. 105–125.

Gad C. Isay, "Balanced Continuity: Qian Mu and Contemporary New Confucianism", in (Elstein), *Dao Companion to Contemporary Confucian Philosophy*, Cham: Springer International Publishing, 2021, pp. 175–198.

Ming-huei Lee, "Modern New Confucians on the Religiousness of Confucianism", in Roger T. Ames, et al., *Confucianism: Its Roots and Global Significance*, Honolulu: University of Hawaii Press, 2017, pp. 26–38.

Wen-berng Pong, "The Influence of the German Idealists on the Contemporary New Confucians", in (Elstein), *Dao Companion to Contemporary Confucian Philosophy*, Cham: Springer International Publishing, 2021, pp. 385–406.

Xianlin Song, "Reconstructing the Confucian Ideal in 1980s China: The 'Culture Craze' and New Confucianism", in John Makeham, *New Confucianism: A Critical Examination*, New York: Palgrave Macmillan Ltd, 2003, pp. 81–104.

Dahua Zheng, "The Relationship between Modern Neo-Confucianism and Marxism on the Mainland Following 1949", in Xingxing Zhang, *Selected essays on the history of contemporary China*, Leiden: BRILL, 2015, pp. 93–114.

William Theodore de Bary, "A Reappraisal of Neo-Confucianism", in Arthur F. Wright and Derk Bodde, *Studies in Chinese Thought*, Chicago: University of Chicago Press, 1953, p. 81.

六、期刊论文

［比］魏希德:《美国宋史研究的新趋向——地方宗教与政治文化》,刘成国、李梅编译,《中国史研究动态》2011 年第 3 期。

［德］苏费翔:《创新与宇宙论:“(Neo-)Confucianism”一词早期的用法》,《湖南大学学报(社会科学版)》2020 年第 3 期。

［法］梅谦立:《〈孔夫子〉:最初西文翻译的儒家经典》,《中山大学学报(社会科学版)》2008 年第 2 期。

［法］梅谦立:《耶稣会士与儒家经典——翻译者,抑或叛逆者?》,《现代哲学》2014 年第 6 期。

［法］梅谦立、王格:《超越二元,迈向统一——耶稣会士卫方济〈中国哲学〉(1711 年)及其儒家诠释学的初探》,《哲学与文化》2017 年第 11 期。

［韩］정도원:《朱陸異同과 元代 朱陸和會論에 대한再檢討》,《동양철학연구》第 42 卷,2005 年。

［美］Th.H.康:《西方儒学研究文献的回顾与展望》,衣俊卿译,《国外社会科学》1990 年第 10 期。

［美］白诗朗:《儒家宗教性研究的趋向》,彭国翔译,《求是学刊》2002 年第 6 期。

［美］狄百瑞:《宋明新儒学与人权》,梁涛、雷蕾译,《国学学刊》2013 年第 1 期。

［美］田浩:《宋代思想史的再思考》,徐波译,《复旦学报(社会科学版)》2019 年第 1 期。

［日］福田殖:《岡田武彦先生の生涯と学問〔含岡田武彦先生年譜・岡田武彦先生業績〕》,《中国哲学論集》第 30 卷,2004 年。

［日］三浦国雄:《止观、坐忘与居敬——三教的身心技法》,连凡译,《榆林学院学报》2018 年第 1 期。

［日］吾妻重二:《アメリカの宋代思想研究——最近の状況》,《關西大學文學論集》第 46 卷第 1 期,1996 年。

［日］伊東貴之:《“挫折”論の克服と“近代”への問い——戦後日本の中国思想史研究と溝口雄三氏の位置》,《中国哲学研究》第 5 卷,1993 年。

濱久雄:《伊藤東涯の易学》,《東洋研究》第 90 卷,1989 年。

蔡根祥:《胡瑗尚书学之探究》,《高雄师大学报》2004 年第 16 期。

蔡仲德:《冯友兰与“新儒学”一词在中国》,《东方文化》1995 年第 3 期。

车铭深:《论新儒家的理和欲》,《东方杂志》1937 年第 1 期。

陈来:《“关学”的精神》,《陕西师范大学学报(哲学社会科学版)》2016 年第 3 期。

陈仁仁:《“纯化”与“泛化”:以胡著哲学史为考察中心》,《中山大学学报(社会科学版)》2020 年第 1 期。

陈植锷:《宋学通论》,《中国社会科学》1988 年第 4 期。

崔大华:《张九成的理学思想及其时代影响》,《浙江学刊》1983 年第 3 期。

邓红:《何谓“日本阳明学”》,《华东师范大学学报(哲学社会科学版)》2015 年第 4 期。

邓庆平:《中韩朱子学发展模式的比较》,《儒学评论》第 13 辑,2019 年。

翟志成:《冯友兰彻底的民族主义思想的形成和发展(一八九五——一九四五)(一)》,《大陆杂志》1998 年第 5 期。

董少新:《从艾儒略〈性学觕述〉看明末清初西医入华与影响模式》,《自然科学史研究》2007 年第 1 期。

范立舟:《读田浩著〈朱熹的思维世界〉》,《北京青年政治学院学报》2005 年第 2 期。

范立舟:《理学名称与概念解析》,《华夏文化》2000 年第 1 期。

冯友兰:《通论道学》,《中国社会科学》1986 年第 3 期。

冯友兰:《朱熹哲学》,《清华学报》1932 年第 2 期。

干春松:《康有为与现代儒学思潮的关系辨析》,《中国人民大学学报》2015 年第 5 期。

高明峰:《关于“理学”概念的思考》,《宝鸡文理学院学报(社会科学版)》2009 年第 1 期。

何亦聪:《中国近代思维的挫折与嬗变——从李贽到周作人》,《江苏社会科学》2016 年第 2 期。

贺麟:《儒家思想的新开展》,《思想与时代》1941 年第 1 期。

胡秋原:《新儒学之道路(学术论著)》,《新中国》1945 年第 7 期。

姜鹏:《〈伊洛渊源录〉与早期道统建构的挫折》,《学术月刊》2008 年第 10 期。

金春峰:《宋代的学派与政派——从“绍兴学禁”到“庆元党禁”》,《湖南科技学院学报》2007 年第 3 期。

孔德立:《历史失忆与价值选择:孔子“神道设教”思想的生成与退隐》,《世界宗教研究》2010 年第 6 期。

赖文斌、胡翠娥:《“理学”还是“新儒学”?——从朱子学的海外传播看 Neo-Confucianism 的回译》,《中国翻译》2022 年第 4 期。

李存山:《对宋学之开端的检讨》,《中国儒学》第 8 辑,2013 年。

李存山:《庆历新政与熙宁变法——兼论二程洛学与两次“革新政令”的关系》,《中州学刊》2004 年第 1 期。

李存山:《宋代的“新儒学”与“理学”》,《中原文化研究》2019 年第 2 期。

李存山:《“先识造化”与“先识仁”——从关学与洛学的异同看中国传统哲学的特质及其转型》,《人文杂志》1989 年第 5 期。

李明、杨奕望、邴守兰:《〈性学觕述〉对“脑主神明说”形成的影响》,《中国中医基础医学杂志》2012 年第 12 期。

李玉诚:《“道学”观念新考》,《社会科学论坛》2020 年第 1 期。

李之鉴:《论张九成的心学宇宙观》,《平原大学学报》1994 年第 1 期。

连凡:《〈宋元学案〉中程颢思想的诠释与评价——兼论二程思想资料的编纂》,《衡水学院学报》2018 年第 2 期。

连凡:《从〈宋元学案〉看政治与儒学的互动影响——以党禁与杂学为中心》,《成都大学学报(社会科学版)》2018 年第 3 期。

连凡:《试论楠本正继对宋明儒学史的建构与诠释——以〈宋明时代儒学思想之研究〉为中心》,《哲学与文化》2020 年第 1 期。

连凡:《周敦颐〈太极图说〉哲学阐释的三条路径——以朱熹、黄宗羲、伊藤仁斋为代表》,《衡水学院学报》2019 年第 2 期。

连凡:《朱陆修养工夫论的思想渊源及其异同——以"尊德性"与"道问学"为宗旨》,《道德与文明》2017 年第 6 期。

梁山:《宋人"道学"与"理学"名称考辨》,《华夏文化》2017 年第 2 期。

林雄洲:《宋以后"天人合一"之理路演化》,《广西师范大学学报(哲学社会科学版)》2015 年第 2 期。

刘成国:《王安石江宁讲学考述》,《中华文史论丛》2003 年第 73 期。

刘聪:《明代天主教对阳明学的融摄——以利玛窦的〈交友论〉为中心》,《求索》2011 年第 6 期。

刘昊、吴震:《十年来宋明理学研究的回顾与展望——以朱子学和阳明学为中心》,《孔子研究》2018 年第 4 期。

刘述先:《冯友兰与"新儒学"》,《二十一世纪》2001 年第 5 期。

刘宗贤:《杨简与陆九渊》,《中国哲学史》1996 年第 4 期。

柳立言:《何谓"唐宋变革"?》,《中华文史论丛》2006 年第 1 期。

卢子震:《论道学之名的形成及其含义的发展》,《河北大学学报(哲学社会科学版)》1999 年第 1 期。

罗家祥:《一位德高望重的美国中国学家——田浩教授荣休感言》,《华中国学》2019 年第 2 期。

罗莹:《〈中国哲学家孔子〉成书过程刍议》,《北京行政学院学报》2012 年第 1 期。

罗莹:《17—18 世纪儒学西传欧洲述略》,《国际汉学》2022 年第 1 期。

罗莹:《十七世纪来华耶稣会士对儒学概念的译介——以"天"的翻译为例》,《学术研究》2012 年第 11 期。

梅谦立:《从柏应理〈致路易十四的书信〉看儒学在欧洲的早期传播》,《国际汉学》2022 年第 1 期。

欧德良:《晚清文化保守思潮管窥——以康有为改造儒学活动为中心的考察》,《成都大学学报(社会科学版)》2010 年第 5 期。

裴倜:《道学新探——评张绪通博士关于"道学"的概念和观点》,《社会科学研究》1994 年第 5 期。

彭国翔:《君子的意义与儒家的困境》,《读书》2009 年第 6 期。

彭青龙:《概念史与比较文学中的思想和方法——访谈欧洲科学院院士方维规》,《上海交通大学学报(哲学社会科学版)》2022年第6期。

钱明:《关于东亚世界的"阳明学"概念》,《贵阳学院学报(社会科学版)》2015年第2期。

邱添生:《论"唐宋变革期"的历史意义——以政治、社会、经济之演变为中心》,《"国立"台湾师范大学历史学报》1979年第7期。

绥之:《新儒家与基督教文化之关系》,《文化导报》1943年第4—5期。

陶飞亚、田燕妮:《同为异国传教人:近代来华新教传教士对天主教的态度转变解析——以The Chinese Recorder(1867—1941)为依据》,《东岳论丛》2011年第2期。

[荷兰]田海:《中学西传的典型个案:19世纪"儒教"(Confucianism)一词的发明》,施晔译,《上海师范大学学报(哲学社会科学版)》2016年第4期。

王格:《"中国哲学"何以正当的最早论说——明清之际西人之证言》,《哲学研究》2019年第7期。

王茂:《"道学"、"理学"称名考辨》,《安徽史学》1987年第1期。

王庆节:《孔夫子——"舶来品"还是"本土货"》,《深圳大学学报(人文社会科学版)》2013年第4期。

王鑫:《"后世谈理,率祖乎易"——伊藤东涯的易学研究》,《東アジア文化交渉研究》第5卷,2012年。

吴根友:《利玛窦与李贽的交友观及其异同》,《当代中国价值观研究》2016年第4期。

吴根友:《再谈哲学史研究的"纯化"与"泛化"》,《哲学分析》2016年第5期。

吴小如:《不赞成"新儒学"和"儒教"这两个提法——〈严群文集〉序》,《博览群书》2017年第4期。

吴震:《东亚朱子学:中国哲学的丰富性展示》,《哲学动态》2019年第1期。

吴震:《东亚朱子学研究的回顾与反思》,《杭州师范大学学报(社会科学版)》2019年第1期。

吴震:《宋明理学视域中的朱子学与阳明学》,《哲学研究》2019年第5期。

萧萐父:《哲学史研究中的纯化和泛化》,《社会科学家》1989年第6期。

徐规、周梦江:《陈亮永嘉之行及其与永嘉事功学派的关系》,《杭州大学学报(哲学社会科学版)》1977年第2期。

薛鹏志、高令印:《辜鸿铭最早提出"新儒学""儒学三期""情欲"等(上)——附论"理学"是"道学"和"心学"的合称》,《朱子文化》2019年第4期。

严绍璗:《我对国际Sinology的理解和思考》,《国际汉学》2006年第1期。

杨国荣:《何为理学——宋明理学内在的哲学取向》,《武汉大学学报(哲学社会科学版)》2019年第2期。

杨渭生:《范仲淹与宋学之勃兴》,《浙江大学学报(人文社会科学版)》1999年第1期。

杨新勋:《一个旁观者的心声——田浩访谈录》,《中国典籍与文化》2016 年第 3 期。

姚才刚、李莉:《宋明儒学中的“心学”概念》,《湖北大学学报(哲学社会科学版)》2021 年第 5 期。

叶秋原:《基督教与新儒家》,《东方杂志》1943 年第 2 期。

伊東倫厚:《伊藤東涯の〈周易〉十翼批判》,《日本中國學會報》第 55 卷,2003 年。

于语和:《试论近代中西文化交流的特点》,《郑州大学学报(哲学社会科学版)》1995 年第 1 期。

余燕:《〈朱子家训〉文化诠释与翻译——以田浩译本为例》,《名作欣赏》2019 年第 23 期。

元青:《民国时期留美生的中国历史研究与美国汉学——以博士论文为中心的考察》,《广东社会科学》2015 年第 6 期。

张鹤琴:《日本儒学的古学派》,《东方杂志》1983 年第 5 期。

张恒:《以中国为镜:莱布尼茨的理学研究》,《国际汉学》2022 年第 2 期。

张锦枝:《狄百瑞与新儒学研究——读〈东亚文明〉》,《哲学分析》2015 年第 2 期。

张锦枝:《近四十年来大陆宋明理学研究的几条线索》,《哲学分析》2018 年第 2 期。

张西平:《儒家思想西传欧洲的奠基性著作——〈中国哲学家孔子〉》,《中国哲学史》2016 年第 4 期。

张学智:《中国哲学的起源与地域特点》,《北京大学学报(哲学社会科学版)》2020 年第 6 期。

赵莉如:《最早在我国传播西方心理学思想的书——评〈灵言蠡勺〉、〈性学觕述〉和〈西国记法〉》,《中国科技史料》1988 年第 1 期。

赵宗正、蔡德贵:《范仲淹在宋代学术思想史上的地位》,《中州学刊》1992 年第 3 期。

衷尔钜:《理学和心学考辨——兼论确认“气学”》,《社会科学》1988 年第 3 期。

衷尔钜:《气学与理学、心学鼎立——论宋明时期的哲学》,《东方论坛》2016 年第 2 期。

衷尔钜:《朱之瑜实学思想及其在日本德川时代和中国近现代的影响》,《东方论坛》2002 年第 3 期。

周炽成:《“心学”源流考》,《哲学研究》2012 年第 8 期。

周梦江、陈凡男:《陈亮永嘉之行及其目的》,《浙江社会科学》2005 年第 6 期。

周扬波:《胡瑗“明体达用”辨》,《孔子研究》2013 年第 6 期。

朱汉民、王琦:《“宋学”的历史考察与学术分疏》,《中国哲学史》2015 年第 4 期。

朱人求:《朱子“全体大用”观及其发展演变》,《哲学研究》2015 年第 11 期。

朱雁冰:《〈中国哲人孔子〉中的孔子形象》,《复旦学报(社会科学版)》1990 年第 3 期。

[日]柴田笃:《楠本正继博士之宋明儒学思想研究》,《台湾东亚文明研究学刊》2005 年第 2 期。

[日]大島晃:《張横渠の「太虚即気」論について》,《日本中国学会報》第27卷,1975年。

[日]関口順:《禮としての神祇祭祀の考察——日本における神祇祭祀と對比して》,《日本中国学会報》第64卷,2012年。

[日]难波征男、钱明:《楠门学与浙江文化》,《孔子研究》1992年第1期。

[日]楠本正继:《全体大用の思想》,《日本中国学会報》第4卷,1952年。

[日]藤井倫明:《「流行」する「理」——朱熹の「理」再考》,《日本中国学会報》第61卷,2009年。

[日]吾妻重二:《儒教の再考——儀禮・祭祀・神々・五經》,《日本中国学会報》第65卷,2013年。

[日]佐藤錬太郎:《〈李氏説書〉考——林兆恩〈四書正義纂〉との比較》,《日本中国学会報》第47卷,1995年。

陈来:《略论〈诸儒鸣道集〉》,《北京大学学报(哲学社会科学版)》1986年第1期。

陈来:《中国宋明儒学研究的方法、视点和趋向》,《浙江学刊》2001年第3期。

陈来:《朱子思想中的四德论》,《哲学研究》2011年第1期。

陈来:《朱子四德说续论》,《中华文史论丛》2011年第4期。

陈曦:《田浩教授与宋代思想史研究》,《唐宋历史评论》2020年第1期。

陈寅恪:《论韩愈》,《历史研究》1954年第2期。

邓红:《日本九州的中国哲学研究——传统与现状》,《国外社会科学》1991年第9期。

翟志成:《被弟子超越之后——胡适的冯友兰情结》,《中国文哲研究集刊》2004年第25期。

何俊:《宋元儒学的重建与清初思想史观——以〈宋元学案〉全氏补本为中心的考察》,《中国史研究》2006年第2期。

黄志鹏:《明末亚里士多德灵魂论的汉译:自然哲学抑或形而上学?——基于〈灵言蠡勺〉和〈性学觕述〉的初步比较研究》,《宗教与历史》2018年第2期。

李今山:《日本当代儒学家冈田武彦》,《国外社会科学》1987年第8期。

连凡:《〈宋元学案〉的层次结构与学案设置——兼论全祖望与黄宗羲思想史观之异同》,《北京社会科学》2017年第4期。

连凡:《〈宋元学案〉中程颐思想的诠释与评价——兼论二程思想的比较及其分派》,《哲学评论》第21卷,2018年。

连凡:《道统论的突破与〈宋元学案〉的思想史构建——兼论"宋初三先生"思想史地位的确立》,《首都师范大学学报(社会科学版)》2017年第6期。

连凡:《清儒黄百家对宋明理学的批判与继承——以〈宋元学案〉为中心》,《华侨大学学报(哲学社会科学版)》2017年第4期。

钱明:《九州学派:日本现代儒学的地域样本》,《深圳大学学报(人文社会科学版)》2012年第4期。

钱明:《日本有个中国文化群——记冈田武彦为首的九州知识界》,《观察与思考》1999 年第 8 期。

钱明:《一生践行阳明精神的冈田武彦先生》,《贵州文史丛刊》2015 年第 1 期。

钱明、杨路:《日本当代儒学家冈田武彦思想述评》,《中共宁波市委党校学报》2004 年第 5 期。

田智忠:《〈诸儒鸣道〉原刻年代考》,《中国社会科学院研究生院学报》2010 年第 2 期。

文碧方:《理心之间——关于吕大临思想的定位问题》,《人文杂志》2005 年第 4 期。

吴光:《关于"清代浙东学派"名称与性质的辨析——为"清代浙东经史学派"正名》,《中共宁波市委党校学报》2008 年第 4 期。

徐公喜、郭文:《论"何谓朱子学"——一种可能的阐发途径》,《中国哲学史》2017 年第 1 期。

杨小明:《黄百家年谱简编》,《中共宁波市委党校学报》2007 年第 3 期。

周炽成:《唐宋道统新探》,《哲学研究》2016 年第 3 期。

Meribeth E. Cameron, "Book Notes," *The Far Eastern Quarterly*, Vol. 3, No. 4(1944), pp. 401–405.

Seong Hwan Cha, "Modern Chinese Confucianism: The Contemporary Neo-Confucian Movement and its Cultural Significance", *Social Compass*, Vol. 50, No. 4 (2003), pp. 481–491.

Wing-Tsit Chan, "Review of La Philosophie Morale dans le Neo-Confucianisme (Tcheou Touen-yi)., by C. Yih-Ching & P. Demieville", *The Far Eastern Quarterly*, Vol. 14, No. 1 (1954), pp. 100–102.

Chang Chi-Yun, "The Centenary Celebration of Sino-American Intellectual Friendship", *The Far Eastern Quarterly*, Vol. 3, No. 3(1944), pp. 205–210.

William Cohn, "Chinese Art in the Light of Comparative Study-Ⅱ", *The Burlington Magazine for Connoisseurs*, Vol. 79, No. 461(1941), pp. 56–65.

John W. Dardess, "The Cheng Communal Family: Social Organization and Neo-Confucianism in Yüan and Early Ming China", *Harvard Journal of Asiatic Studies*, Vol. 34(1974), pp. 7–52.

P. D'Elia and George C. Ring, "Review of Religions of the Far East, by G. C. Ring", *Gregorianum*, Vol. 33, No. 3(1952), pp. 479–481.

Jun Deng and Craig A. Smith, "The rise of New Confucianism and the return of spirituality to politics in mainland China", *China Information*, Vol. 32, No. 2(2018), pp. 294–314.

David A. Dilworth, "Review of Christianity and Chinese Religions, by H. Küng, J. Ching, & P. Beyer", *Philosophy East and West*, Vol. 41, No. 3(1991), pp. 419–422.

Homer H. Dubs, "Confucius: His Life and Teaching", *Philosophy*, Vol. 26, No. 96 (1951), pp. 30–36.

Qiyong Guo, "An exposition of Zhou Yi studies in modern Neo-Confucianism", *Frontiers of Philosophy in China*, Vol. 1, No. 2(2006), pp. 185–203.

Chad Hansen, "Review of Escape from Predicament: Neo-Confucianism and China's Evolving Political Culture, by T. A. Metzger", *The American Political Science Review*, Vol. 73, No. 2(1979), 568, 569.

V. Hrdličková, "Review of Chūgoku kinsei no shukan yuishinron ni tsuite: Bambutsu ittai no jin no shisō 中國近世の主觀唯心論について(萬物一體の仁の思想). Tōhō gakuhō 28, by K. Shimada & 島田虔次," *Revue Bibliographique de Sinologie*, Vol. 4 (1958), 371, 372.

Shu-hsien Liu, "Sinological Torque: An Observation", *Philosophy East and West*, Vol. 28, No. 2(1978), pp. 199–207.

Li Minghui, "I Disapprove of the Phrase 'Mainland New Confucianism'", *Contemporary Chinese Thought*, Vol. 49, No. 2(2018), pp. 100–112.

Jana S. Rošker, "Modern New Confucianism and the Challenges of Chinese Modernity: Intercultural Dialogues in Chinese Philosophy", *Culture and Dialogue*, Vol. 8, No. 2(2020), pp. 196–219.

Katō Shūichi, "Tominaga Nakamoto, 1715–46. A Tokugawa Iconoclast", *Monumenta Nipponica*, Vol. 22, No. 1/2(1967), pp. 177–193.

Jesús Solé-Farràs, "Harmony in Contemporary New Confucianism and in Socialism with Chinese Characteristics", *China Media Research*, Vol. 4, No. 4(2008), pp. 14–24.

Joël Thoraval and Michael Black, "Confucian experience and philosophical discourse: Reflections on some aporiae in contemporary neo-Confucianism", *China Perspectives*, No. 42 (2002), pp. 62–81.

Lin Tongqi, "Review of Evening Chats in Beijing: Probing China's Predicament, by P. Link", *China Review International*, Vol. 1, No. 2(1994), pp. 180–192.

Lin Tongqi and Li Minghua, "Subjectivity: Marxism and "The Spiritual" in China Since Mao", *Philosophy East and West*, Vol. 44, No. 4(1994), pp. 609–646.

Chan Wing-tsit, "Review of The Spirit of Chinese Philosophy., by F. Yu-lan & E. R. Hughes", *Pacific Affairs*, Vol. 21, No. 3(1948), pp.300–301.

Robert A. Wortham, "Review of Christendom and Christianity in the Middle Ages: The Relations between Religion, Church, and Society, by A. H. Bredero & R. Bruinsma", *Review of Religious Research*, Vol. 37, No. 3(1996), pp. 271–273.

Arthur F. Wright, "Buddhism and Chinese Culture: Phases of Interaction", *Journal of Asian Studies*, Vol. 17, No. 1(1957), pp. 17–42.

David Elstein, "Mou Zongsan's New Confucian democracy", *Contemporary Political Theory*, Vol. 11, No. 2(2012), pp. 192–210.

Chunfeng JIN and Huawei LIU, "A Reconsideration of the Characteristics of Song-Ming

Li Xue", *Frontiers of Philosophy in China*, Vol. 5, No. 3(2010), pp. 352–376.

Wm Theodore de Bary, "Reply to Hoyt Cleveland Tillman", *Philosophy East and West*, Vol. 44, No. 1(Jan., 1994), pp.143–144.

Wm Theodore de Bary, "The Uses of Neo-Confucianism: A Response to Professor Tillman," *Philosophy East and West*, Vol. 43, No. 3(Jul., 1993), pp. 541–555.

Peter K. Bol(包弼德), "On the Problem of Contextualizing Ideas: reflections on Yu Yingshi's approach to the study of Song Daoxue", *Journal of Song-Yuan Studies*, No. 34 (2004), pp. 59–79.

Peter K. Bol(包弼德), "Review: Reflections on Sung Literati Thought: Reviewed Work: Utilitarian Confucianism: Ch'en Liang's Challenge to Chu Hsi by Hoyt Cleveland Tillman", *Bulletin of Sung and Yüan Studies*, No. 18(Jan., 1986), pp. 88–97.

Peter K. Bol (包弼德), "Reviewed Work: Confucian Discourse and Chu Hsi's Ascendancy by Hoyt Cleveland Tillman", *Journal of Song-Yuan Studies*, No. 24(1994), pp. 293–313.

Peter Bol(包弼德), Christian Soffel(苏费翔) and Hoyt Cleveland Tillman(田浩), "Cultural Authority and Political Culture in China: Exploring Issues with the Zhongyong and the Daotong during the Song, Jin and Yuan Dynasties by Christian Soffel, Hoyt Cleveland Tillman", *Journal of Song-Yuan Studies*, Vol. 43(2013), pp. 354–357.

J. C. Bushnell, "The Logic of the Sciences", *The Monist*, Vol. 29, No. 4(1919), pp. 481–508.

Chung-Yuan Chang, "SOME BASIC PHILOSOPHICAL CONCEPTS IN CONFUCIANISM AND TAOISM", *Occasional Bulletin-Missionary Research Library*, Vol. 6, No. 1(1955), pp. 1–13.

Hiu Yu Cheung(张晓宇), "The Way Turning Inward: An Examination of the 'New Learning' Usage of DaoXue in Northern Song China", *Philosophy East and West*, Vol. 69, No. 1(2019), pp. 86–107.

Martina Deuchler, "Neo-Confucianism in early Yi Korea: Some reflections on the role of Ye", *Korea Journal*, Vol. 15, No. 5(May., 1975), pp. 12–18.

Skonicki Douglas, "'Guwen' Lineage Discourse in the Northern Song", *Journal of Song-Yuan Studies*, Vol. 44(2014), pp. 1–32.

Yu-lan Fung, "Chinese Philosophy and a Future World Philosophy", *The Philosophical Review*, Vol. 57, No. 6(1948), pp. 539–549.

Yu-lan Fung, "Philosophy in new China according to Fung Yu-lan", *East and West*, Vol. 3, No. 2(1952), pp. 105–107.

Yu-lan Fung, "Reviewed Work: Eastern and Western Cultures and their Philosophies by Liang Shuming", *The Journal of Philosophy*, Vol. 19, No. 22(1922), pp. 611–614.

Yu-lan Fung, "Why China Has No Science: An Interpretation of the History and Consequences of Chinese Philosophy", *International Journal of Ethics*, Vol. 32, No. 3(Apr., 1922), pp. 237–263.

Yu-lan Fung and Bodde Derk, "A General Discussion of The Period of Classical Learning", *Harvard Journal of Asiatic Studies*, Vol. 9, No. 3/4(Feb., 1947), pp. 195–201.

Yu-lan Fung and Bodde Derk, "The Philosophy of Chu Hsi", *Harvard Journal of Asiatic Studies*, Vol. 7, No. 1(Apr., 1942), pp. 1–51.

Yu-lan Fung and Bodde Derk, "The Rise of Neo-Confucianism and Its Borrowings From Buddhism and Taoism", *Harvard Journal of Asiatic Studies*, Vol. 7, No. 2(Jul., 1942), pp. 89–125.

John Winthrop Haeger, "The Intellectual Context of Neo-Confucian Syncretism", *Journal of Asian Studies*, Vol. 31, No. 3(1972), pp. 499–513.

Charles Hartman, "Zhu Xi and His World", *Journal of Song-Yuan Studies*, No. 36 (2006), pp. 107–131.

Knud Lundbaek, "The Image of Neo-Confucianism in Confucius Sinarum Philosophus", *Journal of the History of Ideas*, Vol. 44, No. 1(Jan., 1983), pp. 19–30.

David E. Mungello, "Leibniz's Interpretation of Neo-Confucianism," *Philosophy East and West*, Vol. 21, No. 1(1971), pp. 3–22.

Kakuro Okakura, "The Philosophy of Tea", *Temple Bar*, Vol. 2 (Jul., 1906), pp. 408–417.

Kakuzo Okakura(冈仓天心), "Recent Acquisitions of the Chinese and Japanese Department", *Museum of Fine Arts Bulletin*, Vol. 4, No. 18(Feb., 1906), pp. 3–6.

Review, "Reviewed Work: Anti-Pragmatisme, Examen des droits respectifs de l'aristocratie intellectuelle et de la démocratie sociale by Albert Schinz, Bryn Mawr", *The Monist*, Vol. 19, No. 3(Jul., 1909), pp. 474–476.

Hoyt Cleveland Tillman, "The Idea and the Reality of the 'Thing' During the Sung: Philosophical Attitudes toward Wu", *Bulletin of Sung and Yüan Studies*, No. 14(1978), pp. 68–82.

Hoyt Cleveland Tillman, "The Uses of Neo-Confucianism, Revisited: A Reply to Professor de Bary", *Philosophy East and West*, Vol. 44, No. 1(Jan., 1994), pp. 135–142.

Hoyt Cleveland Tillman(田浩), "A New Direction in Confucian Scholarship: Approaches to Examining the Differences between Neo-Confucianism and Tao-hsüeh", *Philosophy East and West*, Vol. 42, No. 3(Jul., 1992), pp. 455–474.

William Sturgis Bigelow and John E. Lodge, "Okakura-Kakuzo(1862—1913)", *Proceedings of the American Academy of Arts and Sciences*, Vol. 64, No. 12(Oct., 1930), pp. 534–538.

Ying-shih Yü, "Some Preliminary Observations on the Rise of Ch'ing Confucian Intellectualism", *Tsing Hua Journal of Chinese Studies*, Vol. 11, No. 1,2(Dec., 1975), pp. 105–146.

余江、马兰州:《从汉学到中国学:研究范式的转型》,《国外理论动态》2014 年第

10期。

七、会议论文集

福建省闽学研究会、台湾朱子学研究协会、安徽省朱子研究会、江西省上饶师范学院朱子学研究所:《朱子学与文化建设学术研讨会论文集》,朱子学与文化建设学术研讨会,中国福州,2012年。

Hai-Yen Yeh, *The Contemporary New Confucianism of Liu Hsu-Hsian*, 2019年, Taiwanese Philosophy and the Preservation of Confucian Tradition International Conference, University of Ljubljana, 17-18 October 2019.

八、报告与灰色文献

[加]郑安德编:《明末清初耶稣会思想文献汇编》,北京大学宗教研究所,2000年。

东北师大学报编辑部编:《日本研究论丛》,《东北师大社会科学丛书》第十辑,1983年。

九、报 纸 新 闻

李焯然:《从"汉学"到"中国学"》,《光明日报》2015年4月14日。

李海军:《19世纪在华英文期刊中国典籍译介》,《中国社会科学报》2020年12月22日,第A08版。

李雪涛:《"中国停滞论"的汉学遗产》,《中华读书报》2006年2月22日。

于国鹏:《"朱子学"概念的误解》,《大众日报》2021年1月26日。

Wilson College, "The Wilson Billboard, Vol. XXIV, No. 7", *Wilson College: Campus Newspaper*, 1943-10-29.

Anonymous, "FROM PEKING TO MANDALAY (Book Review)", *The Spectator*, 1908-8-22, p. 267.

Anonymous, "MR. E. BULWER'S LAST DAYS OF POMPEII (Book Review)", *The Spectator*, 1834-10-18, p. 995.

Anonymous, "MR. MEDHURST'S CHINA (Book Review)", *The Spectator*, 1838-6-16, p. 566.

A Correspondent, "THE CONFUCIANS AND CHINA: THE STATE RELIGION CONTROVERSY", *The North-China Herald and Supreme Court & Consular Gazette* (1870—1941), 1917-2-10, p. 304.

Anonymous, "Art. IV. The profession of letters in China motives to engage in it great number of unsuccessful candidates portrait of an unsuccessful one", *The Chinese Repository* (1832—1851), 1834-7-1, p. 118.

Anonymous, "FRIENDSHIP", *The Chinese Repository* (1832—1851), 1832-6-1, p. 65.

Anonymous, "Have Hope in China", *The Chinese Recorder* (1912—1938), 1923-11-1,

p. 698.

Anonymous, "Miscellanies: Julian the Happiness of a Future Stair the Gospei Echo", *The Chinese Repository* (1832—1851), 1833-1-1, p. 370.

Anonymous, "Other 2--No Title", *The China Weekly Review* (1923—1950), 1936-2-8, p. 338.

Anonymous, "Our Book Table", *The Chinese Recorder* (1912—1938), 1933-8-1, p. 527.

Anonymous, "Religious Intelligence: Malacca China", *The Chinese Repository* (1832—1851), 1833-1-1, p. 376.

Anonymous, "Review 2--No Title", *The Chinese Recorder* (1912—1938), 1929-11-1, p. 732.

Anonymous, "The Government and the Schools", *The Chinese Recorder and Missionary Journal* (1868—1912), 1907-2-1, p. 103.

Catholic News Service-Newsfeeds, "Catholic News Service-Newsfeeds, 26 February 1970", 1970-2-26.

K. C. Chao, "The Ideals of New China", *The Chinese Recorder* (1912—1938), 1919-1-1, p. 11.

Wm Deans, "The Problem of Modernism in our Mission Work", *The Chinese Recorder and Missionary Journal* (1868—1912), 1908 May 01, p. 259.

S. Lautenschlager, "Religion in Harbin", *The Chinese Recorder* (1912—1938), 1929-10-1, p. 658.

Frank Rawlinson, "Inter-Religionist Cooperation in China", *The Chinese Recorder* (1912—1938), 1934-11-1, p. 695.

W. E. Soothill, "The Use of the Christian Scholar in Literature", *The Chinese Recorder and Missionary Journal* (1868—1912), 1910-5-1, p. 343.

Hu Suh, "The Logic of Moh Tih and His School: BOOK I. INTRODUCTORY", *The Chinese Recorder* (1912—1938), 1921-10-1, p. 668.

The Christian Literature Society for China, "Impressions of China's Religion: Lecture at Royal Asiatic Society", *The North-China Herald and Supreme Court & Consular Gazette* (1870—1941), 1915-11-6, p. 393.

The Christian Literature Society for China, "The Society for the Diffusion of Christian and General Knowledge among the Chinese", *The North-China Herald and Supreme Court & Consular Gazette* (1870—1941), 1896-12-18, p. 1068.

十、数据库与网络文章

陈明:《大陆新儒学:时代背景、学术特征、阶段与人物——儒家网》,2018 年 9 月 22 日,https://www.rujiazg.com/article/14704,2023 年 7 月 2 日。

冯婧:《凤凰文化 美国汉学家狄百瑞逝世 今天我们如何看待"新儒学"?》,2017 年

7 月 16 日,http://culture.ifeng.com/a/20170716/51439437_0. shtml,2021 年 6 月 21 日。

澎湃新闻:《明体见用〈新儒学义理要诠〉的论域、范式、理论关照与方法》,2019 年 9 月 7 日,https://www.thepaper.cn/newsDetail_forward_4357319。

三联学术通讯:《新书 | 方旭东〈新儒学义理要诠〉》,2019 年 7 月 10 日,https://www.sohu.com/a/326015355_669279。

澎湃新闻:《会议|中国哲学的丰富性再现——荒木见悟与中日儒学》,2019 年 9 月 20 日,https://www.sohu.com/a/342226813_260616。

Wikipedia, *New Confucianism*, (2023-3-1), https://en.wikipedia.org/wiki/New_Confucianism, [2023-03-02]

十一、学 位 论 文

阿里木·托和提:《日本儒学之古学对朱子学的批判与重建》,博士学位论文,南京大学,2010 年。

常国华:《冯友兰〈中国哲学简史〉两种中译本翻译策略与实践研究》,硕士学位论文,安庆师范大学,2018 年。

崔华杰:《传教士学者与中国历史研究——以〈教务杂志〉(*The Chinese Recorder*)为中心的考察》,博士学位论文,上海大学,2011 年。

阮萌:《陈淳与伊藤仁斋思想比较研究》,硕士学位论文,武汉大学,2021 年。

符云辉:《〈诸儒鸣道集〉述评》,博士学位论文,复旦大学,2007 年。

黄志鹏:《明末清初亚里士多德主义灵魂论的汉译及其影响》,博士学位论文,中山大学,2018 年。

Riichiro Hoashi, *Japanese Education in the Tokugawa era*, A. M, University of Southern California, 1912.

The Odore Encheng Hsiao, *A History of Modern Education in China*, Ph.D, New York University, 1925.

Pao-chien Hsu(徐宝谦), *Ethical realism in neo-Confucian thought*, Ph.D, Columbia University, 1933.

Channing Liem, *The Influence of Western Political Thought upon China*, Ph.D, Princeton University, 1946.

Chiang Liu(刘强), *Isolation and Contact as Factors in the Cultural Evolution of China, Korea, and Japan Prior to* 1842, Ph.D, The University of Iowa, 1923.

Hsi-Tseng Wen, *The status of man in Neo-Confucianism*, Ph. D, University of Southern California, 1954.

后　记

2020年上半年，我开始整理2017年立项的第1个国家社科基金后期资助项目“《宋元学案》综合研究”的书稿。中间遇到的一个问题就是《宋元学案》及宋明儒学研究中所涉及的“宋学”“道学”“理学”与“新儒学”（Neo-Confucianism）诸名称概念的意义及其相互关系。刚开始只是想引用学界成说，用一条简短的注释加以说明，但在查阅相关文献的过程中发现海内外学者在此基本问题上众说纷纭，莫衷一是。于是开始自己独立的思考和写作，从最开始数百字的注释扩展到上万字，最后竟至十余万言，不得不独立出来成为一部书稿。这就是上篇“宋明儒学的名称概念与诠释路径”的由来。

下篇“宋明儒学诠释路径的个案研究——以海外汉学、中国学为中心”本来是独立的七篇文章。最早关于艾儒略和伊藤仁斋的两篇文章完成于2015年，当时提交到武汉大学哲学学院院长吴根友教授主持召开的比较哲学会议上交流。后来又参与了武汉大学中国传统文化研究中心欧阳祯人教授和日本北九州市立大学邓红教授分别主持的“阳明心学的历史渊源及其近代转型研究”和“日本阳明学研究名著译丛”项目，翻译了楠本正继的《宋明时代儒学思想之研究》，完成了关于楠本正继和岛田虔次的两篇文章。后来又翻译了冈田武彦的《宋明哲学的本质》，完成了关于冈田武彦的一篇文章。此外还完成了关于狄百瑞和田浩的两篇文章。这就是本书下篇的由来。

到了2021年上半年，我决定将这两部分内容整合起来以便申报国家社科基金后期资助。恰好在写本书上篇的时候，受日本学者吾妻重二观点的启发，我意识到“新儒学”与“宋学”“道学”“理学”的交涉关系以及田浩与狄百瑞关于“新儒学”概念合理性的争论背后体现了宋明儒学的不同诠释路径。而我之前写的那些文章正好可以作为宋明儒学诠释路径的个案研究，这样就将上篇与下篇整合起来了。2021年7月以此书稿申报国家社科基金后期资助并获批立项，又经过了数年的修订和打磨，最终得以完成。

本书正如书名所示，大体上属于比较哲学领域的研究。我从事比较哲学及海外汉学的研究并非一时之举。2003年初，我参加武汉大学哲学学院国学试验班（2010年成立武大国学院）专业在校内举行的二次招生选拔面试（由国学班创办人郭齐勇老师主持）的时候，当时到场的邹恒甫老师（武大经济系本科毕业，是1949年后进入哈佛大学经济系学习并获得博士学位的首位中国大陆学生，任世界银行高级经济学家及武大等多所高校教授，创办武大高级研究中心并支持成立国学班）强调国学重在积累，同时要有国际视野。因此，武大国学班除了开设经史子集四部的国学经典及传统小学（文字、音韵、训诂）等专业课程外，还专门开设有日语、德语等二外以及外文专著研读课程。武大国学班毕业后，我进入北京大学中文系中国古典文献学专业读研，在文献学（版本、目录、校勘）及学术史领域打下了一定基础。在此过程中，我萌生了去日本进一步深造学习中国哲学的念头。于是2009年硕士毕业后，我申请到日本中国哲学（尤其宋明理学）研究重镇九州大学中国哲学史专业攻读博士学位，师从柴田笃教授。

我在博士阶段研究的题目是"《宋元学案》综合研究"。之所以选择《宋元学案》这样一个大部头的专书作为研究对象，是因为我在北大中文系读研期间主要师从高路明和漆永祥老师，从事古籍目录学及学术思想史的学习与研究，硕士论文写的题目就是"《文献通考·经籍考》研究"（2018年在武汉大学出版社出版，是我的第一部专著）。《文献通考》的编纂者马端临是元代史学家和朱子后学（《宋元学案》中记载其师承关系）。我也由此对宋元思想史有所涉猎，于是想进一步在宋元儒学领域学习深造，当时就想沿着硕士阶段文献学的研究路数选一部经典专书作为研究对象。恰好在查阅文献的过程中，我发现黄宗羲、黄百家等人编著的《宋元学案》作为宋元儒学思想史领域的经典著作一直未见有博士论文问世，所以在联系柴田老师申请攻读博士时就自拟了"《宋元学案》综合研究"这个题目并撰写了研究计划书。我现在还记得当时在北大宿舍区地下物美超市旁的书店里购买了中华书局版的《两汉三国学案》《宋元学案》和《明儒学案》，后来带到日本去研读，做了很多笔记，并一直保存到今天。到九大留学之后，我发现日本学界极为重视原典文献的研读，除了通论课和专题研究课之外，大部分课程都是以学生自主学习为主导的经典研读课程，而在宋明理学经典中更为重视黄宗羲编著的《明儒学案》，因其哲学性更强且完整体现了黄氏的哲学诠释与思想立场。而且阳明及其后学是九大自楠本正继的两大弟子冈田武彦和荒木见悟以来的主要研究领域，九大中哲多年来一直有每两个星期集体研读一次《明儒学案》等经典的读书会传统。日本学界使用汉文训读法研读文言文，讲究字斟句酌，体现了以考据学的工夫做学问的扎实学风。由于《宋元学案》与《明儒学案》作为宋元明儒学文献之渊薮在思想史的建构及诠释上高度相关，因此参与这种读书会使我受益匪浅。加上柴田老师及南泽良彦老师的悉心教导，以及书城环绕且为每位学生配备书桌的中哲研究室的优越条件，我也由此对宋明理学进行了较为系统的学习，最终顺利完成了《宋元学案》研究的日语博士论文并获得博士学位。

我的博士导师柴田笃教授继承了九州大学中国哲学史学科自首任教授楠本正继先生以来的研究传统，在中国的朱子学与阳明学（宋明理学，包括阳明后学）及东亚近世儒学（如日本崎门朱子学、朝鲜退溪朱子学）领域都有着精深的研究，进而扩展到耶儒交涉（包括中国及日本的耶儒交涉）等相关领域的研究，还翻译出版了利玛窦《天主实义》的日译本，在教学中也开设了宋明理学、东亚近世儒学及耶儒交涉的专题课程。受柴田老师的影响，我也开始关注耶儒交涉的研究。正好在研读《宋元学案》的过程中，我发现其编纂者黄宗羲、黄百家父子作为明末清初浙东学派的代表人物，深受耶稣会士传入的宗教思想及科学技术的影响，是当时西学中传潮流中学习西学的儒家代表人物。事实上，明清之际耶儒思想交涉主要就是天主教与宋明理学及明清实学之间的互动与影响，黄氏父子作为宋明儒学的总结者和清初实学思潮的奠基者也在此潮流之中。黄百家甚至在《宋元学案》的按语中直接援引了利玛窦的“魂三品说”，并以之解释朱熹的性论。于是我在博士论文中对此进行了初步探讨。

2013 年我回国进入武大哲学院工作后，恰逢吴根友院长倡导比较哲学的研究。吴院长牵头于 2016 年成立了湖北省重点人文社会科学研究基地“武汉大学比较哲学与文化战略研究中心”，并经常组织以比较哲学的研究为主题的学术会议。我作为日本留学博士，有相关专业及语言上的积累，义不容辞地要做一些翻译和比较研究的工作。于是我在博士阶段研究的基础上，从仁说、魂魄说、四因说等方面出发，对耶儒思想交涉进行了一些探讨，又开始涉猎中日儒学（尤其关注日本古学派）的比较研究，此外还关注日本、欧美等海外汉学的研究，主持和参与了相关科研项目，撰写了相关论文。这些成果就是本书下篇中的七篇文章。至于作为本书核心内容的上篇，虽然如上所述，本来是在研究《宋元学案》的过程中顺带完成的一个“副产品”，但无疑也属于比较哲学领域的研究，因为“Neo-Confucian(ism)”及其中文翻译“宋明新儒家(学)”概念本来就是耶儒交涉与中西思想融合的产物，而其意义的演变又与海内外汉学研究的视域立场的转变高度相关。总之，本书虽然还存在诸多不足，但可以说是我近十年来在比较哲学研究领域的阶段性总结。

本书几乎所有章节都曾以专题论文的形式在海内外学术期刊上发表过。我在将这些论文整合成书的过程中，又参考国家社科基金评审专家的意见进行了大幅度的修改。因此如果遇到与已发表论文内容不同的地方，请以最新出版的本书为准。由于个人学识及精力有限，本书中难免存在疏漏和错讹之处，还有待进一步完善和提高。敬请海内外方家不吝赐教！

本书系 2021 年国家社科基金后期资助项目“比较视域中的宋明儒学诠释路径研究”（项目编号：21FZXB023）的结项成果。

连　凡

2024 年 3 月 16 日